Tratado de Direito Internacional.
Direito Internacional no Tempo Antigo

Tratado de Direito Internacional. Direito Internacional no Tempo Antigo

TOMO 3B

GREGOS, ROMANOS, CHINESES, INDIANOS

2023 • 2ª edição

Paulo Borba Casella

ALMEDINA

TRATADO DE DIREITO INTERNACIONAL
DIREITO INTERNACIONAL NO TEMPO ANTIGO
TOMO 3B – GREGOS, ROMANOS, CHINESES, INDIANOS

AUTOR: Paulo Borba Casella

DIRETOR ALMEDINA BRASIL: Rodrigo Mentz
EDITORA JURÍDICA: Manuella Santos de Castro
EDITOR DE DESENVOLVIMENTO: Aurélio Cesar Nogueira
ASSISTENTES EDITORIAIS: Larissa Nogueira e Rafael Fulanetti
ESTAGIÁRIA DE PRODUÇÃO: Laura Roberti

DIAGRAMAÇÃO: Almedina
DESIGN DE CAPA: Roberta Bassanetto

ISBN: 9786556277677
Janeiro, 2023

Dados Internacionais de Catalogação na Publicação (CIP)
(Câmara Brasileira do Livro, SP, Brasil)

Casella, Paulo Borba
Direito internacional no tempo antigo : tomo 3B /
Paulo Borba Casella. -- 2. ed. -- São Paulo, SP :
Almedina, 2023.
Bibliografia.
ISBN 978-65-5627-767-7
1. Direito internacional - História 2. Direito
internacional público - Interpretação e construção
I. Título.

22-137210 CDU-341

Índices para catálogo sistemático:

1. Direito internacional 341

Eliete Marques da Silva - Bibliotecária - CRB-8/9380

Este livro segue as regras do novo Acordo Ortográfico da Língua Portuguesa (1990).

EDITORA: Almedina Brasil
Rua José Maria Lisboa, 860, Conj.131 e 132, Jardim Paulista | 01423-001 São Paulo | Brasil
www.almedina.com.br

O que é o tempo? Quem poderá explicar isso fácil e brevemente? Quem o poderá compreender com o pensamento e falar a respeito?

AGOSTINHO (ca. 400AD)[1]

Podemos aprender com o passado o que o presente é incapaz de nos ensinar.

C. H. ALEXANDROWICZ (1937, ed. 2017)[2]

Valores e leis são eternos, mas a realização dos valores e a aplicação das leis se operam no tempo: é assim preciso acreditar na eternidade e, contudo, acolher o devir das coisas, amar a sua

[1] AGOSTINHO de Hipona (354-430 d.C.), **Confissões** (escritas ca. 400 A.D., **Confessionum, libri tredecim**, in **Obras de san AGUSTIN**, ed. bilingue, vol. II – **Las Confesiones** ed. crítica e anotada por Angel Custodio VEGA, Madri: BAC – Biblioteca de autores cristianos, 7ª ed., 1979, livro XI, caps. XIV a XVII, cit. XI.XIV, p. 478-479): *Quid est enim tempus? Quis hoc facile breviterque explicaevrit? Quis hoc ad verbum de illo proferendum vel cogitatione comprehenderit?* V. tb. **Tratado** (tomo IV – **Direito internacional no tempo medieval**, item 8.1 – AGOSTINHO DE HIPONA (354-430 A.D.)).

[2] Charles H. ALEXANDROWICZ [nascido Karol ALEKSANDROWICZ] (1902-1975), Introduction (in **Alberico Gentili and the development of International law: his life, work and times**, ed. by G. H. J. van der MOLEN, orig. publ. 1937, 2nd rev. ed., Leiden, 1968, p. VII-IX, cit. em C. H. ALEXANDROWICZ, **The law of nations in global history**, ed. by David ARMITAGE and Jennifer PITTS, Oxford: University Press, 2017, 'This modern Grotius' – an Introduction to the life and thought of C. H. ALEXANDROWICZ, p. 1-31 e Bibliography of the writings of C.H.A., p. 415-420): "We may be able to learn from the past what the present is unable to teach us."

novidade, consentir com o esforço, não mais pensar no que não mais existe, aceitar o futuro, admitir nossa morte, cuja imagem não deve nos impedir de viver. Nada é mais desconfortável do que orientar nossa consciência segundo essa dupla exigência.

Ferdinand Alquié (1966)[3]

O direito internacional da Antiguidade era, no fundo, sancionado pela convicção (*belief*), mas seus princípios primordiais eram regidos pelo ritual, pelo costume e pela razão. [...] A religião não era, como muitos supuseram, a única fonte de obrigações jurídicas internacionais no tempo antigo. Antes, religião, ritual e retórica se mesclaram para produzir uma ideia de obrigação, fundamentada no princípio basilar do direito internacional antigo: violar a boa-fé acarretava punição, quer divina ou humana, imediata ou postergada, terrível ou trivial.

David J. Bederman (1999, ed. 2004)[4]

[3] Ferdinand Alquié (1906-1985), **Le désir d'éternité** (Paris: PUF, 1966, cit. 143): "Valeurs et lois sont éternelles: mais la réalisation des valeurs, l'application des lois s'opèrent dans le temps: il faut donc croire à l'éternité, et accueillir cependant le devenir des choses, aimer leur nouveauté, consentir à l'effort, ne plus songer à ce qui n'est plus, accepter le futur, admettre notre mort, dont l'image ne doit pas nous empêcher de vivre. Rien n'est plus malaisé que d'orienter notre conscience selon cette double exigence."

[4] David J. Bederman (1961-2011), *Religion and the sources of International law in Antiquity* (in **Religion and International Law**, ed. by Mark W. Janis and Carolyn Evans, Leiden/Boston: M. Nijhoff, 1999, reprinted 2004, p. 1-26, cit. p. 21): "The belief in enforcing good faith was not, however, exclusively religious." [...] "Modern publicists can be so smug, so superior. So much so, it seems, that the chief distinction of the law of nations in antiquity has gone unnoticed. It is *not* that religion may or may not have pervaded that law. Rather, it was that the ancient mind saw the law of nations as indistinct from State behavior. International law was not a set of objective rules. It was cause and effect: breaking faith brought punishment." [...] Ancient people could not separate the act of breaking faith from the inevitable, if sometimes delayed, event of retribution. To the extent that the gods were parties to the sanction, mighty states were not immune when they broke faith."

A humanidade é confrontada com o abismo do tempo. Ela civiliza o tempo, ela o limita, nele buscando sua imagem, dele fazendo um espelho.

Pierre LEGENDRE (1996 e 2000)[5]

A humanidade sempre criou suas formas de tempo, nelas projetando valores e atitudes, mesclando passados, presentes e futuros.

João Paulo PIMENTA (2021)[6]

[5] O historiador do direito e psicanalista francês, Pierre LEGENDRE (1930-), **La fabrique de l'homme occidental** suivi de **L'homme en meurtrier** (Paris: A. Fayard – Les mille et une nuits, © 1996 e 2000, texte intégral – inédit, impr. 2020, cit. p. 18): "L'humanité est confrontée au gouffre du temps. / Elle civilise le temps, elle le limite, en y cherchant son image; elle en fait un Miroir."

[6] João Paulo PIMENTA (1972-), **O livro do tempo** – uma história social (São Paulo: Ed. 70, 2021, Introdução – uma história social do tempo, p. 9-30, cit. p. 21 e 23): "Não um único tempo, mas muitos; não uma relação perfeita entre eles, mas hierarquias e relações de poder; e não um único ritmo de transformação, mas vários e de origem natural e social. A observação dos tempos da história nos leva a mais uma síntese: eles podem, em determinados momenots, e em determinadas circunstâncias, se acelerar, todos – ou quase todos – juntos".

ABREVIATURAS

a.C. — antes de Cristo

A.D. — anno Domini, para designar a cronologia a partir do nascimento (presumido) de Jesus Cristo, também designado como "d.C."

AFDI — *Annuaire Français de Droit International* (publicação do C.N.R.S., Paris)

AIEA — Agência Internacional de Energia Atômica (IAEA, em inglês)

AJIL — *American Journal of International Law.*

ARSI — *Archivum Romanum Societatis Jesu - Arquivo romano da Companhia de Jesus*

Bol. SBDI ou *Boletim* — *Boletim da Sociedade Brasileira de Direito Internacional.*

BYBL — *British Yearbook of International Law*

© — copyright = indica a data de publicação original da obra citada

ca. — *circa*, por volta de

CBN — Comunidade Britânica de Nações (*British Commonwealth of Nations*)

CDI ou ILC — Comissão de Direito Internacional da Nações Unidas - International Law Commission of the United Nations

CEDIN — Centro de estudos de direito internacional, seguido de indicação da Universidade

cf. — conforme

cfr. — confira-se

CIJ — Corte Internacional de Justiça, Haia (1946-)

CPJI — Corte Permanente de Justiça Internacional

C.T.S. — **Consolidated Treaty Series** (1648-1918) (ed. by Clive PARRY, 1969–, New York: Oceana) com indicação do volume e página

d.C. — depois de Cristo, para designar o calendário da era cristã (tb. AD)
DI — Direito internacional (público)
Difel — Editora Difusão Européia do Livro, São Paulo
DIP — Direito internacional privado
DTV — Deutscher Taschenbuch Verlag, Munique
Edusp — Editora da Universidade de São Paulo, São Paulo
EJIL — European Journal of International Law
Encyclopedia of International Law - The Max Planck Encyclopedia of public international law (ed. by R. WOLFRUM, Oxford: Univ. Press, 2012, 11 vols.), com indicação do tomo e das páginas - edição anterior da **Enclyclopedia** foi coordenada por R. BERNHARDT (Dordrecht, 1981-1990, 12 vols.)
FAO — *Food and Agriculture Organization* (Organização para a Agricultura e Alimentação das Nações Unidas), Roma
FCE — *Fondo de cultura economica,* Cidade do México e outras cidades
FUNAG — Fundação Alexandre de Gusmão, Brasília
Fundamentos — P. B. CASELLA, **Fundamentos do direito internacional pós-moderno** (prólogo Hugo CAMINOS, São Paulo: Quartier Latin, 2008)
GYIL — German Yearbook of International Law
i.a. — inter alia - dentre outros
ICLQ — *International and Comparative Law Quarterly*
IDI — Instituto de Direito internacional - *Institut de droit international*
IHLADI — Instituto Hispano-Luso-Americano de Direito Internacional
ISIAO — Istituto Italiano per l'Africa e l'Oriente, Roma
LCL — Loeb Classical Library (Greek and Latin series), Cambridge, Ma. / London, England: Harvard Univ. Press
Manual — H. ACCIOLY — G. E. do NASCIMENTO E SILVA - P. B. CASELLA, **Manual de direito internacional público** (com a colaboração de Arthur R. Capella GIANNATTASIO, São Paulo: Saraiva, 25ª ed., 2021)
op. cit. — opus cit. - obra citada
orig. publ. — originalmente publicado em
PU — Presses Universitaires (com indicação da universidade / cidade)
SdN — Sociedade das Nações
SFDI — Sociedade francesa para o direito internacional
OESP — jornal "O Estado de São Paulo"
ONU — Organização das Nações Unidas

PUF — Presses Universitaires de France, Paris

RCADI — *Recueil des Cours de l'Académie de Droit International de La Haye - Collected courses of the Hague Academy of International Law* (Haia) - publicados desde 1923, com indicação do ano, volume e páginas

RDILC — Revue de droit international et de législation comparée

Restatement — American Law Institute, *Restatement of the law - The foreign relations law of the United States*, St. Paul, Minn., 1987, 2 v.)

RGDIP — *Révue Générale de Droit International Public*, Paris

tb. — também

Tratado / Tratado de direito internacional (Almedina, 2022-) P. B. Casella, **Tratado de direito internacional** (São Paulo: Almedina, 2022-) com indicação do tomo e do capítulo ao qual se remete

Tratado Accioly — H. Accioly, **Tratado de direito internacional** (terceira edição, histórica, com pref. P. B. Casella, Brasília: FUNAG / São Paulo: Quartier Latin, 2009, 3 vols.)

UNTS — United Nations Treaty Series - com indicação do volume e página

Univ. — Universidade / University / Université

UP — ou Univ. Press - University Press (seguido da indicação do nome e/ou local da Universidade)

VRBEI — Vorträge, Reden und Berichte aus dem Europa-Institut - Sektion Rechtswissenschaft - Universität des Saarlandes, Saarbrücken

v. — vide - ver

v. tb. — ver também

YILC — *Yearbook of the International Law Commission*

ZEE — Zona Econômica Exclusiva

SUMÁRIO

CAPÍTULO 5
AS CIDADES-ESTADO GREGAS E O MUNDO HELENÍSTICO

> No intercâmbio de serviços, justiça, sob a forma de reciprocidade é o vínculo que mantém o conjunto da associação – que compõe a natureza do estado – reciprocidade, com base na proporção, não com base na igualdade. A própria existência do estado depende da proporcionalidade da reciprocidade. Os homens demandam poder pagar o mal com o mal – e se não o podem fazer julgam-se reduzidos à condição de escravos – e pagar o bem com o bem – e se não o podem fazer, não há troca, e por meio desta é que se mantém unidos os homens.
>
> ARISTÓTELES (384-322 a.C.), **Ética a Nicômaco** (V.v.6)[7]

> A Liga de Delos, na origem uma aliança de estados livres, foi concebida como uma *symmachia*, chefiada por uma cidade-estado guia, *hegemón*. Porém, no volver de poucos decênios, transformou-se em *arkhé*. [...] É a ideia grega de *hegemonia*, que implica na noção de um estado soberano, que guia ou está à frente de um conglomerado de outros estados, formalmente autônomos, que aceitam de bom grado a sua supremacia.

[7] ARISTOTLE, **The Nicomachean Ethics** (original grego com tradução em inglês de H. RACKHAM, first publ. 1926, Cambridge, Ma. / London: Harvard UP, LCL 73, ARISTOTLE vol. XIX, reprinted 2003, cit. livro V.v.6).

> Pressupõe-se uma certa medida de cooperação dos súditos com o poder soberano, imposta por interesses recíprocos ou fins comuns.
>
> D. ASHERI (1991, ed. 2006)[8]

O fracionamento e a constante oscilação entre guerras e alianças tornam muito presentes e constantes as – hoje assim chamadas – relações internacionais entre as cidades-estado (*pólis*, plural *poleis*) gregas da Antiguidade. Economicamente autossuficientes, entidades políticas internamente autônomas e externamente 'soberanas' – na medida em que o termo possa ser utilizado nesse contexto – as cidades-estado gregas operam como 'sistema internacional' entre 500 a.C. até 338 a.C. As cidades-estado gregas eram comunidades de povo e território e não se definiam pela natureza do governo, podendo ser monarquias, aristocracias ou democracias. A *pólis* era tanto uma instituição política quanto uma entidade religiosa também: a identificação entre a *pólis* e determinada divindade se exprimia no patrocínio, pela cidade, de cultos específicos e de atribuição de responsabilidades religiosas a funcionários 'públicos'.

Obviamente, a *pólis* era também uma organização militar, contando para sua defesa com fortificações, que tinham de ser cuidadosamente conservadas e, sobretudo, exército de cidadãos, do qual parte conside-

[8] David ASHERI (1925-2000), **O estado persa** – ideologia e instituições no Império aquemênida (do original **The Persian State** curso ministrado em julho de 1991, na *Scuola Superiore di Studi Storici* da Universidade da República di San Marino, trad. Paulo Butti de LIMA, São Paulo: Perspectiva, 2006, cit. p. 35 e p. 36-37). *Arkhé* exprime o sentido de império, de subordinação a poder central – cf. se referiu no cap. III, 'civilizações antigas entre hegemonia e relações internacionais'. Como se dava, aliás, também, no contexto do *imperium* romano. A respeito, vide adiante, cap. VI, 'na formação e no desenvolvimento de Roma'. Prossegue D. ASHERI (op. cit., 2006, p. 37): "O expansionismo, força inerente a todo império, encontra sua justificação, do ponto de vista dos conquistadores, nas exigências de segurança militar. Também quando existe a consciência da injustiça que a expansão comporta nos confrontos dos povos conquistados, a objeção é neutralizada com o argumento do grave perigo, comum a todos, presente em todo processo de retirada ou desagregação do conglomerado imperial. São as mesmas exigências de segurança que impõem aos conquistadores a procura de cooperação por parte dos conquistados, em defesa de interesses comuns. O apoio obtido constitui, por sua vez, uma legitimação política e moral do expansionismo e do governo imperial, legitimação almejada por todos os conquistadores, que experimentaram a alternativa do domínio com a força nua."

rável eram *hoplitas*, soldados armados que faziam campanhas e combatiam como uma unidade coesa: "o modelo da *pólis* reproduz-se, como um modelo mimético, no sistema militar – na expressão singular do *hoplita* e na expressão da falange".[9]

O fim da independência dessas cidades-estado, com a batalha de Queroneia, no ano de 338 a.C., encerra uma fase histórica e marca o início da dominação da Macedônia sobre o conjunto da Grécia. Ainda que as formas políticas, adotadas pelas cidades-estado gregas, tenham continuado a ser aplicadas, durante longo período, no mundo helenístico.

A vivência de tais relações internacionais entre as cidades-estado gregas nem sempre foi demonstrada de modo edificante. As constantes rivalidades e conflitos enfraqueceram o conjunto, como mostra a análise de Tucídides, sobre a guerra do Peloponeso,[10] que se estendeu de 431 a 404 a.C., "suas várias cidades careciam de ousadia, atuando separadamente",[11] constituem, contudo, evidências de utilização constante de institutos e mecanismos do que, hoje, denominaríamos direito internacional, tais como tratados, alianças defensivas e ofensivas,[12] e uti-

[9] "A verdadeira expressão do hoplita evidencia-se na interação dinâmica do conjunto: a falange" expõe José Varandas, *O hoplita e a falange – o triunfo da infantaria simétrica no mundo antigo* (in **A guerra na Antiguidade**, coord. A. R. dos Santos e J. Varandas, Lisboa: Centro de História da Univ. de Lisboa – Caleidoscópio ed. e artes gráficas, 2010, vol. 3, p. 175-196, cit. p. 175-177): Este não era, nunca foi, um mundo pacífico. A expansão da civilização grega resulta de um processo de organização complexo, onde o modelo político-econômico da cidade-estado sobressai. Este é um modelo agressivo, concentrado, rigoroso. Incessantemente virado para uma sustentabilidade econômica onde a criação de riqueza excedentária se assume como um objetivo fundamental, e onde a guerra é valorizada como uma das expressões predominantes da cidade-estado.

[10] Tucídides (ca. 460-400 a.C.), **História da guerra do Peloponeso** (trad. do grego, intr. e notas, Mário da Gama Kury, Brasília: Ed. UnB, © 1982, 3ª ed., 1987, livro I.23): "O acontecimento mais importante dos tempos passados foi a guerra com os persas, e todavia ela foi prontamente decidida em dois combates navais e duas batalhas terrestres. Mas a guerra do Peloponeso estendeu-se por longo tempo e no seu curso a Hélade sofreu desastres como jamais houvera num lapso de tempo comparável. Nunca tantas cidades foram capturadas e devastadas, algumas pelos bárbaros, outras pelos próprios helenos, combatendo uns contra os outros, enquanto algumas, após a captura sofreram mudança total de habitantes. Nunca tanta gente foi exilada ou massacrada, quer no curso da própria guerra, quer em consequência de dissensões civis."

[11] Tucídides (I.17).

[12] Tucídides (I.102): [Os atenienses] "ficaram indignados e consideraram que não mereciam tal tratamento da parte dos lacedemônios, e em seguida ao regresso, denunciaram a

lização da arbitragem[13] para a solução de controvérsias, dados esses, ademais, constantemente referidos por Tucídides, "suficientes segundo as leis dos helenos".[14] Este advertia, ademais,

> os homens, na verdade, aceitam uns dos outros relatos de segunda mão dos eventos passados, negligenciando pô-los à prova, ainda que tais eventos se relacionem com sua própria terra. [...] Há muitos outros fatos, também, pertencentes ao presente, e cuja lembrança não foi embotada pelo tempo, a respeito dos quais os outros helenos mantém igualmente opiniões errôneas.[15]

A realidade do fracionamento[16] e a obrigatoriedade da convivência[17] levaram à formação e ao desenvolvimento de conceitos e de institutos que, com pequenas adaptações, projetam-se até nossos dias. Não sem acolher também dados de realismo, que até hoje permanecem, tais como: "quem pode usar a força não tem necessidade de apelar para

aliança até então existente entre eles e os lacedemônios contra os persas, tornando-se aliados dos argivos, inimigos dos lacedemônios. Simultaneamente, uma aliança nos mesmos termos e confirmada por juramentos idênticos foi concluída entre os atenienses e argivos, de um lado, e os tessálios de outro."

[13] Tucídides (I.78): "optar pela solução de nossas divergências mediante arbitragem, de conformidade com o pactuado". E logo adiante (I.85): "A principal razão para isso é que eles estão prontos a submeter-se à arbitragem e não é direito marchar contra quem aceita a arbitragem, como se se tratasse de um malfeitor."

[14] Tucídides (I.41 e a seguir I.68): "A vossa boa-fé, lacedemônios, em política e em vossas relações com outros povos, torna-vos mais desconfiados, se em nossas palavras há acusações a terceiros. Essa qualidade vos dá moderação, mas para a política externa, traz uma considerável dificuldade de discernimento."

[15] Tucídides (I.20): "A tal ponto chega a aversão de certos homens pela pesquisa meticulosa da verdade, e tão grande é a predisposição para valer-se apenas do que está ao alcance da mão."

[16] Tucídides (I.122): "a não ser que nos juntemos todos, povos e cidades, e os enfrentemos com uma só vontade, eles nos vencerão facilmente por estarmos divididos."

[17] Tucídides (I.71): "Em política, como nas artes, o novo deve prevalecer sempre. É verdade que, quando uma cidade está em paz, é melhor deixar intactos os princípios estabelecidos, mas quando se é compelido a tomar muitas iniciativas é necessário introduzir muitas modificações nos métodos. Por essa razão, os princípios dos atenienses, sempre muito empreendedores, sofreram mais mudanças do que os vossos."

o direito".[18] Poderia discurso de tal teor soar muito atual, como se fora análise de *expert* de escola 'realista' de relações internacionais.

O centro do mundo helênico correspondia às cidades-estado (*poleis*) localizadas na Península balcânica (a atual Grécia), na Anatólia (atualmente na Turquia) e nas ilhas do Egeu. Relações internacionais estendendo-se além do mundo grego existiram nos séculos V e IV a.C., não somente com o império persa aquemênida,[19] mas também, no Ocidente, com Cartago,[20] com as cidades-estado etruscas e com a República romana.[21]

Ao lado dessas relações com outras potências é preciso também lembrar a diáspora grega desde o extremo ocidental do Mediterrâneo até as costas ocidentais do mar Negro. A partir da constituição desses novos núcleos urbanos, estabeleceram-se não somente relações de comércio, como também outros vínculos legais com as cidades-mãe originais gregas: "aprendendo no leste e no sul; ensinando no oeste e no norte", em história equilibrada, na qual as duas partes avançam concorrentemente.[22]

Houve prolongada e imensa 'colonização' grega antiga, com número considerável de cidades, fundadas por gregos, ao longo das costas do Mediterrâneo, desde a 'Magna Grécia' – as cidades-estado gregas na Itália e na Sicília –, também na França e nas terras da Península ibérica, nas costas do mar Adriático, no Egito, na Líbia e Cirenaica, e também

[18] TUCÍDIDES (I.77): "Os homens parecem revoltar-se mais com a injustiça que com a violência, pois sentem que a primeira, vinda de um igual, é vista como uma usurpação, mas a segunda, vinda de um mais forte, é considerada obra da necessidade". [...] "o domínio presente sempre parece mais pesado aos súditos que o passado" [....] "as instituições vigentes em vossa cidade são incompatíveis com as de outros povos e, além disso, nenhum de vós, quando vai a outros lugares, se pauta por elas ou por aquelas às quais os demais helenos estão acostumados."

[19] Como examinado no precedente capítulo 4.

[20] Sophie BESSIS, **Histoire de la Tunisie** – de Carthage à nos jours (orig. publ. 2019, Paris: Tallandier-texto, édition actualisée, 2022, ch. premier – Carthage. Naissance, prospérité et mort d'une puissance méditerranéenne, p. 27-49) aponta não somente as rivalidades territoriais com a expansão das colônias gregas, na orla do Mediterrâneo, mas também comerciais, com registros da expansão dos fenícios no Mediterrâneo ocidental, a partir do final do segundo milênio a.C.

[21] A respeito da formação e do desenvolvimento de Roma, ver o seguinte capítulo 6. Alguns séculos mais tarde, com a conquista, a Grécia passa a ser província romana.

[22] John BOARDMAN, **The Greeks overseas** – their early colonies and trade (orig. publ. 1964, London: Thames & Hudson, 1988, Preface, p. 7-9).

nas costas do mar Negro[23] e extensamente na Ásia menor (atualmente Turquia),[24] não somente litorânea.

Apesar dessa imensa expansão 'colonial' grega antiga,[25] que traz o conjunto do Mediterrâneo para o espaço cultural helênico – entre os séculos IX e VII a.C. – a maioria dos estudos sobre direito internacional e relações internacionais da Grécia antiga normalmente[26] começa somente a partir da instauração do sistema de cidades-estado, entre 500 a 338 a.C.

[23] Roberto Bosi, **Les cités grecques d'Occident** – Espagne, France, Italie, Yougoslavie, Albanie (orig. publ. **Le città greche d'Occidente**, 1980, préface de Filippo Coarelli, trad. et adapté de l'italien par Marthe Gauthier, Paris: Fernand Nathan, 1982); Giovanni Pugliesi Carratelli (ed. by), **The Greek world** – Art and Cvilization in Magna Graecia and Sicily (New York: Rizzoli, 1996).

[24] David J. Bederman (1961-2011), **International Law in Antiquity** (Cambridge: Univ. Press, 2001, reprinted 2006, 2 – State relations in ancient civilizations, p. 16-47, The Greek city-states 500-338 BCE, p. 31-41, cit. p. 32): The eighth and ninth centuries BCE saw explosive Greek colonization into all parts of the Mediterranean littoral. Ionian colonies were established in the Black Sea, the shore of Asia Minor and along the Italian and Sicilian coasts in the Central Mediterranean. Dorian colonies, with Corinth, Thera and Megara as their founders, were established on the Epiran coast, in North Africa, in southern Italy, and in Byzantium. By the end of the sixth century BCE, at the conclusion of the archaic period, Greek colonial expansion was complete. In the year 500 BCE, the heart of the Mediterranean was within the Greek cultural area, challenged only by Carthage in the western Mediterranean, by Etruria (and later Rome) in Italy, and most ominously by the immense, unitary and powerful Persian empire in the east.

[25] "Não tenho de fazer aqui o quadro das desoladoras monstruosidades, devidas aos sistemas de colonização, aos quais se lançaram, faz três séculos, as nações cristãs da Europa. Engendradas pelo orgulho católico dos espanhóis e o nefasto sistema monárquico-mercantil de Carlos V – e mesmo na maneira inglesa, compreendendo a doutrina recentemente inventada das regiões semicoloniais, estão longe de constituir exceção aqui – todos esses ensaios padecem do mesmo vício fundamental, de que as colônias somente são consideradas como existentes, em função da pátria mãe, e devem permanecer sujeitas a esta" – deplorando a colonização da era moderna – exclamava Johann Gustav Droysen (1808-1884), **Histoire de l'héllenisme** (originalmente publicado **Geschichte Alexanders des Grossen von Macedonien**, Berlin: G. Fincke, 1833, **Geschichte des Hellenismus I. Theil: Geschichte der Nachfolger Alexanders**, Hamburgo: F. A. Perthes, 1836 e **Geschichte des Hellenismus II. Theil: Geschichte der Bildung des hellenistischen Staatensystemes**, Hamburgo: F. A. Perthes, 1843, "version intégrale, trad. de l'allemand sous la direction de Auguste Bouché-Leclercq, préface, note sur la traduction et bibliographie Pascal Payen", Grenoble: Ed. Jerôme Millon, 2005, 2 vols., t. II, p. 1184-1185).

[26] Pouca documentação e registros literários permanecem do período arcaico. Detalhes da prática diplomática emergem quando as cidades-estado gregas já estavam em seu apogeu. E análises históricas da diplomacia pouco tem a oferecer antes das guerras entre gregos e

O fenômeno dos 'gregos além mar', estudado pelos historiadores, antigos e contemporâneos, tem igualmente interesse para o direito e as relações internacionais. A enorme expansão grega, desde as suas primeiras colônias e comércio, traz evidências físicas de presença grega, em solo estrangeiro, de relações com outros povos, bem como produz efeitos sobre as populações locais, do mesmo modo como ocorrem efeitos dos 'nativos' sobre os 'gregos'.[27] Existem múltiplos registros do vasto conjunto das "cidades gregas do Ocidente": numerosas 'colônias'[28] se estendem pelo conjunto da costa oriental e meridional da Espanha (Rosas, Emporion, Kipsela, Callipolis, Sagunte, Hemeroskopion, Akra Leuké, Manaké, Sexis), pela França (Marselha, Antibes, Olbia, Entremont), na Córsega (Alalia), na Albânia (Appolonia e Epidamnos), na Croácia (Trau, Lesina, Lissa e Curzola), além da fundação de dezenas de colônias gregas na Sicília e na Itália continental (nas regiões da Calábria, da Puglia, da Campânia, da Basilicata, delle Marche).[29]

Igualmente variadas e ricas são as interações entre os antigos gregos e os citas,[30] também estudados por autores da Antiguidade, com destaque para HERÓDOTO, que dedica a quase totalidade do livro IV da sua

persas, no século V a.C. A respeito, ver Eugène AUDINET, *Les traces du droit international dans l'Iliade et dans l'Odyssée* (RGDIP, 1914, p. 29-63).

27 John BOARDMAN, **The Greeks overseas** – their early colonies and trade (© 1964, Londres: Thames & Hudson, new ed., 1980, reprinted 1988, cit. p. 7): "The enterprises overseas include both those which were undertaken with the avowed objective of founding colonies, and those which served trade, with or without the establishment of trading posts."

28 O termo *colônia*, contudo, pode e deve ser compreendido em acepção mais ampla e historicamente mais abrangente. Caso assim definido, o fenômeno data da época grega antiga, não somente prossegue, como se expande consideravelmente no período helenístico e depois romano. Colonização seria, assim, fenômeno de tal modo variado, que este tem de ser utilizado no plural, para comportar todas as hipóteses praticadas, ao longo dos séculos, em modalidades bastante diversificadas. Mas sempre com alguns elementos comuns, o que mostra mesmo análise bastante superficial, do ponto de vista do direito internacional. A respeito, ver o item – colonialismo no tempo e no espaço, no **Tratado** (tomo XIV – **Direito internacional no tempo do colonialismo**).

29 Roberto BOSI, **Les cités grecques d'Occident** – Espagne, France, Italie, Yougoslavie, Albanie (préf. Filippo COARELLI, orig. publ., **Le città greche d'Occidente**, 1980, trad. et adaptation par Marthe GAUTHIER, Paris: Fernand Nathan, 1982).

30 Ellen D. REEDER (ed. by), **Scythian Gold** – Treasures from Ancient Ukraine (New York: Harry N. Abrams in association with The Walters Art Gallery and the San Antonio Museum of Art, 1999).

História à região do mar Negro.[31] Elementos precursores de uma identidade ucraniana se colocam mais de mil anos antes de qualquer traço de identidade russa.

As colônias gregas antigas se estendem pelo norte da Síria e impérios na região do Oriente médio, no delta do rio Orontes e, especialmente, a cidade de Al Mina, já por volta de 700 a.C., e prosseguem pelos séculos seguintes.[32] Nas regiões da Frigia e da Lídia, nos séculos VIII e VII a.C., a presença grega é forte nas regiões costeiras, especialmente nas cidades da Eólia e da Jônia – onde nasceram e floresceram vários dos filósofos pré-socráticos.[33] Na Samotrácia, já havia população nativa, de origem trácia, quando outros gregos, estes da Eólia, lá chegaram, por volta de 700 a.C.[34]

Considerável presença grega é assinalada ao longo de séculos, no Egito e na Cirenaica – atualmente a Líbia,[35] com destaque para Apollonia,

[31] Heródoto, **História** (trad. do grego, intr. e notas de Mário da Gama Kury, Brasília: Ed UnB, © 1985, 2ª. ed., 1988, livro IV, 1-144).

[32] J. Boardman, **The Greeks overseas** (ed. 1988, chap. 3 – The Eastern adventure, p. 35-110, esp. '*North Syria and the empires beyond*', p. 38-54, cit. p. 45): "Through Al Mina and these other ports some Greek pottery passed to the hinterland and to the south, in the hands either of Greeks or of local traders." E acrescenta: "These include Athenian vases of the first half of the eighth century (as in Cyprus) and Euboean or Cycladic." Vasos com figuras geométricas, ou fragmentos destes, foram encontrados também na Síria, em Hama e Catal Hüyük; na Assíria, em Nínive; perto de Sidon; na Palestina, em Megido, na Samaria e em Tell abu Hawam.

[33] Dentre outros, como examinam Émile Bréhier, **Histoire de la philosophie** I – Introduction – Période hellénique (Paris: PUF, 1948) e Giovanni Reale, **História da filosofia antiga** (orig. publ. **Storia della filosofia antica**, in cinque volumi, 1975-1980) vol. I – **Das origens a Sócrates** (trad. M. Perine, São Paulo: Loyola, 1993, Primeira parte – Os filósofos naturalistas jônicos e itálicos. Os problemas da *physis,* do ser e do cosmos, p. 41-171).

[34] J. Boardman, **The Greeks overseas** (ed. 1988, chap. 3 – The Eastern adventure, p. 35-110, esp. '*Phrygia and Lydia*', cit. p. 84-85) a respeito de Tenedos e da Samotrácia: "The earliest Greek vases made on the island show an appreciation of the shapes and the plain wares which preceded them, and which, indeed, were probably still being made there."

[35] J. Boardman, **The Greeks overseas** (ed. 1988, chap. 4 – The Greeks in Egypt, p. 111- 160, esp. *Greeks in Lybia and Cyrenaica*, cit. p. 153): "Greeks settled in Cyrenaica as soon as they did in Egypt; but while the Greeks of Naucratis were merchants, the Greeks at Cyrene were farmers." Logo a seguir, observa Boardman (op. cit., 1988, p. 156-157): "The material evidence about the early Greek cities in Cyrenaica is rather scrappy, but Italian excavations in Cyrene and recent British ones in Euhesperides and Taucheira can tell us something." E acrescenta: "Recent work has taught us much more about the other Greek cities in Cyrenaica", tais como Barce, cujas circunstâncias da fundação são relatadas por Heródoto; a

o porto de Cyrene, e Euhesperides (a atual Benghazi). Também HERÓDOTO relata a colonização da Cirenaica:[36]

> Chegando a Tera, os tereus que haviam deixado CORÔBIOS em Platea anunciaram a fundação de uma colônia numa ilha do litoral da Líbia; os tereus decidiram enviar para lá, na proporção de um irmão escolhido mediante sorteio a cada dois, homens arregimentados em todos os distritos – estes eram sete –, cujo comandante e rei seria BATOS. Assim eles despacharam duas naus de cinquenta remos para Platea.[37]

Curiosas interações acontecem entre os dois povos e as duas culturas, ao longo dos séculos: vários dentre os filósofos pré-socráticos, desde TALES de Mileto, foram estudar no Egito, quando jovens.[38] Tudo isso muitos séculos antes da instalação da dinastia (macedônia) dos PTOLOMEUS, que reinaria no Egito durante os três séculos entre a morte de ALEXANDRE, em 323 a.C. até a conquista romana, completada por AUGUSTO, depois da vitória na batalha de Actium, em 31 a.C., quando este derruba a última e a mais ilustre governante dessa casa, a rainha CLEÓPATRA.[39]

cidade de Aslaia; bem como Apollonia, a cidade depois renomeada Ptolemais; e ainda Taucheira, a moderna Tocra.

[36] HERÓDOTO, **História** (trad. do grego, intr. e notas de Mário da Gama KURY, Brasília: Ed UnB, © 1985, 2ª. ed., 1988, livro IV, 150-158): "A Pítia lhe respondeu dizendo-lhe para fundar uma cidade na Líbia. [...] No momento, aquilo foi tudo, pois não sabiam em que parte da terra ficava a Líbia, e não ousavam mandar colonos em uma missão incerta." Alguns anos depois, "mandaram consultar novamente o oráculo, e a Pítia repetiu a menção à Líbia."

[37] HERÓDOTO, **História** (ed. cit., 1985, IV, 153-154): "Essa é a versão dos tereus; quanto ao resto da história, a partir deste ponto, os tereus e os cirenaicos estão de acordo, mas em relação a BATOS os cirenaicos não concordam de forma alguma com os tereus." E a seguir (IV, 156): "A Pítia declarou que se eles fundassem Cirene, na Líbia, juntamente com BATOS, veriam sua situação melhorar."

[38] Ressalta a influência exercida pelo Egito sobre a formação do pensamento filosófico pré-socrático Carl GRIMBERG, **La Grèce et les origines de la puissance romaine** (orig. publ. **Väridshistoria, Folkens Liv och Kultur**, © 1963, de Carl GRIMBERG et Ragnar SVANSTRÖM, trad. Gérard COLSON, adapté sous la dir. de G.-H. DUMONT, Verviers: Marabout, 1974, '*L'origine de la philosophie*', p. 5-19): "En philosophie comme dans d'autres domaines, les Grecs montrèrent un talent admirable pour s'assimiler les connaissances d'autres peuples et ce de façon personnelle et féconde. Ils ont, comme dit NIETZSCHE, compris l'art "de prendre le javelot au point où d'autres peuples l'avaient laissé et de le lancer plus loin"."

[39] Mary BEARD, **The Roman Triumph** (Cambridge, Ma: The Belknap Press of Harvard Univ. Press, 2007, '*The Cleopatran Solution*', p. 114-117, cit. p. 117): "On the one hand, so the

Extensa colonização grega ocorreu, durante séculos, na assim chamada "Magna Grécia" (em grego, *megale Hellas*),[40] ou seja, a Itália central e meridional, em dezenas de cidades, tendo destaques como Nápoles[41] e Tarento,[42] e a Sicília, onde cidade como Siracusa[43] se tornou a mais rica dentre as cidades gregas da região, bem como em muitas outras praças do Mediterrâneo ocidental: "as cidades gregas do Ocidente eram prósperas, *nouveaux riches*; seus templos eram algo maiores do que os antigos de casa, sua arte algo mais ornamentada".[44]

Primeiro ocorre o que se pode denominar fase pré-colonial, durante a qual predomina o aspecto mercantil, com marinheiros-comerciantes gregos, que se aventuram pelo Mediterrâneo ocidental para fazer negócios, especialmente obter metais preciosos e outros produtos de mineração da Itália central, trocados por objetos de luxo e produtos finos

narrative logic runs, Cleopatra – or Mithradates, or whoever – did snatch victory from the jaws of defeat by the (reported) act of suicide. Their death deprived their conqueror of the clearest proof of his victory. [...] On the other hand, these stories also celebrated the inexorable power of Roman conquest and triumph."

40 J. Boardman, **The Greeks overseas** (ed. 1988, chap. 5 – Italy, Sicily and the West, p. 161-224, cit. p. 161): "Greek colonization on the shores of the Western Mediterranean is well documented and forms an essential part of any history of the Greek world. It was with the Western Greeks that the growing power of Rome first had to deal, and so to them in large part are due the continuity and transmission of Greek culture through Rome to the later Western world."

41 R. Bosi, **Les cités grecques d'Occident** (ed. 1982, '*Naples – Parthénope – Néapolis*', p. 61-65).

42 J. Boardman, **The Greeks overseas** (ed. 1988, chap. 5 – Italy, Sicily and the West, p. 161-224, cit. p. 164): "In Italy itself a settlement was certainly established at Tarentum, not quite on the site of the later colony but at Scoglio del Tonno opposite. It flourished from about 1400 to 1200 b.C." E adiante, Boardman (op. cit., 1988, p. 184): "The Greek city of Tarentum lies beneath the modern Taranto, on a fine peninsula site which embraces a large lagoon (the Mare Piccolo). Its port is the best in South Italy, and it commands good cornlands."

43 J. Boardman, **The Greeks overseas** (ed. 1988, chap. 5 – Italy, Sicily and the West, p. 161-224, cit. p. 172): "The richest of the Greek cities in Sicily was Syracuse. It was founded by the Corinthians, only one year after the Euboeans settled in Naxos, in 734 according to Thucydides."

44 J. Boardman, **The Greeks overseas** (ed. 1988, chap. 5 – Italy, Sicily and the West, p. 161-224, cit. p. 161-162): "The earliest colonies in the west were founded by the Euboeans, not on the nearest good farmland, but in a position which gave the most immediate opportunities for trade with Etruria, and they were supported by foundations safeguarding the passage to them through the Straits of Messina."

gregos. O fenômeno está longe de alcançar a mesma dimensão da colonização histórica: tem caráter marginal e superficial.

A seguir, a colonização assume a forma de imigração maciça e permanente, com a fundação de cidades propriamente ditas e ampla ocupação de regiões de solo fértil. Como aponta F. Coarelli, "o salto entre a primeira e a segunda fase pode ser percebido, quando se comparam Ischia, a antiga Pithecusa, talvez a última presença mercantil pré-colonial, e a fundação de Cumeo, situada em frente, a primeira colônia fixa".[45]

A segunda metade do século VIII é caracterizada por forte movimento de colonização que, em algumas décadas, leva à fundação da maioria das cidades gregas da Itália meridional e da Sicília. A tradição escrita apresenta variações quanto à cronologia: por exemplo, Tucìdides e Diodoro da Sicília divergem sobre a questão de saber qual das duas cidades, Siracusa ou Megara Hyblaea, é anterior à outra.[46]

Durante o século VII a.C. consolidam-se as colônias gregas na Sicília, e estas se expandem pela ilha, com novas fundações. Siracusa confirma o controle da região sudoeste, com a fundação de Helorus, Acrae, Casmenae e Camarina. Por sua vez, Megara Hyblaea se estende para o oeste, em Selinus. De modo semelhante, Zande se estende para fundar Himera, e Gela para fundar Acragas, a atual Agrigento:[47] com esta cidade, em 580 a.C., a colonização grega da Sicília praticamente se completava.

[45] Filippo Coarelli, '*Préface*' (in Roberto Bosi, **Les cités grecques d'Occident**, op. cit., 1982, p. 9-16, cit. p. 10): "Les fouilles récentes et précises d'Ischia ont démontré que l'installation des colonies Chalcis, autour de 780-770 av. J.-C. avait probablement pour but d'établir un point d'appui pour le commerce et le travail des métaux, en particulier du fer de l'île d'Elbe. [...] Avec la fondation de Cumes sur la côte opposée à Ischia, vers le milieu du VIII siècle, le saut de la première à la seconde phase de la colonisation s'accomplit."

[46] F. Coarelli, '*Préface*' (in Roberto Bosi, **Les cités grecques d'Occident**, op. cit., 1982, p. 9-16, cit. p. 10): "pourtant les données recueillies au cours de ces dernières années, et en particulier les progrès récents faits dans l'étude de la céramique grecque archaïque, précieux indice chronologique, permettent désormais de résoudre des problèmes épineux et confirment, au moins dans les grandes lignes, les données transmises par les textes littéraires."

[47] J. Boardman, **The Greeks overseas** (ed. 1988, chap. 5 – Italy, Sicily and the West, p. 161-224, cit. p. 187-188): "Acragas (Agrigento) was founded in 580 by Gela, and by the Rhodians settlers there, with reinforcements from home, rather than by the Cretans." [...] "There is some archaelogical evidence for the spread of Greek interests in the rich hinterland of Acragas in the sixth century. [...] But the zenith of the city's fortunes was not reached until the fifth century, when it wholly eclipsed its mother city Gela."

Claramente existe relevância em tais processos civilizatórios, onde o impacto das ideias e da cultura grega foi imediato. Em muitos sítios arqueológicos da Sicília, próximos das colônias gregas, encontramos vasos gregos, e muitas vezes também vasos, com formas nativas, mas com decoração caracteristicamente grega. Quando tem decoração de figuras, certamente parecem ter sido pintados por gregos, especificamente para seus vizinhos sicilianos. Os nativos também aprenderam dos gregos como fazer figurinhas de bronze e de barro, nas quais se revela interessante mescla de estilos, e os trabalhos em bronze foram particularmente estimulados e encorajados pelos gregos.[48]

Na França, dentre outros estabelecimentos – foram gregos da região da Fócia que fundaram Massalia (a atual Marselha), na foz do rio Ródano, por volta de 600 a.C. A fundação de Marselha foi marco importante, na história dos povos da Gália,[49] cujo primeiro contato ocorre, a partir de então, com os gregos. No século II, o historiador romano Justino comenta – a respeito do povo de Massília, a atual Marselha:[50]

[48] J. Boardman, **The Greeks overseas** (ed. 1988, chap. 5 – Italy, Sicily and the West, p. 161-224, cit. p. 190): "They adopted a form of Chalcidian alphabet. Whether we should also admit the possibility that Greek families lived in Sicel towns is another matter. A common pattern seems to have been the infiltration of Greek goods into a native site, possibly the establishment of a Greek quarter, followed by the establishment of a wholly Greek town either near by or at the expense of the original settlement."

[49] J. Boardman, **The Greeks overseas** (ed. 1988, chap. 5 – Italy, Sicily and the West, p. 161-224, cit. p. 217): "The modern town has hampered excavation, but opportunities have been well taken, and the results – treated with caution – are most revealing. The Greek city lay on the hill to the north of the Old Harbour. Finds were made here and at Fort St. Jean (which occupies the north side of the entrance to the harbour)." Grandes quantidades de fragmentos de cerâmica grega foram encontradas: "There is plenty at Marseilles, and it appears wherever there is any other Greek pottery on the French coast. Recent years have demonstrated clearly just how thorough the hellenization of South France was in the sixth century, and the variety of wares which are clearly of East Greek inspiration or origin."

[50] O historiador romano do segundo século, Marcus Junianus Justinus Frontinus, ou simplesmente Justinus, autor de **Historia Philipicae et totius mundi origines et terrae situs**, baseou-se extensamente na obra de Gnaeus Pompeius Trogus, historiador galo-romano do tempo de Augusto, cuja obra se perdeu e, assim, somente pode ser conhecido o conteúdo pelas referências e citações feitas pelo 'epítome'. Embora muito do conteúdo original tenha sido alterado, a obra de Justino é importante registro histórico, tanto pela conexão que nos permite com a obra original, a única história do mundo, escrita em latim, antes da era cristã, e como uma das poucas fontes remanescentes sobre muitas figuras da era helenística.

> Os gauleses aprenderam formas mais civilizadas de vida, e abandonaram ou abrandaram seus antigos costumes bárbaros. Por eles foram ensinados, e passaram a cultivar os seus campos e fazer muros em torno de suas cidades. Passaram a viver antes de acordo com a lei, do que pela violência da força das armas; e desenvolveram a cultura da vinha e o plantio da oliveira. Seus progressos, nos modos e na riqueza, foram tão brilhantes, que parecia não a Grécia ter imigrado para a Gália, mas que a Gália tivesse sido transplantada para a Grécia.[51]

Sem considerar outros aspectos, somente a introdução da cultura da vinha e da oliveira no sul da França seria motivo de eterna gratidão aos colonizadores gregos. Marselha logo se tornou ativo pólo exportador de seus produtos locais, inclusive cerâmicas e óleo de oliva.[52]

Mais além, na Espanha, os gregos fundam Emporion, a atual Ampurias,[53] como extensão da atividade, a partir dos colonizadores gregos de Marselha. Simultaneamente à presença de colônias fenícias,[54] na mesma região:

[51] **The History of Justin, taken out of the Four and Forty Books of Trogus Pompeius** containing the Affairs of all Ages and Countries, both in Peace and War, from the beginning of the World until the Time of the Roman Emperors, with an account of Justin, and the Time when he flourished (translated into English by Rob. Codrington, London: William Whitwood, fifth edition, 1688). Cit. Justinus, book 43, '*The early History of Rome and Massilia*', 41-2.

[52] J. Boardman, **The Greeks overseas** (ed. 1988, chap. 5 – Italy, Sicily and the West, p. 161-224, cit. p. 219): "The greatest concentration of such finds is, of course, near the coast around Marseilles and the mouth of the Rhône as at Arles, but there is much too from a number of sites in the Languedoc, to the north and south of Narbonne, notably Ensérune, where there must have been a Greek settlement."

[53] J. Boardman, **The Greeks overseas** (ed. 1988, chap. 5 – Italy, Sicily and the West, p. 161-224, cit. p. 218): "Emporion itself seems to have been established little if at all after Marseilles. There is Corinthian and East Greek pottery from the beginning of the sixth century on, and eventually Athenian as well."

[54] Sophie Bessis, **Histoire de la Tunisie** – de Carthage à nos jours (orig. publ. 2019, Paris: Tallandier-texto, édition actualisée, 2022, ch. premier – Carthage. Naissance, prospérité et mort d'une puissance méditerranéenne, p. 27-49, cit. p. 27-28): Si les historiens [...] s'accordent enfin avec l'archéologie pour estimer que Carthage a commencé à sortir de terre dans le dernier quart du IXe siècle av. J.-C., l'expansion des Phéniciens en Méditerranée occidentale à partir de la fin du deuxième millénaire est en revanche richement documentée.

> Os fenícios tiveram interesse nas águas do Mediterrâneo ocidental ao menos tão cedo quanto os gregos. Parece que os gregos fixaram o padrão, ao estabelecer substanciais comunidades mercantis e, a seguir, colônias, quando tiveram o controle dos primeiros sítios na Sicília oriental e central mas, mesmo que os fenícios não tenham se mostrado construtores de cidades, comparáveis aos gregos, é evidente que estes controlavam entrepostos comerciais, nas costas do sul da Espanha, do norte da África, da Sicília ocidental e provavelmente na Sardenha, antes do final do século VIII a.C.[55]

A partir do Mediterrâneo, os gregos seguiram rotas, através da Espanha e da França, para alcançar fornecimento de estanho, proveniente das ilhas Britânicas: na rota pelo sul, os gregos, principalmente da Fócia, tiveram de enfrentar a concorrência dos fenícios, e mesmo as suas bases comerciais, situadas nas Baleares, na Córsega e na Sardenha, não estavam seguras. Enquanto a Etrúria se manteve amistosa, os gregos puderam estender as suas rotas comerciais para a França, seguindo a outra rota do estanho, esta não ou pouco operada pelos fenícios. Seguindo sua prática habitual, salvaguardavam o comércio mediante a fundação de colônias.[56]

Os gregos antigos também estenderam suas colônias pelo mar Adriático,[57] onde a primeira colônia foi estabelecida na ilha de Corcyra

[55] J. Boardman, **The Greeks overseas** (ed. 1988, chap. 5 – Italy, Sicily and the West, p. 161-224, *'Greeks and Phoenicians'*, cit. p. 210-211): "It is likely that the Greeks too would have had an interest in the route to Spain, but were ousted by the Phoenicians." Prossegue Boardman (op. cit., 1988, p. 213): "The priority of Greek or Phoenician interest in South Spain remains undetermined. The balance of the evidence tends now rather in favour of the latter, but finds of Greek pottery in the Phoenician trading posts are regular, and indeed often provide the only secure dating evidence. Greek poets of these years knew of the Hesperides and the Atlantic."

[56] Provavelmente não foram estes os primeiros gregos a percorrer tais costas. J. Boardman, **The Greeks overseas** (ed. 1988, chap. 5 – Italy, Sicily and the West, p. 161-224, esp. *'Greeks in France and North Spain'*, cit. p. 216): "Clearly the most crucial point was at the mouth of the Rhône. Here, in native villages at Saint-Blaise and La Couronne, Greel pottery of the later seventh century has been found. The earliest datable pieces are Corinthian, but most of the pottery is East Greek, with some Athenian arriving after the middle of the sixth century, at Saint-Blaise. The Greek community here grew rapidly, and may have taken over the site eventually, although no ancient name is known for it. Nor is it clear which Greeks arrived there first in the seventh century."

[57] J. Boardman, **The Greeks overseas** (ed. 1988, chap. 6 – The North and the Black Sea, p. 225-266, cit. p. 225-226): "Corcyra's early history shows that she was soon quite

(Corfú),[58] sobretudo como porto seguro, ao percorrerem as rotas para o Ocidente. A expansão colonial grega, a oeste de Corcyra, começa como transferência de populações, na metade do século VIII a.C., certamente ao longo das rotas de navegação, conhecidas e praticadas desde os tempos dos navegadores micênicos e cretenses (antes de 1000 a.C.): a prova é que metade dos primeiros desembarques de grandes grupos de famílias não ocorrem nas terras da Puglia ou do mar Jônico, as mais próximas da Grécia, mas em localidades certamente mais conhecidas do mar Tirreno, sobretudo do golfo de Nápoles, em razão de contatos já consolidados com as populações autóctones, e em razão da presença de centros comerciais onde tinham contato com os etruscos, interlocutores relativamente pacíficos, durante certo tempo, e fornecedores de matérias primas.[59]

Em 627, as cidades de Corcyra e Corinto, conjuntamente, fundam Epidamnus (a romana Dyrrhachium, a atual Durazzo), na costa da atual Albânia, cerca de 220 Km mais ao norte. Logo depois, Corinto funda a cidade de Apollonia, mais ao sul, [60] bem como ocorre ulterior implantação, promovida por Corcyra com gregos do leste, os Cnidianos, em Curzola, uma das ilhas do arquipélago da Dalmácia.

Os antigos gregos, igualmente, estenderam suas rotas comerciais e suas colônias pelas costas do mar Negro, além de Berezan e Olbia, na foz dos rios Dniepr e Buh, em meados do século VII a.C., seguidas por

independent of her founder, Corinth, at times positively hostile, and in the seventh century the first Greek sea battle is recorded between these two states and in Corcyran waters. For all that, her art is always wholly in the Corinthian tradition."

[58] Dentre os marcos mais notáveis, na principal cidade da ilha de Corfú, o templo de Ártemis, data do início do século VI a.C.; muito mais tardio, não longe deste, outro templo dórico, no que hoje é o parque da Villa Monrepos, enquanto no extremo sul da península, um segundo santuário de Ártemis, no qual foram encontradas figuras votivas de barro, do século VII, representando a deusa e o seu leão; bem como um templo de Dionísio, do final do mesmo século, do qual se conservam esculturas.

[59] R. Bosi, **Les cités grecques d'Occident** (ed. 1982, p. 25): "L'autre région où eurent lieu les premiers débarquements est la côte orientale de la Sicile, route 'naturelle' pour ceux qui viennent d'Orient."

[60] Cerâmica, até agora encontrada em Apollonia, provém tanto de Corinto, quanto de Rodes, comprovando que os gregos lá se encontravam, por volta de 600 a.C. comenta J. Boardman, **The Greeks overseas** (ed. 1988, chap. 6 – The North and the Black Sea, p. 225-266, cit. p. 227): "There is also a fine piece of later archaic Greek relief sculpture, perhaps from an Acropolis temple."

Pantikapaion, Nymphaion, Phanagoria e diversas cidades na região da Crimeia, com destaque para Chersoneso, junto à atual cidade de Sebastópol – no que hoje é território da Rússia, desde a anexação da península,[61] em 2014.

A colonização grega na região do mar Negro (*Pontos*) teve imenso impacto sobre os povos da região. Dentre fontes antigas, como dito, HERÓDOTO dedica a quase totalidade do livro IV da sua **História** à região do mar Negro,[62] tendo visitado a colônia grega de Olbia: ele descreve não somente os gregos, que viviam naquelas cidades, como também os citas e outros povos que viviam na mesma região, e examina as conexões então existentes entre esses núcleos com o Oriente médio e com a Grécia. Ele reporta os "relatos dos citas a propósito de si mesmos e do território ao norte do seu", bem como dos helenos habitantes da região do mar Negro (*Pontos*) e depois agrega "ainda outra história, cujo teor me sinto mais inclinado a aceitar": os citas nômades habitantes da Ásia, pressionados pelos massagetas na guerra, fugiram atravessando o rio Araxes, em direção ao território cimério. Os cimérios, diante "dos riscos inerentes à resistência em face de um inimigo numeroso" se reuniram para deliberar: a maioria se preparava para se retirar, entregando o território ao inimigo, enquanto outros "estavam decididos a morrer em sua própria terra, em vez de fugir com a maioria"; assim "se dividiram em dois grupos e lutaram até o aniquilamento de todos, mortos uns pelos outros" e "os citas, quando chegaram, ocuparam um deserto".[63]

Esses deslocamentos de povos se inscrevem em tradição que HERÓDOTO reporta de fontes mais antigas, sobretudo do poeta ARISTEAS,

[61] Serhy YEKELTCHYK, **Istoriia Ukraini** – Stanovlenie sovremennoi nacii (orig. publ. **Ukraine** – Birth of a Modern Nation, 2007, trad. do inglês Nicolau Klimtchuk, Kiev: Isdatelstvo K.I.S., 2010); Vladimir FÉDOROVSKI, **Poutine, l'Ukraine, les faces cachées** (Paris: Balland, 2022); Alexandra GOUJON, **L'Ukraine** – de l'indépendance à la guerre (Paris: Le cavalier bleu, 2022); Pierre LORRAIN, **L'Ukraine** – une histoire entre deux destins (orig. publ. 2019, Paris: Bartillat, deuxième éd. revue et actualisée, 2021); Francis MONCAUBEIG, **L'Ukraine** – de l'Antiquité à 2015 (Tours: Sutton, 2019); Felipe ALAMINO, Anexação da Criméia (pref. P. B. CASELLA, Curitiba: Instituto Memória Ed., 2021).

[62] HERÓDOTO, **História** (trad. do grego, intr. e notas de Mário da Gama KURY, Brasília: Ed UnB, © 1985, 2ª. ed., 1988, livro IV, 1-144).

[63] HERÓDOTO, **História** (trad. Mário da Gama KURY, ed. 1988, livro IV, 11-12): "Quanto aos cimérios, é evidente a sua fuga para a Ásia diante dos citas e a colonização pelos mesmos da península onde hoje existe a cidade helênica de Sinope".

segundo quem: os arimaspos deslocaram os issedônios, que por sua vez deslocaram os citas, que empurraram os cimérios e ocuparam a região norte do Pontos.[64] Essa versão é corroborada por evidências arqueológicas e reflete as prováveis origens asiáticas dos citas.[65]

A partir do século VI a.C., quando se intensificam os fluxos comerciais dos citas com as colônias gregas, ocorre aumento na quantidade e na qualidade dos produtos gregos, os quais foram encontrados nos túmulos das elites citas. Ao menos, dos sítios que escaparam aos saques e explorações indiscriminadas, anteriores às escavações.[66]

HERÓDOTO descreve o clima da região da estepe como sujeito a frio severo, no inverno, mas comenta: "os citas descobriram essa maneira de viver porque seu território se presta a ela, e os rios da região são seus aliados; com efeito, esse território plano conta com pastagens e água em abundância e com rios que o cortam em número quase tão grande quanto o dos canais do Egito" e a seguir descreve cada um dos principais rios da região.[67]

Evidência de presença helênica, além das trocas comerciais e da implantação de colônias, a escavação de cerâmicas gregas do final do século VII a.C. se estende muito além das cidades gregas, nas costas do mar Negro, subindo o curso do Dniepr, até a região ao sul de Kiev.

[64] HERÓDOTO, **História** (trad. Mário da Gama KURY, ed. 1988, livro IV, 13-16) e em relação aos "territórios situados além da região sobre a qual estou começando a falar, ninguém conhece exatamente o que existe lá; com efeito, não me foi possível obter informações relativas a eles de qualquer testemunha ocular."

[65] Lada ONYSHKEVYCH, *Scythia and the Scythians* (in **Scythian Gold** – Treasures from Ancient Ukraine, ed. by Ellen D. REEDER, New York: Harry N. Abrams in association with The Walters Art Gallery and the San Antonio Museum of Art, 1999, p. 23-58, cit. p. 25-26): "Archaelogy, in fact, provides considerable evidence to complement the literary testimonia."

[66] Esther JACOBSON, *Early Nomadic Sources for Scythian Art* (in **Scythian Gold** – Treasures from Ancient Ukraine, ed. by Ellen D. REEDER, New York: Harry N. Abrams in association with The Walters Art Gallery and the San Antonio Museum of Art, 1999, p. 59-69, cit. p. 59): "The greatest obstacle to tracing Scytho-Siberian descent from Bronze Age cultures of the Eurasian steppe lies elsewhere. Even in its earliest manifestations, which date from the seventh and sixth centuries B.C., Scytho-Siberian art is indicative of a developed, expressive and supremely confident representational tradition".

[67] HERÓDOTO, **História** (trad. Mário da Gama KURY, ed. 1988, livro IV, 47-58): "São esses de um modo geral os rios mais conhecidos, tão benéficos aos citas". Enfatiza "as pastagens existentes na Cítia são entre todas as que conhecemos as mais favoráveis", particularmente para a criação de gado, cujas qualidades elogia.

Mais tarde, entre os séculos V e IV a.C., os artesãos atenienses tinham desenvolvido linhas de produção especialmente direcionadas para o mercado do mar Negro.

As novas colônias gregas prosperaram e mantiveram rotas importantes de comércio com os gregos na metrópole, exportando para a Grécia itens da sua produção agrícola e pesqueira, ou provenientes de produtores locais, apesar da pressão crescente dos persas sobre ambos os povos. Também objetos de ouro e bronze eram vendidos entre gregos e citas desde o período arcaico, e as escavações arqueológicas mostram a ampliação dessas trocas comerciais[68] nos séculos seguintes.

Além de os gregos terem levado a cultura da vinha até a Crimeia, também o desenvolvimento de arte greco-cita se conta dentre os mais exóticos resultados desse movimento de colonização:[69] no século VI começamos a encontrar as mais claras indicações do impacto da arte grega sobre os citas. Isso é demonstrado em parte por objetos importados, em parte pelo trabalho de gregos e jônicos em objetos ou estilos calculados para atrair os citas. Esse trabalho provavelmente foi efetivamente feito nas cidades gregas da costa do mar Negro.[70]

Nesse mesmo sentido, estendem-se colônias gregas, com a fundação de cidades, em pontos chave das antigas rotas de comunicação, demonstradas por escavações feitas no que hoje são territórios da Albânia, da Croácia e da Bulgária: dentre as maiores dificuldades, tem-se a de

[68] Michael TREISTER, *The Workshop of the Gorytos and Scabbard Overlays* (in **Scythian Gold** – Treasures from Ancient Ukraine, ed. by Ellen D. REEDER, New York: Harry N. Abrams in association with The Walters Art Gallery and the San Antonio Museum of Art, 1999, p. 71-79, cit. p. 79): "Several factors suggest that these Bosphoran workshops employed craftsmen of diverse origins, including Bosphoran Greeks and Scythians: the lack of stylistic consistency; the changes made to classic prototypes and the inclusion of elements unusual in Greek, and especially Attic, art; and, finally the possibility that the overlays illustrate episodes from Scytho-Iranian myths of epics."

[69] J. BOARDMAN, **The Greeks overseas** (ed. 1988, chap. 6 – The North and the Black Sea, p. 225-266, cit. p. 264): "The development of Greco-Scythian art was perhaps the strangest issue of the same movement."

[70] J. BOARDMAN, **The Greeks overseas** (ed. 1988, chap. 6 – The North and the Black Sea, p. 225-266, '*Greeks and Scythians*', cit. p. 259): "We must, however, remember that this was no ordinary barbarian market that they were serving, but one already used to most accomplished works of decorative art in a quite different style, and one well acquainted with the best work of certain more formal Near Eastern schools."

determinar o que era grego e não grego, nos Bálcãs, em vários períodos:[71] os Ilírios e os Trácios podiam ser considerados totalmente bárbaros; enquanto os macedônios eram um caso limite, entre o espaço culturalmente grego e os bárbaros.

Ainda Alexandre teve de enfrentar oposição grega, para ser aceito como o campeão grego, na luta contra o Oriente.[72] Embora a Macedônia fosse, ao menos em parte, integrante do espaço cultural grego, desde a idade do ferro.

> Cumpre assinalar com que rapidez essas colônias criam raízes, com que vigor elas se mantém, mesmo diante das conjunturas mais difíceis. Qual a fonte dessa vitalidade? Na minha opinião, não é somente de interesse científico suscitar essa questão; ela é tanto mais importante, em relação a uma das tarefas mais grandiosas do tempo presente, que foi menos compreendida e preparada até aqui, quanto aos meios necessários para a levar a bom termo.[73]

O principal dado a assinalar é a diversidade essencial das condições entre as colônias da Antiguidade e a colonização da era moderna e, sobretudo, o colonialismo imperialista.[74] Da mesma forma, ainda na Antiguidade, fala-se de 'imperialismo' ateniense, macedônio e depois romano, mas, cabe indagar: terá a expressão mudado de sentido? Na era do imperialismo, reencontramos comportamentos que reproduzem os da época das grandes conquistas coloniais.

[71] "Antes de existirem passaportes, isso provavelmente não tinha muita importância", comenta J. Boardman, **The Greeks overseas** (ed. 1988, chap. 6 – The North and the Black Sea, p. 225-266, cit. p. 234-235 e a seguir p. 238): "The Thracians had proved the most hostile to the new Greek colonies, for all their readiness to let their mines to Greek and buy Greek goods in later years. The Greeks thought little enough of them except as fighters, and brought many of them back home as slaves."

[72] Roger Peyrefitte (1907-2000), **La jeunesse d'Alexandre** (Paris: Albin Michel, 1977), **Les conquêtes d'Alexandre** (Paris: Albin Michel, 1979), **Alexandre le grand** (Paris: Albin Michel, 1981).

[73] J. G. Droysen (op. cit., ed. 2005, p. 1184-1185).

[74] J. G. Droysen (op. cit., ed. 2005, p. 1184) advertia: Para quem não consegue encontrar em um fato isolado a pirâmide de condições do qual este é o ponto culminante, a reconhecer, em indicações fortuitas, a rede de conexões e de pressupostos, à qual estas pertencem, para quem não vê na história nada além de um mosaico de passagens tiradas dos respectivos autores, para esse a história permanecerá muda e infecunda; não passa de um esqueleto.

Distinção entre as colônias gregas antigas e as práticas do colonialismo imperialista –[75] já apontava DROYSEN, no início do século XIX – onde se parece querer recusar, tanto quanto possível, às colônias qualquer independência política, comercial ou industrial. É tirar delas toda a vantagem possível sem gastar para encorajar seu desenvolvimento, além do estritamente necessário para garantir o interesse e a cupidez da metrópole: a metrópole fabrica pelas colônias e mantém os armadores, a custo destas. A metrópole tem exclusividade para transportar as mercadorias, em seus navios, e fixa os preços, com vantagem para si, enquanto os produtores locais ficam com uma parte tão pequena quanto possível.[76]

As colônias helenísticas parecem ter, em sua maioria, caráter distinto das relações entre colônia e metrópole, e também das antigas colônias romanas e das modernas colônias russas, pois "o fundador desse sistema, realmente grandioso, partia da supressão de qualquer diferença entre vencedores e vencidos, do princípio da equalização e da fusão efetiva". Aqui estão dois aspectos, que se mostram de modo particularmente relevante: um análogo ao das antigas colônias gregas e o outro devido à mudança ocorrida no caráter da época.[77]

As antigas colônias gregas eram mais ou menos exclusivamente enviadas por uma metrópole determinada, ou saiam espontaneamente desta: conservavam, em relação a esta, relações de piedade filial, bem como certa comunidade de instituições jurídicas e religiosas, mas do ponto de vista político, eram independentes da metrópole: eram cidades livres e autônomas. Na Antiguidade, sobretudo nas novas fundações, os vínculos, bastante tênues, que uniam colônia e metrópole, viram-se afrouxados ou suprimidos ao longo do tempo.

O caráter das fundações helenísticas era justamente o de serem cidades-estado (*poleis*) e deterem, se não a soberania, que tinham conservado ou reivindicado as pequenas repúblicas urbanas da era anterior, ao

[75] A respeito, v. **Tratado** (tomos XIV a XVII – **Direito internacional no tempo do colonialismo**).

[76] J. G. DROYSEN (op. cit., ed. 2005, p. 1185) considerava que a Rússia constituiria "exceção sob tais aspectos, porquanto ela renuncia ao conceito de metrópole e se contenta, na vasta extensão das suas possessões, em aumentar a população, em encorajar a agricultura, em converter os diversos povos à nacionalidade russa e à religião grega (*sic*). Tendências que, de certo ponto de vista, apresentam analogias com o desenvolvimento do sistema romano".

[77] J. G. DROYSEN (op. cit., ed. 2005, p. 1184-1185).

menos a autonomia comunal, com direitos análogos aos privilégios das cidades imperiais, tais como o direito de portar armas, de cunhar moeda, de autoadministrar-se, de ordenar o funcionamento do poder judiciário etc. ALEXANDRE certamente dotou suas colônias de todas essas vantagens; por sua vez, os Lágidas parecem ter reconhecido, ao menos no Egito, privilégios menos brilhantes. Por seu turno, no Império selêucida, a maioria das novas cidades parece ter sido mais ricamente dotada de liberdades equivalentes às das cidades imperiais.[78]

Pontua-se a controvérsia quanto a serem 'colonização' e 'imperialismo' fenômenos presentes na história humana, desde a Antiguidade, ou somente ocorrências recentes, resultado da combinação de vários fatores, em determinado momento da história, como especificamente se deu entre o final do século XIX e o início do XX, quando se configura o colonialismo imperialista. No sentido que os imperialismos do final do século XIX e do século XX diferiam tanto do espírito de conquista ou de dominação das épocas passadas, quanto da expansão colonial dos séculos anteriores: mais que outros, ligados ao capital financeiro.[79]

Esse padrão adotado no contexto grego de 'colonização', mais adiante, repercutiria nas ligas entre as cidades-estado gregas. Nestas, a preeminência atribuída a uma *pólis* era um prolongamento natural dos arcaicos padrões de colonização no mundo grego.[80]

[78] J. G. DROYSEN (op. cit., ed. 2005, p. 1185): "enfin, certaines d'entre elles, Séleucie sur le Tigre notamment ont pu, lorsque l'empire s'affaissa, se maintenir en possession d'une indépendance toute républicaine et, en général, les villes d'Asie mineure en offrent des nombreux exemples – de cette condition de villes impériales, pour ainsi dire, à l'indépendance complète, la transition était excessivement facile."

[79] Cfr. **Tratado** (tomos XIV a XVII – **Direito internacional no tempo do colonnialismo**). É claro que a colonização e a conquista territorial podem ser imperialistas: mas, no século XIX, e até a primeira guerra mundial, o imperialismo dispõe de meios de ação que podem se acomodar com a independência política: caso da penetração do capital financeiro na China, no império otomano, e na Rússia. Ver Marc FERRO, **Histoire des colonisations** – des conquêtes aux indépendances, XIIIe – XXe siècle (originalmente publicado em 1994, Paris: Seuil – Histoire, «édition completée et mise à jour par l'auteur», 1996, chap. I – *Colonisation ou impérialisme*, p. 15-47, cit. p. 37), tb. na ed. bras., **História das colonizações** – das conquistas às independências: séculos XIII-XX (trad. Rosa F. de AGUIAR, São Paulo: Cia. das Letras, 1996, 5ª reimpr., 2008, cap. I – *Colonização ou imperialismo*, p. 17-42, cit. p. 34). V. tb. C. A. BAYLY, **The birth of the modern world, 1780-1914: global connections and comparisons** (Oxford: Blackwell, 2004, chap. 6 – *Nations, Empire and Ethnicity, c. 1860-1900*, p. 199-243).

[80] D. BEDERMAN, **International Law in Antiquity** (op. cit., 2006, 2 – State relations in ancient civilizations, p. 16-47, The Greek city-states, p. 31-41, cit. p. 35-36): "The mother-

Os gregos dispunham de extenso vocabulário para descrever os diferentes tipos de relações desiguais entre as cidades: a diplomacia clássica grega era muito mais sofisticada do que a simples dicotomia entre amigos e inimigos. Não somente eram reconhecidos diferentes graus de relações de poder, mas também o conceito de neutralidade, no qual a opção de abstenção de participação no conflito armado era definida com clareza suficiente e reconhecida de maneira suficientemente ampla para assegurar a proteção contra a hostilidade dos beligerantes.[81]

Pode, assim, ser oportuno e necessário considerar o legado grego ao direito internacional (5.1), antes de passar a breve exame do mundo helenístico (5.2) e a avaliação da contribuição grega e helenística para o direito internacional (5.3).

5.1. Legado grego ao direito internacional

> Não pode haver dúvida quanto à existência de direito internacional na Grécia antiga, seja pela existência de relações entre sujeitos de mesma nacionalidade, ou de única nação helênica, apesar da pequena escala dessas relações. Os gregos nunca formaram uma única nação, no sentido político, apesar da consciência de constituírem uma unidade cultural. O fato de compartilharem herança comum nunca excluiu que os gregos tratassem os súditos de outros estados gregos da mesma forma que eram tratados os não-gregos, ou de formarem alianças com potências não-gregas, contra outros gregos.
>
> W. Preiser (2012)[82]

city was bound to exercise a prevailing influence over her colonies. Likewise, the great powers of Ancient Greece – Athens, Sparta and Thebes – tended to dominate their smaller neighbors, a process that was extensively documented by Greek historians like Thucydides and Herodotus, as well as by modern scholars. Hegemony had its natural effect of limiting the autonomy of smaller *poleis*."

[81] Robert A. Bauslauch, **The concept of neutrality in Classical Greece** (Berkeley: Univ. of California Press, 1991, cit. p. 36); D. Bederman (op. cit., 2006, loc. cit.).

[82] W. Preiser, *History of international law, Ancient times to 1648* (in **Encyclopedia of Public International Law**, 2012, vol. IV, p. 869-896, cit. § 8) comparava com o contexto da Baixa Idade Média: "The undeniably small scale of all the relationships, however, tends not to exclude the possibility of an international legal system governing relations between equals in this instance, any more than in the Late Middle Ages; the only criterion is the legal structure of the system in question, not its size."

O valor da Grécia no estudo do direito internacional em parte reside nas análises filosóficas, científicas e políticas que legaram à humanidade, e em parte nas fascinantes interrelações construídas no contexto do mundo helenístico.

M. N. SHAW (1991)[83]

O legado da Grécia antiga é de tal modo relevante e central para construção da identidade do mundo ocidental, que se tende a ver o conjunto de tal legado, em lugar de destacar os elementos do que poderiam ser considerados elementos de direito internacional e de relações internacionais, tais como teriam sido praticados na Antiguidade helênica. E a partir desta, expandiram-se para consideráveis extensões do mundo, no período helenístico.

Cabe ter presentes as consideráveis diferenças e a necessidade de distinção entre os períodos arcaico, clássico e helenístico.[84] A grande

[83] Malcolm N. SHAW, **International Law** (Cambridge: Grotius Publications, 3rd ed. 1991, 1 – The nature and development of International Law, p. 1-39, esp. 'Historical development', p. 15) prossegue: "Rights were often granted to the citizens of the states in each other's territories and rules regarding the sanctity and protection of diplomatic envoys developed. Certain practices were essential before the declaration of war and the horrors of war were somewhat ameliorated by the exercise, for example, of religious customs regarding sanctuaries. But no overall moral approach similar to those emerging from Jewish and Hindu thought, particularly, evolved. No sense of a world community can be traced to Greek ideology in spite of the growth of Greek colonies throughout the Mediterranean area. This was left to the able administrators of the Roman Empire."

[84] Do ponto de vista do direito internacional, do período arcaico convinha ressaltar a colonização grega, extensamente praticada, e a influência desta sobre as fases históricas seguintes. V. tb.: Arnaldo MOMIGLIANO, **Alien Wisdom** – The limits of Hellenization (Cambridge and New York: Cambridge U.P., 1975); Paul VEYNE, *L'identité grecque contre et avec Rome: 'collaboration' et vocation supérieire* (in P. VEYNE, **L'empire gréco-romain**, Paris: Seuil, 2005, p. 163-257); Albin LESKY, **Geschichte der griechischen Literatur** (orig. publ. 1957-1958, Berna e Munique: Francke, 3ª ed. rev. e ampliada, 1971, esp. V – Die Hohe Zeit der griechischen Polis, p. 279-716) estuda nessa parte o período dito 'clássico' da Grécia antiga, entre o anterior período arcaico e o subsequente período designado 'helenismo'; Josep BLANES Sala, **Noção e instituições de direito internacional na Grécia clássica** (São Paulo: FDUSP, mestrado em direito internacional, 1993); G. TÉNÉKIDÈS, **Droit international et communautés fédérales dans la Grèce des cités** (RCADI, 1956, t. 90, pp 469-652); b/c TÉNÉKIDÈS, em outro curso na Haia, **Régimes internes et organisation internationale** (RCADI, 1963, t. 110, p. 271-418). V. tb. Dominique GAURIER, **Histoire du droit international** (Rennes: P. Univ. de Rennes, 2005, chapitre II – les apports grec et romain, p. 51-84, cit. p. 51): "Les grecs,

difusão da língua, da cultura, como do direito e das instituições gregas pelo mundo antigo foi fenômeno do que hoje se poderia comparar à assim denominada 'globalização'.

O fenômeno dito 'helenístico' se estendeu durante séculos, sobre consideráveis extensões do mundo antigo.[85] Nesse sentido, na segunda metade do século XVII, Samuel Rachel comenta e reporta o ensinamento de Grócio, quando este observara, algumas décadas antes: "como entre os antigos as instituições do direito dos gregos se estenderam a quase todos os povos, assim, as instituições alemãs foram recebidas em quase toda parte, e ainda encontram autoridade".[86]

A identidade cultural e de língua foi dado central da consolidação do mundo grego antigo. Em simplificação muito genérica, pode-se dizer que esta se põe no período arcaico, desenvolve-se e floresce no período clássico, mas, então, ainda permanece restrita aos gregos, exceto por contatos pontuais e conflitos com outros grupos étnicos – como se viu[87] a importância do conflito com os persas, na consolidação dessa

comme les romains, passent traditionnellement, eux aussi, pour avoir également superbement ignoré toute idée d'un quelconque droit international; les premiers parce qu'imbus de leurs propres valeurs culturelles, auraient considéré leurs voisins comme des barbares (...); les seconds, en raison du fait qu'ils furent conduits à dominer un immense empire qui rendait certainement moins cruciale la question des rapports à entretenir avec des nations étrangères et échappant à l'orbite du pouvoir romain, dès lors que cet empire territorial avait su intégrer divers peuples d'ethnies variées dans un unique ensemble politique, tout en conservant à ces ethnies, le droit d'être régies par leurs propres lois quant à leurs personnes et leurs biens. / Mais c'est encore là une opinion à la fois fausse et trop désireuse de ne considérer comme relations internationales que ce qu'aujourd'hui nous sommes appelés à définir comme tel". Por sua vez, Arthur Nussbaum, **Historia del derecho internacional** (do original **A concise History of the Law of Nations** © 1947, trad. Francisco Javier Osset, adiciones sobre História de la doctrina hispanica de derecho internacional por Luís Garcia Arias, Madrid: Revista de derecho privado, s/d, prólogo de L.G.A. datado "1949", cap. primero 'La Antiguedad', p. 1-18, cit. p. 6) considera a importância do legado civilizacional da Grécia, mas aponta quanto, "na esfera internacional, a perspectiva grega foi limitada".

[85] Como se considera no item 5.2 – o mundo helenístico.

[86] H. Grócio, **De jure belli ac pacis** (1625, Livro II, cap. 8, n. 1), é comentado por S. Rachel, **De jure naturae et gentium dissertationes duae**, 1676, "Dissertatio altera", III): "Sicut enim olim Jura Graeca, ita tunc Germânica instituta passim recepta sunt, & nunc etiam vigent." V. tb. **Tratado** (tomo VII – **Direito internacional no tempo de Hugo Grócio** e tomo IX – **Direito internacional no tempo de Samuel Pufendorf**, cap. 19 – Samuel Rachel (1628-1691)).

[87] No capítulo 4, precedente, sobre o império persa.

identidade – até que se estenda em dimensão quase mundial no período helenístico. Neste último período, por um lado, pode-se dizer que se tivesse perdido a configuração inicial, e porventura representasse tempo de 'decadência', mas foi esse o período de universalização e de abrangência até então nunca alcançada pela civilização helênica, cujas repercussões se estendem por enormes extensões do mundo antigo.[88]

Entre os antigos gregos se encontram instituições até hoje conhecidas do direito das gentes,[89] tais como os tratados;[90] a utilização da arbitragem[91] para solução de litígios, ditos de direito público, em casos então como em nossos dias relevantes,[92] de solução de disputas territoriais, de traçado de fronteiras, ou direitos sobre rios e mananciais;[93]

[88] Coube a Johann Gustav Droysen (1808-1884) fixar a denominação e o papel da era helenística, bem como combater a opinião, antes dominante, quanto a ter sido esta uma era de decadência. J. G. Droysen, **Histoire de l'héllenisme** (originalmente publicado **Geschichte Alexanders des Grossen von Macedonien**, Berlin: G. Fincke, 1833, **Geschichte des Hellenismus I. Theil: Geschichte der Nachfolger Alexanders**, Hamburgo: F. A. Perthes, 1836 e **Geschichte des Hellenismus II. Theil: Geschichte der Bildung des hellenistischen Staatensystemes**, Hamburgo: F. A. Perthes, 1843, "version intégrale, trad. de l'allemand sous la direction de Auguste Bouché-Leclercq, préface, note sur la traduction et bibliographie Pascal Payen", Grenoble: Ed. Jerôme Millon, 2005, 2 vols.).

[89] V. **Fundamentos** (2008, item VII – eunomia internacional, p. 617-666); G. Ténékidès, **Droit international et communautés fédérales dans la Grèce des cités** (1956, p. 469-652). V. tb. a caracterização do instituto e do conteúdo do asilo, nos julgamentos do caso **Haya De La Torre** (em 20 e 27 de novembro de 1950 e 13 de maio de 1951) pela Corte Internacional de Justiça.

[90] Tucídides (I.123): "Os tratados não são rompidos por quem luta em defesa própria, mas por quem ataca os outros sem ser provocado."

[91] A respeito, v. Michel De Taube, **Les origines de l'arbitrage international: Antiquité et Moyen Âge** (RCADI, 1932, t. 42, p. 1-116).

[92] Tucídides (I.140): "Embora estivesse expressamente pactuado que submeteríamos as nossas divergências a arbitragem, mantendo-se cada parte, nesse interim, na posse daquilo que tinha, nunca até hoje eles propuseram uma arbitragem, nem a aceitaram quando a sugerimos; para resolver os litígios eles preferem a guerra à paz; e agora estão aqui para fazer exigências e não mais para apresentar queixas". E logo adiante (I.144): "quanto à arbitragem, estamos prontos a submeter-nos a ela de acordo com o tratado, e não tomaremos a iniciativa da guerra. mas nos defenderemos contra aqueles que o fizerem."

[93] Cumpre assinalar a ocorrência, entre as cidades-estado gregas antigas, de acordos, não obstante certa imprecisão de linguagem, comportando a escolha da arbitragem para a solução de litígios futuros. Os árbitros deviam prestar juramento de resolver de modo imparcial a controvérsia. Referido juramento era, normalmente, prestado em templo ou local de culto. Muitas vezes, para o julgamento de questão envolvendo duas delas, o árbitro seria represen-

o princípio da necessidade da (prévia e solene) declaração de guerra (para a 'licitude' desta); a inviolabilidade dos arautos;[94] o direito de asilo (*asulon*); a neutralização de certos lugares;[95] a prática do resgate ou da troca de prisioneiros de guerra; a praxe de poupar a vida dos inimigos, recebidos em "rendição voluntária e com as mãos para o alto";[96] assim também o conceito e alguns procedimentos de cooperação judiciária, de proteção da condição jurídica do estrangeiro,[97] bem como acordos relativos a direitos civis e políticos (*isopoliteia*), entre cidades-estado, que se reconheciam mutuamente a igualdade de tratamento legal e político dos cidadãos de uma, no território da outra cidade.

Como se deu entre Mileto e Ólbia, por volta de 330 a.C.:[98]

> Estes são os acordos ancestrais entre os cidadãos de Ólbia e os cidadãos de Mileto, o cidadão de Mileto que estiver em Ólbia deverá fazer sacrifícios como um cidadão de Ólbia, nos mesmos altares, e deverá frequentar os mesmos santuários públicos que os cidadãos de Ólbia; os cidadãos de

tante de terceira cidade-estado, mais do que uma pessoa física. Esse representante de estado poderia delegar a sua atribuição a uma comissão de três ou mais cidadãos, ou a grupo destes, que seria designado mediante sorteio. Como observa A. Nussbaum, **Historia del derecho internacional** (ed. 1949, cap. primero 'La Antiguedad', p. 1-18, cit. p. 10): "Una de las fórmulas que nos han llegado contiene una imprecación del árbitro sobre si mismo, y su descendencia para el caso de violación de sus obligaciones" [...] "También es extraño, desde el punto de vista moderno, el que, al menos en aparencia, se admitia que los árbitros recibieran donativos y honras de la parte vitoriosa. De todos modos, el arbitraje es, quizá, el aspecto más brillante del derecho internacional griego, aunque los autores han exagerado la importancia del mismo, con el deseo, acaso, de presentar tan antiguo ejemplo al defectuoso presente". Durante os períodos macedônio e romano, o rei desta e o Senado romano, atuaram muitas vezes, com faculdade de delegação da atribuição.

[94] Tucídides (II.1) enceta o livro II da **História da guerra do Peloponeso**, com o relato da "guerra propriamente dita entre os atenienses e os peloponésios e seus respectivos aliados" com a seguinte consideração "a partir deste ponto eles deixaram de manter relações recíprocas, salvo por intermédio de arautos". Mostra tanto a realidade da guerra, quanto a instituição dos arautos e a condição destes.

[95] Tucídides (I134): [...] "correu em direção ao santuário de Atena do templo de bronze, chegando primeiro ao refúgio, pois o recinto sagrado ficava próximo."

[96] Tucídides (III.58): "os costumes dos helenos proíbem a execução de suplicantes".

[97] Tucídides (I.144): "cessarem de promulgar leis visando à expulsão de estrangeiros".

[98] Exemplos de relações inter-pólis, Ilias Arnaoutoglou, **Leis da Grécia antiga** (© 2003, trad. Ordep Trindade Serra e Rosiléa Pizarro Carnelós, São Paulo: Odisseus, 2003, p. 149-157) reproduz o texto do acordo de *isolpoliteia* entre as cidades de Mileto e Ólbia, datado de cerca de 330 a.C.

Mileto serão isentos de tributação como eram, e se o cidadão quiser ser eleito como magistrado (*timoukhos*), deverá comparecer diante do Conselho, registrar-se e ser passível de tributação como os outros cidadãos.[99]

Não era incomum que as cidades gregas fizessem acordos bilaterais, permitindo que seus cidadãos gozassem de *status* civil mais elevado do que o de estrangeiro comum ou 'mero' residente.[100] Esses acordos resumem a essência da cidadania, conforme está articulada no discurso da pólis.

Registre-se a ocorrência mesmo de acordos 'políticos' – que hoje diríamos de igualdade de direitos civis e polítcos (*isopoliteia*), ou de unificação entre cidades (*sympoliteia*) –, como se conservaram registros do que se deu entre Mantineia e Heliso (Arcádia, Peloponeso), no início do século IV a.C., entre Téos e Cirbisso (na Jônia, Ásia menor), também no século IV a.C., entre Gonfos e Tâmia (Tessália), entre 230 e 200 a.C., e entre Milânia e Hipnia, por volta de 190 a.C. Assim celebraram Estira e Medéon, por volta de 175 a.C.:

> acordo entre a pólis dos habitantes de Estira e a pólis dos habitantes de Medéon: os habitantes de Estira e os habitantes de Medéon decidiram unificar-se, estando os santuários, a pólis, o campo, os portos, livres de quaisquer encargos, nas seguintes condições: todos os habitantes de Medéon deverão ser iguais e ter o mesmo tratamento que os habitantes de Estira, e deverão comparecer às assembleias e eleger os magistrados, juntamente com os habitantes de Estira, e aqueles que alcançarem a idade apropriada deverão julgar casos nas pólis.[101]

[99] "Acordo de *isolpoliteia* entre as cidades de Mileto e Ólbia", celebrado por volta de 330 a.C. (reproduzido por I. Arnaoutoglou, op. cit., 2003, p. 149-150) prosseguia: "se qualquer cidadão de Mileto tiver um contrato em Ólbia, deverá recorrer aos tribunais e deverá comparecer diante do tribunal público (*demotikon dikastérion*) em cinco dias; nenhum cidadão de Mileto deverá ser passível de tributação, exceto aqueles que ocupam cargos e participam de tribunais em outra cidade; da mesma maneira, os cidadãos de Ólbia deverão ser passíveis de tributação em Mileto, como os cidadãos de Mileto o são em Ólbia."

[100] I. Arnaoutoglou, **Leis da Grécia antiga** (2003, cit. p. 149-150).

[101] I. Arnaoutoglou, **Leis da Grécia antiga** (2003, cit. p. 150) observa: "Este acordo apresenta as condições sob as quais duas pólis devem se unificar. Inclui o compartilhamento das cidades e do campo, portos e santuários."

Decorrência da combinação de fracionamento político e de estreita convivência entre as várias cidades-estado gregas, este contexto específico deu lugar à criação e ao desenvolvimento de instituições de 'direito das gentes' entre essas mesmas cidades gregas antigas, em razão da necessidade e da conveniência da vida política destas. Tais instituições se perpetuaram no direito internacional, como se dá até hoje.

São expressivos os acordos em matérias tais como o estabelecimento de jurisdição (*symbola*) ou acordo judicial bilateral.[102] Matéria da qual se tem exemplo com o celebrado por volta de 303-300 a.c., entre as cidades de Estínfalo (Arcádia, Peloponeso), com Sicíone-Demetrias (Corinto, Peloponeso).

O acordo feito entre Estínfalo e Sicíone, restabelecido por Demétrio Poliorcetes, em 303 a.C., inclui cláusulas sobre processos judiciais, roubos, prisão de escravos fugitivos, arbitragem, responsabilidade por danos causados por animais, reparação à justiça por estrangeiros residentes e o processo de reformulação do acordo.

> cada pólis deverá eleger, entre os cidadãos com não menos de quarenta anos, três membros do tribunal e um árbitro (*katalytes*), que dirimirá as disputas no mês em que forem apresentadas as petições. E os membros eleitos do tribunal iniciarão a mediação entre os litigantes no primeiro dia do mês subsequente. [...] O árbitro tem permissão para dirimir disputas na pólis da mesma forma que os juízes.[103]

Dada a organização peculiar das cidades-estado da antiga Grécia,[104] o sistema de direito internacional lá desenvolvido tem relação mais

[102] I. Arnaoutoglou, **Leis da Grécia antiga** (2003, cit. 152-156) observa a respeito de acordo judicial bilateral entre as cidades de Estínfalo (Arcádia, Peloponeso), com Sicíone-Demetrias (Corinto, Peloponeso), datado de cerca de 303-300 a.C.: "Os acordos judiciais, chamados *symbola*, eram firmados entre duas *póleis*, geralmente vizinhas. Eles tentam regular o processo de julgar disputas entre os cidadãos e uma dessas *póleis*."

[103] "Acordo judicial bilateral" entre as cidades de Estínfalo (Arcádia, Peloponeso), com Sicíone-Demetrias (Corinto, Peloponeso), datado de cerca de 303-300 a.C. (reproduzido em I. Arnaoutoglou, op. cit., 2003, p. 152-156).

[104] Tucídides (I.6): "Na realidade, todos os helenos costumavam portar armas, porque os lugares onde viviam não eram protegidos e os contatos entre eles eram arriscados, por isso em sua vida cotidiana eles normalmente andavam armados, tal como ainda fazem os bárbaros. O fato de algumas regiões da Hélade ainda manterem esse hábito prova que, em certa época, modos de vida semelhantes prevaleciam por toda parte."

próxima com o nosso sistema pós-moderno do que qualquer período subsequente, até a instauração do direito internacional como sistema europeu, no início da era moderna.[105] A relevância da contribuição da Grécia antiga para o direito internacional moderno e clássico é apontada desde que o enfoque histórico do direito internacional, como matéria específica, a partir do final do século XVIII,[106] torna-se campo importante no estudo do direito internacional.

"Entre as cidades-estado da Grécia a primeira consciência de comunidade de interesses se desenvolveu, e com esta, certa forma rudimentar de direito internacional", ainda observava C. Fenwick (1934).[107] Hoje, sabe-se não ter sido esta a "primeira consciência de comunidade de interesses", nem tampouco "certa forma rudimentar de direito internacional" – mas vale reportar a linha de análise deste autor sobre o fenômeno jurídico internacional:

> No círculo estreito do mundo helênico, a cidade-estado, em contato com outra cidade-estado, com base no mútuo reconhecimento da independência e da igualdade jurídica, modificado, como no mundo das nações de hoje, por alianças de grupos, por ligas religiosas e políticas, e pela hegemonia de sucessivos estados.
> Firme fundação para a união foi encontrada na comunidade de raça, religião, língua e costumes – laços que foram, contudo, bastante restringidos em seu poder de direito internacional efetivo, em razão de forte sentido de individualidade, desenvolvido pelos estados, separadamente considerados e em consequência das ambições que levaram Esparta e

[105] Cf. se examina no **Tratado** (tomo V – **Direito internacional no tempo de Francisco de Vitória**, item – multipolarização da Europa na era moderna e advento do direito internacional como sistema).

[106] Em autores como Von Ompteda (1785, ed. 1963) e Robert Ward (1795). Ver Dietrich Heinrich Ludwig Von Ompteda, **Literatur des gesamten natürlichen und positiven Völkerrechts** ("Neudruck der Ausgabe Regensburg, 1785", Aalen: Scientia Verlag, 1963); Robert Ward, **An Enquiry into the foundations and history of the Law of nations in Europe** – from the time of the Greeks and Romans to the age of Grotius (orig. publ. London: A. Straham and W. Woodfall, 1795, 2 vols, reprint Clark: The Lawbook Exchange, 2005, vol. I, chap. VI – The History of the Law of Nations in Europe as observed by the Greeks and Romans, p. 171-200).

[107] C. G. Fenwick, **International Law** (1st publ., 1924, New York / London: D. Appleton-Century Co. Inc., 2nd ed. revised and enlarged, 1934, cit. p. 8).

Atenas, cada um por seu turno, a lutar por posição de liderança em relação às demais cidades.[108]

Havia complexo sistema de direito dos tratados, baseados em pactos específicos entre as diferentes cidades-estado gregas. A sanção de tais convenções era a norma da boa-fé, que era, em si, parte do direito universal. Entre os gregos antigos, como continua a ser, a boa-fé é paradigma a ser observado e aplicado nas relações internacionais, e é – ou ao menos deveria ser – critério relevante, para a ordenação de relações internacionais entre unidades políticas independentes.[109]

As matérias reguladas incluíam muitas normas do que se constituía e ainda se poderia descrever como 'direito universal'. Na visão dos antigos gregos, estas normas adquiriam assim caráter mais duradouro, bem como se inscreviam em ampla gama de normatização, parte do que, em nossos tempos, seria denominado direito consuetudinário.

Encontra-se, também, conjunto normativo bastante desenvolvido, regulando a condição do estrangeiro, com direitos parcialmente baseados nas normas universais de hospitalidade e, parcialmente, em convenções. Alguns tratados vão ao ponto de estipular igualdade de direitos civis e políticos (*isopoliteia*), embora, em muitos casos, o estrangeiro residente pudesse exercer os seus direitos somente por meio da intermediação de patrono (*pro-xenos*), que seria espécie de 'curador de estrangeiros' e dos interesses destes.

Se, em tempos mais recuados, a naturalização não era admitida, isso gradualmente se tornou mais flexível sobretudo por influência de

[108] Fenwick (op. cit., 1934, p. 8): "Amid these more favorable conditions a series of laws known as 'the laws (or customs) of the Hellenes' grew up between several states. These laws consisted partly of customs based upon 'natural' or universal law and partly of express conventions between separate states. The former were derived from 'a natural and universal principle of right and wrong, independent of any mutual intercourse or compact', which Aristotle observed to be recognized by all men. Their sanction was a religious one, in so far as the universal dictates of reason might be looked upon as having their origin in the will of the gods. The principles of the universal law were, however, in many instances repudiated in actual practice and appear to have been conditioned by the ideals of the times, permitting Practices revolting to modern conceptions of humanitarian conduct."

[109] Convenção de Viena sobre direito dos tratados (1969, em vigor 1980), art. 26 – *Pacta sunt servanda*: Todo tratado em vigor obriga as partes e deve ser cumprido por elas de boa-fé.

Atenas, que promoveu, em diversas ocasiões, naturalizações em grupo. A necessidade prática levou a inovações conceituais.

Ao menos no início, estas regras podem ser ditas antes de natureza religiosa do que jurídica, como no caso do asilo (*asulon*),[110] ligado a templos e lugares de culto, junto aos quais se poderia buscar refúgio contra perseguição ou morte, dada a natureza inviolável daqueles espaços 'sagrados'. Mas, desta origem religiosa se desenvolverá o moderno instituto jurídico do asilo, com os seus desenvolvimentos específicos.[111]

De certo modo, o mesmo fenômeno de 'dessacralização' se dá, progressivamente, em relação ao conjunto das civilizações da Antiguidade e, mesmo mais além, no curso da Idade média, até o alvorecer da era moderna. Esse processo de 'dessacralização do mundo' se põe como fenômeno marcante da consolidação do direito internacional moderno, dos séculos XVI e XVII em diante, ao menos em se tratando do mundo ocidental.[112]

Pode-se considerar o caráter quase orgânico da ordem social e da necessidade de preservação desta, porquanto "o castigo divino não consiste em peste ou más colheitas" – como em tempos arcaicos se daria, assim apontava HESÍODO – mas "executa-se de modo imanente pela desordem que toda a violação do direito gera na ordem social".[113]

[110] A. BAILLY, **Dictionnaire grec-français** (orig. publicado em 1894, rédigé avec le concours de E. EGGER, éd. révue par L. SECHAN et P. CHANTRAINE, avec en appendice des nouvelles notices de mythologie et de religion par L. SECHAN, Paris: Hachette, 39e éd., 1985, p. 295).

[111] O caso HAYA DE LA TORRE (1951), ensejou o exame pela Corte Internacional de Justiça dos princípios de direito internacional aplicáveis ao caso, dentre os quais a qualificação e a distinção entre o asilo territorial e o asilo diplomático. Veja-se, CIJ, Colômbia c. Peru, caso **HAYA DE LA TORRE** (julgamentos de 20 e 27 de novembro de 1950 e de 13 de maio de 1951), além da qualificação e da distinção entre o asilo territorial e o asilo diplomático, este caso ensejou esclarecimentos a respeito do procedimento em vigor perante a CIJ, bem como oportunidade de declaração da Corte a respeito da aplicação das decisões desta.

[112] Cfr. **Tratado** (tomo V – **Direito internacional no tempo de Francisco de Vitória**, título I – multipolarização da Europa na era moderna e advento do direito internacional como sistema). Veja-se tb. a respeito, J. HABERMAS, **Mudança estrutural da esfera pública**: investigações quanto a uma categoria da sociedade burguesa (do original **Strukturwandel der Öffentlichkeit** © 1961, trad. Flávio R. KOTHE, Rio de Janeiro: Tempo brasileiro, 2003).

[113] Ver CASELLA, **Fundamentos** (2008, cap. VII – Eunomia internacional, p. 615-661). Como explanava Werner JAEGER, **Paideia: a formação do homem grego** (trad. do original **PAIDEIA: die Formung des griechischen Menschen** © 1936, de Artur M. PARREIRA, São Paulo: Martins Fontes, 1979, "SÓLON: começo da formação política de Atenas", p. 161-175,

Hesíodo, escrevendo na passagem entre os séculos VIII e VII a.C.,[114] apontava o que poderia ser causa de sofrimento para muitos: "muitas vezes uma cidade inteira sofre por causa das más ações de um homem, que concebe planos nefastos". [115] Mas ele, contudo, parece apontar caminho: "aqueles que proferem julgamentos justos para estrangeiros como para os concidadãos, e nunca se desviam da justiça, suas cidades (*pólis*) florescem e da mesma forma os homens nesta".[116]

Existe paradoxo relevante a ser considerado, em relação ao legado grego, ao menos especificamente para o direito internacional. Apesar da amplitude civilizacional e da centralidade do legado cultural desta, para o conjunto do Ocidente, a Grécia arcaica ainda mostra visão bastante limitada do que viria a ser o direito internacional e das assim chamadas relações internacionais, sobretudo na relação com os não-gregos – *barbaroi*, os bárbaros, aqueles cuja fala se afigura, para um grego, incompreensível – de forma que viam poucos direitos, para estes outros homens, não gregos.

Séculos mais tarde, já no período clássico, esse dado do que hoje se denominaria 'etnocentrismo' ainda transparece em Aristóteles. Este, em célebre passagem da **Política**, considera que "é próprio que os gregos governem os bárbaros".[117] Seria, assim, quase como uma caçada a guerra contra povos que, destinados a serem governados, não se deixassem submeter. Em tais casos, a guerra seria justa por natureza.

Isto dificilmente se pode reconhecer como alto nível civilizacional. E, contudo, não difere substancialmente do discurso dos colonizadores

cit. p. 167) "a Eunomia é, como a Dike, uma divindade – Hesíodo dá-lhes o nome de irmãs na **Teogonia** – e tem também uma ação imanente. Não é por dons e bençãos celestes exteriores, na fertilidade dos campos e na abundância material, que ela, como em Hesíodo, manifesta-se, mas sim na paz e na harmonia do cosmos social."

[114] Hesíodo, **Erga Kai Hmerai** (edited and translated by Glenn W. Most, Cambridge: Harvard U.P., LCL 57 Hesiod 1, 2006, "Works and Days", p. 86-153).

[115] Hesíodo, **Os trabalhos e os dias** (ed. cit., 2006, vv. 240-241): "πολλακι και ξυμπασα πολις κακου ανδρος απηυρα".

[116] Hesíodo, **Os trabalhos e os dias** (ed. cit., 2006, vv. 225-227).

[117] Aristóteles (384-322 a.C.), **Politikwn / Politics** (with an English translation by H. Rackam, Cambrigde, Ma. / London: Loeb Classical Library, Aristotle t. XXI, LCL 264, orig. publ. 1932, reprinted 2005); **Politique** (texte établi et trad. par J. Aubonnet; t. I: Intr. – Livres I et II; t. II: livres III et IV; t. III: livres V et VI; t. IV: livre VII; t. V: livre VIII et index; Paris: Les belles lettres – coll. «Budé», 1960); **Política** (trad. Nestor Silveira Chaves, Bauru: Edipro, 1995, cit. 1252.b.4).

brancos, que se lançaram sobre civilizações não europeias sob a égide do colonialismo, incluindo operações ditas de "pacificação", quando os nativos se recusavam a aceitar os vários "C": civilização, cristianismo, comércio e – obviamente – a conquista.[118]

Inicialmente mera distinção linguística, as gerações posteriores adotarão significado muito mais negativo do termo 'bárbaro'.[119] Como condenação daquele que é diferente, não compartilha valores e padrões. Esta conotação pejorativa se prolonga na história do Ocidente: como mostraria a ainda presente menção aos princípios gerais de direito, *reconhecidos pelas nações civilizadas*?[120]

É sempre complexo e exige esforço e distanciamento crítico para se superarem condicionamentos histórico-culturais.[121] É sempre mais fácil apontar os defeitos dos outros[122] e os culpar pela falta de visão da humanidade como um todo.

[118] Cf. se examina no **Tratado** (tomos XIV a XVII – **Direito internacional no tempo do colonialismo**).

[119] Ver tb. adiante, item 6.3 – duradoura contribuição do *jus gentium* para o direito internacional. Para exame da evolução do conceito e do regime jurídico, no contexto romano, ver Alessandro BARBERO, **Barbares** – Immigrés, refugiés et déportés dans l' empire romain (orig. publ. **Barbari** – Immigrati, profughi, deportati nell'impero romano, 2006, trad. Pérette-Cécile BUFFARIA, Paris: Tallandier, 2009).

[120] Estatuto da Corte Internacional de Justiça (1945, art. 38, inciso 1, letra "c"). V. tb. ACCIOLY – NASCIMENTO E SILVA – CASELLA, **Manual** (25ª ed., 2021, item 1.4 – inocência do direito internacional em pedaços: leituras críticas e novas perspectivas sobre a área, p. 136-148 e tb. 2.2.3.1 – estadocentrismo na expressão 'nações civilizadas', p. 191-192).

[121] Como extensamente se considera neste **Tratado**, na perspectiva do Direito internacional no tempo (e.g., tomo XX – **Direito internacional, história e cultura**). V. tb. Y. ONUMA, **International Law in a Transcivilizational World** (Cambridge: Univ. Press, 2017, cit. p. 76-77): "When the European nations began to colonize other regions of the globe, however, they were not superior to other leading regional powers such as the Ottoman Empire and the Ming dynasty. [...] It took four centuries for the European idea of ordering the world to prevail globally. During this period, the European powers steadily expanded their hegemony and influence through their rapidly increasing military and economic power, diplomatic skills, the power of religion, i.e., Christianity, and other ideational power resources". O que denominava Tony JUDT, **A Grand Illusion: an Essay on Europe** (orig. publicado em 1996, New York: New York Univ. Press, 2011).

[122] Como padrão esquemático, apresenta Anthony PAGDEN, **Mundos em guerra** – 2500 anos de conflito entre o Ocidente e o Oriente (orig. publ. **Worlds at war** – The Long Struggle between East and West © 2008, trad. Miguel MATA, Lisboa: Ed. 70, 2009, p. 61): "Muitas gerações posteriores de europeus deram – ainda hoje – como adquirido que os gregos eram extremamente etnocêntricos. Segundo afirmou o filósofo alemão do século

> Apesar da sua enorme curiosidade acerca do mundo exterior, apesar de os gregos serem, nas suas próprias palavras, 'eternos viajantes' – *poluplanés* – a distinção entre 'eles' e 'nós', entre gregos e bárbaros – o que significava, para todos os efeitos, entre gregos e asiáticos –, tornou-se consideravelmente mais rígida após as guerras pérsicas.[123]

Cumpre observar, tinham os gregos uma palavra – *anthropos* – que abrangia o conjunto dos seres humanos. Para descreverem não apenas os gregos, mas todos os humanos, acima de outras divisões. E, também, para evitar as complicações das denominações 'neutras', em matéria de gênero, que levam a malabarismos gramaticais e neologismos duvidosos, em nosso contexto pós-moderno.

A ideia do estudo do gênero humano como um todo norteia a 'antropologia'. E esta nos mostra que o etnocentrismo é fenômeno amplamente difundido.[124] Muitas tribos primitivas referem-se a si próprias simplesmente com o seu termo para 'homens', mostrando que, aos seus olhos, uma característica essencial do homem desaparece além dos limites do grupo.[125]

> Na guerra[126] caberia distinguir entre a situação de conflito entre cidades gregas, ou destas com os ditos 'bárbaros'. A obrigação de moderação era aplicável sobretudo entre as primeiras.

XVIII, Immanuel Kant, a tendência dos gregos para rotularem o resto da humanidade como 'bárbaros' foi uma fonte perfeita que contribuiu para o declínio dos seus estados. Mas Kant estava essencialmente errado. Sim, os gregos eram etnocêntricos – todos os povos são. Mas, de entre todos os povos, os gregos foram dos menos culpados."

123 A. Pagden (op. cit., 2008, ed. 2009, loc. cit.): "As guerras pérsicas também alteraram de outras formas as imagens da predominância da Europa sobre a Ásia." Como se considerou no precedente cap. 4, sobre o império persa.

124 Não somente entre os gregos antigos. Como se examina neste capítulo, item 5.3 – avaliação da contribuição grega e helenística para o direito internacional e, mais adiante, no **Tratado**, notoriamente no contexto do colonialismo (tomos XIV a XVII – **Direito internacional no tempo do colonialismo**).

125 Claude Lévi-Strauss, **The elementary structures of kinship** (trad. James Hare Bell, Londres: Eyre & Spottiswoode, 1968, cit. p. 46).

126 Sobre a guerra nas sociedades antigas – particularmente no mundo greco-romano – como observa Yvon Garlan, **La guerre dans l'antiquité** (Paris: Nathan, © 1972, impr. 1990, Introduction, p. 3-8, cit. p. 3): "é uma banalidade notar a frequência das guerras nas sociedades antigas".

Mesmo em tempos de guerra, existia dever de contenção de danos, e este se manifestava, por exemplo, no dever de poupar os templos e locais de culto, proibições estas especificamente previstas nos *Pactos anfictiônicos* entre as cidades-estado gregas, cuja aplicação foi estendida aos tempos de guerra.

Anfictionia era o pacto de associação entre gregos que frequentavam os cultos dos mesmos templos. O pacto de associação *anfictiônica*, entre gregos, celebrava-se entre as cidades-estado gregas – como sujeitos políticos independentes. Aliavam-se, em conformidade com os propósitos estipulados no pacto, mas se mantinham 'independentes' entre si e conservavam a sua condição 'autônoma' no plano interno.

Dentre os registros de tais associações *anfictiônicas*, entre as cidades-estado antigas, o mais conhecido e importante, a Liga de Delfos, cujos santuários eram o templo de Apolo em Delfos – onde se mantinha a tradição da Pítia, cujas profecias fizeram a reputação secular do assim chamado 'Oráculo de Delfos' – bem como o templo de Deméter, nas Termópilas. O propósito do pacto era assegurar a liberdade de acesso e de culto a tais locais, cujo caráter pan-helênico era, assim, reconhecido por meio de pacto, cuja natureza intrínseca pode ser considerada 'internacional', na medida em que vigia entre unidades políticas 'soberanas' e independentes entre si, mas que reconheciam a existência de valores e de interesses comuns e aceitavam a operação de normas compartilhadas, vigentes entre si.

Cabe ressaltar o papel da *anfictionia* nas *Guerras sagradas*, conduzidas pelo Conselho da Liga. Inicialmente, para a proteção do santuário de Delfos e a punição do sacrilégio.[127]

A *primeira guerra sagrada* foi conduzida, no início do século VI a.C., para libertar o santuário de Delfos dos habitantes de Crisa, que reclamavam o controle do santuário e cobravam tributo ('pedágio') dos peregrinos. A planície de Crisa foi, depois da libertação do templo, dedicada ao deus Apolo, e foi decretado que esta nunca deveria ser cultivada.

A *segunda guerra sagrada* ocorreu em 448 a.C. Com o propósito de libertar o santuário do controle dos fócios.

[127] Paul Harvey, **Classical Literature** ('the Oxford Companion', compiled by P. Harvey, Oxford: U.P., 1st publ., 1937, reprinted, 1990, p. 24-25 e 379) sobre o papel da *Amphiktuoneia*.

A *terceira guerra*, de importância considerável, ocorreu na metade do século IV, quando Tebas induz a Liga anfictiônica a impor pesadas multas, por sacrilégio sobre alguns dos habitantes fócios – onde também se incluíam questões de rivalidade entre estes e os tebanos. Por volta de 356 a.C., os fócios, sob o comando de Filomeles, conquistam o controle do santuário e usam as reservas do tesouro deste para fazer guerra contra os tebanos e as demais cidades da Liga. Sob comando de Onomarco, sucessor de Filomeles, o poder dos fócios foi consideravelmente ampliado, tendo se estendido do golfo de Corinto até partes da Tessália.

Com a intervenção de Felipe da Macedônia, a pedido de Tebas e da Liga da Tessália, muda o equilíbrio, antes dominado pelos fócios, embora o apoio a estes dado por Atenas tenha retardado o término do conflito. Em 346 a.C., depois da celebração da paz de Filocrates, os fócios foram dominados, e o lugar destes no Conselho da Liga anfictiônica foi assumido pelos macedônios.

Em 339 a.C., uma guerra anfictiônica foi, mais uma vez, o pretexto usado por Felipe para fazer avançar seus planos hegemônicos, com resultados consideráveis. Os locrianos de Amfissa, sob instigação dos tebanos, formularam acusação contra Atenas, quando da reunião do Conselho da Liga, em 340 a.C., e em razão de inscrição ateniense, considerada ofensiva pelos tebanos. Esquines, o enviado ateniense, consegue virar o jogo, quando da reunião, mostrando a planície de Crisa, e que esta passara a ser cultivada pelos habitantes de Amfissa, apesar da consagração desse espaço ao culto, que vinha de longa tradição, e segundo a qual esta deveria para sempre permanecer sem ser cultivada. Por meio de sua oratória, este convence os coligados 'anfictiônicos' a punirem os cidadãos de Amfissa. Estes marcham contra esta, mas não tiveram força suficiente para fazer cumprir a sentença. Em 338, pedem assistência a Felipe, e este, depois de capturar Amfissa, volta-se contra Tebas, que se tornara aliada de Atenas, e conquista a vitória de Queroneia, que foi o marco da consolidação da hegemonia macedônia sobre toda a Grécia.

Muitos dos principais povos da Grécia antiga, incluindo os habitantes da Tessália, os tessálios, bem como os dórios, os jônicos, e outros, fizeram parte da Liga *anfictiônica* de Delfos.[128] As assembleias

[128] J. B. Bury and Russell Meiggs, **A History of Greece** – to the death of Alexander the Great (orig. publ. 1900, Londres: Macmillan, 4th ed., 1975, p. 110) observam: "The temple

dessa Liga tinham lugar duas vezes por ano, alternativamente em Delfos e nas Termópilas.

Sob a égide da Liga poderiam e efetivamente foram conduzidas várias campanhas militares, cognominadas *guerras sagradas*. Estas se estendem desde a guerra de 590 a.C.,[129] bem como a guerra, também dita sagrada, de 448 a.C., e a guerra, selada com a paz de Queroneia, em 338 a.C. Esta última marca o final do 'sistema internacional' das cidades-estado helênicas e da fase 'clássica', quando se estabelece a hegemonia macedônia sobre o conjunto da Grécia.

Embora pudesse ter sido fator desencadeador de maior coesão entre os antigos gregos, a *Liga* exerceu pouca influência nesse sentido. Foi, contudo, a base conceitual e o ideal compartilhado, sobre os quais esforços comuns foram empreendidos. Sobretudo em relação a ameaças externas.

Em 478 e 477 a.C. para evitar a quase desastrosa ausência de coesão entre os gregos, que marcara as respostas destes às ofensivas persas, a *Liga* teve o papel, como declara Tucídides,[130]

of Delphi, or Pytho, lay in the territory of the Phocian town of Crisa. [...] The men of Crisa claimed control over the Delphians and the oracle and levied dues on the visitors who came to consult he deity. The Delphians desired to free themselves from the control of the Crisaeans, and they naturally looked for help to the great league of the north, in which the Thessalians, the ancient foes ot the Phocians, were now the dominant member. The folk who belonged to this religious union were the 'dwellers around', the shrine of Demeter at Anthela, close to the pass of Thermopylae; and hence they were called the *Amphictiones* of Anthela or Pylae. The league was probably old. it was formed in all events, before the Thessalians had incorporated Achaen Phthioitis in Thessaly, for the people of Phthiotis were an independent member of the League, which included the Locrians, Phocians, Beothians and Athenians, as well as the Dorians, Malians, Dolopians, Enianes, Thessalians, Perrhaebians and Magnetes. The members of the league were bound not to destroy, or cut off running water from, any city belonging to it."

[129] J. B. Bury & R. Meiggs (op. cit., 1900, ed. 1975, p. 111-112) a respeito das consequências da Guerra sagrada de 590 a.C.: "one of the consequences of this war was the establishment of a close connection between Delphi and the Amphictiony of Anthela. The Delphic shrine became a second place of meeting, and the League was often called the Delphic Amphictiony. The temple was taken under the protection of the league, the administration of the property of the god was placed in the hands of the *Hieronmnemones* or sacred councillors, who met twice a year, in spring and autumn, both at Anthela and at Delphi."

[130] Tucídides, **História da guerra do Peloponeso** (trad. do grego, intr. e notas, Mário da Gama Kury, Brasília: Ed. UnB, © 1982, 3ª ed., 1987, I.96): "Depois de os atenienses haverem dessa maneira assumido o comando dos aliados, [...] estipularam as contribuições de cada

exercendo primeiro hegemonia sobre aliados autônomos e participantes nas deliberações das assembleias comuns, os atenienses, no intervalo entre esta guerra e a persa, empreenderam, tanto na guerra quanto na administração dos negócios públicos, as ações relatadas a seguir, dirigidas contra o *bárbaro*, contra os seus próprios aliados, quando tentavam revoltar-se, e contra os peloponésios, que sempre entravam em conflito com eles, no curso das ações.[131]

Em 466 a.C. o comandante ateniense CIMON derrotou forças persas que combinavam ataques em terra e no mar, na foz do rio Eurimedonte. Este grande triunfo, comparado à vitória de Salamina, como se dera nesta, teve comando ateniense.

Por volta de 450 a.C., CÁLIAS, outro comandante ateniense – e cunhado de CÍMON – foi o negociador de tratado de paz com ARTAXERXES, o sucessor de XERXES. Por meio desse tratado se estabeleceu "paz duradoura" entre gregos e persas, e o então Grande rei aceitou limitar as suas atividades a leste de Fasélis – cidade da Lícia, que se situava a cerca de 50 Km da atual Antalya, na Turquia – e fora do Ponto Euxino – atual Mar Negro. Em contrapartida, nos termos desse mesmo tratado de paz, os gregos se retiram de Chipre e da parte oriental do Egito.

Originalmente concebido como pacto entre *poleis* iguais e independentes, o funcionamento do pacto de associação, na condução das operações bélicas, leva à hegemonia de Atenas. O que teve extensas consequências, para as cidades-estado gregas e levaria, ao fim e ao cabo, ao término do sistema de alianças entre iguais, para a instauração de

um deles, tanto dos que deveriam contribuir com dinheiro para a guerra contra o bárbaro, quanto dos que deveriam fornecer naus; o objetivo seria arrasar os territórios do rei, em represália pelas violências de que haviam sido vítimas."

131 TUCÍDIDES (I.96 e I.97, a seguir I.74): "prova evidente de que a salvação dos helenos dependeu de suas armas. Para aquele resultado, contribuímos com os três fatores mais decisivos, ou seja, o maior número de naus, o comandante mais clarividente e a bravura mais obstinada." Abrangente descrição da Pérsia daquele tempo em Pierre BRIANT, **Histoire de l'empire perse** (Paris: Fayard, 1996, p. 668-694). Ver a respeito tb. o precedente cap. 4 – império persa, neste tomo. Observa A. PAGDEN (op. cit., 2009, p. 63): "A Liga de Delos convertera-se em tudo – menos no nome – no Império ateniense. Tal como a maioria dos impérios, beneficiou uns e prejudicou outros. Para TUCÍDIDES, bem como para muitos panegiristas atenienses, foi justificado pela necessidade de continuar a defender a Grécia contra a ameaça perpétua dos invasores bárbaros."

sucessivas hegemonias, que contradizem e depois liquidam o sistema anfictiônico.

Atenas converte-se num império através de processo simples e que seria repetido muitas vezes na história mundial.[132] Nas vésperas da Guerra do Peloponeso, entre a Liga de Delos e uma Liga de estados, liderada por Esparta, o embaixador de Atenas disse aos espartanos que os atenienses haviam sido "obrigados a avançar o nosso domínio de acordo com a natureza das coisas, principalmente por medo, depois pela honra, e finalmente pelo lucro".[133]

A guerra do Peloponeso se estende, com intervalos, de 431 até 404 a.C. Esparta e suas aliadas sairão vencedoras. Mas, toda a Grécia saiu irreversivelmente enfraquecida[134] de tantos anos de sangrentos conflitos fratricidas.

Logo a seguir, eclode nova guerra entre gregos e persas. Em 387-386 a.C. o 'grande rei' ARTAXERXES II consegue impor a assim chamada 'paz do rei'. Por meio desta, restabelece-se controle persa sobre as cidades-estado gregas da costa asiática (jônicas) e se instaura nova espécie de sistema internacional de arbitragem de conflitos entre as cidades gregas,

[132] A. PAGDEN (op. cit., 2009, loc. cit.): "Embora os persas pareçam ter violado repetidamente os termos do tratado na Ásia Menor, a ameaça persa à Grécia continental e ao Egeu deixou aparentemente de existir – pelo menos durante algum tempo –, e Atenas ficou livre para consolidar o seu domínio sobre os seus 'aliados', cada vez mais descritos como 'as cidades que os atenienses governam'." [...] "O medo, a honra e o lucro – por esta ordem – permaneceriam os motivos constantes por detrás das novas forças de dominação que os atenienses tinham introduzido na Europa – e ainda hoje é assim."

[133] Veja-se a íntegra do 'discurso' e o debate, sobremodo instrutivo, sobre a fundamentação de discurso imperialista e expansionista, em TUCÍDIDES, **História da guerra do Peloponeso** (I.75). Para comparação, ver tb. **Tratado** (tomos XIV a XVII – **Direito internacional no tempo do colonialismo**).

[134] John KEEGAN, **Uma história da guerra** (orig. publ. **A history of warfare**, 1993, trad. Pedro Maia SOARES, São Paulo: Companhia das letras, 2006, p. 332): "Esse conflito, a guerra do Peloponeso propriamente dita, durou até 404 a.C., culminando com a derrota de Atenas e a vitória de Esparta, mas significou o esgotamento do sistema das cidades-estado para sempre. As hostilidades residuais que persistiram após seu término deixaram a Grécia aberta à conquista e impuseram a unificação sob o domínio dos macedônios, irmãos dos gregos, mas semibárbaros aos olhos deles. Depois disso, o esplendor da independência grega como uma civilização de povos livres vivendo na periferia de um império asiático expansionista e as glórias da vida artística e intelectual que inspirara foram finalmente toldados."

sob a égide do rei persa. Ainda se poderia querer conservar a veleidade da manutenção das antigas liberdades das *poleis*.

Nas décadas seguintes, enquanto se reduz a ação internacional de Atenas, das cidades do Peloponeso e da Ática, começa a consolidar-se novo centro de poder no norte da Grécia, em região limítrofe do mundo grego, entre os até então considerados 'bárbaros' da Macedônia, a região montanhosa, do pé do monte Olimpo, ao longo da costa, até a Trácia, na ligação dos Bálcãs com a península grega. A Macedônia se consolida como monarquia e como foco de poder, a partir do advento de FELIPE II da Macedônia, em 359 a.C.

Na mudança da fase clássica para o contexto helenístico, o fator mais importante foi a ruína da *pólis*. FELIPE começa a minar os princípios basilares das *poleis* gregas, servindo-se habilmente dos organismos políticos existentes para realizar seu projeto de predomínio macedônio sobre a Grécia.

> Se FELIPE respeitou a *pólis*, o fez apenas de maneira formal, pois o seu objetivo era submeter a liberdade delas às suas intenções hegemônicas. Mas ALEXANDRE destruiu a *pólis* em todos os sentidos, retirando-lhe toda liberdade formal e substancial, a fim de realizar o seu grandioso projeto de monarquia universal divina, que deveria unir não só cidades, mas países e raças diversas.
>
> ALEXANDRE não conseguiu levar a cabo o seu grandioso projeto e dar forma política às suas imensas conquistas, que se estendiam por três continentes, seja porque os espíritos e os tempos não estavam maduros, seja porque a morte o colheu de improviso em 323 a.C. em muito jovem idade. Apesar de tudo, ele desferiu, com sua política, tal golpe nas cidades, que elas não tiveram mais nenhuma possibilidade de se refazer. E, assim, depois de 323, o poder político do dissolvido império de ALEXANDRE passou aos novos reinos que se formaram no Egito, na Síria, na Macedônia e em Pérgamo, e as *poleis* deixaram definitivamente de fazer história.[135]

[135] Giovanni REALE, **História da filosofia antiga** (orig. publ. **Storia della filosofia antica**, in cinque volumi, 1975-1980, vol. III – **Os sistemas da era helenística**, trad. M. PERINE, São Paulo: Loyola, 1994, esp. I – As consequências espirituais da revolução operada por Alexandre Magno, p. 5-6): "Os monarcas centraram todo o poder nas próprias mãos, não toleraram nenhuma limitação, identificaram-se com o estado de modo quase total e, por consequência,

Com o fim das cidades-estado e sua rede de relações internacionais, a partir de FELIPE e ALEXANDRE se pode considerar terminada a fase 'clássica'[136] da história da Grécia.[137] Seguida esta pelo advento do mundo helenístico (5.2), na qual se instaura primeiro um imenso – porém, efêmero – império e, a seguir, grandes espaços monárquicos, com curiosos sincretismos políticos, sociais e culturais.

5.2. O mundo helenístico

> A conquista do império aquemênida por ALEXANDRE e o subsequente estabelecimento de estados helenísticos é o acontecimento mais importante da história do Oriente Próximo. De certo modo, marca o fim da história antiga e o começo de uma nova era, caracterizada por uma cultura de tipo ecumênico, denominada helenismo.
>
> Richard FRYE (1972)[138]

cancelaram qualquer forma de liberdade política. / Assim, de um golpe se destruía o valor fundamental da vida espiritual da Grécia antiga, que PLATÃO, na **República**, e ARISTÓTELES, na **Política**, ao mesmo tempo teorizaram, mitificaram, hipostasiaram e sublimaram. Da mesma maneira, inopinadamente, estas obras perdiam, aos olhos de quem visse a revolução de ALEXANDRE, o seu significado e a sua vitalidade, vindo a situar-se numa perspectiva longínqua, em total falta de sintonia com os tempos."

136 Paradigma da fase clássica da história da Grécia, PÉRICLES "passou à história como um mito, e a ele se atribuiu o mérito, também por coisas já antes pensadas, decididas, iniciadas por outros, enquanto até hoje se discutem as valorações da sua personalidade e da sua obra. Homem do passado e também do futuro, se viu reunir em torno de si não somente os seus méritos, como os de seus predecessores, e a carregar o peso dos erros dos seus sucessores, além daqueles que realmente fez ou deveria ter feito" ponderava Mario Attilio LEVI, **Pericle** – un uomo, un regime, una cultura (Milano: Rusconi, 1980, 'La morte di Pericle', cit. p. 337); v. tb. do mesmo Mario A. LEVI, **Alessandro magno** (Milano: Rusconi, 1977) e **Il senso della storia greca** (Milano: Rusconi, 1979).

137 Não por acaso, a história da Grécia é examinada "até a morte de Alexandre o grande", como fazem J. B. BURY and Russell MEIGGS, **A History of Greece** – to the death of Alexander the Great (orig. publ. 1900, Londres: Macmillan, 4th ed., 1975). Eugenio LA ROCCA fala na "arte 'clássica' como expressão da 'polis' democrática" (no volume **L'esperimento della perfezione** – Arte e società nell'Atene di Pericle, a cura di E. LA ROCCA, Milano: Electa, 1988, Introduzione, p. 7-31, cit. p. 9-10) onde o monumento público se torna a máxima expressão figurativa da estrutura social: "La differenza è di non poco spessore, se nello stesso periodo si creano nuovi schemi figurativi che, a livello simbolico, rispondono alle mutate esigenze della *polis*. È anche il rapporto col divino che ne esce trasformato."

138 Richard N. FRYE, **A herança persa** (do original **The heritage of Persia**, trad. Anabela e Carlos Alberto NUNES, Lisboa: Arcádia, 1972, cit. p. 175); v. tb. Richard N. FRYE, **The**

A marca helenística vai doravante se refletir em toda a região, que vai da Babilônia ao Indus e de Alexandria Eschata aos limites da Arábia saudita. O mundo oriental englobado pelo avanço de Alexandre se estende por quase 3500 Km de Doura Europos a Taxila, e por 1500 Km do planalto do Pamir – situado a menos de 500 Km da fronteira chinesa – até o delta do rio Indo. Esse flanco do império de Alexandre é infinitamente mais vasto que suas possessões mediterrâneas. E todo o conjunto das suas conquistas em muito ultrapassa os territórios antes controlados pelos Aquemênidas.

Henri STIERLIN (1987)[139]

A grande expedição de ALEXANDRE Magno e a conquista do Oriente (334-323 a.C.) produziram uma revolução de enorme importância, não só pelas consequências políticas que provocaram, mas também por toda uma série de mudanças concomitantes de antigas convicções, que determinaram uma reviravolta radical na vida do espírito dos gregos. Foi um acontecimento que fez época, no sentido mais forte dessa expressão, pois encerrou uma era e abriu outra.

Giovanni REALE (1975-1980, ed. 1994)[140]

Da mesma forma como hoje se fala em unidade do mundo civilizado, na época helenística, sob formas análogas, elaborou-se uma civilização cosmopolita, que impunha às margens do Nilo como do Iaxarte, as mesmas formas convencionais, como tom da boa sociedade e das pessoas educadas. A linguagem e os costumes áticos se tornaram a norma das

History of Ancient Iran (Munique: Beck, 1984); Pierre BRIANT, **Histoire de l'empire perse: de Cyrus à Alexandre** (Paris: Fayard, 1996).

139 Henri STIERLIN, **Les cités du désert: Pétra, Palmyre, Hatra** (Fribourg, Suisse: Office du livre, 1987, chap. VI – La posterité d'Alexandre en Orient, p. 167-181, cit. p. 169): "l'empreinte hellénistique va désormais se réfleter dans toute la région, allant de Babylone à l'Indus et d'Alexandrie Eschata aux rives de l'Arabie saoudite. Le monde oriental englobé par l'avance d'Alexandre s'étend sur près de 3500 Km de Doura Europos à Taxila, et sur 1500 du Pamir au délta de l'Indus. Ce versant de l'empire d'Alexandre est infiniment plus vaste que ses possessions méditerranéennes. Et l'ensemble de ses conquêtes dépasse les territoires détenus par les Achéménides". A citação da tradução supra com ligeiro ajuste de redação.

140 G. REALE, **História da filosofia antiga** (vol. III – **Os sistemas da era helenística**, ed. 1994, cit. p. 5-6).

> cortes de Alexandria e de Babilônia, de Bactres e de Pérgamo; e, quando o helenismo perde a sua independência política, face ao estado romano, começa a ganhar em Roma o império da moda e da civilização. É com razão que se pode chamar o helenismo a primeira unidade do mundo.
>
> Johann Gustav DROYSEN (1833, ed. 2005)[141]

Foi a ideia das antigas Ligas entre as cidades-estado gregas, ainda, a base sobre a qual, tardiamente, apoiou-se FELIPE da Macedônia, o pai de ALEXANDRE, para a consecução de seu plano de construção de hegemonia macedônia sobre o conjunto da Hélade.[142] A partir dessa nova configuração do poder na Grécia, macedônios e gregos se lançam na grande aventura de conquista e colonização que muda a face do mundo.

As coalizões entre as cidades-estado raramente se ordenavam segundo o que, no direito internacional vigente, denomina-se a 'igualdade jurídica', mas o padrão era a hegemonia exercida por uma cidade-líder. Os macedônios exacerbam essa concepção para instaurar a sua dominação sobre o conjunto da Grécia e, depois, além dos limites do que até então era o 'mundo' grego.

Base construída pelo pai, FELIPE, sobre a qual o filho ALEXANDRE lança o império macedônio. Este se estenderá, a partir de 334 a.C. até a morte de ALEXANDRE, em 323 a.C., sobre consideráveis extensões do mundo antigo, e por algum tempo chega a alcançar o vale do rio Indo.

> O poder dos persas tinha sido batido no campo de batalha, mas nem por isso tinha sido aniquilado. [...] O poder de ALEXANDRE tão pequeno em relação aos imensos territórios da Ásia e ao número dos seus habitantes,

[141] Johann Gustav DROYSEN (1808-1884), **Geschichte Alexanders des Grossen von Macedonien** (orig. publ. Berlin: G. Fincke, 1833), **Geschichte des Hellenismus I. Theil: Geschichte der Nachfolger Alexanders** (Hamburgo: F. A. Perthes, 1836) e **Geschichte des Hellenismus II. Theil: Geschichte der Bildung des hellenistischen Staatensystemes** (Hamburgo: F. A. Perthes, 1843), recentemente republicado, **Histoire de l'héllenisme** (version intégrale, trad. de l'allemand sous la direction de Auguste BOUCHÉ-LECLERCQ, préface, note sur la traduction et bibliographie Pascal PAYEN, Grenoble: Ed. Jerôme Millon, 2005, 2 vols., 1770 páginas, t. I – **Alexandre le grand**, livre quatrième, chap. II, cit. p. 560): La disparition successive des préjugés nationaux, l'assimilation mutuelle au point de vue des besoins, des moeurs et des opinions, l'attraction et le contact immédiat de nationalités jadis ennemies, tout cela donna naissance à une vie tout à fait nouvelle, à une vie vraiment sociale.

[142] Como apontado no precedente item 5.1 – as cidades-estado gregas.

> deveria encontrar nos benefícios que traria aos vencidos a sua apologia, e na adesão dos povos o seu apoio e o seu futuro. Deveria se fundar no reconhecimento nos costumes, na lei e na religião de cada nacionalidade, tanto quanto isso fosse compatível com a existência do reino. [...] Foi assim que ele se vinculou os povos, ao mesmo tempo em que os devolvia a si mesmos e à sua vida nacional: ele os tornava, assim, capazes de entrar, de maneira ativa e imediata, no organismo do reino, que ele tinha o projeto de fundar, reino no qual as distinções entre Ocidente e Oriente, entre gregos e bárbaros, que tinham até então reinado na história, deveriam desaparecer na unidade de uma monarquia cosmopolita.[143]

Os sucessores de ALEXANDRE terão dificuldade em manter sua herança: o 'império' alexandrino dá lugar a 'reinos', que se consolidam depois de cerca de duas décadas de acirrados conflitos entre os antigos generais e líderes. Esta é a razão pela qual certas correntes da historiografia qualificam ALEXANDRE como "o último dos aquemênidas".[144]

A 'transição', por definição, afasta a ideia de ruptura. E, efetivamente, não se pode falar nas escolhas dos conquistadores em oposição sistemática entre dois mundos. [145] Mas, a derrocada do império persa aquemênida e a instauração do alexandrino traz mudança na escala operacional: cria um âmbito de civilização quase universal, inaugurando a assim chamada era helenística.

[143] J. G. DROYSEN, **Geschichte Alexanders des Grossen von Macedonien** (1833, ed. 2005, t. I – **Alexandre le grand**, livre deuxième, chap. III, cit. p. 335).

[144] Ver o precedente cap. 4 – o império persa. Cfr. Yves PORTER, **Les Iraniens** – Histoire d'un peuple (orig. publ. 2006, Paris: Fayard, 2007, cit. p. 62). V. tb. François WIDEMANN, **Les successeurs d'Alexandre en Asie centrale et leur héritage culturel**: essai (Paris: Riveneuve éd., «seconde édition, revue et corrigée», © 2009, impressão 2010), b/c as várias contribuições, no volume, sob coordenação de Pierre BRIANT e Francis JOANNÈS, **La transition entre l'empire achéménide et les royanumes héllenistiques** («actes du colloque organisé par le Collège de France par la 'Chaire d'histoire et civilisation du monde achéménide et de l'empire d'Alexandre' et le 'Réseau international d'études et de recherches achéménides' 22-23 novembre 2004» Paris: Ed. de Boccard, 2006).

[145] Raymond DESCAT, *Aspects d'une transition: l'économie du monde égéen (350-300)* (in Pierre BRIANT e Francis JOANNÈS, **La transition entre l'empire achéménide et les royanumes héllenistiques**, 2006, p. 353-373, cit. p. 371): L'entrée en jeu de la gestion *oikonomique* est probablement une nouveauté par rapport à l'essence idéologique du monde perse dans ce domaine mais reflète surtout des phénomènes de convergence en profondeur de la vie économique dans cette zone géographique, convergence qui a largement précédé la conquête.

Nesse espaço, depois da conquista militar, tem incontestável atualidade, no século IV a.C. o discurso sobre a economia – *oikonomia* – que se torna um verdadeiro desafio intelectual no mundo grego ampliado: como gerenciar o funcionamento desse imenso império?

As consequências desse breve império serão incalculáveis e, durante os séculos seguintes, farão entrar em contato o 'Oriente' com o 'Ocidente': inclusive com a transformação dos tesouros imperiais persas – estimados, entre 330 e 300 a.C., em mais de 150 toneladas de prata e de ouro, o equivalente ao que foi levado da América para a Europa, no século XVI – fundido e colocado em circulação como moedas reais, de ouro e prata, representando o estoque monetário em circulação, durante mais de um século, no conjunto desse mundo grego ampliado.[146]

O mundo grego clássico e, a seguir, o mundo asiático, foram rompidos pelo choque poderoso da conquista macedônia. Mas, a grande revolução que ALEXANDRE traz ao mundo consistiu em fazer confluir: os conhecimentos e a civilização dos egípcios, que contavam milhares de anos; a abundância de aperfeiçoamentos nas artes, nas observações astronômicas, nas antigas literaturas, trazidos pelos babilônios; na verdadeira doutrina dos persas – *parsis* –, do Irã e da Bactriana (no atual Afeganistão); como na religião e na filosofia da Índia. Abre-se todo um mundo de criações, cuja existência até então pouco se conhecera – como HERÓDOTO, que vai estudar os conhecimentos egípcios, dois séculos antes –[147] ou mesmo conhecimentos que sequer se suspeitava existirem, e diante dos quais a civilização helênica, até então tão orgulhosa e satisfeita consigo mesma, não poderia deixar de experimentar o espanto

[146] R. DESCAT, *Aspects d'une transition: l'économie du monde égéen (350-300)* (in Pierre BRIANT e Francis JOANNÈS, **La transition entre l'empire achéménide et les royanumes héllenistiques**, 2006, p. 353-373, item 4 – Le développement de l'usage de la monnaie, cit. p. 364-365): Les campagnes d'ALEXANDRE auront finalement contribué à l'intégration croissante des deux mondes, le grec et le perse, dans l'utilisation des métaux précieux.

[147] V. tb. adiante o item 5.3 – avaliação da contribuição grega e helenística para o direito internacional. Na obra de HERÓDOTO, **História** (intr. e trad. Mário da Gama KURY, Brasília: Ed. UnB, 1988, p. 89-147, cit. II.4) o Egito ocupa considerável parte do Livro II – Euterpe – e se confere destaque às descobertas egípcias: "em relação às coisas humanas, eles dizem unanimemente o seguinte: os egípcios foram os primeiros entre todos os homens a descobrir o ciclo do ano e a dividir em doze períodos o curso das estações. Dizem eles que fizeram essa descoberta graças aos astros. Esse sistema é mais preciso que o dos helenos".

– justamente, ensina PLATÃO, o espanto, o passo inicial, para a descoberta e o aprofundamento da filosofia.[148]

> Em verdade, os asiáticos não eram bárbaros, como os ilírios, os tribales e os getas. Eles não eram selvagens, nem semisselvagens, como o 'chauvinismo' helênico representava todos os que não falavam grego: com eles, os conquistadores não somente tinham o que dar, mas também o que receber; eles tinham a aprender e se aperfeiçoarem.[149]

As conquistas de ALEXANDRE e a subsequente criação dos novos entes políticos – os reinos helenísticos –, que sucedem ao seu vasto e efêmero império, baseados em modelo conjugando elementos greco-macedônios, mas também aquemênida-babilônicos, terão consequências incalculáveis sobre o conjunto do mundo antigo e preparam o advento do que viria a ser a fase seguinte da civilização humana. O grau de complexidade da história, de toda essa vasta região do mundo, decorre da multidão de atores que nela desempenharam papéis.[150]

Cabe atentar para a interação entre essa grande mutação civilizacional também em sua dimensão econômica – transformação que não foi decorrente de circunstâncias fortuitas, mas foi desejada e conduzida, com plena consciência de seus objetivos: quando as populações do Ocidente e do Oriente tomaram conhecimento da existência e tiveram consciência da possibilidade de contar com os produtos que poderiam

148 "Esse sentimento de espanto mostra que você é um filósofo; porque o espanto é o único começo da filosofia" em PLATO, **Theaetetus** (with an English transl. by H. N. FOWLER, Cambridge, Ma. / Londres: Harvard UP / Heinemann, LCL 123, PLATO VII, 1st printed 1921, reprint 1987, p. 1-257, cit. 155D): το θαυμαζειν' ου γαρ αλλη αρχη φιλοσοφιας.

149 J. G. DROYSEN (op. cit., ed. 2005, vol. I, t. I – **Alexandre le grand**, livre IV, chap. III, cit. p. 552).

150 H. STIERLIN (op. cit., 1987, Introduction, p. 7-15, cit. p. 11): "Dès les origines, les ports méditerranéens de la côte phénicienne attisent les convoitises", com a região de Biblos e a Palestina, e as dinastias locais de fenícios, hebreus et nabateus. A estes somem-se os egípcios, desde o início da era faraônica, no início do terceiro milênio a.C. até a era dos PTOLOMEUS. Depois dos egípcios, o comando passa aos assírios, durante alguns séculos, antes de terem estes, por sua vez, seu império derrubado pelos persas. E, como observa STIERLIN: "Encore, dans cette énumération, fait-on abstraction des groupes restreints tels que les Iturréens, les Galilléens, les Samaritains, les Judéens, les Iduméens, etc., dont l'activité n'est nullement négligeable dans le concert des nations qui rivalisent au sein du royaume séleucide, puis dans l'Empire romain."

ser, de uns e outros, foi preciso abrir a esses fluxos de comércio as rotas mais seguras e mais cômodas, dar seguimento e regularidade aos suprimentos, escalonando o percurso em uma série de centros importantes: "desde o início das suas fundações e colonizações, ALEXANDRE sempre associou essa preocupação às considerações de ordem militar, e a maioria das suas cidades permanece até hoje como centros de comércio, dentre os mais importantes da Ásia".[151]

Desde o tempo de ALEXANDRE, a marinha mercante no Mediterrâneo se expande de maneira extraordinária, e Alexandria do Egito começa a ser o centro para o comércio com os países mediterrâneos: "comércio que, segundo os planos do rei, logo deveria ser assegurado contra as incursões dos piratas etruscos e ilírios".[152]

Depois de ter conseguido encontrar a rota marítima entre a foz do Indus e do Eufrates-Tigre –[153] e promover a fundação de cidades, na embocadura desses rios, deu ao comércio 'internacional' pontos de apoio suficientes para se desenvolver. Também buscou ativar movimento para criar relações comerciais diretas entre o interior da Síria e a foz dos rios, da mesma forma como entre a foz do Indus e a bacia superior desse rio. Como também projetava a descoberta de rota marítima, que desse prosseguimento à primeira, esta partindo do golfo Pérsico, contornando a península arábica, e chegando, pelo mar Vermelho, até as proximidades de Alexandria. Assim como tinha intenção de abrir uma rota militar e comercial, indo de Alexandria do Egito para o Ocidente, ao longo da costa meridional do Mediterrâneo. Ainda, tinha esperança de encontrar acesso do mar Cáspio ao oceano do norte e, mais adiante, que pudesse alcançar o oceano Índico.[154] O que não se mostraria viável.

[151] J. G. DROYSEN (op. cit., ed. 2005, vol. I, t. I – **Alexandre le grand**, livre IV, chap. III, cit. p. 552).

[152] J. G. DROYSEN (op. cit., ed. 2005, vol. I, t. I – **Alexandre le grand**, livre IV, chap. III, cit. p. 557-558): c'était le zèle infatigable que mettait le roi à ouvrir de nouvelles communications par voie de mer.

[153] Como se menciona, supra, no item 2.1 – a controvérsia entre Hugo Grócio e Serafim de Freitas.

[154] J. G. DROYSEN (op. cit., ed. 2005, vol. I, t. I – **Alexandre le grand**, livre IV, chap. III, cit. p. 558).

A lição de Políbio, já referida,[155] mostra o impacto da atuação dos macedônios, "que dominaram a parte da Europa compreendida entre o Adriático e o Danúbio". Estes, em seguida, estenderam-se à Ásia, derrubaram o estado persa, "mas por mais potente e mais extenso que pudesse parecer o seu império, eles nem por isso deixaram de lado boa parte da terra habitada".[156]

Estendendo-se, primeiro o império de Alexandre e, depois deste, os reinos que o sucedem, desde a Grécia até o atual Afeganistão, formam conjunto de reinos helenísticos que, apesar dos conflitos entre uns e outros, levaram consigo a língua e a cultura gregas para repercussão e difusão muito além das fórmulas políticas: "o nome de Alexandre marca na história do mundo o fim de um período e o início de uma nova era".[157]

Depois de aniquilar o império de Dario, tratava-se de promover a conciliação com os povos desses vastos territórios para que passassem a apoiar o novo império, e os vincular ao mundo helênico: "nessa monarquia, não se tratava de vencedores e vencidos; e deveria ser esquecida a distinção entre gregos e bárbaros", de maneira que Alexandre pudesse fundir em "um único povo os habitantes desse vasto império, tanto oriental quanto ocidental, de maneira a poderem se completar e se igualarem, com suas aptidões e recursos respectivos", buscando no interior, a paz e a organização que os mantivesse em segurança".[158]

[155] Polybe, **Histoire** (texte traduit, présenté et annoté par Denis Roussel, Paris: Gallimard – Pléiade, 1970, cit. Prefácio, p. 13).

[156] Políbio (op. cit., ed. cit., loc. cit.), como exemplos de regiões habitadas, sobre as quais os macedônios nunca teriam exercitado hegemonia observa "assim, eles nunca tentaram conquistar a Sicília, a Sardenha e a África" e em relação "às populações mais guerreiras da Europa ocidental, é preciso dizer que estas lhes eram mesmo desconhecidas".

[157] J. G. Droysen (op. cit., 2005, t. I – **Alexandre le grand**, livre premier, chap. premier, cit. p. 115): Les combats livrés durant deux siècles entre les Hellènes et les Perses, la première grande lutte entre l'Orient et l'Occident que connaisse l'histoire, Alexandre y met fin par l'anéantissement de l'empire des Perses, par ses conquêtes qu'il pousse jusqu'au désert africain et au delà de l'Iaxarte et de l'Indus, par l'extension de la puissance et de la civilisation des Grecs sur les races épuisées et à bout de culture, par le commencement de l'hellénisme. V. tb. Simon Price, *The history of the Hellenistic Period* (in John Boardman, Jasper Griffin, Oswyn Murray, **Greece and the Hellenistic world**, The Oxford History of the Classical World, Oxford: Univ. Press, © 1986, reprinted 1990, cap. 13, p. 309-331 ss.); P. Jouguet, **L'impérialisme macédonien et l'héllenisation de l'Orient** (Paris: Albin Michel – coll. L'évolution de l'humanité, vol. 15, 1937).

[158] J. G. Droysen (ed. 2005, vol. I, t. I – **Alexandre le grand**, livre troisième, chap. 1, cit. p. 379-380).

O começo da fusão das nacionalidades era o meio e o fim da colonização promovida por Alexandre. No espaço de dez anos, um vasto mundo tinha sido descoberto e conquistado. As barreiras que separavam o Oriente e o Ocidente tinham caído e as rotas que deveriam doravante assegurar a comunicação entre eles estavam abertas.

Os resultados dessa mistura de raças se espalham pela história dos séculos seguintes e se estendem por vastas áreas: desde a Índia até o Mediterrâneo ocidental, do Egito e norte da África, até a Pérsia e a Bactriana. A partir desse movimento militar e político, desenvolvem-se a seguir as artes e as ciências, em todos os ramos do saber humano.

> A transformação que começa a se fazer nas ciências não é menos relevante. Aristóteles tinha suscitado esse empirismo grandioso, do qual a ciência tinha necessidade para se apropriar desse imenso volume de novos elementos, que as campanhas de Alexandre tinham acrescentado a cada ramo dos conhecimentos humanos. O rei, antigo aluno de Aristóteles, a par de tudo o que tinham produzido até então os estudos dos médicos, dos filósofos e dos reitores helênicos, sempre mostrava a estes seu maior interesse: sábios de todas as espécies o acompanhavam em suas campanhas, observavam, pesquisavam, colecionavam; mensuravam os novos países e as grandes rotas que os percorriam.
> Uma nova era começa também para os estudos históricos: doravante as pesquisas podiam ser feitas no local, podiam ser comparadas as lendas dos povos com os seus monumentos, seu destino com seus costumes, e apesar dos inúmeros erros e das fábulas de toda sorte que os historiadores de Alexandre difundiram, é, contudo, a essa época que devemos os materiais e, a seguir, o método para as grandes pesquisas históricas e geográficas. Em muitos aspectos, a ciência helênica tinha a aprender diretamente dos orientais, da grande coleção de observações astronômicas da Babilônia, da arte médica que parece ter sido muito desenvolvida na Índia, dos conhecimentos específicos em matéria de anatomia e de mecânica, que detinham os sacerdotes do Egito, adquiriram entre as mãos dos pesquisadores e dos pensadores helênicos uma nova importância.[159]

[159] J. G. Droysen (ed. 2005, vol. I, t. I – **Alexandre le grand**, livre quatrième, chap. 2, cit. p. 559-560): Le développement particulier de l'esprit grec avait fait de la philosophie comme la substance de toutes les sciences: maintenant les diverses branches du savoir s'émancipaient; les sciences exactes commençaient à se développer en s'appuyant sur des

Na construção de relações de direito internacional no império alexandrino, por iniciativa de ALEXANDRE, reconstruiu-se a cidade que voltaria a se chamar Ílion (a antiga Tróia, local onde atualmente se situa a vila de Hissarlik). Assim, a liga das cidades, das quais Ílion passa a fazer parte, não poderia datar de tempo anterior, e presume-se seria do ano 306 a.C. Não por acaso, ALEXANDRE engajou as cidades helênicas da Ásia menor, por ele libertadas, a unirem-se em nova aliança – *koinon* – em lugar do *koinon* dos Helenos, que tinha seu conselho sediado em Corinto. E "este é fato importante, do ponto de vista das relações de direito internacional no império de ALEXANDRE".[160]

> O poder, que pela primeira vez colocava, em relação direta, povos antes tão afastados uns dos outros, não poderia se fundar somente sobre a força das armas, mas, muito mais, sobre os interesses dos próprios povos: antes de tudo, deveria procurar estabelecer relações comerciais, fundir em associação as partes até então tão distantes do império, e realizar relações, desconhecidas nos séculos precedentes, que abrangessem o mundo e seus povos. Em toda parte, esse pensamento estivera presente: nas cidades, fundadas para garantir a dominação militar do Irã e do Turã, também poderiam se deter as caravanas; as praças fortes, que ele fundara na Índia, garantiriam a segurança da rota que descia de Ariane, atravessando a região dos cinco rios, bem como a navegação no Indus e seus afluentes; Alexandria do Egito, que existia há quatro ou cinco, já se tornava eixo para o comércio nos mares que circundam a Grécia. Era preciso que esse sistema de grandes comunicações fosse completado pela ocupação do delta do rio Indus, pela fundação de uma praça comercial aberta para o Oceano, situada em posição favorável, e a abertura de rotas para o comércio, tais como já se esboçavam, vindo do interior, na linha das cidades helênicas, e aquelas que se faziam esperar, na comunicação marítima entre a foz do Indus e do Eufrates.[161]

expériences à elles, tandis que la philosophie ne parvenant pas à se mettre d'accord sur les rapports de la pensée avec la réalité, donnait, faute de précision suffisante, tantôt les phénomènes pour les pensées, et tantôt la connaissance pour les phénomènes.

160 J. G. DROYSEN (ed. 2005, vol. I, t. I – **Alexandre le grand**, livre quatrième, chap. 2, IV – La fédération Ilienne, p. 626-628) reproduz o texto de decreto gravado sobre placa de mármore quebrada, medindo 110 cm de altura por 55 cm de largura, encontrada em Hissarlik.

161 J. G. DROYSEN (ed. 2005, vol. I, t. I – **Alexandre le grand**, livre troisième, chap. 4, cit. p. 498-499, e a seguir, livro 4, cap. 2, cit. p. 537): "le nouvel ordre de choses s'était fait jour

Na primeira repartição, feita no verão de 323, na Babilônia, ainda se tentara manter a unidade nominal do império, e as frações seriam governadas em nome dos herdeiros do rei. Dois anos depois da morte de ALEXANDRE, na assim chamada segunda partilha das satrapias do império macedônio, em Triparadisos, em 321, ainda que a forma tivesse sido mantida, com alguns nomes novos, acrescentados aos antigos, pode-se reconhecer a mudança da situação dos novos reinos – as antigas satrapias – em relação ao império: os acontecimentos já tinham indicado segundo quais linhas deveria ser fracionado o conjunto, em meio às lutas entre os seus sucessores imediatos. Mais e mais, o governo central se via, em luta sem tréguas, confrontado pelas pretensões e a oposição dos macedônios do exército, e os grandes do império, valendo-se dos poderes territoriais, que já se consolidavam, buscando de todas as maneiras, desfazer os vínculos de dependência que os uniam ao império.

Ainda, haveria uma terceira partilha dos despojos do império, em 315, em Persépolis. Em movimentação de forças, que ainda prosseguiria, essa paz marca resultado de caráter aparentemente duradouro: os beligerantes tinham aprendido a se reconhecer como potências independentes; as diferenças naturais, entre os distintos países, tornam-se visíveis, com efeitos decisivos: é "o primeiro esboço dos desenvolvimentos dos grandes impérios nos quais se transformaria a conquista de ALEZANDRE"; e esse fracionamento, "que ainda se vincula a personalidades eminentes, já começava a assumir o caráter de divisões etnológicas e geográficas, segundo as quais começavam a se regular as suas políticas".[162]

Instauram-se diferentes modalidades de relações de direito internacional entre os poderes reais, que resultam do antigo império alexandrino, depois dos conflitos armados. Alternando guerras e alianças, o

de vive force à travers toutes les vicissitudes des difficultés intérieures et extérieures. Reconnu comme la pensée d'un âge nouveau, proclamé comme principe de la nouvelle royauté, organisé comme gouvernement de l'empire en voie de formation et comme armée, comme décomposition et transformation de nationalités en plein travail, cet ordre de choses n'avait plus qu'à s'affirmer en s'étendant le plus possible et en conformité avec les intérêts essentiels des peuples. Telle était la tâche du court espace de vie que le destin réservait encore au roi: tel en fut le but, ou en tout cas le résultat."

[162] J. G. DROYSEN (ed. 2005, vol. II, t. II – **Les successeurs d'Alexandre (Diadoques)**, livre III, chap. premier, cit. p. 891).

imenso império é dividido entre os principais líderes greco-macedônios, acomodando as forças, depois da morte do conquistador:

- Antipater conserva para si as províncias europeias do império;[163]
- Atropates conservou a Média;
- A Capadócia foi destinada a Nicanor;
- Antígono deveria ficar com a Lícia, a grande Frigia, bem como as províncias vizinhas da Licaônia e da Panfília;
- A Frígia do Helesponto passaria ao comando de Arrideos;
- Asandros foi confirmado na sua antiga satrapia da Cária;
- Clitos, até então navarca das águas helênicas, passa a comandar a Lídia;
- Ptolomeu – e seus sucessores – conservam o Egito, bem como a Líbia, a Arábia e as conquistas que pudesse alcançar a oeste – e que se presume, poderia ter pretendido alcançar Cartago:[164] "o primeiro império

[163] J. G. Droysen (ed. 2005, vol. II, t. II – **Les successeurs d'Alexandre (Diadoques)**, livre III, chap. premier, cit. p. 891): "a Macedônia parece voltar ao seu papel de potência dominante na Europa; ela se afasta do Oriente, onde já claramente se esboçam os contornos de uma monarquia da Ásia anterior."

[164] Sophie Bessis, **Histoire de la Tunisie** – de Carthage à nos jours (orig. publ. 2019, Paris: Tallandier-texto, édition actualisée, 2022, ch. premier – Carthage. Naissance, prospérité et mort d'une puissance méditerranéenne, p. 27-49, cit. p. 28-30) menciona a decadência da cidade de Tiro, a partir do século V e sua conquista por Alexandre em 332 a.C., selando o destino de Cartago a partir de então, como "herdeira das talassocracias fenícias": afastada das suas origens, a metrópole cria, no solo africano, a sua própria civilização, síntese destinada a durar, entre os aportes das cidades-mãe orientais e o substrato local. Inicialmente, entreposto para facilitar a importação no Oriente dos metais provenientes do Mediterrâneo ocidental e norte da África, Cartago, a partir do século V, redimensiona seu vasto espaço de operação, contando com crescente produção agrícola da Tunísia interior, passa a reforçar a rede de entrepostos comerciais já fundados pelos navegadores fenícios, a tal ponto que, no início do século III, os fenícios do Ocidente se tornam a grande potência do Mediterrâneo ocidental, controlando o conjunto das costas da África, da grande Syrte até o estreito de Gibraltar, onde se sucedem escalas comerciais, desde Sabratha na atual Tripolitânia até Tirigi (Tanger). São também senhores da costa atlântica do Marrocos, onde Lixus (Larache) é o principal entreposto; além da costa da Espanha meridional, com importante escala comercial em Gades (Cádiz); controlam todas as ilhas dessa parte do Mediterrâneo: nas Baleares estão instalados de maneira estável a partir de 654 a.C., a Sicília ocidental e central, a Sardenha, as costas da Córsega e de Malta. No interior, o território de Cartago abrange, a partir do século V, todo o nordeste da Tunísia atual, e se amplia, a partir do século IV, rumo ao oeste e ao sul. Sua influência se estende ao sul até o lago Tritonis, o atual Chott El-Djerid (lagos salgados), tendo diversas tribos númidas encravadas em território controlado por Cartago.

que se desenha claramente é um império egípcio, cujo poder depende do controle da Síria, de Chipre e de Cirene" e em cujo centro já se encontra Alexandria;[165]

- A Síria ficou nas mãos de LAOMEDON de Amphipolis;
- Na Cilícia, FILOXENOS conseguiu manter sua província;
- a Babilônia passou às mãos de SELÊUCOS – mesmo deixando de ser a capital do império, continuava a ser uma das cidades mais importantes, e elo entre as satrapias do Oriente e do Ocidente – que não deixou de se aproveitar da sua posição estratégica;
- A Mesopotâmia e a Arbélida foram atribuídas a AMPHIMACOS;
- A Suziana, província vizinha, foi atribuída a ANTÍGENES;
- as satrapias do Oriente, em geral, permaneceram nas mãos daqueles que já as controlavam: PEUCESTAS conservou a Pérsia; TLEPOLEMOS a Carmânia; SYBIRTIOS a Gedrósia e a Aracósia; OXYARTES com a região dos Paropamisades; PITON, filho de AGENOR, a Índia citerior; TAXILO a região além Indus, no Hidaspe; PORUS todas as regiões ribeirinhas do Hidaspe, até a foz do Indus;
- mudanças no Oriente foram as seguintes:[166] a Bactriana e a Sogdiana foram reunidas nas mãos de STANASOR de Soles; FELIPE recebe a satrapia da Partia; STASANDROS de Chipre recebe a Drangiana e a província da Ásia; e PITON, filho de CRATEUS, conservou a sua satrapia da Média, até a região caspiana, e para o indenizar pela perda do título de governador geral, foi-lhe atribuída a condição de Estratega das satrapias superiores.[167]

165 J. G. DROYSEN (ed. 2005, vol. II, t. II – **Les successeurs d'Alexandre (Diadoques)**, livre III, chap. premier, cit. p. 891).

166 J. G. DROYSEN (ed. 2005, vol. II, t. II – **Les successeurs d'Alexandre (Diadoques)**, livre III, chap. premier, cit. p. 891): en Orient les masses ethnologiques forment encore un écheveau inextricable: il se passera bien du temps avant qu'il s'y établisse des divisions déterminées et durables; là il s'agit même encore de savoir à quelle personnalité se rattachera le développement de nouvelles situations historiques.

167 J. G. DROYSEN (ed. 2005, vol. I, t. II – **Histoire des successeurs d'Alexandre (Diadoques)**, livre premier, chap. quatrième, cit. p. 741-745). Parece surpreendente que, nos documentos que foram conservados, da partilha de Triparadisos, em 321 a.C. não se faça qualquer menção à Armênia, nem tampouco à Média setentrional. Algum tempo depois, ORONTES, que combatera em Gaugamela como o sátrapa da Armênia, volta ao controle da sua antiga província. V. tb. Annie et Jean-Pierre MAHÉ, **Histoire de l'Arménie** – des origines à nos jours (Paris: Perrin, 2012, chap. 2 – Monarchies 331 av. J.-C. – 6 av. J.-C., p. 37-64, cit. p. 38): "lorsque les Diadoques se partagent, à Babylone, les dépouilles de leur roi mort

Instauram-se relações de direito internacional também entre as dinastias – como os ANTÍOCOS – com os respectivos poderes locais, conservando traços das instituições criadas por ALEXANDRE:

> Do amplo domínio real – βασιλικη χωρα – ANTÍOCO destaca territórios consideráveis, que confere a ARISTODICIDA, com a autorização ou a obrigação deste em os conservar, bem como diversas cidades, tais como Ilion e Gergis, que não são súditas, mas aliadas do rei, por conseguinte, são cidades livres, com autonomia, administração e jurisdição próprias. Fica também estipulado no acordo, conservado em inscrição de pedra, que o donatário deveria permitir habitar em Petra também um contingente militar real, para garantir a segurança da cidade: o termo no qual se estipula a concessão – prosjeresqai – parece denotar que o território concedido deixa de ser terra real, mas se subordina a uma comundidade urbana, a uma 'cidade livre do reino', aliada do rei. Por conseguinte, a intenção do rei não é fazer de ARISTODICIDA um dinasta, mas este deve se colocar sob a jurisdição municipal.[168]

O grau de internacionalidade então alcançado se reflete no extenso uso da língua grega, em todo o Oriente próximo, e adiante, em vastas regiões da Ásia central. O uso do grego se expande, em concorrência com a língua franca veicular de todo o Oriente próximo, o aramaico.

O extenso uso do grego se mantém, durante séculos, mesmo muito depois da conquista da Síria por POMPEU, em 63 a.C., que marca o fim do período helenístico e o início da era de dominação romana.[169]

en 323, l'Arménie ne figure pas dans la liste des pays distribués. Elle est aussi absente des autres partages, en 321 à Triparadisos et en 315 à Persépolis."

[168] Comentando o conteúdo da inscrição, também encontrada em Hissarlik, nas ruínas presumivelmente do templo construído em Ílion por LISÍMACO, em placa de mármore, medindo 160 cm por 45 cm, J. G. DROYSEN (ed. 2005, vol. I, t. I – **Alexandre le grand**, livre quatrième, chap. 2, III – Le domaine royal et les villes libres, p. 623-625) ressaltava: não se diz que a cidade fortificada de Petra, passando às mãos de ARISTODICIDA, deva também ficar sob a dependência das cidades, das quais se teria feito a escolha. E se ARISTODICIDA deve permitir às tropas reais de habitar Petra, 'por medida de segurança', essa cláusula parece ter como propósito assegurar a essas populações, com domicílio na cidade fortificada, a segurança da qual antes gozavam, sob os funcionários reais, da grande βασιλικη χωρα e que não teriam provavelmente encontrado, de forma tão completa, sob administração de autoridade municipal instalada a grande distância. Ainda que se possam imaginar outras razões.

[169] Ver a seguir, o cap. 6 – na formação e no desenvolvimento de Roma.

Mas, além da língua e das instituições políticas, cabe assinalar a recorrência do modelo grego de civilização, expresso materialmente em templos, ginásios e teatros.

Para equivalente grau de internacionalidade, terá de se esperar mais alguns séculos até ser novamente instaurado algo equivalente pelo império romano,[170] quando este alcança sua máxima extensão, no século II d.C., com o imperador TRAJANO. Nas enormes extensões do império, expande-se o uso do latim, mas permanece ao lado deste o uso do grego – mesmo pelas elites romanas, como língua de cultura e de civilização –,[171] ao lado de outras línguas locais e autóctones: "sem dúvida, toda a civilização romana, em seu conjunto, está embebida de elementos gregos".[172]

No Oriente próximo, nessa época, cruzam-se as influências das línguas semíticas, como o hebreu, o acadiano, o ugarítico, o cananeu, o nabateu e o árabe, além do aramaico, ao lado de influência do antigo egípcio, de origem chamito-semítica, e de línguas indo-europeias, como o hitita, o hurrita, o mitaniano, o iraniano (antigo persa) e o armênio, bem como o grego e o latim.

> A expedição de ALEXANDRE também estava destinada a abalar as raízes, senão a destruir inteiramente, daquele radicalíssimo preconceito racista dos gregos, pelo qual pensavam a si mesmos não só como superiores aos bárbaros pela quantidade de dotes, mas também pela sua qualidade, a ponto de considerarem só a si mesmos 'por natureza' livres e os bárbaros, ao contrário, incapazes 'por natureza' de cultura, de livre atividade e, portanto, 'escravos por natureza'. ALEXANDRE tentou, e não sem sucesso, a enorme empresa de assimilação dos bárbaros vencidos e da igualização desses com os gregos.[173]

[170] Como se considera no cap. 6 – na formação e no desenvolvimento de Roma, a seguir.

[171] O imperador romano e filósofo MARCUS AURELIUS ANTONINUS (que reinou de 161 a 180 A.D.) escreve em grego as suas **Meditações**, em doze livros.

[172] Michael von ALBRECHT, **História de la literatura romana** – desde Andrónico hasta Boecio (orig. publ. **Geschichte der römischen Literatur**, 1994, versión castellana por Dulce ESTEFANÍA e Andrés POCIÑA PÉREZ, Barcelona: Herder, 1997, vol. I, p. 463).

[173] G. REALE, **História da filosofia antiga** (vol. III – **Os sistemas da era helenística**, ed. 1994, cit. p. 9): "Em 331 mandou instruir milhares de jovens bárbaros com base nos cânones da cultura grega, adestrando-os na arte da guerra, a fim de dispor de novas e juvenis forças de reposição. Em 324 ordenou que soldados e oficiais macedônios desposassem mulheres persas: dez mil soldados macedônios e um grupo de oficiais uniram-se em rito nupcial a

Dessa incursão de dimensões sobrehumanas, embora de curta duração enquanto fenômeno político direto, as conquistas de ALEXANDRE serão relevantes e duradouras por suas consequências humanas, desdobrando-se em âmbito social, comercial e cultural. Embora não fosse àquele tempo corrente o termo, trata-se de fenômeno de "globalização", propriamente dito, no sentido de se internacionalizarem conceitos, até então estanques, entre distintas civilizações e tradições, localmente ancoradas e ordenadas, por meio das quais se buscam sínteses, entre tais mundos antes separados, que começam a se ver como irmanados, na mesma condição humana, apesar de diferenças circunstanciais.

Se, por um lado, o período helenístico se instaura a partir do fim do modelo das cidades-estado – como referido, a partir da derrota dos gregos pelos macedônios, na batalha de Queroneia, em 338 a.C. – e representa a decadência dos padrões originais da Grécia clássica, notadamente, em matéria de filosofia,[174] por outro, abre nova fase histórica, na

mulheres persas na Síria. Esses foram alguns dos exemplos mais clamorosos, que ilustram o ideal de igualização das raças, a ser constantemente reafirmado na era helenísitica."

[174] Não se pode comparar o padrão consolidado pelos filósofos 'clássicos', com primazia para PLATÃO e ARISTÓTELES, em relação aos ulteriores pensadores e filósofos helenísticos. Controvérsia de longo alcance e múltiplas repercussões, como ilustram, i.a.: Émile BRÉHIER, **Histoire de la philosophie** I – Introduction – Période hellénique (Paris: PUF, 1948); Émile BRÉHIER, **Histoire de la philosophie** II – Période hellénistique et romaine (Paris: PUF, 1948, ch. premier, cit. p. 261): "L'importance historique de ces écoles est difficile à déterminer pour des raisons diverses: d'abord, leur prestige est diminué par le voisinage de PLATON et d'ARISTOTE; ensuite il ne reste guère des oeuvres de leurs adeptes que des collections de titres, quelque fois eux-mêmes suspects; de leurs doctrines que des résumés doxographiques, souvent écrits dans le langage des écoles postérieures; sur les personnes que des collections d'anedoctes ou de *chries*, destinés à l'édification du lecteur et qui tiennent plus de l'hagiographie que de l'histoire; enfin, leur souvenir est éclipsé par celui des grandes écoles dogmatiques, épicurisme et stoïcisme, qui se sont fondés après la mort d'ALEXANDRE"; A. J. FESTUGIÈRE, *Platon et l'Orient* (in **Études de philosophie grecque**, Paris: Vrin, 1971, p. 39-79); Olof GIGON, **Les grands problèmes de la philosophie antique** (orig. publ. **Grundprobleme der antiken Philosophie**, trad. Maurice LEFÈVRE, Paris: Payot, 1961, Introduction, p. 7-9); "Le cours du temps ne modifie pas seulement les philosophies mais aussi la manière de concevoir leur histoire. [...] Il ne suffit plus aujourd'hui d'être uniquement informé de ces systèmes. Nous voudrions suivre la pensée philosophique dans son devenir et son action historiques. [...] Quelle influence a exercé la philosophie sur la marche de l'histoire, ou quelle influence n'a-t-elle pas exercée? [...] Il est encore moins possible, d'ailleurs, de rendre l'histoire indépendante de la philosophie la plus parfaite, car il

qual alcança a maior extensão territorial e projeção mundial da língua e da cultura gregas.[175]

Os novos centros de cultura como Pérgamo, Rodes e, sobretudo, Alexandria, com a fundação da grandiosa biblioteca e do Museu, por obra de PTOLOMEU, acabaram por ofuscar a própria Atenas.[176] E estes prosseguiram durante séculos.

appartient à l'essence même de toute philosophie de montrer ce qu'elle a su pour sa part réaliser dans l'action"; Giovanni REALE, **Para uma nova interpretação de Platão** (orig. publ. **Per una nuova interpretazione di Platone**, 1991, trad. Marcelo PERINE, São Paulo: Loyola, 1997); Giovanni REALE, **História da filosofia antiga** (orig. publ. **Storia della filosofia antica**, in cinque volumi, 1975-1980) vol. I – **Das origens a Sócrates** (trad. M. PERINE, São Paulo: Loyola, 1993); vol. II – **Platão e Aristóteles** (trad. H. C. de Lima VAZ e M. PERINE, São Paulo: Loyola, 1994); vol. III – **Os sistemas da era helenística** (trad. M. PERINE, São Paulo: Loyola, 1994, esp. primeira parte – O esgotamento das escolas socráticas menores e a involução das escolas de Platão e de Aristóteles, p. 23-135); vol. IV – **As escolas da era imperial** (trad. M. PERINE e H. C. de Lima VAZ, São Paulo: Loyola, 1994, esp. primeira parte – Os últimos desenvolvimentos e a dissolução da escola peripatética e das grandes escolas helenísticas, p. 7-211); vol. V – **Léxico, índices, bibliografia** (com a colab. de Roberto RADICE, trad. M. PERINE e H. C. de Lima VAZ, São Paulo: Loyola, 1995); Giovanni REALE e Dario ANTISERI, **Filosofia** (orig. publ. **Il pensiero occidentale**, nuova ed., riveduta e ampliata, © 2013, trad. José BORTOLINI) vol. I – Antiguidade **e Idade Média** (**Antichità e Medioevo**, São Paulo: Paulus, 2ª ed. revista e ampliada, 2017).

[175] G. REALE, **História da filosofia antiga** (vol. III – **Os sistemas da era helenística**, ed. 1994, cit. p.11): "Assim como a cultura helênica, tornando-se helenística, perde o seu vigor originário e a sua força primigênia, assim também a filosofia, em particular, perde em profundidade o que ganha em extensão. A perda se dá justamente na dimensão da tecnicidade e, portanto, na força e no vigor especulativos. O ganho se dá no número incomparavelmente superior de pessoas para as quais a filosofia, transformada essencialmente em problema da vida, sabe comunicar uma mensagem válida. A filosofia torna-se efetivamente a fonte da qual o homem helenístico extrai os valores que antes extraia da *pólis* e da religião da *pólis*: oferece novos conteúdos de vida espiritual, ilumina as consciências, ajuda o homem a viver e lhe ensina como ser feliz, mesmo na época trágica em que vive, na qual todos os antigos valores parecem subvertidos."

[176] G. REALE, **História da filosofia antiga** (vol. III – **Os sistemas da era helenística**, ed. 1994, cit. p. 10): "A cultura helênica, difundindo-se entre todas as raças e povos, tornou-se helenística. Essa difusão fatalmente comportou, além de uma perda de profundidade, uma paralela perda de pureza. Entrando em contato com tradições e crenças diversas, a cultura helênica devia assimilar cada vez mais alguns dos seus elementos. Sobretudo fizeram-se sentir, muito cedo e profundamente, os influxos do Oriente, a partir de PIRRO e, pelo menos sob certos aspectos, a partir dos estóicos."

> Um século depois de ter sido construída, Alexandria era maior que Cartago e crescia tão vertiginosamente que nem mesmo Roma a superava. A cidade já havia se tornado o centro não apenas do helenismo, mas também do judaísmo. O Museion foi a principal universidade do seu tempo – os melhores professores, filósofos e cientistas floresceram entre suas paredes. Lá os eruditos antigos produziram a **Septuaginta** – tradução grega do Velho testamento hebreu.[177]

Paradoxalmente, os elementos basilares do mundo helenístico foram, justamente, os mesmos dados de língua e cultura que cimentavam a identidade 'nacional' grega. Mesmo quando as antigas cidades-estado incessantemente guerreavam entre si.

Quando a ideia de comunidade humana, na qual se compartilhem ao menos alguns dados de civilização, como a língua e parâmetros de comportamento social, passa, no final da era clássica, do espaço restrito das cidades-estado gregas para a dimensão quase universal helenística, tal como legada pelo efêmero império alexandrino, alcança-se síntese de culturas e de civilizações, como nunca antes se experimentara, exceto talvez, em menor escala, no império persa.[178] Esse é o dado inovador e relevante, de certo modo 'globalizado' – *avant la lettre* – para os propósitos deste direito internacional no tempo.

A instauração da era selêucida ocorre com a tomada de Babilônia por SELEUCOS, em 312 a.C. Sua dinastia – os selêucidas – são eloquente ilustração desses aportes entre culturas e diferentes tradições. O que já antes da morte de ALEXANDRE se iniciara, em 324 a.C. a construção de um grande teatro, seguindo o modelo grego, em Babilônia: este é feito de tijolos de barro cozido, nessa região aluvial, pobre de pedras. A cons-

[177] Theodore VRETTOS (1961-2019), **Alexandria** – a cidade do pensamento ocidental (orig. publ. **Alexandria** – city of the Western mind, 2001, trad. Brigitte KLEIN, São Paulo: Odysseus, 2005, Parte um – Nascce a cidade, p. 19-50, cit. p. 21) "naquelas ruas JÚLIO CÉSAR passearia com CLEÓPATRA sob a estrondosa aclamação da população. / Durante mil anos depois da sua fundação, Alexandria foi o centro cultural, político e religioso do Egito. Além da reputada erudição, era famosa também por sua arquitetura" (e a seguir – Prólogo, p. 9-10): "É assombroso como o grande sonho de ALEXANDRE iria se realizar na mente e na alma da cidade, influenciando profundamente a cultura, a arte, a política e a religião do Ocidente até os dias de hoje."

[178] Cf. se considerou no capítulo 4, no Tomo 3A, precedente, sobre o império persa.

trução passou por diversas transformações, nos séculos seguintes: especialmente entre 151 e 143 a.C. e, depois, recebe um muro romano como fundo de palco – o *fons scaenae* – no século II d.C.[179]

A era selêucida inaugura o uso de contagem do tempo desde o início da dinastia, em lugar de ser esta recomeçada a cada reinado. Marca também ruptura com o sistema de contagem do tempo com base nas Olimpíadas, como se fizera na antiga Grécia.

No império persa, esse será, também, o sistema de contagem do tempo utilizado pelos Arsácidas. Cuja era começa em 247 a.C.[180]

A seguir se pode passar a breve avaliação da contribuição grega e helenística para o direito internacional (5.3).

5.3. Avaliação da contribuição grega e helenística para o direito internacional

A forma como se rememora a história faz diferença.

L. Ali Khan (1996)[181]

Diz-se: seu império logo desabou. Mas a civilização grega, implantada em meio aos bárbaros sobreviveu à dissolução do império. Diz-se: o estado do império persa tornou fácil a sua empreitada. Mas o fato de ter tão bem compreendido a situação; de ter sabido não somente derrubar o edifício, mas utilizar os seus pedaços, e imprimir nova aura à vida dos povos; de ter sabido apreciar, em seu justo valor, a inesgotável atividade da raça grega que, restrita a um pequeno espaço, somente empregava as suas forças em se autodestruir, e atribuir-lhe tarefa, na qual ela pôde desdobrar a sua energia criativa, organizadora, esse fermento de vida, que nela pulsava; de ter ousado, com audaciosa segurança, semear nos

[179] H. Stierlin (op. cit., 1987, p. 170) comenta ter sido o teatro grego de Babilônia escavado por R. Koldewey em 1904 e os resultados foram publicados por Friedrich Wetzel, em 1957, depois da restauração do teatro: "En 1957 il a connu une restauration ou reconstruction nécessitée par le caractère périssable du matériau qui le compose, noyau de brique crue avec revêtement de brique cuite."

[180] Cf. se considerou no capítulo precedente.

[181] L. Ali Khan, **The extinction of nation-states: a world without borders** – Developments in International Law (Haia: Kluwer Law International, 1996, cit. p. 35) adverte: "the way in which we recall history makes a difference"

espaços imensos do mundo bárbaro esses postos avançados, essas colônias esporádicas, esses pequenos centros de vida helênica, com pulsões vigorosas; de ter feito tudo isso com previsão, sabendo escolher, com golpe de vista, o local adequado, com plena consciência do propósito, dos meios, e a certeza do sucesso, eis no que precisamente consistiu a grandeza histórica de Alexandre. Que se aprecie, como se quiser, o seu caráter e a sua moral; nessa obra, que é sua, ele se mostra igualmente grande, pela ousadia das suas concepções e pela energia da sua vontade: pela altura à qual ele eleva as aptidões humanas, é um gigante.

J. G. Droysen (ed. 2005)[182]

Há duas medidas para o conflito entre os homens: uma, o direito, outra, a força de quem o faz, e a natureza delas é tal que onde uma termina a outra começa.

Thomas Locke (1690, ed. 2019)[183]

A avaliação da contribuição para o direito internacional do sistema internacional das antigas cidades-estado gregas bem como do período helenístico pode oscilar consideravelmente, em função das configurações mentais dos comentadores. Sempre em razão do tempo histórico e do contexto cultural, no qual se faça referida avaliação.

Uma das questões mais debatidas é a medida na qual se pode falar de sistema propriamente 'internacional' entre as cidades-estado gregas, ou se este seria somente um sistema 'intermunicipal'.[184] Em seu ensaio sobre o direito das gentes, R. Ward (1795) destacava "as famosas nações da Grécia e da Itália, [...] que conduziram e dominaram a política

[182] J. G. Droysen (ed. 2005, vol. II, t. II – **Les successeurs d'Alexandre (Diadoques)**, Appendice III – Les villes fondées par Alexandre et ses successeurs, chap. premier – les villes fondées par Alexandre, cit. p. 1120).

[183] John Locke, **Carta sobre a tolerância** (orig. publ. **Epistola de tolerantia**, 1690, edição bilingue, em latim e português, trad. Fábio Fortes e Wellington Ferreira Lima, org., introdução, notas e comentários Flávio Fontenelle Loque, Belo Horizonte: Autêntica, 2019, cit. p. 89-91): Eorum quae inter homines disceptantur duplex est ratio, uma jure, alia vi agentium; quorum ea est natura, ut ubi alterum desinit, alterum incipiat.

[184] Como por exemplo: François Laurent, **Histoire du droit des gens** (Ghent: L. Hebbelynck, vols. I e II, 1850-1870); Thomas Alfred Walker (1862-1935), **A History of the Law of Nations** (Cambridge: Univ. Press, 1899, vol. I, p. 38): "International law of such people [as the Greeks] could ... be hardly more than an intermunicipal law."

do mundo; as mais poderosas nações se inclinaram diante deles, tomaram as suas ideias e o seu tom – *took their ideas and their tone* – da vontade ou exemplo deles". E, apesar da excelência de ambos os povos, em tantos campos, "igualmente celebrados nas artes e nas armas; penetraram as profundezas da ciência; analisaram a inteira mente do homem; e tudo o que o gênio humano desassistido poderia alcançar, eles fizeram seus, de maneira tão rápida, que foi quase miraculosa",[185] ponderava Ward que, "ficaram aquém da posteridade em suas ideias no campo do direito que tratamos" – ou seja, em matéria de direito internacional. E, "quando contemplamos o escopo geral das suas leis da guerra e da paz, muitas vezes eles se mostrarão semelhantes aos bárbaros, que eles desprezavam".[186]

Enumerava exemplos e situações, para afirmar "a crueldade de suas leis da guerra é bem conhecida".[187] Ponderava, ademais, que na comparação entre o comportamento de gregos e de romanos na guerra, seriam mais bem avaliados estes últimos.[188]

Apesar de tais opiniões negativas – ou reducionistas – a respeito da existência e do escopo de direito internacional entre os gregos antigos, a interpretação favorável ao reconhecimento de um sistema internacional decorre de constatação óbvia: as relações entre as cidades-estado

[185] Robert Ward, **An Enquiry into the foundations and history of the Law of nations in Europe** – from the time of the Greeks and Romans to the age of Grotius (orig. publ. London: A. Straham and W. Woodfall, 1795, vol. I, chap. 6 – The History of the Law of Nations in Europe as observed by the Greeks and Romans, p. 171-200, cit. p. 171-172).

[186] R. Ward, **An Enquiry into the foundations and history of the Law of nations in Europe** (1795, vol. I, chap. 6 – The History of the Law of Nations in Europe as observed by the Greeks and Romans, p. 171-200, cit. p. 173): "when we come to contemplate the general scope of their Laws of War and Peace, they will be found too often to resemble the Barbarians they despised."

[187] R. Ward (op. cit., 1795, vol. I, chap. 6, p. 178 e a seguir p. 183): "the Greek Law of Nations considered the subjects of one state in open hostility with another, in the same point of view, as modern Nations consider those that are guilty of treason; which, as there was no allegiance due, was the summit of Injustice."

[188] R. Ward (op. cit., 1795, vol, I, chap. 6, cit. p. 185): "So much generosity in an infant and precarious Nation, promised many interesting and magnanimous actions in the course of their History afterwards; and accordingly, without meaning to go into the comparison of their examples of patriotism with those of Greece, we shall not be far wrong in saying that they exhibit much greater instances of regular Law, in their intercourse with foreign nations."

gregas não partiam nem da premissa da guerra permanente, nem tampouco tendiam à centralização universal. Conviviam buscando manter um sistema de 'equilíbrio de poder':[189] onde muitas vezes a *pólis* vizinha era o pior inimigo e se buscavam alianças com outras mais distantes para contrabalançar o poder do adversário. E, por vezes, estendeu-se a ligas pan-helênicas, como as alianças diante de inimigos externos – como os persas – ou durante a guerra do Peloponeso (431 a 404 a.C.).

O contexto grego antigo de direito internacional e relações internacionais constituía sistema de unidades políticas independentes, mesmo se de reduzida população em pequena extensão geográfica, e essas cidades-estado compartilhavam valores comuns, sem esquecerem arraigado sentido de independência e de 'soberania' – o que caracteriza sistema de direito e relações internacionais. Algo equivalente se pode constatar, muitos séculos mais tarde, entre as unidades políticas independentes da Península itálica ou as múltiplas formas políticas, que se congregavam no assim chamado Sacro império romano germânico,[190] conjugando estreitas relações entre os integrantes, todavia ciosos de seus direitos, suas prerrogativas e suas liberdades.[191] Ou, ainda, no Império mughal na Índia,[192] onde o poder central efetivamente tinha alcance bastante limitado.

[189] A respeito, v. **Tratado** (tomo VIII – **Direito internacional além do paradigma vestfaliano**, item – literatura sobre o sistema de equilíbrio da Europa).

[190] Peter H. Wilson, **The Holy Roman Empire** – a thousand years of European history (orig. publ. 2016, London: Penguin, 2017); Francis RAPP, **Le saint empire roman germanique** – D'Otton le Grand à Charles Quint (Paris: Tallandier-histoire, 2000).

[191] Ver **Tratado** (tomo V – **Direito internacional no tempo de Francisco de Vitória**, cap. 12 – *jus gentium, jus commune, jus europaeum*: entre a teoria e a prática); v. tb. Indro Montanelli e Roberto Gervaso, **L'Italia dei comuni** – il Medioevo dal 1000 al 1250 (orig. publ. 1969, Milão: Rizzoli – Bur, nova ed., 2010, Storia d'Italia – vol. 2) e vale comparar com a situação ainda existente séculos depois, cf. I. Montanelli, **L'Italia giacobina e carbonara** – 1789-1831 (originalmente publicado em 1969, premessa di Sergio Romano, Milão: Rizzolli – Bur, nova ed. 2014, Storia d'Italia – vol. 7); Gaetano Greco e Mario Rosa (a cura di), **Storia degli antichi stati italiani** (Roma-Bari: Laterza, 1996); Giuseppe Galasso, **Dalla 'libertà d'Italia' alle 'preponderanze straniere'** (Napoli: Editoriale Scientifica – Pubblicazioni dell'Istituto Suor Angela Benincasa, 1997).

[192] C. H. Alexandrowicz, **The law of nations in global history** (ed. by David Armitage and Jennifer Pitts, Oxford: University Press, 2017, B. Straumann, '*Series Editors Preface*' p. V-VII).

Ainda que seja duvidoso falar em direito da guerra[193] propriamente dito entre as cidades-estado gregas na Antiguidade, alguns princípios, não somente de base religiosa, podem ser apontados. Princípios esses mantidos, mesmo em tempos de guerra, incluindo: a inviolabilidade dos templos e dos locais de culto, bem como dos sacerdotes. O antigo direito de asilo se ampliou aos fugitivos de uma batalha: cada um dos beligerantes permitia ao outro que se enterrassem os mortos, como se vê, no registro mais antigo da literatura ocidental, já desde a abertura da **Ilíada** de HOMERO.[194]

Dividida entre numerosas cidades-estado, a guerra era elemento quase 'natural'.[195] É difícil nos darmos conta da frequência da ocorrência de guerras na Antiguidade:[196] "a guerra estava no centro das culturas clássicas".[197] Contudo, as guerras antigas, muito mais que as guerras modernas, eram operações limitadas, quanto ao número dos participantes e quanto ao teatro de operações. Eram frequentes, mas praticadas

[193] A respeito, v. tb. **Tratado** (tomo IV – **Direito internacional no tempo medieval**, cap. 11, esp. 11.3 – herança antiga e medieval na concepção moderna da guerra).

[194] HOMERO, **Ilíada** (trad. Carlos Alberto NUNES, Rio: Ediouro, 2001). Sintomaticamente a literatura ocidental começa com a palavra "cólera" – *menin* – "Cólera, canta ó deusa, de Aquiles, filho de Peleu".

[195] José VARANDAS, *O hoplita e a falange – o triunfo da infantaria simétrica no mundo antigo* (in **A guerra na Antiguidade**, coord. A. R. dos SANTOS e J. VARANDAS, Lisboa: Centro de História da Univ. de Lisboa – Caleidoscópio ed. e artes gráficas, 2010, vol. 3, p. 175-196, cit. p. 176): A disputa por um ecossistema reprodutivo limitado fazia com que todos os 'estados' estivessem permanentemente envolvidos em conflito armado com outros 'estados'.

[196] Sobre a frequência da guerra na Antiguidade, v. Yvon GARLAN, **La guerre dans l'Antiquité** (© 1972, Paris: Nathan, 1990). John KEEGAN, **Uma história da guerra** (do original **A History of Warfare** © 1993, trad. Pedro Maia SOARES, São Paulo: Companhia das Letras, 2006) constrói a sua análise sobre o paradoxo de que, se por um lado "todas as civilizações tem sua origem na guerra", por outro lado, hoje, para sobreviver, precisam dominar a maior e mais resistente capacidade do homem: a de ser violento.

[197] Harry SIDEBOTTOM, **Ancient Warfare** (Oxford: Univ. Press – A very short Introduction, 2004, Preface, p. IX-XIV, cit. p. IX): "The Greeks and Romans for long periods of time were generally successful in war, and war was never far from their minds. The ancient Mediterranean world produced sophisticated thinking specifically about war, much of which is still of relevance today. Concepts drawn from war were also used to structure thinking in many other areas. War was considered one of the main ways to distinguish one culture from another. [...] In the Greek and Roman worlds almost everything you read, heard or even looked at could evoke warfare."

em muito menor escala. E com meios de destruição de alcance muito mais restrito.

PLATÃO, em célebre passagem das **Leis**, condenava a estupidez da maioria dos homens por teimarem em não perceber que todos estão, sem cessar, envolvidos em guerra permanente com todos os estados:[198] "a 'paz', como o termo normalmente é empregado, nada mais é do que um nome, pois na verdade, cada estado, por lei da natureza, está perpetuamente engajado em guerra contra todos os outros estados".[199]

Além das sombras dessa realidade, existe dimensão pan-helênica a ser considerada, porquanto mesmo quando atenienses e espartanos, como outras cidades-estado, estiveram – e, cumpre dizer, frequentemente estiveram – em guerra, como magistralmente descreve TUCÍDIDES na história da guerra do Peloponeso:

> Embora convenha aos homens de discernimento permanecer tranquilos e ninguém os molesta, convém aos bravos, quando ofendidos, mudar da paz para a guerra, prontos porém para abandonar a guerra e retornar à paz, quando chegar o momento propício, não se deixando empolgar pelo sucesso na guerra, nem enamorar pela quietude da paz, a ponto de tolerar ultrajes. Com efeito, aquele que fugir da guerra, por causa de suas comodidades, muito provavelmente, se permanecer indiferente, bem depressa perderá os deleites da vida pacata que o levaram à omissão; da mesma forma, aquele que se empolga pelo sucesso na guerra, não percebe quão enganadora a confiança que o exalta. Na verdade, muitas ações mal planejadas foram bem sucedidas, porque o adversário se mostrou ainda menos inspirado, e muitas outras aparentemente bem planejadas foram mal sucedidas e só trouxeram vergonha, pois ninguém executa um plano com a mesma confiança com que o concebe; ao contrário, quando formamos uma opinião, sentimo-nos seguros, mas na prática sobrevém o temor e falhamos.[200]

198 PLATO, **Laws** (with an English transl. by R. G. BURY, Cambridge, Ma. / Londres: Harvard UP / Heinemann, LCL 187, PLATO X, livros I-VI, 1st printed 1926, reprint 1984; LCL 192, PLATO XI, livros VII-XII, 1st printed, 1926, reprint, 1984; cit. livro I, 625 E).

199 PLATÃO, **Leis** (ed. 1984, cit. livro I, 626 A).

200 TUCÍDIDES, **História da guerra do Peloponeso** (trad. do grego, intr. e notas, Mário da Gama KURY, Brasília: Ed. UnB, © 1982, 3ª ed., 1987, cit. I.120):

Mas não se deve esquecer que, mesmo quando em guerra, umas com as outras, pairava entre as cidades-estado gregas, acima das confrontações, a convicção da existência de uma comunidade: davam-se conta e sentiam, com força, o pertencimento à mesma comunidade racial, cultural, linguística e religiosa. Nessa percepção de laços civilizacionais compartilhados, mesmo acima das causas diretas do conflito que contra outra cidade-estado levava ao enfrentamento militar, pode-se ter dimensão a ser conservada.

ARRIANO reporta, na **Anabase de Alexandre**, que depois da vitória na batalha de Granico, ALEXANDRE manda para a Macedônia, como prisioneiros de guerra e acorrentados, para fazerem trabalhos forçados, os mercenários gregos, pois estes, embora gregos, tinham lutado contra outros gregos: assim, "tinham violado as resoluções comuns dos gregos, lutando com bárbaros, contra a Grécia".[201]

A contraposição entre uma realidade fracionada e o anseio de instauração de valores compartilhados se mantém, até hoje, presente no mundo. Os antigos gregos, do conflito entre esse sentimento e a realidade da situação política, deduziram e desenvolveram complexo sistema de laços jurídico-religiosos entre as cidades-estado da antiga Hélade que, de certo modo, contrapunha-se e servia para mitigar os danosos efeitos diretos do exacerbamento da separação e dos antagonismos.

ISÓCRATES assim expunha, no **Panegírico**:[202]

> até no que diz respeito às nossas histórias, gostamos mais das que falam da guerra de Tróia e das guerras pérsicas [...] a própria poesia de HOMERO conquistou maior fama porque ele glorificou nobremente os homens que lutaram contra os bárbaros, razão pela qual os nossos antepassados

[201] FLAVIUS ARRIANUS (ca. 95-175 d.C.), historiador grego e pensador filosófico, originário de Nicomédia, na Bitínia, foi cidadão romano e ateniense, exerceu o cargo de governador da província romana da Capadócia, de 132 até 137, e repeliu a tentativa de invasão dos Álanos, em 134 AD. Aposentado, retirou-se para Atenas, onde foi arconte em 148-149 AD e depois para a sua cidade natal. Sua obra, já citada, **Anabase de Alexandre** em sete livros é o melhor relato que ficou sobre a vida adulta de seu biografado. V. ed. ARRIAN, **Anabasis of Alexander** seguida de **Indica** (edição em grego, with an English translation by P. A. BRUNT, Cambridge, Ma. / London: Harvard UP, LCL 269, © 1933, reprinted 2000, cit. I.16.6, p. 68-69).
[202] ISÓCRATES, **Panegyricus** (157-158).

> decidiram atribuir à sua arte um lugar de honra nas nossas competições musicais e na educação da nossa juventude, de modo ao ouvirmos repetidamente os seus versos, possamos aprender de cor a inimizade que há muito existe entre nós e eles.

Em relação ao contexto grego antigo, mas, em verdade, diz respeito a toda a condição humana, exprime-se a indagação que formulava Werner JAEGER (1936, ed. 1979), publicado no momento[203] em que o nazismo já era o governo eleito, seu terror reinava na Alemanha, e estendia seus tentáculos sobre a Europa. Indagava JAEGER se se poderia pretender alcançar a eunomia (boa norma) internacional?

> Ainda que as suas armas tivessem triunfado, os gregos não teriam já futuro político, nem fora do domínio estrangeiro nem sob seu jugo. A forma histórica de vida do seu estado tinha caducado já e nenhuma nova organização artificial podia substitui-la. É falso medir sua evolução pela pauta do moderno estado nacional. Permanece de pé o fato de os gregos não terem conseguido criar uma consciência nacional que os tornasse aptos para a formação desse tipo de estado, embora lhe não faltasse uma consciência nacional própria, noutros sentidos.[204]

Antes de mais, trata-se de situar o conceito e aferir a sua viabilidade: trata-se de mito da arquitetura caótica da suposta ordem internacional? Pode ser o direito internacional pós-moderno o sistema regulador

[203] Werner JAEGER, **Paideia** – a formação do homem grego (orig. publ. **Paideia – die Formung des griechischen Menschen** – ΛΙΜΗΝ ΠΕΦΥΚΕ ΠΑΣΙ ΠΑΙΔΕΙΑ ΒΡΟΤΟΙΣ, 1936, trad. Artur M. PARREIRA, São Paulo: Martins Fontes, 1979, "o homem trágico de Sófocles", pp. 293-310, cit. p. 302): "a influência histórica e a importância absoluta de uma ideia não dependem nunca da sua novidade, mas sim da profundidade e da força com que foi compreendida e vivida".

[204] W. JAEGER, **Paideia** (ed. 1979, cit. p. 1330-1331) completava a passagem, lembrando "ARISTÓTELES diz na sua **Política** (VII.7 1327 b 32) que os gregos poderiam chegar a dominar o mundo, se formassem um só estado. Foi só, porém, como problema filosófico que este pensamento se elevou no horizonte do espírito grego. Só uma vez, na batalha de DEMÓSTENES em prol da independência da sua pátria, se produziu na história da Grécia uma onda de sentimento nacional, traduzido na realidade política pela resistência comum frente ao inimigo exterior. Foi nesse instante do seu derradeiro esforço para manter a sua existência e o seu ideal, que o estado agonizante da *pólis* alcançou nos discursos de DEMÓSTENES a imortalidade."

que permita a construção desse equilíbrio entre a eunomia e a anomia internacionais.[205]

O conceito de eunomia exprime a convicção da "desordem que toda a violação do direito gera na ordem social", como já afirmavam os antigos gregos. À eunomia contrapunha-se, na visão grega clássica, a anomia, a ausência de lei. E esta acarreta a barbárie. O dilema das escolhas e dos caminhos entre eunomia (boa norma) e anomia (a negação da norma), simultaneamente, é atual, mas não é de hoje.[206]

Dentre os valores compartilhados, a percepção da comunidade entre todos os gregos se exprimia no reconhecimento recíproco de direitos políticos: os cidadãos de outras cidades-estado podiam exercer alguns direitos públicos. Mesmo sendo rara a naturalização total, a aceitação da cidadania estrangeira permitia exercer certos direitos, mesmo em outra cidade – a *metoikia* – e esta oferecia a diferença de incluir mesmo não--gregos.

A designação de 'metecos', posteriormente, assume conotação pejorativa (de cidadão de segunda classe). Mas, originalmente, estes eram estrangeiros residentes, oficialmente registrados como tais: gozavam de proteção jurídica plena, mas não de plena cidadania, no sentido de não

[205] Veja-se P. B. Casella, **Fundamentos** (2008); Frank Attar, **Droit international: entre ordre et chaos** (Paris: Hachette, 1994). Este divide o inteiro volume em duas partes, das quais a primeira, 'l'architecture chaotique d'un ordre ou le mythe de l'eunomie', e a segunda, 'la dynamique de l'entropie ou la fatalité de l'anomie'.

[206] A respeito, v. **Fundamentos** (2008, esp. item VII, 'eunomia internacional', p. 615-661). A busca da eunomia internacional, por meio do direito internacional pós-moderno é a resposta ao que se tornou o mundo presente e o espaço e o papel reservado às instituições e às normas internacionais, em meio às políticas de força e à afirmação do primado das bestas sobre o homem racional. Pode isso vale para as políticas internas, mas valerá também para as relações internacionais? Logicamente, enquanto extensão e projeção externa daquilo que ocorre nos âmbitos internos? Mas haverá de ser somente isso? E se for, qual o espaço e qual o papel podem ser reservados para o direito internacional pós-moderno? Por isso a ênfase na eunomia internacional. Assim como a noção foi construída entre os gregos antigos a eunomia (*eu* = boa + *nomós* = lei), se constrói como anseio e se põe a partir da convicção íntima de cada cidadão, como a possibilidade para que venha a regular a cidade (*pólis*) e a vida da cidade. Nos tempos globalizados que correm, além e ao lado da vida de cada cidade-estado, se construirá a dimensão comum, da humanidade como todo, ou quase toda a humanidade. Não poderá estender-se a eunomia internacional em relação aos que a rejeitarem: detém-se nos limites de sua aceitação e de sua implementação, não somente como anseio conceitual, mas, igualmente, como realidade regulatória.

terem pleno exercício de direitos políticos, nem tampouco de liberdade na aquisição de propriedade imobiliária, mas podiam e efetivamente exerceram em diversas cidades, mas sobretudo em Atenas, importante papel no comércio.

Mais específica era a relação com o direito internacional, no caso da *proxenia*: o *proxenos* era cidadão destacado, ao qual outro estado outorgava a sua proteção e conferia funções diplomáticas, que exercia dentro de sua própria cidade-estado. A instituição da *proxenia* podia facilmente levar ao dilema da fidelidade dividida, mas teve papel importante na história grega.[207] Compararia a instituição à espécie de 'curadoria de estrangeiros'.

Intrinsecamente internacional, por sua natureza, a manifestação mais definida de coesão política no mundo helênico consistiu na rede de tratados e pactos que vincularam entre si as cidades-estado da Grécia, ao longo dos séculos.[208] A maior parte dos textos de tratados que foram conservados são os usuais acordos políticos, tais como os tratados de paz, aliança e confederação, mas muitos contêm, igualmente, concessão recíproca de liberdade pessoal, de proteção de propriedade, com permissão de aquisição de propriedade imobiliária pelos cidadãos de uma cidade-estado no território de outra, entre os co-contratantes, de modo equivalente aos atuais tratados de comércio, tratados bilaterais de proteção recíproca de investimentos e outros.[209]

[207] Para Arthur NUSSBAUM, **Historia del derecho internacional** (do original **A concise History of the Law of Nations** © 1947, trad. Francisco Javier OSSET, adiciones sobre História de la doctrina hispanica de derecho internacional por Luís GARCIA ARIAS, Madrid: Revista de derecho privado, s/d, prólogo de L.G.A. datado "1949", cap. primero 'La Antiguedad', p. 1-18, cit. p. 8): "El proxeno há sido comparado y relacionado a menudo con el consul moderno, sobretodo con el *consul electi*, que en los tiempos modernos es escogido entre los residentes – incluso los nacionales – del pais en que desempeñan su misión. Sin embargo, el proxeno era un agente político, más que comercial, y no era admitido oficialmente en su misión en su propio estado (no tenía *exequatur*). Además, las facultades y las atribuciones de los proxenos variaban mucho según las circunstancias."

[208] A. NUSSBAUM (op. cit., 1947, ed., cit., loc. cit.) arrisca avaliação: "En la esfera internacional no ha vuelto a aparecer un sistema de tratados semejante hasta el siglo XIX."

[209] Como acima mencionados, no item 5.1. Mesmo A. NUSSBAUM (op. cit., 1947, ed., cit., loc. cit.) reconhecia: "Existen algunas concesiones típicas, de carácter raro ahora, como son el derecho a los matrimonios entre los súbditos de una y otra parte, o el derecho a lograr puestos públicos. Los ciudadanos confederados eran asimilados en mayor o menor grado de igualdad a los propios ciudadanos. La variedad de los últimos tratados (llamados *isopolities*)

Apesar de tender a restringir a ocorrência de direito internacional antes da Idade moderna, avaliava NUSSBAUM o quadro do direito internacional na Grécia antiga:

> Ao mirar aqueles tempos se vê que as normas observadas nas relações entre os estados da antiga Grécia eram de caráter predominantemente religioso, e, apesar da independência daqueles estados, eram, na verdade, relações entre cidades. De modo algum se referem ao amplo conceito de uma família de nações; foram, simplesmente, expressão de uma unidade racial e cultural, e desse modo, de sentimento nacional, que se impunha, por si mesmo, à separação política. Existem algumas semelhanças fascinantes e circunstanciais com os fenômenos do moderno direito internacional, mas estas somente são acidentais.
> As práticas gregas não abriram amplas vias de desenvolvimento progressivo posterior. As grandes e múltiplas aptidões dos gregos não incluíram talento especial para o pensamento jurídico.[210]

O mesmo PLATÃO que argumentava ser onipresente a guerra, também defendia a necessidade de os cidadãos de Atenas encontrarem-se para se familiarizarem e se tornarem amigos: "não há bem maior para o estado do que os cidadãos se tornarem conhecidos uns dos outros", proclamou nas **Leis.**[211] Para Jacob DOLINGER (1994), "o grande divisor entre os povos provêm do seu recíproco desconhecimento", e afirmava: "é impossível respeitar o desconhecido, não temos como simpatizar com povos e com culturas que nos são estranhos".[212]

es considerable. Las concesiones de los tipos indicados se encuentran también sin existir tratados."

[210] A. NUSSBAUM (op. cit., 1947, ed., cit., p. 11).

[211] PLATÃO, **Laws** (with an English transl. by R. G. BURY, Cambridge, Ma. / Londres: Harvard UP / Heinemann, LCL 187, PLATO X, livros I-VI, 1st printed 1926, reprint 1984; LCL 192, PLATO XI, livros VII-XII, 1st printed, 1926, reprint, 1984) cit. livro v, 738: "the people may fraternize with one another at the sacrifices, and gain knowledge and intimacy, since nothing is of more benefit to the state, than this mutual acquaintance; for where men conceal their ways one from another in darkness rather than light, there no man will ever rightly gain either his due honour or office, or the justice that is befitting. Wherefore every man in every state must above all things endeavour to show himself always true and sincere towards everyone, and no humbug, and also to allow himself to be imposed upon by such persons."

[212] Jacob DOLINGER, *O direito e o amor* ("aula inaugural na Faculdade de direito da U.E.R.J., proferida em 24.03.1994", Rio de Janeiro: Revista da Faculdade de direito / Universidade do Estado do Rio de Janeiro, "edição comemorativa dos 60 anos", 1994, n. 2, 1-465, p. 233-245).

Encontramos eco dessa posição no plano internacional, em FREUD, que, em seu curto e não muito conhecido ensaio intitulado *Pensamentos para os tempos sobre a guerra e a morte*, escrito em 1915, meses após o início da primeira guerra mundial, faz a seguinte consideração:

> as guerras não cessarão enquanto as nações viverem sob condições tão diferentes, enquanto o valor da vida humana for tão diversamente valorizado e enquanto as animosidades que os dividem representarem forças motivadoras da mente tão poderosas.[213]

Enfatiza ARISTÓTELES, na **Ética a Nicômaco**, livro VIII, a importância da amizade, visto ser esta "uma virtude, ou implica virtude, sendo, além disso, sumamente necessária à vida", e "porque sem amigos ninguém escolheria viver, ainda que possuísse todos os outros bens".[214]

ARISTÓTELES transpõe a noção, do plano interpessoal, para plano das relações entre estados: "a amizade também parece manter unidos os estados, e dir-se-ia que os legisladores têm mais amor à amizade que à justiça, pois aquilo a que visam acima de tudo é à unanimidade, que tem pontos de semelhança com a amizade"; e "repelem o facciosismo como se fosse o seu maior inimigo".[215] Pondera "quando os homens são amigos não necessitam de justiça, ao passo que os justos necessitam também da amizade"; e considera-se que "a mais genuína forma de justiça é uma espécie de amizade", porquanto não é ela, contudo, apenas necessária, mas também nobre, porquanto louvamos os que amam os seus amigos, e considera-se uma bela coisa ter muitos deles. E pensamos, por outro lado, que as mesmas pessoas são homens bons e amigos.[216]

A unanimidade também parece ser uma relação amigável. E "dizemos que uma cidade é unânime quando os homens têm a mesma opinião

[213] Sigmund FREUD, **Reflexões para os tempos de guerra e morte** (do original **Zeitgemässes uber Krieg und Tod**, 1915, edição Standard brasileira das obras psicológicas completas de Sigmund FREUD, com os comentários e notas de James STRACHEY, em colab. com Anna FREUD et al., trad. do alemão e do inglês, sob a direção geral de Jayme SALOMÃO, trad. de Themira de Oliveira BRITO, Paulo Henriques BRITO e Christiano Monteiro OITICICA, rev. técnica de Darcy Mendonça UCHOA, Rio: Imago, © 1969, 1ª ed., 1974, vol. XIV, p. 309-341).

[214] ARISTÓTELES, **Ética a Nicômaco** (trad. de Leonel VALLANDRO e Gerd BORNHEIM da versão inglesa de W. D. ROSÁ, São Paulo: Abril, 1973, p. 245-436).

[215] ARISTÓTELES (op. cit., VIII.1, 1155 a – 1155 b).

[216] ARISTÓTELES (op. cit., VIII.1, 1155 a – 1155 b).

sobre o que é de seu interesse, escolhem as mesmas ações e fazem em comum o que resolveram".[217]

> É, portanto, a respeito das coisas a fazer que se diz que as pessoas são unânimes; e, entre elas, dos assuntos importantes em que é possível a ambas ou a todas as partes obterem o que pretendem; por exemplo, uma cidade é unânime quando todos os cidadãos pensam que os seus cargos públicos devem ser eletivos, ou que convém fazer aliança com Esparta.[218]

Já HILLEL – "sábio talmúdico, conhecido por sua temperança e bom humor", comentava DOLINGER –, considerava haver fenômeno que capta toda a construção do direito, um aspecto na vida social, que é capaz de resumir todas as obrigações do homem para com o seu semelhante, a manifestação-mor que compreende tudo, engloba tudo, fundamenta tudo: é o amor, o amor que ordena ao homem a compreensão pelo semelhante, a empatia pelo vizinho, a tolerância para com o estranho.[219]

E se pode concluir não haver direito – que, em sua essência, visa garantir a justiça, como formulado por ULPIANO – sem que a tolerância pelo outro e sem o respeito pelo que é do outro, não há vida individual em paz com o universo, como formulado por KELSEN,[220] sem a compreensão pelas necessidades do coletivo e de cada membro da coletividade.[221]

[217] ARISTÓTELES (op. cit., IX.6, 1167 a – 21-30).

[218] ARISTÓTELES (op. cit., IX.6, 1167 a – 30-32).

[219] J. DOLINGER (conf. cit., 1994, p. 245): "Diferentes povos, religiões diversas, nações várias tiveram a mesma inspiração, não importa a fórmula que criaram, todos compreenderam que o direito jamais cumprirá a sua missão, jamais alcançará seus objetivos se o homem viver sem amor pelo vizinho, pelo vizinho próximo, pelo vizinho distante". Somente posso aduzir quanto seria bom ver esse sábio ensinamento aplicado na prática. Cfr. **Tratado** (tomo II – **Direito internacional dos espaços**, esp. item 31.4 – consequências da construção do muro no território palestino ocupado).

[220] V. tb. Stanley L. PAULSON, *Ce que la* Stufenbaulehre *de MERKL nous apprend sur le concept de droit de KELSEN* (in **L'architecture du droit – Mélanges en l'honneur de Michel Troper** études coordonnés par D. de BÉCHILLON, P. BRUNET, V. CHAMPEIL-DESPLATS e E. MILLARD, Paris: Economica, 2006, p. 789-805).

[221] J. DOLINGER (conf. cit., 1994, p. 245). mensagem de que o direito pode ser uma norma fria e até cruel, quando desvestido do espírito que o vivifica, mensagem de que a convivência humana em harmonia e tranquilidade requer alma e não só norma, amizade e não apenas regras, que o respeito pelo alheio – base fundamental das relações humanas – não é alcançável

Para melhor compreender e situar a noção, é preciso ter a dimensão do tempo (histórico) e contexto (cultural) nos quais se inscreva a busca da eunomia internacional: saber "que todo homem existe na história e que não há história, a não ser para o homem, todos sabemos. Mas isso, longe de eliminar o problema, o constitui".[222]

O processo de feitura das leis antigas merece ser enfatizado, ou das boas leis, em geral – de modo muito claro – porquanto estas, "não foram inventadas por um homem": Sólon, Licurgo, Minos e Numa puderam escrever as leis das suas cidades, mas não as fizeram. E "se entendemos por legislador o homem que foi autor de um código, pelo poder de seu gênio e o impôs aos mais homens, tal legislador nunca existiu entre os antigos".[223]

> A lei antiga tampouco se originou dos votos do povo. O pensamento de que o número dos sufrágios pudesse promulgar uma lei apareceu muito tarde nas cidades e só depois de duas revoluções as terem transformado. Até então as leis apresentavam-se como algo muito antigo, imutável e venerável. Tão velhas como a cidade, o fundador as estabeleceu ao mesmo tempo que estabelecia o lar, *moresque viris et moenia ponit.* Instituiu-as ao mesmo tempo em que instituía a religião. Mas ainda não podemos afirmar que as imaginasse por si mesmo. Qual foi, pois, o seu verdadeiro autor?[224]

sem amor pelo semelhante. Nesta mensagem vão se unir as lições religiosas do judeo-cristianismo, a filosofia dos gregos e o espírito jurídico dos romanos, numa magnífica confluência de propósitos que a nós todos cabe materializar em nossas vidas privadas e em nossa atuação profissional, trazendo nossa colaboração para uma vida erigida sobre o direito e o amor.

222 André Comte Sponville e Luc Ferry, **A sabedoria dos modernos: dez questões para o nosso tempo** (do original **La sagesse des modernes**, © 1997, 1ª ed., 1998; trad. Eduardo Brandão, São Paulo: Martins Fontes, 1999, 'preâmbulo', p. 5-11, cit. p. 7).

223 Numa Denis Fustel de Coulanges, em seu clássico, **A cidade antiga: estudos sobre o culto, o direito, as instituições da Grécia e de Roma** (do original **La cité antique: étude sur le culte, le droit, les institutions de la Grèce et de Rome**, 1864, trad. Jonas Camargo Leite e Eduardo Fonseca, São Paulo: Hemus, 1975, cap. XI – A lei, p. 150-154, cit. p. 151): "Se fizermos um confronto entre essas leis e a equidade natural, descobriremos muitas contradições, e torna-se evidente que os antigos não as foram procurar na noção do direito absoluto e no sentimento de justiça. (...) O homem não esteve estudando sua consciência dizendo: isso é justo, aquilo não. Não foi assim que apareceu o direito antigo. (...) A lei surgiu desse modo, apresentando-se por si própria e sem o homem necessitar ir ao seu encontro. Brotou como consequência direta e necessária da crença; era a própria religião, aplicada às relações dos homens entre si."

224 N. D. Fustel de Coulanges (op. cit., 1864, ed. 1975, cit. p. 152).

O autêntico legislador, entre os antigos, nunca foi o homem, mas a crença religiosa de que o homem era portador. As leis, por muito tempo, constituíam coisa sagrada. Assim, podemos avaliar o respeito e o acatamento que os antigos sentiam por suas leis, por muito tempo. Não viam nelas obra humana. Tinham origem sagrada.

Não é afirmação vã, a de PLATÃO, de que obedecer às leis é obedecer aos deuses. PLATÃO não faz mais que dar-nos a conhecer o pensamento grego, quando, em **Críton**,[225] mostra-nos SÓCRATES dando a vida porque as leis o exigem.[226]

Na verdade, o que, no direito antigo, obriga o homem não é a consciência, nem o sentimento do justo, mas a fórmula sagrada. Essa fórmula, quando pronunciada por dois homens, estabelece entre ambos o vínculo de direito. Onde não houvesse fórmula não existia o direito.[227]

Mas nem sempre o caráter sagrado e a condição imutável da norma se coadunavam com a condição humana.[228] Poderiam ocorrer conflitos,

[225] PLATÃO, **Criton**, 49 (e) – 54 (e) (v. ed. PLATO, **Euthyphro, Apology, Crito, Phaedo, Phaedrus** with an English translation by Harold North FOWLER, Cambridge, Ma. / London: Harvard UP / W. Heinemann, LCL 36, PLATO I, 1st printed, 1914, reprint 1977, p. 147-191); v. tb. **Fundamentos** (2008, item I – Construção do direito internacional e contexto pós-moderno).

[226] PLATÃO, **Criton** (ed. cit., 53 (c)-(d) e a seguir 54 (b) – (c), ed. cit.): "não há nada tão estimável para os homens, como a virtude e a justiça, a legalidade e as leis? (...) Por isso, Sócrates, deixa-te guiar por nós, que te criamos, e não dês nem aos filhos, nem à vida, nem a nada mais valor que à justiça."

[227] N. D. FUSTEL DE COULANGES (op. cit., 1864, ed. 1975, cap. cit., p. 154): "As formas estranhas do antigo processo romano não nos surpreenderão se considerarmos que o direito antigo era uma religião: a lei, um texto sagrado, e a justiça, um conjunto de ritos. O requerente procede judicialmente contra alguém, de acordo com a lei: *agit lege*. Pelo enunciado da lei, apodera-se do adversário. Mas que tome cuidado: para ter a lei a seu favor torna-se indispensável conhecer-lhe os termos e declará-los com exatidão. Quando troca uma palavra por outra, a lei deixa de existir, e não poderá defendê-lo. (...) Não bastava o enunciado da lei. Tornava-se preciso, também, um conjunto de sinais exteriores, como que ritos de uma cerimônia religiosa, chamada contrato ou processo judicial."

[228] N. D. FUSTEL DE COULANGES (op. cit., 1864, ed. 1975, cap. cit., p. 152): "Em princípio, a lei era imutável, porque era divina. Deve-se notar que nunca se revogavam as leis. Podiam fazer-se leis novas, mas as antigas sempre subsistiam, por maior antagonismo que houvesse entre elas. (...) A pedra onde se gravava a lei era inviolável; quando muito, os menos escrupulosos julgavam poder interpretá-la ao contrário. Esse princípio foi causa principal da grande confusão que se nota ter existido no direito antigo. Leis opostas e de diferentes épocas achavam-se associadas, e todas tinham direito de ser igualmente respeitadas."

e a extensão destes teria de ser suprida, por meio de 'interpretação' – ai intervém o elemento, que torna as normas coisa humana, por vezes demasiado humana, e não mais escorada na pretensão de origem divina e reflexo das bases conceituais e valores morais da coletividade que esta se destinaria a regular.

De tal modo, a lei antiga nunca teve considerandos. "Por que haveria ela de os ter? Não necessitava de explicar as suas razões: existia porque os deuses a fizeram. A lei não se discute, impõe-se; não é obra da autoridade; os homens obedecem-lhe porque creem nela.[229]

Cabe paralelo entre os antigos gregos e os romanos. E, na história da República romana, enfatizar quanto nesta se fez "apelo aos conceitos de *libertas* e de *dignitas*, tanto por parte daqueles que procuravam introduzir mudanças radicais",[230] notadamente buscando apoio popular contra o consenso aristocrático, bem como tentando aumentar os privilégios materiais do povo, como também "por parte daqueles que buscavam preservar o *status quo*, tanto em termos de poder político, como em termos de distribuição de recursos".[231] O que não difere do quadro do direito internacional às vésperas do século XXI, no tocante ao papel de normas, fatos e valores.[232]

[229] N. D. Fustel de Coulanges (op. cit., 1864, ed. 1975, cap. cit., p. 153): "Durante longas gerações, as leis eram apenas orais: transmitiam-se de pai a filho, com a crença e as fórmulas de oração. Constituíam tradição sagrada, que se perpetuava ao redor do lar da família ou do lar da cidade."

[230] Michael Hewson Crawford, **The Roman republic** (orig. publ. 1978, Glasgow: Fontana / Collins, 4th impression, 1988). Ver tb. o seguinte cap. 6 – na formação e no desenvolvimento de Roma.

[231] M. H. Crawford (op. cit., ed. 1988, 'historical introduction', p. 13-14): "The struggles between politicians during the Republic were given free rein by the failure to develop communal institutions for the maintenance of order; thus even legal procedure often involved the use of an element of self-help, as in bringing a defendant to court. Such a state of affairs perhaps did not matter greatly in a small rural community, and the struggle of the orders, between patricians and plebeians, was in the end resolved in the course of the fifth and fourth centuries b.C.. But when men turned to force in the late Republic to resolve political differences, the result was catastrophic, with armies composed of many legions rapidly involved."

[232] José Antonio Pastor Ridruejo, **Le droit international à la veille du vingt et unième siècle: normes, faits et valeurs: cours général de droit international public** (RCADI, 1998, t. 274, p. 9-308, chap. IV – Faits, valeurs et normes dans le droit international contemporain', p. 294-308, cit. par. 18.6.4, p. 307-308): "Malgré la présence des nouvelles valeurs que nous avons examinées, l'inlfuence des intérêts étatiques est encore prédominante dans

Havia convicção, por parte dos gregos e dos romanos antigos, quanto à necessidade da estrita aplicação da lei, não como dado incidental, mas fundamental para a construção da cidade e o equilíbrio desta. Como ensinava TÁCITO, a construção das leis tinha importância comparável ao traçado das ruas e dos edifícios públicos para a configuração do espaço politicamente organizado, no qual se pode desenvolver plenamente a natureza social do homem, cujo ser se perfaz na vida em sociedade politicamente organizada.[233]

A partir do conceito de eunomia – a boa norma – voltado em sua origem para a aplicação em âmbito interno, cabe fazer a transposição possível de contextos internos para contexto internacional, na regulação da convivência entre unidades políticas soberanas: assim se pode prosseguir do parâmetro grego clássico, que se situava, inicialmente, no sentido de regulação da *coexistência*.[234] Interdependentes e inseridas em contexto de inevitável interação, as *poleis* pretenderão, mais e mais, operar em regime de *cooperação*.[235] Como exprimiriam as antigas Ligas Anfictiônicas, e mais adiante a Liga dos Aqueus. A partir daí, em alguns momentos e em alguns contextos, pode ser alcançado patamar de *integração*. O que pode ser considerado duvidoso, na medida em que sob o regime macedônio, houve, em considerável medida, perda da personalidade política de cada um dos componentes e ordenação do todo segundo o parâmetro da monarquia macedônia.

Os elementos precursores gregos poderiam, de certo modo, já conter os dados necessários para a mutação de um para outro patamar.

le droit international contemporain." Ver tb. J.-A. PASTOR Ridruejo, em curso anterior na Haia, a respeito de **Les procédures publiques spéciales de la Commission des droits de l'homme des Nations Unies** (RCADI, 1991, t. 228, p. 183-272).

[233] TACITUS, **Anais IV.32**: "Talvez a maior parte dos fatos que relatei e dos que ainda relatarei parecerão pequenos e indignos da história, não o ignoro; mas não se devem comparar estes **Anais** às obras compostas pelos historiadores da antiga república. Grandes guerras, tomada de cidades, reis vencidos e cativos, e quando voltavam seus olhos para os assuntos internos, as querelas dos cônsules e dos tribunos, as leis agrárias e frumentárias, as rivalidades da plebe e do partido conservador, ofereciam aos seus relatos vasto e livre curso. A nossa via é estreita e sem glória: paz profunda ou raramente perturbada, Roma cheia de cenas aflitivas, um príncipe pouco engajado em fazer recuar as fronteiras do império."

[234] P. B. CASELLA, **Fundamentos** (2008, cap. VII – eunomia internacional, p. 615-661).

[235] W. FRIEDMANN, **The changing structure of international law** (Londres: Stevens & Sons, 1964).

Ao mesmo tempo em que estes podem ser colocados, não foram necessariamente alcançados, porquanto reinaram a divisão e o conflito – como o foi a destruidora guerra do Peloponeso – embora as necessidades de cooperação e de integração fossem claramente percebidas.[236] Esses conflitos internos prepararam o enfraquecimento, que levou aos avanços sobre o mundo grego independente, primeiros dos persas, a seguir dos macedônios e finalmente dos romanos.[237]

A importância das realizações alcançadas pelos antigos gregos no direito internacional deveria ser a primeira e melhor garantia contra os riscos de impossíveis e infundadas voltas ao passado. A sabedoria, contudo, não prevaleceu sobre as divisões entre os homens: a luta fratricida entre as *pólis* gregas preparou o enfraquecimento que levará a sucessivas

[236] Cf. se considera nos **Fundamentos** (2008, item VI – direito, história e cultura, p. 491-614); v. tb. Nitsuke Ando (edited by), **Japan and international law: past, present and future** ("international symposium to mark the Centennial of the Japanese Association of International Law", Haia: Kluwer Law International, coleção International Law in Japanese Perspective, vol. 5, 1999), a respeito da necessidade dessa nova lei de cooperação, por ocasião do seminário comemorativo do centenário da Associação japonesa de direito internacional.

[237] Cfr. **Fundamentos** (2008, item VII – eunomia internacional, p. 615-661). O conceito de eunomia, ou a boa lei, tão vago quanto indispensável, pode facilmente ser inquinado de utópico, pelos arautos das políticas de força. Convém precisá-lo como parâmetro de orientação da tentativa de construção de ordenamento internacional válido, baseado em valores compartilhados e espírito de concordância, no interesse recíproco dos estados (e demais sujeitos), enquanto participantes do contexto internacional, na existência, na validação e na eficácia de conjunto de normas que estruture de modo adequado a convivência externa entre os mesmos sujeitos de direito internacional.

Entre os patamares do direito internacional da *coexistência* ao direito internacional da *cooperação* alegou-se ter sido tão considerável o distanciamento entre o grande anseio e a realidade que este somente poderia ter conduzido ao fracasso. Mas, não se pode nem se deve esquecer a relevância da passagem deste primeiro para segundo patamar regulatório e institucional do direito internacional pós-moderno.

Diante do fracasso da tentativa de regulação pela Liga das Nações, teve a humanidade a possibilidade de reeditar o sistema, após a renovação agravada da barbárie. Assim, em lugar de insistir sobre as crises do sistema da ONU, cabe à humanidade perseverar no sentido de aumentar o patamar de implementação da juridicidade e não de solapar o já existente.

Se quadro regional, em contexto específico, nos permite ver funcionar, ao menos em parte, o que pode ser sistema internacional de *integração*, como a União Europeia, este exemplo deveria atuar como elemento de persuasão para serem encetadas tentativas equivalentes em outros contextos. Em lugar disso, se vão reiterando reincidências nacionalistas, mesmo no contexto desse exemplo de contexto internacional de *integração*.

ocupações e dominações 'estrangeiras',[238] primeiro dos macedônios e a seguir dos romanos.

A herança grega antiga seria, assim, indício, ao mesmo tempo, da possibilidade de regulação das relações internacionais segundo o direito e segundo normas de convivência multilateralmente adotadas e aplicadas.[239] Como também mostra a fragilidade de quadro institucional dessa ordem, tanto diante de pressões externas, quanto em decorrência de rupturas internas.

Pode-se alegar o caráter idealista, se não francamente utópico, de quaisquer tentativas de ordenação internacional, mas isso deve ser conscientemente buscado, no sentido de ser idealista, sim, porquanto se

[238] A dificuldade se exprime já na escolha do vocábulo que se haverá de utilizar para caracterizar a internacionalidade: pode parecer descabido falar em 'ordem' internacional, antes reinando a desordem, como ordem que não nos convém, podendo falar-se em 'espaço' internacional ou 'contexto' internacional, visando abstrair dessa denominação conotações valorativas. Estas antes criariam dificuldade adicional do que encaminhariam a solução adequada.
Simultaneamente constitui a principal dificuldade e a característica do contexto internacional a inocorrência de poder central superior. Caso houvesse poder central no contexto internacional este se tornaria deste modo equivalente às ordens internas – e *ipso facto*, se desconstituiria como 'internacional'. É reducionista qualquer tentativa de análise de contexto internacional que pretenda fazer deste equivalente mais ou menos próximo dos modelos nacionais centralizados. Erra o alvo ao querer tratar de modo semelhante coisas ontologicamente distintas.
Desse modo, ordem propriamente plasmada nos modelos internos nem está presente, nem se afigura viável. Ante a inocorrência desta, trata-se de construir ordem estrita e intrinsecamente internacional, para regular a convivência entre estes sujeitos de direito internacional, tão excessivamente cônscios de suas prerrogativas de soberania e independência. V. tb Jens Bartelson, **A genealogy of sovereignty** (New York / Cambridge: Cambridge Univ. Press, 1995).

[239] M. Wight (op. cit., ed. 1985, cap. i, 'potências', p. 15-20, cit. p. 15): "A política do poder é um termo coloquial para designar política internacional. (...) tem o mérito de apontar para uma verdade central a respeito das relações internacionais, ainda que deixe certas outras coisas fora de foco. Mesmo que possa ter outras nuanças, a 'política de poder' sugere as relações entre potências independentes, e consideramos esse estado de coisas como existente. O termo implica em duas condições. Em primeiro lugar, existem unidades políticas independentes que não reconhecem superior político e que se consideram 'soberanas'; em segundo, existem relações contínuas e organizadas entre elas. Isso constitui o sistema de estados moderno. Temos as unidades independentes, que chamamos de estados, nações, países ou *potências*, e temos um sistema de relações contínuas altamente organizadas entre elas: relações políticas e econômicas, diplomáticas e comerciais, ora a paz, ora a guerra."

trata de almejar a ordenação do espaço de convivência internacional, segundo princípios.[240]

A eunomia pode ser descartada como pouco eficaz, se não utópica. Se não, vejamos, qual pode ser a alternativa: será a anomia, a falta de lei.[241]

Platão declara que a filosofia é a filha do espanto:[242] a reflexão crítica se faz a partir do 'espanto' diante do estado do mundo e dos meios e modos deste. A reflexão crítica leva adiante o espírito humano, nas suas distintas áreas de atuação.

240 Princípios não ditados segundo *política de poder* conforme analisava Martin Wight (1978, ed., 1985) por quem, naquele momento, detenha a força, ou faça uso da ameaça de poderio militar, tecnológico e econômico. Veja-se Martin Wight, **A política de poder** (do original **Power politics**, © 1978, trad. Carlos Sérgio Duarte, Brasília: Ed. UnB, 1985, Col. pensamento político, vol. 67, 'introdução', assinada pelos editores, p. 3-14, cit. p. 3) ensaio originalmente publicado em 1946, pelo *Royal Institute of International Affairs,* como um de seus panfletos *Looking forward,* como ensaio contando 68 páginas, "exerceu profunda influência no estudo das relações internacionais nas universidades, especialmente na Grã-Bretanha. Durante os últimos anos de sua vida – ele nasceu em 1913 e faleceu em 1972 – Martin Wight considerou a revisão e a expansão desse ensaio sua principal tarefa acadêmica. / Ele infelizmente não a completou."

241 Cfr. **Fundamentos** (2008, item VII – eunomia internacional). As alternativas a tal concepção idealista são as concepções ditas realistas, acrescentando-se-lhes, talvez demasiadamente realistas, e destas temos tido amostras muito eloquentes e muito pouco convincentes quanto à sua adequação para a ordenação do cosmos político mundial. São males ainda maiores, a serem a todo custo evitados, o equilíbrio de poder, seja este baseado no terror da guerra fria, com a multiplicação de seus estoques de destruição, acumulados para lograr efeito dissuasório, passando às guerras do terror, dos últimos anos, nas quais os dados ilógicos e contradições estão multiplicados: vem se mostrando totalmente inaceitáveis, como modelos de ordenação de convivência, se aceitos em âmbito interno, são, todavia, inaceitáveis no âmbito internacional. São, ademais, ineficazes, ao contrapor métodos militares estratégicos convencionais contra inimigos não convencionais. Além de distorcerem e menosprezarem o arcabouço institucional e normativo internacional, esses meios são ineficientes. Erram os alvos.

Épocas caóticas tendem a gerar visões ideais de ordenação eunômica, como contraposição ao quadro presente, na busca de ordenação justa da convivência humana. Toda a literatura utópica entraria nesse quadro. Como utópicos foram os pais do direito internacional e os pensadores que imaginaram projetos de paz perpétua na Europa, durante vários séculos, enquanto sangrentas batalhas eram travadas.

242 "Esse sentimento de espanto mostra que você é um filósofo; porque o espanto é o único começo da filosofia" em Plato, **Theaetetus** (with an English transl. by H. N. Fowler, Cambridge, Ma. / Londres: Harvard UP / Heinemann, LCL 123, Plato VII, 1st printed 1921, reprint 1987, p. 1-257, cit. 155D): το θαυμαζειν' ου γαρ αλλη αρχη φιλοσοφιας.

A reflexão política começa com os gregos.[243] Desde o espartano TIRTEU, que cifrara a ordem perfeita na tradição de Esparta, enquanto o ateniense SÓLON eleva-se acima dessa concepção, derivando a *pólis* justa das eternas exigências da razão moral.

As razões de estado começam como razões práticas. A ordenação da *pólis* para a consecução do bem comum e a construção do melhor mundo possível para os cidadãos.[244]

SÓLON, no século VI a.C., sábio que congregou talento de poeta e ação de legislador, concebe e ordena normas, para a regência da sociedade ática, partindo do pressuposto do valor intrínseco do direito como elemento ordenador da vida em sociedade. Estava este convencido de que o direito tem lugar insubstituível na ordem (divina) do mundo. Muito mais que o modelo político de uso local, naquela remota antiguidade, trata-se de resgatar a idéia de ordenação de convivência social, mediante o direito como valor em si, e como interesse geral, para permitir que as esferas de ação dos núcleos menores, no seio desse conjunto mais amplo, sejam preservadas, em suas respectivas esferas de atuação.

O mesmo raciocínio e construção, desenvolvidos com vistas a determinada sociedade, refletem-se e podem ser aplicados, com semelhante

[243] Ernest BARKER, **Teoria política grega: Platão e seus predecessores** (do original **Greek political theory: Plato and his predecessors**, trad. Sérgio BATH, Brasília: Ed. UnB, 1978, cap. I – A teoria do estado grega, p. 21-38, cit. primeiro parágrafo): "Sua origem está vinculada ao racionalismo claro e tranquilo da mente grega. Em vez de se projetar na esfera da religião, como os povos da Índia e da Judéia; em lugar de aceitar o mundo em confiança e de vê-lo sob a luz da fé, os gregos trilharam o caminho do pensamento e, ousando especular sobre as coisas visíveis, procuraram conceber o universo sob o ponto de vista da razão. Um instinto natural leva a aceitar a ordem das coisas que a experiência manifesta. É fácil aceitar o mundo físico, e o mundo das instituições humanas, como dados igualmente inevitáveis, e não levantar dúvidas sobre o significado das relações entre o homem e a natureza, e das relações entre o indivíduo e instituições como a família ou o estado. Se acaso surgem dúvidas, estas são silenciadas prontamente pela voz do torvelinho, que grita: 'pode aquele que questiona contestar o Todo-poderoso?' Mas esta aceitação, natural para a mente religiosa de todos os tempos, era impossível para os gregos. Eles não tinham a fé que se contenta em referir todas as coisas a Deus."

[244] Consequentemente limitado o alcance desses mesmos conceitos em relação aos metecos e inexistentes em relação aos escravos. Como precárias foram as tentativas de construção de equilíbrio de poder entre as unidades políticas soberanas, normalmente tendendo à hegemonia de uma ou outra das cidades-estado gregas, desde as Confederações de Delfos e Delos, com a rivalidade entre Atenas e Esparta, a guerra do Peloponeso, até a instauração da hegemonia macedônia.

caracterização, para o âmbito internacional. Igualmente válida e necessária é a idéia de ordenação de convivência social, mediante o direito como valor em si, como interesse geral para o conjunto dos estados (e demais sujeitos do direito internacional), de modo a permitir que as esferas de atuação nacional e dos núcleos menores, em todos os planos intra-estatais, desde as menores células de ordenação de convivência humana, as uniões pessoais como as famílias, até as comunidades, províncias, estados federados ou outras subdivisões internas, no seio desse conjunto mais amplo, sejam preservados, em suas respectivas esferas de atuação.

A ordenação do todo eunômico permite preservar as diferentes esferas de atuação da norma, e nestas, a ordenação da vida do ser humano. Enquanto a destruição da eunomia não permite preservar esferas reservadas, nem mesmo dentro de casa, porquanto a falta de lei pode pular os mais altos muros e adentrar. Conhecemos com triste precisão e atualidade esse quadro.[245]

A construção de sistema de convivência baseado no conhecimento duma legalidade determinada da vida política pode ser pensada tanto para o âmbito interno, como internacional. A lógica pode ser a mesma, a partir do estágio em que se faça distinção clara quanto às respectivas esferas de atuação, interna e internacional, e se afaste o império de destino prepotente, imprevisível e divino, para aceitar e reconhecer a extensão da responsabilidade humana.

O pensamento de SÓLON, voltado para a realidade da Atenas de seu tempo, enfatiza o significado do direito para uma vida sã da sociedade humana. Ora se propõe seja pensado como modelo, passível de transposição para a ordenação do contexto internacional: enfatizar o significado do direito para uma vida sã da sociedade humana.

O conhecimento universal duma legalidade política dos homens acarreta um dever de ação: o mundo em que SÓLON vive já não deixa ao arbítrio dos deuses a extensão que lhe deixavam as crenças da

[245] Do contexto da Grécia antiga, poder-se-ia parecer tirado de notícias de jornais: "Num estado assim nascem disputas partidárias e guerras civis, os homens ajuntam-se em associações que só conhecem a violência e a injustiça, grandes bandos de miseráveis veem-se na necessidade de abandonar a pátria e peregrinar em servidão. E ainda que haja alguém que queira fugir a tal desgraça e encerrar-se no recanto mais íntimo de sua casa, a infelicidade geral transpõe-lhe os altos muros, e penetra dentro deles."

Ilíada.[246] Impera, neste mundo, uma ordem jurídica estrita.[247] Assim, SÓLON tem de atribuir às culpas dos homens uma boa parte do destino que o homem homérico aceitava passivamente das mãos dos deuses. Desse modo, em vez de se limitar a soltar resignados lamentos sobre o destino do homem e sua inexorabilidade, SÓLON dirige aos homens do seu tempo apelo para ganharem consciência da responsabilidade na ação, e com a sua conduta política e moral, oferece um modelo desse tipo de ação, vigoroso testemunho de inesgotável força vital e de seriedade ética.

No tempo dos sofistas, foi-se mais longe ainda: reclamavam-se propostas mais concretas, visando à eliminação dos males sociais existentes no estado. HIPÓDAMO e FÁLEAS, cujas utopias conhecemos, em suas linhas gerais, pelo que destas se reflete e se menciona na **Política** de ARISTÓTELES, apresentam,[248] como é próprio do espírito da época do racionalismo, em estrito paralelo, o esboço duma ordem social justa e duradoura, cuja forma esquemática recorda, de certo modo, a geometria dos planos arquitetônicos traçados para a cidade pelo mesmo HIPÓDAMO.

À concepção arquitetônica da *pólis* deveria, igualmente, corresponder a sua ordenação jurídica, respondendo a equivalente anseio de precisão na delimitação de conteúdos e áreas de atuação.[249] "Para com-

[246] HOMÈRE, **Iliade** (texte établi et trad. par Paul MAZON, Pierre CHANTRAINE, Paul COLLART et René LANGOUMIER) tome I – chants I-VI (Paris: Les belles lettres, septième tirage, 1972), tome II – chants VII-XII (Paris: Les belles lettres, sixième tirage, 1972), tome III – chants XIII-XVIII (Paris: Les belles lettres, septième tirage, 1974), tome IV – chants XIX-XXIV (Paris: Les belles lettres, neuvième tirage, 1982), Introduction à l'Iliade (orig. publ. 1943, Paris: Les belles lettres, 1967, chap. I, cit. p. 7): "L'Iliade est peut-être, avec le Nouveau Testament, l'oeuvre qui nous est connue par le plus grand nombre de sources". V. tb. HOMERO, **Ilíada** (orig. **Iliada**, trad. e prefácio de Frederico LOURENÇO, introdução e apêndices de Peter JONES, introdução à edição de 1950 E. V. RIEU, São Paulo: Penguin Classics–Companhia das letras, 2013).

[247] Werner JAEGER (op. cit., ed. 1979, cap. cit., p. 168-169).

[248] ARISTÓTELES, **Política** (trad. Nestor Silveira CHAVES, Bauru: Edipro, 1995, livro II, 7, 1266 b, 29 e 33). A respeito, também Werner JAEGER (op. cit., cap. – A república I, p. 699-807, cit. p. 704 s.).

[249] Existe considerável literatura especializada a respeito da relação entre a ordenação do espaço físico e a do espaço 'público' e da relação entre 'civilização' e a vida sedentária, ou ao menos, em espaço urbano, como se examina no **Tratado** (tomo XX – **Direito internacional, história e cultura**, introdução e cap. 1 – Direito internacional no tempo e seu papel na história). O espaço urbano não é espaço neutro – é espaço de civilização e também de representação, como examina Ève MENKE-BERTRAND, **L'image de Vienne et de Prague à l'époque baroque (1650-1740)** – Essai d'histoire des représentations (Estrasburgo: Presses

preender a plena realização da pólis helênica, é preciso desviar os olhos das construções, e olhar mais de perto os cidadãos".[250]

Esse quadro de racionalidade não é, contudo, nem tão luminoso nem tão linear. Também entre os antigos gregos é preciso acolher o irracional.[251]

Por seu turno, FÁLEAS, no seu projeto de estado, exigia, entre outras coisas, educação igual para todos os cidadãos, vendo nisso o vínculo comum que asseguraria a coesão interna da comunidade. Era o problema da virtude cívica e da autoridade das leis do estado.

No curso da evolução da história grega, coloca-se a divisão entre a concepção das leis do estado e as leis cósmicas, abre-se espaço para o cosmopolitismo que caracteriza a época helenística. Não falta nos sofistas quem tenha primeiro levado às últimas consequências a crítica do *nomos*. Seriam estes os primeiros cosmopolitas.[252]

Univ. de Strasbourg, 2008, Introduction, cit. p. 11-35, cit. p. 11): "Il s'agissait de savoir si le coeur du Saint Empire allait se trouver à nouveau en Bohème ou s'installer définitivement en Autriche. S'il a fallu aux monarques plus d'un siècle pour résoudre le dilemme capital dans une période qui voit également la cour Renaissance itinérante se sédentariser, leur choix fut bien souvent plus dicté par les circonstances que par un dessein réfléchi". V. tb. Eduardo C. B. BITTAR e Tarso de MELO (org.), **Cidades impossíveis** (São Paulo: Portal, 2010); Kevin LYNCH, **A imagem da cidade** (orig. publ. **The image of the city**, 1960, trad. Jefferson Luiz CAMARGO, São Paulo: Martins Fontes, 1997); Pierre MANENT, **Les métamorphoses de la cité** – Essai sur la dynamique de l'Occident (Paris: Flammarion, 2010); Lewis MUMFORD, **The city in history** – its origins, its transformations and its prospects (orig. publ. 1961, London: Peregrine – Penguin, 1987, esp. chap. 4 – The nature of the ancient city, p. 114-141, chap. 5 – Emergence of the Polis, p. 142-185, chap. 6 – Citizen versus ideal city, p. 186-213, chap. 7 – Hellenistic absolutism and urbanity, p. 214-238); Henri PIRENNE, **Les villes du Moyen Age** (Paris: PUF, 1971); K. RAHNER – J. MOLTMANN – J. B. METZ – A. ALVAREZ-BOLADO, **Dios y la ciudad** – Nuevos planteamientos en teologia política (intr. José GÓMEZ CAFFARENA, Madri: Ed. cristiandad, 1975).

250 L. MUMFORD, **The city in history** (ed. 1987, chap. 6 – Citizen versus ideal city, p. 186-213, esp. 3 – The Polis Incarnate, cit. p. 194): "The Greek citizen was poor in comforts and convenience; but he was rich in a wide variety of experiences, precisely because he had succeeded in by-passing so many of the lefe-defeating routines and materialistic compulsions of civilization."

251 Embora caiba ressaltar a ocorrência e a importância dos elementos não-racionais na cultura grega. A respeito, dentre outros, ver: E. R. DODDS, **Les grecs et l'irrationnel** (do original **The Greeks and the irrational** © 1959, trad. Michael GIBSON, Paris: Flammarion – Champs, 1977); H. D. F. KITTO, **The Greeks** (1951, Harmondsworth: Penguin Books, "reprinted with corrections", 1960).

252 Foi PLATÃO (no **Protágoras** 337 c), quem primeiro o opôs a este, na figura do universalista HÍPIAS DE ÉRIS. Segundo Werner JAEGER (op. cit., "os sofistas", p. 311-357, cit., p. 352-353),

HÍPIAS DE ÉRIS declara:

> senhores, todos quantos aqui estais presentes, sois a meus olhos semelhantes, parentes e concidadãos, não pela lei, mas pela natureza. Segundo a natureza, o semelhante é parente do semelhante; mas a lei, tirano dos homens, força a muitas coisas contra a natureza.[253]

Por entender excessivamente limitado o conceito de igualdade, restrito ao interior da *pólis*, uma vez que este ideal só é válido para os cidadãos livres e iguais em direitos e estirpe no seio da mesma unidade política, HÍPIAS quer estender a igualdade e a fraternidade a todos os seres que têm rosto humano.

De igual modo se exprime o sofista ateniense ANTIFONTE:

> Bárbaros e gregos, temos todos a mesma natureza, em todos os aspectos. Podemos vê-lo nas necessidades naturais de todos os homens. Todos podem satisfazê-las ao mesmo tempo, e nestas coisas não há qualquer diferença entre bárbaros e gregos. Todos respiramos o mesmo ar com a boca e o nariz e todos agarramos com as mãos.[254]

O fundamento da supressão de todas as diferenças nacionais e históricas está no racionalismo e naturalismo. Este ideal de igualdade internacional, tão alheio à democracia grega, representa a mais extrema oposição às tradições aristocráticas arcaicas. Não são somente as diferenças nacionais que a doutrina de ANTIFONTE nivela, são também as desigualdades sociais e de poder. Enfatiza o que têm em comum todos os seres humanos, além e acima das diferenças circunstanciais.

Sinal dos tempos que mudavam e do contexto intelectual e filosófico que acompanha tais mudanças, TUCÍDIDES, o historiador da guerra

este tipo teria sido essencialmente diverso do de PROTÁGORAS. Ver PLATO, **Protagoras** (with an English translation by W. R. M. LAMB, Cambridge Ma. / London: Harvard Univ. Press, edição LCL 165, PLATO II – **Laches – Protágoras – Meno – Euthydemus**, 1st publ. 1924, reprinted 1990, p. 85-257).

[253] Cf. refere PLATÃO, **Protágoras** 337 c, opondo as figuras de PROTÁGORAS e de HÍPIAS DE ÉRIS.

[254] ANTIFONTE, no seu livro **A verdade** do qual se descobriram numerosos fragmentos (*Oxyrh. Pap.* XI n. 1364, HUNT, publ. já em DIELS-KRANZ **Die Fragmente der Vorsokratiker**, II, Nachtr. XXXIII, frag. B, col 2, 10 ss. 4ª ed.; tb. ref. W. JAEGER, op. cit., p. 353 e nota 51).

causadora da tragédia não somente do estado ateniense, mas que levaria à derrocada do sistema das cidades-estado gregas, considera a decadência do poderio da antiga potência ateniense como a consequência da dissolução interna. E afirma: "isso se deu *como tem acontecido e continuará a acontecer, enquanto a natureza humana for a mesma*".[255] A lição para nosso tempo pode ser deduzida com cristalina nitidez.

O diagnóstico do grande historiador sobre a decadência do organismo social, decadência essa cada vez mais patente e mais extensa, descreve quadro de impressionante atualidade e familiaridade aos nossos tempos que passam:[256]

> A causa de todos esses males era a ânsia de chegar ao poder por cupidez e ambição, pois destas nasce o radicalismo dos que se entregam ao facciosismo partidário. Com efeito, os líderes partidários emergentes nas várias cidades, usando em ambas as facções palavras especiosas (uns falavam em igualdade política para as massas, outros em aristocracia moderada), procuravam dar a impressão de servir aos interesses da cidade, mas na realidade, serviam-se dela; valendo-se de todos os meios para impor-se uns aos outros, todos ousavam praticar os atos mais terríveis, e executavam vinganças ainda piores, não nos limites da justiça e do interesse público, mas pautando a sua conduta, em ambos os partidos, pelos caprichos do momento; sempre estavam prontos, seja ditando sentenças injustas de condenação, seja subindo ao poder pela violência, a agir em função das suas rivalidade imediatas. Consequentemente, ninguém tinha o menor apreço pela verdadeira piedade, e aqueles capazes de levar a bom termo um plano odioso sob o manto de palavras enganosas eram

[255] Tucídides, **História da guerra do Peloponeso** (trad. do grego, intr. e notas, Mário da Gama Kury, Brasília: Ed. UnB, © 1982, 3ª ed., 1987, III.82, p. 166/168).

[256] Tucídides (III.82): "em tempo de paz não teriam pretexto nem ousadia para pedir a intervenção, mas agora que as duas alianças estavam em guerra, cada facção nas várias cidades, se desejava uma revolução, achava fácil recorrer a aliados, para de um só golpe fazer mal aos adversários e fortalecer sua própria causa. Dessa forma, as revoluções trouxeram para as cidades numerosas e terríveis calamidades, como tem acontecido e continuará a acontecer, enquanto a natureza humana for a mesma." [...] "Na paz e na prosperidade as cidades e os indivíduos têm melhores sentimentos, porque não são forçados a enfrentar dificuldades extremas; a guerra, ao contrário, que priva os homens até da satisfação das suas necessidades cotidianas, é uma mestra violenta e desperta na maioria das pessoas paixões em consonância com as circunstâncias do momento." [...] "A significação normal das palavras, em relação aos atos, muda segundo os caprichos dos homens."

considerados os melhores, e os cidadãos que não pertenciam a um dos dois partidos, eram eliminados por ambos, por não fazerem causa comum com eles, ou simplesmente pelo despeito de vê-los sobreviver.[257]

A decomposição da sociedade era apenas a aparência exterior da íntima decomposição do homem.[258] O ideal e o atual falam por si mesmos.

PLATÃO teria de merecer mais do que estas breves menções.[259] Porquanto PLATÃO não se limita a dar conselhos sobre a forma melhor

[257] TUCÍDIDES (III.82 e a seguir III.83): "Assim proliferaram na Hélade todas as formas de perversidade em consequência de revoluções e a simplicidade, que é a característica mais condizente com uma natureza nobre, provocava sorrisos de escárnio e desapareceu, enquanto florescia, por toda a parte, a hipocrisia, combinada com a desconfiança. Já não havia palavras fidedignas, nem juramento capaz de inspirar respeito bastante para reconciliar os homens; os mais fortes, considerando precárias as garantias, preocupavam-se mais em evitar que lhes fizessem mal do que com esforçar-se por demonstrar aos demais que podiam confiar neles. Geralmente, os medíocres triunfavam, pois o sentimento de suas limitações intelectuais e o temor da inteligência do adversário, aliados ao receio de ser vencidos em debates com opositores mais hábeis no falar, os levavam direta e ousadamente à ação. Seus adversários, em sua presunção de que poderiam prever os acontecimentos e de poderem confiar mais em sua inteligência do que na crueza dos fatos, na maioria das vezes eram apanhados de surpresa e exterminados."

[258] Werner JAEGER (op. cit., "Eurípides e seu tempo", p. 358-383, cit. p. 362).

[259] A bibliografia disponível a respeito deste e sua obra é tanto extensa quanto relevante: Ernest BARKER, **Teoria política grega: PLATÃO e seus predecessores** (do original inglês, trad. Sérgio BATH, Brasília: Ed. UnB, 1978); Jean BRUN, **Sócrates - Platão - Aristóteles** (orig. publ. **Socrate - Platon - Aristote**, 1960, trad. Carlos PITTA, Filipe JARRO, Liz da SILVA, Lisboa: Dom Quixote, 1994); Francis M. CORNFORD, **Plato's Cosmology** - The Timaeus of Plato translated with a running commentary (New York: Harcourt, Brace & Co., 1937, reprinted Mansfield Centre CT: Martino Publ., 2014); Werner JAEGER, **Paideia** (op. cit., ed. 1979, trata de PLATÃO esp. p. 439-933); R. L. NETTLESHIP, **The theory of Education in PLATO's Republic** (with an introduction by Spencer Leeson, Oxford: University Press, 1st. publ., 1935, reprinted lithographically 1969); Zdravko PLANINC, **PLATO's political philosophy: prudence in the Republic and the Laws** (Londres: Duckworth, 1991); Constantin RITTER, **The essence of PLATO's philosophy** (do original alemão, translated by Adam ALLES, New York: Russell & Russell, 1st. publ., 1933, reissued 1968); Giovanni REALE, **Para uma nova interpretação de PLATÃO** (do original italiano © 1991, Milão: Vita e Pensiero, trad. Marcelo PERINE, São Paulo: Loyola, 1997) bem como do mesmo Giovanni REALE, seu monumental **História da filosofia antiga** (do original **Storia della filosofia antica** 1ª ed. obra completa em cinco volumes, 1975-1980, 9ª ed., 1992) **I. das origens a SÓCRATES** (trad. Marcelo PERINE, 2ª ed., rev. São Paulo: Loyola, 1993), **II. PLATÃO e ARISTÓTELES** (trad. Henrique Claudio de Lima VAZ e Marcelo PERINE, São Paulo: Loyola, 1994), **III. os sistemas da era helenística** (trad. Marcelo PERINE, São Paulo: Loyola, 1994),

de ordenação do estado, a partir da premissa de determinada forma de governo, mas aborda o assunto de forma radical, tomando como ponto de partida o problema da justiça.

Platão não põe a justiça somente em termos de obediência às leis do estado, a legalidade, que tinha sido outrora o baluarte protetor do estado jurídico, mas adquire significado diverso, mais voltado para o mundo interior. O conceito platônico de justiça situa-se por cima de todas as normas humanas, e remonta à sua origem na própria alma: é na mais íntima natureza do homem que pode ter origem e fundamento aquilo que o filósofo denomina justo.

A cidade nasce da obrigação em que se encontram os homens de prover às suas necessidades vitais – ensina Platão, na **República**, livro II –[260] e essa necessidade encontra rapidamente na divisão do trabalho o mecanismo racional para alcançar produção mais abundante e mais fácil. Desse modo, a cidade, logo a partir da sua origem, é um ajuntamento de seres desiguais e dessemelhantes em suas capacidades, suas aptidões e suas funções.

Então, pode-se dizer que a ordenação da *pólis* reflete o que são os indivíduos que a compõem. O mesmo vale para o estado moderno: mas, "essas virtudes ou defeitos, que os indivíduos põem no estado lhes são restituídos por ele – de modo que se o estado é sábio, os indivíduos são sábios" – Platão, **República**, 44 C –, também "se os estados são aquilo que os indivíduos fazem deles, inversamente os indivíduos são também o que os indivíduos fazem deles".[261]

IV. as escolas da era imperial (trad. Marcelo Perine e Henrique C. de Lima Vaz, São Paulo: Loyola, 1994), **V. léxico, índices e bibliografia** (com a colab. de Roberto Radice, trad. Henrique C. de Lima Vaz e Marcelo Perine, São Paulo: Loyola, 1995). As obras de Platão, edição de G. P. Goold et al. (publicadas pela Harvard University Press / Londres: Heinemann, LCL, tem tradutores e data de edição citados, cf. obra referida), bem como outras edições, mencionadas conforme o caso. Para crítica deste, como autor de projeto político que pode ameçar a sociedade aberta, Karl Popper, **A sociedade aberta e seus inimigos** (do original **The open society and its enemies**, trad. Milton Amado, São Paulo: EDUSP / Belo Horizonte: Itatiaia, 1974, especialmente volume I **O fascínio de Platão**).

[260] Platão, **República** (intr. e notas de Robert Baccou, trad. J. Guinzburg, São Paulo: Difel, 1973, 2 vols.), tb. **The Republic** (edição do original grego, com intr. e trad. Paul Shorey, I. Books I-V, LCL 237, Plato V, 1st publ. 1930, reprinted 1978; II. Books VI-X, LCL 276, Plato VI, 1st. publ., 1935, reprinted, 1987).

[261] Cf. os já referidos J. Brun, **Sócrates – Platão – Aristóteles** (ed. 1994, cap. VII – Ética e política, esp. 1 – Justiça e sociedade, p. 180-181); R. L. Nettleship, **The theory of Educa-**

Para PLATÃO, o argumento da força não pode ser sustentação válida para a autoridade do estado. No **Górgias**,[262] faz-se arauto da força o político CÁLICLES, e este não considera simplisticamente a tendência ao poder e à influência como a finalidade evidente de todo homem, mas procura encontrar explicação profunda, extraindo-a da própria natureza, que para o pensamento grego é sempre a fonte de todas as normas que regem a conduta humana. No conceito de CÁLICLES, o poder defender-se a si próprio constitui o poder do verdadeiro homem, e espécie de justificação ética da tendência ao poder, como se o estado primitivo se prolongasse até o presente: [263] declara ser como lei da natureza o forte usar o seu poder, em relação aos fracos, impede-o, porém a lei dos homens, põe entraves ao forte, por meio da cultura e do ensino, e para o dominar, inculca-lhe ideais que favorecem o fraco.

SÓCRATES contrapõe a tal discurso em defesa da força a sua interpretação essencialmente diferente da própria vida e do sentido desta.[264] Parecem perfeitamente familiares, nestes tempos que correm, o discurso de ódio à lei (internacional) e no uso da força como argumento, negam-se direitos aos mais fracos. Deve servir a comparação para algo.

A distinção se coloca entre duas concepções do mundo diametralmente opostas e se enfrentam com nitidez os conceitos de poder e de educação (*paideia*). Representam para PLATÃO duas concepções antagônicas da natureza humana: optar entre a filosofia do poder e a filosofia da educação. Esta é a visão da educação como o caminho ou meio para o aprimoramento das qualidades inatas do homem, conforme o destino de sua própria natureza.

A filosofia do poder é doutrina baseada na violência. Em toda parte, na natureza e na vida do homem, vê-se luta e opressão, pelo que considera sancionada a violência. O sentido e razão de ser, do estado ou de

tion in PLATO's Republic (op. cit., ed. 1969); Zdravko PLANINC, **PLATO's political philosophy: prudence in the Republic and the Laws** (op. cit. 1991).

262 PLATO, **Górgias** 469 C e 470 E (with an English translation by W. R. M. LAMB, Cambridge Ma. / London: Harvard Univ. Press, edição LCL 166, PLATO III, 1st publ. 1925, reprinted 1991, p. 247-533), ou em vernáculo **Górgias ou a oratória** (trad., apres. e notas de Jaime BRUNA, São Paulo: Difel, 1970).

263 PLATÃO, **Górgias** 482 E – 483 B.

264 PLATÃO, **Górgias** 492 E: "Porventura alguém saberá se não é a nossa vida que é a morte e esta a vida ?"

qualquer construção humana, somente podem ser estribados na obtenção do máximo poder que seja alcançável.

Esta seria uma lógica dita de eficiência, ou de resultados. Os fins anulam os meios, se não os justificam. PLATÃO contrapõe a esta a visão essencialmente ética: não a violência, mas a cultura (*paideia*) constitui o verdadeiro sentido da natureza humana.

O direito enquanto construção humana se inscreveria no mesmo sentido. O direito internacional como o modo de regulação da convivência entre sujeitos (e demais agentes) de direito internacional, somente projetaria no contexto do mundo essa construção inicialmente sobretudo interior.

A visão da educação como fundamento para a dignidade e consciência do homem é mais desenvolvida na **República**.[265] Nesta, PLATÃO opõe o poder (*dynamis*) e o espírito (*phronesis*), e faz distinção entre poder, no sentido físico (*dynamis*), e poder (*kratos*), no sentido legal, político-jurídico.

Depois de SÓCRATES ter refutado a teoria de que a justiça possa ser reduzida a ser apenas a expressão da vontade do que diz o partido mais forte ou mais numeroso, naquele momento, e de ter oposto ao direito positivo a verdadeira essência do que é justo, prossegue o exame da justiça em si, como alto bem, independentemente da sua utilidade social e do consenso[266] dos cidadãos.[267] Nem tudo pode ser resolvido por meio da opinião pública.

[265] PLATÃO, **República** (intr. e notas de Robert BACCOU, trad. J. GUINZBURG, São Paulo: Difel, 1973, 2 vols.), ou, **The Republic** (edição do original grego, com intr. e trad. Paul SHOREY, I. Books I-V, LCL 237, PLATO V, 1st publ. 1930, reprinted 1978; II. Books VI-X, LCL 276, PLATO VI, 1st. publ., 1935, reprinted, 1987).

[266] Nelson F. de CARVALHO, *Arqueologia do consenso* (in **Direito e comércio internacional: tendências e perspectivas: estudos em homenagem ao prof. Irineu STRENGER**, org. L. O. BAPTISTA, H. M HUCK e P. B. CASELLA, São Paulo: LTr, 1994, p. 353-406); José Eduardo FARIA, **Poder e legitimidade: uma introdução à política do direito** (São Paulo: Perspectiva, 1978); Celso LAFER, *Ordem, poder e consenso: caminhos da constitucionalização do direito internacional* (in **As tendências atuais do direito público: estudos em homenagem ao professor Afonso Arinos de Melo Franco**, pref. de Aliomar BALEEIRO, Rio de Janeiro: Forense, 1976, p. 89-110); Miguel REALE, **Horizontes do direito e da história** (São Paulo: Saraiva, 1977); Giorgio DEL VECCHIO, **La société des nations au point de vue de la philosophie du droit international** (RCADI, 1931, t. 38, p. 541-650).

[267] PLATÃO, **República** 357 A e cont.

Aristóteles – na **Ética a Nicômaco**, livro V –[268] divide a virtude política em justiça legal, que é convencional e variável, e justiça natural, que não depende nem das opiniões, nem dos decretos dos homens, e tem por característica ser universal e imutável. Sobre esta distinção se funda a teoria da equidade, onde esta consiste em inovar a justiça natural (quanto ao seu conteúdo), contra os rigores (formais) da lei. Questões que permanecem no debate jurídico até os nossos tempos.[269]

Extensamente se estende essa linha divisória entre o que é 'convencional e variável' e o que é 'natural', porventura 'universal' ou *jus cogens* – para apresentar o conceito na sua formulação corrente – permeia o direito internacional até os nossos tempos pós-modernos.[270]

O equitativo, embora seja justo, não o é somente conforme à lei, mas, antes, modificação para melhor do que é expressamente legal, na busca do rigorosamente justo.[271] O que torna a lei insuficiente é a sua generalidade. A equidade remedia ao inconveniente que nasce da generalidade da lei, além do formalmente legal.[272]

[268] Aristóteles, **Ética a Nicômaco** (trad. Leonel Vallandro e Gerd Bornheim, São Paulo: Abril, 1973, p. 245-436).

[269] Knud Haakonssen, **Natural law and moral philosophy** – from Grotius to the Scottish Enlightenment (Cambridge: Univ. Press, 1996, 3.3 – Justice, p. 104-110, cit. p. 104) expõe os desenvolvimentos de concepções de 'direito natural' desde autores do início do século XVII – como Suarez e Grócio – até o início da era contemporânea – com o Iluminismo escocês: "Hume, of course, has no time for Scholastic essences, and his naturalism precludes any role for the divine voluntarism of most Protestant natural law. Hume's individuals can expect neither inherent strucutures nor transcendental guidance".

[270] Cfr. Casella, **Fundamentos** (2008); **Tratado** (tomo XX – **Direito internacional, história e cultura**).

[271] Nesse sentido, a equidade tem seu papel em todos os domínios do direito, como no direito internacional. A equidade opera a adaptação da norma jurídica às circunstâncias, e às especificidades do caso, a fim de harmonizar o rigor formal ao interesse maior, ao conteúdo de justiça. Tanto quanto necessário, tem de ser compreendido e manejado com cuidado.

[272] Como apontado nos **Fundamentos** (2008, item VII – eunomia internacional), a exigência operacional é muito simples: ante a impossibilidade para qualquer estado conseguir resolver todas as questões de ordenação somente mediante o uso da força ou de ameaça de uso desta, como se encontra na base dos mecanismos internos, tem de ser desenvolvida a percepção do alcance e importância da dimensão de construção de mecanismo internacional para a regulação eficiente deste atual mundo, globalizado e interdependente. Se nem pela força ou ameaça desta, nem pela transposição de mecanismos equivalentes aos dos sistemas internos, necessariamente mediante princípios e normas, no âmbito internacional.

A noção de equidade comparece como a forma de corrigir desvios da mera aplicação da lei, que se desvie da justiça. ARISTÓTELES considera as relações entre, de um lado, a 'equidade' e o 'equitativo' e, de outro, a 'justiça' e o 'justo': "porquanto essas coisas não parecem ser absolutamente idênticas nem diferir genericamente entre si".[273]

Como critérios para a ordenação do mundo se renova a velha escolha e o mesmo dilema: ou a força de quem puder, naquela fase do mundo, mandar e a contingência de obedecer ou conformar-se às regras ditadas pelo mais forte, para quem não tiver outra escolha, ou a construção de sistema de convivência organizada internacional. Tão logicamente inexorável, como difícil de ser implementado.

A eunomia internacional seria o resultado e o efeito, na ordem humana, da construção de ordenamento legal internacional que permita regular de modo válido e reciprocamente aceitável a convivência entre as unidades políticas presentes. A construção de ordem eunômica internacional seria, assim, a tentativa de dar à esfera internacional a delimitação de competências e poderes dos estados (e demais sujeitos), uns em relação aos outros e de cada um destes em relação a si próprios: será mediante normas internacionais de convivência organizada, que se poderá buscar a construção de paz e harmonia no cosmos, mais especificamente, no presente contexto político internacional.

A eunomia pode ser buscada mediante a concreta e clara divisão de tarefas e competências entre sujeitos de direito internacional, assegurando o primeiro patamar de implementação do direito internacional, as normas de *coexistência*, por meio de tratados e outras manifestações da norma internacional. A partir destes, em relação a conjunto de princípios, normas e instituições internacionais, que assegurem o funcionamento e a implementação destas, em patamar mais elevado, de *cooperação*. E prepare o caminho para serem acolhidos novos anseios e idéias, na terceira dimensão de implementação do direito internacional, que pode, em alguns restritos e específicos casos, chegar ao patamar da *integração*.

Os sinais de esgotamento e obsolescência dos modelos clássicos de *coexistência* estão colocados em evidência. Ao mesmo tempo, imbuídos de suas prerrogativas, ao menos nominais, de soberania e independência, os estados se fazem relutantes em adotar claro engajamento em esforço de construção da *cooperação*, que poderia conduzir a patamar institucional mais elevado de funcionamento do direito internacional. A construção do patamar seguinte, de *integração*, somente parece ter lugar em contextos restritos específicos.

A interdependência crescente entre os estados e as exigências operacionais do contexto mundial globalizado tornam imperativa essa mutação qualitativa e de base da ordenação do sistema internacional. Ao mesmo tempo em que os estados, todavia, relutam em admitir as suas incapacidades de gestão dessas necessidades, e se atêm aos modelos clássicos da soberania estatal estrita. Modelo esse tornado obsoleto pela evolução em curso, já apontava J. K. BLEIMAIER, *The future of sovereignty in the xxist. century* (Hague YIL, 1993, vol. 6, p. 17-27).

273 ARISTÓTELES, **Ética a Nicômaco** (trad. de Leonel VALLANDRO e Gerd BORNHEIM da versão inglesa de W. D. ROSÁ, São Paulo: Abril, 1973, p. 245-436, livro V, cap. X, 1137 a 31 – 1137 b, p. 336-337): "o equitativo, embora superior a uma espécie de justiça, é justo, e não é como coisa de classe diferente que é melhor do que o justo. A mesma coisa, pois, é justa e equitativa, e, embora ambos sejam bons, o equitativo é superior".

Aristóteles atribui grande importância às relações entre a justiça e a equidade, e a esta dedica o capítulo X do livro V da **Ética a Nicômaco**: "o equitativo é justo, porém não o legalmente justo, e sim uma correção da justiça legal. A razão disso é que toda lei é universal, mas a respeito de certas coisas não é possível fazer uma afirmação universal que seja correta".[274] E prossegue Aristóteles:

> quando a lei se expressa universalmente e surge um caso que não é abrangido pela declaração universal, é justo, uma vez que o legislador falhou e errou por excesso de simplicidade, corrigir a omissão – em outras palavras, dizer o que o próprio legislador teria dito se estivesse presente, e que teria incluído na lei, se tivesse conhecimento do caso,

e aduz, às considerações anteriormente expendidas:

> por isso o equitativo é justo, superior a uma espécie de justiça – não a justiça absoluta, mas ao erro proveniente do caráter absoluto da disposição legal. E essa é a natureza do equitativo: uma correção da lei, quando ela é deficiente em razão da sua universalidade. E, mesmo, é esse o motivo por que nem todas as coisas são determinadas pela lei: em torno de algumas é impossível legislar, de modo que se faz necessário um decreto. Com efeito, quando a coisa é indefinida, a regra também é indefinida.[275]

Desse modo, entende Aristóteles, torna-se "bem claro o que seja o equitativo, que ele é justo e é melhor que uma espécie de justiça". Evidencia-se, também, quem seja o homem equitativo: "o homem que escolhe e pratica tais atos, que não se aferra aos seus direitos em mau sentido, mas tende a tomar menos que o seu quinhão, embora tenha a

[274] Aristóteles, **Ética a Nicômaco** (ed. cit., 1137 b – 1138 a): "Nos casos, pois, em que é necessário falar de modo universal, mas não é possível fazê-lo corretamente, a lei considera o caso mais usual, se bem que não ignore a possibilidade de erro. E nem por isso tal modo de proceder deixa de ser correto, pois o erro não está na lei, nem no legislador, mas na natureza da própria coisa, já que os assuntos práticos são dessa espécie por natureza."

[275] Aristóteles, **Ética a Nicômaco** (ed. cit., 1137 b – 1138 a): "como a régua de chumbo usada para ajustar as molduras lésbicas: a régua adapta-se à forma da pedra e não é rígida, exatamente como o decreto se adapta aos fatos."

lei por si, é equitativo"; e "essa disposição de caráter é a equidade, que é uma espécie de justiça, e não uma diferente disposição de caráter".[276]

Considerar a "equidade em direito internacional"[277] suscita a necessidade de reportar-se a ARISTÓTELES para a compreensão desta, em seus desdobramentos no corrente sistema institucional e normativo internacional. No exame de tais relações, ARISTÓTELES comenta o mesmo embaraço, apontado por outros, que também abordaram a questão, no tocante às relações entre a equidade e a justiça, nunca claramente determinadas e que a natureza da equidade permanece circundada de mistério.

A busca do sentido da justiça, desde os corredores da Academia de Atenas, ainda é uma história inacabada,[278] onde a equidade desempenha estranho papel, na estrutura do direito: separada deste, faz, contudo, parte dele.[279] Caberia considerar o que foi chamado por C. W. JENKS de "qualidade amorfa" da equidade, sem ter a consistência institucional necessária, "para cristalizar princípios em obrigações claramente estipuladas".[280]

A ideia platônica central é o sentido intrínseco da educação e da busca do aperfeiçoamento do homem, como premissa para a construção de ordem social, mais justa e mais consentânea com o direito, nos planos internos, ou no plano internacional. As mesmas necessidades, norteadoras das ordens internas, também podem ser transpostas para o contexto internacional.[281]

[276] ARISTÓTELES, **Ética a Nicômaco** (ed. cit., 1137 b – 1138 a).

[277] Vicente Marotta RANGEL, *L'equité en droit international: des développements récents* (Tessaloniki: Aristoteleio Panepistimio «Nomos», «Anatypo»: separata, 1989, p. 937-950, p. 937): "capítulo que foi, a justo título, qualificado um dos mais notáveis dessa obra".

[278] V. MAROTTA RANGEL (art. cit., Tessaloniki, 1989, p. 937-938. e nota 6, p. 938): Étant une notion d'un caractère 'amorphe' et 'complexe', prise parfois en des sens contradictoires, l'equité ne serait même pas susceptible de définition.

[279] Ralph A. NEWMANN, **Equity in the world's legal systems** (Bruxelles: Bruylant, 1973, 'introduction', p. 15).

[280] C. W. JENKS, **Law in the world community** (London: Longman, 1968, p. 10), 'amorphous quality', sem ter a consistência institucional necessária para 'crystalize principles into clear-cut obligations'. V. tb. Guy Fiti SINCLAIR, *C. Wilfred Jenks and the Futures of International Organizations Law* (in The European Journal of International Law, 2020, vol. 31, no. 2, p. 525-542, publ. by Oxford Univ. Press on behalf of EJIL Ltd., doi:10.1093/ejil/chaa030).

[281] A concepção platônica tem a educação como base da construção da ordem política. Isso pode ser também visto como elemento crucial, projetado para o âmbito internacional. Se e

A cooperação é imperativo ao qual a sociedade internacional não pode fugir.[282] A verdadeira paz entre as nações, apoiada na justiça e nas liberdades fundamentais do homem, parece ainda difícil de ser alcançada. Como o foi entre os antigos gregos.[283] Por vezes, a pressão externa levou-os a se unirem e aprenderem a trabalhar juntos – como quando se tratou de enfrentar os persas.[284]

Cabe lembrar que o preço da desunião e dos conflitos fratricidas é muito elevado: traz o enfraquecimento dos litigantes, abrindo espaço para outras forças externas imporem o seu controle – como foram as *poleis* gregas dominadas pelos macedônios, pelos romanos e, séculos mais tarde, pelos otomanos. Movimentos ou tendências podem chegar a fim abrupto não em razão do esgotamento de seu potencial, mas por se verem suplantados por concorrentes.

em que medida isso se poderá efetivar terá de ser determinado com o tempo: o progresso da educação no mundo, mesmo lento e incompleto, como todavia permanece, pode ser o mais relevante se não o único legado válido a ser transmitido de uma geração à seguinte. A ideia da vinculação dos cidadãos a uma lei escrita universal. O elemento agregador em torno de idéia internacional pode ser visto como tênue se não inexistente para grande número de pessoas, mas se haverá de ter presente como necessário para conceber rumos de ordenação do contexto internacional. Ver P. B. Casella, **Introdução ao estudo do direito** – ensaios didáticos (São Paulo: Ed. dos editores, 3ª ed., 2019).

282 H. Accioly, **Tratado** (3ª ed. histórica, 2009, vol. I, "prefácio", p. 23): "Não devemos, pois, desesperar. A maior divulgação dos princípios do direito das gentes muito pode ajudar a criar-se uma verdadeira mentalidade internacional, capaz de impor esse bem supremo". Cite-se C. W. Jenks, *The impact of international organisations on public and private international law* (in **Grotius Transactions**, vol. 37, 1951, p. 49): "Apesar de serem formidáveis os problemas políticos, econômicos e sociais que nos confrontam, não é tempo para desesperar ... ou para diminuir ou subestimar os serviços que o direito internacional pode, deve e há de prestar à causa da liberdade humana".

283 A construção da eunomia internacional como elemento de durabilidade da paz e da segurança internacionais: como a paz, para durar não pode ser somente a ausência de guerra, mas necessita conteúdo positivo, que lhe assegure durabilidade, se põe a questão dos modelos culturais, em relação ao papel e ao alcance da norma, seja esta operante no plano interno, ou internacional. O discurso fundamentador do direito internacional pós-moderno necessita de fundamento estrito e diretamente relacionado com o meio humano e cultural do qual se origina e ao qual está destinado a regular. Intrinsecamente internacional, com os limites e especificidades que o contexto impõe às normas que o devam regular, quanto à sua natureza, sua formação, sua aplicação e seu controle em decorrência do inadimplemento. Cfr. **Fundamentos** (2008, item VII – eunomia internacional, p. 615-661).

284 Como se considerou no precedente cap. 4.

> Por maior que tenha sido a compreensão romana do direito (*the legal genius of the Romans*), o desenvolvimento desse direito muito deve ao direito helenístico, como progressivamente se passou a conhecer, por meio de descobertas documentais antigas. Não se pode, na verdade, falar em direito greco-romano como se fala em civilização greco-romana. Mas nós podemos dizer com segurança que os reinos helenisticos, com seu alto grau de civilização e intrincadas redes de comércio 'internacional', desenvolveu concepções jurídicas, que afetaram diversos ramos do direito romano.[285]

Esses concorrentes, em matéria de história cultural,[286] muitas vezes fixarão seu espaço de atuação exacerbando as diferenças em relação a concepções anteriormente aceitas como válidas. Deixando para a geração seguinte a tarefa, às vezes árdua, de determinar quanto de inovação efetiva ocorreu em razão daquela mudança.[287] Dilema tipicamente pós-moderno.

Exemplo da permanência e retomada de parâmetros culturais, o conceito basilar da *anfictionia* – instaurado entre as cidades-estado da Grécia antiga – será ainda o inspirador do malogrado 'congresso anfictiônico' do Panamá,[288] tal como propostos por Simon BOLÍVAR (1783-1833):

[285] Ernest BARKER, **Church, state and education** (1st. publ., 1930; "American edition, with a new preface by the Author", Ann Arbor: Univ. of Michigan Press, 1957, esp. no tb. já ref. cap. I – The roman conception of empire, p. 1-43, comenta (nota 1, p. 25): "It should be remarked that, great as was the legal genius of the Romans, the development of their law owes something to Hellenestic law, which we are gradually coming to know from papyri. We cannot, indeed, speak of Graeco-Roman as we speak of Graeco-Roman civilization. But we may safely say that the Hellenistic kingdoms, with their high civilization and intrincate commerce, had developed a common jurisprudence, which affected the Roman law of mortgage and other branches of the Roman law of contract."

[286] V. tb. Sandra J. PESAVENTO, **História e história cultural** (© 2003, Belo Horizonte: Autêntica, 2008).

[287] Peter BURKE, **O que é história cultural?** (orig. publ. **What is cultural history?**, 2004, Sérgio GÓES DE PAULA, Rio: Jorge Zahar, 2005).

[288] Em 1825, os Estados Unidos advertiram Colômbia e México de que não deviam atacar Cuba. No entanto, "a Inglaterra manteve a opinião de que, enquanto a Espanha permanecesse em guerra com as novas nações, estas tinham o direito de invadir territórios espanhóis, mas ressaltou que a consequência provável de um ataque a Cuba era a intervenção dos Estados Unidos, o que seria inconveniente para a Inglaterra e inútil para o México e a Colômbia".

> Depois de quinze anos de sacrifícios consagrados à liberdade da América, para obter o sistema de garantias que, na guerra como na paz, seja o escudo do nosso novo destino, já é tempo que os interesses e as relações que unem entre si as repúblicas americanas, antes colônias espanholas, tenham uma base fundamental que eternize, se possível, a duração desses governos.
> Entabular aquele sistema e consolidar o poder daquele grande corpo político pertence ao exercício de uma autoridade sublime, que dirija a política de nossos governos, cujo influxo mantenha a uniformidade dos seus princípios, e cujo simples nome acalme as nossas tempestades. Tão respeitável autoridade não pode existir se não em uma assembleia de plenipotenciários, nomeados por cada uma de nossas repúblicas, e reunida sob os auspícios da vitória obtida por nossas armas contra o poder espanhol.[289]

O próprio Bolívar recapitula os passos anteriormente dados: "convidei, em 1822, como presidente da República de Colômbia, aos governos de México, Peru, Chile e Buenos Aires", para formarmos uma confederação, e reunirmos, no istmo do Panamá ou outro ponto elegível a pluralidade, uma assembleia de plenipotenciários de cada estado, "que nos servisse como conselho nos grandes conflitos, como ponto de contato, diante de perigos comuns, de fiel intérprete dos tratados públicos, quando ocorram dificuldades e de conciliador, enfim, de nossas diferenças".[290]

Avalia D. A. G. Wadell, *A política internacional e a independência da América Latina* (in **História da América Latina**, vol. III – **Da independência a 1870**, org. Leslie Bethell, trad. Maria Clara Cescato, São Paulo: Edusp, 2018, p. 231-265, cit. p. 255): "Essa ideia foi sugerida pela Inglaterra e aceita pela Colômbia no Congresso do Panamá de 1826, ocasião em que se revelou tanto a clareza dos propósitos ingleses na América Latina quanto a ambivalência da atitude dos Estados Unidos."

[289] Transcrição do texto original em Simon Bolívar, **Obra política y constitucional** (estudio preliminar, antologia y notas de Eduardo Rozo Acuña, Madri: Tecnos, 2007, 3 – El Congreso Anfictiónico de Panamá. Convocatoria datada de Lima el 7 de diciembre de 1824, p. 47-50, cit. p 47) dirigida "a los Gobiernos de las Repúblicas de Colômbia, Méjico, Rio de la Plata, Chile e Guatemala".

[290] S. Bolívar (op. cit., ed. 2007, 3 – El Congreso Anfictiónico de Panamá. Convocatoria datada de Lima el 7 de diciembre de 1824, p. 47-50, cit. p. 48).

O governo do Peru celebrou, em 6 de julho de 1822, um tratado de aliança e confederação com o plenipotenciário da Colômbia e, por meio deste, comprometeram-se ambas as partes a interpor seus bons ofícios junto aos governos da América, antes espanhóis, "para que, entrando todos no mesmo pacto, se verificasse a reunião da Assembleia geral dos confederados". Igual tratado foi celebrado no México, em 3 de outubro de 1823, pelo plenipotenciário de Colômbia naquele estado, e "há fortes razões para esperar que os outros governos se submetam ao conselho dos seus mais altos interesses".[291]

> Diferir, por mais tempo, a assembleia geral dos plenipotenciários das repúblicas que, de fato, já estão confederadas, até que se verifique a acessão das demais, seria privarmos das vantagens que produziria aquela assembléia, a partir de sua instalação.[292]
>
> Parece, se o mundo tivesse de escolher sua capital, que o istmo do Panamá seria assinalado para esse augusto destino, colocado como está no centro do globo, vendo por um lado, a Ásia e, por outro, a África e a Europa. O istmo do Panamá foi oferecido, pelo governo da Colômbia, para esse fim, nos tratados existentes. O istmo está a igual distância das extremidades e, por essa causa, poderia ser o lugar provisório para a primeira assembleia dos confederados.[293]

[291] S. Bolívar (op. cit., ed. 2007, 3 – El Congreso Anfictiónico de Panamá. Convocatoria datada de Lima el 7 de diciembre de 1824, p. 47-50, cit. p. 48-49): "Estas ventajas se aumentarán prodigiosamente, si se contempla el cuadro que nos ofrece el mundo político y, muy particularmente, el continente europeu. / La reunión de los plenipotenciarios de Méjico, Colombia y el Peru se retardaria indefinidamente, si no se promoviese por una de las mismas partes contratantes; a menos que se aguardase el resultado de una nueva y especial convención sobre el tiempo y lugar relativos a este grande objeto".

[292] S. Bolívar (op. cit., ed. 2007, 3 – El Congreso Anfictiónico de Panamá. Convocatoria datada de Lima el 7 de diciembre de 1824, p. 47-50, cit. p. 48).

[293] S. Bolívar (op. cit., ed. 2007, 3 – El Congreso Anfictiónico de Panamá. Convocatoria datada de Lima el 7 de diciembre de 1824, p. 47-50, cit. p. 49 e a seguir p. 50): "El dia que nuestros plenipotenciarios hagan el canje de sus poderes, se fijará en la historia diplomática de América una época inmortal. Cuando, después de cien siglos, la posteridad busque el origen de nuestro Derecho público y recuerde los pasos que consolidaran su destino, registrarán con respecto los protocolos del Istmo. En él encontrarán el plan de las primeras alianzas, que trazará la marcha de nuestras relaciones con el universo. ¿Qué será entonces del Istmo de Corinto comparado con el de Panamá?"

Ressurge o conceito de *anfictionia*, após a independência das antigas colônias hispânicas, no início do século XIX, no continente americano.[294] Esta proposta de BOLÍVAR estriba-se na proximidade, no sentido etimológico do termo *anfctiones*, aqueles que moram por perto, os que são fisicamente próximos. O nome anfictiônico é uma "reminiscência do direito que tinham as cidades confederadas da antiga Grécia de mandar um representante ao Congresso de Anfictiões. Este Conselho era uma espécie de tribunal encarregado de atenuar as divergências entre os gregos".[295]

> Embora bastante consciente das dificuldades que impediam maior integração, BOLÍVAR esperava ver pelo menos alguns arranjos permanentes de consulta e cooperação entre as unidades territoriais independentes. Ele pensava basicamente numa liga americana *espanhola*, quando salientou a importância da homogeneidade histórica e cultural.[296]

[294] Eduardo Rozo Acuña (in S. BOLÍVAR, **Obra política y constitucional**, Madri: Tecnos, 2007, Estudio preliminar, item 6 – El proyecto político de Bolívar y la necesidad de adaptar estas instituciones para los nuevos estados hispanoamericanos, cit. p. LXXII-LXXIII): "El crée de la manera más coherente con sus conocimientos de la historia antigua del mundo occidental, que esas instituciones, adaptándolas y perfeccionándolas, pueden ser tabla de salvación de las nuevas Repúblicas; por eso las incluye en sus proyectos desde Angostura hasta la Bolívia."

[295] Antonio CUSSEN, **Bello y Bolívar** (orig. publ. **Bello and Bolívar** – Poetry and politics in the Spanish American Revolution, 1992, México: Fondo de cultura económica, 2ª ed. en español, 1998); Gabriela MISTRAL, **Bolívar** (México: FCE, 2020, cit. p. 7) observava "BOLÍVAR es y será siempre uno de los que más intriguen en la escenografía americana, cosa muy diversa de la placidez sonrosada de WASHINGTON y menos feo, pero no menos patético, que el de LINCOLN"; Francisco PIVIDAL, **Bolívar** – Pensamento precursor do antiimperialismo (apres. Octavio IANNI, São Paulo: Hucitec / Secretaria de estado da cultura, 1983, Bolívar convida para o Congresso Anfictiônico, p. 138-143 e Os Estados Unidos combatem a Anfictionia, p. 144-165, cit. p. 146).

[296] David BUSHNELL, *A independência da América do Sul espanhola* (in **História da América Latina**, vol. III – **Da independência a 1870**, org. Leslie BETHELL, trad. Maria Clara CESCATO, São Paulo: Edusp, 2018, p. 119-186, cit. p. 177-178) prosseguia na apresentação do quadro, concebido por BOLÍVAR: "Excluía, portanto, invariavelmente os Estados Unidos e o Haiti de seu conceito de sistema interamericano, e não estava totalmente seguro com relação ao Brasil, que em 1822 havia proclamado sua independência de Portugal. BOLÍVAR alimentava algumas dúvidas até mesmo sobre a Argentina, que era hispano-americana, mas estava dominada por uma elite *porteña* autocentrada, cuja carência de um genuíno sentimento americano havia inquietado SAN MARTÍN anteriormente. Não obstante, no dia anterior à batalha de Ayacucho, em dezembro de 1824, BOLÍVAR concluiu que havia chegado a hora de trans-

Esta iniciativa pioneira não difere, essencialmente, dos motores conceituais do direito internacional, como tal, no sentido de ordenar a convivência entre povos, separados politicamente, mas, entre os quais se reconhece a existência de laços humanos, de vínculos, sejam estes lastreados na comunidade de crença religiosa ou de concepções políticas, que tornam viável e norteiam a celebração de pactos entre tais entidades políticas separadas.

> Bolívar era admirador das instituições gregas, às quais se referiu em muitos dos seus escritos. Quando falava da ameaça estrangeira era sempre como um mal que afetava a toda a comunidade hispano-americana, e que era preciso rebater. Para conseguir esse propósito – assegurava – era indispensável forjar um corpo, ao qual começa a denominar de *anfictiônico*, que impulsionasse a defesa dos *interesses comuns* dos estados que antes tinham sido 'colônias espanholas'.[297]

A bela concepção, contudo, apesar de encontrar alguma acolhida, não chega a ser construída[298] como algo equivalente ao precedente grego antigo, desta vez entre os países hispânicos do continente americano, recém libertados da colonização.[299] "Na mesma proporção em que

formar o sonho em realidade." [...] "Com a evolução das coisas, o Brasil e os Estados Unidos acabaram sendo convidados pelo governo da Gran Colômbia, mas isso fez pouca diferença." [...] Dos países latino-americanos, apenas o México, a Federação Centro-Americana, a Gran Colômbia e o Peru estiveram presentes. O acordo estabelecido, de aliança perpétua e cooperação militar e de outro tipo, foi ratificado apenas pela Gran Colômbia.

[297] F. Pividal, **Bolívar** (op. cit., 1983, p. 146).

[298] D. Bushnell (cap. cit., ed. 2018, p. 178): "Pode-se dizer, assim, que o Congresso do Panamá foi um antecedente da futura cooperação interamericana, mas é indicativo da ausência de *condições* para uma cooperação desse gênero, nessa época". Substancialmente diversa a descrição do quadro por F. Pividal, **Bolívar** (op. cit., 1983, p. 147): "Para o Libertador, não eram todos (os estados), mas somente os da América, 'antes colônias espanholas'. / A Anfictionia marchava, mas ... os Estados Unidos já começavam a se movimentar para seu fracasso".

[299] F. Pividal, **Bolívar** (op. cit., 1983, p. 153): "Com paciente trabalho, os Estados Unidos gastaram 63 anos para desgastar o ideal do Libertador, concretizado no Congresso Hispano-Americano do Panamá. Durante todo esse tempo foram conduzindo o 'rebanho de governos latino-americanos' ao curral de Washington, até poder celebrar, em 1889, a Primeira Conferência [Pan]Americana, fazendo crer que entre as Repúblicas hispano-americanas e os Estados Unidos era possível a existência de interesses comuns". V. tb. David Herrera, **El siglo del americanismo** – una interpretación histórica y geoestratégica de la hegemonía de

avançava o ideal bolivariano de *unidade* para a defesa diante dos perigos comuns e alheios, aumentava a investida dos Estados Unidos para evitar que essa unidade se concretizasse".[300] Permaneceu o ideal da integração latino-americana, tão almejado, tantas vezes ensaiado, mas ainda não concretizado.[301]

> O grande modelo é a Roma republicana. o que explica em parte o interesse pelos clássicos que caracteriza o período.
> Essa ênfase também está presente na América espanhola, após a criação das repúblicas no início do século XIX. Sem um rei, os cidadãos dependiam muito mais da mútua cooperação para sustentar a sociedade. A compreensão dessa virtude, como a base de republicanismo fundamentou o pensamento político de Simon Bolívar e foi compartilhado por muitos líderes da independência. Bolívar tentou instilar a virtude de cima para baixo, por meio de um 'quarto' poder similar ao Aerópago ateniense e ao Senado romano. Bello, que assistira ao fracasso do principal experimento de Bolívar nesse sentido, a Constituição boliviana de 1826, defendia a imposição da virtude pela educação universal.[302]

los E. U. (México: Univ. Nacional Autónoma de México / Edicionesakal, 2020, Conclusiones: un nuovo siglo americano?, p. 347-357 e Post-Scriptum. 2020, la hegemonía mundial y los riscos globales, p. 359-364).

300 F. Pividal, **Bolívar** (op. cit., 1983, p. 148 e 149): "Trabalharam não só movimentando os fios de sua prepotente diplomacia, como também ao suborno, à espionagem, à mentira e ao apoio aberto ao contrabando de armas a favor da Espanha." [...] "As intervenções feitas pelos Estados Unidos e Inglaterra ficam evidentes quando a correspondência – em muitos casos confidencial – que os representantes diplomáticos enviam às suas respectivas chancelarias, se torna pública."

301 F. Pividal, **Bolívar** (op. cit., 1983, p. 165): "Quando o Libertador morre, Engels tem dez anos; Marx, doze, e Lênin e Martí ainda não haviam nascido". v. tb. Ana Frega Novales, *Los procesos de territorialización y sus representaciones entre fines de la colonia y la formación republicana* (in **Horizontes de la história conceptual en Iberoamérica** – Trayectorias e incursiones, Francisco A. Ortega, Rafael E. Acevedo P. y Pablo Casanova Castañeda (eds.), Bogotá: Univ. nacional de Colômbia / Genueve Eds., 2021, p. 45-65, cit. p. 65): "el estudio de los procesos de territorialización y sus representaciones en el espacio iberoamericano en un período de profundos cambios muestra que fueran espesando su significación a partir de las experiencias y expectativas de los distinctos actores. La incorporación de la dimensión espacial y las representaciones cartográficas como voces de un lenguaje definido social e historicamente enriquecen la comprensión de los procesos políticos."

302 Iván Jaksic, **A vida de Andrés Bello** – erudição e construção de nação na América latina do século XIX (orig. publ. **Andrés Bello**: scholarship and nation-building in nineteenth

A conclusão se faz no sentido de que, apesar dos constantes conflitos, cabe enfatizar a convicção dos antigos gregos quanto ao papel do direito, como base para a ordenação da vida em sociedade, no plano interno, para a configuração da *pólis*, como também na vida 'internacional',[303] entre sociedades – *poleis* e destas com outras entidades políticas independentes não gregas – o que configura direito internacional. E também, o temor quanto ao oposto deste, a anomia, como modelo cultural concorrente, é tenebroso, e traz a expressão da barbárie, no sentido de instauração do reino da força.[304]

A mesma preocupação se renova, em diferentes sociedades humanas, em diferentes épocas: "há duas medidas para o conflito entre os homens: uma, o direito, outra, a força de quem o faz, e a natureza delas é tal que onde uma termina a outra começa".[305] Mesmo se admitimos que a tentação ao uso da força faz parte da natureza humana e esta não deve mudar, o padrão civilizatório que representa o direito internacional pode agregar limites operacionais a tais tendências inatas.

Claramente ensinou PLATÃO que a força não pode ser o (único) fundamento do poder do estado; porque somente como força, esta não se sustenta – como acima mencionado. Não se pode admitir que somente

century Latin America, 2001, trad. Vera CAPUTO, Rio de Janeiro: Edições de Janeiro, 2018, cit. p. 180).

303 Alguns autores já o fazem, ou quase: L. ALI KHAN, **The extinction of nation-states: a world without borders** – Developments in International Law (Haia: Kluwer Law International, 1996, cit. p. 35) adverte: "the way in which we recall history makes a difference"; Jurgen HABERMAS, **Après l'état-nation: une nouvelle constellation politique** (© 1998 e 1999, trad. Rainer ROCHLITZ, Paris: Fayard, 2000); Jean DANIEL, **Voyage au bout de la nation** (Paris: Seuil, 1995); Bertrand BADIÉ, **Un monde sans souveraineté: les états entre ruse et responsabilité** (Paris: Fayard, 1999, cit. p. 10): les progrès de la mondialisation ont fait de l'interdépendance un principe actif du jeu international, qui contredit directement l'idée même de la souveraineté.

304 Sandra J. PESAVENTO, **História e história cultural** (orig. publ. 2003, Belo Horizonte: Autêntica, 2008).

305 Citada em epígrafe a lição de John LOCKE, **Carta sobre a tolerância** (orig. publ. **Epistola de tolerantia**, 1690, edição bilingue, trad. Fábio FORTES e Wellington Ferreira LIMA, org., introdução, notas e comentários Flávio FONTENELLE LOQUE, Belo Horizonte: Autêntica, 2019, cit. p. 89-91): Eorum quae inter homines disceptantur duplex est ratio, uma jure, alia vi agentium; quorum ea est natura, ut ubi alterum desinit, alterum incipiat.

a força ou a ameaça do uso desta façam se mover o mundo.[306] O direito internacional pós-moderno responde de outro modo a esse anseio de ordenação e de instauração de patamares de convivência organizada.

É preciso acreditar que a convivência entre os homens possa ter valores, como base para a ordenação desta; como a convivência entre os estados, que se possa construir sobre arcabouço institucional e normativo, inspirado por bases éticas, teleologicamente humanas, para o direito e a sociedade internacionais.[307] Mesmo quando, tantas vezes, essas bases éticas sejam desmentidas pela realidade, que põe tais conceitos em duras provações, como tem sido visto, nestes tempos que correm, meio sem rumo. Tanto interna, quanto externamente.

A seguir, pode-se passar a considerar o direito internacional no tempo na perspectiva da formação e do desenvolvimento de Roma (cap. 6).

[306] Se, em lugar do direito internacional pós-moderno, se instaurarem as visões concorrentes, em matéria de história cultural, os modelos de força e de ameaça do uso desta, de política de poder e de confrontação, de ênfase na guerra como mecanismo de solução de controvérsias e de manutenção sob controle da diversidade de padrões políticos e culturais, muitas vezes fixarão seu espaço de atuação exacerbando as diferenças em relação a concepções anteriormente aceitas como válidas, deixando para a geração seguinte a tarefa, às vezes árdua, de determinar quanto de inovação efetiva ocorreu: o direito ou a barbárie; a política realista (*Realpolitik*) de herança bismarckiana, ou a eunomia internacional? A respeito, v. **Fundamentos** (2008, esp. item VII – eunomia internacional, p. 615-661).

[307] Em conferência na Haia, S. Aga Khan, *Les bases éthiques pour le droit et la société: perspectives de la Commission indépendante sur les questions humanitaires internationales* (RCADI, 1985, t. 193, p. 389-403).

CAPÍTULO 6
NA FORMAÇÃO E NO DESENVOLVIMENTO DE ROMA

esta sociedade, na sua máxima extensão, aberta a todos, une os homens enquanto homens, e todos os povos; nela se deve manter a comunidade de todas as coisas que a natureza criou para uso comum dos homens

CÍCERO (106-43 a.C.), **De officiis** (I.16.51)[308]

a constituição republicana romana [...] aparece ainda hoje dentre as obras mais admiráveis da civilização humana.

Vicenzo ARANGIO-RUIZ (1977)[309]

[308] Marcus Tullius CÍCERO (106-43 a.C.), **De officiis** (with an English translation by Walter MILLER, Cambridge, Ma. / London: Harvard UP / LCL 30, tomo XXI das obras de CÍCERO, © 1913, reprinted 2005, I.16.51): "Ac latissime quidem patens hominibus inter ipsos, omnibus inter omnes societas haec est; in qua omnium rerum, quas ad communem hominem usum natura genuit, est servanda communitas, ut, quae discripta sunt legibus et iure civili, haec ita teneantur, ut sit constitutum legibus ipsis, cetera sic observentur, ut in Graecorum proverbio est, amicorum esse communia omnia."

[309] Vincenzo ARANGIO-RUIZ, **Storia del diritto romano** (Napoli: Eugenio Jovene, settima edizione riveduta con note aggiunte, ristampa anastatica, 1977, cap. V – *L'apogeo della costituzione repubblicana: l'Italia e le prime provincie*', p. 82-120, cit. p. 82): "La costituzione repubblicana romana [...] ebbe come è noto il suo splendido meriggio nel III o nel II secolo a.C. La prova della sua solidità fu data dalla resistenza della disciplina cittadina alle guerre esterne più aspre, delle quali basterà ricordare la seconda e la terza samnitica e la seconda punica; la prova della duttilità dall'adattamento ai compiti, assolutamente imprevidibili, che furono imposti alla Città dalla progressiva conquista dell'Italia e delle prime province. La soluzione

> na história da República fizeram menção aos conceitos de *libertas* e de *dignitas* sejam aqueles que buscavam introduzir mutações radicais, particularmente buscando o apoio popular, contra o consenso aristocrático e tentando aumentar os privilégios materiais do povo, como também aqueles que buscavam preservar o *status quo*, seja em termos de poder político, seja em termos de distribuição de recursos.
>
> Michael CRAWFORD (1978, ed. 1988)[310]

O caráter, abrangente e inclusivo, com diversidade de grupos étnicos – *gens* – pauta a existência e o funcionamento de Roma, desde a sua gênese. Primeiros grupos humanos – sabinos, etruscos e latinos – unem-se, guerreiam entre si e se confundem, nas origens de Roma, para formar a cidade-estado, no centro da península itálica.[311]

Séculos mais tarde, o incentivo para ampla reforma do direito privado romano foi dado pelas relações entre romanos e estrangeiros, da qual resultaria a instauração de nova categoria de pretores e do conco-

data dai romani ai problemi fondamentali dell'umana convivenza; la felicità del contemperamento tra la funzione legislativa dei comizi popolari e il governo della magistratura e del Senato, la creazione di una classe dominante in cui le tradizioni di famiglia si confondevano con la storia della Città, e che tuttavia sapeva accogliere nel suo seno gli uomini nuovi capaci di portare alla patria il contributo di una fresca genialità, tutto ciò destava allora l'ammirazione degli stranieri, e appare ancora oggi una fra le opere più mirabili dell'umana civiltà." Dentre os estrangeiros que se admiram com as soluções romanas, aponte-se o grego POLÍBIO.

310 Michael Hewson CRAWFORD, **The Roman republic** (Glasgow: Fontana / Collins, © 1978, 4th impression, 1988, 'historical introduction', p. 13-14): "The struggles between politicians during the Republic were given free rein by the failure to develop communal institutions for the maintenance of order; thus even legal procedure often involved the use of an element of self-help, as in bringing a defendant to court. Such a state of affairs perhaps did not matter greatly in a small rural community, and the struggle of the orders, between patricians and plebeians, was in the end resolved in the course of the fifth and fourth centuries b.C.. But when men turned to force in the late Republic to resolve political differences, the result was catastrophic, with armies composed of many legions rapidly involved."

311 Alexandre GRANDAZZI, **As origens de Roma** (orig. publ. **Les origines de Rome**, 2003, trad. Christiane G. COLAS, São Paulo: Ed. Unesp, 2009, Introdução, p. 9-13, cit. p. 12): "A História, que busca saber, segundo uma conhecida fórmula, 'o que realmente aconteceu', surge como a soma de todas essas disciplinas. Os tempos mais antigos da Urbe devem, portanto, ser estudados segundo um procedimento pluridisciplinar: exigência difícil, porém fascinante, que faz da pesquisa sobre as origens de Roma uma verdadeira escola de método". V. tb, A. GRANDAZZI, **Urbs** – Histoire de la ville de Rome, des origines à la mort d'Auguste (Paris: Perrin, 2017).

mitante surgimento de sistema jurídico, para regência das relações entre romanos e estrangeiros. A consolidação do *jus gentium*, ou seja, um 'direito dos povos', considerado universalmente aplicável, é abrangente fator que nitidamente distingue a experiência romana, em relação aos gregos,[312] "embora claramente não houvesse questão de aceitação de outras nações em base de igualdade", e – alegadamente – "o *jus gentium* permaneceu um 'direito nacional' para o Império romano".[313]

Não creio que os juristas romanos concordariam com essa visão restritiva. Como claramente se enuncia: o "direito das gentes diz respeito ao gênero humano" – *Ius gentium est quod gentes humanae utuntur* no Digesto, I.1.24. Mais cristalinamente claro do que esse enunciado, não poderia ser.[314]

O *jus gentium*, alegadamente 'direito nacional' romano,[315] não somente se aplicou, durante séculos, em enorme extensão do planeta, de oeste a leste, da Lusitânia até o Iraque, de sul a norte, do norte da África até a Escócia, como também o "direito romano configura o tronco funda-

[312] Como assinala Paul VEYNE, **L'empire gréco-romain** (Paris: Seuil, 2005, *L'identité grecque contre et avec Rome: 'collaboration' et vocation supérieire*, p. 163-257, cit. p. 188): Rome et la Grèce sont deux puissancea amies mais distinctes.

[313] Malcolm N. SHAW, **International Law** (Cambridge: Grotius Publications, 3rd ed. 1991, 1 – The nature and development of International Law, p. 1-39, esp. 'Historical development', p. 15-16): "The Romans had a profound respect for organization and the law. The law knitted together their empire and constituted a vital source of reference for every inhabitant of the far flung domain. The early Roman law (the *jus civile*) applied only to Roman citizens. It was formalistic and hard and reflected the status of a small, unsophisticated society rooted in the soil. / It was totally unable to provide a relevant background for an expanding developing nation. This need was served by the creation and progressive augmentation of the *jus gentium*. This provided simplified rules to govern the relations between foreigners, and between foreigners and citizens. The instruments through which this particular system evolved was the official known as the Praetor Peregrinus, whose function was to oversee all legal relationships including bureaucratic and commercial matters within the empire. / The progressive rules of the *jus gentium* gradually overrode the narrow *jus civile* until the latter system ceased to exist. Thus the *jus gentium* became the common law of the Roman empire and was deemed to be of universal application."

[314] **Digestorum seu Pandectarum**, recognovit Theodorus MOMMSEN retractavit P. KRUEGER, in **Corpus iuris civilis**, vol. primum, Dublin – Zürich: Weidmann, 22a. ed., 1973, D. I.1.24 – ULPIANUS): Ius gentium est, quod gentes humanae utuntur, quod a naturali recedere facile intellegere licet, quis illud omnibus animalibus, hoc solis hominibus inter se commune sit.

[315] Ver tb., adiante, o item 6.3 – duradoura contribuição do *jus gentium* para o direito internacional.

mental, sobre o qual se assenta o direito das que se constituem como nações europeias" que, em considerável extensão se configuram sobre a base das antigas províncias romanas do Império: Itália, Gália (atual França), Hispânia, Lusitânia, Britânia, Germânia, Dalmácia, Helvécia, Bélgica, Macedônia, Dácia (atual Romênia) etc.[316]

Outro elemento a ser considerado – uma das mais influentes concepções gregas, retomada pelos romanos – foi o direito natural. Formulado pelos filósofos estoicos do século III a.C., sua teoria constitui um corpo de normas de relevância universal:[317] não somente como conceito jurídico fundamental, o direito natural é vital para a compreensão do direito internacional, além de indispensável precursor dos direitos fundamentais contemporâneos:[318]

> Tais normas eram racionais e lógicas, e porque as ideias e preceitos do 'direito da natureza' estavam enraizadas no entendimento humano, daí se seguiu que essas normas não poderiam ser restringidas a qualquer nação ou qualquer grupo, mas tinham relevância mundial. Esse elemento de universalidade é básico para as modernas concepções de direito internacional, e a elevação pelos estoicos dos poderes humanos de dedução lógica ao pináculo supremo no 'descobrimento' (*discovering*) do direito prenuncia os filósofos racionalistas do Ocidente.[319]

Convém enfatizar o conjunto intrínseca e extensamente 'internacional' de Roma – desde a fundação, envolta em lendas, no século VIII a.C.,

[316] Antonio Fernandez de Buján, **Derecho público romano** (Cizur Menor, Navarra: Civitas – Edtrl. Aranzadi, 19ª ed., 2016, cap. 1 – A – concepto de derecho romano, p. 35-51, cit. p. 35): "De manera directa, el Derecho romano, sin duda, es el que ha alcanzado un mayor grado de perfección en la historia de la humanidad, tanto desde el punto de vista de la justicia de sus contenidos como desde el de la técnica y la lógica perenne de la argumentación jurídica, es derecho vigente, durante catorze siglos, en buena parte del territorio europeo".

[317] Ver **Tratado** (tomo V – **Direito internacional no tempo de Francisco de Vitória**, cap. 12 – *jus gentium, jus commune, jus europaeum*: entre a teoria e a prática) e tb. item 6.3 – duradoura contribuição do *jus gentium* para o direito internacional.

[318] M. N. Shaw, **International Law** (ed. 1991, cit. p. 16): "As well as being a fundamental concept in legal theory, Natural law is vital to an understainding of international law, as well as being an indispensable precursor to contemporary concern with human rights."

[319] M. N. Shaw, **International Law** (ed. 1991, cit. p. 16).

congregando etruscos, sabinos e latinos,[320] sua progressiva expansão, a partir do centro da Itália, passando ao conjunto da península, até alcançar o imenso império – da Lusitânia ao Iraque, do norte da África à Escócia. Seguir-se-á sua progressiva retração, com a divisão entre Ocidente e Oriente.

O marco temporal 'romano' se pode contar ao menos até o século V (fim do Império romano do Ocidente),[321] o século VI (morte do imperador romano do Oriente, JUSTINIANO – em cujo reinado se faz a compilação do direito romano – *Corpus juris civilis* –[322] que serve de base para o estudo do direito, desde então) e, nessa mesma época, se retoma o controle (bizantino) de parte da península itálica, ou o século XV (queda de Constantinopla,[323] conquistada pelos turcos otomanos, em

[320] Pierangelo CATALANO, **Linee del sistema sovrannazionale romano** (Torino: G. Giapichelli, 1965, cap. secondo, 6 – Foedera, 'unità politica' e 'gruppo etnico', p. 235): Il nome di *Latini* comminciò ad avere rilevanza per il sistema giuridico romano quando comminciò a designare un complesso di popoli in rapporto federale con Roma. Le vicende dell'epoca etrusca spezzarono, almeno in parte, tale rapporto, e con ciò cadde, almeno in parte e quale che essa fosse stata, la particolare posizione dei *Latini* nel sistema romano; per quanto troviamo, nella lotta che si conclude con il *foedus Cassianum*, quel problema che è detto, da Dionigi d'Alicarnasso, dell'isopoliteia.

[321] Averil CAMERON, **Il tardo impero romano** (orig, publ. **The Later Roman Empire**, 1995, trad. Mauro de NARDIS e Pasquale ROSAFIO, ed. italiana a cura di Elio Lo CASCIO, Bologna: Il Mulino, 2008); Julia M. H. SMITH, **L'Europa dopo Roma** – una nuova storia culturale 500-1000 (orig. publ. **Europe after Rome** – a new cultural history, 2005, trad. Giovanni ARGANESE, ed, italiana a cura di Claudio AZZARA, Bologna: Il Mulino, 2005); Bryan WARD-PERKINS, **La caduta di Roma e la fine della civiltà** (orig. publ. **The Fall of Rome and the end of civilization**, 2005, trad. Mario CARPITELLA, Roma – Bari: Laterza, 2008).

[322] **Corpus iuris civilis** (vol. primum – **Institutiones**, recognovit Paulus KRUEGER, **Digesta**, recognovit Theodorus MOMMSEN retractavit P. KRUEGER, Dublin – Zürich: Weidmann, 22a. ed., 1973; vol. secundum – **Codex Iustinianus**, recognovit et retractavit P. KRUEGER, 14a. ed., 1967; vol. tertium – **Novellae**, recognovit Rudolfus SCHOELL "opus Schoelii morte interceptum" absolvit Guillelmus KROLL, 10a. ed., 1972).

[323] Ver E. WEIBEL, **Histoire et géopolitique des Balkans de 1800 à nos jours** (Paris: Ellipses, 2002, '*Introduction*', esp. p. 18, '*la question d'Orient*'): "Son origine date de la politique conquérante des Turcs qui, venant d'Asie mineure, s'emparent de l'empire byzantin – chute de Constantinople le 29 mai 1453 – et occupent au cours du XIVe – XVe – XVIe siècle, toute la péninsule des Balkans. Toutefois, la *question d'Orient* ne se profile véritablement que vers la fin du XVIIIe siècle, lorsque la décadence de l'empire ottoman parut irrémédiable. Les dépouilles de la Turquie sont alors convoitées par les grandes puissances européennes: l'Autriche, la France, la Russie et l'Angleterre."

1453).[324] Independentemente de sua repercussão imediata e do alcance simbólico futuro: "conservava a forma romana do estado, a cultura grega e a fé cristã".[325]

Existe considerável grau de 'internacionalidade' no sistema romano –[326] ou mesmo 'supranacionalidade' – e onde, "reconstruir esse sistema jurídico-religioso é reconstruir a concepção, que tinham os romanos, das relações entre os homens, mesmo acima da 'nação' (*natio*) e da 'ordem política' (*civitas*), à qual pertençam".[327] Como sempre, para compreender a realidade, sempre se põe a questão da contextualização histórica e cultural.[328]

[324] Ivan Djuric, **Le crépuscule de Byzance** (Paris: Maisonneuve & Larose, 1996); Alain Ducellier, **Les Byzantins** – Histoire et culture (Paris: Seuil, 1988); Bernard Flussin, **La civilisation byzantine** (Paris: PUF – Que sais-je?, 2006); Sir Galahad, **Byzance** (trad. de Jacques Chifelle-Astier, Paris: Payot, 1937); Jacques Heers, **Chute et mort de Constantinople** (1204-1453) (originalmente publicado em 2005, Paris: Perrin – tempus, nova ed., 2007); Michel Kaplan, **Pourquoi Byzance?** – Un empire de onze siècles (Paris: Gallimard – folio – histoire, 2016); Donald M. Nicol, **Les derniers siècles de Byzance**, 1261-1453 (do original **The last centuries of Byzantium**, 1261-1453, originalmente publ. 1972 e 1993, trad. Hughes Defrance, Paris: Tallandier – Texto, 2008); John Julius Norwich, **Histoire de Byzance** (330-1453) (do original **A short History of Byzantium**, © 1988, trad. Dominique Peters, Paris: Perrin – tempus, 2002); Steven Runciman, **A teocracia bizantina** (do original **The Byzantine Theocracy** © 1977, trad. Heloísa Toller Gomes, Rio de Janeiro: Zahar, 1978).

[325] E. Weibel, **Histoire et géopolitique des Balkans de 1800 à nos jours** (2002, '*Introduction*', cit. p. 20-22, '*Byzance et l'orthodoxie*'): "Jusqu'en 1453, le seul véritable état est, sans conteste, l'empire romain d'Orient ou empire byzantin. Même affaibli, divisé et amputé (notamment au cours de la fin du Moyen Âge), celui-ci reste un modèle pour tous les peuples balkaniques. Byzance (Constantinople) a conservé la structure romaine de l'état, la culture héllenique et la foi chrétienne."

[326] Como se examina no item 6.1 – a 'internacionalidade' desde as origens de Roma.

[327] P. Catalano, **Linee del sistema sovrannazionale romano** (Torino: G. Giapichelli, 1965, Premessa generale, p. 3-48, cit. p. 3 e a seguir, p. 34), contudo, curiosamente, entende que não seria cabível falar em 'direito internacional' propriamente dito, em razão da ausência de estados. V., por exemplo: "Per il ricercatore, tutta l'esperienza storica, in certo senso, si presenta come un'ascesi; a contatto con i documenti egli apprende a liberarsi dai suoi pregiudizi, dai suoi abiti mentali, dalla sua troppo particolare forma di umanità: il che non si può dire certo di chi usa, come strumento perfetto ad ogni scopo, della categoria 'diritto internazionale', prodotto della cultura moderna. Lo storico deve costantemente riadeguare le sue categorie alla realtà storica: e in ciò sono strumento essenziale le categorie con cui hanno visto quella realtà i contemporanei".

[328] Cabe lembrar a lição de Henri-Irénée Marrou, **De la connaissance historique** (orig. publ. 1954, Paris: Seuil – histoire, 1975, Conclusion – L'oeuvre historique, p. 267-278, cit.

A internacionalidade está presente, contrariamente a enfoques simplistas, que consideram – apressadamente – ausentes as premissas do direito internacional em Roma. Entendo que este se faz presente, enquanto conceito e sistema, na evolução de Roma, e das relações internacionais desta, ao longo de séculos, desde a Antiguidade até o início, o meio ou o fim da Idade média, conforme se faça a contagem. Sem falar em suas ramificações e derivações desde então, porquanto os mestres do Direito internacional moderno se fundamentam no Direito romano para construir as premissas do atual Direito internacional público.[329]

As concepções gregas de direito natural foram incorporadas por alguns filósofos romanos em suas próprias teorias jurídicas, por vezes, como

p. 278 – minha tradução): "não podemos elaborar nossa própria visão de TIBÉRIO, de CLÁUDIO e de NERO, nos privando do aporte que representa TÁCITO, e não se trata da documentação suplementar que ele pode nos trazer, mas, ainda, da inteligibilidade, da verdade humana que ele introduz, por seu esforço de pensamento, em seu relato. O diálogo, de certa forma, não mais se estabelece em *tête à tête* entre, digamos, TIBÉRIO e o historiador que eu sou: TÁCITO se põe, como um terceiro entre nós, figura nobre, grave, por vezes um pouco empolado, e eu o ouço repetir as suas fórmulas prestigiosas – *... ruere in servitium, ... ibatur in caedes* – que eu admiro, não somente pela sua magia verbal, mas por ser esse esplendor cheio de verdade: é nesse sentido que a obra histórica participa da eternidade da obra de arte, 'bem para sempre, tesouro imperecível' *ktema es aiei*, nas proféticas palavras de TUCÍDIDES".

[329] V. **Tratado** (tomo IV – **Direito internacional no tempo medieval**, cap. 11 – tratadistas da guerra: Balthazar AYALA e Pierino BELLI; tomo V – **Direito internacional no tempo de Francisco de Vitória**, cap. 12 – *jus gentium, jus commune, jus europaeum*: entre a teoria e a prática, cap. 13. estado como sujeito de direito internacional – a contribuição de MAQUIAVEL e BODIN e cap. 14 – Francisco de VITÓRIA (1480-1546); tomo VI – **Direito internacional no tempo de Suárez, Gentili e Zouch**, cap. 15 – Francisco SUAREZ (1548-1617), cap. 16 – Alberico GENTILI (1552-1608) e cap. 17 – Richard ZOUCH (1590-1660); tomo VII – **Direito internacional no tempo de Hugo Grócio**, cap. 18 – Hugo GRÓCIO (1583-1646); tomo IX – **Direito internacional no tempo de Samuel Pufendorf**, cap. 20 – Samuel PUFENDORF (1632-1694); tomo X – **Direito internacional no tempo de C. van Bynkershoek e Christian Wolff**, cap. 21 – Cornelius van Bynkershoek (1673-1743) e cap. 22 – Jean-Jacques BURLAMAQUI (1694-1748)); ver tb. R. WARD, **An Enquiry into the foundations and history of the Law of nations in Europe** (1795, vol. I, chap. VI – The History of the Law of Nations in Europe as observed by the Greeks and Romans, p. 171-200, cit. p. 184): depois de mencionar a contribuição dos gregos antigos, "we will now turn to the Romans, who, it must be confessed, present to us a picture somewhat more regular": "Many of the institutions, as well as many facts of their history, prove to us that they went far beyond their rivals, in this Science. Nor can it be said that they improved upon the Grecian Law, so much as that they had an original one of their own, superior to the other in regularity and equity."

justificação última do *jus gentium*, que se considerava como abrangendo princípios racionais, comuns a todas as nações civilizadas.[330]

É preciso atentar para a ocorrência de tais elementos, não somente no sentido clássico de relações quer da República, e depois do Principado e do Império romano, com outras entidades políticas autônomas, que poderiam assumir diversas configurações – *foedera, pacto aequo, pacto iniquim* – bem como no tocante à ocorrência de elemento propriamente internacional, na base da formação romana. Mesmo se o *jus gentium*, que se poderia chamar de direito internacional, tem – alegadamente – importância menor,[331] em relação à magistral contribuição romana para o direito privado, o vigor e a grandeza únicos do gênio jurídico romano se manifestam também no direito internacional.[332]

"Eis agora Roma, entrando no cenário do mundo então conhecido", exclamava João Monteiro: "pois aqui está a síntese do direito das gentes".[333]

330 M. N. Shaw, **International Law** (ed. 1991, p. 16-17): "However, the law of nature was held to have an existence over and above that of the *jus gentium*. / This led to much confusion over the exact relationship between the two ideas and different Roman lawyers came to different conclusions as to their identity and characteristics. The important factors though that need to be noted are the theories of the universality of law and the rational origins of legal rules that were founded, theoretically at least, not on superior force but on superior reason."

331 Ver, a seguir item 6.3 – duradoura contribuição do *jus gentium* para o direito internacional. Como escrevia A. Nussbaum, **Historia** (op. cit., 1947, ed., cit., p. 12): "Lo que podría llamarse el derecho internacional de los romanos tiene una menor importancia".

332 Além das fontes jurídicas, com destaque para o **Corpus iuris civilis**, fontes não jurídicas trazem dados relevantes para o conhecimento e reconstituição do direito romano, nas obras de autores latinos e gregos – com destaque para os historiadores gregos, como Dionísio de Halicarnasso, Políbio e Plutarco, ou romanos, como Tácito, Tito Lívio e Salústio – e posteriormente também na Patrística grega e latina, bem como nos escritos de santo Agostinho de Hipona, santo Isidoro de Sevilha e outros.

333 João Monteiro, *Sobre a unidade do direito* (Revista da Faculdade de Direito de São Paulo, 1900, vol. VIII, p. 145-160, cit. p. 150): "Reconhecendo que, por direito natural, todos os homens nascem livres, fizeram especial classificação para ter onde enquadrar os escravos, e como os primeiros escravos foram os prisioneiros de guerra, criaram o direito das gentes, tendo por título a conquista. *Mancipia* se chamaram eles – *eo quod ab hostibus manu capiuntur*. Eram também chamados *servi dedititii*, porque se os reduziam à condição do inimigo, que à discrição se entregasse. [...] Tal é, segundo Justiniano, a etimologia da palabra *servus*. '*Servi ex eo appellati sunt quod imperatores captivos vendere, ac per hoc servare, nec occidere solent*'."

A divisão atual, entre direito público e direito privado, também procede do direito romano. É provável que, na sua origem, o *jus publicum* fosse aquele contido nas *leges publicae*, "assim denominadas porque eram aprovadas pelo povo, em votação direta, na República romana, razão pela qual seu conteúdo era considerado irrevogável, pela vontade dos particulares, individualmente considerados, e obrigatório para todo o povo romano".[334]

Mais de dez séculos depois dessa primitiva concepção, consolida-se, na compilação justinianea, do século VI d.C. a distinção entre *jus publicum* e *jus privatum*, segundo a matéria ou conteúdo da norma, em função do caráter obrigatório ou facultativo das disposições.

Atribui-se ao jurisconsulto ULPIANO, no **Digesto**,[335] a definição de ser o direito público aquele que diz respeito à organização jurídica da sociedade romana – *quod ad statum rei Romanae spectat* – e o direito privado aquele que regula as relações entre particulares – *quod ad singulorum utilitatem*. O mais interessante, para nós, no presente foco, é a concepção do direito das gentes, como aquele que se aplica ao conjunto do gênero humano – *ius gentium est quod gentes humanae utuntur*.[336]

De um lado, o direito privado romano, na prática, manteve-se mais ou menos vigente, incorporado aos ordenamentos nacionais, até o advento das codificações contemporâneas de direito civil e outros códigos; como modelo abstrato de sistema jurídico, perpetua-se sua influência direta nos direitos nacionais, por meio do direito comum – *jus commune* – da Pandectística – o conjunto dos estudos sobre o direito romano enquanto sistema, notadamente pelos juristas germânicos do século XIX – e das codificações, por conta "do valor intrínseco das soluções jurídicas

[334] A. FERNANDEZ DE BUJÁN, **Derecho público romano** (19ª ed., 2016, cap. 1 – B – Valor actual del Derecho público romano, cit. p. 37-38).

[335] **Digestorum seu Pandectarum**, recognovit Theodorus MOMMSEN retractavit P. KRUEGER, in **Corpus iuris civilis**, vol. primum, Dublin – Zürich: Weidmann, 22a. ed., 1973, D. I.1.14 – ULPIANUS): Huius studi due sunt positiones, publicum et privatum. publicum ius est quod ad statum rei Romanae spectat, privatum quod ad singulorum utilitatem.

[336] **Digestorum seu Pandectarum**, recognovit Theodorus MOMMSEN retractavit P. KRUEGER, in **Corpus iuris civilis**, vol. primum, Dublin – Zürich: Weidmann, 22a. ed., 1973, D. I.1.24 – ULPIANUS): Ius gentium est, quod gentes humanae utuntur, quod a naturali recedere facile intellegere licet, quis illud omnibus animalibus, hoc solis hominibus inter se commune sit.

criadas por Roma, supondo o reconhecimento deste, com caráter obrigatório, na grande maioria das universidades europeias até nossos dias".[337]

Por sua vez, o direito público romano, muitas vezes, vê-se relegado a plano secundário: "a justificação do estudo deste se fundamenta na unidade lógica do ordenamento jurídico e na convicção de que não cabe explicar a norma jurídica à margem das distintas circunstâncias políticas, econômicas, sociais ou religiosas, que operam em uma comunidade".[338] Deixa-se de salientar quanto este Direito público romano foi e ainda é relevante para a construção do direito internacional moderno, e seus desenvolvimentos institucionais e normativos, até o presente contexto pós-moderno.

Obviamente se pode questionar se e quanto do antigo *ius gentium* romano permanece no *direito das gentes* moderno, até o direito internacional pós-moderno.[339] Mas, não cabe aqui retomar todo esse percurso.

Cabe, ainda, observar a medida na qual a associação do *jus gentium* com o *jus naturale* levou à ampliação da concepção originalmente mais restrita do *jus gentium*, pela adição de normas reguladoras da convivência entre estados.[340] Como também cabe examinar.[341]

[337] A. FERNANDEZ DE BUJÁN, **Derecho público romano** (19ª ed., 2016, cap. 1 – B – Valor actual del Derecho público romano, cit. p. 38).

[338] A. FERNANDEZ DE BUJÁN, **Derecho público romano** (19ª ed., 2016, cit. p. 38). Depois de rejeitado pelos nazistas – no ponto 10, do Programa do partido nacional socialista, de 24 de fevereiro de 1924: *Exigimos que o direito romano, que corresponde a uma visão materialista do mundo, seja substituído por um direito comum alemão* – tendo sido banido durante o III Reich, o direito romano volta a ser ensinado na Alemanha, pós segunda guerra mundial, e a respeito escreve Paul KOSCHAKER, **Europa und das römische Recht** (Munique e Berlim: Biederstein Verlag, 1947 – publ. on line by Cambridge Univ. Press, 20 April 2017), afirmando que a Europa não era somente um enclave geográfico, mas uma criação da história, um fenômeno cultural, baseado em uma fórmula de governo, consistente em transformar a *pólis* em *cosmópolis*, e a *urbe* em *orbe*, mediante política baseada nos preceitos constitucionais, bem como resultado de um conjunto de elementos culturais clássicos, germânicos e cristãos, com preponderância do fator romano.

[339] Ver **Fundamentos** (2008).

[340] C. G. FENWICK, **International Law** (1st. publ., 1924, New York / London: D. Appleton-Century Co. Inc., 2nd ed. revised and enlarged, 1934, cit. p. 12): "This metod of arguing from the rights of individuals to the rights of states, and or regarding natural reason as expressed in custom, as a source of law was regularly resorted to during the Middle Ages".

[341] V. **Tratado** (tomo V – **Direito internacional no tempo de Francisco de Vitória**, cap. 12 – *jus gentium, jus commune, jus europaeum*: entre a teoria e a prática).

A influência do direito público romano na história da Europa prossegue no tempo, começando com a própria ideia e ideais da comunidade europeia, que Roma recebe da Grécia, e desenvolve na estrutura constitucional e administrativa da República e do Império.
As sucessivas fórmulas de organização do sistema político romano – monarquia, república, principado e império – influem, de maneira decisiva, na configuração política dos territórios e nações europeias.[342]

O fundamento básico, para os tratados e a guerra,[343] no direito romano antigo, tinha origem religiosa,[344] como no caso da Grécia antiga. Ligava-se à percepção do lapso temporal e da interpretação de ser determinado

[342] A. FERNANDEZ DE BUJÁN, **Derecho público romano** (19ª ed., 2016, cap. 1 – B – Valor actual del Derecho público romano, cit. p. 39): os teóricos do estado moderno, MONTESQUIEU e BODIN, constroem algumas das suas principais contribuições, com base no estudo das fontes romanas "a teoria republicana de MONTESQUIEU é de inspiração romana, assim como se considera de raiz romana a definição de soberania de BODIN".

[343] Yvon GARLAN, **La guerre dans l'antiquité** (Paris: Nathan, © 1972, impr. 1990, chap. I – Les aspects juridiques de la guerre antique, p. 9-51, cit. p. 51): La guerre fut soumise, durant l'Antiquité, à un processus de structuration juridique, qui la dégagea, en opposition avec la paix, mais antérieurement à elle, du climat d'hostilités larvées où se cantonnaient le plus souvent les communautés primitives. Pour rendre compte de ce processus il ne suffit pas d'invoquer l'enchaînement automatique et la prolifération des conflits. Avant que ceux-ci ne pussent émerger du cadre pré-juridique, il fallait en effet que commençassent à se fixer les contours politiques des communautés, c'est-à-dire que se développât de l'intérieur la notion d'état. Dès lors, les phénomènes guerriers et étatiques se confortèrent les uns les autres: la guerre s'institutionnalisa, en même temps qu'elle imprimait [...] un caractère proprement militaire aux structures étatiques.

[344] A. NUSSBAUM, **Historia** (op. cit., 1947, ed., cit., p. 12-13): "Los ritos que acompañaban a la celebración de tratados no diferían esencialmente de los que se encuentran por todas partes en la Antiguedad." [...] "Más notables son las funciones de los feciales respecto a la iniciación de la guerra. Eran ellos que decidian sobre si otra nación habia violado sus deberes para con Roma. El complicado procedimiento no preveia ni acceptaba la cooperación activa de la otra nación, sino que tan pronto como esta última era condenada como culpable de una violación de sus deberes el delegado de los feciales, después de jurar por los dioses de Roma la justicia de su afirmación, exigia una satisfación a la nación extraña. El juramento terminaba con la imprecación que fuera condenado todo el pueblo de Roma si la afirmación del delegado era falsa. En el caso que la otra nación deseara tener algun tiempo para deliberar, se lo podia conceder de treinta a treinta y tres dias." Nos tempos da República, passado este prazo, sem solução da disputa, os feciais podiam certificar ao Senado a existência de justa causa de guerra. A decisão final cabia ao Senado, em deliberação com o povo de Roma. Se se declarava a guerra, podia esta ser justa e piedosa – *bellum justum et pium*.

momento fasto ou nefasto, para a realização de qualquer atividade humana.[345] Em sua maioria, os acordos internacionais, particularmente os tratados, eram sancionados pelo juramento das partes contratantes; primeiro no momento da ratificação e, por vezes, também nos anos seguintes.

Subjacente a todos os acordos internacionais, jurados ou não, como na base da prática das capitulações sem condições, encontrava-se a noção de 'boa-fé' (*pistis* em grego, *fides* em latim). Com base nesta se garantia, no primeiro caso, a interpretação leal dos acordos e, no segundo caso, a justiça da sorte reservada aos vencidos:

> Essa 'boa-fé' não era originalmente sentida como uma obrigação laica de natureza moral. A *pistis* grega e a *fides* romana – que derivam, ambas, da mesma e única raiz indo-europeia – começaram, inicialmente, segundo toda probabilidade, por designar um 'fluxo de poder' (*flux de puissance*) que, tendo sua sede natural na mão direita, assegurava a seu detentor autoridade suprema, que aumentava ou diminuía, em razão tão somente de seu exercício – segundo este recebia, ou não, aplicação correta e judiciosa. Tratava-se, em suma, de uma espécie de honorabilidade dotada de poder coercitivo de tipo mágico. Desse cuidado compartilhado de honorabilidade nascia a confiança – tanto a que se deposita em alguém ou em alguma coisa, como a que se inspira, ou seja, a lealdade.
>
> Este foi o fundamento último da vida internacional na Antiguidade, na Grécia, mas, sobretudo, em Roma. Os romanos são considerados como o povo da *Fides*, por excelência, o povo que sabia o valor do juramento e o respeitava; e isso desde a era mais antiga, dado que a fundação do culto dessa divindade era atribuído a NUMA POMPÍLIO e, desde o ano 274, a cidade grega de Locres testemunhava a gratidão a seus vencedores

[345] Georges DUMÉZIL, **La religion romaine archaïque** ("avec un appendice sur la religion des Étrusques", orig. publ. 1974, Paris: Payot, 2e éd. revue et corrigée, 2000, Remarques préliminaires, IX – Valeur des témoignages formulaires, p. 104-110, cit. p. 106): "Les formules du *jus fetiale*, de la *deuotio* sont tout autre chose. Ce n'est plus de la littérature. TITE-LIVE les cite pour leur pittoresque, pour leur archaïsme: dans quelle intention les changerait-il? L'élégance est au contraire ici la stricte fidélité à des textes étranges, que d'ailleurs des prêtres connaissent sûrement encore à son époque. La critique interne, par laquelle on essaie de détruire ces témoignages est abusive, comme il est aisé de vérifier dans chaque cas."

cunhando moedas de prata (*stateres*) mostrando Roma coroada pela *Pistis*, ou seja a *Fides*.[346]

CÍCERO, no seu tratado sobre os deveres, **De officiis**,[347] enfatizava – *in re publica maxime conservanda sunt iura belli* – quanto cuidado se deve ter em relação às questões de interesse público, sobretudo em relação às coisas da guerra:

> porquanto existem dois meios de solucionar controvérsias: o primeiro, mediante debate (*disceptationem*), o outro por meio do uso da força física (*vim*), e considerando ser o primeiro característico do homem, e o segundo, das bestas (*beluarum*), somente devemos recorrer ao uso da força quando não se puder resolver uma controvérsia mediante debate.[348]

Prosseguia CÍCERO, na mesma passagem, enfatizando somente se justificar recorrer à guerra, quando não se puder viver em paz de outro modo: *Quare suscipienda quidem bella sunt ob eam causam, ut sine inuria in pace vivatur*. E mesmo nesta, depois de alcançada a vitória, devem ser poupados os inimigos que não se tenham mostrado demasiadamente bárbaros nem sedentos de sangue.[349]

Enfatizava que assim tinham procedido os antepassados, quando, depois de derrotarem os Tusculanos, Aequos, Volscos, Sabinos e Hérnicos, os aceitaram na cidade. Mas aniquilaram Cartago e Numantia até as fundações. E comentava CÍCERO: "preferia que não tivessem destruído Corinto, mas devem ter tido motivos para tanto". Este 'motivo' poderia ter sido a sua localização privilegiada, e que, em razão desta,

[346] Y. GARLAN, **La guerre dans l'antiquité** (ed. 1990, p. 34 e 35-36): Cette idéologie s'enrichit ensuite considérablement sous l'influence de la philosophie stoïcienne, au temps de CICERON et de TITE-LIVE, et restera vivante jusqu'à la fin de l'empire, tout en prenant un caractère de plus en plus éthique, qui n'alla pas sans nuire à son efficacité pratique.

[347] CÍCERO, **De officiis** (with an English translation by Walter MILLER, Cambridge, Ma. / London: Harvard UP, LCL 30, tomo XXI das obras de CÍCERO, © 1913, reprinted 2005).

[348] CÍCERO, **De officiis** (I.XI.34): "Atque in re publica maxime conservanda sunt iura belli. Nam cum sint duo genera decertandi, unum per disceptationem, alteram per vim, cumque illud proprium sit homines, hoc belluarum, confungiendum est ad posterius, si uti non licet superiore."

[349] CÍCERO (op. cit., loc. cit.): "parta autem victoria conservandi ii, qui non crudeles in bello, non immanes fuerunt".

os habitantes de Corinto fossem levados à tentação de querer, no futuro, retomar a guerra.[350]

Aduzia, ainda, CÍCERO, que deveria ser mostrada consideração para com aqueles que foram conquistados pela força das armas, e que deveria ser assegurada a proteção àqueles que depuseram as armas, e confiaram a sua sorte aos generais de Roma.[351]

Por sua vez, SALÚSTIO pondera – "nada ser mais fácil do que começar uma guerra; porém nada mais penoso do que a levar ao fim".[352] A lição permanece válida até os nossos tempos.[353]

Desse vasto conjunto, que se estende no tempo por cerca de dois milênios e no espaço, por enorme extensão – 'da Lusitânia ao Iraque e do norte da África à Escócia' – é temerário pretender fazer generalizações apressadas. Convém destacar alguns aspectos, relevantes para caracterizar a ocorrência de elementos internacionais, mais precisamente de direito internacional, na magnífica trajetória de Roma.

Assim se pode passar a breve exame da internacionalidade desde as origens de Roma (6.1), passando pelas transformações internacionais desta (6.2) e a duradoura contribuição do *jus gentium* para o direito internacional (6.3).

6.1. A 'internacionalidade' desde as origens de Roma

> É o rito que faz a cidade, e não a cidade que teria inventado, 'a posteriori', o rito. Em Roma, como aconteceria tantas vezes depois, é a partir do antigo e já conhecido que nasceu alguma coisa de radicalmente novo.
>
> A. GRANDAZZI (2017)[354]

[350] CÍCERO (op. cit., loc. cit.): "nollem Corinthum, sed credo aliquid secutos, opportunitatem loci maxime, ne posset aliquando ad bellum faciendum locus ipse adhortari."

[351] CÍCERO, **De officiis** (I.11.35): "Et cum iis, quos vi deviceris, consulendum est, tum ii, qui armis positis ad imperatorum fidem confugient."

[352] Caius SALLUSTIUS Crispus (86-35 a.C.), **Guerra de Jugurtha** (LXXXIII, in SALLUSTE, **Conjuration de Catilina – Guerre de Jugurtha – Histoires**, trad., introduction et notes par François RICHARD, Paris: GF – Flammarion, 1968, p. 146).

[353] Como se considera **Tratado** (tomo IV – **Direito internacional no tempo medieval**, cap. 11 – tratadistas da guerra: Balthazar AYALA e Pierino BELLI, especialmente os itens: 11.1 – cristianizar a guerra?, 11.2 – guerra justa e guerra santa: entre *jihad* e as cruzadas, e 11.3 – herança antiga e medieval na concepção moderna da guerra).

[354] Alexandre GRANDAZZI, **Urbs** – Histoire de la ville de Rome, des origines à la mort d'Auguste (Paris: Perrin, 2017, première partie – *Regnum*: la ville royale, 3 – *Urbs condita*: la fondation de la ville, p. 77-94, cit. p. 86).

Durante os três séculos, a partir da sua fundação em 750 a.C., Roma manteve relações com seus vizinhos em um 'contexto regional restrito', principalmente com outros membros da Liga latina e as cidades etruscas. Este foi um tempo significativo, mesmo que somente por conta de a forte aliança, entre Cartago e as cidades etruscas, ter conseguido manter a resistência à penetração da influência grega no sul da Itália e na Sicília. Exceto por essa confluência de interesses, a Itália central (e o subsequente poder romano) teriam se desmanchado ao nascer. De tal modo, por volta do século IV a.C., Roma se torna o principal poder, na Itália central, depois da sua vitória na segunda e na terceira guerra contra os Samnitas (326-304 e 298-290 a.C.).

D. BEDERMAN (2001)[355]

Os homens que criaram Roma chegaram ao seu local na posse de uma herança religiosa considerável, que seria falso querer explicar pela sua história: e é desse fundo, já fortemente estruturado, que é preciso primeiro destacar, sem pretender fazer deste a apresentação de uma pseudo-história totalmente fabricada para atender às circunstâncias.

G. DUMÉZIL (2000)[356]

O momento fundador de Roma, como todo épico, perde-se no tempo – *in illo tempore*. As origens remontam a passado remoto, perdido nas brumas de período que não pode ser descrito de modo preciso.[357]

[355] David J. BEDERMAN (1961-2011), **International Law in Antiquity** (Cambridge: Univ. Press, 2001, reprinted 2006, 2 – State relations in ancient civilizations, p. 16-47, Rome and its competitors 358-168 BCE, p. 41-47, cit. p. 42).

[356] Georges DUMÉZIL, **La religion romaine archaïque** ("avec un appendice sur la religion des Étrusques", orig. publ. 1974, Paris: Payot, 2e éd. revue et corrigée, 2000, Remarques préliminaires XV – Intention du livre, p. 147-151, cit. p. 147): "Mais, à partir de là, tout est histoire, obscure et incertaine pendant longtemps, et qu'il faut accepter comme telle, plus ferme et plus précise, aux approches du IIIe siècle."

[357] Alexandre GRANDAZZI, **As origens de Roma** (orig. publ. **Les origines de Rome**, 2003, trad. Christiane G. COLAS, São Paulo: Ed. Unesp, 2009, Introdução, p. 9-13, cit. p. 10): "o estudo do que chamamos as origens de Roma, isto é tanto os tempos anteriores à existência da cidade quanto os de seus primórdios monárquicos. O que era apenas uma parte da etruscologia, hoje emerge como um domínio quase específico no âmbito das ciências da Antiguidade, marcado por profundas transformações de questionamentos e de métodos. [...] Aliás, não se trata mais apenas de Roma: o que está em questão é o surgimento da cidade-

Não é preciso insistir[358] sobre o papel considerável[359] dos mitos fundadores[360] de qualquer sociedade.[361] Quer em relação a contextos internos, facilmente passíveis de transposição para contextos de mitos internacionais.[362]

A sociedade internacional também tem os seus mitos.[363] O lugar do imaginário na vida internacional exige considerar o mito em sua tripla acepção: primeiro, relato, tal como apresenta a mitologia grega, de ilus-

-estado em todo o centro da península italiana durante a proto-história. Do século XI ao início do século V a.C., por conseguinte, mais de meio milênio da história da humanidade expõe-se à observação e à pesquisa".

358 James George Frazer, **The golden bough: a study in magic and religion** (orig. publ. 1913, London: Macmillan, reprinted 1990, treze volumes).

359 Dentre tantos, de Georges Dumezil, **Mythe et épopée I** (orig, publ. 1968, Paris: Gallimard - NRF, 5ª ed., 1986, reimpr. 1989); **Mythe et épopée II** (orig. publ. 1971, Paris: Gallimard - NRF, 4ª ed., 1986, reimpr. 1988); **Mythe et épopée III** (orig. publ. 1973, Paris: Gallimard - NRF, 3ª ed., corrigida, 1981, reimpr. 1986); **L'oubli de l'homme et l'honneur des dieux: esquisses de mythologie** (Paris: Gallimard - NRF, 1985); **Les dieux souverains des indo-européens** (orig. publ. 1977, Paris: Gallimard - NRF, 3ª ed., «revue et corrigée», 1986, reimpr. 1988); **Mythes et dieux des indo-européens** (textes réunis et présentés par Hervé Coutou-Bégarie, Paris: Flammarion - Champs, © 1992, impr. 1994).

360 Carl Gustav Jung e Karl Kerényi, **Essays on a science of mythology** (translated by R. F. C. Hull, New York: Bollingen Foundation / Princeton: University Press, © 1949, 1st paperback ed., 1969, 3rd printing, 1973); Karl Kerényi, **Die Mythologie der Griechen I. Die Götter- und Menschheitsgeschichten II. Die Heroengeschichten** (orig. publ. 1966, Munique: DTV, 6. Auflage, 1983).

361 Marcek Detienne, **L'invention de la mythologie** (orig. publ. 1981, Paris: Gallimard - NRF, 1987).

362 Dentre tantos títulos de Mircea Eliade, destaque para **History of religious ideas and beliefs I. from the stone age to the Eleusinian mysteries** (do original francês **Histoire des croyances et des idées religieuses** Paris: Payot, © 1976, translated by Willard R. Trask, Chicago: University Press, 1978), **II. From Gautama Buddha to the triumph of Christianity** (do original francês, © Paris: Payot, 1978, translated by Willard R. Trask, Chicago: University Press, 1st publ., 1982, paperback 1984), **III. From Muhammad to the age of reforms** (do original francês © Paris: Payot, 1983, translated by Alf Hiltebeitel and Diane Apostolos-Cappadona, Chicago: University Press, publ. 1985); **Aspects du mythe** (Paris: Gallimard - Folio, © 1963, impr. 1989); **La nostalgie des origines: méthodologie et histoire des religions** (do original **The Quest** © Chicago: University Press, 1969; ed. Francesa, Paris: Gallimard - Folio - Essais, © 1971, impr. 1991).

363 René-Jean Dupuy, *Le mythe dans la vie internationale* (le texte est la transcription littérale de l'enregistrement de la conférence faite par Mr. le Prof. René-Jean Dupuy, le 14 décembre 1987, à Nice, préface de Claude Nigoul e Maurice Torrelli, Cycle de conférences portant sur 'La diplomatie nouvelle', Nice: Institut du droit de la paix et du développement / Institut européen des hautes études internationales, 1988).

tração exemplar; segundo, em sentido pejorativo, ideia sumária, simplificada – "a respeito do erro do outro, que nos surpreende que este, tão inteligente, o possa conservar" – e, enfim, o mito pode ser ideia força, corrente de pensamento, animador e criador, que engendra brutalmente o desejo de se realizar na História.

Qualquer que seja a acepção tomada, o mito se inscreve na ordem do irracional. Envolver acontecimentos obscuros em roupagem interessante é o papel do mito, em sentido estrito.[364] Mito, em sentido jurídico, poderia ser algo que se deseja construir. Mito, no contexto internacional,[365] pode ser entendido como relato simbólico que narra a origem de determinada instituição. Exemplo notório: a ideia de paz é antes anseio que realidade, na trajetória da história humana.[366]

TÁCITO, com referência aos **Anais** da história romana,[367] já apontava que o mito pode ser 'falso', no sentido de não ser acompanhado de

[364] A. HOUAISS, **Dicionário** (Rio de Janeiro: Instituto Antonio Houaiss, 1ª ed., 2001, p. 1936): "(i) relato fantástico de tradição oral, geralmente protagonizado por seres que encarnam, sob forma simbólica, as forças da natureza e os aspectos gerais da condição humana; lenda, fábula, mitologia; (ii) narrativa acerca dos tempos heroicos, que geralmente guarda um fundo de verdade; (iii) antropologicamente, relato simbólico, passado de geração em geração, dentro de um grupo, que narra e explica a origem de determinado fenômeno, ser vivo, acidente geográfico, instituição, costume social, etc; (iv) representação de fatos e/ou personagens históricos, geralmente deformados, amplificados através do imaginário coletivo e de longas tradições literárias, mais ou menos escritas; (v) exposição alegórica de uma idéia qualquer, de uma doutrina ou teoria filosófica, fábula, alegoria, utopia; (vi) construção mental de algo idealizado, sem comprovação prática; ideia; estereótipo; (vii) representação idealizada do estado da humanidade, no passado ou no futuro; (viii) valor social ou moral questionável, porém decisivo para o comportamento dos grupos humanos em determinada época." [...]

[365] Como querer falar em ética internacional. Charles R. BEITZ, *"Justice and international relations"* observa: "The state centered image of the world hs lost its normative relevance because of the rise of global economic interdependence." (in **International Ethics**, ed. by Charles R. BEITZ et al., Princeton: UP, 1985, 4th printing, 1990, p. 305). V. tb. G. TÉNÉKIDÈS, **Régimes internes et organisation internationale** (RCADI, 1963, t. 110, p. 271-418).

[366] A respeito, v. P. B. CASELLA, *Pax perpetua – a review of the concept from the perspective of economic integration* (in **Dimensão internacional do direito: estudos em homenagem a G.E. do NASCIMENTO E SILVA**, coord. P. B. CASELLA, São Paulo: LTr, 2000, p. 69-88).

[367] Dessa obra de Cornelius TACITUS (ca. 56-120 AD), que originalmente abrangia o período do ano 14 a 68 AD – os imperadores TIBÉRIO, GAIO, CLÁUDIO e NERO – publicada entre 115 e 120 AD, em ao menos dezesseis livros, se conservaram os livros I a IV (relativos aos anos 14 a 18 AD), parte do livro V e todo o livro VI (anos 31 a 37), parte do livro XI (a partir do ano 47), os livros XII a XV e parte do livro XVI (até o ano 66 AD). TACITUS, **The Annals** (with

registro histórico de sua efetiva aplicação, mas tem a sua importância, na medida em que, inobstante a ocorrência ou não de comprovação, sirva para determinar padrão de comportamento, para a humanidade, em determinada época. Serve como indicador de ordenação ideal:

"Canto os combates e o herói que, por primeiro, fugindo do destino, veio das plagas de Tróia, para a Itália, e para as praias de Lavínio".[368] O elemento religioso se soma ao elemento mítico, como ilustra a "épica nacional" romana, a **Eneida**, de Virgílio.[369] E, não por acaso foi este cognominado "pai do Ocidente" (*Vater des Abendlandes*).[370]

Ao menos como concepção ideal, expressa poeticamente, o modelo do império romano se encontra em Virgílio, na **Eneida** – a saga de Enéias, o herói mítico troiano,[371] que estaria nos primórdios de Roma.[372] Sobre este, tantos outros futuros impérios se espelharam, espelham-se e

an English translation by John Jackson, Cambridge, Ma.: Harvard U.P. / Loeb Classical Library, LCL 312 Tacitus IV – Books IV-VI, XI-XII, 1st publ. 1937, reprinted 2006; Tacitus V LCL 322 – Books XIII-XVI, 1st publ. 1937, reprinted 1999)

368 Virgílio, **Eneida** (liber primus, vv. 5-7): "Arma virumque cano, Trojae qui primus ab oris / Italiam, fato profugus, Lavinia venit / littora."

369 Publius Virgilius Maro (70-19 a.C.), **Aeneis / L'Éneïde** (edição bilíngue, "traduite en vers français par" J. Delille, Paris: G. Michaud, 1821, 4 volumes), v. tb. edição Virgílio, **Eneida** (trad., textos introdutórios e notas de Tassilo Orpheu Spalding, São Paulo: Abril cult., 1983).

370 Theodor Haecker (1871-1945), **Vergil – Vater des Abendlandes** (Frankfurt a. M. / Hamburg: Fischer, 1958). Haecker fez também excelente tradução, para o alemão, dos poemas bucólicos de Virgílio, **Hirtengedichte** (nesse mesmo volume, 1958, p. 7-47, cit. p. 107). Este observa o caráter paradigmático da configuração do Império romano sobre os sucessivos 'impérios', que segundo o molde deste se apresentaram – a figura humana sobre a qual este grande e duradouro império se fundamenta, ao menos como anseio se constrói, não sobre um homem altivo, mas com o piedoso Enéias: "Der Ahn des römisches Imperiums, nach dessen Bild alle späteren und kommenden Imperien sich richteten und sich richten werden, da sie ja alle real nur partielle Belebungsversuche eben dieses einen noch nicht untergegangenen und nicht untergehenden Imperiums sind, ist kein stolzer Mensch, sondern ein frommer, *pius* Aeneas."

371 Gustav Schwab (1792-1850), **Enéias** (trad. Hildegard Herbold, Rio de Janeiro: Paz e Terra, 1997).

372 A. Grandazzi, **Urbs** – Histoire de la ville de Rome, des origines à la mort d'Auguste (Paris: Perrin, 2017, première partie – *Regnum*: la ville royale, 1 – Le mont de Saturne, p. 51-66, cit. p. 58): "sur le Palatin, un récipient d'argile remontant au XIIe siècle avant notre ère, et où est gravée la marque du potier qui l'a fabriqué, garderait une trace de leur passage, que le mythe a magnifié, en inventant la rencontre sur la colline, de l'Arcadien Évandre et du troyen Énee."

espelhar-se-ão, e este teria justamente como inspirador e ponto de partida a figura do piedoso (*pius*) Enéias.

> Tu romano, lembra-te que teu papel é conduzir os povos sob teu poder; essa é a tua habilidade e também disciplinar a paz, perdoar os que submeteste e abater os soberbos.[373]

Não se trata de detalhe. VIRGÍLIO, nesses três versos célebres, traz a fórmula do império – *regere imperio populos* – tal como seu contemporâneo, AUGUSTO, acabava de fundar novamente: traz missão de instaurar a paz, e ditar a lei – *pacisque imponere morem* – ou seja, o 'imperialismo' de Roma não consiste, como nos tempos primitivos, em usar a força, para pilhar os inimigos e os transformar em súditos, mas em estabelecer uma lei, que garanta a justiça e o direito.[374] A estabilidade e a configuração do sistema institucional e normativo passam a ser prioritárias.

Sintomático seja Enéias referido no poema de VIRGÍLIO, como o 'pai do Ocidente'. Este foi, antes, o desertor da Ásia (*desertoren Asiae*), aquele que deixa para trás a destruição, quando os gregos, depois de dez anos de guerra, arrasam Tróia, e carregando nas costas seu pai, Anquises, e acompanhado de seu filho Ascânio, ele se volta para o desconhecido, e vai fundar nova cidade – e grande império – em Roma. Enéias nem é grego, nem vencedor; é um troiano e um vencido. Refugiado, diríamos hoje; trânsfuga, oriundo de mundo perdido, derrubado pela força das armas, conquistado na confrontação entre duas visões de mundo.

[373] VIRGÍLIO, **Eneida** (VI.851-853): "Tu regere imperio populos, Romane, memento; / Haec tibi erunt artes, pacisque imponere morem, / Parcere subjectis, et debellare superbos." Ou na tradução de Manuel Odorico MENDES (1799-1864), na assim chamada **Eneida brasileira:** tradução poética da epopeia de Públio VIRGÍLIO Maro, org. Paulo Sérgio de VASCONCELOS et al., tradução Manuel Odorico MENDES, Campinas: Ed. Unicamp, 2008, p. 257): "tu, Romano, cuida o mundo em reger; terás por arte / A paz e a lei ditar, e os povos todos / Poupar submissos, debelar soberbos."

[374] A respeito, as considerações, no precedente cap. 3 – civilizações antigas entre hegemonia e relações internacionais; v. tb. Pierre GRIMAL, **Virgílio, ou o segundo nascimento de Roma** (do original **Vergile ou la seconde naissance de Rome**, © 1985, trad. bras. © 1989, Ivone Castilho BENEDETTI, São Paulo: Martins Fontes, 1992, p. 234): "O poeta achava-se depositário dos pensamentos do vencedor, talvez tivesse até contribuído para defini-los e, naquele momento, vira, sentira e compreendera o presente de Roma, ao situá-lo no conjunto do futuro. Essa era, como sabemos, a própria essência da visão épica."

Nesse deslocamento, Enéias se apresenta como o renovador: não se volta para trás, para ir reconstruir a antiga Tróia. Enéias se defronta com o novo, com o desconhecido, e lá poderá cumprir os desígnios (*fatum*) da fortuna, a vontade dos deuses: construir novo lar e nova pátria: *Italiam non sponte sequor* – não por vontade própria busco a Itália.[375]

Apesar dos golpes do destino, Enéias prossegue por vias ínvias – *viae inviae* – e procede com a força da virtude (*virtus*): "aprende comigo, criança, a virtude e o verdadeiro trabalho; a sorte, aprenda com outros".[376] Dirige-se para a Itália, sobre a qual nada sabe e contra a sua própria vontade, pois acredita assim seguir desígnios mais altos e cumprir a sua missão.

O diálogo entre estes dois mundos não pode ser excessivamente simplificado, nem tratado de modo simplista, como diuturna e permanentemente renovada confrontação; antes como diálogo entre estes. Mais que dois 'mundos', duas facetas e duas visões do mundo.

A 'internacionalidade', tal como em sucessivos tempos se definiria, já estaria presente desde o início da vida romana. Esse dado é vital para a compreensão da identidade e da trajetória romana, que se forja a partir da fusão de elementos etruscos, latinos e sabinos. E sob a égide desse mítico troiano, Enéias, pairando acima dos dados históricos.[377]

375 VIRGÍLIO, **Eneida**: "Me si fata meis paterentur ducere vitam; / Auspiciis, et sponte mea componere cursus; / Urbem Troianam primum, dulcesque meorum / Relíquias colerem."

376 VIRGÍLIO, **Eneida**: "Disce, puer, virtutem ex me verumque laborem; / Fortunam ex aliis."

377 "Mais si tout cela n'était qu'une illusion? Le rêve d'un commencement qui ne pouvait pas exister, puisque tant de choses, nous l'avons vu, avaient déjà commencé sur le site des collines et du fleuve. [...] Qu'il ne s'agirait donc que d'une imagination historique des Romains eux-mêmes, et, de leur part, d'une invention de la tradition, d'une recréation artificielle et tardive de l'origine de leur cité? Il était tentant, et sans doute inévitable, que les Modernes en viennent à une telle conclusion, surtout à partir du moment où, au XIXe siècle, ils se préoccupèrent de définir l'histoire comme une science fondée sur l'utilisation de documents contemporains des événements qu'elle étudiait" pondera A. GRANDAZZI, **Urbs** – Histoire de la ville de Rome, des origines à la mort d'Auguste (Paris: Perrin, 2017, première partie – *Regnum*: la ville royale, 3 – *Urbs condita*: la fondation de la ville, p. 77-94, cit. p. 81-82): "On a commencé par soutenir que vouloir inférer quoi que ce soit d'un tel mur, même ayant cette chronologie et cette localisation, reviendrait à vouloir prouver l'existence d'ÉVANDRE ou d'ÉNEE avec un tesson mycénien."

Relevante, nesse sentido,[378] enfatizar o caráter primordial dos 'modelos' – ou arquétipos – para a compreensão da Roma antiga, na contraposição entre a imagem heroicizada do latino Rômulo, portador do *litus*, ao mesmo tempo cetro (símbolo do poder temporal) e bastão do áugure (símbolo do poder religioso), revestido do duplo poder mágico e guerreiro, e a do sabino Quirino, garantidor dos bens lentamente acumulados, protetor da fecundidade e das riquezas da terra.[379]

Dado constante da história de Roma, a mitificação das origens. Assim, os dados de realidade se inserem na interpretação de mito de festa. E, como estamos em Roma, de relato com pretensão histórica, ligado a tal data.[380] E este se exprime como mitos e mitologias políticas:

> o simbolismo do gesto permanece inseparável do contexto histórico que o ilumina e o justifica. Aqui, também, os atributos reivindicados pelo poder político, os sinais sob os quais este se coloca, as imagens que

[378] Georges DUMÉZIL, em sua grande obra, **Mythe et épopée**, vol. I – **L'idéologie des trois fonctions dans les épopées des peuples indo-européens** (1968, Paris: Gallimard / NRF, 1989); vol. II – **Types épiques indo-européens**: un héros, un sorcier, un roi (1971, 4e éd., 1986, Paris: Gallimard / NRF, impressão 1988); vol. III – **Histoires romaines** (1973, 3e éd., corrigée, Paris: Gallimard / NRF, impressão 1986).

[379] G. DUMÉZIL, **Histoires romaines** (3e ed., 1986, «En quête d'un mythe», p. 43-45, cit. p. 43): "En l'absende d'un flamine dont on observerait les actes, comme on observe ceux du flamine de Mars tuant au javelot le Cheval d'Octobre, du flamine de Quirinus desservant les cultes de Consus, de Robigo, de Larenta, du flamine de Portunus, enduisant de graisse les armes de Quirinus; en l'absence, aussi, aux Neptunalia, de rites étrangers et par conséquent révelateurs de singularité dans la conception du Dieu, comme sont les deux gestes des matrones au jour de la déesse Aurore, le seul moyen qu'on puisse envisager pour faire avancer la question serait l'interprétation d'un mythe de fête, ou, puisque nous sommes à Rome, d'un récit à prétention historique lié à la date des Neptunalia et présentant avec le mythe d'Apam Napat ou la légende de Nechtan une ressemblance assez poussée pour être attribuée au hasard."

[380] G. DUMÉZIL (op. cit., 1986, loc. cit.): l'interprétation d'un mythe de fête, ou, puisque nous sommes à Rome, d'un récit à prétention historique lié à la date. V. também: Georges DUMÉZIL, **Mythes et dieux des indo-européens** (textes réunis et présentés par Hervé COUTAU-BÉGARIE, Paris: Flammarion, 1992); G. DUMÉZIL, **Les dieux souverains des indo-européens** (1977, 3e. éd. revue et corrigée, Paris: Gallimard, 1986); G. DUMÉZIL, **L'oubli de l'homme et l'honneur des dieux** et autres essais («vingt-cinq esquisses de mythologie», Paris: Gallimard, 1985); Marcel DETIENNE, **L'invention de la mythologie** (1981, Paris: Gallimard, 1987); Evangelos MOUTSOPOULOS, **Conformisme et déformation**: mythes conformistes et structures déformantes (Paris: PUF, 1978).

inspira, para assegurar a sua representação constituem elemento determinante para o enfoque de um tempo e de uma sociedade.[381]

Ao lado da 'missão civilizatória' de Roma, põe-se, também, em sua história, a questão da violência e da guerra. Esse é um problema de que os romanos tiveram consciência desde a origem.[382]

Aulo GÉLIO, no livro X das **Noites áticas**,[383] relata a "história do povo romano e do povo de Cartago, mostrando serem rivais de quase igual força":[384] "com outros povos, a luta se dava pela independência de um ou do outro estado; com os cartagineses tratava-se de governar o mundo" – *omnium terrarum imperio*.[385]

Esclarece ainda: "consta de antigos registros que a força, o espírito e o número dos povos romano e cartaginês chegaram a ser iguais. Essa opinião não deixava de ter fundamento".[386]

381 Raoul GIRARDET, **Mythes et mythologies politiques** (orig. publicado, 1986, Paris: Seuil, 1990, cit. p. 86): "ici encore la symbolique du geste demeure inséparable du contexte historique qui l'éclaire et la justifie. Ici encore les attributs que revendique la puissance politique, les signes sous lesquels elle se place, les images qu'elle inspire pour assurer sa représentation constituent un élément déterminant pour l'approche d'un temps et d'une société."

382 P. GRIMAL, **Virgílio, ou o segundo nascimento de Roma** (orig. publ. **Virgile ou la seconde naissance de Rome**, originalmente publicado em 1985, ed. bras., 1992, p. 236): "Para eles, a guerra é um outro mundo, que tem suas leis próprias, bem diferentes das leis da paz; um mundo onde se entra com ritos e de onde só se pode sair com outros ritos. Inventaram um conceito, da guerra 'justa' – entendendo com isso uma coisa bem diferente do que essas palavras nos sugerem. O *iustum bellum* é a guerra empreendida segundo as formas do direito e, por conseguinte, formalmente de acordo com a divindade, assim como as 'núpcias justas' são aquelas que produzem efeitos conformes ao direito, ao estatuto das pessoas. Os cidadãos, quando alistados na legião, tornam-se soldados ao prestarem juramento solene ao chefe que os recruta. Esse juramento os sacraliza, tornam-se outros aos olhos dos deuses, estão habilitados a matar os inimigos sem se macularem; quando são autorizados pelo chefe a deixar temporariamente o exército, voltam a ser, durante a ausência, cidadãos comuns."

383 Aulus GELLIUS (ca. 123-170 AD), **Noctes Atticae** (with an English translation by John C. ROLFE, Cambridge, Ma. / Londres: Harvard U. P., LCL 200, AULUS GELLIUS II, first publ. 1927, reprinted 2006, 3 vols.).

384 A. GELLIUS (ed. cit., 2006, livro X.XXVII) "Historia de populo romano deque populo Poenico, quod pari propemodum vigore fuerint aemuli".

385 A. GELLIUS (X. XXVII.2): "Cum aliis quidem populis de unuscuiusque republica, cum Poenis autem de omnium terrarum imperio decertatum."

386 A. GELLIUS (X.XXVII.1): "In litteris veteribus memoria extat quod par quondam fuit vigor et acritudo amplitudoque populi Romani atque Poeni."

Depois de vencer os Samnitas e se impor como principal poder na Itália central, Roma passa a operar em âmbito mais amplo de diplomacia, muito além do quadro dos anteriores 'acordos regionais restritos', passando a interagir com outros estados, mais extensos. Tratados entre Roma e Cartago estão documentados[387] desde 500 a.C., e outros em 348 e 306 a.C. Uma aliança romano-cartaginesa – ou, ao menos, um pacto de não agressão – figura com destaque, quando Roma se vê às voltas com PIRRO.

Na guerra contra PIRRO e a cidade helenizada de Tarento, entre 282--272 a.C., "Roma se vê em contato direto com os métodos gregos de diplomacia e relações internacionais".[388] A guerra contra PIRRO traz Roma para a esfera de influência grega e "completa o processo de formação de um direito internacional comum a todos os povos do Mediterrâneo".[389]

A luta pela hegemonia do mundo mediterrâneo se pôs como confrontação entre Roma e Cartago. Depois de terem sido aliados, durante certo tempo, quando se viram diante de ameaças de terceiros, estas duas civilizações passam a se confrontarem. Os cartagineses foram vistos como ameaça e, como tal, foram enfrentados e destruídos. Mas, somente depois de longas e duras guerras, que foram as chamadas "guerras púnicas".[390]

[387] Conforme registra POLÍBIO (III.22), o conteúdo do tratado entre Roma e Cartago, de 500 a.C., delimitava as respectivas áreas de influência no Mediterrâneo, como exemplo de regulação jurídica de relações internacionais. POLYBE, **Histoire** (texte traduit, présenté et annoté par Denis ROUSSEL, Paris: Gallimard – Pléiade, 1970, cit. III.22).

[388] D. BEDERMAN, **International Law in Antiquity** (2006, 2 – State relations in ancient civilizations, p. 16-47, Rome and its competitors 358-168 BCE, p. 41-47, cit. p. 42).

[389] Roberto AGO, *The first international communities in the Mediterranean world* (orig. publ. in French in the **Mélanges offerts à Paul Reuter**, Paris: Pedone, 1981, tb. publ. BYIL, 1982, vol. 53, issue 1, p. 213-232, https://doi.org/10.1093/bybil/ 53.1.213 cit. p. 227 e a seguir p. 213): "It is too often overlooked, in flagrant contradiction to historical reality, that in fact the emergence and progressive development of law occurred in parallel within human groupings of quite different types, composition and dimensions. And no less disregard of history is implied by failure to grasp the fact that international law is a phenomenon which has always emerged and developed among a group of distinct and sovereign political entities, whenever sustained and organized relations have come to exist between them."

[390] Como observava Paul HARVEY (1859-1948), **Classical literature** (orig. publ. 1937, Oxford: U.P., 1990, p. 353-354), o conflito foi desencadeado por incidente trivial: o chamado dos Mamertinos, grupo de mercenários, contratados por AGATÓCLES DE SIRACUSA, para lutar

Roma, por volta de 270 a.C. tinha completado a dominação da península itálica e se tornado potência mediterrânea. Logo se viu confrontada com o poder de Cartago, situada do outro lado do estreito de Messina, e esta então controlava a maior parte do norte da África, bem como cidades costeiras do sul da Espanha, Sardenha e Córsega, bem como o norte e o oeste da Sicília.

Às rivalidades políticas se somaram rivalidades comerciais e estas logo se tornaram também rivalidades militares. Os cartagineses logo fechariam os mares ocidentais ao acesso de Roma.

A **primeira guerra púnica** durou de 264 até 241 a.C. Depois da vitória da frota romana, em Milae, próximo a Messina, em 260 a.C., os romanos chegam às costas da África e depois de algumas vitórias iniciais, as poucas tropas, lá remanescentes, comandadas pelo consul REGULUS, foram derrotadas e este foi capturado como prisioneiro, em 255. Depois de perder quase toda a frota em tempestade, os romanos conseguem reaver as suas posições e conquistam praticamente toda a Sicília, que se torna a primeira província romana, em 242, exceto as possessões do aliado HIERÃO II de Siracusa. Em 237, a Sardenha e a Córsega serão anexadas pelos romanos.

A **segunda guerra púnica** estendeu-se de 218 até 202 a.C. e depois de ter constituído a maior provação para os romanos, terminou com o enfraquecimento de Cartago, que perdeu sua posição como potência mediterrânica. O general cartaginês, ANÍBAL, no comando do exército cartaginês na Espanha, conquista Saguntum, aliada de Roma, e chega à Itália, depois de árdua passagem pelos Alpes, em 218 a.C., aos quais se juntam os gauleses do norte da Itália. Esses dois exércitos reunidos derrotam sucessivamente importantes contingentes de tropas romanas, em batalhas no Ticino, em Trébia e no lago Trasímeno, em 217 a.C.

A hábil política, adotada por QUINTO FÁBIO, dito "Cunctator", ou o tergiversador, leva ao progressivo desgaste das tropas inimigas, às quais se bloqueiam os acessos para o recebimento de reforços, quer da Espanha, quer por parte de FELIPE V da Macedônia. Por sua vez, CLAUDIO MARCELO captura Siracusa em 212 e enfraquece o poder de Cartago na Sicília.

contra Cartago. O chamado, feito inicialmente aos cartagineses, e depois aos romanos, resultou em fricções entre ambos.

As partes da Espanha conquistada foram transformadas em duas províncias romanas, em 206 e 197 a.C. A guerra passa a ser conduzida na África, com sucessivas vitórias de CIPIÃO, depois cognominado "Africanus". Depois de forçar a retirada de ANÍBAL da Itália – que este ocupara durante quinze anos – termina com a vitória na batalha de Zama, em 202 a.C.

Apesar de enfraquecida, política e militarmente, Cartago ainda mantinha importante posição comercial, e continuava a competir com Roma, pelo controle das rotas. Depois de terem os cartagineses atacado MASINISSA, o reino numídeo, vizinho de Cartago e aliado de Roma, os romanos desencadeiam a **terceira guerra púnica** de 151 até 146 a.C. Esta acarretou a conquista e destruição total de Cartago pelas tropas de CIPIÃO EMILIANO e os territórios que compunham o império do inimigo seriam anexados como a província romana da 'África'.[391] Onde se pode indagar se e em que medida cabe falar em 'colonização'.[392]

[391] Durante a confrontação entre CÉSAR e POMPEU, o rei massyle JUBA I toma o partido do segundo, mas o primeiro esmaga as tropas pompeianas em Thapsus, em abril de 46 a.C., e transforma a Numídia oriental em província romana. Depois de ser morto CÉSAR em 44, a guerra civil recomeça em Roma e a África passa por novo período conturbado, até a vitória definitiva de OTÁVIO sobre MARCO ANTÔNIO. Em 36, OTÁVIO se torna senhor das duas províncias africanas. Em 27, depois de se tornar AUGUSTO, ele as reúne em uma única entidade, a África proconsular. Sophie BESSIS, **Histoire de la Tunisie** – de Carthage à nos jours (orig. publ. 2019, Paris: Tallandier-texto, édition actualisée, 2022, ch. II – L'Afrique romaine: occupation, exploitation, romanisation, p. 51-71, cit. p. 51-52): "Essa data [27 a.C.] pode ser considerada como a certidão de nascimento da Tunísia romana."

[392] Cf. se examina no **Tratado** (tomos XIV a XVII – **Direito internacional no tempo do colonialismo**). A 'colonização' é associada à ocupação de uma terra estrangeira, à sua exploração agrícola, à instalação de colonos e à romanização. Assim definido o termo *colônia*, o fenômeno data da época grega. Da mesma forma, fala-se de 'imperialismo' ateniense, e depois romano – terá a expressão mudado de sentido? Marc FERRO, **Histoire des colonisations** – des conquêtes aux indépendances, XIIIe – XXe siècle (originalmente publicado em 1994, Paris: Seuil – Histoire, «édition completée et mise à jour par l'auteur», 1996, chap. I – *Colonisation ou impérialisme*, p. 15-47, cit. p. 15 e p. 30), tb. na ed. bras., **História das colonizações** – das conquistas às independências: séculos XIII-XX (trad. Rosa F. de AGUIAR, São Paulo: Cia. das Letras, 1996, 5ª reimpr., 2008, cap. I – *Colonização ou imperialismo*, p. 17-42, cit. p. 17 e 29) aduz, na mesma passagem: "termos como *colono* e *colonização* desaparecem do vocabulário histórico durante o período que vai da época romana ao século XV – a não ser que mencionemos, no decorrer desses doze séculos, as colônias ou os entrepostos de Veneza e de Gênova no outro lado do Mediterrâneo e no mar Negro, mas sempre distantes".

> Como qualquer empreitada colonial, porque se tratou de uma, segundo as modalidades da época, a assunção do controle de Roma sobre o antigo império cartaginês e suas regiões na Numídia, se desenrolou segundo o tríptico clássico, composto de três painéis: a ocupação e a organização administrativa das novas províncias, a exploração econômica dessa que era a parte mais próspera e mais densamente povoada da África do Norte e a romanização, que se fez, no curso dos séculos, mais e mais aprofundada, a tal ponto que essa região do império, que se tornara imenso, foi uma das mais romanizadas do mundo antigo.[393]

A partir do final da terceira guerra púnica, com a total destruição de Cartago e a instalação da administração romana, na nova 'província', mesmo que a África tenha vivido séculos sob a égide protetora da *pax romana*, esta precisou de tempo para se impor: assim como seus predecessores cartagineses, e como os que se seguiram depois dos romanos – vândalos, bizantinos e árabes – tiveram de enfrentar fortes movimentos de resistência autóctone.[394] Ao mesmo tempo em que "se reconhece não ter havido um 'movimento de libertação' bérbere, que teria se valido do declínio do império para se liberar – como, por vezes, argumentou uma historiografia identitária", cabe apontar a ocorrência de levantes, tendo como objetivo principal a divisão do poder e das riquezas que o acompanham.[395]

[393] S. Bessis, **Histoire de la Tunisie** (éd. 2022, loc. cit.).

[394] O período, que se estende do final do século III ao final do século VI, suscita questões para a historiografia. Deve-se considerar que essa longa sequência é cortada por uma série de rupturas, que a dividem entre um 'Baixo império', deliquescente e fadado à dissolução, um século vândalo ao qual sucede um século bizantino e, por fim, a conquista árabe, que põe definitivamente termo à Antiguidade romana? indaga S. Bessis, **Histoire de la Tunisie** (éd. 2022, ch. III – De Rome aux Arabes, p. 73-93, cit. p. 93), ou deve-se privilegiar a tese de uma continuidade entre as épocas sucessivas dessa Antiguidade tardia, que assumiu na África do Norte formas diferentes daquelas conhecidas na Europa? De tal modo, "nesse caso dever-se-ia falar antes em longo período de mutações da romanidade, mais do que de seu naufrágio". Nessa perspectiva, em lugar de enfatizar as divisões entre os períodos – romano, vândalo e bizantino (este de 533 a 705 d.C.) – se preferiria apontar as permanências históricas, como mostram estudos recentes sobre a cristianização africana, sobre a continuidade da vida urbana, ou sobre a complexidade do irredentismo bérbere, mais marcado pela influência romana, do que antes se dizia. "As controvérsias sobre a maior ou menor resiliência da latinidade vão além da conquista árabe" e se conservam traços importantes até o século XI.

[395] S. Bessis, **Histoire de la Tunisie** (éd. 2022, chap. III, cit. p. 77-78): "À preuve, l'accumulation par Gildon d'une considérable fortune foncière prise sur le domaine impérial

De qualquer forma, a romanidade se implantou de maneira duradoura no norte da África, capaz de resistir, durante vários séculos, depois do período romano – apesar da islamização, no curso dos dois séculos que se seguem à conquista árabe – como ilustra a importância dos remanescentes romanos, até a conquista pelos Almohadas, no século XI: "os Afarik, nome dado pelos árabes aos romano-africanos, durante muito tempo continuaram a falar o 'latim africano'."[396] Sem esquecer a origem norte-africana da dinastia dos SEVEROS, que se tornam imperadores depois dos ANTONINOS, e intelectuais do porte de TERTULIANO e de santo AGOSTINHO de Hipona.[397]

> O desejo de autoafirmação, nos primeiros séculos da República romana, não estava voltado para a obtenção de poder irrestrito. E não impediu serem os estados, com os quais Roma teve relações, quer amistosas ou hostis, considerados como sujeitos independentes de direito, de igual condição. Com os quais relações jurídicas eram, assim, possíveis, com base em igualdade.[398]

du temps qu'il était un rouage de l'autorité. Un tel constat n'équivaut pas à une sous-estimation de la singularité des sociétés berbères unies par une culture, des modes de vie, des croyances et des formes institutionnelles communes, mais cette unité ne s'est jamais traduite en termes politiques. Faut-il conclure, comme l'ont fait nombre d'historiens à commencer par IBN KHALDOUN, à la permanence de 'l'anarchie berbère' dans la sphère politique? L'histoire ne pouvant être essentialiste, contentons-nous de constater que ce ne sont pas les révoltes autochtones qui ont scellé le sort de l'empire romain d'Afrique, même si elles l'ont fragilisé, mais l'invasion vandale."

[396] S. BESSIS, **Histoire de la Tunisie** (éd. 2022, cit. p. 92-93). Segundo o geógrafo AL IDRISSI, que percorreu a região no século XI, esse 'baixo latim' ainda estava em uso, na época, em Gabes, na região do Djerid – a Kastiliya dos árabes e na Bizacênia.

[397] Sobre santo AGOSTINHO, ver **Tratado** (tomo IV – **Direito internacional no tempo medieval**, cap. 8 – a longa transição do mundo antigo ao medieval, item 8.1 – AGOSTINHO DE HIPONA (354-430 A.D.).

[398] Hans-Ulrich SCUPIN, *History of the Law of Nations. Ancient times to 1648* (in **Encyclopedia of Public International Law**, ed. by R. BERNHARD, Amsterdam: North Holland, vol. 7, 1984, p. 237 ss): "The desire for self-assertion [...] in the early centuries of the Roman Republic, was in no way directed at obtaining unrestricted power". [...] "it did not prevent the States with which the Romans came into contact, whether friendly or hostile, from being considered as independent subjects of the law of equal rank, with which legal relations were thus possible on the basis of equality".

A partir desse ponto, pode-se assinalar mutação relevante no modelo institucional romano. Este, embora 'internacional' desde seus primórdios, no centro da península itálica, passa a atuar em escala quase 'mundial'.

Durante pouco mais de um século das guerras entre Roma e Cartago – de 264 a 146 a.C. –, além da confrontação de vida e morte entre os dois protagonistas,[399] suscita um sistema de alianças internacionais: quando FELIPE V da Macedônia se alia a Cartago, e o Egito dos PTOLOMEUS se alinha com Roma e, juntos, estes subvertem o alinhamento das cidades-estado gregas, que eram mantidas sob dominação macedônica, desde 338 a.C. Tendo o Egito contra a Macedônia, o Império selêucida da Ásia menor e Síria se viu compelido a se juntar à Macedônia e Cartago. Em poucos anos, o Mediterrâneo inteiro estava em guerra: "foi confrontação que os romanos venceram, não em concerto com seus aliados, mas somente por sua própria ambição imperial".[400]

> Uma atitude mais realista em relação à força romana se faz necessária, ao menos em relação a esse antigo período crítico da expansão romana. Roma não era todo-poderosa nessa época. O estado romano tinha de tratar com outras entidades políticas como iguais, porque isso é o que

[399] David J. BEDERMAN, **International Law in Antiquity** (Cambridge: Univ. Press, 2001, reprinted 2006, 2 – State relations in ancient civilizations, p. 16-47, Rome and its competitors 358-168 BCE, p. 41-47, cit. p. 43): "the period of the Punic Wars (264-146 BCE) was the high-water mark of the Mediterranean State system of this period."

[400] Como se examinou no precedente capítulo 5 – sobre as cidades-estado gregas e o mundo helenístico. Pode ser útil comparar com a assim chamada 'guerra dos sete anos' (1756-1763) – considerada a primeira guerra de impacto mundial, cujos efeitos se projetaram sobre três continentes, como se examina no **Tratado** (tomo VIII – **Direito internacional além do paradigma vestfaliano**, título II – da construção de sistemas coesos: de Vestfália (1648) até a guerra dos sete anos (1756-1763)), muito antes das duas 'guerras mundiais' da primeira metade do século XX. V. tb. D. BEDERMAN (op. cit., p. 43-44 e 45-46): "That still leaves the question, at least for the period under consideration here, whether the Romans could actually deal with their neighbors on a basis of sovereign equality. The consensus of historiographic opinion has shifted on this subject with time, as with other aspects of the debate about ancient States and their international relations. Well-regarded scholars of the nineteenth century were adamant that Roman particularism, as manifested in the Roman State's imperialism, precluded any Roman adoption of the principles of international law. The Romans may have suffered equal relations with other polities, but the notion of sovereign equality was thought, by these scholars to be alien to a political culture that was so juridically exclusive."

exigiam tanto a diplomacia do equilíbrio de poder da Itália do século IV, como a equivalente situação, ampliada à escala mediterrânica do século II a.C.

Completa reciprocidade nas relações diplomáticas e na celebração de tratados eram substancialmente reconhecidos por Roma durante esse período.[401]

6.2. Transformações internacionais de Roma

Eu não me ponho no espaço, nem no tempo um limite
Império sem fim lhe conferi.

VIRGÍLIO, **Eneida**[402]

Facilmente colossos levantais, ó deuses,
dificilmente os conservais! Uma cidade
frequentada por povos do Lácio e estrangeiros,
em que cabia a humanidade, se possível,
foi feita fácil presa do avanço de César
por culpa de uns covardes.

LUCANO, **Farsália**[403]

Roma reuniu um sistema de estados que incluia como seus grandes poderes Cartago e os estados sucessores (*diadochi*) do império macedônico, Síria e o Egito. Também incluiu no sistema, estados menores,

401 D. J. BEDERMAN, **International Law in Antiquity** (2001, reprinted 2006, cit. p. 46): "As a consequence of this willingness to carry on diplomacy based on the rule of law, the Romans had well developed views about which foreign polities were worth of equal treatment. Rome refused to have relations with entities that did not possess a high level of political organization and cohesion. It was only with free and independent nations that Rome extended the basic indicia of membership in an international community: the sending and reception of ambassadors, the conclusion of *sponsiones* or *foedera*, and the proper formalities for initiating conflict".

402 VIRGÍLIO (70-19 a.C.), **Eneida**: *His ego nec metas rerum, nec tempora pono; Imperium sine fine dedi* (trad., textos introdutórios e notas de Tassilo Orpheu SPALDING, São Paulo: Abril cult., 1983).

403 LUCANO (39-65 d.C.), **Farsália** (Cantos I a V, edição bilingue, introdução, trad. e notas Brunno V. G. VIEIRA, Campinas: Lumina – Ed. Unicamp, 2011, cit. I. 510-514): *urbem populis uictisque frequentem / gentibus et generis, coeat si turba, capacem / humani facile uenturo Caesare praedam / ignauae liquere manus.*

> como Siracusa (na Sicília), o resíduo das cidades gregas independentes, a poderosa república naval de Rodes, e os reinos de Pérgamo, Bitínia, Capadócia, Pontus e a Paflagônia. Juntos, esses estados formaram um 'verdadeiro círculo internacional', uma sociedade distinta, de estados civilizados, de considerável extensão. Enquanto comunidade, eram muito cônscios de tratarem uns com os outros como iguais e no âmbito de um sistema, no qual cada um era considerado 'civilizado' e não bárbaro.
> O sistema de estados desse período tinha maior potencial para a estabilidade do que qualquer outro, que tivesse até então existido, na Antiguidade. Diversamente das voláteis coalizões das cidades-estado gregas, ou das portentosas 'super' potências do Oriente próximo antigo, o mundo mediterrânico do terceiro e segundo séculos foi multipolar e explicitamente baseado na premissa de noções de equilíbrio de poder.
>
> D. BEDERMAN (2001)[404]

Depois dos mitos fundadores originários, atribui-se a VIRGÍLIO o "segundo nascimento de Roma".[405] Enquanto este o fez na épica nacional, a **Eneida**, na prática ocorreu sob a condução de OTÁVIO, depois denominado AUGUSTO. A partir deste, torna-se Roma o centro de poder ordenado, que será o modelo para o Ocidente, durante séculos, primeiro sob a égide e emulação do Império romano, e depois da queda deste,[406] sob outros regimes, mais ou menos diretamente por este inspirados e norteados.

[404] D. J. BEDERMAN, **International Law in Antiquity** (2001, reprinted 2006, 2 – State relations in ancient civilizations, p. 16-47, Rome and its competitors 358-168 BCE, p. 41-47, cit. p. 43): "The States were large enough to comprise large populations and poweful enough to project force in more than one direction. As it turned out, coexistence and stability was impossible and the dynamic character of Roman expansionism posed an insuperable threat to the balance of power. Ultimately, a stable, multi-polar system broke down into a war of coalitions, a conflict that one side was bound to lose."

[405] P. GRIMAL (op. cit., 1985, ed. bras., 1992, p. 235-236): "Na segunda metade do poema, depois de definir a missão civilizadora e filosófica de sua pátria, VIRGÍLIO encontrou o outro rosto de Roma, o da violência e da guerra."

[406] Averil CAMERON, **Il tardo impero romano** (orig, publ. **The Later Roman Empire**, 1995, trad. Mauro de NARDIS e Pasquale ROSAFIO, ed. italiana a cura di Elio Lo CASCIO, Bologna: Il Mulino, 2008); Julia M. H. SMITH, **L'Europa dopo Roma** – una nuova storia culturale 500-1000 (orig. publ. **Europe after Rome** – a new cultural history, 2005, trad. Giovanni ARGANESE, ed, italiana a cura di Claudio AZZARA, Bologna: Il Mulino, 2005); Bryan WARD-PERKINS, **La caduta di Roma e la fine della civiltà** (orig. publ. **The Fall of Rome and the end of civilization**, 2005, trad. Mario CARPITELLA, Roma – Bari: Laterza, 2008,

Não se trata somente de força; mas de exercício desta segundo o direito. Aí estaria a linha divisória entre *vis* e *auctoritas*. A possível distinção – *in republica maxime conservanda sunt iura belli* – quanto ao cuidado que se deve ter, em relação às questões de interesse público, sobretudo em relação às coisas da guerra.[407] E, somente recorrer ao uso da força quando não se puder resolver pacificamente uma controvérsia.[408]

Não se exprime somente pela imaginação a vontade de construir o vínculo da fundação mítica de Roma como herança de Tróia, por obra de Enéias. Nessa vontade deliberada, existe propósito de determinação de modelo de civilização e de alternativa para Roma, que ressurgia, investida de novo modelo de poder imperial, depois de todas as agitações e as perplexidades de muitos anos conturbados, entre guerras civis – primeiro entre CÉSAR e POMPEU, depois entre OTÁVIO e MARCO ANTÔNIO –[409] e conflitos externos.

> Da luta o desvario se acerca, e o poder bélico
> à força toda lei confunde, e ao ímpio crime
> se chamará virtude, e muito vai durar
> tal fúria. E vale aos deuses pedir por um fim?[410]

cap. VIII – *Va tutto bene nel migliore dei mondi?*, p. 205-223, cit. p. 217): "O meu conceito de civilização romana e do seu desaparecimento é um conceito muito material, que provavelmente o coloca fora de moda. A capacidade de produzir, em massa, bens de alta qualidade e distribuir confortos materiais, torna o mundo romano um pouco parecido demais com a nossa sociedade, com seu materialismo que avança com voracidade."

[407] CÍCERO, **De officiis** (with an English translation by Walter MILLER, Cambridge, Ma. / London: Harvard UP, LCL 30, tomo XXI das obras de CÍCERO, © 1913, reprinted 2005).

[408] CÍCERO, **De officiis** (I.XI.34-35): "Atque in re publica maxime conservanda sunt iura belli. Nam cum sint duo genera decertandi, unum per disceptationem, alteram per vim, cumque illud proprium sit homines, hoc belluarum, confungiendum est ad posterius, si uti non licet superiore."

[409] *Usque adeo miserum est ciuili uincere bello* – até que ponto é vil vencer guerras civis? indagava LUCANO (39-65 d.C.), **Farsália** (Cantos I a V, edição bilingue, introdução, trad. e notas Brunno V. G. VIEIRA, Campinas: Lumina – Ed. Unicamp, 2011, cit. I. 366 e I.519--520), e comentava, ainda sobre a guerra civil entre CÉSAR e POMPEU: *tu tantum audito bellorum nomine, Roma / desereris; nox una tuis non credita muris* – A ti, mal tendo ouvido o nome 'guerras', Roma / te abandonam, nem uma noite te creditam.

[410] LUCANO, **Farsália** (Cantos I a V, edição 2011, cit. I. 666-669): *imminet armorum rabies, ferrique potestas / confundet ius omne manu, scelerique nefando / nomen erit uirtus, multosque exibit in annos / hic furor. et superos quid prodest poscere finem?*

Em meio a tal propósito ordenador, não passa de mero detalhe o fato de que as datas não coincidem. E estas não coincidem, por alguns séculos de distância, entre a queda de Tróia e a fundação de Roma. Além da cronologia, que não se sustenta, existe propósito maior, que vai além de tais dados.

A construção do elo imaginário entre a queda de Tróia e a fundação de Roma se põe como exercício de legitimação. Esse dado permeia a história romana, mas não somente se verifica nesta,[411] ainda que os romanos tenham se destacado na construção de tais 'tradições'...

A figura de Enéias, como ancestral legitimador de Roma, remete a outra construção. Que ora apresento e não tinha ainda visto ser aventada.

Cabe mencionar que a busca de elos com passado, remoto e heróico, também influiu sobre a construção da épica grega original, a **Ilíada**.[412] "O poeta da Ilíada se revela, assim, o intérprete de uma dupla civilização: seu poema nasce em uma data, na qual os herdeiros da civilização

[411] Práticas aparentemente imemoriais, por vezes, foram "tradições realmente inventadas, construídas e formalmente institucionalizadas", como também "as que surgiram de maneira mais difícil de localizar num período limitado e determinado de tempo – às vezes coisa de poucos anos apenas – e se estabeleceram com enorme rapidez", expõe Eric HOBSBAWM, *A invenção das tradições* (in **A invenção das tradições**, org. E. HOBSBAWM e Terence RANGER, orig. publ. **The invention of tradition**, 1983, trad. Celina Cardim CAVALCANTI, São Paulo: Paz e Terra, 6ª ed., 2008, p. 9-23, cit. p. 9-10): "Por 'tradição inventada' entende-se um conjunto de práticas, normalmente reguladas por regras, tácita ou abertamente aceitas, tais práticas, de natureza ritual ou simbólica, visam inculcar certos valores e normas de comportamento através da repetição, o que implica, automaticamente, uma continuidade em relação ao passado. Aliás, sempre que possível, tenta-se estabelecer continuidade com um passado histórico apropriado." As reflexões, feitas por HOBSBAWM, RANGER e colaboradores do volume, se concentram no Reino Unido, internamente, na sua expansão colonial, na Índia e na África e menciona também a 'produção em massa de tradições na Europa', de 1879 a 1914. Aqui proponho o paralelo entre a Roma antiga e o ciclo homérico – o que não é por eles examinado.

[412] HOMÈRE, **Iliade** (texte établi et trad. par Paul MAZON, Pierre CHANTRAINE, Paul COLLART et René LANGOUMIER) tome I – chants I-VI (Paris: Les belles lettres, septième tirage, 1972), tome II – chants VII-XII (Paris: Les belles lettres, sixième tirage, 1972), tome III – chants XIII-XVIII (Paris: Les belles lettres, septième tirage, 1974), tome IV – chants XIX-XXIV (Paris: Les belles lettres, neuvième tirage, 1982), Introduction à l'Iliade (orig. publ. 1943, Paris: Les belles lettres, 1967); tb. HOMERO, **Ilíada** (orig. **Iliada**, trad. e prefácio de Frederico LOURENÇO, introdução e apêndices de Peter JONES, introdução à edição de 1950 E. V. RIEU, São Paulo: Penguin Classics–Companhia das letras, 2013 V. tb. Eugène AUDINET, *Les traces du droit international dans l'Iliade et dans l'Odyssée* (RGDIP, 1914, p. 29-63).

micênica encontraram nas margens da Ásia anterior os herdeiros da civilização egéia".[413]

Enquanto a **Odisséia** teve ricos armadores como público-alvo – com descrições de navios e de viagens, da habilidade (*metis*) e da capacidade de adaptação –[414], a **Ilíada** claramente se volta para um público guerreiro – como mostram as detalhadas cenas de batalhas e até mesmo dos ferimentos causados aos combatentes.[415] A tropa deve ser fiel a seus compromissos, e o pior perjúrio é abandonar seu chefe. Mesmo em relação ao inimigo existe dever de lealdade, nos combates e fora destes.[416]

Em razão da invasão da Grécia continental pelos dórios, ocorrem sucessivas levas de emigração para as ilhas do Egeu e as costas da Ásia menor. Essa movimentação de populações se precipita sob pressão dos

[413] Paul Mazon avec la collaboration de Pierre Chantraine, Paul Collart et René Langumier, **Introduction à l'Iliade** (orig. publ. 1943, Paris: Les belles lettres – Coll. des Univeersités de France – Association Guillaume Budé, 1967, 2e partie – L'origine de l'Iliade, chap. IX – Intérêt historique et humain de l'Iliade, p. 283-299, L'épopée, cit. p. 288-292): "Une seule chose est certaine; c'est que le genre remonte très haut. L'épopée homérique a tous les caractères d'un art traditionnel." Ademais: "L'élément mycénien l'emporte de beaucoup cependant sur l'élément égéen. Celui-ci se montre surtout dans la forme poétique, tandis que le fonds du récit est uniquement mycénien. En d'autres termes, les légendes qui constituent le sujet du poème ont toutes une origine achéenne. Elles viennent toutes des pays de la Grèce continentale, qui ont servi de point de départ aux émigrations des XIe, Xe et IXe siècles, et notamment la Thessalie, l'Argolide, le Péloponnèse."

[414] Homero, **Odisséia** (trad. e prefácio de Frederico Lourenço, introdução e notas de Bernard Knox, São Paulo: Penguin Classics – Companhia das Letras, 2011); Homer, **The Odyssey** (translated by T. E. Lawrence, Ware, Herfordshire: Wordsworth Classics, 1991, reprinted 1994); Homero, **Odisséia** (introdução e notas de Méderic Dufour, trad. Antônio Pinto de Carvalho, São Paulo: Abril cultural, 1979, Introdução, p. 5-8): "Das duas epopeias que se encontram na origem da literatura grega, uma ilustra o poder de expansão da raça: evoca o estabelecimento dos gregos na costa da Ásia; graças à **Ilíada**, a guerra de Tróia, um dos mais notáveis episódios dessa empresa, passou a ser o acontecimento simbólico da força conquistadora dos helenos. A segunda epopeia focaliza outra qualidade dos mesmos helenos: a faculdade de adaptação que, acrescentada ao espírito de aventura, fez que esse povo apegado à terra se vergasse de tal forma a novas condições de existência que, mal despertou para a poesia, se revelou capaz de conceber e de apreciar o poema do mar, que é a **Odisséia**."

[415] P. Mazon et al., **Introduction à l'Iliade** (ed. 1967, Le public d'Homère, p. 292-293).

[416] P. Mazon et al., **Introduction à l'Iliade** (ed. 1967, La morale de l'Iliade, 296-299) "on peut échanger des serments avec lui; bien plus, on peut lui témoigner estime et pitié" e "La pitié n'est pas indigne d'un soldat. Un vrai brave sait se dominer."

conquistadores dórios: enquanto estes ganhavam terreno na Grécia, os despossuídos espalhavam os seus refugiados na Ásia.[417]

Os gregos, de diferentes regiões, que se deslocam para as ilhas e a Ásia menor, não chegam como conquistadores, nem como colonizadores. Chegam como refugiados. Não formavam grupos 'nacionais' compactos e fortes, chegavam como bandos isolados, nos quais se mesclavam raças muito diversas.[418]

> Os refugiados tinham desembarcado na Ásia em situação de grande miséria. Mas esta se fazia acompanhar de grande orgulho. Todos conservavam a memória do império aqueu, da sua opulência e das suas conquistas. Seu passado se tornara a única riqueza deles, e eles viviam de suas lembranças. Herdeiros de uma raça habituada a vencer, tinham orgulho das suas tradições guerreiras.[419]
>
> Essa Ásia menor onde chegavam quase como suplicantes, seus antepassados tinham pisado o solo como conquistadores, ao norte e ao sul, na Frigia e na Panfília. O sucesso de uma das últimas expedições dos aqueus, a destruição de Tróia, era um dos quais mais se compraziam em rememorar, quando se viam forçados a combater, para se assegurarem novas terras. Era para eles um encorajamento e um reconforto. Seus poetas, lembrando-os, exaltavam neles o sentimento de serem os descendentes de uma raça heróica que, em nome deles, deveriam por sua vez criar um império.[420]

Curiosamente, existe paralelo a ser feito, e aqui assinalo algo que não vi antes apontado, entre a situação dos gregos que partem da terra natal, para se refugiarem na Ásia menor – e para os quais era doce ouvir os versos de HOMERO, com o relato dos feitos de seus heroicos ancestrais, nas mesmas terras às quais os descendentes voltavam como refugiados – enquanto, por outro lado, a épica nacional dos romanos, criada por VIRGÍLIO, tem como herói, Enéias, o troiano derrotado, que carrega

[417] P. MAZON et al., **Introduction à l'Iliade** (ed. 1967, L'Ionie, p. 284-288).

[418] P. MAZON et al., **Introduction à l'Iliade** (ed. 1967, L'Ionie, p. 284-288).

[419] P. MAZON et al., **Introduction à l'Iliade** (ed. 1967, L'Ionie, p. 284-288) "Leur peuple avait eu leur 'âge des héros', qui correspondait pour eux à la période de l'extension de l'empire achéen, c'est-à-dire environ aux XIVe et XIIIe siècles avant J.-C."

[420] P. MAZON et al., **Introduction à l'Iliade** (ed. 1967, L'Ionie, cit. p. 287-288).

nas costas seu pai Anquises e leva pela mão seu filho Ascânio, e parte da Ásia menor, com muitas peripécias e percalços em seu trajeto, até se estabelecer na Itália e fundar uma nova cidade e império, que dominaria parte considerável do mundo então conhecido.

Aí se inscreve antes vontade de 'filiação' civilizacional do que verdade antropológica de encadeamento humano. Isso se exprime como anseio de vínculo de Roma com a Grécia – ou antes, com Tróia – sobretudo com a língua e a cultura gregas, como parâmetro cultural e civilizacional que, para a elite romana, estará permanentemente presente.[421] Como passado glorioso e alto patamar de civilização, em busca, constantemente renovada, que marca a história da literatura e do pensamento filosófico em Roma.

Este dado filohelênico, constantemente presente na civilização romana, desta repercute para as sociedades neolatinas. E, de modo semelhante, a herança greco-romana permanece entre nós: "porque todos nós ainda pertencemos ao Império romano, quer o aceitemos ou não como verdade, quer o saibamos ou não".[422] E se projeta, até os nossos dias, não obstante alguns percalços.

Complexidade adicional se coloca – com outros níveis de interpretação e de especulações possíveis –se considerarmos que o épico romano[423] de VIRGÍLIO foi considerado, na Idade média, de certo modo, precursor e anunciador da futura era cristã.[424] O que cria laços adicionais entre 'Oriente' e 'Ocidente', assim como entre o passado (mítico) e o presente

[421] O eco suscitado pelas **Éclogas** de VIRGÍLIO, por volta de 40 a.C., é descrito por TÁCITO: "populus qui auditis in theatro versibus Vergili surrexit et forte presentem spectantemque Vergilium veneratus est sic quase Augustum." Os poemas transformam VIRGÍLIO em celebridade. Difícil imaginar um estádio cheio de ouvintes atentos a poesia, em nossos tempos de quase absoluto predomínio futebolístico.

[422] T. HAECKER, **Vergil – Vater des Abendlandes** (op. cit., 1958, p. 117-118): "Den wir alle leben noch im *Imperium Romanum*, das nicht tot ist. Wir alle sind noch Glieder des *Imperium Romanum*, ob wir es wahr haben wollen oder nicht, ob wir es wissen oder nicht".

[423] O inglês, Cardeal NEWMAN escreveu a respeito de VIRGÍLIO: "Talvez a razão para a opinião popular medieval teria sido fazer de VIRGÍLIO um profeta ou um mago. Suas palavras e sentenças, seus meios versos, cheios de sentimento (patético) nos dão, como a voz da própria natureza, a expressão da dor e do sofrimento, mas também a esperança de dias melhores, que para cada um, em todos os tempos, é a experiência dos seus filhos."

[424] T. HAECKER, **Vergil – Vater des Abendlandes** (op. cit., 1958, p. 117): "Vergil ist der einzige Heide neben den judischen und christlichen Propheten, die **Aeneis** das einzige Buch neben den heiligen Schriften, die uber die Stunde und den Umstand ihrer eigenen Tage

(histórico).[425] O decreto divino – *fatum Iovis* – sobre Roma – citado: "eu não me ponho no espaço, nem no tempo um limite; império sem fim lhe conferi".[426]

Essa ideia de império, que se realiza e se expressa temporalmente em Roma, e por meio desta, pode e vai se exprimir de dois modos: como anseio de construção – e, depois, de reconstrução – da *Pax romana*, situação de paz efetiva e de funcionamento das instituições e dos procedimentos, por meio da força – o que em nossos tempos ficou claro nenhum país pode pretender reeditar – e também, ou, antes, por meio de legado espiritual, de busca de entendimento, de compreensão do outros e dos motivos do outro. A herança traz, simultaneamente, a pretensão da paz por meio da violência e por meio da compreensão.

CÍCERO, no **De Inventione**,[427] ao definir a *occasio* como período de tempo que oferece condições favoráveis para realizar ou não determinada coisa, enfatiza o dado de que esta determinada *ocasião*, distingue-se do *tempo*: a existência da *occasio* não depende somente da duração, mas também necessita de condições favoráveis à ação e exteriores ao (mero fluxo) do tempo.[428]

hinaus Sätze enthalten, welche als Prophezeiungen bis an das Tor der Ewigkeit halten, von der sie ihre Atem nahmen."

[425] Ao mesmo tempo em que, homem de seu tempo, a poesia bucólica de VIRGÍLIO, descreve, na *Segunda Écloga*, com riqueza de detalhes, a força do sentimento homoafetivo do pastor Corydon, pelo jovem e belo Aléxis, o favorito de seu patrão: "Em vão, o pastor Corydon, / queima de paixão pelo belo Alexis / o favorito do patrão". A *Quarta Écloga*, escrita em 40 a.C., é considerada premonitória do Cristianismo. Até hoje se discute qual seria essa "divina criança" e se VIRGÍLIO teria tido acesso ao texto de ISAÍAS e sofrido influência literária deste: "Tome tua grande herança, tua hora chegou". Ver VIRGIL, **Eclogues and Georgics** (translated by T. F. ROYDS, London: J. M. Dent & Sons / New York: E. P. Dutton & Co., 1st prublished in this edition, 1907, revised, 1946, reprinted 1950); Raimundo CARVALHO, Guilherme Gontijo FLORES, Márcio Meirelles GOUVEIA Jr., João Angelo OLIVA Neto (orgs.), **Por que calar nossos amores?** – Poesia homoerótica latina (ed. bilingue, Belo Horizonte: Autêntica – Col. clássica, 2017, R. CARVALHO, *Virgílio: Corydon e Aléxis*, p. 59-64 – Bucólica II): *Formosum pastor Corydon ardebat Alexim, delicias domini; nec quid speraret habebat.*

[426] VIRGÍLIO, **Eneida**: *His ego nec metas rerum, nec tempora pono; Imperium sine fine dedi.*

[427] CÍCERO, **De inventione** (with an English translation by H. M. HUBBELL, Cambridge, Ma. / London: Harvard UP / LCL 386, CICERO II, © 1949, reprinted 2006).

[428] CÍCERO, **De inventione** (I.40): *Occasio autem est pars temporis habens in se alicuius re idoneam faciendi aut non faciendi opportunitatem.*

O tempo, para os romanos, era situação de fato, totalmente independente da vontade humana: "é uma entidade única, que exige a adaptação dos homens às suas mudanças".[429]

Desde o período da monarquia, que termina em 509 a.C., existia grupo específico de sacerdotes (*fetiales*), organizados em colegiado (*collegium fetialium*), cuja atribuição era a condução das cerimônias próprias dos tratados, da condução das solenidades de 'abertura' e de 'encerramento' dos tempos de guerra, e outros assuntos 'internacionais', tais como enviar e receber legados, decidir sobre casos de extradição. Juntam-se, aqui, os dados temporais, a apreciação sobre a ocasião (*occasio*), propícia ou nefasta, para determinada ação humana, e a internacionalidade que projeta a ação humana colegiada, para além dos limites da *Urbs*.

> As atividades praticadas pelos feciais são indicadas nas fontes como relativas principalmente à regulamentação de determinadas relações jurídicas, como a realização de 'tratados'; pedidos de 'ressarcimento de danos'; 'entrega' de povos, pessoas e coisas; procedimento para a declaração de guerra e declaração de guerra.
> A atividade dos feciais ganha particular importância com a expansão romana dentro da comunidade latina e posteriormente itálica, constituindo ponto de referência normativa na formação do *imperium populi romani*.[430]

Na península itálica, a partir de 500 a.C. desenvolve-se a República romana. Esta, inicialmente, aparece como a caçula do sistema estatal helenístico, e, depois, suplanta as demais e se torna um grande centro de poder de todo o mundo antigo. Progressivamente, Roma estende suas fronteiras desde o Atlântico até o Reno e o Danúbio e de principado, se torna império. Roma, após as conquistas, em toda a orla do Mediterrâneo, inclusive no norte da África, avança bastante na Europa central e no Oriente médio.

[429] Emmanuelle CHEVREAU, **Le temps et le droit: la réponse de Rome** – l'approche du droit privé (Paris: De Boccard, 2006, p. 14): Le temps pour les Romains est une situation de fait totalement indépendante de la volonté humaine. Il est une entité unique qui requiert l'adaptation de l'homme à ses changements météreologiques.

[430] Luciene DAL RI, **Ius fetiale – as origens do direito internacional no universalismo romano** (apresentação Pierangelo CATALANO, Ijuí: Ed. Unijuí, 2011, Considerações iniciais – os sacerdotes feciais e as suas atividades, p. 23-24).

A universalidade do império se tornava, por assim dizer, impossível sem a existência de ordem jurídica internacional: o *jus gentium*, 'direito dos povos', universalmente aplicável, abrangente fator que distingue a experiência romana: o "direito das gentes diz respeito ao gênero humano" –[431] *Ius gentium est quod gentes humanae utuntur* no Digesto, I.1.24. No mesmo sentido, Cícero, **De officiis**,[432] I.XVI, fala a respeito daquelas coisas que são comuns a toda a humanidade, e como tais, importantes para a conservação dos laços comuns na sociedade do gênero humano.[433]

No *jus fetiale*, entretanto, ali instituído, ainda no tempo da monarquia, nos primeiros séculos da vida de Roma, há quem pretenda encontrar os germes desse direito. Desde o início, o *jus fetiale*, de caráter nitidamente religioso, continha alguns preceitos relativos à declaração da guerra e à sua conclusão.

A existência dos ritos e dos complicados procedimentos para a declaração da guerra e a caracterização desta como justa, antes de ser encetada, tinha o propósito de congregar a opinião pública e fortalecer o tecido social, ante o enfrentamento do esforço de guerra, que teria de ser, a partir daí, desenvolvido. Ao mesmo tempo, o *jus fetiale* era norma interna romana, de caráter consuetudinário, mas continha também, inegavelmente, elementos internacionais. Na medida em que regulava os modos de interação entre romanos e outros grupos humanos politicamente organizados.

A guerra teria de ser exercida como resposta à ofensa feita por outros povos contra os romanos. Assim registra Tito Lívio (ca. 64 a.C.–10 A.D.), em passagens da sua **História de Roma**.[434]

[431] **Digestorum seu Pandectarum**, recognovit Theodorus Mommsen retractavit P. Krueger, in **Corpus iuris civilis**, vol. primum, Dublin – Zürich: Weidmann, 22a. ed., 1973, D. I.1.24 – Ulpianus): Ius gentium est, quod gentes humanae utuntur, quod a naturali recedere facile intellegere licet, quis illud omnibus animalibus, hoc solis hominibus inter se commune sit.

[432] Cícero, **De officiis** (with an English translation by Walter Miller, Cambridge, Ma. / London: Harvard UP / LCL 30, tomo XXI das obras de Cícero, © 1913, reprinted 2005).

[433] Cícero, **De officiis** (I.16): "quae naturae principia sint communitatis et societatis humanae, repetendum videtur altius; est enim prmum, quod cernitur in universi generis humani societate."

[434] Tito Lívio, **História de Roma** (do original **Ab Urbe condita Libri**, introdução, tradução e notas de Paulo Matos Peixoto, São Paulo: Paumape, 1989, em 6 vols.).

> Alguns anos mais tarde, embaixadores dos laurentinos foram maltratados por parentes do rei Tácio. Embora os laurentinos apelassem para o direito dos povos, Tácio deixou-se levar pela afeição e súplicas dos seus. Com isso, a falta daqueles recaiu sobre ele e um dia, em Lavínio, para onde se dirigira para um sacrifício solene, houve um motim e ele foi assassinado.
>
> Dizem que o acontecimento causou menos pesar a Rômulo do que seria de se esperar, ou porque não houvera lealdade na partilha do poder, ou porque não considerara injusto aquele crime. Seja como for, renunciou à guerra, pelo menos naquela ocasião. Contudo, para expiar a ofensa feita aos embaixadores e o assassínio do rei, renovou o tratado entre Roma e Lavínio.[435]

O conceito de guerra justa (*bellum iustum*) se contrapõe à guerra injusta.[436] Roma pode fazer uma *bellum pium et iustum* quando fica devidamente demonstrado que o adversário violou e que Roma respeitou o espírito como a forma do direito.[437]

A guerra pode ser iníqua ou ímpia, conforme seja o modo de a fazer contra o povo romano – *bellum iniustum atque impium populo Romano facere velle*. O já referido AULO GÉLIO, nas **Noites áticas**, reporta a situação de Rodes, que tenta se manter neutra, apesar de sua preferência pelos macedônios, quando os romanos derrotam o rei da Macedônia e anexam o território daquele.[438]

435 TITO LÍVIO (op. cit., ed. cit., livro I, 14, vol. I, p. 38-39).

436 Ver tb. a ocorrência do equivalente conceito de guerra justa – *Dharma Yuddha* – e seus elementos no seguinte cap. 7, item 7.1 – Índia e, especificamente, sobre o direito internacional na Índia antiga e medieval.

437 Georges DUMÉZIL, **La religion romaine archaïque** ("avec un appendice sur la religion des Étrusques", orig. publ. 1974, Paris: Payot, 2e éd. revue et corrigée, 2000, Remarques préliminaires XIV – Le vocabulaire du sacré, p. 142-146, cit. p. 146): "Rome fait un *bellum pium et iustum* quand il a été dûment établi que l'adversaire a violé et qu'elle-même a respecté l'esprit comme la lettre du droit. *Justus* peut recouvrir des ruses, voire des pièges, au moins de l'habileté; *pius* est simple. Ce terme qui n'est qu'en partie religieux, révèle un des liens certains, quoique peu marqués, entre la religion romaine et non pas seulement l'exactitude, mais la morale naturelle."

438 Aulus GELLIUS, **Noctes Atticae** (with an English translation by John C. ROLFE, Cambridge, Ma. / Londres: Harvard U. P., LCL 200, AULUS GELLIUS II, first publ. 1927, reprinted 2006, Livro VI, III.40).

A licitude das ações é avaliada não à luz do direito natural e do direito das gentes – *non iure naturae aut iure gentium prohibentur* – mas à luz de normas de direito posto e de disposições ditadas por situações de emergência – *sed iure legum rei alicuius medendae aut temporis causa iussarum.*[439] A questão é contextualizada pelo autor:

> Não somente os Rodienses tinham tal sentimento, mas acredito que muitos povos o compartilhassem e muitas nações com eles concordassem. Fico inclinado a pensar que não desejariam o nosso sucesso, não para que caíssemos em desgraça, mas por recearem que se não houvesse ninguém que fosse por nós temido, faríamos tudo que desejássemos. Acredito fosse assim com o olhar voltado para a preservação de sua própria liberdade, que os Rodienses tivessem assim tal opinião, para não estarem assim sob o nosso único domínio e escravizados por nós.[440]

A opinião a respeito das coisas e dos interesses romanos se norteava pela proteção da liberdade dos outros povos. Mas sempre deveriam ser observados limites.

Atualíssima a lição de GÉLIO, quando este condena a suposta "legítima defesa preventiva". Pela desproporção entre o suposto potencial risco alegado e a reação que em nome deste se desencadeia:[441]

> Devemos nos precaver, para evitar cair inadvertidamente em armadilhas, contra as quais falhamos em nos preparar, antecipadamente. [...] Não se trata de tomar as mesmas precauções em todas as coisas da vida – *non esse in omnibus rebus cavendis eandem causam* – e que as ocupações e

[439] A. GELLIUS (VI.III.45): "Ac primum ea non incallide conquisivit, quae non iure naturae aut iure gentium prohibetur, sed iure legum rei alicius medendae aut temporis causa iussarum."

[440] A. GELLIUS (VI.III.16): "Sed non Rodienses modo id noluere, sed multos populos atque multas nationes idem noluisse arbitror, atque haut scio an partim eorum fuerint, qui non nostrae contumeliae causa id noluerint evenire; sed enim id metuere, ne si nemo esset homo quem vereremur, quidquid luberet faceremus. Ne sub solo imperio nostro in servitute nostra essent, libertatis suae causa in ea sententia fuit arbitror."

[441] A. GELLIUS (VI.III.28) cita passagem de EURÍPEDES (ca. 480-406 a.C.), *fragmento* 451, quando o rei Polifontes declarou que tinha matado o irmão por ter este planejado matá-lo, Meropa, a viúva de seu irmão, contestou o rei, com as seguintes palavras: *Se, como dizes, meu marido planejava a tua morte, / Também deverias somente planejar, até que tal tempo chegasse.*

ações da vida humana, e as obrigações de anticipação ou de postergação, ou mesmo de vingar-se ou precaver-se, não são como uma luta de gladiadores.[442]

A distinção se põe diante das condições concretas. Condena que se cometa um crime, para evitar sofrer outro – *prior iniuriam facere debeas, quam nisi feceris pati possis* – e isto permanece muito presente e parece aceitável junto a correntes ditas 'realistas' de relações internacionais:

> Para um gladiador, pronto para lutar, a fortuna do combate oferece a escolha entre matar, caso deva vencer, e morrer, caso venha a perder. Mas a vida dos homens em geral não está restrita por tão injustas e inevitáveis necessidades, onde se deva primeiro cometer um crime, para evitar sofrer outro – *prior iniuriam facere debeas, quam nisi feceris pati possis*.[443]

Reconhece, contudo, "assim como serviços contratados devem ser cumpridos, antes de serem remunerados", ser igualmente justo nos precavermos contra ataques iminentes – *iniurias autem imminentis praecavisse iustum est quam expectavisse* – porquanto seria demonstração da mais rematada insensatez não enfrentar o mal que é planejado, mas esperar até que este nos atinja.[444]

A formulação de AULO GÉLIO, no século II, não substancialmente se distingue do estipulado pelo art. 51 da **Carta** da ONU, como limites, materiais e temporais para o exercício da legítima defesa no direito internacional vigente.

[442] A. GELLIUS (VI.III.27, e VI.III.30): "Occupabimus certe; nam si non occupaverimus, opprimemur incidendumque erit in insidias a quibus antes non caverimus." [...] "non esse in omnibus rebus cavendis eandem causam, neque humanae vitae negotia et actiones et officia vel occupandi vel differendi vel etiam ulciscendi vel cavendi similia esse pugnae gladiatoriae."

[443] A. GELLIUS (VI.III.31-32): "Nam gladiatori composito ad pugnandum pugnae haec proposita sors est, aut occidere, si occupaverit, aut occumberi si cessavit. Hominum aut vitae non tam iniquis neque tam indomitis necessitatibus conscripta est, ut idcirco prior iniuriam facere debeas, quam nisi feceris pati possis."

[444] A. GELLIUS (VI.III.41-42): "Nam beneficia, inquit, promissa opperire opportet neque remunerari ante quam facta sint, iniurias autem imminentis praecavisse iustum est quam expectavisse. Summa enim professio stultitiae, inquit, est non ire obviam sceleribus cogitatis, sed manere opperirique ut, cum admissa et perpetrata fuerint, tum denique, ubi quae facta sunt, infecta fieri non possunt, poeniantur."

O conceito de guerra justa se conservou,[445] além do período romano. Este ocorre também no contexto da Índia antiga, com o *dharma yuddha*.[446] E alcança notáveis desdobramentos nos séculos posteriores da história ocidental.[447]

Mandado gravar, em latim e em grego, pelo imperador AUGUSTO, em seu 76º ano de vida, o relatório 'oficial', o **Res gestae divi Augusti**, datado de 13-14 A.D., faz constar registro[448] da assertiva de ter feito consolidar e ampliar as fronteiras do império, "sem travar guerra injusta com qualquer tribo".[449] Reporta-se AUGUSTO à dimensão de princípios e de boa fé que este teria observado no plano internacional:[450]

[445] A. NUSSBAUM, **Historia** (op. cit., 1947, ed., cit., p. 13 e a seguir p. 14): "la formulación de la doctrina de la guerra justa constituye la más destacada contribución de Roma a la historia del derecho internacional." [...] "No fueran menos destacables las repercusiones indirectas del sentido jurídico de Roma sobre la ciencia del derecho de gentes."

[446] A respeito da ocorrência do equivalente conceito de guerra justa – *Dharma Yuddha* – e seus elementos, em contraposição a *Adharma Yuddha* – guerra injusta, v. cap. 7, item 7.1 – Índia e, especificamente, sobre o direito internacional na Índia antiga e medieval.

[447] Nesse sentido, ver **Tratado** (tomo IV – **Direito internacional no tempo medieval**, item 8.1 – AGOSTINHO DE HIPONA (354-430 A.D.) b/c cap. 11 – tratadistas da guerra: Balthazar AYALA e Pierino BELLI, esp. 11.3 – herança antiga e medieval na concepção moderna da guerra, e tomo V – **Direito internacional no tempo de Francisco de Vitória**, cap. 12 – *Jus gentium, jus comune, jus europaeum* – entre a teoria e a prática); v. ainda, Slim LAGHMANI, **Histoire du droit des gens**: du *jus gentium* imperial au *jus publicum europaeum* (Paris: Pedone, 2003).

[448] **Res gestae divi Augusti** (edição bilíngue, "with an English translation" by Frederick W. SHIPLEY, Cambridge Ma. / London: Harvard UP / LCL 152, 1st publ., 1924, "bibliographical addendum", 1992).

[449] Ver tb. passagens referidas e considerações no **Tratado** (tomo IV – **Direito internacional no tempo medieval**, título II – direito internacional entre o mundo tardo-antigo e o medieval).

[450] Por esse motivo, não concordo com A. NUSSBAUM, **Historia** (op. cit., 1947, ed., cit., p. 13) quando este afirma: "Los tratados de Roma – poco frecuentes relativamente – fueron celebrados en su mayoria durante la República; el Imperio romano, de amplitud mundial, no necesitaba mucho de pactos internacionales. Y los tratados que conocemos no son ejemplos recomendables de derecho internacional. En su mayor parte reflejan en tersa fraseologia técnica los métodos romanos de expansión política. Además de las formas corrientes de los tratados de vasallaje, desarrollaron los romanos un tipo muy característico de tratado de sumisión (*deditio*). En ellos, según el modelo de la *stipulatio* – sistema formal desarrollado en el derecho privado romano sobre los contratos –, el representante de Roma planteaba, en las concisas y tradicionales fórmulas, ciertas cuestiones preliminares (sobre el poder del delegado y la libertad de disposición) a los representantes de la nación vencida, y al recibir una

grande número de outras nações experimentou, durante o meu principado, a boa fé do povo romano, povos esses que nunca antes tinham tido qualquer contato diplomático ou de amizade com o povo romano.[451]

Neste relato, da mesma forma, em diversas passagens, insiste AUGUSTO não se ter ele apropriado de poderes e dignidades que exerceu, mas que estes – como o sistema do principado – lhe teriam sido concedidos pelo Senado e pelo povo de Roma.[452] Esse dado serve para evidenciar que este documento, o **Res gestae** também tinha relevante dimensão 'constitucional', segundo a qual "a arquitetura do estado de direito",[453] permanecia de pé e trazia certa segurança jurídica para o cidadão comum.

Desde a pequena cidade, até esta passar a ser a capital de império mundial, desenvolve-se trajetória que leva POLÍBIO, no segundo século a.C., a afirmar ter-se tornado a história universal um todo orgânico.[454]

respuesta satisfactoria les preguntaba si su nación estaba dispuesta a someter a los romanos las personas y propiedades, sagrada y profana, de sus nacionales. En caso de respuesta afirmativa, el representante de Roma declaraba su acceptación de la *deditio*, en nombre del pueblo romano. Con ello conseguia la parte que se sometía una franca oportunidad de trato indulgente, aunque sin derecho a exigirlo". A *deditio* existiu e foi praticamente, mas tão somente como uma das modalidades de tratados utilizados pelos romanos, e esta se aplicava em casos de submissão do povo, 'conquistado', e somente nesta modalidade se seguia por assim dizer a 'perda da identidade jurídica' do povo submetido, primeiro pelas armas, e depois legalmente anexado.

451 **Res gestae divi Augusti** (13-14 A.D., ed. cit., parágrafo 32): "Plurimaeque aliae gentes expertae sunt p. R. fidem me principe, quibus antea cum populo Romano nullum extiterat legationum et amicitiae commercium."

452 **Res gestae divi Augusti** (13-14 A.D., ed. cit., parágrafo 34): "per consensum universorum potitus rerum omnium rem publicam ex mea potestate in senatus populique Romani arbitrium transtuli" – ou em vernáculo: depois de ter recebido por consenso universal o controle absoluto dos negócios, transferi a república do meu próprio controle para a vontade do Senado e do povo de Roma.

453 Philipe NEMO, **Histoire des idées politiques dans l'Antiquité et au Moyen Âge** (Paris: PUF, © 1998, ed. 2007, 'Les Res Gestae d'Auguste', p. 529-531, cit. p. 531): "ces explications même d'AUGUSTE montrent qu'il se sent lié par le droit 'constitutionnel' de l'ancienne République; il peut manipuler celui-ci, il ne peut ni, sans doute, ne veut le supprimer purement et simplement."

454 POLYBE, **Histoire** (texte traduit, présenté et annoté par Denis ROUSSEL, Paris: Gallimard – Pléiade, 1970, «préface», livre premier, p. 1-5, cit. p. 3).

Não foi preciso esperar até nossos dias para se formular o conceito de 'globalização'.

Há necessidade de ideias e princípios para fazer das construções humanas mais do que simples estruturas, de modo a dar-lhes raiz nas mentes dos homens. Qualquer sociedade estável precisar se basear em conjunto de convicções e na vontade social que este conjunto cria.[455]

A hegemonia de Roma, durante séculos, nunca pretendeu aniquilar as estruturas e conceitos dos povos que conquistava mas, após a conquista, inseria o elemento romano e as aspirações deste em meio ao contexto no qual se formara a sociedade na qual se inscrevia o domínio romano, acoplado à base daquele povo e identidade étnica e cultural. Em lugar de arrasar, tratava-se de agregar, como "superestrutura" o elemento romano à base do povo local – conjugando 'colonização' e 'romanização'.[456]

A cidade-estado de Hatra, entre a antiga Síria, a Armênia e a Mesopotâmia, não distante da cidade de Mossul, no atual Iraque, representou situação de estado-satélite, que oscilou entre a submissão da Mesopotâmia, transformada em província romana por Trajano, no ano 117 A.D.,

[455] Ernest Barker, nos ensaios do volume, **Church, state and education** (1st publ., 1930; "American edition, with a new preface by the Author", Ann Arbor: Univ. of Michigan Press, 1957, esp. chap. I – The roman conception of empire, p. 1-43): "The legal genius of Roman citizens – with their conceptions of *imperium*, and *provincia, potestas* and *maiestas* – which gave to the Empire the framework and structure of its institutions. But the ideas on which it rested – the ideas which made it more than a structure, and gave it a root in the minds of men – were ideas which had germinated in the East. Any permanent society must rest on a body of belief and on the social will which such a body of belief creates." V. tb. E. Barker, **Greek political theory**, Londres: Methuen & Co., 1977) tb. ed. bras. **Teoria política grega: Platão e seus predecessores** (trad. Sérgio Bath, Brasília: Ed. UnB, 1978).

[456] Caso extremo, após a destruição total de Cartago, no que passa a ser a África romana. Ver **História geral da África** vol. II – **A África antiga** (G. Mokhtar (coord.), orig. publ. **Histoire générale de l'Afrique**, 1980, trad. Carlos Henrique Davidoff e outros, São Paulo: Ática / Paris: Unesco, 1983, cap. 19 – O período romano e pós-romano na África do Norte, esp. A. Mahjoubi, O período romano, p. 473-509, cit. p. 473): "Após a destruição de Cartago em 146 a.C. e a redução do seu território à condição de província romana, o destino da África do Norte ficou nas mãos de Roma e dos reinos locais". O último soberano da Maurtiânia reinou até 40 d.C. e "a partir dessa data, toda a África do Norte se tornou romana, permanecendo assum até a invasão vândala". V. tb. Sophie Bessis, **Histoire de la Tunisie** – de Carthage à nos jours (orig. publ. 2019, Paris: Tallandier-texto, édition actualisée, 2022, ch. II – L'Afrique romaine: occupation, exploitation, romanisation, p. 51-71).

mas resistiu aos romanos. Hatra se manteve independente, impondo aos romanos pesadas perdas, quando estes sitiaram e tentaram conquistar a cidade.[457]

Novamente, as tropas romanas, ao tempo de SÉTIMO SEVERO, em 197, e talvez novamente em 199 A.D., sofrem pesadas perdas diante de Hatra. Os habitantes de Hatra usavam a nafta para incendiar as máquinas de guerra romanas feitas de madeira, lançando flechas incendiárias, com estopa embebida em nafta, em chamas – o "fogo hatreano", de que falam os romanos – contra as máquinas bélicas destes, e as incendiavam.

Durante o reinado de ALEXANDRE SEVERO, Hatra estabelece relações de cooperação com Roma para resistir aos avanços da hegemonia da dinastia dos Sassânidas.[458] Já antes de 230 A.D. tropas romanas estavam sediadas em Hatra.[459]

Os aliados romanos não conseguirão, contudo, evitar a queda da cidade-estado independente, tomada pelos Sassânidas, em abril de 240 A.D., liderados por SAPOR I. Em 256 A.D., cairá, por sua vez, a cidade de Doura-Europos, outra aliada dos romanos, também esta conquistada por SAPOR.[460]

Além de expandir e consolidar o império, herdado de seu pai ARDACHIR, SAPOR se empenha em eliminar os entraves ao comércio com a Índia e com a China – fonte de grandes lucros. Com esse propósito, combate a poderosa dinastia kushan, e seus exércitos avançam para leste e conquistam Peshawar – capital de inverno dos reis kushan – e ocupam o vale do Indus, e depois de atravessar o Hindu Kush, invadem

[457] Henri STIERLIN, **Les cités du désert: Pétra, Palmyre, Hatra** (Fribourg, Suisse: Office du livre, 1987, chap. VII – Hatra, cité libre entre Tigre et Euphrate, p. 183-208).

[458] Yves PORTER, **Les Iraniens** – Histoire d'un peuple (Paris: A. Colin, 2007, chap. 4 – L'empire des Sassanides, p. 85-116, cit. p. 87): Une fois qu'il s'est assuré de la sécurité de ses frontières orientales, SHAPOUR se lance dans une série de campagnes à l'ouest de l'Euphrate; ses armées entrent en Syrie et prennent Antioche. Une série de batailles opposeront alors les Sassanides aux Romains.

[459] Henri STIERLIN, **Les cités du désert: Pétra, Palmyre, Hatra** (Fribourg, Suisse: Office du livre, 1987, chap. VII – Hatra, cité libre entre Tigre et Euphrate, p. 183-208, cit. p. 201): Des inscriptions latines en portent le témoignage.

[460] SAPOR I (reinou de 241 a 272 A.D.) é também referido como CHADPOUR ou SHAPOUR, conforme os critérios utilizados para a transcrição do nome. V. a respeito deste e das suas lutas contra os romanos, o cap. 4 – império persa.

a Bactriana e a Transoxiana, onde tomam Samarcanda e Tashkent.[461] Foram, assim, destruídas importantes etapas nas rotas dos negócios internacionais, aos quais a luta sem trégua entre a dinastia persa e Roma, e depois desta, Bizâncio, põe freio considerável.[462]

As consequências para Roma são marcantes: o imperador GORDIANO III é morto, em 244 A.D., no campo de batalha de Mésiché, a 40 Km de Bagdá. Seu sucessor, FELIPE, o árabe, somente poderá se retirar depois de pagar vultoso resgate para obter a paz.

Fracassam as tentativas romanas para salvar Hatra. A humilhação total para Roma ocorrerá dezesseis anos mais tarde, em Edessa, em 260 A.D., quando os exércitos romanos são aniquilados – estimam-se entre 60 a 70.000 legionários romanos deportados para a região da Susiana – enquanto o imperador VALERIANO é capturado por SAPOR I e morre em cativeiro, esquecido pelos seus compatriotas.

Depois dessa vitória, SAPOR prossegue e devasta a Síria e a Capadócia. Mas, na rota de volta, um ataque do príncipe de Palmira o priva de parte considerável dos seus espólios de guerra. Mas esse incidente não priva SAPOR do enorme prestígio conquistado, com o triunfo sobre os imperadores e os exércitos romanos, celebrado em baixos relevos esculpidos.[463]

461 Y. PORTER, **Les Iraniens** (2007, cit. p. 87): La dynastie kouchane, fondée par KANISHA au IIe siècle de notre ère, est déposée et une autre lignée reconnaissant la suzeraineté de SHAPOUR la remplace.

462 H. STIERLIN, **Les cités du désert: Pétra, Palmyre, Hatra** (op. cit., 1987, cap. VII – Hatra, cité libre entre Tigre et Euphrate, p. 183-208, cit. p. 201): La prise de Hatra coincide avec la montée des Sassanides d'une part et avec la grande crise de Rome, à la moitié du IIIe siècle, de l'autre. Elle a lieu sous le règne de GORDIEN III, dont les efforts marquent une tentative courageuse pour stabiliser une situation que l'on qualifierait aujourd'hui de 'très fluide'. Après l'invasion de la Mesopotamie par ARDASHIR en 238, qui prend Carrhes et Nisibis, il semble bien que la chute de Hatra devant CHADPOUR I ait constitué le *casus belli* entre Sassanides et Romains. Elle provoquera en tout cas l'expédition de GORDIEN III pour enrayer l'avance perse en Syrie. En 243 les Sassanides sont écrasés et doivent évacuer Nisibi, puis toute la Mésopotamie. Les Arméniens se joignent aux Romains qui semblent avoir redressé une situation critique.

463 Y. PORTER, **Les Iraniens** (2007, cit. p. 88): pas moins de cinq bas-reliefs sculptés sur des falaises illustrent ces hauts faits. Sur l'un d'eux, à Bishâpour, dans le Fârs, l'empereur sassanide à cheval tient des mains l'un des Romains vaincus, pendant qu'un second s'incline devant lui et qu'un troisième gît sous les sabots de sa monture.

Nesse meio tempo, estavam os romanos ocupados em lutar contra os avanços dos bárbaros sobre o *limes*,[464] que se estendia do Reno ao Danúbio, e também as pressões da Síria, ao mesmo tempo às voltas com os *pronunciamientos* gauleses e depois com as iniciativas da rainha ZENÓBIA de Palmira,[465] que decidira enfrentar os romanos, momentaneamente enfraquecidos, até ser esta derrotada.[466]

Cumpre frisar a tradição de tolerância e de cosmopolitismo que pautou considerável extensão da história romana. Ao lado da tradição militarista e do culto da força. Cada uma dessas facetas merece ser considerada.

A plurissecular tradição romana de tolerância se manifesta sobretudo no campo religioso.[467] Mas justamente por ser, então, a esfera religiosa muito mais estreitamente ligada ao social e ao político, do que nossas atuais sociedades laicas nos habituaram a exercitar, tal tolerância cessava quando determinada religião ou culto representassem perigo para o estado ou para a ordem constituída. O que ainda se questiona em nossos tempos: até que ponto ser tolerante, mesmo com os intolerantes?

A questão da perseguição aos cristãos foi, antes de tudo, questão política e decorrência da recusa destes em prestar culto cívico aos imperadores – primeiro aos falecidos e, a partir de NERO e seus sucessores, também ao imperador vivo – e a apologia de tal recusa, extensamente formulada e desenvolvida por numerosos autores, dentre os

[464] Sobre a natureza e o funcionamento do *limes* romano, v. **Tratado** (tomo I – **Direito internacional dos espaços**, título preliminar. conceitos basilares, cap. 4 – competências territoriais do estado, esp. p. 180-185): "o *limes* romano não era limite estanque".

[465] Paul VEYNE, **L'empire gréco-romain**, Paris: Seuil, 2005, chap. 5 – *Palmyre et Zénobie entre l'Orient, la Grèce et Rome* p. 259-344 e chap. 6 – *L'art de Palmyre: 'mondialisation', ressemblance, frontalité, yeux hallucinés*, p. 345-377).

[466] Violaine VANOYEKE, **Zénobie, l'héritière de Cléopâtre** (Paris: Michel Lafon, 2002), utiliza frequentemente a **Historia Augusta** como fonte. Esta, por sua vez, também é considerada fantasiosa, em substancial extensão.

[467] Georges DUMÉZIL, **La religion romaine archaïque** ("avec un appendice sur la religion des Étrusques", orig. publ. 1974, Paris: Payot, 2e éd. revue et corrigée, 2000, Remarques préliminaires XV – Intention du livre, p. 147-151, cit. p. 147): "dès le début, la religion romaine résumait, personnalisait dans des figures divines et dans les rapports de ces figures les idées qui la constituaient, et le culte était, pour l'essentiel, le service de ces dieux, non une collection incohérente de recettes magiques."

quais JUSTINO, no século II d.C.[468] Regimes políticos até nossos dias exigem tais alinhamentos – eufemisticamente denominados *vows of allegiance* – que configuram a subordinação da vontade e das convicções individuais a ditames políticos do regime no poder. Muitas vezes, sob risco de sofrer sanções, ou limitações de direitos civis e políticos, quiçá mesmo penas de privação de liberdade ou até mesmo de expulsão do território.

O cosmopolitismo é marcante na civilização romana, sobretudo na assim chamada era antonina, ou o "século de ouro", quando conheceu Roma a sua maior expansão e prosperidade, como caracteriza o "triunfo romano".[469] Essa tendência encontra espaço no conjunto do império, e se exprime desde a própria cidade de Roma como "macroscópico aglomerado de raças e usos".[470] Mesmo que o conceito de 'raça' pouco signifique, ao menos de ponto de vista genético.[471]

Esse dado cosmopolita se manifestava entre os romanos sobretudo como receptividade, na presença intelectual constante e marcante da língua grega – a língua franca culta do mundo antigo ocidental e levantino – e na estreita relação dos romanos com a cultura grega, na filosofia, na poesia, no teatro: "Roma se sentia suficientemente forte para se permitir imitar outrem".[472]

[468] GIUSTINO, **Le due apologie** (intr. e note di Guido GANDOLFO, trad. Adriana R. RACCONE, Milano: Paoline Ed., © 1983, impr. 2004), a primeira das quais é dirigida ao Imperador ANTONINO PIO e a segunda ao Senado romano.

[469] Mary BEARD, **The Roman triumph** (Cambridge Ma. / London: the Belknap Press of Harvard UP, 2007). V. tb. Jason D. HILL, **Becoming a Cosmopolitan** (London – Boulder – New York: Rowman and Littlefield, 2000); Louis LOURME, **Qu'est-ce que le cosmopolitisme?** (Paris: J. Vrin, 2012); Garrett WALLACE BROWN and David HELD, **The Cosmopolitan Reader** (Cambridge: Polity Press, 2010).

[470] Guido GANDOLFO, na sua "introduzione" (in GIUSTINO, **Le due apologie**, trad. Adriana R. RACCONE, Milano: Paoline Ed., © 1983, impr. 2004, p. 5-37, cit. p. 7).

[471] Como pondera Luigi Luca CAVALLI-SFORZA, em seu estudo sobre **Genes, povos e línguas** (do original **Geni, popoli e lingue** © 2000 e da trad. inglesa de Mark SEIELSTAD, trad. Carlos A. MALFERRARI, São Paulo: Cia. das Letras, 2003) dada a extensão da miscigenação entre as populações do planeta simplesmente não existe raça. São antes variações genéticas, decorrentes da adaptação das populações às condições climáticas e de vida de cada região, ao longo das gerações, somadas às mudanças morfológicas, decorrentes de hábitos de alimentação, de exercício e de exposição à luz solar, que determinam essas diferenças externas.

[472] A respeito, ver o precedente cap. 5, b/c Arnaldo MOMIGLIANO, **Alien Wisdom** – The limits of Hellenization (Cambridge and New York: Cambridge U.P., 1975); Paul VEYNE,

Paradigmaticamente ilustram esse cosmopolitismo os imperadores Antonino Pio (que reinou, 138-161 A.D.) e Marco Aurélio (161-180 A.D.): se autodenominavam filósofos, e não somente se exprimiam em grego, como deixaram obras escritas em grego, com destaque para as famosas **Meditações**, deste último.[473]

A arquitetura e as artes plásticas, sobretudo a escultura, tiveram modelos gregos e foram presença visual e paradigma para a arte romana, durante séculos, com cópias romanas feitas a partir de originais gregos, ao longo dos séculos, bem como criações romanas, alinhadas por modelos gregos. Como já foi dito, "sem dúvida, toda a civilização romana, em seu conjunto, está embebida de elementos gregos".[474]

Igualmente, exprimia-se o cosmopolitismo dos romanos no campo religioso, com permeabilidade aos cultos orientais, que proliferaram em Roma. Ao longo dos séculos do império, ocorre em Roma a difusão crescente de cultos exóticos, variados e nem sempre identificáveis, dentre os quais cultos místicos, como o da tradição órfica, como também o gosto pelo irracional,[475] pelo diverso, pelo fantástico, pelo mágico, e transitam pela capital e outras grandes cidades do império, andarilhos, filósofos,

L'identité grecque contre et avec Rome: 'collaboration' et vocation supérieire (in P. Veyne, **L'empire gréco-romain**, Paris: Seuil, 2005, p. 163-257, cit. p. 177-178): "Il en résultera, pendant des siècles, une symétrie inversée des amours-propres: Rome a un complexe de supériorité politique et d'infériorité culturelle et, jusqu'à la chute de l'Empire d'Occident, les Grecs auront le complexe inverse: leur identité nationale sera celle d'un peuple hautement civilisé qui a été impérial et qui ne l'est plus."

473 Marco Aurélio, **Meditações** (do original **Ta eis eauton**, trad. e notas de Jaime Bruna, São Paulo: Abril Cult., 1973, "Pensadores", vol. V, p. 271-329, cit. X.2, p. 316): "Observa o que a natureza exige de ti como de um ser só por ela governado; depois, cumpre-o e sê submisso para não vir tua natureza de vivente a sofrer detrimento em suas disposições. / Em seguida deve-se observar o que de ti exige a tua natureza de vivente, e aceitá-lo integralmente, para não vir tua natureza de vivente racional a sofrer detrimento em suas disposições. Porém, o racional é, desde logo, social. Segue estas regras e não desperdices os teus esforços."

474 Michael von Albrecht, **História de la literatura romana** – desde Andrónico hasta Boecio (orig. publ. **Geschichte der römischen Literatur**, 1994, versión castellana por Dulce Estefanía e Andrés Pociña Pérez, Barcelona: Herder, 1997, vol. I, p. 463).

475 O gosto pelo irracional era compartilhado pelos gregos, apesar destes nos serem apontados como 'modelos' na construção de procedimentos para a condução e a expressão da razão. A respeito, veja-se o instigante ensaio de E. R. Dodds sobre os gregos e o irracional (1959), **Les grecs et l'irrationnel** (do original **The Greeks and the irrational** © 1959, trad. Michael Gibson, Paris: Flammarion – Champs, 1977). Ver tb. H. D. F. Kitto, **The Greeks** (1951, Harmondsworth: Penguin Books, "reprinted with corrections", 1960).

sofistas, advinhos e supostas encarnações de divindades, dentre os quais alguns nomes foram preservados,[476] depois de terem iludido inteira geração.

A construção do *ius gentium* – onde o desenvolvimento de um direito comum contribuiu para uma cidadania comum –[477] foi notável contribuição dos romanos antigos para a civilização ocidental. E cuja influência ainda se faz presente, como idéia de direito universalmente aplicável a todas as gentes (livres) do império. Inaugura-se a ideia de lei universal, ligada à natureza, e se não a expressão perfeita de lei natural (na medida em que aceitava, por exemplo, a escravidão), seria a expressão humanamente possível desta, na medida em que, refletindo a lei da natureza, regulava a convivência entre as gentes, em toda a extensão do império romano.[478]

Por meio do *Edito* de Caracala não somente se fundem todas as nacionalidades do império em única nacionalidade, como representa a fusão de todos os diferentes *status* em um único.[479] O *Edito*, do ano 212,

[476] Sobretudo pelos panegiristas cristãos, que criticavam e combatiam tais cultos e tradições, e assim conservaram para os séculos posteriores o registro de tais movimentos e transformações da sociedade romana.

[477] E. Barker (op. cit., 1957, p. 22-25): "The development of a common law for the empire acompanied, as it helped to promote, the development of a common citizenship. (...) If we look at the origin of this system, we shall call it the praetor's law, or *ius praetorium*; if we look at the area of its application, we shall call it the general law, or *ius gentium*." (...) "This simple and universal law, thus formulated by the praetors, became connected with the conception of a law of nature. It is quite possible that the Roman lawyers realized the 'natural' character of the *ius gentium* even before they were imbued with Stoic philosophy; it is certain that, as they came to understand the Stoic conception of a universal law of nature, they came to regard the *ius gentium* as a close approximation to that conception; and though it was never universally or completely identified with the law of nature, it was at any rate regarded as the concrete expression of such a law in actual human society – less perfect in that it denied equality and recognized slavery; but more serviceable, because it was actually formulated and administered in courts."

[478] Nesse sentido, ver **Tratado** (tomo IV – **Direito internacional no tempo medieval** e tomo V – **Direito internacional no tempo de Francisco de Vitória**, esp. cap. 12 – *Jus gentium, jus comune, jus europaeum* – entre a teoria e a prática); v. ainda, Slim Laghmani, **Histoire du droit des gens:** du jus gentium impérial au jus publicum europaeum (Paris: Pedone, 2003).

[479] Barker (op. cit., 1957, p. 24-25): "As a school of jurisconsults arose at Rome, the practical application of the *ius gentium* in the praetor's court was supplemented by scientific

seria o marco da afirmação da unidade de cidadania de todos os homens livres do império, como cidadãos romanos[480].

A criação do *ius gentium* foi, paradoxalmente, paralisada no momento em que este foi codificado[481], prosseguindo por meio dos *Editos* imperiais, até JUSTINIANO. O direito internacional se inscreve na ordenação da convivência. Antes na busca da ordenação dessa convivência, ao lado de fenômenos de poder e força, que têm igualmente o seu papel e seu impacto no cenário internacional. Essa convivência não se pode pautar nem somente pela força nem somente por princípios.

Para o que pode ser chamado 'Ocidente', durante séculos – antes como anseio que efetividade, oscilam as cargas de efetividade e de anseio destituído de impacto sobre a realidade – em considerável extensão, pretendeu Roma desempenhar tal função.[482] E essa ideia de centralidade, ao menos conceitual, permanece.

inquiry; and from the second century b.C. a body of trained jurists applied their skill to elucidate and develop its implications. The majesty of the *ius gentium* was recognized – and at the same time its growth was stopped – when HADRIAN (...) caused the jurist SALVIUS JULIANUS to codify the praetorian edict in a fixed and final form. By this time, the work had been done: the city-law of Rome had been expanded to meet the needs of the new Mediterranean state: a *ius gentium* regarded as valid for all free men *everywhere* (this is the meaning of *gentium*), and assuming an ideal aspect by its close connexion with the law of nature – a connexion which helped to ameliorate the lot even of the slave – was co-extensive with the whole empire."

480 V. **Fundamentos** (2008, item I – construção do direito internacional e contexto pós-moderno, p. 55-171, cit. p. 121-2).

481 Ernest BARKER (op. cit., 1957, loc. cit.): "if the expansion of the *ius gentium* was stopped by its codification, there was another source ready and able to provide a law no less universal. The emperors had the power of issuing 'rescripts' in answer to any inquiry or petition; and these rescripts, if they dealt largely with matter of administration, were also concerned with matter of law. (...) Valid for the whole empire, by virtue of their origin, they continued and completed the formation of a single law for the Mediterranean world."

482 Vincenzo ARANGIO-RUIZ, **Storia del diritto romano** (Nápoles: Eugenio Jovene, 7ª ed., "riveduta, con note aggiunte", 1977, esp. caps. XIV – *leges* et *iura* nel travaglio postclassico, p. 353-375, e XVI – le fonti giuridiche bizantine, p. 398-404) enfocando as codificações feitas no final do Império romano do ocidente: o ***Codex Theodosianus*** (439), o ***Edito*** de TEODORICO, rei dos Ostrogodos, publicado por volta do ano 500, a ***Lex romana wisigothorum***, elaborada por juristas de cultura romana, aprovada em 506, em reunião de bispos e notáveis romanos, também sancionada e promulgada pelo rei ALARICO, donde o fato de também ser conhecida como ***Breviarium Alarici*** ou ***Alaricianum***.

Da Roma secular dos Césares, na antiguidade, à Roma papal, até o final da Idade média, permanece a mesma concepção.[483] A ideia de unidade marca a civilização medieval[484] e se estende durante séculos, se não como efetividade, ao menos como anseio, para o conjunto da Europa ocidental.[485] E desta se projeta para o contexto interamericano, como prolongamento cultural do Ocidente. O assim chamado "Extremo Ocidente".

De Roma ficou a ideia da universalidade de direito, sob a forma do *ius gentium,* de enorme impacto sobre todo o desenvolvimento ulterior do direito das gentes moderno e do direito internacional clássico.[486] E deste, até as transformações em curso no presente contexto pós-moderno.

A ideia de poder unificado ou poder central fez e, todavia, faz consideráveis estragos. Mas, a concepção de sistema normativo –[487] e, se não 'natural', ao menos dentro do humanamente possível – refletiria a condição da humanidade, ao menos em relação ao que depois se convencionou chamar de 'Ocidente'.[488]

[483] Nesse sentido, ver, no tomo 3 A, item 3.2 – conceito jurídico de império: I – da Antiguidade rumo à Idade média e **Tratado** (tomo V – **Direito internacional no tempo de Francisco de Vitória**, cap. 12 – *Jus gentium, jus comune, jus europaeum* – entre a teoria e a prática, esp. item 12.2 – conceito jurídico de império: II – da Idade média à era moderna); v. tb. Afonso Arinos de MELO FRANCO, **Amor a Roma** (Rio de Janeiro: Nova Fronteira, 1982); Ronaldo R. B. POLETTI, **Conceito jurídico de império** (Brasília: Consulex, 2009); Jean DELUMEAU, **La seconde gloire de Rome** – XVe-XVIIe siècle (Paris: Perrin – histoire, 2013).

[484] Ernest BARKER (ed. 1957, chap. II – The unity of mediaeval civilization, p. 44-71); v. tb. **Tratado** (tomo IV – **Direito internacional no tempo medieval**).

[485] Roma, porém, havia concorrido para o conhecimento mútuo dos povos e para que esses se habituassem a relações pacíficas normais, de maneira que, após o desmembramento do império romano, era natural que pudessem surgir e desenvolver-se relações internacionais e, concomitantemente, um direito internacional.

[486] Como extensamente se considera no **Tratado** (tomo IV – **Direito internacional no tempo medieval**, por exemplo, no item 8.4 – continuidade e mudança do contexto medieval ao moderno).

[487] Por isso, as remissões: no tomo 3 A, item 3.2 – conceito jurídico de império: I – da Antiguidade rumo à Idade média e **Tratado** (tomo V – **Direito internacional no tempo de Francisco de Vitória**, cap. 12 – Jus gentium, jus comune, jus europaeum – entre a teoria e a prática, esp. item 12.2 – conceito jurídico de império: II – da Idade média à era moderna).

[488] Philippe NEMO, **Qu'est-ce que l'Occident?** (Paris: PUF / Quadrige, 2004, Introduction, p. 5-10, cit. p. 5): "les circonstances géopolitiques d'aujourd'hui appellent peut-être à leur tour quelque chose comme un discours à la nation occidentale."

Nas relações entre os impérios romano e persa – tanto os partas arsácidas, de c. 250 a.C até 226 d.C., bem como os sassânidas, de 226 a 651 d.C. – se veem não somente regras indispensáveis para as relações internacionais, como também muitos elementos do moderno direito internacional.[489] No período entre 100 e 650 A.D., na área da Europa e Ásia ocidental, nota-se o equilíbrio de poder entre os impérios persa e romano, com contínuos esforços de ambas as grandes potências, no sentido de preservar o equilíbrio, contra qualquer tentativa hegemônica da outra.

Do ano 100 até 651 A.D. – quando os sassânidas são aniquilados pela conquista muçulmana – esse 'sistema internacional' entre romanos e persas abrange parte considerável da Ásia ocidental e da Europa, além de toda a costa mediterrânea no norte da África. Constituiu sistema de estados e unidades políticas soberanas, regido por regras de direito, nas suas relações internacionais,[490] como eixos do sistema da época, em torno desses dois grandes impérios, o persa e o romano.[491]

Roma, durante mil e duzentos anos, poucas décadas teve sem estar envolvida em conflitos armados, mas consistentemente aplicou o princípio de fazer guerras de defesa, mais do que guerras de ataque. Com algumas exceções, como a conquista das Ilhas Britânicas, que não constituíam 'ameaça' para Roma. Parte da historiografia se manifesta de modo diverso:

[489] V. tb. o precedente cap. 4, no tomo 3 A – Império persa. A respeito, contrariamente aos que negam a existência de direito internacional em relação aos romanos antigos, tendo a acompanhar Stephan VEROSTA (op. cit., loc. cit.): "Embassies and envoys were not only inviolable, but enjoyed privileges and immunities; so did the heads of state on official visits to another state. The conclusion of treaties was operated by the exchange of signed and sealed documents of ratification and authenticated copies of the agreed text in the other Empire's official language. Commercial relations between the two Empires (Roman and Persian) and other subjects of international law of the period not only existed but were regulated by treaties; merchants, for instance, had to use certain roads and certain emporia. Treaties guaranteed religious minorities the exercise of their faith. The allies of the two Empires were included in the treaties and participated in its benefits and obligations. Disputes arising between the two nations were to be decided by courts of arbitration."

[490] Stephan VEROSTA (op. cit., p. 496-498).

[491] Stephan VEROSTA (op. cit., p. 500-501): "traditional historical maps are highly misleading; they show the Roman and Persian Empires as centralised unitarian states. In reality, each of the two Empires constituted a rather complex commonwealth of nations, states, city-states and cities."

> Até cerca do ano 200 a.C., a conquista romana da Itália e sua dominação sobre o Mediterrâneo ocidental tinham consistido em estabelecer uma zona de proteção, em torno de Roma; ou antes, colocar em obra uma concepção muito particular dessa zona 'defensiva'; segundo a qual a simples existência de uma potência independente em suas fronteiras, já era sentida como uma ameaça para a sua segurança.
> Mudança decisiva ocorre a partir de 200 a.C., quando o Senado passa desse imperialismo 'defensivo' para um imperialismo expansionista, que quer desempenhar um grande papel no palco do mundo: a conquista do Oriente vai começar.[492]

Ainda que se possa questionar a dosagem de espírito 'defensivo' ou 'expansionista', motivada pela necessidade de defender, fortalecer ou recuperar províncias do império, e menos por espírito de agressão, ganância ou vaidade imperial, Roma manteve relações de direito internacional com muitos dos estados, nações e tribos, além dos limites do *limes*, a linha de fortificações que marcava o limite do Império romano.[493] É descabido negar a existência e a operação de sistema internacional antigo, regido por alguns princípios.

O princípio jurídico básico – *pacta sunt servanda* – tinha aplicação não somente nos contratos civis, mas também nos tratados.[494] A guerra (*bellum justum*), somente poderia ser declarada havendo justa causa (*justa causa belli*). Mas, basicamente, não somente a guerra poderia ser lícita, como constituía mecanismo de uso corrente.

[492] Paul Veyne, *L'identité grecque contre et avec Rome* (cap. cit., in **L'empire gréco-romain**, 2005, p. 176): "Sous couleur de rigueur scientifique, l'érudition ne doit pas fermer les yeux à ce que nous enseignent tous les jours les journaux, la télévision et l'histoire universelle: toute politique extérieure ne s'explique pas par des motifs 'rationnels', les mêmes chez tous – intérêts matériels, sécurité nationale, concaténation fatale des événements parfois; on a vraiment cherché de ce côté-là les raisons de l'intervention romaine en Grèce."

[493] Stephan Verosta (op. cit., loc. cit.): "The Romans had to realize very soon that the domination of the whole world was beyond the Empire's powers." Com parceiros considerados iguais eram celebrados tratados de amizade ou neutralidade (*amicitia*) e alianças defensivas (*foedus*). Alguns tratados constituiam formas variadas de dependência (*deditio in fidem, clientela*), mais ou menos correspondentes aos pactos de vassalagem e protetorado do direito internacional moderno, ou constituiam submissão à autoridade de Roma (*deditio*).

[494] J. B. Whitton, **La règle 'pacta sunt servanda'** (RCADI, 1934, t. 49, p. 147-276).

Apesar da ruptura do modelo político do Império do Ocidente, em considerável medida os 'invasores bárbaros' germânicos não põem termo à unidade mediterrânea do mundo antigo, no final do século V, nem ao que se pode chamar de essencial da cultura romana. Estes, com mais ou menos empenho e resultados, conservam o modelo e os ideais romanos, mesmo quando deixa de haver 'império romano', no Ocidente.

Há controvérsias quanto ao impacto da conquista muçulmana. Para alguns historiadores,[495] a grande ruptura política e cultural, da época, teria sido a chegada do Islã, impulsionado por MAOMÉ, a partir do século VII. Começariam, a partir daí, a confrontação e os desencontros entre os mundos denominados 'cristão' e 'muçulmano'.

O fim do Mediterrâneo como *mare nostrum* romano[496] marcaria o final da Antiguidade e o início da Idade média. A ruptura do mundo antigo teria sido causada pelo avanço rápido e inesperado do Islã. Tendo por consequência separar definitivamente o 'Ocidente' e o 'Oriente', pôs fim à unidade mediterrânea.

Da África à Espanha, que estavam, há séculos, na órbita do mundo ocidental, passam estas regiões a gravitar em torno a Bagdá, orientados segundo outra religião e outra cultura, que se manifesta em todos os campos. O Ocidente se vê cercado de todos os lados e obrigado a viver voltado para si mesmo.[497]

495 Henri PIRENNE, **Mahomet et Charlemagne** (1936) seguido de Bruce LYON, *le débat historique sur la fin du monde antique et le début du moyen âge*, André GUILLOU, *Byzance et la genèse de l'europe occidentale,* Francesco GABRIELI, *Effets et influences de l'Islam sur l'europe occidentale,* Heiko STEUER, *De Théodoric le grand à Charlemagne* (trad. de Hélène SEYRÈS, Milão: Jaca Book, © 1986, 1ª ed. francesa, 1987).

496 Fernand BRAUDEL, **La méditerranée et le monde méditerranéen à l'époque de Philippe II** (Paris: Armand Colin, © 1966, impr. 1987, 2 vols.), Fernand BRAUDEL, **Écrits sur l'histoire** (Paris: Flammarion/Champs, © 1969, impr. 1984), Fernand BRAUDEL (coord.), **La méditerranée: espace et histoire** (Paris: Flammarion / Champs, 1ª ed., 1977, impr. 1985), Fernand BRAUDEL e Georges DUBY (coord.), **La méditerranée: les hommes et l'héritage** (Paris: Flammarion / Champs, 1ª ed., 1977, impr. 1986), Georges DUBY, **L'Europe au moyen âge** (Paris: Flammarion / Champs, 1ª ed., 1981, impr. 1984), Georges DUBY, **An 1000 – an 2000: sur les traces de nos peurs** (Paris: Textuel, 1995), Henri FOCILLON, **L'an mil** (Paris: Denoel, 1984), Norman F. CANTOR, **The civilization of the middle ages** (New York: Harper, 1993).

497 Henri PIRENNE (op. cit., loc. cit.): "La Méditerranée occidentale, devenue un lac musulman, cesse d'être la voie des échanges et des idées qu'elle n'avait cessé d'être jusqu'alors."

Outros entendem[498] ter a conquista muçulmana suscitado nova síntese, entre os legados sassânida e bizantino, impulsionando desenvolvimentos civilizatórios inovadores, que também repercutem no 'Ocidente'. E que "graças à conquista muçulmana, o Ocidente retoma o contato com as civilizações orientais e, através delas, com os grandes movimentos mundiais de comércio e de cultura".[499]

Nesse meio tempo, as invasões bárbaras, em sucessivas levas, entre os séculos IV ao IX, teriam acarretado a regressão econômica do Ocidente merovíngio e depois carolíngio. Enquanto a criação do novo império islâmico acarretaria, para esse mesmo Ocidente, um surpreendente desenvolvimento.

Mais do que pretender se imiscuir nessa célebre controvérsia da historiografia, convém ressaltar que aspectos de direito internacional e de relações internacionais continuam a ocorrer, alternando períodos de confrontação militar – guerras – com outras fases de distensão e desenvolvimento de relações, mais ou menos pacíficas, abrangendo rotas de comércio e, sempre, na esteira destas, também intercâmbios culturais e de ideias.

Inclusive, a concepção cristã ocidental a respeito da guerra teria sido influenciada pelo islão – passando da condenação da guerra, pelos padres da igreja dos primeiros séculos à progressiva aceitação, quando se tratasse, por exemplo, da luta em defesa da fé – em santo AGOSTINHO, no século V – até o ponto em que se começa a falar em desencadear as 'cruzadas', com a conclamação do papa URBANO II, no final do século XI. A 'guerra santa' cristã muda a configuração pacifista original de JESUS CRISTO, para incorporar a luta armada na ação do cristão – enquanto o islão, desde o início, comporta o apelo à 'guerra santa', a *jihad*.[500]

[498] Maurice LOMBARD, **L'Islam dans sa première grandeur (VIIIe-XIIe siècle)** (préf. de Hichem DJAÏT, Paris: Flammarion / Champs, © 1971, impr. 1980). Contrariamente à célebre tese de Henri PIRENNE, afirmava Maurice LOMBARD (op. cit., p. 19-20): "Si les invasions germaniques ont précipité le déclin de l'Occident, les invasions musulmanes ont provoqué la relance de sa civilisation. Bref, le problème posé en Occident à propos de l'arrivée des barbares, de la continuité ou de la régression économique, doit être tranché, dans le cas de la conquête arabe st sur l'ensemble du domaine musulman, par l'affirmation non seulement de toute absence de coupure, mais plus encore, d'un prodigieux essor."

[499] V. tb. supra cap. 4 – o império persa.

[500] Cfr. **Tratado** (tomo IV – **Direito internacional no tempo medieval**, cap. 11 – tratadistas da guerra: Balthazar AYALA e Pierino BELLI, esp. os itens 11.1 – cristianizar a guerra? e 11.2 – guerra justa e guerra santa: entre *jihad* e as cruzadas).

O eixo da vida econômica – nessa perspectiva histórica – é empurrado do Mediterrâneo para o norte. O fracionamento da unidade do império leva à instauração do feudalismo e desencadeia essa longa transição, que se convenciona chamar de "Idade média".[501] E, essa longa transição, se estende, segundo tal concepção, de 650 até 750 A.D. – ou por tempo ainda mais longo, se computado conjunto da transição do tempo antigo para o medieval.[502]

O mundo ocidental se dará conta da extensão das mudanças ocorridas por ocasião da ascensão de CARLOS MAGNO, que instaura o novo império, no ano 800 A.D.. Esta foi uma das grandes rupturas da história. Na medida em que um novo 'império' no Ocidente, contrapôs-se ao Império romano do Oriente, ou Bizâncio.[503]

As lições para o direito internacional são relevantes.[504] A história do período é normalmente dividida entre a história do império romano tardio – e a Antiguidade tardia se tornou campo autônomo do conhecimento – antes de passar à história das grandes migrações, como tempos de 'convulsões' e 'transição'.

> Sempre existe continuidade na história. A continuidade na história do direito internacional foi assegurada pelo Império Romano do Oriente, ou Bizantino. O Império Romano do Ocidente foi substituído por um sistema de novos estados europeus ocidentais, a partir de 450 A.D. em diante, que depois se francionaram em numerosas unidades territoriais e feudais, bem como cidades-estado, uma família cristã de unidades políticas soberanas e de estados. Em outra linha, se desenrola a história

[501] Jacques LE GOFF com a colaboração de Jean-Maurice de MONTREMY, **Em busca da idade média** (trad. Marcos de CASTRO, Rio: Civilização brasileira, 2005).

[502] Cf. se considera no **Tratado** (tomo IV – **Direito internacional no tempo medieval**, cap. 8 – transição do mundo tardo-antigo ao medieval, esp. 8.3 – caminhos da instauração medieval).

[503] Nesse sentido, **Tratado** (tomo IV – **Direito internacional no tempo medieval**, cap. 8 – transição do mundo tardo-antigo ao medieval).

[504] Mais uma vez, cf. o precedente cap. 4 – império persa, b/c **Tratado** (tomo IV – **Direito internacional no tempo medieval**); Stephan VEROSTA (op. cit.) mostra as relações entre os impérios persa e romano (caps. I, III e VI), as relações entre os dois impérios e os estados, cidades-estado e tribos das fronteiras norte e sul (caps. II e V), o estatuto da Armênia como estado-tampão entre os dois impérios (cap. III), e as relações entre os dois impérios e os hunos, entre os quais os hunos europeus constituiram poderosa terceira força, na europa entre 380 e 460 A.D. (cap. IV).

do império persa sassânida, até seu total desaparecimento, em 651 A.D., com a conquista pelos árabes.[505]

Apesar de outros argumentos válidos, em sentido diverso, parece-me procedente a concepção de Henri PIRENNE sobre a grande ruptura da época não ter sido a queda do Império romano do Ocidente em 476 A.D., mas a chegada do Islã, impulsionado por MAOMÉ.[506] Os invasores germânicos, ditos '*bárbaros*', não põem termo à unidade mediterrânea do mundo antigo, nem ao que se pode chamar de essencial da cultura romana. Estes como tais se conservam, e permanece o modelo e os ideais romanos, mesmo quando deixa de haver império romano no Ocidente. Ravena é mais que símbolo, mas também modelo e inspiração para os reinos germânicos, que se inspiram e emulam o modelo romano. O Oriente foi um fator fecundante; tendo Constantinopla como centro do mundo (ocidental). Em torno do ano 600, o mundo não tem uma fisionomia qualitativamente diferente daquela que tinha por volta de 400 d.C.[507]

505 Stephan VEROSTA (op. cit., Conclusion, p. 612-613): "There is always continuity in history. The continuity in the history of international law was assured by the East Roman or Byzantine Empire. / "The West Roman Empire was replaced by a system of new West-European states from AD. 450 onwards, which later split into many territorial and feudal units and city-states, a Christian family of sovereign political units and states. The Persian Empire was replaced by the Arabs who, by annexing the Eastern and the North-African shore of the Mediterranean had brought the period of later antiquity, based on the unity of the Mediterranean area, to an end, and with it a period in the history of the Law of Nations. / "The re-hellenized East-Roman or Byzantine Empire remained in full political and cultural continuity as the depositary heir of the Law of Nations developed between 100 and 650 AD. in Roman-Persian relations. Establishing co-existence and international relations with the West-Asian power of the Caliphate and its Islamic successor states and with the new state-system of Western Europe, the East-Roman or Byzantine Empire transmitted to the West-European and to the West-Asian states, to East and West as seen from Constantinople, a part of the tenor and much of the forms of the Law of Nations elaborated by Europe and Western Asia in later antiquity."

506 Henri PIRENNE, **Mahomet et Charlemagne** (1936) seguido de Bruce LYON, *le débat historique sur la fin du monde antique et le début du moyen âge*, André GUILLOU, *Byzance et la genèse de l'europe occidentale*, Francesco GABRIELI, *Effets et influences de l'Islam sur l'Europe occidentale*, Heiko STEUER, *De Théodoric le grand à Charlemagne* (trad. de Hélène SEYRÈS, Milão: Jaca Book, © 1986, 1ª ed. francesa, 1987).

507 Henri PIRENNE (op. cit., "conclusion", p. 131-132): "Malgré les troubles et les pertes qui en ont résulté, il n'apparaît de principes nouveaux, ni dans l'ordre économique, ni dans l'ordre social, ni dans la situation linguistique, ni dans les institutions. Ce qui subsiste de

Cabe passar ao exame da duradoura contribuição do *jus gentium* para o direito internacional (6.3).

6.3. Duradoura contribuição do *jus gentium* para o direito internacional

Há um direito na guerra, como há na paz,e nós aprendemos a respeitar esse direito, do mesmo modo que a lutar com coragem.

TITO-LÍVIO, **História de Roma**[508]

... A paz resguardas,
inabalável, quando o mundo é todo dúvidas,
ou lhe apraz, aos facínoras e ao povo insano
conjurado, abonar as contendas civis?
Aventam todos um motivo às ímpias guerras.

LUCANO, **Farsália**[509]

A antítese entre *ius civile* e *ius gentium* foi, em verdade, antes uma distinção introduzida pelos filósofos, que uma classificação inventada pela jurisprudência (*giurisprudenza*), para seus próprios fins. Para os filósofos o *jus gentium* era o complexo de normas jurídicas que vigia, não somente junto aos romanos, como junto a todos os povos que tivessem alcançado certo grau de civilização (*giunti ad un certo stato di civiltà*): este se reportava a uma razão natural – *naturalis ratio* –, que encontra acolhida junto a todos os homens – *apud omnes homines peraeque custoditur*.

V. ARANGIO-RUIZ (1977)[510]

civilisation est méditerranéen. C'est aux bords de la mer que se conserve la culture et c'est là que sortent les nouveautés: monachisme, conversion des anglo-saxons, art barbare etc. / "L'Orient est le facteur fécondant; Constantinople, le centre du monde. En 600, le monde n'a pas pris une physionomie qualitativement différente de celle qu'il avait pris en 400.

508 TITO LÍVIO (+ 17 d.C.), **História de Roma** (do original **Ab urbe condita**, introdução, tradução e notas de Paulo Matos PEIXOTO, São Paulo: Paumape, 1989, 6 volumes, cit. livro V § 27).

509 LUCANO (39-65 d.C.), **Farsália** (Cantos I a V, edição bilingue, introdução, trad. e notas Brunno V. G. VIEIRA, Campinas: Lumina – Ed. Unicamp, 2011, cit. II. 247-251): ... *pacemne tueris / inconcussa tenens dubio uestigia mundo / an placuit ducibus scelerum populique furentis / cladibus inmixtum ciuili absoluere bellum? / quemque suae rapiunt scelerata in proelia causae.*

510 V. ARANGIO-RUIZ, **Storia del diritto romano** ("settima edizione riveduta con note aggiunte, ristampa anastatica", 1977, cap. VI, item 3 – il *jus gentium*, p. 141-149, cit. p. 145).

> O direito fetial romano é um verdadeiro direito internacional público arcaico e não somente um vago conjunto de práticas jurídico-religiosas, cujo único propósito seria o de assegurar a consciência tranquila dos romanos, desde que respeitassem escrupulosamente as práticas puramente formais, para fazer declarar justa a guerra, fosse qual fosse a justiça do real *casus belli*.
>
> Seja como for, é uma noção à qual convém particularmente nos ater, porquanto ela é claramente enunciada: a noção de guerra justa e santa – *bellum iustum et pium* – que estará no cerne das preocupações, tanto dos teólogos quanto dos teóricos, até Grócio.
>
> D. Gaurier (2014)[511]

Reflexo do novo impulso comercial, que acompanha a progressiva e expressiva ampliação geográfica das atividades da República romana cria-se – no ano 512 da fundação de Roma, ou seja, por volta de 242 a.C. – uma nova categoria de pretor, cuja atribuição seria reger as relações entre cidadãos romanos e estrangeiros: *praetor qui inter peregrinos – vel inter cives et peregrinos – ius dicit*, ou seja, o "pretor que diz o direito entre estrangeiros, ou entre cidadãos e estrangeiros", simplesmente dito, o *praetor peregrinus*. A ação destes será a base para a formação do *jus gentium*.[512] A criação desta nova categoria pretorial, contudo, não acarreta o desaparecimento da jurisdição dos *recuperatores*, que ainda prolatavam sentenças ao tempo de Gaio.[513]

[511] Dominique Gaurier, **Histoire du droit international** (Rennes: Presses Univ. de Rennes, 2014, 2.2 – Les apports de la Rome ancienne, p. 69-82, cit. p. 74) – minha tradução, ligeiramente modificada na citação supra. Mais do que o procedimento em si, que parece lastreado em fundo comum indo-europeu – *indictio belli* – e que perderia importância na medida em que Roma passou a controlar a península itálica – e depois o seu vasto império – a noção de 'guerra justa' sobreviveria e daria lugar a consideráveis desenvolvimentos, por parte dos canonistas, mas também os juristas de séculos posteriores, dado que alguns de seus tratados claramente concernem ao direito de guerra.

[512] V. Arangio-Ruiz (op. cit., ed. 1977, p. 146): "Ciò non toglie il senso tecnico che l'espressione *jus gentium* assume quando i giuristi l'adoperano per indicare gl'istituti nei quali è possibile un rapporto giuridico fra un romano e un straniero, tutelato nei tribunali dei diversi paesi interessati."

[513] D. Gaurier, **Histoire du droit international** (ed. 2014, cit. p. 75): "Il est peu possible qu'à une époque où l'on savait parfaitement distinguer le magistrat et le juge, le *praetor peregrinus* qui avait une absolue *jurisdictio inter peregriunus, vel inter cives et peregrinus*, i.e. 'juridiction entre les pérégrins ou entre les citoyens et les pérégrins' ait alors conduit à la

Qual direito deveria ser aplicado por esse pretor – *praetor peregrinus*? Justamente aí se inscreve a formação do *jus gentium*. Para distinguir esse novo direito, destinado a reger as relações com estrangeiros, diverso daquele, formalista e tradicional, que regula as relações entre cidadãos romanos (*ius civile*), foi este chamado *jus gentium*.

Qual a natureza jurídica desse novo direito e no que se distingue do *jus civile*? Contrariamente ao que ocorria nas primitivas comunidades citadinas, onde o direito somente se aplicaria aos cidadãos desta, já as antigas Leis das Doze Tábuas (na metade do século V a.C.) contemplavam a possibilidade de relações comerciais, legalmente tuteladas, inicialmente de modo bastante restrito, entre romanos e estrangeiros.

De modo geral, as relações que mantinham os romanos com outros povos eram, em grande medida, determinadas pela existência ou não de tratado de amizade entre Roma e a entidade política estrangeira. Ante a inexistência de tratado, quer pessoas como bens, provenientes de tais regiões, que se encontrassem entre os romanos, não gozariam de proteção e poderiam ser objeto de apropriação, sem maiores formalidades.

A situação mudava com a ocorrência de tratado de amizade, passando a gozarem de proteção os cidadãos da entidade política estrangeira, bem como os seus bens. Esses tratados podiam adotar quatro diferentes formas:[514]

- tratado de amizade (*amicitia*) – celebrado entre Roma e cidade estrangeira, por meio do qual ambos os contratantes estipulavam reciprocamente manter relações de cordialidade e proteger os seus respectivos cidadãos;

disparition des *recuperatores*, simples particuliers qui ne pouvaient juger que l'affaire dont la connaissance leur avait été déférée par un ordre spécial. Le préteur, quant à lui, disposait en tant que magistrat de la cité de Rome, d'un pouvoir de commandement qui lui donnait un pouvoir que ne possédaient pourtant pas les *recuperatores*."

[514] Além dessas fórmulas, que podem ser assimiladas ao gênero dos tratados, existiam também arranjos temporários, dentre os quais a *sponsio* – ou promessa, que era acordo concluído em seu próprio nome e sob sua responsabilidade, por um general romano, com o inimigo; este somente poderia receber valores, na medida em que tivesse sido ratificado pelo Senado, ou o povo, reunido em comício; e igualmente as *induciae* – ou tréguas, tendo por objeto a suspensão momentânea das hostilidades, cf. D. Gaurier, **Histoire du droit international** (ed. 2014, cit. p. 77-80) "o que não impedia fossem, por vezes, celebradas por longos períodos, de 40 e até 100 anos."

– tratado de hospitalidade (*hospitium*), foi utilizado em duas modalidades sucessivas – inicialmente sob a forma de acordos particulares, que garantiam proteção ao estrangeiro, de passagem por Roma: o *hospitium privatum*, entre duas famílias amigas, assegurava proteção recíproca; a partir desse modelo, surge o *hospitium publicum* ou hospitalidade pública, cujo princípio é idêntico,[515] mas onde o tratado era celebrado entre Roma e outra cidade, onde cada uma se comprometia, reciprocamente, a conceder aos outros cidadãos, os mesmos direitos que aos seus – esses direitos, contudo, podiam variar, segundo os tratados, sendo os direitos mais frequentemente reconhecidos o *connubium* – direito de se casar com cidadão romano – o *commercium* – direito de praticar atos jurídicos próprios dos cidadãos e a *reciperatio* – a prerrogativa de pleitear a restituição do que era devido (mas não a possibilidade de atuar segundo o procedimento ordinário, reservado aos cidadãos romanos);[516] ao lado desta modalidade, Roma também praticava a associação – os assim chamados aliados ou associados (*socii*) – em favor quer de coletividades, quer de particulares – e estrangeiros, aos quais era reconhecida essa condição poderiam gozar de imunidades fiscais, quando a cidade da qual eram cidadãos era obrigada a pagar tributo a Roma, bem como pleitear perante seus próprios tribunais, os de Roma ou ainda de outra cidade livre e amiga do povo romano;

– tratado de aliança (*foedus*), era ratificado pelos comícios, sob a forma de lei; podem ser apontadas duas modalidades de aliança: a primeira, realizada em pé de igualdade (*foedus aequum*) – tal como celebrado em 493 a.C. com os latinos,[517] que compreendia paz perpétua entre os membros, ajuda recíproca em caso de agressão contra um dos membros, divisão equitativa de espólios de guerra; outro exemplo de tratado igualitário foi o celebrado entre Roma e Cartago, por volta de 306 a.C., com

[515] Tito Lívio, **História de Roma** (ed. 1989, cit. livro I, § 45): "SÉRVIO não cessava de elogiar com entusiasmo esse espírito de cooperação, essa harmonia no culto dos mesmos deuses, principalmente diante da aristocracia do povo latino, com o qual havia tido o cuidado de travar relações de hospitalidade e de amizade, tanto oficiais quanto privadas."

[516] D. Gaurier, **Histoire du droit international** (ed. 2014, cit. p. 77) observa que esse regime logo se mostraria insuficiente, tanto mais que os desenvolvimentos da conquista obrigaram a colocar a questão em termos diversos.

[517] Tito Lívio, **História de Roma** (ed. 1989, cit. livro II § 33) descreve como, nessa altura, "foi concluída uma aliança com os povos latinos".

o fim de preservar a paz e delimitar as respectivas zonas de influência no Mediterrâneo, com concessões mútuas e promessa de proteção recíproca dos respectivos cidadãos; e a segunda modalidade, em muitos outros casos, os romanos celebravam *foedera* sem condições igualitárias (*foedus iniquum*), nos quais Roma afirmava a sua supremacia, que considerava natural;[518]

– tratado de rendição (*deditio*), no qual o vencido se colocava à mercê do vencedor; inicialmente quando um povo, vencido pela força das armas, se entregava totalmente ao vencedor, que somente concedia a paz nessas condições; a *deditio* também poderia ser aplicada – 'preventivamente' – em relação a povo, que não estivesse em guerra com Roma, mas desejoso de fazer sua submissão aos romanos, com temor de se ver, proxima e inelutavelmente, submetido a condição servil, preferindo assim evitar o pior. A fórmula da *deditio* é reportada por TITO-LÍVIO:

Deditisne vos populumque urbem, agros, aquam, terminos, delubra, ustensilia, divina humanaque omnia in meam populique romani dicionem? – entregai vossas pessoas, povo, cidade, terras, águas, fronteiras, templos, utensílios, todas as coisas sagradas e profanas, a mim e ao povo romano? – Sim. – Está bem; eu vos recebo.[519]

Depois da submissão, os *deditícii* deixavam de ser uma entidade política independente, não mais tinham religião, nem direito, nem existência política, passando corpos e bens a pertencerem ao povo romano: essa foi a situação de muitas cidades sobre as quais se estendeu a dominação de Roma, notadamente quanto esta assume o controle sobre todo o Lácio e, a seguir, sobre toda a península itálica, nos séculos IV e III a.C.[520]

[518] Sobretudo depois de destruir Cartago, e quando Roma se preparava para conquistar a Grécia, a Ásia menor e o Egito. D. GAURIER, **Histoire du droit international** (ed. 2014, cit. p. 78) comenta: "É por conta dessa atitude que, durante muito tempo, se disse que Roma não teria tido influência sobre o desenvolvimento do direito internacional".

[519] TITO LÍVIO, **História de Roma** (ed. 1989, cit. livro I § 38 – rendição de Colácia. Submissão dos antigos latinos).

[520] A. GRANDAZZI, **Urbs** – Histoire de la ville de Rome, des origines à la mort d'Auguste (Paris: Perrin, 2017, deuxième partie – *Civitas*: la ville libre, chap. 11 – une capitale régionale (vers 360-338 av. J.-C.), p. 262-279, cit. p. 265): "C'est contre la renaissance de cette volonté de suprématie régionale de la part de Rome que Latins et Gaulois vont essayer d'unir leurs efforts, faisant même appel, semble-t-il aux Grecs de Syracuse" (e tb. IIe partie, chap. 14

As três primeiras modalidades de tratados frequentemente continham a cláusula que previa a solução de litígios, que pudessem ocorrer entre as partes contratantes, seriam submetidos a arbitragem. Incumbência a ser desempenhada pelos os quais assim chamados *recuperatores*, conforme registra TITO-LÍVIO.[521]

No curso dos desenvolvimentos ulteriores, o estabelecimento de *commercium* poderia dar-se por meio do instituto do *hospitium*, mediante o qual o particular poderia estabelecer relações comerciais com outros indivíduos de qualquer cidade, com a qual a sua cidade de origem não estivesse em guerra. De modo equivalente, tanto individual, em relação a determinado particular, quanto coletivamente, em relação a cidades inteiras, poderia ocorrer, mediante tratado, ou mediante reconhecimento tácito de consanguinidade, a admissão a gozar do *ius commercii* com os romanos.[522]

A derrogação das normas, habitualmente aplicáveis às relações entre cidadãos da mesma cidade, em relação aos casos de relações entre citadinos e estrangeiros, não se media pelos mesmos padrões regentes das relações entre concidadãos. Antes se dava a percepção de que os negócios jurídicos revestiam formas diversas nas distintas comunidades, de tal modo que aquilo que seria eficaz, segundo o direito de determinada cidade, à qual pertencia um dos contratantes, poderia não o ser alhures, e não valer na pátria do outro.

Cabe ainda mencionar às precedentes, a modalidade de *hospitalitas* aplicada aos burgundios e aos visigodos, quando estes vieram se estabelecer no Império. No início do século IV d.C., foi transposto em favor destes grupos étnicos – que se 'instalavam' em território romano – o

– Le temps des temples (296-264 av. J.-C.), p. 312-341, cit. p. 340 e 341): "À l'extérieur, la puissance de Rome n'est désormais ignorée de personne" [...] "Les Romains sont les maîtres et n'entendent pas l'oublier, au-delà même de la frénésie joyeuse des jours de triomphe."

521 TITO LÍVIO, **História de Roma** (ed. 1989, cit. livro XLIII § 2) assinala a ocorrência, em 171 a.C., por ocasião da solução de controvérsias entre romanos e estrangeiros, para assegurar aos primeiros as reparações às quais poderiam pretender em decorrência de operações militares.

522 V. ARANGIO-RUIZ (op. cit., ed. 1977, p. 142-143): "Il senso di quest'ultima espressione [*ius commerci*] è peraltro assai controverso. Mentre infatti si parla, in termini generali, di un diritto di comprare e vendere reciprocamente (*emendi vendendique invicem ius*), sembra che più particolarmente il *ius commerci* importasse la facoltà di prender parte a una *mancipatio* con romani".

sistema, introduzido ao tempo do reinado de CONSTÂNCIO CLORO, para agentes civis, e posteriormente aplicado, ao final desse mesmo século, em favor de militares do exército romano. Nesse sistema, quem se incumbia de abrigar um soldado, cabia transferir uma fração, normalmente um terço, de sua propriedade –[523] segundo estipulava a constituição dos imperadores ARCÁDIO e HONÓRIO, do ano 398 d.C.

A prática prudente sugeriu, ao longo do tempo, normas conformes ao que se contém na fórmula *locus regit actum*, e equivalentes, mas isto significava que o estrangeiro deveria se adaptar ao direito do outro, o que poderia não ser de fácil conhecimento para o leigo, especialmente em tempos de predomínio do direito não escrito. Dificuldade ainda maior resultava do fato de que as fórmulas solenes do direito civil eram restritas ao uso dos cidadãos. Tampouco poderia o estrangeiro (nem mesmo o latino) ser admitido em Roma, para o exercício da *legis actio*.

Desse modo, as relações entre homens de diferentes cidades tiveram, em si, no início, alguma coisa de fiduciário, cada um manifestando a boa-fé como base para a realização do negócio. A intervenção de magistrado, da cidade de uma ou da outra parte contratante, na determinação da lei aplicável, ou no sentido de guiar as partes à escolha dos juízes, não entrava nas atribuições regulamentares destes, enquanto exercício da jurisdição em sentido estrito, mas antes como expressão de poder discricionário, poder esse que estaria abrangido pela noção de *imperium*.

Como ensina TITO LÍVIO na **História de Roma**, "todos os tratados tem as suas cláusulas particulares, mas todos se realizam do mesmo modo".[524] Princípios jurídicos básicos, tais como a boa fé e a obrigação de manter a palavra dada – *pacta sunt servanda* – tinham igualmente aplicação nos contratos civis, como nos tratados.[525] Até nossos tempos

[523] D. GAURIER, **Histoire du droit international** (ed. 2014, cit. p. 79-80): Como esses mesmos povos bárbaros forneciam contingentes militares, puderam obter a extensão desse regime, em favor deles, mas exigindo mais do que a parcela concedida ao soldado: "assim, para os burgundios a divisão se fazia pela metade (*Lex Burg.*, LIV, 1 e 2) enquanto os visigodos deixavam ao proprietário original somente um terço de seus domínios (*Lex Wisigoth.*, X, 1, 8)".

[524] TITO LÍVIO, **História de Roma** (introdução, tradução e notas de Paulo Matos PEIXOTO, São Paulo: Paumape, 1989, 6 volumes, cit. p. 52, livro I, § 24).

[525] Desnecessário enfatizar a relevância da boa-fé no direito internacional vigente. Como estipula a Convenção de Viena sobre o direito dos tratados (conclusão e assinatura, Viena, 23 de maio de 1969; entrada em vigor internacionalmente, 27 de janeiro de 1980; no Brasil,

pós-modernos – mesmo se por vezes isso não é honrado – no sentido da obrigatoriedade dos tratados (*pacta sunt servanda*), incluindo a boa-fé (em grego *pistis*, em latim *fides*) na interpretação[526] e aplicação destes.[527]

Em relação aos tratados, cabe atentar para o papel destes, ao longo da história, não somente enquanto resultado ou efeito do entendimento entre entidades políticas soberanas, mas também como elementos que contribuíram para a formação do direito internacional.[528] Sobretudo no caso dos tratados de paz – como elementos informativos e constitutivos de dois ramos essenciais e específicos do direito internacional: em

aprovada pelo Dec.-Leg. n. 496, 17 de julho de 2009 e promulgada pelo Dec. n. 7030, de 14 de dezembro de 2009), art. 26 – *pacta sunt servanda*: "Todo tratado em vigor obriga as partes e deve ser cumprido por elas de boa-fé". A respeito, v. Accioly – Nascimento e Silva – Casella, **Manual** (25ª ed., 2021, item 2.1.2 – *jus cogens*: a imperatividade jurídica objetiva das normas internacionais, p. 154-159); J. B. Whitton, **La règle 'pacta sunt servanda'** (RCADI, 1934, t. 49, p. 147-276).

526 Teresa Negreiros, **Fundamentos para uma interpretação constitucional do princípio da boa-fé** (prefácio M. C. B. de Moraes, Rio de Janeiro: Renovar – Biblioteca de teses, 1998, Introdução, pp. 1-23, cit. pp. 1-2): "A boa-fé é uma noção jurídica tão antiga quanto obscura. Tais características parecem justificar-se reciprocamente. Com efeito, a ancestralidade da boa-fé – cujas origens já se delineiam na tradição jurídica romana – pode ser associada à ancestralidadede do próprio direito, como forma de organização social, na medida em que a ideia de uma conduta leal e confiável – substrato da boa-fé – integra a essência do direito, sua dupla fundamentação de viabilizar a justiça e a segurança das relações intersubjetivas. A conexão assim vislumbrada, entre a ideia de direito e o conteúdo ético evocado pela boa-fé implica, numa perspectiva de assimilações mútuas, que a conceituação desta reflita a conceituação daquele. Sob esse aspecto, portanto, as tantas dificuldades em conceituar a boa-fé – chamada, também por isso, de *'une mer sans rivages'* -- revelam apenas um pequeno córrego que aflui ao grande oceano, pressuposto pela eterna questão acerca do que seja o conteúdo (mínimo) do direito"; tb. Simone David-Constant, *La bonne foi: une mer sans rivages* (in **Bonne foi**: Actes du colloque organisé le 30 mars par la Conférence libre du jeune barreau de Liège, A.S.B.L., Liège: Éditions du jeune barreau de Liège, 1990, p. 7).

527 Robert Kolb, **La bonne foi en droit international public: contribution à l'étude des principes généraux du droit** (Paris: PUF / publ. IUHEI, 2000); Elizabeth Zoller, **La bonne foi en droit international public** (Paris: Pedone, 1977); Suzanne Bastid, *Mutations politiques et traités: le cas de la Chine* (in **La communauté internationale: Mélanges offerts à Charles Rousseau**, Paris: Pedone, 1974, pp. 1-15, cit. p. 15): "la notion de continuité de l'état ne s'adapte pas à tous les problèmes issus, pour les traités, des mutations politiques."

528 Randall Lesaffer, *Peace treaties and the formation of International law* (in **The Oxford Handbook of the History of International Law**, ed. by B. Fassbender and A. Peters, Oxford: Univ. Press, 2012, Part One, Chap. 3, p. 71-94, cit. p. 71): "Ever since pre-classical antiquity, peace treaties have been important instruments for ending wars as well as for the political and legal organization of international communities."

direito dos tratados e em matéria de *jus post bellum*. Onde também se destaca a contribuição de Roma.

O *jus post bellum* é a terceira parte, após o direito sobre o uso da força (*jus ad bellum*) e o direito da guerra (*jus in bello*), do que se tornou historicamente conhecido como o direito da guerra e da paz (*ius belli ac pacis*).[529]

> Os usos e costumes romanos em matéria de celebração de tratados de paz foram influenciados pelas práticas gregas que, por sua vez, se basearam nas práticas das civilizações pré-clássicas do Oriente médio. Em razão disso, a antiga prática em matéria de tratados de paz demonstra admirável continuidade.[530]

Os romanos distinguiam entre pactos (*foedera*) e promessas (*sponsiones*):
– o pacto (*foedus*) era a forma tradicional, pela qual os romanos criavam vínculos e assumiam obrigações. Inicialmente, era jurado pelos sacerdotes do colégio fetial, mediante elaborado ritual, vinculando Júpiter, o deus supremo, ao tratado. Os fetiais somente cumpriam esse ritual de consagração do tratado perante a divindade depois de decisão favorável do Senado. Posteriormente, estes foram substituídos por magistrados e, mais tarde, pelo imperador;
– a promessa (*sponsio*) era modalidade de acordo celebrada por magistrados romanos, muitas vezes comandantes militares, em campo de batalha, por sua própria iniciativa. Esta, a seguir, teria de ser ratificada pelo Senado e pelo povo romano. Os romanos se reservavam o direito de não ratificar esses compromissos, com a condição de entregarem à outra parte o magistrado, que fizera a *sponsio*: "os gregos e, por influência destes, os

[529] R. Lesaffer, *Peace treaties and the formation of International law* (op. cit., 2012, cit. p. 72): "To these two aspects of the contribution peace treaties made to international law, scholars have devoted far less attention than they deserve. Particularly the latter [*jus post bellum*] is of great importance for the study of international law and for understanding its impact on people's lives."

[530] R. Lesaffer, *Peace treaties and the formation of International law* (op. cit., 2012, cit. p. 72): "All through antiquity, peace treaties were primarily oral agreements. The constitutive element of their binding character was the mutual oath undertaken by treaty partners. Typically, the oath would include an invocation to the gods to act as witnesses and guarantors of the treaty. Already in preclassical times, there are examples of treaties negotiated by ambassadors, which were later ratified by oath, by the rulers."

romanos também desenvolveram o conceito de boa-fé (pistis, *fides*) à palavra dada, como fundamento do caráter vinculante e da estrita observância de um tratado".[531]

De modo semelhante a outros povos da Antiguidade, gregos e romanos também faziam a distinção entre tratados de paz e armistícios. Cabe apontar que os tratados de paz gregos eram quase sempre celebrados por tempo limitado.[532]

Os romanos reservavam o termo paz (*pax*), para o estado de paz, distinto do estado de guerra; ao tratado de paz se referiam como *foedus pacis* – expunha são Isidoro de Sevilha, no século VII d.C.[533]

Por sua vez, *indutiae* era o termo utilizado para os armistícios: "até o século III a.C., os romanos utilizavam o termo *indutiae* para os tratados de paz, celebrados por tempo limitado, que restauravam o estado de paz, depois de um longo período".[534] A seguir, o termo *indutiae* passou a ter o sentido de tratado que suspendia as hostilidades, mas não punha termo ao estado de guerra nem tampouco restaurava o estado de paz. Como expunha Aulo Gélio: "os armistícios (*indutiae*) não são a paz – permanece o estado de guerra, embora cessem os combates".[535] No século XIII, o glosador Acúrsio distinguia entre armistícios (*indutiae*), que somente suspendiam as hostilidades durante a guerra, e tréguas

[531] R. Lesaffer, *Peace treaties and the formation of International law* (op. cit., 2012, cit. p. 72-73): "In antiquity, treaties were commonly written down and published on pillars or tablets. Its recording was not constitutive to the treaty but served as proof for the treaty and was a way of making it known."

[532] R. Lesaffer, *Peace treaties and the formation of International law* (op. cit., 2012, cit. p. 73).

[533] San Isidoro de Sevilla, **Etimologias** (ed. bilingue, texto latino, versión española y notas por José Oroz Reta y Manuel-A. Marcos Casquero, introducción general por Manuel C. Diaz y Diaz, Madri: Bibliotcca dc autorcs cristianos, 2009, LIbro V – *De legibus et temporibus* – Acerca de las leyes y los tiempos, p. 499-555, cap. 6 – *quid sit jus gentium* – qué es el derecho de gentes, p. 502-503): "Ius gentium est sedium occupatio, aedificatio, munitio, bella, captivitates, servitutes, postliminia, foedera pacis, indutiae, legatorum non violandum religio, conubis inter alienigenas prohibita. Et inde ius gentium, quia eo iure omnes fere gentes utuntur."

[534] R. Lesaffer, *Peace treaties and the formation of International law* (op. cit., 2012, cit. p. 73).

[535] Aulus Gellius (ca. 123-170 AD), **Noctes Atticae** (with an English translation by John C. Rolfe, Cambridge, Ma. / Londres: Harvard U. P., LCL 200, Aulus Gellius II, first publ. 1927, reprinted 2006, 3 vols., cit. I.25.4): "neque pax est indutiae – bellum enim manet, pugna cessat".

(*treugae*) que, temporariamente interrompiam a guerra e provisoriamente restabeleciam a paz.[536]

A guerra (*bellum justum*), somente poderia ser declarada havendo justa causa (*justa causa belli*), e em conformidade com os ritos, extensamente especificados:

> quando o emissário chegava às fronteiras do país ao qual ia fazer a sua reclamação, cobria a cabeça com um *filum* – um véu de lã – e dizia: ouvi-me, ó Júpiter, ouvi-me, fronteiras – aqui nomeava os povos a que pertenciam –, ouvi-me, ó justiça divina. Eu sou o mensageiro oficial do povo romano. Venho encarregado de uma missão justa e sagrada. Peço que confieis em minhas palavras. Em seguida expunha suas reclamações e, tomando Júpiter por testemunha, dizia: 'Se eu peço de modo injusto e ímpio que me sejam devolvidos aqueles homens e aqueles objetos do povo romano, não permitais que eu regresse jamais à minha pátria'. Essa fórmula ele a repetia ao atravessar a fronteira, e repetia-a ao primeiro varão que encontrasse, repetia-a ao entrar na cidade e repetia-a ao entrar no Fórum.[537]

Se não fosse devolvido o objeto de sua reclamação, decorridos trinta e três dias – tal era o prazo consagrado – então se declararia a guerra, proferindo estas palavras:

> Ouvi-me, ó Júpiter, e tu Jano Quirino! Todos vós deuses do céu, vós, deuses da terra, e vós, deuses do inferno, ouvi-me! Eu vos tomo por testemunhas de que aquele povo – aqui designava-o pelo nome – é injusto e

[536] Accursius (+1263), **Glossa Paciscuntur** ad D. 2.14.5: distinguia as tréguas, feitas por longo tempo, dos armistícios, feitos por breves períodos – *ut treugas, quae sunt in longum tempus. Item inducias, quae sunt in breve*; **Glossa Lacessant** ad D. 49.15-19.1: Mas as tréguas são por longo tempo, e são chamadas tratados – *Sed treugae in longum, et dicunt foedera*; v. ainda **Glossa foederati** ad D. 49.15.7.

[537] Tito Lívio (op. cit., ed. 1989, cit. livro I, § 32): "do mesmo modo que Numa Pompílio havia instituído práticas religiosas para a paz, Anco resolveu instituí-las para a guerra. Não bastava declarar a guerra, mas fazer a declaração de acordo com um rito."

> não paga o que deve. Quanto a este assunto consultaremos na pátria os nossos maiores sobre o meio de obter o que nos é devido.[538]

Ao lado da reputação de guerreiros e de legisladores, os romanos cedo adquiriram a reputação de piedosos, e ergueram um altar à boa fé (*fides*),[539] fundamento da vida social e também das relações internacionais. Na medida em que a *fides* implica a substituição das relações de força por relações baseadas na confiança mútua,[540] a *fides* foi divinizada pelos romanos, e tinha templo a ela dedicado, no Capitólio, ao lado do templo de *Jupiter Optimus et Maximus*:

> É o garante da boa-fé e da benevolência mútua em toda a vida social. Usa oficialmente o título de *Fides Populi Romani* (a boa fé do povo romano), e tal como o deus vizinho *Terminus*, garante a conservação das demarcações (fronteiras da cidade, limites dos campos, e tudo o que se deve manter para que seja salvaguardada a ordem das coisas), *Fides* assegura as relações dos seres, tanto nos contratos como nos tratados, e mais profundamente ainda no contrato implícito, definido pelos diferentes costumes, que liga os cidadãos entre si.[541]

538 Tito Lívio (op. cit., ed. cit., p. 64-66, livro I, § 32): "O mensageiro retornava a Roma, para deliberação. O rei imediatamente consultava os senadores." (...) Então ele respondia: 'Acho que se deve fazer uma guerra justa e santa para obter o que nos é devido. Assim penso e julgo'. Em seguida interrogava os outros, um a um. Quando a maioria dos presentes era da mesma opinião, a guerra ficava decidida.

539 Como mencionado no precedente item 6.2. V. tb. Pierre Grimal (1912-1996), **A civilização romana** (do original **La civilisation romaine** © 1984, trad. Isabel St. Aubyn, Lisboa: Edições 70, Lda., 2009, p. 23): "Adivinha-se já o nascimento de uma organização de forma jurídica cuja ambição consiste em regular, de uma vez por todas, e de acordo com a ordem do mundo, toda a vida da cidade. Roma pensa-se segundo um sistema total, harmoniosamente inserido no ritmo do universo."

540 Como refere Pierre Grimal (op. cit., ed. cit., 2009, p. 76), nesta passagem antes referida.

541 P. Grimal (op. cit., ed. 2009, loc. cit.): "*O Fides Quiritium!* – 'Ó boa fé dos cidadãos', gritam as personagens do teatro cômico quando se abate sobre elas alguma catástrofe. Esse pedido de auxílio invocava a solidariedade que devem uns aos outros os membros da cidade. Faltar a esse compromisso abala todo o edifício. E compreende-se porque a *fides* constituía uma das virtudes fundamentais da moral romana. A *fides* tinha ainda outro domínio, era ela que assegurava ao vencido a salvação da vida, quando reconhecia a derrota e apelava, suplicando, para a *fides* do seu vencedor. Substituía a lei da força pela da clemência, reconhecia o direito à vida de todos os homens 'de boa fé', mesmo quando a sorte das armas lhes era adversa."

> *Virtus, pietas, fides*, disciplina, respeito, fidelidade aos compromissos – era este o ideal romano. Esta trilogia domina todos os aspectos da vida, militar, familiar, econômica e social. [...] Tudo se passa como se a moral fosse deduzida logicamente dos imperativos necessários à manutenção da ordem em todos os domínios, à perenidade daquilo que existe e ameaça o tempo.[542]

A consequência de tal concepção para o conjunto da evolução será crucial, porquanto esta moral gera o respeito pela vida humana como valor essencial, e até mesmo na pessoa do inimigo de ontem, do estrangeiro (*hostis*). Atitude que anunciava e permitia, idealmente, a concepção de um império universal, na medida em que este *imperium* não assentava na força e, portanto, na ameaça e na morte, mas na integração num sistema de direitos e deveres.

Aspecto notável, como se pode ler no **Digesto**, proveniente de tempos bastante recuados, os romanos não reconheciam estado perpétuo de guerra com seus vizinhos: "se, com certas nações, não temos conexões de amizade ou de hospitalidade, e nenhum tratado estipulando amizade, os homens dessas nações não são nossos inimigos".[543]

Longa e duradoura será a repercussão de tal formulação, comportando clara distinção: o fato de não haver vínculo jurídico, criando deveres de convivência pacífica, não faria presumir estado de guerra – ainda que latente – entre romanos e esses outros povos. Longa escola faria tal linha de pensamento, no direito internacional clássico, como ilustram,

[542] P. GRIMAL (op. cit., ed. 2009, loc. cit.): "Roma tem a ambição de se precaver, à custa de sabedoria e disciplina, contra a pobreza, a servidão, a morte. Está persuadida de que boas leis e a prática das verdadeiras virtudes pelos cidadãos bastam para preservar uma cidade do declínio fatal que atinge todos os seres vivos."

[543] **Digestorum seu Pandectarum**, recognovit Theodorus MOMMSEN retractavit P. KRUEGER, in **Corpus iuris civilis**, vol. primum, Dublin – Zürich: Weidmann, 22a. ed., 1973, D. XLIX.886.5 – POMPONIUS *libro trigensimo septimo ad Quintus Mucium*): *nam si cum gente aliqua neque amicitiam neque hospitium neque foedus amicitiae causa factum habemus, ni hostes quidem non sunt, quod autem ex nostro ad eos pervenit, illorum fit, et liber homo noster ab eis captus servus fit et eorum.*

por exemplo, Samuel PUFENDORF[544] e Samuel RACHEL.[545] Contrariamente à posição de Thomas HOBBES, que presumia o estado de natureza como estado de guerra de todos contra todos, PUFENDORF – e também RACHEL – na linha do *jus gentium* romano, sustentavam que não necessariamente haveria guerra, somente por não existir vínculo legal internacional estipulando a paz.[546]

Em lugar do quadro anteriormente prevalente, de considerar a guerra como estado normal das relações entre cidades, que não estivessem vinculadas reciprovamente por tratados,[547] aparece, em pesquisas mais recentes a percepção da ocorrência de relações internacionais, em estado de recíproca amizade, entre cidades, como modo natural de relações de boa vizinhança, independentemente de qualquer estipulação específica.

Essa concepção de natural convivência pacífica se põe em marcado contraste com a situação das relações com povos 'desorganizados' e 'não

[544] Ver **Tratado** (tomo IX – **Direito internacional no tempo de Samuel Pufendorf,** cap. 20 – Samuel PUFENDORF (1632-1694), e itens 20.1 – crítica da concepção de PUFENDORF e 20.2 – PUFENDORF como historiador).

[545] Cfr. **Tratado** (tomo IX – **Direito internacional no tempo de Samuel Pufendorf,** cap. 19 – Samuel RACHEL (1628-1691)). Conforme passagem adiante referida de Samueli RACHELII, **De jure naturae et gentium dissertationes** (originalmente publicado em Kiel, 1676, edited by Ludwig von BAR, transl. into English by John Pawley BATE, Washington: Carnegie Institution, 1916, 2 vols., "Dissertatio prima", n. CXXXVIII). Este, antes ponderava (I, p. 1-2): "Jus Romanum [...] partim ex Jure Naturae, partim Gentium deprompta, partim domestica [...] Jus Gentium ego hic intelligo proprie dictum cujus vestigia videre licet in ... ou seja: "É inquestionável que os livros do direito romano contém leis e regras de natureza vária, algumas tiradas do direito natural, outras do direito das gentes, algumas de origem doméstica, surgidas e desenvolvidas no estado romano. E esse direito é, segundo o meu entendimento, propriamente chamado de direito das gentes (*jus gentium*), do qual aparecem traços no **Digesto**: *sobre a aquisição de propriedade* (41.1), *sobre cativos e o postliminio* (49.15), *sobre questões militares* (49.16), *sobre as embaixadas* (50.7)".

[546] Ver **Tratado** (tomo XX – **Direito internacional, história e cultura,** cap. 1 – Direito internacional no tempo e seu papel na história, item 1.1 – o Leviatã e suas transformações).

[547] Yvon GARLAN, **La guerre dans l'antiquité** (orig. publ. em 1972, Paris: Nathan, 1990, le traité, p. 31-32 – minha tradução): os tratados (*synthéké* ou *spondai* em grego, *foedus* em latim) tinham caráter necessariamente oficial: deveriam sempre ser aceitos pelos órgãos públicos competentes em matéria internacional, e ratificados por representantes do estado, especialmente acreditados para essa finalidade. Tinham, além disso, caráter bilateral ou plurilateral, mesmo se, na realidade das relações de força, existia, por vezes, considerável desigualdade entre os contratantes: estes, em todos os casos, subscreviam uma única e mesma convenção, com toda a autoridade da sua personalidade jurídica.

civilizados', ou *alienigeni* – bárbaros.[548] Nestes casos, cujas propriedades seriam consideradas coisas sem dono – *res nullius*, passíveis de aquisição sem qualquer formalidade ou declaração de guerra, e os indivíduos poderiam ser submetidos a escravidão.

> A prática romana deu continuidade às concepções gregas, no sentido de distinguir entidades políticas (*polities*) em meio à comunidade de nações – cujas relações eram sujeitas a regime legal (*rule of law*) – diversamente dos povos fora do âmbito da civilização. Os romanos certamente herdaram as formas e estilos gregos nas relações internacionais.[549]

Cabe lembrar que Roma também teve de manter relações com culturas não-helenizadas, tais como as particularmente tempestuosas relações com Cartago, bem como os reinos que tinham sucedido o efêmero e gigantesco império de ALEXANDRE – tais como o Egito dos PTOLOMEUS e a Síria dos SELÊUCIDAS –, mas conservaram práticas muito mais antigas, do Oriente próximo, remontando à linguagem diplomática dos Hititas, bem como as fórmulas de tratados, que parecem remeter aos estilos acadiano e sumério. Em suma, existiram "tempos e lugares na Antiguidade, durante os quais entidades políticas se configuraram como estados e se relacionaram com outros equivalentes, com base na independência, na igualdade soberana e observância de normas na condução de relações internacionais".[550]

Criado para reger as relações com estrangeiros, e aplicável por esse motivo, originalmente somente no tribunal do *praetor peregrinus* – em pouco tempo, as normas do *jus gentium* se tornaram presentes e foram

[548] Alessandro BARBERO, **Barbares** – Immigrés, refugiés et déportés dans l' empire romain (orig. publ. **Barbari** – Immigrati, profughi, deportati nell'impero romano, 2006, trad. Pérette-Cécile BUFFARIA, Paris: Tallandier, 2009).

[549] David J. BEDERMAN, **International Law in Antiquity** (ed. 2006, 2 – State relations in ancient civilizations, p. 16-47, Rome and its competitors 358-168 BCE, p. 41-47, cit. p. 47).

[550] Como examinado nos precedentes capítulos 3 e 5. Observava D. J. BEDERMAN, **International Law in Antiquity** (2006, loc. cit.): "We have, in essence, two traditions of Ancient state practice. The feudal empires of the Near East created their special diplomatic argot, one that was transmitted (by contacts through the Egyptians, Phoenicians, and Israelites) to the latter political cultures of the Mediterranean basin. The second heritage was produced by the querulous relations of the Greek city states. Roman statecraft was a mixture of these two manners."

utilizadas também nas relações entre romanos – e aplicáveis também no tribunal do *praetor urbanus*:[551] "nesse sentido, os juristas poderão dizer que, enquanto o direito civil pode não ser *jus gentium*, o *jus gentium* é necessariamente *jus civile*".[552]

O *jus gentium* surge vinculado a uma ideia de *pietas* –[553] conceito que significa muito mais do que o termo 'piedade', denota em vernáculo –[554] e esta se exprimia não somente em relação aos deuses, como em relação aos "membros dos diversos grupos a que se pertence, para com a própria cidade, e para além desta, afinal para com todos os seres humanos".[555]

> Esta última extensão da *pietas* não foi tão lenta e tardia como por vezes se pensa. Manifestou-se precocemente pela noção jurídica de *jus gentium* (o direito das gentes), que impôs deveres mesmo para com os estrangeiros. Mas também é certo que só se desenvolveu plenamente sob a influência da filosofia helênica quando se definiu claramente a noção da *humanitas*, a ideia de que o simples fato de pertencer à espécie

[551] V. ARANGIO-RUIZ (op. cit., ed. 1977, cap. VI, item 3, 'il *jus gentium*', p. 141-149, cit. p. 149): "in questo senso i giuristi poterono dire che, mentre il diritto civile può non essere *ius gentium*, il *ius gentium* è necessariamente *ius civile*."

[552] V. ARANGIO-RUIZ (op. cit., ed. 1977, loc. cit.): "Circonstanza questa che va sempre tenuta presente, se si vogliono evitare equivoci: il contraposto *jus civile – jus gentium* vale soltanto finchè il primo sia inteso nel senso ristretto di quella parte del diritto cittadino alla quale non sono ammessi gli stranieri; altrimenti, in specie nei confronti con lo *ius honorarium*, il *ius gentium* è una parte del *ius civile*.

[553] "*Pius, pietas*, appelés à un grand avenir, ont eu d'humbles débuts" – comentava Georges DUMÉZIL, **La religion romaine archaïque** ("avec un appendice sur la religion des Étrusques", orig. publ. 1974, Paris: Payot, 2e éd. revue et corrigée, 2000, Remarques préliminaires XIV – Le vocabulaire du sacré, p. 142-146, cit. p. 145-146): "La *pietas* consiste à se conformer avec respect aux rapports normaux, traditionnels, indiscutables, résultant de la définition et de la position des termes, qui existent, réciproquement, entre gens de même sang, de même *ciuitas*, entre voisins, entre alliés, entre contractants, ou, sans réciprocité, entre l'individu et ce qui lui est supérieur, la patrie, les dieux, finalement l'humanité."

[554] Luciene DAL RI, **Ius fetiale – as origens do direito internacional no universalismo romano** (Ijuí: Ed. Unijuí, 2011, Parte 3 – Princípios de direito, cap. 1 – *Pium*, p. 191-210, cit. p. 192): "As contribuições ao estudo da *pietas* são poucas no ambiente jurídico e naquele histórico-religioso em relação aos fragmentos e 'paráfrases' dos documentos dos feciais. A corrente de origem histórico-religiosa atribui à *pietas* um valor substancial, enquanto a corrente de origem jurídica atribui à *pietas* um valor preponderantemente formal."

[555] V. ARANGIO-RUIZ (op. cit., 1977, loc. cit.).

humana constituía um verdadeiro parentesco, semelhante ao que ligava os membros de uma mesma *gens* ou de uma mesma cidade, e criando deveres de solidariedade, de amizade, ou pelo menos de respeito.[556]

A característica mais marcante é o profundo sentido de humanidade – e a abrangência deste. Como ilustra Terêncio: *homo sum: humani nihil a me alienum puto* – sou homem e nada do que é humano me reputo estranho – na peça teatral **Heautontimorumenos** ou o **Carrasco de si mesmo.**[557]

Esta formulação pode ser contextualizada na influência da filosofia estóica, que também influenciou concepções universalistas dos juristas romanos da mesma época. E pode ser interpretada em sentido profundamente humano. Talvez Terêncio se limitasse a traduzir verso de Menandro, que tinha como modelo, mas isso não é comprovado e, ademais, é relevante acompanhar quanto esta frase foi retomada, meditada, comentada e enriquecida por muitos escritores, não somente latinos, mas ao longo dos séculos, até nossos tempos.

Essa formulação de Terêncio ainda é revisitada, com substancial mudança do contexto, por Dostoievski, no diálogo de um dos **Irmãos Karamazov** (1880),[558] precisamente Ivã Fiodorovitch Karamazov, com o demônio.[559]

A frase de Terencio se transforma na afirmação de uma forma de justiça universal. A *civitas romana* se transforma e se amplia para abranger a *civitas humana*.[560]

[556] P. Grimal (op. cit., ed. cit., 2009, p. 75).

[557] Terêncio, **Heautontimoroumenos**, I.I, 77 (in Terence, **Comédies**, texte établi et traduit par J. Marouzeau, Paris: Les belles lettres, 1964, 3 vols., **Heautontimoroumenos**, vol. II, p. 7-101, cit. p. 23).

[558] Fiodor M. Dostoievski, **Os irmãos Karamazov** (1880, nova versão anotada por Natália Nunes e Oscar Mendes, intr. geral e prólogo às seções N.N. e notas preliminares por O.M., Rio de Janeiro: Aguilar, 2004, Obra completa, vol. IV, p. 489-1101).

[559] F. Dostoievski, **Os irmãos Karamazov** (1880, ed. cit., 2004, parte IV, livro XI, cap. IX – O diabo. A alucinação de Ivan Fiódorovitch, p. 992-1005, cit. p. 995): "– *Satanas sum et nihil humani a me alienum puto.* / – Como, como? *Satanas sum et nihil humani...* Não está mal para o diabo! / – Sinto-me feliz por ver que afinal te causo satisfação."

[560] P. Grimal (op. cit., ed., 2009, p. 75): "É legítimo pensar que a fórmula dos filósofos gregos não teria adquirido esta eficácia se os romanos não lhe tivessem conferido a expressão de um sentimento que traziam dentro de si, de forma latente, e que subitamente se via iluminado pela revelação vinda do Oriente."

Pode-se conceber que essa formulação romana tenha influenciado a concepção da *civitas maxima* em Christian Wolff. Que, por sua vez, influencia outros autores, como Vattel – que, apesar do enorme impacto da obra de seu mestre sobre a sua obra, suprime a menção à civitas maxima wolffiana em seu Direito das gentes.[561]

Antes mesmo do surgimento do *jus gentium*, existe, contudo, dimensão maior e mais profunda de internacionalidade, inerente ao sistema do direito romano, mesmo antes desta ampliação do seu âmbito geográfico de aplicação, que corresponde à extensão cosmopolita e às necessidades operacionais do grande império. A internacionalidade seria, antes, dado intrínseco, desde o surgimento do sistema jurídico de Roma, se consideramos como ponto de partida a secessão da plebe no Monte Sacro, que a tradição situa no ano 494 a.C.[562]

A própria formação do direito interno romano, como dado da construção da identidade e do sistema desta, conteria elemento internacional, desde o início, nas relações entre plebe e patriciado. Isto se põe desde que se tenha presente a diversidade entre os habitantes latinos, estes originalmente instalados em algumas das colinas, depois englobadas na *urbe*, e aqueles, os futuros patrícios romanos, identificados com os etruscos, que formam, assim, a *civitas*, propriamente dita. Desse modo, não somente Roma conheceu e praticou direito internacional com outros povos, e construiu mesmo extensa rede de relações internacionais com as potências de seu tempo, como ainda, estaria ínsita na formação da cidade, a internacionalidade inerente no pacto entre plebe e Senado.[563]

561 A respeito, ver **Tratado** (tomo X – **Direito internacional no tempo de C. van Bynkershoek e Christian Wolff**, cap. 22 – Christian Wolff (1679-1754), esp. 22.2 – reputação e legado de Wolff, e tomo XII – **Direito internacional no tempo de Vattel e von Martens**, cap. 24 – Emer de Vattel (1714-1767)).

562 Nesse sentido, veja-se P. B. Casella, *Il Foedus tra Plebe e Senato ed il problema del Diritto Internazionale. Dalla secessione della Plebe all'autodeterminazione dei popoli* (conferência de abertura do III Seminario sulla tradizione repubblicana romana, realizado pela Universidade de Roma I – La Sapienza, em Roma, de 15 a 17 de dezembro de 2009, publ. in **Diritto@Storia, Rivista internazionale di Scienze Giuridiche e Tradizione Romana**, N. 9 – 2011, p. 1-18, ISSN 1825-0300).

563 P. B. Casella, *Il Foedus tra Plebe e Senato ed il problema del Diritto Internazionale. Dalla secessione della Plebe all'autodeterminazione dei popoli* (conferência em Roma, 15 de dezembro de 2009, publ. 2011, cit., p. 1-18).

Igualmente relevante o impacto do direito romano sobre o conjunto da evolução do direito do Ocidente. E do direito das gentes, em particular.

Depois da queda de Roma e colapso do Império romano do Ocidente, por determinação de JUSTINIANO, no Império romano do Oriente, as normas clássicas do Direito romano foram coligidas no **Corpus juris civilis**, a compilação de materiais jurídicos, feita por um grupo de juristas bizantinos, completada no ano 534 A.D.[564]

Parte considerável da construção dos fundamentos do direito internacional (moderno), em muitos dos assim chamados fundadores, fez-se a partir de princípios e de conceitos do direito romano e do entendimento de tais autores, a respeito de um direito das gentes primitivo. Assim, não somente os teólogos espanhóis, VITÓRIA e SUAREZ, dentre outros, como também os autores do século XVII, com destaque para GRÓCIO, este sempre lembrado, pela extensão na qual se inspiram e constroem o modelo do direito das gentes moderno a partir de conceitos e de categorias do antigo direito romano.[565]

[564] Malcolm N. SHAW, **International Law** (Cambridge: Grotius Publications, 3rd ed. 1991, 1 – The nature and development of International Law, p. 1-39, esp. 'Historical development', cit. p. 17): "Such a collection was to be invaluable when the darkness of the early Middle Ages, following the Roman collapse, began gradually to evaporate. For here was a body of developed law ready made and awaiting transference to an awakening Europe."

[565] Como se examina em vários tomos do **Tratado** (tomo IV – **Direito internacional no tempo medieval**, cap. 11 – tratadistas da guerra: Balthazar AYALA e Pierino BELLI; tomo V – **Direito internacional no tempo de Francisco de Vitória**, cap. 12 – *jus gentium, jus commune, jus europaeum*: entre a teoria e a prática, cap. 13. estado como sujeito de direito internacional – a contribuição de MAQUIAVEL e BODIN e cap. 14 – Francisco de VITÓRIA (1480-1546); tomo VI – **Direito internacional no tempo de Suárez, Gentili e Zouch**, cap. 15 – Francisco SUAREZ (1548-1617), cap. 16 – Alberico GENTILI (1552-1608) e cap. 17 – Richard ZOUCH (1590-1660); tomo VII – **Direito internacional no tempo de Hugo Grócio**, cap. 18 – Hugo GRÓCIO (1583-1646); tomo IX – **Direito internacional no tempo de Samuel Pufendorf**, cap. 20 – Samuel PUFENDORF (1632-1694); tomo X – **Direito internacional no tempo de C. van Bynkershoek e Christian Wolff**, cap. 21 – Cornelius van Bynkershoek (1673-1743) e cap. 22 – Jean-Jacques BURLAMAQUI (1694-1748)); e como observava R. WARD, **An Enquiry into the foundations and history of the Law of nations in Europe** (1795, vol. I, chap. VI – The History of the Law of Nations in Europe as observed by the Greeks and Romans, p. 171-200, cit. p. 184) a respeito da relevância da contribuição do direito romano: "Many of the institutions, as well as many facts of their history, prove to us that they went far beyond their rivals, in this Science. Nor can it be said that they improved upon the Grecian Law, so much as that they had an original one of their own, superior to the other in regularity and equity."

Não menos oportuno e relevante o ensinamento de Samuel RACHEL (1628-1691). Este mestre, muito menos frequentemente lembrado e citado, faz calorosa defesa da importância do direito romano para o conhecimento e a prática do direito, em qualquer sociedade, em suas **Dissertações sobre o direito natural e das gentes** – justamente, Samuel RACHEL faz a conjunção entre o direito natural e das gentes, **De jure naturae et gentium dissertationes** (1676) –[566] e caracteriza a dupla condição do direito romano, como fonte inspiradora de tantos outros sistemas jurídicos:

> o direito romano é considerado como a expressão da mais alta autoridade, em parte porque a prática dos Romanos levou as suas normas a todos os lugares que as suas armas adicionaram ao Império, e exigiram a recepção de sua lei, em todos os reinos conquistados, aos quais foi dada a condição de províncias; em parte também porque outros povos perceberam que o direito romano se baseava na mais alta sabedoria, que princípios equitativos o informavam, e que nele o direito natural se manifestava com grande exatidão, e que nessa extensão, as práticas do direito romano eram também as desses outros povos.[567]

Doravante se pode passar à consideração do direito internacional no contexto de duas dentre as civilizações do continente asiático (capítulo 7), com menções à Índia (7.1) e à China (7.2) antigas. Na medida em que se possa falar propriamente em direito internacional.

566 Ver **Tratado** (tomo IX – **Direito internacional no tempo de Samuel Pufendorf**, cap. 19 – Samuel RACHEL (1628-1691)).

567 Samueli RACHELII, **De jure naturae et gentium dissertationes** (originalmente publicado em Kiel, 1676, ed. by Ludwig von BAR, transl. into English by John Pawley BATE, Washington: Carnegie Institution, 1916, 2 vols., "Dissertatio prima", n. CXXXVIII).

CAPÍTULO 7
ENTRE AS CIVILIZAÇÕES DO CONTINENTE ASIÁTICO

> É conhecimento corrente que existiram sistemas de direito internacional na antiga China, Índia, Grécia e o Império muçulmano, dentre outros. Uma vez que se estabelecem formas continuadas de contato entre diferentes comunidades, normas para a ordenação de tais relações [tornam-se necessárias e] tendem a se desenvolver.
>
> George Abi Saab (1962)[568]

> O procedimento abusivo, que consiste em projetar no passado um estado de coisas somente verdadeiro para o século XIX, e que levou a uma deformação da realidade histórica dos séculos XVI, XVII e XVIII, na Ásia, existe também na literatura do direito internacional.
>
> C. H. Alexandrowicz (1964, ed., 2017)[569]

[568] Georges Abi-Saab, *The newly independent states and the rules of international law: an outline* (Howard Law Journal, 1962, vol. 8, p. 96): "it is now common knowledge that there have been systems of international law in ancient China, India, Greece and the Moslem Empire, among others. Once continuous forms of contact between different communities are established, rules ordering these relations are bound to develop".

[569] C. H. Alexandrowicz, *Le droit des Nations aux Indes orientales – aux XVIe, XVIIe. XVIIIe siècles* (orig. publ. *Annales. Histoire, Sciences sociales* 1964, vol. 19, p. 869-884 e 1066-1084, republ. in C. H. Alexandrowicz, **The law of nations in global history**, ed. by David Armitage and Jennifer Pitts, Oxford: University Press, 2017, p. 83-112, cit. p. 83 e a seguir p. 86): "Sejam quais forem as mudanças ocorridas, é evidente que não se deve julgar as

Atualmente, muita atenção é dada à avaliação do provável impacto que terá o rápido crescimento econômico da China, onde se prevê que a demanda por artigos de luxo quadruplicará na próxima década, ou a considerar as mudanças sociais na Índia, onde mais gente tem acesso a um telefone celular do que a privadas com descarga (*flushing toilet*). Na verdade, durante milênios, é a região situada entre o Oriente e o Ocidente, ligando a Europa com o oceano Pacífico, que foi o eixo em torno do qual o mundo gira.

Peter FRANKOPAN (2016)[570]

China, Índia, Egito e outros antigos 'estados' orientais deveriam ser considerados o lugar de nascimento do direito internacional.

E. A. KOROVIN (1959)[571]

Publicaram-se alguns trabalhos sobre o chamado direito internacional da Índia e da China antigas. Nestes se descrevem acontecimentos históricos e algumas práticas, mas mostram muito pouco que possa ser considerado, mesmo no mais amplo sentido do termo, como direito internacional.

A. NUSSBAUM (1947, 1949)[572]

relações internacionais, no curso dos séculos XVI, XVII e XVIII, se não em função do direito então em vigor e não em função de uma doutrina criada posteriormente – *ex post facto*. Numerosos autores do direito internacional, nos séculos XIX e XX, tiveram a tendência de cometer esse erro e projetar no passado os princípios do direito contemporâneo. O mesmo erro foi cometido, em grande número, por historiadores que ignoraram a realidade da cena asiática no passado. O fato que o século XIX tenha criado sua própria concepção de uma família das nações mais restrita, absolutamente não significa que uma família das nações mais universal não tenha existido anteriormente. Nesse estado das coisas, não se pode considerar as potências asiáticas que desapareceram dos mapas políticos do mundo, ou que sobreviveram ao declínio dos estados asiáticos no século XIX, como jamais tendo existido no seio dessa família no passado."

570 Peter FRANKOPAN, **The Silk Roads** – a new History of the World (orig. publ. 2015, London / New York: Bloomsbury, 2016, Preface, p. XIII-XIX, cit. p. XIV).

571 E. A. KOROVIN, **International law** (Moscow: the Institute of Law of the Academy of Sciences of the USSR, 1959, p. 23): "t is China, India, Egypt and other ancient Eastern states which should be considered the birthplace of international law". V. tb. P.B. CASELLA, *BRIC – Brasil, Rússia, Índia, China e África do Sul: uma perspectiva* (in Revista FDUSP, 2010, vol. 105, p. 435-472, tb. disponível on line http://www.revistas.usp.br/rfdusp/article/view/67909).

572 Arthur NUSSBAUM, **Historia del derecho internacional** (do original **A concise History of the Law of Nations** © 1947, trad. Francisco Javier OSSET, adiciones sobre História de la

Dois vastos mundos se põem na contemplação da Índia e da China antigas. Dois vastos mundos paralelos, com interações ao longo de milênios – algumas de enorme impacto como a transmigração do budismo da Índia para a China e sua expansão por consideráveis extensões da Ásia, levando a sínteses inovadoras, bem como amalgamando-se em graus variáveis, no que se configura como espaço de projeção destas civilizações e suas culturas sobre o conjunto do Sudeste asiático e da Ásia central.

Os desenvolvimentos políticos e econômicos no Extremo oriente tiveram enormes repercussões para o Ocidente, desde a Antiguidade – como mostra o fortalecimento do estado chinês, levando ao deslocamento de sucessivas levas de povos nômades da Ásia central para o Ocidente – desde os Hsing-nu ou Xiongnu, que se tornam conhecidos (e temidos) como os hunos, bem como vários outros, nos séculos seguintes da Antiguidade tardia à Idade média. Fluxos relevantes de comércio, de ideias, de conhecimentos técnicos – a seda, o papel, a bússola, a pólvora – aconteceram em ambos os sentidos, ao longo de milênios. Vínculos esses que levam a múltiplos desdobramentos. E tudo isso se faz acompanhar de elementos de direito internacional.

Aqui reunidas esquematicamente, Índia e China antigas, como duas civilizações, relevantes para todo o conjunto da humanidade, como necessidade humanista de compreensão do passado, do que foi feito em passagens importantes da história humana, e que se põem como indispensáveis, também para poder lançar algumas ideias e depois avançar, em relação a tempos mais próximos. Aqui, cabe considerar brevemente estes dois vastos conjuntos, na perspectiva de possíveis interações com outras unidades políticas independentes[573] e suas contribuições para o direito internacional.

doctrina hispanica de derecho internacional por Luís Garcia Arias, Madrid: Revista de derecho privado, s/d, prólogo de L.G.A. datado "1949", cap. primero 'La Antiguedad', p. 1-18, cit. p. 4-5).

573 P. Frankopan, **The Silk Roads** (2016, cit. p. XV-XVI): "It was in this bridge between east and west that great metropolises were established nearly 5,000 years ago, where the cities of Harappa and Mohenjo-daro were wonders of the ancient world, with populations numbering in the tens of thousands and streets connecting into a sophisticated sewage system that would not be rivalled in Europe for thousands of years. Other great centres of civilisation such as Babylon, Niniveh, Uruk and Akkad in Mesopotamia were famed for their grandeur and architectural innovation." [...] "This is where great empires rose and fell, where the after-effects of clashes between cultures and rivals were felt for thousands of miles away."

Uma coisa é considerar a extensão e a relevância do conjunto do legado da antiga e clássica Índia e China para a civilização, como todo – o que é fascinante, mas demasiadamente amplo e complexo, além de fugir ao escopo do presente trabalho. Outra coisa será determinar se e até que ponto, dentre as práticas desenvolvidas nas relações entre estas civilizações e seus vizinhos[574] na Antiguidade, quais podem ser consideradas como direito internacional propriamente dito. O que permanece objeto de controvérsia.

Como se depreende da crítica, referida em epígrafe: NUSSBAUM reconhecia a ocorrência de valores humanos dignos de nota na espiritualidade hindu, bem como o fato de existirem provas históricas da observância do costume indiano de, mesmo em tempo de guerra, respeitarem-se as plantações e áreas cultivadas, bem como as moradias, da mesma forma que os agricultores. Mas, "mostram muito pouco que possa ser considerado, mesmo no mais amplo sentido do termo, como direito internacional".[575] O que talvez se explique por uma visão 'ocidentocêntrica' – se não estritamente eurocêntrica ou norteamericanocêntrica – e isto pela ênfase excessiva na necessidade de ocorrência de 'estados', entendidos como pré-requisitos para a ocorrência de direito e de relações internacionais.

Em contraste com tal visão, tanto ABI SAAB (1962), quanto KOROVIN (1959), manifestam o lugar de primazia no surgimento do direito internacional, que deveria ser atribuído à China, à Índia e a outras civilizações antigas. Sem fazer qualquer favor em relação a ambas.

[574] Não é de hoje que o mundo se mostra profundamente interconectado, onde o que acontece em um continente tem impacto em outro, onde os efeitos do que ocorreu nas estepes da Ásia central podem ser sentidos no norte da África, onde os eventos de Bagdá ressoam na Escandinávia, onde descobertas nas Américas alteram o preço de mercadorias na China e levam a um aumento da demanda nos mercados de cavalos do norte da Índia. Cfr. P. FRANKOPAN, **The Silk Roads** (2016, Preface, p. XIII-XIX, loc. cit. e p. XVIII): "There was good reason why the cultures, cities and peoples who lived along the Silk Roads developed and advanced: as they traded and exchanged ideas, they learnt and borrowed from each other, stimulating further advances in philosophy, the sciences, language and religion. Progress was essential, as one of the rulers of the kingdom of Zhao in north-eastern China at one extremity of Asia more than 2,000 years ago knew all too well. 'A talent for following the ways of yesterday', declared King Wu-ling in 307 BC, 'is not sufficient to improve the world of today'. Leaders in the past understood how important it was to keep up with the times."

[575] NUSSBAUM (op. cit., 1947, ed. cit., p. 5). O que é mais do que se pode dizer em relação a outras tradições.

Logicamente não são neutras nem devem ser tomadas como tal quaisquer dessas formulações: apesar de temporalmente separadas suas publicações por apenas quinze anos, NUSSBAUM (1947) advogava em defesa da tradição 'ocidental', enquanto ABI SAAB (1962) escrevia no momento seguinte à grande vaga de descolonização, posterior à segunda guerra mundial, durante fase marcada pela ênfase na condição dos novos estados independentes em relação ao direito internacional, como legado do qual outras civilizações e culturas também deveriam reivindicar a 'paternidade'.

Na perspectiva do extinto direito internacional soviético, temporalmente entre um e outro, E. KOROVIN (1959), por sua vez, punha "China, Índia, Egito e outros antigos 'estados' orientais" na linha formadora do direito internacional. Para, a seguir, tudo inserir na perspectiva de transição socialista: desde o "direito internacional escravista", ao "direito internacional da sociedade feudal", ao "direito internacional burguês", até o "direito internacional moderno", aquele da fase de transição do capitalismo para o socialismo.[576] O que pode, então, ter parecido inovador, mas sumiu sem deixar traços, após a dissolução da União soviética.

Entre estas distintas linhas, cuida-se, aqui, de apontar indícios e registros de práticas jurídicas e de relações internacionais na Antiguidade. O nome 'direito internacional' pode não ocorrer – como tampouco, no Ocidente, até ser cunhada a expressão por Jeremy BENTHAM, no século XVIII – mas conceitos básicos, caracterizadores do espírito internacionalista de tolerância e de convivência – nem sempre pacífica, mas que procura se manter civilizada – estarão também presentes, nestes dois

[576] E. A. KOROVIN enfatizava terem as normas legais até então existentes origem burguesa (in *Sovetskoe pravo*, 1925, vol. 6, p. 25) bem como KOROVIN (*Mezdhunarodnogo pravo perekhodnogo vremeni*, Moscow-Petrograd, 1924, 15), comentam e analisam: John B. QUIGLEY Jr., *The new Soviet approach to International Law* (in Harvard International Law Club Journal, 1965-1966, vol. 7, p. 1, on line – Heinonline – 7 Harv. Int'l. L. Club J. 1 (1965-1966) New Soviet Approach to International Law, The): "The primary concern of Soviet International-legal theory has been the question of Soviet legal relations with bourgeois states. Significant modifications in Soviet theory in the post-1950 period reflect a more receptive attitude toward international law and a break with the traditional isolationist approach to international legal relations with the West"; v. tb. R. Judson MITCHELL and Alan T. LEONHARD, *Changing Soviet Attitudes toward International Law: an incorporative approach* (in Georgia Journal of International and Comparative Law, 1976, vol. 6, p. 227-244, disponível on line: https://digitalcommons.law.uga.edu).

vastos conjuntos, 'internamente' e se projetarão nas suas relações externas, em círculos concêntricos, com progressivo distanciamento em relação a outros povos e unidades políticas, em consideráveis extensões da Ásia. Não por acaso, considerável extensão do Sudeste asiático, justamente na área tautologicamente denominada 'Indochina', confluem como expressão da interação entre influências da Índia e da China. E, com graus variáveis em diversas outras civilizações e entidades políticas independentes, na Ásia oriental, a partir de tais matrizes, projetam-se também, além do continente, em séculos futuros.[577]

A utilização de denominações como 'Ásia oriental' ou 'Extremo Oriente', em si, já denotam condicionamentos culturais, dos quais se não podemos nos livrar totalmente, devemos ao menos estar conscientes.[578] Especialmente quando tratamos de direito internacional,[579] não se pode ficar demasiadamente focado no quintal da própria casa: é preciso enxergar que o mundo é mais vasto e mais complexo.

Como já apontado em relação aos gregos e romanos antigos,[580] é sempre complexo e exige esforço e distanciamento crítico para

[577] Ver, também, **Tratado** (tomos XIV a XVII – **Direito internacional no tempo do colonialismo**, cap. 10 – a colonização pelo Japão) para alguns dados históricos sobre o direito internacional no Japão.

[578] Cfr. **Tratado**, na perspectiva do Direito internacional no tempo (e.g., tomo XX – **Direito internacional, história e cultura**). V. tb. Jean Chesneaux, **A Ásia oriental nos séculos XIX e XX** (orig. publ. **L'Asie orientale aux XIX**e **et XX**e **siècles**, 1966, trad, Antônio Rangel Bandeira, São Paulo: Pioneira, 1976, Introdução, p. XV-XXIV, cit. p. XV) considera a dificuldade de delimitação do que seja essa 'Ásia oriental', deixando de lado o mundo arábico-islâmico, os estados do Oriente médio (Turquia, Irã e Afeganistão), bem como o que ainda era chamado de 'Ásia soviética', "para tratar somente da Ásia oriental e meridional, isto é, dos países situados a leste do passo de Khaiber: Índia, Paquistão, Ceilão, Sudeste asiático, China, Mongólia, Coreia e Japão."

[579] Como enfatizava Y. Onuma, **International Law in a Transcivilizational World** (Cambridge: Univ. Press, 2017, cit. p. 76-77): "When the European nations began to colonize other regions of the globe, however, they were not superior to other leading regional powers such as the Ottoman Empire and the Ming dynasty. [...] It took four centuries for the European idea of ordering the world to prevail globally. During this period, the European powers steadily expanded their hegemony and influence through their rapidly increasing military and economic power, diplomatic skills, the power of religion, i.e., Christianity, and other ideational power resources". O que denominava Tony Judt, **A Grand Illusion: an Essay on Europe** (orig. publicado em 1996, New York: New York Univ. Press, 2011).

[580] Cfr. referido nos precedentes cap. 5 – sobre as cidades-estado gregas e o mundo helenístico, b/c cap. 6 – na formação e no desenvolvimento de Roma, b/c, adiante, neste **Tratado**, na

superar condicionamentos histórico-culturais. É sempre mais fácil apontar os defeitos dos outros:[581] civilizados, somos nós; bárbaros são os outros; exceto na medida em que comecem a se parecer conosco. E, obviamente aos outros cabe culpar pela falta de visão da humanidade como um todo.

É preciso ter consciência de que pretensões de hegemonia exprimem o oposto de sistema de coordenação, em assim chamadas relações internacionais. A tônica pode se pautar pelo predomínio de um ou de outro: entre vínculos de subordinação e de coordenação, é difícil construir modelos intermediários.[582]

A construção de sistemas de convivência organizada pressupõe o diálogo e a mínima percepção do outro, como digno de consideração, enquanto ser humano. A mesma percepção e construção de base se põe, igualmente, na construção de sistemas de convivência organizada entre sociedades distintas.

Especialmente entre as sociedades antigas, costumam ser apontados estreitos vínculos entre religião e direito internacional. Com variantes, conforme a confissão religiosa da qual se trate.[583]

A convicção a respeito da executoriedade da boa-fé não era, contudo, somente religiosa. Contrariamente ao que muitas vezes se considera – quanto a ser o direito internacional antigo de base se não exclusivamente, ao menos excessivamente religiosa, é preciso entender que não significa que a religião não estivesse presente no direito internacional antigo.

perspectiva do Direito internacional no tempo (tomo XX – **Direito internacional, história e cultura**).

[581] Como padrão esquemático, apresenta Anthony Pagden, **Mundos em guerra** – 2500 anos de conflito entre o Ocidente e o Oriente (orig. publ. **Worlds at war** – The Long Struggle between East and West © 2008, trad. Miguel Mata, Lisboa: Ed. 70, 2009, p. 61): "Muitas gerações posteriores de europeus deram – ainda hoje – como adquirido que os gregos eram extremamente etnocêntricos. Segundo afirmou o filósofo alemão do século XVIII, Immanuel Kant, a tendência dos gregos para rotularem o resto da humanidade como 'bárbaros' foi uma fonte perfeita que contribuiu para o declínio dos seus estados. Mas Kant estava essencialmente errado. Sim, os gregos eram etnocêntricos – todos os povos são. Mas, de entre todos os povos, os gregos foram dos menos culpados."

[582] Nesse sentido, as considerações desenvolvidas no cap. 3 no tomo 3A – civilizações antigas entre hegemonia e relações internacionais.

[583] Ver o conjunto dos ensaios no volume **Religion and International Law** (ed. by Mark W. Janis and Carolyn Evans, Leiden/Boston: M. Nijhoff, 1999, reprinted 2004).

Antes, para diferentes civilizações antigas, o direito internacional era indistinto do comportamento dos 'estados' – não era um conjunto de normas objetivas. Era uma relação de causa e efeito, cuja violação acarretava punição. Os antigos não separavam a violação da palavra dada da inevitável, embora, por vezes, subsequente e tardia retribuição. E, "na medida em que os deuses eram partes na sanção, mesmo estados poderosos não estavam imunes, quando violavam a palavra dada":[584]

> Entre o sentido de obrigação – o ato vinculante (*the act of making faith*) – e a substância desse dever, e as consequências de sua violação, não havia intermediário intelectual. Não havia modo de acomodar racionalmente expedientes com justiça. Tampouco havia recurso a doutrinas ou exceções, a princípios ou políticas. O dever moral de manter a palavra dada era uma doutrina absoluta no mundo antigo. Pode nem sempre ter sido observado, mas era sempre valorizado. Será que podemos dizer o mesmo, hoje?[585]

O direito internacional, assim como a religião, podem ser elementos que estimulam a coesão social internamente e as relações ordenadas com outras sociedades: "em todas as raças humanas existem qualidades, virtudes e encantos; nenhuma religião é sem valor; em cada uma delas se pode descobrir alguma grandeza, ou alguma nobreza, ou alguma doçura" – mas também podem ser distorcidos, para servir a outros interesses, fomentando fanatismo intolerante, bem como desprezo por outras crenças, e que tende a destruí-las – e não podemos deixar de condenar vigorosamente essa deturpação.[586] Nenhuma religião pode se arrogar a pretensão de condenar as demais; nenhuma pode invocar Deus para cometer violência contra outros, não crentes da mesma seita ou filiação religiosa, apodando-os de filhos das trevas ou discípulos do mal.

[584] David J. Bederman, *Religion and the sources of International law in Antiquity* (in **Religion and International Law**, 2004, p. 1-26, cit. p. 21-22).

[585] D. Bederman (cap. cit., 1999, loc. cit.).

[586] Félicien Challaye, **Petite histoire des grandes religions** (Paris: PUF, nouvelle édition revue et corrigée, 1947, Introduction, p. 9-13, cit. p. 12-13): "L'amour exige que l'on ressente de la haine pour cette haine."

Justamente, a Índia representa um dos pontos mais altos da vida religiosa universal.[587] Em meio à imensa diversidade cultural, étnica, linguística do vasto conjunto humano, que compõe cinco milênios de história do subcontinente indiano.

Serão, assim, consideradas, respectivamente: a Índia (7.1) e a China (7.2) antigas.

7.1. A Índia

> O bem do estado [assegurando a segurança do reino dentro das fronteiras existentes, e adquirindo novo território para ampliá-lo] depende da [adoção de política externa de] não-intervenção ou ação coberta. Uma política que contribua para o gozo pacífico dos resultados das atividades anteriores é definida como não-intervenção. Uma política ativa é aquela que tem como desígnio trazer [novas] iniciativas para bem sucedida conclusão.
>
> Kautilya, **Arthashastra**[588]

A Índia apresenta uma rica tapeçaria de normas de conduta, regendo direito internacional em contexto interestatal (entre soberanos), cuja trama se desenvolveu durante diversos períodos de sua multifacetada história. Para os não familiarizados com a Índia antiga, provavelmente será uma surpresa que, já por volta do período do **Rig Veda** (cerca de 2000 a.C.), a Índia abrangia unidades políticas, arianas e não arianas,

[587] F. Challaye, **Petite histoire des grandes religions** (ed. 1947, chap. IV – Les religions de l'Inde, p. 59-95, cit. p. 95): "il est certain que l'Inde représente l'un des sommets de la vie religieuse universelle. / Les bizarreries de l'Indouisme ne doivent pas faire oublier l'idée essentielle de la religion ou des religions indoues: la parenté, l'identité profonde de tous les Dieux, de tous les hommes, de tous les êtres, de toutes les réalités."

[588] Texto que remontaria ao século IV a.C., nos chegou em formulação estimada do século II d.C., Kautilya, **The Arthashastra** (edited, rearranged and translated by L. N. Rangajaran, New Delhi: Penguin Books India, 1992, 6.2.1.3): "The welfare of the state [ensuring the security of the kingdom within its existing boundaries and acquiring new territory to enlarge it] depends on [adopting a foreign policy of] non-intervention or overt action. A policy which helps in the undisturbed enjoyment of the results of past activities is defined as non-intervention. An active policy is one which is designed to bring [new] initiatives to a successful conclusion."

que se baseavam em conjunto de normas bastante desenvolvido (*Desadharma*, a ciência de governo), que regia as suas relações interestatais.

Ved P. NANDA (2004)[589]

É possível que no Ocidente não se tenha consciência, na devida medida, da importância da civilização hindu. [...] Desempenhou ela, na Ásia, um papel comparável ao da Grécia na Europa. Em relação às civilizações antigas, das quais faz parte, elaborada numa época entre 1500 e 800 a.C., apresenta a particularidade de continuar viva em nossos dias, sem se ter afastado, desde os seus inícios históricos, das principais características que a definem.

A. AYMARD e J. AUBOYER (1977)[590]

Em escala consideravelmente mais extensa, no espaço e no tempo, a Índia, na Ásia, teria desempenhado papel civilizador equivalente ao da Grécia para a Europa. Ademais, impõe-se agregar o reconhecimento da particularidade, no caso desta, diversamente do que ocorreu em outras civilizações antigas, como a própria Grécia antiga, o antigo Egito ou as civilizações mesopotâmicas, são glórias passadas, enquanto a Índia se pauta pela continuidade.[591]

[589] Ved P. NANDA, *International Law in Ancient Hindu India* (in **Religion and International Law**, ed. by Mark W. JANIS and Carolyn EVANS, Leiden/Boston: M. Nijhoff, 1999, reprinted 2004, chap. 3, p. 51-61, cit. p. 51).

[590] André AYMARD e Jeannine AUBOYER, **O Oriente e a Grécia antiga** vol. I – Civilizações imperiais do Oriente (in **História geral das civilizações**, sob a direção de M. CROUZET, trad. Pedro Moacyr CAMPOS, São Paulo: Difel, 6ª ed., 1977, Segunda parte – A Ásia oriental, cap. I – A Índia, p. 221-230, cit. p. 221): "Esta perenidade é devida a certas causas cuja determinação é aconselhável, sem as quais não podemos compreender a evolução antiga da Índia, nem a sua constante renovação no decorrer dos séculos".

[591] "Longe de pertencer inteiramente a um passado encerrado, como as glórias defuntas do Egito e da Babilônia, a aventura hindu prossegue sob os nossos olhos" comentavam Louis RENOU (1896-1966) et Jean FILLIOZAT, **L'Inde classique** – Manuel des études indiennes (avec le concours de Pierre MEILE, Anne-Marie ESNOUL, Liliane SILBURN, tome premier, Paris: Payot, 1947, esp. chap. IV – l'histoire politique de l'Inde des origines au VIIe siècle de notre ère), com base nas fontes das quais dispõem os historiadores, sobre os eventos indianos: fontes arqueológicas, filológicas, fontes estrangeiras, fontes epigráficas e numismáticas. V. tb. Ananda K. COOMARASWAMY, **Hindouisme et bouddhisme** (trad. de l'anglais par René ALLARD et Pierre PONSOYE, Paris: Gallimard – NRF, Tradition, n. 5, 1949).

Sempre à luz do que pode contribuir para a percepção de ocorrências de direito internacional, desse vasto conjunto de cerca de cinco mil anos de história indiana, cabe considerar alguns elementos da Índia antiga e clássica – que se estende até o início da dominação muçulmana, a partir dos séculos VIII e IX – quando começa, na Índia, a fase histórica dita 'medieval'.

Dada a escassez de fontes escritas a respeito das civilizações de Harappa e Mojenho Daro – cujos sistemas de escrita, ademais, ainda não foram decifrados – no longo período de cerca de 3000 até 1700 a.C., pouco se pode dizer, além do que permitem deduzir achados arqueológicos e remissões indiretas.[592] Há duas fontes distintas de informação sobre o passado: a histórica, que consiste em evidências arqueológicas conjugadas com as informações derivadas da literatura védica; ao lado da tradicional, como as histórias dos **Puranas**,[593] que parecem ter sido compostas posteriormente aos textos Védicos.

> A arqueologia proporcionou fatos tangíveis, tridimensionais, sobre os restos materiais descobertos em buscas e escavações. Esses fatos não somente corroboram evidências literárias e dados estatísticos como também contribuem para preencher as lacunas, particularmente nos primeiros períodos da história indiana.[594]

A sequência histórica parece ter sido a seguinte. A espetacular civilização do vale do Indus[595] floresceu por volta de 2300 a.C. Esta declinou

[592] Romila THAPAR, **A History of India** (orig. publ. 1966, London: Penguin, 1990, chap. 2 – The Impact of Aryan culture, p. 28-49, cit. p. 29): "In 1921-2 archaeology revealed the existence of of a pre-Aryan civilization in the north-west of India, the Indus Valley civilization, with its two urban centres at Mojenhodaro and Harappa. This discovery consigns the early part of the traditional account very firmly to the realms of mythology."

[593] R. THAPAR (op. cit., 1990, p. 30): "The traditional accounts in the **Puranas** were collected many centuries later (between c. 500 B.C. and A.D. 500), hence the discrepancy in the events described."

[594] R. THAPAR (op. cit., 1990, 1 – The Antecedents, p. 15-27, cit. p. 23): "Even a superficial familiarity with the archaeological picture of the sub-continent in the centuries preceding the historical period is helpful in understanding the early history of India."

[595] Importante rio internacional no Sudeste Asiático – um dos mais longos do mundo, com extensão de 2900 Km, desde sua origem a mais de 5.000 m nas alturas dos Himalaias, atravessando a região de Caxemira, depois no Paquistão, até desaguar no oceano Índico – e suscita diversas questões relativas ao uso das águas da sua bacia hidrográfica, como brevemente

no segundo milênio a.C. e se tinha praticamente desintegrado quando (por volta de 1500 a.C.) os arianos entraram no noroeste da Índia. Existe todo "um grupo de povos e culturas da Índia pré-histórica, quando chegam, no norte, as tribos de língua ariana e trazem a sua contribuição para a cultura indiana".[596]

Os arianos ou indo-arianos – descendentes dos indo-europeus – tinham permanecido por algum tempo na região da Bactriana e o planalto norte iraniano mas, por volta de 1500 a.C. migraram para o norte da Índia, passando pelas montanhas Hindu Kush. Inicialmente um povo nômade, deslocando-se pelas planícies do Punjab, em busca de pastagens, para seus rebanhos, começaram a se instalar em pequenos vilarejos, em clareiras na floresta, e gradualmente passaram a praticar a agricultura, que tinha sido a base da economia das primeiras populações do vale do Indo.[597]

aponta Surya P. SUBEDI, *Indus river* (in **Encyclopedia of Public International Law**, 2012, vol. V, p. 157-160, cit. § 4): "Since time immemorial, the Indus river has been a life-line for the people living in the areas irrigated by this river – one of the most densely populated areas of the planet". A anterior controvérsia entre as províncias de Sindh e do Punjab, após a independência e a divisão do subcontinente, tornou-se uma questão internacional entre a Índia e o Paquistão. A negociação contou com assessoria do Banco Mundial, visando oferecer alternativas de financiamento, para solução das controvérsias entre os dois estados. A matéria foi objeto do *Indus Water Treaty*, assinado em Karachi, em 19 de setembro de 1960, cujos instrumentos de ratificação foram trocados, em Delhi, em janeiro de 1961. O tratado divide os rios da bacia do Indus e suas águas entre ambos os estados: os rios a leste para a Índia e os rios a oeste para o Paquistão. Um e outro estado devem se abster de interferência no curso das águas de rios tributários, de leste e oeste, em trechos nos quais atravessem seus respectivos territórios. O Tratado de 1960 também estipulou a criação da Comissão Permanente do Indus, no seu art. VIII.I, bem como mecanismo para a solução de controvérsias, no art. IX. Desde o tratado não surgiram controvérsias sérias entre os dois estados, e o regime nele estipulado foi mantido, mesmo quando estes estados estiveram engajados em conflitos armados.

[596] R. THAPAR (op. cit., 1990, p. 26-27): "The ethnic composition of the people involved in these various cultures was not identical. Ethnological studies have revealed six main races in the Indian sub-continent. The earliest was apparently the Negrito and this was followed by the Proto-Australoid, the Mongoloid, the Mediterranean, and later those associated with Aryan culture."

[597] R. THAPAR (op. cit., 1990, p. 48-49): "Underlying these developments was the continuous but veiled conflict between pre-Aryan and Aryan culture; although the former never triumphed over the latter, it did modify and change the pattern of Aryan culture. The development of India as we know it stems from the impetus of the coming of the Aryans and the culture they brought, but there were to be many other and often divergent

A continuidade política entre a cultura Harappa e a subsequente cultura ariana foi impossibilitada pela chegada de povos menos civilizados, que se introduziram no vale do Indus, na primeira metade do segundo milênio a.C.[598] Foi durante esse período que os hinos do **Rig Veda** – primeiro exemplo da literatura védica – foram memorizados e coligidos.[599]

A partir de então, já mais se pode conhecer, no chamado período védico – de cerca de 1700 até 900 a.C. "A fonte literária mais antiga é o **Rig Veda**, partes do qual foram originalmente compostas antes de 1000 a.C." –[600] enquanto o restante da literatura védica data de tempos mais tardios.

A reconstituição histórica da vida e das instituições arianas se faz com base nessa literatura. Os dois épicos, o **Ramayana**[601] e o **Mahabharata** se ocupam de eventos que tiveram lugar entre cerca de 1000 até 700 a.C. – mas as versões que sobreviveram datam da primeira metade do primeiro milênio d.C., estas também dificilmente podem ser consideradas fontes autênticas, para o estudo do período ao qual se referem.

forces which affected the course of Indian history." Convém lembrar (cit. p. 27): "Aryan is in fact a linguistic term indicating a speech-group of Indo-European origin, and is not an ethnic term."

598 R. THAPAR, **A History of India** (ed. 1990, chap. 1 – The Antecedents, p. 15-27, cit. p. 24-25): "By 1700 B.C. the Harappa culture had declined and the migration of the Indo-Aryans from Iran in about 1500 B.C. introduced new features in the cultural background of north-western India."

599 Dada a enorme extensão e a complexidade do texto original em sânscrito, pode ser útil contar com a possibilidade de algum acesso ao fascinante texto, tal como **The Rig Veda** – An Anthology (one hundred and eight hymns, selected, translated and annotated by Wendy Doniger O'FLAHERTY, 'this selection first publ. in this translation, 1981', New Delhi: Penguin India, 2000, Introduction, p. 11-21) aponta a extensão do texto – 1028 hinos – e a sua complexidade, de tal modo que "as traduções mais sérias se tornam ilegíveis, por conta do aparato crítico", mas que isso não precisa ser assim: "One need not read all of the **Rig Veda** to enjoy its beauty and wisdom; and since the text is itself an anthology of separate, individually complete hymns, a selection destroys no continuity of the original. Moreover, despite its awesome and venerable reputation, the **Rig Veda** proves surprisingly accessible when one has a little help from one's friends."

600 R. THAPAR (op. cit., 1990, p. 31).

601 R. THAPAR (op. cit., 1990, p. 32): "The **Ramayana** is shorter than the **Mahabharata** and with fewer interpolations. The original version is attributed to the poet VALMIKI. The events described in the **Ramayana** probably occurred somewhat later, since the scene is set further east than that of the **Mahabharata**, in eastern Uttar Pradesh."

Algumas evidências arqueológicas podem ser apontadas, para corroborar eventos mencionados nesses épicos.[602]

> Originalmente, o **Mahabharata** pode ter sido a descrição de um conflito local, mas ele cativou a imaginação dos bardos e, em sua forma final, encontramos todas as tribos e povos do subcontinente participando da batalha. Sua composição, tradicionalmente, é atribuída a um poeta bramânico, VYASA, mas esta não é a obra de uma única pessoa, dado que não mais é a história da guerra, mas ganhou um número de episódios (alguns dos quais não relacionados com a história principal) e uma variedade de interpolações, muitas das quais são importantes, em si mesmas.[603]

A construção desses poemas épicos – mesmo se a utilização de um e de outro pode ser complexa enquanto fontes 'históricas' em sentido estrito – mostra uma visão de mundo que se insere no cerne da civilização indiana. E são eles fontes para reflexão sobre a experiência humana em geral. Estes permanecem como legado comum, e temáticas de interesse nacional e popular.

> A extensão dos conhecimentos geográficos dos arianos, ao tempo do Rig Veda, pode ser avaliada com referência a vários rios, citados nos hinos. Parece que, nesse período, tinham se estendido até as regiões do Punjab e Delhi, mas as tribos ainda não tinham começado a se deslocar para leste. As fontes védicas mais tardias, que podem ter sido contemporâneas dos eventos, descritos nos dois épicos, mostram um conhecimento mais amplo da geografia indiana: mencionam 'os dois oceanos', as

[602] Escavações no sítio de Hastinapur, a capital de uma das famílias envolvidas na guerra do **Mahabharata**, mostraram que, por volta de 800 a.C., a cidade tinha sido varrida pelas águas de uma enchente do rio Ganges, às margens do qual esta fora construída. O incidente é mencionado nos **Puranas**, como ocorrido no reinado do sétimo sucessor do rei, que governava Hastinapur, imediatamente após a guerra, o que sugere cerca de 900 a.C., como data aproximada para o conflito. "Incidentally, the evidence of the flood is also the level at which the Painted-Grey Ware culture ends at Hastinapur" – e como avalia R. THAPAR (op. cit., 1990, p. 31): "Incidents from the Epics can be accepted as historically valid if supporting evidence can be found to bear them out".

[603] R. THAPAR (op. cit., 1990, p. 32).

montanhas do Himalaia e do Vindhya, e o conjunto da planície indo-gangética em geral.[604]

A descrição de Rama atravessando a península e conquistando Ceilão – o atual Sri Lanka – é claramente uma representação do avanço ariano: "como se estima que a marcha para o sul dos arianos deva ter ocorrido por volta de 800 a.C., o **Ramayana** original deve ter sido composto ao menos cinquenta ou cem anos depois".[605]

O desenvolvimento de sociedades urbanas organizadas, reduzindo a pressão do trabalho da terra, para parcela da população, proporcionando lazer para especulações religiosas e filosóficas, é evidente nos **Brahmanas** e nos **Upanishads**,[606] compostos a partir de 700 a.C. A respeito das origens dos **Vedas** e dos **Upanishads**:

> Por volta de 2000 a.C., conjecturam os estudiosos, tribos nômades, autodenominadas *Arianas* = os nobres, começaram a se espalhar a partir da Ásia ocidental, para outras terras. Algumas dessas tribos entraram no subcontinente indiano. Lá, no vale do rio Indus, encontraram civilização, que já tinha mil anos de história, prosperando e com avançada tecnologia e comércio. Da fusão dessas duas culturas, dos arianos e do vale do Indus, nasceu a civilização indiana.[607]

[604] Escavações arqueológicas em Hastinapur mostram familiaridade com o uso de objetos de ferro, por volta de 700 a.C., com a consequência que "improved iron implements accelerated the process of expansion", observa R. THAPAR (op. cit., 1990, p. 33): "Climatically, the region was far wetter than it is today, and forests covered what are now vast plains and deserts."

[605] R. THAPAR (op. cit., 1990, p. 33): "An earlier date for the original **Ramayana** is possible if it is conceded that the conflict between Rama and Ravana is a description of local conflicts between the agriculturists of the Ganges valley and the more primitive hunting and food-gathering societies of the Vindhyan region. The transference of these events to a more southerly location and the reference to Ceylon may have been the work of an editor of a later period."

[606] **The Upanishads** (translated with a general introduction by Eknath EASWARAN, with chapter introductions & concluding essay by Michael N. NAGLER, first publ. 1987, New Delhi: Penguin Books India, 1996).

[607] Eknath EASWARAN (General introduction, in **The Upanishads**, New Delhi: Penguin Books India, 1996, Introduction, p. 7-30, cit. p. 9-10): "The Aryans brought their gods and a religion based on ritual sacrifice, with lyrical, life-affirming hymns meant for incantation in an ancient form of Sanskrit. These hymns, dating from perhaps 1500 B.C., reveal an intimate, almost mystical bond between worshipper and environment, a simultaneous sense of

Com o estabelecimento de repúblicas e reinos, no norte da Índia, a partir de 600 a.C. "detalhes da história indiana começam a emergir com maior certeza".[608] Enquanto as monarquias se concentraram na planície do Ganges, as repúblicas se alinharam na periferia ao norte desses reinos – aos pés dos Himalaias e logo mais ao sul, no moderno Punjab, no noroeste da Índia.[609]

> Os dois sistemas, republicano e monárquico, não eram mutuamente excludentes e mudança de um para o outro não pode ser descartada. O Kamboja, por exemplo, passou de monarquia a república. Mas isso era menos comum, na planície do Ganges, onde a monarquia era o padrão predominante.[610]

Depois de muitas mudanças e conflitos, permaneceram somente quatro estados rivais: os três reinos, de Kashi, Kosala (vizinho ao leste de Kashi), Magadha (atualmente o sul do Bihar), e a república dos Vrijis (Janakpur no Nepal e o distrito de Muzaffarpur no Bihar). A luta por preeminência política na região, entre os quatro estados – de Kashi, Kosala, Magadha e os Vrijis – durou cerca de cem anos. Até Magadha emergir como vitoriosa e se consolidar como centro da atividade política, no norte da Índia, posição que conservou por alguns séculos.[611]

Pouco antes de 530 a.C., Ciro, o imperador aquemênida da Pérsia, cruzou as montanhas do Hindu Kush. Este, depois de consolidar sua

awe and kinship with the spirits that dwell in all things. Even in translation they have a compelling beauty. They worship natural forces and the elemental powers of life: sun and wind, storm and rain, dawn and night, earth and heaven, fire and offering."

608 R. Thapar, **A History of India** (op. cit., 1990, chap. 3 – Republics and kingdoms c. 600-321 B.C., p. 50-69, cit. p. 50): "The preceding century had been an age of political contradiction as tribal organization camc into conflict with a new political phenomenon, the monarchy. Permanent settlement in a particular area gave a geographical identity to a tribe or a group of tribes and subsequently this identity was given concrete shape in the possession of the area, which was generally named after the tribe. To maintain this possession required political organization, either as a republic or a monarchy."

609 R. Thapar (op. cit., 1990, p. 50): "The nature of the republican reaction to Vedic orthodoxy indicates that the people of the republics were maintaining an older and continuous tradition."

610 R. Thapar (op. cit., 1990, p. 53): "The decline of tribal culture, in combination with a growing dependence on an agrarian economy, stimulated the growth of monarchies."

611 R. Thapar (op. cit., 1990, p. 55).

hegemonia, recebeu tributo de tribos do norte da Índia – tais como Kamboja, Gandhara e outras da região do Indus.

Discorrendo a respeito do império persa aquemênida, HERÓDOTO mencionava Gandhara como a vigésima satrapia do império aquemênida, e ressaltava tratar-se da mais populosa e mais rica dentre todas.[612] Em outra passagem, HERÓDOTO mencionava as roupas e armamentos das tropas 'indianas' no exército persa – que portavam "vestimentas feitas com matéria tirada das árvores", ou seja, de algodão – não exatamente uma 'árvore', mas um arbusto.[613]

O médico grego, CTÉSIAS, que viveu na corte do imperador aquemênida, na primeira metade do século V a.C. deixou descrição do noroeste da Índia.[614] Como outros, oscilando entre a informação e a fantasia.

Nessa continuidade plurimilenar – e mesma complexidade de contextualização –[615] se inscreve a relevante contribuição de KAUTILYA, o homem que legou o **Arthashastra**, tratado sobre a política, interna e externa.[616] Apesar das controvérsias a respeito da sua identidade,[617]

612 HERÓDOTO, **História** (trad. do grego, intr. e notas de Mário da Gama KURY, Brasília: Ed UnB, © 1985, 2ª. ed., 1988, livro III, 89-94): "vigésima satrapia. Os Indianos, que são o povo mais numeroso que conhecemos, e pagavam, sozinhos, quase tanto quanto todas as outras nações reunidas" [...]

613 HERÓDOTO (op. cit., ed. cit., VII.65).

614 CTÉSIAS é citado por PAUSÂNIAS, IX.21, trad. J. W. MCCRINDLE, **Ancient India as described in Classical Literature** (disponível on line https://archive.org, Identifier-ark: ark:/13960/t6f259272, Identifier: in.gov.ignca.34853 book number 34853).

615 Madeleine BIARDEAU, **L'Hindouisme** – Anthropologie d'une civilisation (orig. publ. 1972, Paris: Flammarion – champs, 1981, Introduction, p. 7-22, cit. p. 8): "L'**Arthasastra**, ce traité de l'art du gouvernement royal à peu près unique en son genre, est attribué à KAUTILYA, qui aurait été ministre de l'empereur CHANDRAGUPTA Maurya (IVe siècle av. J.-C.). Mais qui s'aventurerait à dater le texte de cette période? Les évaluations oscillent entre le IVe siècle avant et le IVe siècle après J.-C."

616 KAUTILYA, **The Arthashastra** (edited, rearranged and translated by L. N. RANGAJARAN, New Delhi: Penguin Books India, 1992).

617 Existem motivos para se tomar esse legado com cautela, comenta John KEAY, **India: a History** (orig. publ. 2000, Noida, Uttar Pradesh: Harper Collins Publ. India, 2004, chap. 5 – Gloria Maurya, c320-200 BC, p. 78-100, cit. p. 80-81): "cited sometimes eulogistically and sometimes derisively in other ancient works, it was only discovered in 1904" e essa descoberta foi acidental, tendo o manuscrito, escrito em folhas de palmeira, sido colocado nas mãos do bibliotecário chefe do governo de Mysore, Dr. R. SHAMASASTRY, por um portador que, a seguir, simplesmente desapareceu: "Happily, SHAMASASTRY quickly divined the

KAUTILYA foi o homem que contribuiu para a queda da dinastia Nanda, e instalação da dinastia Maurya, tendo CHANDRAGUPTA como o criador do primeiro grande império indiano (*maurya samrajya*), com sua capital em Pataliputra.[618]

De tudo o que registra o **Arthashastra**, muito poderia bem ser o relato de testemunha ocular, a respeito do que foi e como foi o império maurya. Mas com a dificuldade adicional que, como outros compêndios indianos – tais como o **Kamasutra**, as **Leis de Manu** e também o **Arthashastra** –, nenhum deles foi compilado, na sua forma atual, antes dos primeiros séculos da era cristã, e podem não ser guias muito fiéis da prática efetiva.[619]

Grande estrategista, versado nos livros dos antigos **Vedas**, KAUTILYA era favorável à criação de intrigas, e elaboração de estratagemas políticos, como mecanismos para alcançar e manter o poder. Que lhe valeram o apodo de ser o "Maquiavel indiano", mas este escreveu e atuou mil e

importance of his acquisition: he was also well qualified to undertake its organisation and elucidation. His English translation was published in 1909, since when other editions have appeared and controversy may be said to have raged." Com relação ao texto, "it seems fairly certain that the work in its present form dates, at the earliest, only from the second century AD, five hundred years after CHANDRAGUPTA". Ademais, análises textuais "prove that the work was not written by a single author, but is an accretion of earlier texts. It may have been compiled by a single person, but it 'has no one creator'."

[618] Michel BOIVIN, **Histoire de l'Inde** (orig. publ. 1996, Paris: PUF – Que sais-je?, 4e éd., 2011, chap. I – L'Inde ancienne, p. 7-31, item III – Les Mauryas, p. 19-22, n. 1 – Chandragupta Maurya, le fondateur, cit. p. 19): "D'après les sources indiennes, CHANDRAGUPTA était conseillé par un brahmane, nommé KAUTILYA (ou CANAKYA ou VISHNUGUPTA). Il a peut-être été le véritable dirigeant de l'Empire: on lui attribue d'autre part un traité politique, **L'Arthashastra**, qui fournit des informations utiles sur l'état et l'administration."

[619] J. KEAY, **India: a History** (ed. 2004, cit. p. 81-82): "They were certainly based on observation, but just as it is inconceivable that any swain could have observed all the rules, contrived all the occasions, and mastered all the technical demands of love-making as recorded in the **Kamasutra**, so it seems unlikely that any state can ever have been so minutely organised, so determinedly interventionist and so uncomfortably vigilant as that in the **Arthasastra**. The latter is, as it says, a 'guide not only for the acquisition of this world but of the next'. Like the Ten Commandments or the Buddha's Noble Eightfold Path, it was a counsel of perfection. Such works should be seen as exercises in comprehending, rationalizing and idealising important human activities which, in practice and by implication, may often have been conducted impromptu with inconsistent and unsatisfactory results. Thus if only parts of the **Arthasastra** relate to the Mauryan state, only parts of these parts may be taken to be a statement of how government actually operated under CHANDRAGUPTA Maurya."

oitocentos anos antes do seu 'equivalente' italiano, é o autor do mais abrangente tratado, sobre a arte de governo e as relações entre governos, alternando alianças, intrigas e guerras, legado pela Antiguidade.

Continuidade poderia, igualmente, existir na base da civilização indo-europeia. Onde bastaria aprofundar o exame para encontrar raízes comuns entre povos, línguas e culturas da Índia em relação à Pérsia, bem como ao Ocidente greco-romano.

Esta antiga e importante civilização, pauta-se pela sua coesão em meio à diversidade. Ao mesmo tempo, já apontava o sábio universal iraniano AL BIRUNI, em seu estudo crítico, sincero e conciso a respeito do hinduísmo e da cultura da Índia, em sua obra **Índia**, completada em 1030,[620] que os indianos não demonstravam muita sensibilidade para com os eventos históricos e o encadeamento destes; e acrescentava que, muitas vezes, os mitos tomavam o espaço da realidade.[621] Os versos épicos dos indianos são a sua 'história' e desempenham o papel da história.[622]

[620] A partir do original árabe, existem traduções, como em inglês, Muhammad Ibn Ahmad AL BIRUNI, **A critical study of what India says, whether accepted by reason or refuted** (original de 1030, Hyderabad: Council of the Ottoman Encyclopedia Press, 1957, felizmente disponível on line, em diversos formatos: digital ID https://hdl.loc.gov/loc.wdl/wdl.7447, Library of Congress Control Number 2021666170, LCCN Permalink htttps://lccn.loc.gov/2021666170).

[621] A respeito de ALBERONIUS, ou Abu Rayhan Muhammad AL BIRUNI (973-1048 AD, 363-439 AH) e uma dentre as suas grandes obras, **Índia**, ver breve comentário em Chase F. ROBINSON, **Civilização islâmica** em trinta biografias – os primeiros mil anos (orig. publ. **Islamic Civilization** in Thirty Lives – the first thousand years, 2016, trad. Júlia C. RODRIGUES, São Paulo: Ed. Sesc, 2017, parte 2 – a comunidade islâmica 850-1050, cap. 15 – Al Biruni, catalogador da natureza e da cultura (c. 1050), p. 112-118, cit. p. 116-117): "Objeto do imperialismo ghaznávida, a Índia foi retratada de forma monumental em um livro que ficou conhecido em inglês como **India**, que AL BIRUNI concluiu em 1030. [...] **India** é um compêndio de cultura, história e saber indiano que se baseia nas profundas pesquisas de AL BIRUNI e sua contínua interação com eruditos indianos. [...] **Índia** é enciclopédico, abordando ideias e práticas religiosas, literatura, filosofia, matemática e unidades de medida, sistemas de escrita, astronomia, geografia etc. As observações são pacientes e completas e AL BIRUNI demonstra uma leitura e um domínio dos textos tão apurados que frequentemente se classificam como filológicos em seu caráter."

[622] C. F. ROBINSON, **Civilização islâmica** (ed. 2017, cit. p. 116-117): "Um exemplo é uma passagem sobre a intercalação, a prática de inserir uma unidade de tempo extra, como um dia, uma semana ou um mês em um ano para alinhar o produto cultural, que é um calendário, aos inalteráveis ritmos da natureza – normalmente às fases da lua ou do sol. A passagem,

O resultado de tal concepção é nos faltar historiografia fidedigna e crítica, para estudar a Índia, sobretudo em relação aos tempos mais remotos. Nesse sentido, põe-se o paradoxo de que "a civilização da Índia teve filosofia, mas não teve história".[623]

A civilização indiana parece muito mais focada na apresentação e em considerações de teorias normativas do que no registro de realidades pragmáticas: "a tradição indiana – em sânscrito – esteve muito mais interessada em apresentar teorias, categorias e ideais, do que em registrar suas aplicações e resultados".[624] Enquanto a crítica de corrente 'orientalista' – como atualmente se conhece – via essa situação como uma falha, ou um defeito, alguns autores indianos, de viés nacionalista, em reação talvez excessiva a tais críticas, negavam a alegada ausência de literatura histórica, citando, como uma dentre outras exceções, a existência de bem desenvolvidas tradições históricas regionais, em algumas partes do subcontinente, como por exemplo, na Caxemira.

Diversamente de outras civilizações, não se dispõe, por exemplo, de qualquer crônica real antiga. E mesmo o **Rajatarangini** de Caxemira,

que inicia o capítulo 51 de **India**, traz à tona seu profundo interesse em sistemas de datação e cronologias, algo que também figura próximo do centro em seu **Cronologia das nações antigas**. Também ilustra seu gosto por analogias e comparações, técnicas necessárias para elucidar características do hinduísmo, que era mais ou menos desconhecido para o público leitor muçulmano do século XI."

623 Leopold von Ranke (1795-1886), *Sobre o caráter da ciência histórica* (do original *Idee der Universalhistorie*, trad. e ensaio de Julio Bentivolgio, na coletânea org. por Jurandir Malerba, **Lições da História** – o caminho da ciência no longo século XIX, Rio de Janeiro: Ed. FGV / coed. Ed. PUCRS, 2010, p. 133-154, cit. p. 142).

624 Richard Salomon, *Ancient India: Peace within and war without* (in **War and peace in the Ancient world**, ed. by Kurt A. Raaflaub, Oxford: Blackwell Publ., 2007, p. 53-65, cit. p. 53-54): "The priorities and foci of interest of the classical Indian tradition – by which I mean essentially the cultural tradition, or rather traditions, which are embodied in the Sanskrit language and its contemporary relatives, the Prakrit dialects – are in many regards very different from those, not only of the ancient western world, but also of the classical cultures of other parts of Asia." [...] "The paradigmatic case of this pattern is what is sometimes called the 'empty shelf' syndrome of the history of ancient India. From the very beginning of the modern study of Sanskrit and allied literatures, western scholars have been troubled and puzzled by the absence of a literary genre corresponding to what they knew as 'history', which constituted such a fundamental body of knowledge not only in European classical culture but also, for example, in Chinese and Islamic civilizations."

do século XI, sequer pode ser considerado uma exceção,[625] porquanto foi composto nessa região eternamente fronteiriça,[626] em contato com os 'turcos' e em ambiente no qual as normas hindus estavam constantemente sob questionamento.

As fontes para o conhecimento histórico serão assim baseadas em evidências arqueológicas, na reconstituição a partir da literatura, em crônicas budistas, jainistas, bem como genealogias (a partir do século V a.C.), inscrições em pedra e placas de cobre (a partir do século III a.C.), assim como relatos de viajantes gregos e chineses – com destaque para os peregrinos budistas, em busca de documentos e textos – e, mais tarde, árabes e europeus.

Em razão da qualidade desigual dessas fontes, é evidente que uma imagem abrangente, fiel, precisa e equilibrada da vasta e complexa história da Índia não pode ser reconstruída. Por isso, "tentar apresentar, de uma cultura e de uma história tão vastas quanto a da Índia, uma exposição unificada, em que cada parte seja explicitamente solidária de uma mesma totalidade, é um projeto um tanto demente".[627]

> Tanto mais porque a Índia representa caso privilegiado, para uma empreitada desse gênero. Os textos e vestígios arqueológicos, que ela oferece, se estendem por, no mínimo, três milênios e, apesar de um legado importante, inscrito em blocos de pedra ou placas de cobre, cujo

[625] M. Biardeau, **L'Hindouisme** (ed. 1981, loc. cit.): "Les rares visiteurs grecs et chinois, puis les observateurs musulmans fournissent quelques précieux jalons, mais eux aussi sont sujets à caution, puisqu'ils reposent autant sur des témoignages oraux que sur des informations directes."

[626] R. Salomon, *Ancient India: Peace within and war without* (in **War and peace in the Ancient world**, 2007, cit. p. 54 e nota 2, p. 63): "This appears in the curious story of the failed treaty (*sandhi*) between Kings Lalitaditya Muktapida of Kashmir (ca. 724-760 CE) and Yasovarman of Kanauj related in Kalhanya's **Rajatarangini** or 'River of Kings', a history of Kasmir composed in the twelfth century CE. According to the account given there, the proposed treaty was rejected by Lalitaditya on a matter of protocol, namely the question of which king's name would be recorded first in the heading of the treaty".

[627] M. Biardeau, **L'Hindouisme** (ed. 1981, Introduction, p. 7-22, cit. p. 7) faz a comparação: "Qui oserait découper une unité du même genre à l'intérieur de l'Occident ou, pis encore, embrasser l'ensemble de l'histoire occidentale dans une même synthèse, gouvernée par quelques normes simples et partout repérables?"

estudo ou mesmo a publicação estão longe de terminar, praticamente não podem nos ajudar a reconstituir o que chamaríamos de história.[628]

Além disso, a literatura sobre o direito internacional da Índia antiga tem, geralmente, pouca utilidade científica.[629] Sem esquecer que a historiografia europeia, nessa mesma época, apresentava falhas similares.

Nas **Leis de Manu**, já consolidadas e transmitidas de geração em geração, durante séculos, já consolidadas no início da era cristã, descreve-se a trajetória da humanidade como sucessão de quatro idades:

> primeiro a idade da perfeição (*kritayouga*),
> segundo a idade da fé ou do completo cumprimento dos deveres religiosos (*tretayouga*),
> terceiro a idade da dúvida ou do declínio das crenças religiosas (*dvaparayouga*) e
> quarto, a idade da perdição (*kaliyouga*) na qual nos encontraríamos – sob o signo de Kali. Seria esta a tônica sombria dos tempos atuais.[630]

Existe aí visão essencialmente negativa a respeito da evolução da natureza humana e da regulação das relações sociais. Ao mesmo tempo em que os ciclos se sucedem, e por meio de tal sucessão, renovam-se. "Os antigos mitos orientais afirmam que o gênero humano, submetido a uma lei de contínua degenerescência, segue do bem rumo ao mal, do mal em direção ao pior, e declina ao invés de se elevar".[631]

Pode-se comparar a formulação hinduísta, na tradição de Manu, ao livro do **Gênesis**, no qual a história da humanidade começa por uma

[628] M. BIARDEAU, **L'Hindouisme** (ed. 1981, loc. cit.): "Sans doute possédons-nous quelques répères chronologiques – en partie hypothétiques et sur lesquelles on continue de disputer –, mais ces trop rares dates ne sont pas toujours des plus signifiantes."

[629] Algumas práticas e institutos de direito internacional da Índia antiga continuam a ser observados, já apontava J. CHACKO, **India's contribution to the field of International Law Concepts** (RCADI, 1958, vol. 93, p. 117-222).

[630] **The Laws of Manu** (with an introduction and notes, translated by Wendy DONIGER with Brian K. SMITH, New Delhi: Penguin Books India, 2000).

[631] Louis BOURDEAU (1824-1900), **L'Histoire et les historiens** (Paris: Félix Alcan, 1888, trad. Marcos Antonio LOPES, in Jurandir MALERBA, **As lições da história**, 2010, p. 287-305, cit. p. 299).

ruína e uma maldição: expulso do paraíso terrestre, do qual desfrutou por breve tempo, o casal ancestral viu-se lançado em um mundo de miséria, de trabalho e de sofrimento: "com o suor do teu rosto, comerás teu pão, até que retornes ao solo, pois dele foste tirado; pois tu és pó e ao pó tornarás".[632]

Entre expectativas de progresso e condenações à decadência outras vozes se fazem ouvir. Também entre os gregos e os romanos antigos, em breve paralelo, que pode ser oportuno.

Não destoa a tradição grega antiga, quando Hesíodo, n'**os trabalhos e os dias**, expõe uma sequência análoga: as idades de ouro, de prata, de bronze, da terra e de ferro: "pois antes as tribos humanas viviam sobre a terra inteiramente livres de males, sem trabalho duro e sem doenças graves, que trazem a morte aos homens".[633]

> De ouro era a raça dos humanos, dotados com o dom da palavra, que os imortais que moram no Olimpo, criaram em primeiro lugar.[634]
> Depois, aqueles que tem as suas mansões no Olimpo, criaram uma segunda raça, muito pior, de prata, diversa da áurea, tanto no corpo quanto no espírito.[635]
> Zeus pai fez uma outra raça de humanos, dotados com o dom da palavra, a terceira, de bronze, em nada semelhante à de prata – terríveis e for-

[632] **Biblia Sacra** iuxta **Vulgatam Clementinam** (nova editio, logicis partitionibus aliisque subsidiis ornata a Alberto Colunga et Laurentio Turrado, Madri: Biblioteca de autores cristianos, 1977, Líber Gênesis – hebraice *'Beresith'*, pars prima, cap. 3, vv. 14-24 – 'Inflictio poenae atque promissio redemptionis', cit. Gen. 3-19): "In sudore vultos tui vesceris pane, donec revertaris in terram; de qua sumptus es: quia pulvis es, et in pulverim reverteris".

[633] Hesiod, **Erga Kai Hmerai** (in Hesiod, **Theogony – Works and Days – Testimonia**, edited and translated by Glenn W. Most, Cambridge, Ma. / London: Harvard Univ. Press – Loeb Classical Library, Hesiod I – LCL 57, 2006, p. 86-153, cit. p. 94-95, vv. 90-96) e tb. Hesiod, **The shield – Catalogue of Women – other fragments** (ed. and translated by G. W. Most, Cambridge, Ma. / London: Harvard Univ. Press – LCL, Hesiod II, vol. 503, 2007).

[634] Hesiod, **Erga Kai Hmerai** (ed. 2006, cit. p. 96-97, vv. 109-126): "Como os deuses, eles passavam suas vidas com espírito livre de cuidados, totalmente afastado de esforços e desgostos" (minhas traduções para o português).

[635] Hesiod, **Erga Kai Hmerai** (ed. 2006, cit. p. 96-99, vv. 127-142): "Pois eles não podiam deixar de cometer graves ofensas e males, uns contra os outros, e tampouco se mostravam propensos a honrar os imortais, nem sacrificar, nos sagrados altares, aos bem aventurados, como se considera correto, para os seres humanos, em cada comunidade".

> tes eles eram, e somente se ocupavam com as penosas tarefas de Marte e atos de violência.[636]
> Quando a terra cobriu esta raça também, Zeus, filho de Cronos, fez uma outra, com a fértil terra, mais justa e superior, a divina raça dos homens-heróis, que são chamados semideuses, a geração que precede a nossa, sobre a terra sem limites. Os males da guerra e violentas batalhas os destruíram.[637]
> Se ao menos eu não tivesse de viver em meio à quinta raça de humanos, mas pudesse ter morrido antes, ou nascido depois. Pois agora, a raça é, de fato, uma de ferro. E eles não cessam de penar e de sofrer, durante o dia, nem de se desgastarem com sofrimentos à noite, e os deuses lhes concedem penosas preocupações. Apesar disso, para tais humanos coisas boas demais se mesclarão com as más. Não haverá qualquer graça para aquele que mantém a palavra dada, tampouco para o justo e o bom; mas honrarão aquele que pratica o mal e comete ofensas.[638]

Nesta última idade – de ferro –, assiste-se ao desaparecimento da justiça e do pudor, "deixando aos mortais apenas as aflições que consomem e os males sem remédio". Somente a esperança – *Elpis* – permaneceria no fundo da caixa de Pandora, enquanto "incontáveis misérias se espalham em meio à humanidade; pois a terra está cheia de males, e também o mar; algumas doenças atingem os homens durante o dia, outras durante a noite; em silêncio trazem males aos mortais".[639]

636 Hesiod, **Erga Kai Hmerai** (ed. 2006, cit. p. 98-99, vv. 143-155): "Suas armas eram de bronze, como de bronze eram suas casas, e trabalhavam o bronze e entre eles não havia qualquer negro ferro. E estes, subjugados uns pelas mãos dos outros, desciam sem nome à escura casa do gélido Hades. A negra morte os tomou e, apesar de temíveis como eram, deixaram para trás a brilhante luz do sol".

637 Hesiod, **Erga Kai Hmerai** (ed. 2006, cit. p. 100-101, vv. 156-173): "Por fim, a morte envolveu alguns deles, mas a outros, Zeus pai, filho de Cronos, concedeu vida e morada longe dos seres humanos, e os instalou nos limites da terra. E estes lá vivem, livres de cuidados, nas ilhas bem aventuradas".

638 Hesiod, **Erga Kai Hmerai** (ed. 2006, cit. p. 100-105, vv. 174-201): "Mas Zeus também destruirá essa raça, quando, depois de nascerem, os cabelos de suas têmporas ficarem brancos" [...] "A justiça estará em suas mãos, e não haverá reverência; o homem mau causará dano àquele que lhe é superior, fazendo discursos tortuosos e fará juramento sobre estes. E a inveja, com todos os seus males, acompanhará esses infortunados seres humanos".

639 Hesiod, **Erga Kai Hmerai** (ed. 2006, cit. p. 94-95, vv. 100-105): "Pois não é possível, de forma alguma, escapar da mente de Zeus".

Dentre os romanos antigos, Ovídio nas **Metamorfoses**,[640] retoma e desenvolve a mesma fábula das quatro idades. Por sua vez, Horácio, nas **Odes**, afirma em belos versos que o mundo piora de geração em geração.[641]

O tema da oscilação de visões da evolução humana, entre ascensão e decadência, ocorre na Índia antiga, como também na civilização ocidental. Como mostram estes poucos exemplos da tradição greco-romana.

Mas, apesar da afirmação da decadência, aponta-se a continuidade. E a perenidade: esta "é devida a certas causas cuja determinação é aconselhável, para poder compreender a evolução antiga da Índia, e a sua constante renovação no decorrer dos séculos":[642]

> Três traços principais definem a Índia e explicam, em certa medida, esta perenidade: seu amor à tradição, que torna possível uma transmissão sem flutuações; sua tendência à unidade, apesar da complexidade e do paradoxo que lhe são próprios; seu gosto pela codificação, pelo catálogo e pela compartimentação, que fazem com que sejam tratadas à maneira de técnicas rituais atividades de ordens aparentemente muito diversas, mas graças às quais lhe é dado conservar uma coerência fundamental.[643]

"A Índia é dotada de uma força civilizadora que parece emanar de seu próprio solo".[644] Mesmo tendo conhecido episódios sangrentos, "tem preferência pela conquista pacífica".[645] Estes mesmos elementos,

640 Ovide, **Les metamorphoses** (traduction, introduction et notes par Joseph Chamonard, Paris: Garnier – Flammarion, 1966).

641 Horácio – Q. Horatius Flaccus (65-8 a.C.), **Odes and Epodes** (with an English translation by Niall Rudd, Cambridge, Ma. / London: Harvard Univ. Press – Loeb Classical Library, vol. 33, 2004); Horace, **The complete Odes and Epodes** (a new translation by David West, New York: Oxford Univ. Press, 2008); Horácio, **Carmina – Odes** (ed. bilingue, trad., introdução e notas de Pedro Braga Falcão, inclui o *Cântico secular*, São Paulo: Ed. 34, 2021).

642 A. Aymard e J. Auboyer (op. cit., ed. 1977, p. 221):

643 A. Aymard e J. Auboyer (op. cit., loc. cit.).

644 André Aymard e Jeannine auboyer, **O Oriente e a Grécia antiga** vol. I: Civilizações imperiais do Oriente (in **História geral das civilizações**, sob a direção de M. Crouzet, trad. Pedro Moacyr Campos, São Paulo: Difel, 6ª ed., 1977).

645 A. Aymard e J. Auboyer (op. cit., ed. cit., 1977, p. 219-220).

desde tempos muito recuados, já configuram algumas das características da civilização da Índia que já se tinham fixado, de maneira estável.[646]

A tradição assume, na Índia, força dificilmente concebível para um ocidental. A transmissão dos textos literários se fez por períodos extremamente longos.

Ao lado desta, outra característica da civilização hindu é a tendência à unidade, que se reforça, ao longo do tempo: "o espírito hindu capta com grande sutileza a multiplicidade universal; longe de repeli-la, ou de tentar canalizá-la e reduzi-la, contenta-se com a verificação de seus efeitos, dos quais levanta um vasto inventário".[647] O elemento unificador é a divindade, e assim, a multiplicidade se interpreta como se fosse constituída pelos múltiplos aspectos de uma e mesma fonte.[648]

A tendência à unidade se apoia, de maneira natural, na necessidade de codificar todo o conjunto divino e humano. Uma das expressões desta é o sistema de castas, fenômeno social que pertence propriamente à Índia, ao menos sob a forma como lá se fixou: cor – *varna* – mostra claramente o problema racial, na origem do sistema de divisão hierarquizada, que opunha conquistadores, do tipo branco, aos aborígenes de pele escura.[649]

[646] Romila THAPAR, **A History of India** (orig. publ. 1966, London: Penguin, 1990, chap. 7 – The evolution of the classical pattern, p. 136-166, cit. p. 165): "The nature of the Indian impact varied according to the region from where it came."

[647] A. AYMARD e J. AUBOYER (op. cit., ed. cit., 1977, p. 219-220).

[648] D. J. BEDERMAN, **International Law in Antiquity** (Cambridge: Univ. Press, 2001, reprinted 2006). V. tb. David J. BEDERMAN, *Religion and the sources of International law in Antiquity* (in **Religion and International Law**, ed. by Mark W. JANIS and Carolyn EVANS, Leiden/Boston: M. Nijhoff, 1999, reprinted 2004, p. 1-26, cit. p. 15): "In ancient Israel, in Greece and Rome, and in India, two distinct forms of oath-making were common. In some, the guarantor of the treaty was an angry god. In others, it was the fear of chaos. This second class of pledges was evidence of what I have called the 'social' sanction in ancient international law. The rituals described were made to reinforce a punishment that was not immediately connected with godly intervention. Instead, the implicit fear was the gods would abandon the state to its enemies, and that all that the nation held dear – its land, its livelihood, its particular social order – would be lost. Rituals gave symbolic validation to states and their rulers."

[649] A. AYMARD e J. AUBOYER (op. cit., ed. cit., 1977, p. 222) apontam como, no decorrer da evolução histórica, esse princípio se aplica, inicialmente, a duas categorias de indivíduos, que compõem o sacerdócio e a laicidade guerreira, depois a uma terceira – a dos "homens livres" – e, em seguida, a uma quarta – a dos "cultivadores" – enfim, ramifica-se cada vez mais, baseando-se no ofício ou função, e fechando-se progressivamente, a ponto de repelir para a massa dos "fora das castas" todos os que não encontrassem lugar em nenhuma delas, por força de sua suposta "impureza".

Entre 3000 e 1700 a.C. emergem as chamadas civilizações do vale do rio Indus – Harappa e Mohenjo-Daro – cujos registros escritos, até hoje não decifrados, limitam as nossas possibilidades de as conhecer melhor. Contudo, "as implantações de Harappa não foram somente as primeiras cidades e vilarejos indianos; mas as primeiras vilas e cidades planejadas do mundo".[650]

As fontes arqueológicas, que chegaram até nós, não permitem alcançar conhecimentos significativos sobre essas culturas. Embora permitam atestar que a Índia conheceu civilização de qualidade comparável à sua contemporânea civilização do Egito antigo. O comércio entre coletividades – como as cidades da Mesopotâmia e Meluhha, na costa indiana – pode ter produzido uma série de práticas consuetudinárias. Mas, não se pode ter certeza se a civilização do Indus estava baseada em um império, uma federação, ou vínculos 'internacionais' entre cidades.

É, assim,[651]

> provável que uma tal civilização tenha produzido normas jurídicas e especificamente de direito internacional; todavia não temos condições de conhecê-las.
>
> Os primeiros textos de acordos internacionais, que chegaram até nós, datam de meados do século III. Contrariamente às aparências, não se tratava, contudo, de tratados vinculantes, no sentido do direito internacional público.[652]

[650] John Keay, **India: a History** (orig. publ. 2000, Noida, Uttar Pradesh: Harper Collins Publ. India, 2004, chap. 1 – The Harappan world, c. 3000-1700 b.C., p. 1-18, cit. p. 9): "Town-planning not being conspicuous in the subcontinent's subsequent urban development, they have been hailed as the only such examples until, in the eighteenth century A.D., Maharajah Idi Singh decided to lay out his 'pink city' of Jaipur in Rajasthan."

[651] Wolfgang Preiser, **Frühe völkerrechtliche Ordnungen der aubereuropäischen Welt** – Ein Beitrag zur Geschichte des Völkerrechts (Sitzungen der Wissenschaftlichen Gesellschaft an der Johann Wolfgang Goethe-Universität Frankfurt-am-Main – Societas Scientiarum Francofurtensis / Wiesbaden: Franz Steiner Verlag, 1976); "une espèce de version française de cet ouvrage" foi feita por Robert Kolb, **Esquisse d'un droit international public** des anciennes cultures extra européennes (Paris: Pedone, 2010); v. tb. W. Preiser, *History of international law, Ancient times to 1648* (in **Encyclopedia of Public International Law**, 2012, vol. IV, p. 869-896).

[652] W. Preiser (op. cit., 1976) e, com base neste, a reapresentação de R. Kolb (op. cit., 2010, p. 154-155): "En effet, la conception juridique de l'égalité des contractants, à la fois celui plus puissant et celui moins puissant, faisait encore défaut. De plus, l'idée d'une

Entre os séculos XVIII e X a.C. produz-se, nos confins noroeste do planalto iraniano, uma cisão entre as tribos indo-europeias aí anteriormente estabelecidas – estas se designavam pelo nome *ária, airia* e *airya*, ou *ariana*. Sua origem ainda é objeto de controvérsias, mas presume-se, fossem originários da Rússia meridional.[653]

Teriam os *arianos* chegado à Pérsia, através do Cáucaso. Foi encontrado em Boghaz Keuï, na Capadócia, um tratado de paz, datado do século XIV a.C., entre os hititas e os arianos, que constituíam a retaguarda, daqueles que, dois séculos antes, tinham passado da Pérsia para o Punjab – os chamados milanianos.[654]

A massa *ariana* se destacou do ramo iraniano, e teria penetrado na Índia, pelo Noroeste, pelo atual Waziristão, ou pelo vale de Cabul. Depois de se estabelecerem no Punjab, em sucessivas levas migratórias. Especula-se se estes teriam sido os destruidores das anteriores civilizações do vale do Indo, sobretudo Mohenjo-Daro e Harappa, cujo desmantelamento teria ocorrido por volta de 1500 a.C.

Discutem historiadores[655] em que medida o avanço ariano se teria realizado como miscigenação progressiva ou força militar (*manu militari*), e os aborígenes, uma vez vencida a sua resistência, teriam sido obrigados a

obligation juridique et l'admission de la rêgle *pacta sunt servanda* ne s'étaient pas encore frayées un chemin. Vers la première moitié du 2ème siècle, la position de l'individu dans la collectivité a été notablement renforcée. Cette montée en puissance est réflétée par l'ampleur du mouvement de codification. Comme très souvent, cette émergence de la pensée juridique au niveau interne produit concomitamment son extension aux rapports externes."

653 Merece ser assinalada essa ironia da história, quando o desvario do regime hitlerista se vangloriava de suposta filiação 'ariana' dos alemães, e dentre a condenação contra tantos outros grupos, apontavam os eslavos como seres inferiores, que mereceriam ser combatidos e aniquilados, tanto quanto conseguissem fazer os racistas. Quando na verdade, os antigos arianos, originalmente, teriam origem eslava! As falácias de raça nunca se sustentam. Mas, neste caso extremo, chega a ser grotesca a contradição, entre o discurso oficial nazista e a realidade histórica das migrações dos povos indo-europeus, ao longo de milênios da história.

654 Félicien CHALLAYE, **Petite histoire des grandes religions** (Paris: PUF, nouvelle édition revue et corrigée, 1947, chap. IV – Les religions de l'Inde, p. 59-95, cit. p. 62): "Or le traité nomme comme Divinités protrectrices des *Milanniens* Indra, Mithra et Varouna – qui seront les grands Dieux du Védisme."

655 John KEAY, **India: a History** (orig. publ. 2000, Noida, Uttar Pradesh: Harper Collins Publ. India, 2004, chap. 1 – The Harappan world, c. 3000-1700 b.C., p. 1-18 e chap. 2 – Vedic values, p. 19-36) refere as controvérsias a respeito dessa sucessão e interações possíveis entre as duas civilizações.

aceitar a supremacia dos vencedores, e se verem escravizados, ou a emigrar, para o sul ou para o oriente, onde sucessivas levas do avanço ário os alcançariam nos séculos seguintes.

> Considerando a ampla dispersão das línguas indo-arianas, a origem dos arianos (*Aryan homeland*) logo passou a ser buscada em algum lugar no centro da massa de terras eurasiana. A maioria dos estudiosos prefere as estepes da Rússia meridional e da Ucrânia, ou o litoral do mar Cáspio. Pastores nômades, os arianos precisavam de muito espaço. E assim, no espectro de amplas migrações, que se estenderam por séculos, supõe-se tenham levado a sua língua, bem como os seus deuses, seus cavalos e seus rebanhos, para a Síria, a Anatólia e a Grécia, para o leste da Europa e o norte da Índia.[656]

Em sânscrito, a antiga língua dos indo-iranianos, *aryas* significa 'nobre', 'senhor', 'líder'. Hoje diríamos, os 'machos alfa'. Sob a égide de divindades, como o deus Agni, que solta chamas ao respirar e o deus Indra, que dispara trovões, considera-se provável que os arianos tenham passado das montanhas do Afeganistão para as planícies do Punjab, "espalhando morte e destruição, com suas formações de carros puxados a cavalo, derrotaram os povos autóctones e se apropriaram de seus rebanhos".[657]

[656] J. KEAY, **India: a History** (ed. 2004, cit. p. 21): "India's Aryans were therefore originally immigrants, and to judge by their exploits as recorded in the Vedas, highly combative ones."

[657] J. KEAY, **India: a History** (ed. 2004, cit. p. 21-22): "As *dasa* ou *dasya*, these indigenes or aborigenes were characterised as dark, flat-nosed, uncouth, incomprehensible and generally inferior. The *Aryans* on the other hand, were finer-featured, fairer, taller, favoured above others in the excellence of their gods, their horses and their ritual magic, and altogether a very superior people." Fazer valer essa remota ancestralidade ariana foi também conveniente para os colonizadores britânicos, do século XIX, aduz KEAY, na mesma passagem: "Nineteenth-century British colonialists reflecting on this new and unexpected Aryan dimension to India's history, could draw great comfort. All that was fine and 'classical' in ancient India's history could now be credited to this influx of manly heroes from the West. The Aryans, spreading their superior culture right down the valley of the Ganga and then deep into the peninsula, had conferred on India unprecedented cultural integrity and an enviably high degree of civilisation. In time, however, the purity of the Aryan race had become hopelessly diluted." Até surgirem os colonizadores britânicos "No less fair, no less manly, and no less confident of their superiority, they were the neo-Aryans, galvanizing a naturally lax people into endeavour and industry, showering them with the incomparable benefits of a superior civilisation and a humane religion, and ushering in a new and golden age. Or so some liked to think."

Do ponto de vista genético,[658] cabe apontar a importância da contribuição ariana para a civilização indo-europeia, e a falácia da afirmação de suposta herança genética 'ariana', pelo uso distorcido que desta se fez:

> Os arianos, nômades pastoris, que ocuparam o subcontinente indiano, formavam uma sociedade de muitas castas, organizada numa hierarquia rígida que eram – e ainda são, ao menos na Índia rural – estritamente endógamas (o casamento entre castas era proibido), ou no máximo hipergâmicas (as mulheres podiam se casar com homens de castas superiores às suas de origem).
> Os arianos originais constituíram a casta mais elevada, a dos brâmanes, da qual são provenientes os sacerdotes, os filósofos e os líderes práticos em todas as sociedades hindus. O poder e a autoridade derivaram da posição social, não dos números.
> Falantes de línguas indo-europeias disseminaram-nas para o Afeganistão, o Irã e a Índia.[659]

São muitos séculos de longa e rica história indiana. Com a consolidação de identidades e culturas. Universo rico e complexo. Que fascina o 'Ocidente' desde a Antiguidade.

Nossos conhecimentos a respeito das fases mais antigas dessa civilização – em razão da quase total ausência de achados arqueológicos – provém de textos literários, transmitidos pela tradição védica, tais como canções, fórmulas de sacrifício, fórmulas mágicas, bem como relatos épicos, durante séculos reformulados, e nos chegaram em formas mais

[658] Luigi Luca Cavalli-Sforza, **Genes, povos e línguas** (do original **Geni, popoli e lingue** © 2000 e da trad. inglesa de Mark Seielstad, trad. Carlos A. Malferrari, São Paulo: Cia. das Letras, 2003).

[659] L. L. Cavalli-Sforza (op. cit., 2003, p. 171): "Estender o nome 'ariano' a fim de incluir os europeus, e em particular os alemães – que seriam supostamente os indoeuropeus originais – é uma fantasia que começou na própria Alemanha, e foi particularmente apreciada pelos teóricos nazistas."

tardias, como o **Ramayana**[660] e o **Mahabharata**.[661] É preciso tomar com muita cautela ambos como fontes 'históricas'. Ainda que se possa deduzir do **Mahabharata** – a grande epopéia da época védica – o esboço de uma teoria da guerra justa. Para ser justa a guerra, três condições deveriam estar reunidas:

- Que esta somente seja encetada depois de esgotados todos os outros meios possíveis – como *ultima ratio* – na busca de solução do litígio entre as partes;
- Que seja lícito o objeto da guerra; e
- Que sejam observadas as regras para a condução das hostilidades.[662]

Por volta do século VI a.C., as coletividades védicas se tinham expandido e passaram a formar entidades políticas independentes – cabe ou não falar em 'estados' – na planície do rio Ganges. Em que medida os povos (*janapada*) védicos mantiveram relações mútuas, que poderiam

[660] Rama, o herói do **Ramayana** – a marcha de Rama – no poema (*kavya*) em língua sânscrita, de vinte e quatro mil estrofes, dividido em sete cantos, e atribuído a Valmiki. A história, que poderia remontar ao segundo ou primeiro século antes da era cristã, circulou em toda a Índia, em dezenas de versões. Apresenta Rama, um avatar de Vishnu, que aparece, como herói e filho do rei Dasharatha, na cidade de Ayodhya, no norte da Índia, para liberar o mundo de um tal rei Ravana, que dominava a ilha de Lanka (atual Sri Lanka). Ver C. Clémentin-Ojha, C. Jaffrelot, D. Matringe, J. Pouchepadass (dir. de), **Dictionnaire de l'Inde** (Paris: Larousse, 2009, cit. p. 385-386 e a seguir p. 307-308): "La littérature sanskrite a abondamment fécondé les traditions modernes et pré-modernes par les multiples adaptations que les cultures populaires orales ont construit à partir de ses plus grands chefs-d'oeuvre au cours des siècles. Le **Ramayana** de Valmiki (IVe siècle), l'histoire de Rama, en guerre avec le démon Ravana qui a enlevé sa femme Sita, en est le plus célèbre exemple, ayant donné lieu à des centaines de réécritures, conservatrices ou contestataires, de Kambar (tamoul) ou Pampa (kannada) à Tsulsidas (hindi), Kritibas (bengali) ou Ezhuthachan (malayalam)." Com o **Mahabharata** de Vyasa (século IV), as duas epopéias são verdadeiramente a linguagem comum de todos os indianos.

[661] Chaturvedi Badrinath, **Mahabharata** – an inquiry in the human condition (Hyderabad, India: Orient Longman P.L., 2007).

[662] V. o precedente cap. 6 – na formação e no desenvolvimento de Roma, a respeito da guerra justa – *bellum iustum*; e tb. Ved P. Nanda, *International Law in Ancient Hindu India* (in **Religion and International Law**, ed. 2004, chap. 3, p. 51-61, cit. p. 54-56).

ser qualificadas como internacionais? Será que um direito internacional se desenvolveu, nesse período, naquela região?[663]

> Algumas manifestações de direito internacional surgem, tais como: um tratado de paz; arautos (*suta*) do rei, atuando como embaixadores invioláveis; normas sobre a condução dos conflitos armados, que lembram os costumes cavalheirescos medievais europeus; ao mesmo tempo em que as tribos mostram sinais de evolução rumo a estruturas estatais.[664]

A eficácia e a crueldade da guerra dos indo-europeus contra os antigos povoadores da Índia[665] são narradas nesses dois relatos épicos mais tardios, extensamente remanejados, como o **Ramayana** e as imagens expressivas de batalhas no **Mahabharata**. Este pode ser cognominado de "investigação sobre a condição humana".[666]

[663] Para o antigo período védico, a resposta é, claramente, negativa. W. Preiser (op. cit., 1976) e, com base neste, a reapresentação de R. Kolb (op. cit., 2010, cit. p. 158): "Les tribus établies sur le sol indien ne possédaient pas, dans cette phase, ce minimum d'intégration sociale et politique requise pour l'existence d'une collectivité étatique formant un sujet de droit international. Toutefois, des alliances entre tribus en vue de campagnes militaires communes ont existé. Il s'agissait d'accords très temporaires qui disparaissaient dès que le but commun immédiat était atteint ou manqué. À une époque plus récente, les textes védiques rapportent des alliances entre chefs de tribus. Ces accords témoignent d'un insigne souci de maintenir l'indépendance de chacun et de limiter l'objet de l'alliance par des formules précises et restrictives."

[664] W. Preiser (op. cit., 1976) e, com base neste, a reapresentação de R. Kolb (op. cit., 2010, p. 158-159): "L'émergence d'un droit public en témoigne. Il restreignit rapidement la justice privée au seul domaine de la famille. La fixation territoriale et l'abandon du nomadisme favorisèrent ces évolutions. Il est donc possible d'admettre que le monde védique ait connu des 'états' dès la fin du 8eme siècle avant J.C. Il faut également admettre que ces états se reconnaissaient mutuellement dans leur indépendance et qu'ils étaient liés entre eux par une séric d'interactions pacifiques et belliqueuses. Il est toutefois moins certain que la conviction d'être tenu par des règles juridiques contraignantes – dont la violation emporte la sanction – se soit déjà développée dès ce temps."

[665] L. L. Cavalli-Sforza (op. cit., 2003, p. 207): O principal grupo de línguas dravídicas residuais é falado, como se sabe, no sul da Índia. [...] é razoável supor que essa família foi removida do seu local de origem com a chegada de populações de línguas indo-europeias ao Paquistão e ao Norte da Índia entre 3,5 mil e 4 mil anos atrás."

[666] Chaturvedi Badrinath, **Mahabharata** – an inquiry in the human condition (Hyderabad, India: Orient Longman P.L., 2007, p. IX) observa ter começado o estudo sistemático da obra com o propósito: "to write on dharma as the key to understanding the history of the Western encounter with Indian civilization. That encounter took place in the form of

A predominância da guerra, em grande ou pequena escala, pode suscitar dúvidas com relação à existência e operacionalidade de normas de 'direito internacional'. Mas, nesse contexto, como em outras regiões e em outras épocas, exacerbava-se o pensamento em políticas de dominação e de busca de equilíbrio de poder entre potências regionais – tal como, muitos séculos mais tarde, igualmente no Ocidente.

Nesse grande poema épico, o **Mahabharata**, consideravelmente remanejado, durante séculos, até a forma na qual nos foi transmitido, se enfatiza a relação entre a casta (*varna*) e o comportamento (*dharma*).[667] Onde o *dharma* está ligado a determinada função social e não compreendido, no sentido ocidental, de 'atributo pessoal':[668]

> daí decorria que a cada uma das quatro castas originais, a correspondente disciplina estava vinculada, como expectativa de cada uma, e esta era funcional, antes de tudo. As respectivas disciplinas, naturalmente interrelacionadas deveriam, juntas, proporcionar os fundamentos do progresso

Western Christianity, Liberalism, Modern Science and Marxism, each of those forces trying to change India from its own perspective. My journeys in that history showed that each one of them had perceived the foundations of Indian civilization wrongly. That led me to dharma, upon which those foundations were laid, and dharma led me to the **Mahabharata**, opening an entirely new universe to the knowledge of the self and of the other in relationship, individually and collectively. My journey changed from studying a history of wrong understandings and misunderstandings, to studying the **Mahabharata**'s inquiry into those universal questions of human existence that every human being asks practically at every turn of his or her life."

[667] O complexo e multifacetado conceito de *dharma*, exprime a ordem socio-cósmica, que organiza este mundo empírico – *artha* – englobando todos os interesses materiais, riquezas, sucesso nas iniciativas e os meios para assegurar o resultado. Mas "é preciso rejeitar todos os equivalentes do termo *dharma*, propostos pelas traduções correntes, que tentam aproximar à realidade indiana o leitor ocidental: não é nem a moral, nem o bem, nem o direito, nem a lei". Cfr. Madeleine Biardeau, **L'Hindouisme** – Anthropologie d'une civilisation (orig. publ. 1972, Paris: Flammarion – champs, 1981, cit. p. 49-54 e 184): "C'est l'ordre socio--cosmique dont on peut dire qu'il est bon simplement dans la mesure où il est nécessaire au maintien de l'existence heureuse du tout constitué par les trois mondes" – *trailokya* – ou seja, terra, céu e espaço intermediário. Em contraposição, "Le désordre, *a-dharma*, amène une fin du monde." Le soin du *dharma* est plus particulièrement confié aux brahmanes". "Il est lui-même le bien simplement en ce qu'il assure la continuité du monde empirique".

[668] C. Badrinath, **Mahabharata** (ed. cit., 2007, chap. thirteen – '*Varna-dharma*, social arrangements; *Loka-samgraha*, towards social wealth', p. 369-415).

social e da prosperidade social (*loka-yatra* e *loka-samgraha*). Nesse sentido, eram normas de regulação das relações sociais (*dharma*).[669]

Para povo altamente culto e urbanizado como os antigos indianos, o desenvolvimento da dimensão funcional teria de ser simultaneamente ético. Daí a disciplina ética comum (*samanya-dharma*), compartilhada por todas as funções sociais, e a disciplina específica (*vishesha-dharma*), peculiar a cada segmento. Em caso de conflito entre as dimensões social e pessoal, o **Mahabharata** mostra o caminho a ser seguido.

Diversamente do que pode ser considerado como supérfluo, em certas correntes 'realistas' ocidentais, o desenvolvimento das artes foi tão natural quanto respirar.[670] E faz parte da civilização, na qual se inscrevem os desenvolvimentos marcantes daquela sociedade, em seu tempo.

A partir do século VI a.C., a evolução da organização das tribos rumo a estruturas com alguns elementos estatais, em território delimitado, e com população fixa, é alcançado na planície do Ganges e regiões vizinhas. A formação de grandes cidades - criação de capitais - acelera a divisão do trabalho e favorece o desenvolvimento de culturas mais refinadas, como se configura a 'civilização', também em outras regiões, na mesma época.

[669] C. Badrinath, **Mahabharata** (ed. cit., 2007, cap. cit., p. 369-415, cit. p. 375, '*varna* – a function, not a person'): "The single most important contribution of the **Mahabharata** in regard to *varna* has been to insist that *varna* is a social *function* and not a *person*. Hence, to each of the original four varna a corresponding discipline was attached, an expectation from each, which was functional in the first place. The respective disciplines, naturally interrelated, were to be, together, the foundation of social progress and social wealth, *loka-yatra* and *loka-samgraha*. In that sense, it was a collective discipline of *dharma*."

[670] Jamila Brijbhushan, **The world of Indian Miniatures** (Tóquio / New York / San Francisco: Kodansha Intl. Ltd., 1979, cit. p. 17): "To a people as highly cultured and urbanized as the ancient Indians, the development of the arts was as natural as breathing. The arts of building, especially temples, and sculpting reached such heights of sophistication that their remains even leave the technologically advanced [...] observers agape with admiration. That painting apart from murals, of which some are found in these temples, had also been lovingly cultivated and extensively practiced is beyond doubt. Ancient plays make numerous references to portraits of the beloved being shown to the lover, accompanied by rapturous remarks about the beauty of the subject and the remarkable way the artist has managed to catch the likeness. Old texts not only mentioned the painter and his work but also laid down meticulous rules about materials and techniques, with detailed tenets as to what distinguishes a good painting from a mediocre or even a bad one."

Nessa mesma altura, Sidarta Gautama, o BUDA – o 'Iluminado' – estima-se entre 563 até 483 a.C., bem como MAHAVIRA – o fundador do movimento do Jainismo – desencadeiam movimentos de renovação e de mudança espiritual, em relação à ortodoxia do bramanismo, e também levam a desenvolvimentos consideráveis neste, inaugurando uma nova era na história indiana.

As fontes mais antigas apontam o surgimento do império magadha, dominado pelo rei BIMBISARA. Seu reinado, entre cerca de 540 até 490 a.C., inaugura fase de grande atividade internacional.[671]

Em 1786, William JONES, em conferência na Sociedade Asiática Bengali de Calcutá, propôs a teoria segundo a qual o sânscrito, o grego, o latim, e possivelmente o celta e o gótico – ancestral das línguas germânicas – bem como o persa, poderiam ter origem comum. A respeito do sânscrito, "mais perfeito do que o grego, mais copioso do que o latim, tendo com ambos mais forte afinidade".[672]

Esse pode ser considerado o marco inicial da linguística científica. A maioria das línguas do norte da Índia, que derivam do sânscrito, teria assim relação com a maioria das línguas europeias, que derivam do latim. Mas, JONES corretamente acrescentou que as línguas germânicas e celtas também derivariam da mesma família linguística, assim como o antigo persa (*avestan*). Mas, "pessoalmente mais enamorado da literatura sânscrita do que da sua língua, ele não prosseguiu na busca dessa 'fonte comum'."[673]

[671] Não confundir com outro imperador BIMBISARA Maurya, filho de CHANDRAGUPTA Maurya e pai de ASOKA Maurya, no século III a.C. Comentava W. PREISER (op. cit., 1976) e, com base neste, a reapresentação de R. KOLB (op. cit., 2010, cit. p. 160): "Toutes les formes de relations pacifiques et belliqueuses furent mises à contribution."

[672] Juiz da Suprema Corte em Bengala e estudioso da Índia antiga, Sir William JONES (1746--1794), apresentou, em 1786, seu discurso *On Hindus* à Sociedade Asiática de Bengala. Disponível on line: William JONES, *Sobre os Hindus* (1786), texto em inglês e tradução, in Linguagem & Lingüística http://alinguagem.org > sir-william-jones: "More perfect than Greek, more copious than Latin [...] yet bearing to both of them a stronger affinity, both in the roots of verbs and the form of grammar, than can possibly have been produced by accident; so strong indeed, that no philologuer could examine them all without believing them to have sprung from some common source, which perhaps no longer exists".

[673] John KEAY, **India: a History** (ed. 2004, chap. 2 – Vedic values, p. 19-36, cit. p. 20-21): This was left to others who recognized in Jones's insights not only a specific challenge – to

As semelhanças e as afinidades entre o sânscrito e as línguas europeias já tinham sido, muito antes, assinaladas pelo mercador florentino Filipo SASSETTI e pelo padre jesuíta COERDOUX. Por sua vez, em 1863, o linguista alemão August SCHLEICHER publicou uma árvore em que apontava as origens dos indo-europeus: "os elos entre a biologia e a linguística ficaram evidentes".[674]

Afirmava explicitamente Charles DARWIN (1809-1882), em **A origem das espécies por meio da seleção natural** (1859) que, se conhecêssemos a árvore da linhagem biológica dos grupos humanos, poderíamos deduzir a árvore que relaciona as línguas.[675] Mas isso só seria tentado em 1988.[676] Existe assim tronco comum e herança compartilhada entre a assim chamada tradição ocidental greco-romana e mesmo celta, em relação à Índia. Esta não pode nem deve ser vista nem considerada como algo 'exótico' ou 'estranho'. Antes, inscreve-se na herança compartilhada dos povos justamente denominados 'indo-europeus'!

As confluências e interrelações são múltiplas, desde as bases compartilhadas, até a extensão e a variedade das trocas comerciais, entre a Roma antiga e a Índia. Como já apontado,[677] o volume e a variedade dessas trocas comerciais podem ser demonstrados pelos artefatos provenientes de uma, encontrados em sítios arqueológicos da outra civilização.

discover the 'common source' and chart its distribution – but also the means by which to do so. For JONES had shown that the study of language or philology, could serve the historian much as does archeology."

674 L. L. CAVALLI-SFORZA (op. cit., 2003, p. 217-219): "De Pondicherry o religioso já tinha enviado anotações à Academie des inscriptions, em Paris, mostrando que sânscrito, grego e latim deveriam ter tido origem comum, mas a sua conclusão não causou o mesmo impacto da palestra de JONES."

675 C. DARWIN, **A origem das espécies** (trad. Eduardo Nunes FONSECA, São Paulo: Folha de São Paulo, 2010): "O sistema natural [de classificação] possui uma disposição genealógica, como um *pedigree*. Podemos examinar esse conceito de classificação, examinando o caso das línguas. Se possuíssemos um *pedigree* perfeito da humanidade, o arranjo genealógico das raças humanas nos proporcionaria a classificação ideal das várias línguas hoje faladas em todo o mundo."

676 L. L. CAVALLI-SFORZA (op. cit., 2003, p. 227-229) chama de "profecia de DARWIN" e admite que não a conhecia, quando publicara, em 1988, com alguns outros colegas, ensaio sobre a correlação, em escala global, dos dados genéticos, arqueológicos e linguísticos.

677 Ver tb. o precedente cap. 6 – na formação e no desenvolvimento de Roma; b/c Rosa Maria CIMINO (edited by), **Ancient Rome and India: Commercial and cultural contacts between the Roman world and India** (New Delhi: Istituto Italiano per il medio ed estremo Oriente, Roma / Italian Embassy Cultural Centre, New Delhi, 1994).

Como referido,[678] a extensão na qual se fez a troca de mercadorias levou inevitavelmente à troca de ideias,[679] entre os antigos mundos romano e indiano,[680] a ponto de se poder falar em conjunto de relações entre a Índia antiga e o Ocidente. As relações entre a Índia e o Ocidente abrangeriam[681] "movimentos de povos, de artigos preciosos e de ideias, que normalmente não se veem agrupados desse modo".[682]

O intercâmbio de mercadorias e de ideias se põe de modo muito claro a partir da época de ALEXANDRE Magno, como encontro de culturas, entre a Grécia e a Índia.[683]

> As campanhas de ALEXANDRE o levaram a cruzar os cinco rios do Punjab, no último dos quais seus soldados baixaram as armas e se recusaram a continuar a avançar. Ele então decidiu seguir o curso do Indus até o mar e, de lá, retornar à Babilônia, enviando parte do seu exército

[678] Ver **Tratado** (tomo 3 A – considerações iniciais do título I – elementos precursores de direito internacional na Antiguidade).

[679] Romila THAPAR, professora emérita de História antiga da Índia, da Universidade J. Nehru, de Nova Delhi, em sua obra **A History of India** (Londres: Penguin, 1st. publ, 1966, reprinted 1990). Ulteriores desenvolvimentos também merecem ser considerados cfr. Percival SPEAR, **A History of India** (volume two: from the sixteenth century to the twentieth century, 1st. publ, 1965, New Delhi: Penguin Books India, reprinted with Epilogue, 1970, reprinted with revisions, 1973 and 1978, reprinted 1990, cit. p. 118): "exchange of merchandise led inevitably to an exchange of ideas".

[680] R. THAPAR (op. cit., 1990, loc. cit.): "Although the economic impact of the Roman trade was more evident in southern India, the impact of Romano-Greek ideas and artefacts was more evident in the north. This was doubtless due to the longer association of North India with Hellenistic culture."

[681] Bernard de GIVE, **Les rapports de l'Inde et de l'Occident: des origines au règne d'Asoka** (Paris: Les Indes Savantes, 2005).

[682] B. de GIVE (op. cit., 2005, 'conclusions provisoires' datadas de 1967, p. 305-306): "des mouvements de peuples, d'articles précieux ou de légendes qu'on n'a pas ordinairement vu regroupés de la sorte."

[683] R. THAPAR, **A History of India** (op. cit., 1990, chap. 3 – Republics and kingdoms c. 600--321 B.C., p. 50-69, cit. p. 59): "In 327 B.C., ALEXANDER of Macedon, continuing his march across the empire of DARIUS, entered the Indian provinces of the Achaemenid empire. The Greek campaign in north-western India lasted for about two years. It made no impression historically or politically on India, and not even a mention of ALEXANDER is to be found in any older Indian sources. It seems that the Greeks departed as they came. ALEXANDER came to India in order to reach the easternmost parts of DARIUS's empire, to solve the 'problem of Ocean', the limits of which were a puzzle to Greek geographers, and, not unnaturally, to add the fabulous country of India to his list of conquests."

por mar, passando pelo Golfo pérsico, enquanto os demais seguiram por terra, ao longo da costa.[684]

As consequências mais relevantes da campanha de ALEXANDRE na Índia não foram políticas, nem militares: está no fato de ter trazido com ele um certo número de gregos, que escreveram as suas impressões a respeito da Índia, e estes registros são valiosos para se conhecer esse período: "daí se pode deduzir que certo número de antigas práticas arianas ainda estavam em curso, no noroeste da Índia, nessa época".[685]

Os relatos gregos são curiosa mescla de fatos e fábulas, e muitas vezes enveredam pelo reino da fantasia. Maior familiaridade com a Índia, nos séculos seguintes, levaria à correção de algumas dessas estórias mais fantásticas – mas o fantástico acompanha os relatos ocidentais sobre a Índia, em muitos outros autores, que se valeram das fontes gregas antigas.

Desse intercâmbio de mercadorias e de ideias, o exemplo mais notável nas artes plásticas seria a arte de Gandhara.[686]

> Ampla zona geográfica onde se cruzam e se entrecruzam civilizações muito diferentes; onde florescem sistemas de organização estatal muito diferentes, e onde se sucedem populações, dinastias e forças de invasão, totalmente heterogêneas, a atividade figurativa trai uma vitalidade ines-

[684] R. THAPAR, **A History of India** (op. cit., 1990, loc. cit.): "The campaign involved some hard-fought battles, such as the now famous Battle of the Hydaspes against POROS (PURU), the king of the Jhelum region; the subduing of innumerable tribes, republican and monarchical; the wounding of ALEXANDER by the Malloi and the vengeance of the Greek on their tribe; and the extreme hardships of the army which made the journey along the Indus. ALEXANDER left governors to rule his Indian conquests, but his death, following so close on his departure, caused a state of confusion in which his governors soon left India and sought their fortunes in the west."

[685] R. THAPAR, **A History of India** (op. cit., 1990, p. 60): "Orthodox Aryanism had spread eastwards, leaving the north-west open to contact with the foreigners who were regarded as impure (*mlechcha*). Frequent reference to republics suggest that this system still survived to some extent despite the imperialism of Magadha."

[686] Na fascinante arte de Gandhara, como ilustram as estátuas de Buda, com roupagem grega clássica. Dentre vasta literatura ver, por exemplo: Bérénice GEOFFROY-SCHNEITER, **Gandhara** – la rencontre d'Apollon et de Bouddha (Paris: Assouline, 2001) e Mario BUSSAGLI (1917-1988), **L'art du Gandhara** (orig. publ. 1984, trad. de l'italien par Béatrice ARNAL, Paris: Librairie générale française, 1996) expõem aspectos desse período pré-islâmico da arte do Oriente, com fenômenos de interferências entre diferentes correntes figurativas euro-asiáticas e seus valores simbólicos, religiosos e estilísticos.

> perada, que lhe permite ultrapassar fronteiras e limites territoriais, em esforço de expansão contínuo. Sem nunca ceder à preponderância esmagadora, nesse caso, do componente helenístico, que poderia se impor pela riqueza de seus modelos insubstituíveis e inalteráveis, um mundo de encontros e de confrontações, sanguinárias e obscuras, que segue seu próprio ritmo de criação. Este se mede em séculos, em milhares de quilômetros quadrados, e produz formas, estilos e tendências que, por sua vez, encontram-se, interferem-se e mesclam-se.[687]

Esse diálogo entre culturas prossegue nos séculos posteriores a ALEXANDRE.[688] Como bem ilustram, por exemplo, os relatos de MEGASTENES[689] e ARRIANO.[690]

> A história dessa aventura extraordinária da arte greco-helenística, colocada a serviço do verbo budista, é uma história de adaptação, de modificação e de transformação. Digamos mesmo: de metamorfose.[691] [...] A arte de Gandhara não é assim somente greco-búdica, ou greco-romano-búdica mas, sobretudo, ela mesma.[692]

[687] M. BUSSAGLI, **L'art du Gandhara** (ed. 1996, part VII – L'essence de l'art du Gandhara, p. 381-451, item 17 – Les traits essentiels de l'art du Gandhara, cit. p. 442-445).

[688] B. de GIVE (op. cit., 2005, loc. cit.): "plusieurs choses neuves furent établies à son sujet; qu'on se rappelle ce que fut dit concernant l'étendue de son oeuvre écrite, les dates entre lesquelles se situe sa composition, la vie de ses grands contemporains qui l'honorèrent de leur amitié. Ce n'est pas que la sentimentalité apparaisse dans son style, mais il connut beaucoup de choses que nul Occidental n'avait vues jusqu'alors dans l'Inde inexplorée."

[689] MEGASTHENES (ca. 350-290 a.C.), historiador, diplomata e etnógrafo da Índia, que a explorou durante o período helenístico. Foi o primeiro autor do Ocidente a deixar descrição da Índia, no seu livro, **Índica**, que se perdeu, mas foi parcialmente reconstituído, a partir de fragmentos, citados por outros autores. Tal como ARRIANO.

[690] FLAVIUS ARRIANUS (ca. 95-175 d.C.), **INDIKH – Indica** (with an English translation by P. A. BRUNT, Cambridge, Ma. / London: Harvard UP, LCL 269, © 1933, reprinted 2000, p. 305-433).

[691] Esse processo, que começa desde as primeiras décadas de dominação grega na Bactriana, encontra numerosos caminhos inesperados e alcança resultados, que estão muito longe do esgotamento progressivo que, poder-se-ia pensar, teria enfraquecido o aporte grego, tornando-o anêmico e evanescente

[692] M. BUSSAGLI, **L'art du Gandhara** (ed. 1996, part VII – L'essence de l'art du Gandhara, p. 381-451, item 17 – Les traits essentiels de l'art du Gandhara, cit. p. 445): "Et les Bouddhas gandhariens abaissent leur regard plein de compassion, le détournant d'un monde où l'élite des dieux affichait sa suprême beauté, pour le concentrer, en souriant, sur l'immense troupe

Essa síntese, única e irrepetível, do encontro de dois mundos, de duas culturas,[693] foi objeto de criminosa e intencional destruição. Perpetrada, com a dinamitação sistemática dos gigantescos Budas de Bamyan! Crime contra o patrimônio cultural da humanidade, cometido por fanáticos ignorantes, alegando serem ímpias tais representações; menosprezando o valor histórico e civilizacional único de tal legado, irrepetível síntese e convergência entre culturas e tradições.

As demandas do comércio com Roma encorajaram implantações indianas no Sudeste asiático, fornecendo muitas das mercadorias que os romanos queriam – tais como ouro, especiarias, resinas aromáticas e madeiras. O ouro siberiano parou de fluir para a Índia, quando os romanos conseguiram controlar a região da Partia e assim a Índia passou a procurar ouro em outras regiões.

> Depois de descobertas as potencialidades do Sudeste asiático, comerciantes indianos desenvolveram esse comércio em escala ainda maior, mesmo depois do declínio do comércio com Roma. O comércio levou a feitorias, que lentamente se transformaram em colônias. A influência indiana permeou os padrões locais de vida, especialmente nas regiões hoje conhecidas como Tailândia, Camboja e Java – contudo, a Índia não enviou exércitos; todo o processo foi de penetração pacífica.[694]

A respeito das atividades indianas no Sudeste asiático, registros chineses da época mencionam Funan – o delta do Mekong – como a primeira área de atuação. Pequenas instalações permanentes também foram criadas na península malaia, dado estar esta conectada com quase todos os centros marítimos da costa leste da Índia. Navios zarpavam de

de leurs fidèles, qui attendent humblement de recevoir en eux une faible étincelle de leur sagesse suprême".

[693] F. Challaye, **Petite histoire des grandes religions** (ed. 1947, cit. p. 92) a respeito do culto a certas estátuas do Buda: "Certaines de ses statues sont des oeuvres magnifiques, depuis que la pensée bouddhique a rencontré, au Turkestan, la technique grecque, et qu'a fait son apparition cet art greco-bouddhique, où les premiers Bouddhas sculptés ont été des Apollons."

[694] Romila Thapar, **A History of India** (orig. publ. 1966, London: Penguin, 1990, chap. 7 – The evolution of the classical pattern, ca. AD 300-700, p. 136-166, cit. p. 164): "Trade led to settlements, which slowly developed into colonies,"

Tamralipti e Amaravati, rumo a Burma, Martaban e a Indonésia. Os portos do sul da Índia enviavam navios para Tenasserim, Trang, bem como aos estreitos de Málaca e de Java. Também portos da costa oeste da Índia participavam do comércio com o Sudeste asiático.[695]

Desde os relatos dos gregos antigos, passando pelos romanos e pelos medievais, ao se cuidar da Índia é preciso deixar de lado a tentação da fascinação fácil com país fictício. No Ocidente, isso não somente acontece desde a Antiguidade, como se perpetua na Idade média e prossegue até nossos tempos, iluminado pela prosa barata dos folhetins: "não podia suportar a hipocrisia dos brancos, e que viera para aqui decidida a esquecer tudo, a entrar num *ashram*, em busca da verdade da vida, da imortalidade".[696] É recorrente a reprodução de "todas as superstições, espalhadas sobre a Índia faquírica e mística, todas as imbecilidades dos livros de RAMACHARAKA, todas as parvoíces da pseudocultura indiana em moda nas cidades anglo-saxônicas".[697]

[695] R. THAPAR (op. cit., 1990, p. 164-165): "The Indian impact is understandable in terms of a more advanced civilization meeting a less advanced one, with the *élite* of the latter moulding themselves on the pattern of the former, but to refer to southeast Asia during this period as 'Greater India' is certainly a misnomer. The local culture was visible in all aspects of life in these countries". [...] "In later centuries, Hinduism declined and Buddhism persisted. In its more orthodox form, that of the *Hinayana* sect, Buddhism in south-east Asia became prevalent in about the seventh and eighth centuries A.D., contemporary with its entry into Tibet. Local modifications in both cases have been so strong that the Buddhist from Cambodia would hardly recognize the Tibetan version as being the same religion."

[696] Mircea ELIADE, **Noite bengali** (do original **Maitreyi**, trad. Maria Leonor BUESCO, Lisboa: Ulisseia, 1961, p. 215-216) prossegue o personagem: "Nessa noite pensei muito tempo no caráter ilusório desse Absoluto que procurava a pobre mística. Experimentava uma certa piedade por ela ao pensar que deixara um lar, uma liberdade num país de civilização – simplesmente porque lera obras desse mistificador RAMACHARAKA."

[697] M. ELIADE (op. cit., loc. cit.). V. tb. Mircea ELIADE, **L'Inde** (trad. du roumain par Alain PARUIT, Paris: L'Herne – Méandres, 1988, cit. p. 111) comenta, não sem certa ironia a extensão na qual "la civilisation unifie". E ainda, Mircea ELIADE, **Yoga – imortalidade e liberdade** (orig. publ. **Yoga – immortalité et liberté**, 1972, trad. Teresa de Barros VELLOSO, transliteração sânscrita Lia DISKIN, São Paulo: Palas Atena, 1996, Conclusões, p. 295-298, cit. p. 295): "Para tornar-se aquilo que se tornou, depois de séculos, isto é, um corpo pan-indiano de técnicas espirituais, era necessário que o Yoga respondesse plenamente às necessidades mais profundas da alma indiana. [...] o Yoga marcou a reação contra as especulações metafísicas e os excessos de um ritualismo fossilizado. [...] Encontra-se sempre uma

> A Índia foi, para a Idade média cristã um reservatório onírico de maravilhas e de monstros. O país da fênix e do unicórnio. A terra dos canibais e dos homens sem boca. [...] Nesse sentido, a Idade média foi herdeira da Antiguidade ocidental: a Índia está associada, então, a um personagem chave da cultura medieval no Ocidente: ALEXANDRE o grande (356-323 a.C.). Foi ALEXANDRE quem, de certa forma, revelou esse país longínquo aos Ocidentais e a uma grande parte do mundo. E que reforçou essa dupla representação da Índia: país de maravilhas e de monstros.[698]

Na esteira da incursão de ALEXANDRE até a Índia – menos do que uma 'invasão', foi rápida passagem, deste com suas tropas, durante pouco tempo e praticamente não deixou qualquer traço em fontes indianas – mas teria duradouras e múltiplas repercussões no 'Ocidente'. Durante a campanha, ALEXANDRE estabeleceu um certo número de implantações na região do Punjab, mas nenhuma destas sobreviveu como cidade. Provavelmente, "os colonos gregos se deslocaram para outras povoações; e se tornaram parte de população grega flutuante no noroeste".[699]

> A movimentação do exército grego, a partir da Grécia continental, atravessando a Ásia ocidental e o Irã, até a Índia, abriu e fortaleceu certo número de rotas comerciais, entre o noroeste da Índia, via Afeganistão e Irã, para a Ásia menor, e para os portos ao longo do Mediterrâneo oriental. Isso acelerou o comércio entre o Oriente e o Ocidente e, sem dúvida, a população grega da Índia desempenhou papel relevante nisso.[700]

A campanha de ALEXANDRE na 'Índia' foi a base para imagens vastamente enriquecidas, a respeito das terras além do rio Indus. Ele abriu passagem para o Oriente, pela qual se sucederiam emissários, brilhariam ideias e olhares cobiçosos se esgueirariam: "com ele iriam também

forma de Yoga quando se trata de experimentar o sagrado, ou chegar ao perfeito domínio de si mesmo, que é o primeiro passo para o domínio mágico do mundo".

[698] Jacques Le GOFF, *L'Inde merveilleuse: l'antichambre du paradis* (in **Un long Moyen âge**, orig. publ. 2004, Paris: Hachette-pluriel, 2009, p. 237-244, cit. p. 237-238): "L'Occident médiéval a eu deux grands réservoirs oniriques: le monde celte, à l'origine du succès de l'aventure arthurienne, et l'Orient – plus précisément l'Inde –, qui représentait une sorte de gisement de merveilles et de monstres."

[699] Romila THAPAR, **A History of India** (op. cit., 1990, p. 61).

[700] Romila THAPAR, **A History of India** (op. cit., 1990, p. 61-62).

todos esses locais e personagens helenizados – Omphis, Aoros, Poros, os Malloi e incontáveis outros – que nunca voltariam a ser ouvidos, na história da Índia".[701]

ALEXANDRE derrubou pequenos reinos e repúblicas do noroeste da Índia e sua partida deixou um vácuo político. Não surpreende que CHANDRAGUPTA Maurya tenha se valido de tais circunstâncias, varrendo todos esses pequenos estados para o interior do império maurya.[702]

A implantação do império maurya, no final do século IV a.C. inaugura uma grande área, controlada por uma única potência. O sistema político adquire mais uniformidade e ilumina o cenário histórico com abundância de informações, de várias fontes, permitindo formular generalizações mais positivas do que era possível em relação a séculos anteriores.[703]

O primeiro autor importante da cultura latina, que discorre longamente sobre a Índia foi PLÍNIO, o antigo (23-79 d.C.), na **História natural.**[704] Mas os medievais disso somente tiveram conhecimento por meio de um resumo do século III.[705]

No século VII, ISIDORO de Sevilha consagra diversas passagens, a respeito da Índia, nas suas **Etimologias**:[706]

[701] John KEAY, **India: a History** (orig. publ. 2000, Noida, Uttar Pradesh: Harper Collins Publ. India, 2004, chap. 4 – Out of the Myth-Smoke, c520-c320 BC, p. 56-77, cit. 76): "The 'invasion' had amounted to little more than a hasty intrusion, scuffing a corner of the carpet but neither baring its boards nor troubling its political furniture."

[702] Contrariamente ao que antes afirmara a mesma Romila THAPAR, **A History of India** (op. cit., 1990, p. 62 e a seguir p. 60), no sentido de que "The most significant outcome of ALEXANDER's campaign was neither political nor military".

[703] R. THAPAR, **A History of India** (op. cit., 1990, chap. 4 – The emergence of empire, p. 70-91, cit. p. 70).

[704] PLINY, **Natural history**, with an English translation by H. RACKHAM, Cambridge, Ma.: Harvard U.P. / Loeb Classical Library, 10 volumes, 1st publ., 1938, rev. 1944 e 1949, reprinted, 2004); tb. disponível na edição PLINE, l'Ancien, **Histoire naturelle** (« textes choisis et présentés d'après la traduction de LITTRÉ» par Hubert ZEHNACKER, Paris: Gallimard-Folio 3090, © 1999, impr. 2007).

[705] J. Le GOFF, *L'Inde merveilleuse: l'antichambre du paradis* (in **Un long Moyen âge**, orig. publ. 2004, Paris: Hachette-pluriel, 2009, p. 237-244, cit. p. 238): le Moyen âge ne connaîtra ce qu'il dit qu'à travers un résumé produit par un rhéteur latin du IIIe siècle: SOLIN, dans ses **Collectanea rerum memorabilium**. / C'est sans doute avec les écrits de SOLIN que naît cette image de l'Inde.

[706] ISIDORO DE SEVILLA, **Etimologias** (edición bilingue, "texto latino preparado por Wallace M. LINDSAY publicado dentro de la *Scriptorum Classicorum Biblioteca Oxoniensis*, en el año

– ao discorrer sobre os 'filósofos dos povos' menciona: os *gimnosofistas* costumam filosofar desnudos, nas sombrias solidões da Índia, cobrindo unicamente as suas vergonhas. [...] Esses filósofos se abstém de procriar;[707]

– ao discorrer sobre os 'deuses dos povos', aponta a suposta origem indiana do deus Dionísio, o deus do vinho ... "Por isso, sua fronte aparece cingida de folhas de vinha. E além de sua coroa de sarmentos, apresenta um chifre, porque quando se bebe vinho, de modo prazenteiro e moderado, produz alegria; enquanto, quando isso se faz sem medida, incita à violência, ou seja, como se proporcionasse chifres. Chama-se também Lieo, derivado de 'liein', porque com muito vinho se relaxam os membros. Em grego, recebe também o nome de Dionísio, derivado de Nysa, um monte da Índia, onde – segundo dizem – foi criado. Além disso, atribui-se a ele também o nome de Niseo, por conta da cidade de Nisa, onde Líber recebeu um culto especial";[708]

1911", versión española y notas José Oroz Reta y Manuel-A. Marcos Casquero, intr. general por Manuel C. Diaz y Diaz, Madri: Biblioteca de Autores Cristianos, vol. 647, 1ª ed., 2004, reimpresión, 2009).

707 Isidoro, **Etimologías** (ed. cit., 2009, VIII.6.17) *De philosophis gentium*: "Gymnosophistae nudi per opacas Indiae solitudines perhibentur philosophari, adhibentes tantum genitalibus tegmina. [...] Hi et a generando se cohibent". Apresenta Isidoro por vezes 'etimologias' que parecem no mínimo controversas, como nesta passagem, a respeito da origem da denominação *gimnosofistas*: "Gymnasium enim ex eo dictum est, quod iuvenes nudi exercerentur in campo, ubi pudenda sola tantum operiunt" – Derivam seu nome de 'ginásio', lugar onde os jovens se exercitam nus no esporte, ocultando tão somente suas partes pudendas. A respeito dos *gimnosofistas* comenta J. Keay, **India: a History** (ed. 2004, cit. p. 76-77) que um certo Calanus teria aceitado o convite para acompanhar Alexandre, na volta deste para Babilônia: "seems to be the first Indian expatriate to whom a name and a date can confidently be given" e este "left a profound impression well worthy of India's first cultural emissary. 'Gymnosophists', or 'naked philosophers', henceforth became stock figures in the Western image of India". Além de ser comparado aos pitagóricos, "Lucian, Cicero and Ambrose of Milan all wrote of Calanus and his naked companions. Much later, as the epitome of ascetic puritanism, India's gymnosophists would be revered by, of all people, Cromwellian fundamentalists. And later still, as mystics, gurus and maharishis, they would come again to minister to another spiritually impoverished Western clientele."

708 Isidoro, **Etimologías** (ed. cit., 2009, VIII.11.17) *De diis gentium*: "Vnde et frons eius pampino cingitur. Sed ideo coronam viteam et cornu habet, quia cum grate et moderate vinum bibitur, laetitiam praestat; cum ultra modum, excitat lites, id est quasi cornua dat. Idem autem et Lyaeus απο του λυειν, quod multo vino membra solvantur. Iste et Graece

– a respeito de 'homens e seres prodigiosos' menciona "os *cinocéfalos*, cujo nome deriva do fato de terem cabeça de cachorro; e seus latidos manifestam que se trata antes de bestas do que de homens" e *Hi in India nascuntur* – "nascem na Índia" e aduz que "também a Índia engendra *cíclopes*, e são denominados 'cíclopes' porque tem somente um olho, no meio da testa" e que estes "também são denominados de *agriofagitas*, porque se alimentam tão somente de carne de feras;[709]

– ainda nessa linha, reporta: "conta-se que, na Índia, existe um povo que chamam de *macrobioi*, porque medem doze pés de altura" e "também naquele país vive outro povo, cuja estatura é a de um cotovelo (*codo*), e a quem os gregos – justamente porque medem um cotovelo – denominam pigmeus";[710]

– a respeito da agricultura, com relação aos 'nomes próprios das árvores', menciona que "o ébano nasce na Índia e na Etiópia, e quando cortado, endurece como pedra", que "a madeira tem cor negra, e o córtex é suave como o do loureiro", que "na Índia se encontra na lagoa mareótica, e de lá procede o ébano"; e aduz "com sua madeira, se fazem brinquedos para as crianças que, assim, se acostumam a não temer o negro";[711]

– ainda a respeito de plantas, menciona a cana de açúcar: "nas lagunas da Índia se cultivam, segundo contam, umas canas, de cujas raízes se extrai um suco mui doce" – cita VARRÃO –[712] "não cresce grande como

Διονυσοζ, a monte Indiae Nysa, ubi dicitur esse nutritus. Ceterum est ex Nysa civitas, in qua colitur idem Líber, unde Nysaeus dictus est."

709 ISIDORO, **Etimologías** (ed. cit., 2009, XI.3.15-16) *De portentis*: "Cynocephali appellantur eo quod canina capita habeant, quosque ipse latratus magis bestias quam homines confitetur. Hi in India nascuntur. Cyclopes eadem India gignit; et dictos Cyclopes eo quod unum habere in fronte media perhibentur. Hi et αγριοφαγιται dicuntur, propter quod solas ferarum carnes edunt."

710 ISIDORO, **Etimologías** (ed. cit., 2009, XI.3.26-27), o que seria leitura equivocada das fontes romanas, que falariam, tão somente, em 'oito' pés de altura.

711 ISIDORO, **Etimologías** (ed. cit., 2009, XVII.7.36): "Ebenus in India et in Aethiopia nascitur, qui caesus durescit in lapidem". O ébano da Etiópia teria superior qualidade em relação ao indiano, porquanto este teria "pequenas manchas, distribuídas em diminutos pontos brancos e avermelhados". E, ainda, na mesma passagem: "Ebenus autem crepundiis inligatur ut infantem visu nigra non terreant".

712 M. Terentius VARRO, **De lingua latina** (with an English translation by Roland G. KENT, Cambridge, Ma. / Londres: Harvard UP / Loeb Classical Library, vol. 333, tomo I das obras de VARRÃO, © 1938, reprinted, 2006, XX): "Indica non magna in arbore crescet arundo; / illius et lentis premitur radicibus humor, / dulcis cui nequeant suco contendere mella".

árvore a cana da Índia, de cujas flexíveis raízes se extrai um licor, com seu sabor não pode competir o doce mel";[713]

– a respeito de árvores aromáticas, "utiliza-se o nome de *aroma*, para todo produto de odor fragante, que nos enviam da Índia, da Arábia e de outras regiões",[714] e o bidélio da Índia (*Bdellium Indiae*) e também da Arábia, "embora se diga que as lágrimas da arábica são de superior qualidade";[715]

– menciona igualmente que a "árvore da pimenta nasce na Índia",[716] bem como o aloé – "árvore de suavíssimo e penetrante odor" e, ainda, a canela "se produz nas regiões da Índia e da Etiópia";[717]

– a respeito de 'provisões e utensílios domésticos e rústicos', reporta com relação aos alimentos, que "mel é a denominação grega, que evidencia seu nome deriva das abelhas, pois em grego 'abelha' se diz *melissa*" e que "até hoje este é coletado, na Índia e na Arábia, sob forma cristalizada, semelhante ao sal, colado aos ramos, mas todo mel é sempre doce".[718]

Esses relatos de monstros e maravilhas da Índia poderiam ser consideravelmente estendidos, na espécie de 'enciclopédia' do século VII, que nos legou Isidoro de Sevilha, como poderiam ser multiplicados, com relatos de outros autores, mais antigos ou mais recentes. É, contudo, marcante que desde os antigos gregos e romanos, passando por Isidoro, essas representações fantásticas da Índia, seus habitantes e seus

[713] Isidoro, **Etimologías** (ed. cit., 2009, XVII.7.58): "In Indicis stagnis nasci arundines calamique dicuntur, ex quorum radicibus expressum suavissimum sucum bibunt".

[714] Isidoro, **Etimologías** (ed. cit., 2009, XVII.8.1): "Aromata sunt quaequae fragrantis odoris India vel Arabia mittit ".

[715] Isidoro, **Etimologías** (ed. cit., 2009, XVII.8.6): "Bdellium Indiae et Arabiae arbor, cuius lacrima melior Arabica. Est enim lucida, subalbida, levis, pinguis, aequaliter cerea, et quae facile molliatur, neque ligno vel terrae commixta, amara, odoris boni. Nam ex India sordida est et nigra et maiore gleba. Adulteratur autem admixto gummi, qui non ita amarificat gustum".

[716] Isidoro, **Etimologías** (ed. cit., 2009, XVII.8.8): "Piperis arbor nascitur in India".

[717] Isidoro, **Etimologías** (ed. cit., 2009, XVII.8.9 e 10): "Aloe in India atque Arabia gignitur, arbor odoris suavissimi ac summi" e *Cinnamomum* "gignitur autem in Indiae et Aethiopiae regionibus".

[718] Isidoro, **Etimologías** (ed. cit., 2009, XX.2.36) *De penu, et instrumentis domesticis et rudticis – De escis*: "Siquidem hucusque in India et Arabia conligatum reperitur ramis inhaerens in similitudinem salis. Omne autem mel dulce."

produtos, tão somente se reforçam nos relatos enciclopédicos da Idade média. Particularmente fantasiosa a representação dos 'indianos', na basílica de Vezelay, em pintura do século XII.[719]

Em meados do século XII, produz-se evento cultural, que terá grande influência sobre o tema geral da Índia no Ocidente: a 'carta do padre João' – surgida por volta de 1160 d.C.. Esse personagem mítico, descrito como alguém muito poderoso, ao mesmo tempo padre e rei da Índia. Teoricamente dirigida ao imperador bizantino, Manuel Comênio (ca. 1122-1150 d.C.), a carta, na verdade, é um texto apócrifo.[720]

A carta do padre João[721] se destinava a estabelecer boas relações entre a Índia e os cristãos. Encontramos aqui uma preocupação permanente dos Ocidentais medievais: garantir boas relações diplomáticas com o Oriente. É o que explica tantas embaixadas terem sido enviadas do Ocidente aos mongóis.

Além do objetivo diplomático, essa carta é também a oportunidade para o padre João fazer uma extensa descrição de seu reino e de suas prodigiosas riquezas. Desse modo, "a carta constitui uma das fontes principais da fantasmagoria concernente à Índia". Tradição que será retomada, no século XIII, pelos autores de coletâneas enciclopédicas, que nunca deixam de reservar espaço para as maravilhas e monstros da Índia.[722]

[719] Como prova artística e visual: a representação das raças monstruosas da Índia, no tímpano da basílica de Vézelay (séc. XII), onde figuram as raças humanas. Todos os que vão, então, a Vézelay, centro de peregrinação da Idade média, podem assim ver esses indianos imaginários. Cfr. J. Le Goff (op. cit., 2009, p. 238).

[720] J. Le Goff, *L'Inde merveilleuse: l'antichambre du paradis* (in **Un long Moyen âge**, ed. 2009, p. 239): La lettre fictive était alors un genre littéraire fréquent. Mais les contemporains la considèrent comme un document, non comme une invention littéraire. / Traduite en latin, la Lettre du Prêtre Jean connaît de nombreuses versions. Nous ignorons tout de son (ou de ses) auteur(s). On suppose néanmoins qu'elle vient de l'entourage de l'empereur de Byzance.

[721] João Bermudes, **Breve relação da embaixada que o patriarca dom João Bermudes trouxe do Imperador da Etiópia, chamado volgarmente Preste João** (ed. original de 1565, serviu de base para a edição de Lisboa: Academia real de ciências, 1875). V. tb. João Bermudes, **Ma géniale imposture** – Patriarche du Prêtre Jean (trad. du portugais et annoté par Sandra Rodrigues de Oliveira, intr. et notes de Hervé Pennec, Toulouse: Anacharsis, 2010, '*Introduction*', p. 5-25, '*Notice de la traductrice*', p. 27-29). V. tb., no tomo 3 A, item 2.1 – a controvérsia entre Hugo Grócio e Serafim de Freitas).

[722] Observam Sanjay Subrahmanyam e Claude Markovits, *Navigation, exploration, colonisation* (in **Histoire du monde au XVe siècle**, dir. de Patrick Boucheron, vol. 1 – **Territoires**

Missionários, que se dirigem por terra à China, contornam a Índia pelo Norte. E, depois de séculos de interrupção, com os mercadores do século XIII, ressurgem as primeiras trocas comerciais com o Extremo Oriente. Estes passam, contudo, pelo Sul da Índia, e não fazem mais do que passar.[723] Por isso, Marco POLO em sua narrativa,[724] evoca sobretudo a Taprobana – ou Ceilão, atual Sri Lanka: ele fala da Índia como o país

et écritures du monde; vol. 2 – **Temps et devenirs du monde**, orig. publ. 2009, Paris: Fayard-pluriel, 2012; v. 2, p. 357-382, esp. – Humanisme, capitalisme, messianisme: à propos des motivations de l'expansion ibérique, p. 369-372) que, na realização das viagens para as Índias, "há uma confissão do peso dos mitos, na motivação das descobertas, quer se trate da Atlântida, das Ilhas Afortunadas, do Paraíso terrestre, do padre João (*Prêtre Jean*) ou do ouro de Cathay. O movimento de expansão europeu, que começa no século XV é o produto de uma *episteme* medieval, da *Imago mundi*, que mescla concepções herdadas dos 'geógrafos' da Antiguidade tardia e da Alta idade média com noções veiculadas pelos relatos de viagem, que se multiplicam a partir do século XIII – quer sejam fundados em experiência vivida, como no caso de Giovanni de MONTECORVINO ou de Marco POLO, que foram até a China, quer sejam puros produtos da imaginação, como a viagem de Jean de MANDEVILLE."

723 J. Le GOFF, *L'Inde merveilleuse: l'antichambre du paradis* (in **Un long Moyen âge**, ed. 2009, p. 240) observa que até o século XVI o conhecimento geográfico a respeito da Índia é praticamente nulo no Ocidente. Como prova dessa ignorância, os Ocidentais da Idade média muitas vezes confundiam a Etiópia e a Índia. Ver tb. Bernard MERDRIGNAC (chronologies) Patrick MÉRIENNE (cartographie), **Le monde au Moyen âge** (Rennes: Éd. Ouest-France – Édilarge, 2003); Patrick BOUCHERON (dir. de), **Histoire du monde au XVe siècle** vol. 1 – **Territoires et écritures du monde** (orig. publ. 2009, Paris: Fayard-pluriel, 2012), vol. 2 – **Temps et devenirs du monde** (orig. publ. 2009, Paris: Fayard-pluriel, 2012).

724 Marco POLO (1254-1324), **Milione** (versione toscana del Trecento, ed. critica a cura di Valeria B. PIZZORUSSO, Indice ragionato di Giorgio R. CARDONA, © 1975, Milano: Adelphi, 1994). Marie-Thérese GOUSSET, **Marco Polo – Le livre des merveilles du monde** (Paris, Bibliothèque Nationale de France, manuscrit français 2810, crédits photographiques: Bibliothèque Nationale de France – Paris, Paris: Bibliothèque de l'image, 2002, Histoire d'un marchand vénitien du XIIIe siècle, p. 5-6): "Le **Livre des merveilles** fait rêver: témoignage historique, il est le fruit d'une aventure vécue pendant la seconde moitié du XIIIe siècle, au bout du monde, sur ces terres de légende et de mystère pour le lecteur médiéval. L'Extrême Orient décrit par Marco POLO va prendre encore un autre visage sous le pinceau des enlumineurs qui transposèrent dans leur vocabulaire cartographique traditionnel ce qu'ils n'avaient jamais vu et qu'ils avaient peine à imaginer à la lecture du texte, Leurs interprétations ont donné naissance à de somptueuses peintures, dont le charme quasi onirique n'a cessé au cours des siècles de ravir ceux qui ont eu le privilège de les contempler". A respeito de Marco POLO v. tb. item 7.2 – a China antiga.

das mil ilhas, da qual Ceilão seria a maior.[725] A Índia muitas vezes é representada na Idade média, como uma grande ilha.

> Nas obras, sobre as quais se funda a cultura medieval, é sobre a Índia que se fala. Da África, ao sul do Atlas, nada se sabe. Mal se sabe, antes do século XV, se ela existe, exceto a Etiópia. Quanto à China, ela sempre fez de tudo para se proteger, atrás de uma muralha. Sabe-se que ela existe, mas nada se sabe a respeito.
> Quanto às razões dessa atração pelo Oriente e pela Índia, a principal é de ordem religiosa: é o lugar do Paraíso terrestre. / Porque esse é o lugar mais distante que se conhece. [...] Como quase sempre na Idade média, as fantasias sobre a Índia se constroem no interior de uma roupagem cristã. A Índia é a antecâmara do Paraíso.[726]

É preciso evitar a tentação fácil de se deixar enlevar por suposta "revelação da Índia". O próprio Mircea ELIADE, em outro livro, sobre a **Índia**, alega que estrangeiro que lá chega, se tiver de fazer livro de divulgação o dará ao cabo de seis meses, porquanto depois de três anos na Índia não mais será capaz de o fazer:[727] "alimentando-se de ideias extremamente nobres e de verdades com maiúsculas".[728]

[725] PHILIPPE MÉNARD, **Marco Polo à la découverte du monde** (Grenoble: Éd. Glnat – La Société de géographie, 2007, L'île de Ceylan, p. 155-158): Le texte décrit assez longuement l'île de Ceylan, aujourd'hui appelée Sri Lanka. Il est sûr que la flotte y a fait escale assez longtemps et que le voyageur a eu le temps de s'informer sur le pays. [...] Manifestement Marco POLO a eu des contacts avec des marins qui disposaient de portulans de ces régions. Nous savons que les marins chinois avaient des cartes pour naviguer le long de leurs côtes. Il devait y en avoir aussi pour contourner la grande île de Ceylan.

[726] J. Le GOFF, *L'Inde merveilleuse: l'antichambre du paradis* (in **Un long Moyen âge**, ed. 2009, p. 240-241): Les manuscrits les plus anciens qui en font état ont été copiés entre le IXe et le Xe siècle. Le thème des monstres est un thème traditionnel, issu de l'Antiquité et repris par le christianisme. Les monstres connaissent un très grand succès au Moyen âge: le succès du pittoresque, de l'effrayant. / Des monstres indiens, on trouve la trace non seulement dans les textes, mais aussi dans les miniatures, les dessins, les sculptures.

[727] Mircea ELIADE, **L'Inde** (traduit du roumain par Alain PARUIT, Paris: L'Herne, © 1988, 1989, «préface», p. 7): "Ce n'est donc pas un livre unitaire sur l'Inde. Pour ma part je pense qu'un tel livre ne peut être écrit qu'après six mois de séjour en Inde; au bout de trois ans, ce n'est plus possible."

[728] M. ELIADE, **Noite bengali** (ed. cit., 1961, p. 217) caracteriza esse fenômeno de "bovarismo".

> Para os Ocidentais da Idade média, a Índia é um país muito povoado, dotado de numerosas cidades. Lugares de abundância alimentar – sobretudo de frutas – de metais preciosos e, sem dúvida, de belos monumentos.
> Estamos sempre no registro do maravilhoso. Os cristãos da Idade média tiveram, durante muito tempo, uma imagem positiva da cidade. O melhor lugar onde se podia morar, não era, para eles, nem a floresta, nem o campo, mas a cidade. A Índia maravilhosa, assim, somente poderia ser um lugar de cidades.[729]

A percepção da riqueza e da variedade do conjunto, bem como da multiplicidade de facetas possíveis, para o tratamento do tema, levarão a caráter mais e mais fragmentário de qualquer tentativa de percepção e de exposição, a respeito da Índia.

"Não são coisas que se aprendam ao sabor do vento: quem quiser conhecê-las deve ficar quinze anos conosco" reporta ELIADE de Ghum, a respeito de conversa com um Lama com o qual conversara, no convento de Zok Chen Pa: "este é um *leitmotiv*, que não é nem gritado nem proclamado" e compara "a simples incitação à meditação ou à comparação com o 'esoterismo indiano' da teosofia europeia, com suas sociedades e seus tesoureiros, organizam conferências, correm atrás de neófitos, publicam livros em cento e uma línguas, tudo isso para comunicar a 'verdade esotérica'."[730]

[729] J. Le GOFF, *L'Inde merveilleuse: l'antichambre du paradis* (in **Un long Moyen âge**, ed. 2009, p. 242-243 e 244): L'Inde n'a donc pas seulement été, pour l'Occident médiéval le réservoir des merveilles connues et imaginées depuis l'Antiquité. Le Moyen âge y a aussi projeté des inventions qui ne se sont réalisées que plusieurs siècles après. L'Inde a donc introduit les Occidentaux du Moyen âge dans les merveilles du futur.

[730] Mircea ELIADE, **L'Inde** (ed. 1989, «Zok-chen-pa», p. 127-133, cit. p. 132): "Ce ne sont pas des choses à dire en coup de vent; qui veut les connaître doit rester quinze ans auprès de nous."

Ainda em seu livro sobre a Índia, ELIADE confessa[731] sua predileção pelo sábio MILAREPA,[732] asceta, sábio, poeta e líder espiritual tibetano, do século XI, que encarna o budismo tibetano. Neste, ao lado de Gautama Buda, acolhem-se a deusa Tara, e as divindades do panteão *mahayanico*, "engrossado pela efervescência da devoção popular, alimentado pelos rios do hinduísmo *bhakti*, desfigurado pela intrusão de elementos transhimalaianos".[733] Para ELIADE, essas figuras de bronze o faziam "reviver a história do budismo na Índia, degenerado e corrigido, traduzido e incompreendido, descido do céu da 'lei das doze causas', com as implicações negativas de metafísica aterradora, no vale quente e diverso da religiosidade, da recompensa e da devoção".[734]

É preciso ter consciência da importância da contribuição do budismo para a história não somente da Índia, como da China e de todo o Sudeste asiático. Não obstante as mutações ocorridas no curso dos séculos, quando o budismo se desloca do foco inicial, da Índia,[735] para

[731] Mircea ELIADE, **L'Inde** (ed. cit., loc. cit., p. 131): "j'ai appris des nouveaux noms et des nouvelles promesses de gourous, j'ai récapitulé l'existence incomparable de MILAREPA, poète et criminel, mage et ermite, pour lequel j'ai véritablement un faible. L'une des peintures centrales, d'une beauté sans pareille, le représente à la montagne, nimbé d'une auréole pourpre, dans une posture de méditation, la main à l'oreille droite, c'est en train d'écouter et de traduire les sons 'non-entendus' de la nature."

[732] MILAREPA, **Les cent mille chants** (traduit du tibetain et annoté par Marie-José LAMOTHE, Paris: Fayard, © 1986, impr. 2003, 2. 'le voyage à Latchi', p. 25-39, cit. p. 35): "En torturant les autres, vous ne torturez que vous-même [...] La véracité du karma ne se dément jamais / Nul n'échappe au pouvoir des actes venus à maturité / Vous établissez vous-même votre propre supplice / Ah, pitié pour les folies des ombres affamées!"

[733] Mircea ELIADE, **L'Inde** (ed. cit., 1989, p. 129-130). Ver tb. Solange LEMAITRE, **Hinduísmo** ou Sanátana Dharma (orig. publ. **Hindouisme** ou Sanátana Dharma, trad. Valeriano de OLIVEIRA, São Paulo: Flamboyant, 1958, Introdução, p. 9), que distingue o "todo saído da revelação védica, chamando-o Vedismo em suas origens, e em seguida Sanátana Dharma, nome verdadeiro da tradição religiosa e o único usado na Índia pelas religiões que se prendem a essa tradição" embora reconhecendo que "o termo Hinduísmo é geralmente empregado por nossos indianistas".

[734] Mircea ELIADE, **L'Inde** (ed. cit., 1989, loc. cit.).

[735] V. Nawang TSERING, **Alchi – the living art of Ladakh – 1000 Years of Buddhist Art** (foreword Dr. Kapila VATSYAYAN, photography Aditiya ANYA, New Delhi: National Museum / Leh-Ladakh: Central Institute of Buddhist Studies / Likir Monastery, 2009).

a China, sobretudo no Tibet,[736] e adiante, para o Laos, o Camboja, o Japão, e a Birmânia.[737]

Cogita-se, ainda, a possível influência que o budismo teria exercido sobre o cristianismo primitivo: por volta de 250 a.C., o imperador ASOKA deixou registro em inscrições sobre ter enviado missionários budistas aos reis helenísticos, seus vizinhos, na Síria e no Egito: a influência budista sobre os essênios e também sobre o helenismo alexandrino é admitida. E o cristianismo primitivo teria sofrido influência dos essênios.[738]

Não somente a multiplicidade e a complexidade são marcas da história, da cultura, das religiões, das numerosas línguas e ainda mais numerosos dialetos, e tudo isso ao longo de milhares de anos de história, das civilizações do assim chamado subcontinente indiano. Cortes culturais, étnicos, linguísticos os mais variados, pautam esse conjunto da Índia atual, e das civilizações da região do que genericamente se descreve como a "Indochina", em simplificação muito sumária de fenômenos de extrema riqueza cultural e não menor diversidade humana.

Séculos de história mal podem ser comprimidos em poucas páginas. É preciso ter consciência das sucessivas levas de povos, línguas e culturas que fazem a Índia chegar ao complexo mosaico que hoje apresenta. Onde as influências externas não terão sido estranhas aos desdobramentos que internamente se perfazem.

Se, de um lado, a Índia antiga, em certa medida, passa a se ver e a operar como tal a partir das incursões de ALEXANDRE o grande, cria-se a civilização indo-greca de Gandhara,[739] tal como, na mesma proporção,

[736] Pico IYER (essay) and Forest W. TRIMINGHAM (photographs), **Buddha: the living way** (foreword by His Holiness, the DALAI LAMA, New York: Random House, 1998); Claude B. LEVENSON (texts) Laziz HAMANI (photographies), **Symboles du Bouddhisme Tibétain** (préface du DALAÏ-LAMA, Paris: Assouline, 1996); Peter GRIEDER, **Pays entre ciel et terre: le Tibet éternel** (Bruxelas: La Renaissance du Livre, 1993); Matthieu RICARD, Danielle et Olivier FÖLLMI, Benoït NACCI, **Buddhist Himalayas: people, faith and nature** (do original francês **Himalaya Bouddhiste** © 2002, trad. Lora DALE, Francisca GARVIE, Barbara MELLOR and Mary WHITTAL, Londres: Thames & Hudson / New York: Abrams, 2002).

[737] F. CHALLAYE, **Petite histoire des grandes religions** (ed. 1947, esp. p. 79-95, cit. p. 94-95) a respeito do budismo: "le Bouddhisme a exercé la plus favorable action sur la vie morale, sociale, esthétique des peuples parmi lesquels il s'est répandu"

[738] F. CHALLAYE, **Petite histoire des grandes religions** (ed. 1947, loc. cit.).

[739] Mario BUSSAGLI, **L'art du Gandhara** (1984, trad. de l'italien par Béatrice ARNAL, Paris: Librairie génerale française, 1996); Bérénice GEOFFROY-SCHNEITER, **Gandhara: La ren-**

a presença mongol terá impacto sobre a configuração da Índia clássica, ou, em proporção ainda maior, a Índia moderna terá sido fruto e resultado de construção britânica, porquanto a presença e a influência de cada um destes povos se estende além dos limites temporais de ocupação[740] ou presença direta, e se mescla a outros elementos autóctones, levando a sínteses únicas e características da civilização, no território do subcontinente indiano. Assim, Tomé Pires, na **Suma oriental** (1512-1515) observava

> A Ásia se aparta d'África pela banda do mar Mediterrâneo por Alexandria e da parte do Levante pelo rio Nilo, e do mar Oceano pelo meio-dia. Segundo a tal repartição se aparta d'Atiópia Abexia por ela e Arábia Felix.[741]

Não por acaso, vem a citação de Tomé Pires, com a sua surpreendente **Suma oriental**, escrita entre 1512 e 1515. Este, em meio a outros afazeres, como o exercício da sua condição do que hoje seria "farmacêutico", e àquele tempo dir-se-ia boticário, conseguiu reunir enorme massa de informações sobre o conjunto da Ásia marítima. O autor começa a reunir elementos para escrever o seu tratado logo depois de desembarcar no litoral da Índia, com vastidão e minúcia nas informações que apresenta, a respeito das regiões asiáticas, que se estendiam desde o mar Vermelho, até o cabo de Comorim.

E isso é tanto mais surpreendente, pois, como observa Rui Manuel Loureiro (1996), "o nosso boticário, praticamente a partir do nada, pois não dispunha de quaisquer fontes literárias fidedignas, construiu a primeira geografia global do Oriente, nos tempos modernos".

contre d'Apollon et de Bouddha / mémoire de l'Afghanistan (Paris: Assouline, 2001); Svetlana Gorshenina et Claude Rapin, **De Kaboul à Samarcande** – Les archéologues en Asie centrale (Paris: Gallimard, 2001, cit. p. 14): "Entre l'Orient et l'Occident, l'Asie centrale occupe une position ambivalente: ses limites ont toujours été fluctuantes, non seulement dans la réalité mais aussi dans les approches scientifiques qui, selon les écoles, ont choisi pour se développer un plan tantôt géographique, tantôt politique."

740 V. tb. Vaios Koutroulis, **Le début et la fin de l'application du droit de l'occupation** (Paris: Pedone, 2010).

741 Rui Manuel Loureiro, **O manuscrito de Lisboa da 'Suma oriental' de Tomé Pires:** contribuição para uma edição crítica ("palavras introdutórias pelo prof. Juan GIL", Macau: Instituto português do Oriente, 1996, "transcrição do manuscrito", p. 57-146, cit. p. 57).

Tanto mais notável, porquanto "durante muitas décadas, ou séculos, em alguns casos, a obra manteve uma completa atualidade, graças ao rigor do seu conteúdo, reflexo da isenção e da meticulosidade do boticário lusitano".[742]

Esta "suma oriental" de Tomé PIRES seria, assim, mais que documento de época, o registro de mundo e do tempo em que foi encetada. Os motivos para a empreitada foram práticos, pois tinha o propósito de apresentar o conjunto da Ásia aos seus conterrâneos europeus, e sobretudo portugueses do seu tempo – a obra era dedicada ao rei D. MANUEL I, o "venturoso" – mas a formulação atinge caráter paradigmático na medida em que mostra o espelho do tempo e do mundo de seu autor e da reação deste ante cenário cultural e contexto civilizacional diversos.

A relação entre Ocidente e Oriente se construiu a partir das percepções recíprocas. E estas nem sempre se norteram – como, tampouco, em nossos tempos, se norteiam – pela razoabilidade e pela veracidade. Mais frequentes são vôos fantasiosos a respeito da Índia no Ocidente!

É fácil pretendermos olhar de modo condescendente as considerações por vezes ingênuas, expendidas por Tomé PIRES, mas baste pensar que este as formulava entre 1512 e 1515, para que sejamos menos preconceituosos e olhemos de modo mais realista o esforço por este homem encetado, com os limitados meios de que dispunha. Tratava-se, literalmente, de percorrer "terras ignotas" e destas dar notícia aos homens de seu tempo e meio.

Durante séculos, foi o Império *mogul* (*moghul* ou *mogul* – não confundir com o precedente império mongol, de GÊNGIS Khan e seus sucessores) uma das grandes potências da Ásia,[743] assim como o Império chinês.

[742] R. M. LOUREIRO (op. cit., 1996, p. 27, e a seguir, p. 28): "A **Suma oriental** é, sem qualquer dúvida, um dos mais importantes e impressionantes tratados geográficos portugueses do século XVI, pela vastidão da área abrangida, pela profundidade e variedade de notícias que contém, pela sua desmesurada extensão, enfim, pela precocidade da sua elaboração." [...] "Tomé PIRES preparou o seu tratado geográfico no lapso de tempo compreendido entre Setembro de 1511, data da primeira chegada ao litoral hindustânico, e Abril de 1516, data da partida definitiva para a China, na armada de Fernão Peres de ANDRADE."

[743] Pode-se considerar nesse vasto conjunto incluídos, ainda que alguns territórios por breves períodos, além da atual Índia, também os atuais Paquistão e Bangladesh; e ainda, parte do Afeganistão. A respeito ver Abrraham ERALY, **The Mughal Throne** – The saga of India's great emperors (orig. publ. 1997, London: Phoenix – Orion, 2004); Valérie BERISTAIN, **L'Inde impériale des Grands Moghols** (orig. publ. 1997, Paris: Gallimard – Histoire, 2007).

Ambos tinham as suas relações de vassalagem com outros príncipes e poderes locais.

Ademais, o império mogul suscita diversas indagações na perspectiva da história do direito internacional, dentre as quais as duas principais são: primeiro, o status jurídico do império mogul no concerto das nações da época e, segundo, a estrutura interna do império, que era essencialmente baseado em rede de relações de suzerania e vassalagem.[744]

Diversas facetas das relações internacionais entre a Europa e a Ásia, nos séculos XVI a XVIII, foram examinadas, de modo percuciente, por C. H. ALEXANDROWICZ, ao qual se remete.[745] Seu enfoque seria tipicamente pós-moderno, porquanto enfatiza a maior abertura cultural dos autores clássicos do direito internacional, nos séculos XVI, XVII e XVIII – estes menos pautados pelo positivismo e pelo etnocentrismo, que marcariam os autores dos séculos XIX e XX. E os 'clássicos' mostravam atitude mais aberta para a compreensão da diversidade – e devem ser retomados, no sentido de reconhecerem a existência e a validade de sistemas extra-europeus de direito internacional:[746] "no conjunto, o direito, sujeito a algumas concessões mútuas, mostrou-se adequado para assegurar uma justa medida de cooperação entre dois continentes, no seio da universal família das nações".[747]

Interessante comparação entre a situação do Império *mogul* e do Sacro Império Romano Germânico era apontada por John WESTLAKE (1894): ambos, no século XVIII, encontravam-se em franca deca-

[744] C. H. ALEXANDROWICZ, *Mogul sovereignty and the law of nations* (orig. publ. The Indian Yearbook of International Affairs, 1955, vol. 4, p. 316-324, republ. in C. H. ALEXANDROWICZ, **The law of nations in global history**, ed. by David ARMITAGE and Jennifer PITTS, Oxford: University Press, 2017, p. 62-68).

[745] C. H. ALEXANDROWICZ, **The Afro-Asian world and the law of nations: historical aspects** (RCADI, 1968, t. 123, p. 117-214); C. H. ALEXANDROWICZ, **Treaty and diplomatic relations between European and South Asian powers in the seventeenth and eighteenth centuries** (RCADI, 1960, t. 100, p. 203-322); b/c a coletânea de C. H. ALEXANDROWICZ, **The law of nations in global history** (ed. by David ARMITAGE and Jennifer PITTS, Oxford: University Press, 2017, esp. Part I, chap. 1 – Kautilyan Principles and the Law of Nations (1965-66), p. 35-52).

[746] C. H. ALEXANDROWICZ (1968, esp. chap. III – The European Asian confrontation, p. 134-144).

[747] C. H. ALEXANDROWICZ (1968, p. 144): "On the whole the law, subject to certain mutual concessions, proved adequate to ensure a fair measure of cooperation between two continents within the universal Family of Nations."

dência, exercendo poder não mais que nominal sobre consideráveis extensões,[748] nas quais os príncipes locais exerciam o poder *de facto*.[749]

Depois das grandes glórias do Império *mogul*,[750] e da posterior decadência deste,[751] veio a ter lugar a dominação colonial britânica. Nesta se tratou de construir o modelo de poder, segundo o qual seria gerido o vasto império, por pequeno contingente de estrangeiros, que foram o grupo dominante no território, ao menos de 1857 até a independência em 1947.

Dada a desproporção entre o números dos 'colonizadores' britânicos e dos indianos, cabe examinar o que Bernard COHN denominou a "representação da autoridade na Índia vitoriana".[752] Depois da brutal repressão de revolta militar e civil, alastrada pela maior parte da alta Índia, nos anos de 1857-8,[753] nas duas décadas seguintes a esta ação militar codificou-se uma teoria da autoridade, "com base nas ideias e conclusões sobre a maneira adequada de organização dos grupos na sociedade indiana e seu relacionamento com seus governantes britânicos":

> Em termos conceituais, os britânicos que iniciaram seu domínio na qualidade de 'intrusos', tornaram-se 'membros integrantes', ao concederem ao monarca britânico a soberania da Índia, através da Lei do governo da

[748] John WESTLAKE, **Chapters on the principles of international law** (1894)

[749] C. H. ALEXANDROWICZ, **The law of nations in global history** (ed. 2017, B. STRAUMANN, '*Series Editors Preface*' p. V-VII, cit. p. V).

[750] Abraham ERALY, **The Mughal throne:** the Saga of India's great emperors (ed. 2004) abrange o período de cerca de duzentos anos – dos reinos de BABUR (1526-1530) até AURANGZEB (1658-1707). A dominação do imperador mogul que se tornara mais e mais limitada e frágil, foi encerrada pelos ingleses após o levante de 1857-8.

[751] William Wilson HUNTER, **The Indian Empire:** its people, history and products (1886, reprinted New Delhi: Asian Educational Services, 2009, chapter XI, p. 290-316) põe como datas do Império mogul (1526 a 1761).

[752] Bernard S. COHN, *A representação da autoridade na Índia* (in Eric HOBSBAWM e Terence RANGER (orgs.), **A invenção das tradições,** ed. bras., 2008, p. 175-217, cit. p. 175): "Em meados do século XIX, a sociedade colonia indiana caracterizava-se por dividir-se em um pequeno grupo governante estrangeiro, de cultura britânica, e um quarto de bilhão de indianos que viviam sob domínio britânico efetivo."

[753] No período de 1803 até 1857 criara-se "paradoxo político", na avaliação de Sir John KAYE e George B. MALLESON, **Kaye's and Malleson's History of the Indian Mutiny of 1857-8** (Londres, 2ª ed., 1892, II, p. 4) pois o imperador tornara-se "um assalariado, uma ilusão, um fantoche. Era rei, mas não era – era ao mesmo tempo alguma coisa e nada – uma realidade e uma farsa ao mesmo tempo"

> Índia, de 2 de agosto de 1858. Esta nova relação entre o monarca britânico, seus súditos e os príncipes nativos da Índia, foi proclamada em todos os principais centros de poder britânico na Índia, no dia 8 de novembro de 1858.[754]

Ocorreu sutil, porém eficaz, a inversão de papéis: a Índia passava a ser parte do Império britânico e a partir da rainha Vitória se irradiaria a fonte para o exercício legítimo do poder. Esta construção permitiu que punhado de ingleses, embora tecnologicamente armados com superioridade, mas em reduzido número, considerados em relação aos milhões de indianos que os circundavam, se tornassem os detentores do 'poder' e da 'legitimidade' na Índia colonizada. Por meio de tais mecanismos, os britânicos passaram a ser os dispensadores de poder e de legitimidade, e a partir destes se conferiam os atributos, para o exercício desse poder legítimo, com base na presença virtual da rainha Vitória, e na presença do Vice-rei como seu representante, em território indiano.

Esta é demonstração cabal do mecanismo de conquista e de controle colonial, tanto mais em se tratando de civilização que contava muito mais séculos de tradição do que os britânicos: muito antes da conquista e colonização romanas das Ilhas britânicas, a Índia já fora uma grande civilização, ou mesmo já tivera a sucessão de várias civilizações.

> Todos os súditos indianos deveriam sentir-se livres para praticar as suas religiões. Deveriam gozar de "proteção igual e imparcial por parte da lei", e da formação e administração dessa lei. "Serão devidamente respeitados os antigos direitos, usos e costumes da Índia".[755]

Justamente aí se inscreve a questão do modelo cultural, sobre o qual estaria lastreada a construção política, apresentada pelos britânicos, como base para o exercício da dominação política na Índia:

[754] B. S. Cohn (estudo cit., ed. bras. 2008, cit. p. 175): "Na proclamação, a rainha Vitória assegurava aos príncipes nativos que 'seus direitos, dignidade e honra', assim como seu controle sobre as áreas que possuíam seriam respeitados, e que a rainha 'devia aos nativos de nossos territórios indianos as mesmas obrigações que a todos os outros súditos'."

[755] B. Cohn (estudo cit., ed. bras. 2008, loc. cit.): "Os príncipes e seus súditos indianos foram informados de que tudo se faria para estimular 'as indústrias pacíficas da Índia, para promover obras de utilidade e melhoramento público' e que iriam 'gozar do desenvolvimento social que só poderia ser assegurado pela paz interior e por um bom governo'."

> A proclamação pode ser encarada como um pronunciamento cultural que abrange duas teorias de poder divergentes ou até contraditórias: uma que procurava manter na Índia um sistema feudal; e outra, que previa mudanças que inevitavelmente acarretariam a destruição dessa ordem feudal.[756] [...]
> Os governantes britânicos acreditavam que os indianos haviam perdido o direito à autonomia por causa justamente de sua fraqueza, que os sujeitou a uma série de regentes 'estrangeiros', desde as invasões arianas e, mais recentemente, à vitória britânica sobre os governantes anteriores da Índia, os mongóis. [...]
> Nas décadas de 1860 e 1870, a ideia de que 'uma vez adquirida, a autoridade precisa de um passado seguro e conveniente', começou também a estabelecer-se.[757]

Nessa configuração de poder, que se estabelece na perspectiva da proteção dos interesses da potência colonial, faz-se o aproveitamento dos dados e das estruturas existentes na sociedade, sobre a qual se instaura a dominação, na extensão em que tais dados e estruturas sejam da conveniência e passíveis de aproveitamento pelo colonizador, para a consecução dos seus fins. Trata-se de neutralizar a identidade nacional e a expressão, tanto interna como externa desta, subordinada à nomenclatura e ao modelo cultural transplantado pelo colonizador.

[756] B. Cohn (estudo cit., ed. bras. 2008, p. 176): "Cada uma destas teorias sobre o poder britânico incluía ideias sobre a sociologia da Índia, e a relação entre governantes e indivíduos, e grupos da sociedade indiana. Se a Índia devesse ser governada à maneira feudal, seria necessário reconhecer e/ou criar uma aristocracia indiana, cujos membros poderiam fazer as vezes de 'vassalos leais' à rainha britânica. Se a Índia fosse governada pelos ingleses, à moda 'moderna', seria necessário desenvolver princípios que visassem atingir um novo tipo de ordem cívica ou pública."

[757] B. Cohn (estudo cit., ed. bras. 2008, p. 177): O passado que estava sendo codificado e exigia representação dos britânicos, tanto na Índia quanto na Grã-Bretanha, e também dos indianos, tinha uma componente indiana e outra britânica, e uma teoria de relacionamento entre as duas partes: "A rainha era o monarca tanto da Índia como da Grã-Bretanha, um centro de autoridade de ambas as sociedades. O chefe do governo britânico na Índia, após 1858, tinha cargo e títulos duplos. Como governador-geral, ele era responsável fundamentalmente frente ao Parlamento e como vice-rei, representava o monarca e sua relação com os príncipes e povos da Índia."

Esse quadro de dominação colonial britânica sobre a Índia se encerraria, formalmente, somente em 1947. Mas, a partir da década de 1920, já enfrentava oposição crescente, da qual dado relevante foi o movimento de resistência passiva, concebido por GANDHI, no qual se instavam os indianos a devolver as condecorações e honrarias que tivessem recebido dos britânicos e também passarem a recusar o modelo por estes trazido para a sociedade indiana, recusando modelos e produtos britânicos na Índia. Ou seja, mais do que hábitos de vida e modelos de roupas e calçados, tratava-se de resgatar a identidade nacional e a expressão desta.

Tratou-se, de um lado, de expurgar os elementos impostos pela dominação colonial. Mas, de outro lado, a partir daí foram colocadas em movimento forças que depois, mostrar-se-iam difíceis de controlar, e que, após o fim da dominação britânica, levariam ao fracionamento da antiga Índia entre hindus e muçulmanos, com a formação de dois países e o surgimento de vários problemas. Alguns dos quais até hoje não resolvidos.

Índia e Paquistão resultam da divisão, ocorrida ao fim do Império colonial britânico das Índias, em guerra não contra o antigo colonizador, mas um contra o outro. Várias vezes estiveram em conflito armado, desde 1947, e permanece estado de tensão em torno do controle da região da Cachemira (*Kashmir*).

Enquanto GANDHI e NEHRU pretendiam, com a independência, criar estado laico, no qual todas as castas e todas as religiões pudessem encontrar o seu espaço, o Paquistão formou-se como país muçulmano, com a proposta de ser uma pátria para os muçulmanos da Índia. A situação de confrontação entre ambos tem se mantido em grau elevado desde então: a questão da Cachemira é considerada uma causa sagrada, por ambos, o que a torna praticamente sem solução.[758]

[758] Pascal BONIFACE et Hubert VÉDRINE, **Atlas des crises et des conflits** (cartographie de Jean-Pierre MAGNIER, Paris: Armand Colin / Fayard, 2009, 'Inde – Pakistan', p. 114-115): "Pour le Pakistan musulman, il doit lui être rattaché. Pour l'Inde, l'intégration des musulmans du Cachemire symbolise le principe de l'universalité incarné par l'Union indienne." [...] "L'Inde refuse d'internationaliser le conflit, estimant que le rapport de forces lui est favorable au Cachemire et refuse également l'autodétermination dont elle sait qu'elle remettrait en cause son contrôle sur la région. Le Pakistan vit dans la crainte d'une volonté indienne de la dominer. Il est isolé et instable."

A Cachemira tinha população majoritariamente muçulmana, mas era governada por um marajá (*maharajah*) hindu. Este pretendia permanecer independente. A revolta da população o obrigou a pedir ajuda à Índia, que anexa a maior parte do território.[759]

Ao longo do século XIX, o Afeganistão é objeto de luta de influência entre a Grã-Bretanha e o Império russo. Depois de percalços iniciais, a Grã-Bretanha consegue impor regime de semi-protetorado no Afeganistão, bem como a delimitação de zonas de influência: de um lado, o espaço do império britânico e, do outro, do império russo.[760]

A linha DURAND, estabelecida em 1893, até hoje marca a fronteira entre o país e o Paquistão, e faz do Afeganistão estado tampão entre os impérios britânico e russo. Esse acordo amputa parte do território historicamente afegão, em favor do que é hoje a província fronteiriça paquistanesa.

Durante a guerra fria, o Afeganistão se declara não-alinhado, apesar de manter estreitas relações com a URSS, de quem esperava apoio, para fazer valer, frente ao Paquistão, as suas pretensões de reaver território. Em 1978, um golpe de estado leva ao poder regime comunista, mas duas facções comunistas rivais se engajam na luta pelo poder, ao ponto de levar a uma intervenção da União soviética, em dezembro de 1979.[761] Esta se vê envolvida em conflito sem perspectiva de vitória, até deixar o território afegão, em 1988, abrindo período de anarquia e de lutas entre facções rivais.

[759] P. BONIFACE e H. VÉDRINE (op. cit., 2009, loc. cit.): "Les deux pays se font la guerre, en 1965, puis en 1971, avec pour conséquence une indépendance du Bangladesh vis-à-vis du Pakistan. Les deux pays se dotent ensuite de l'arme nucléaire: la dissuasion mutuelle n'empêche pas incursions militaires et actes terroristes d'origine pakistanaise en Cachemire et même sur le territoire indien, à Bombay.".

[760] P. BONIFACE e H. VÉDRINE (op. cit., 2009, 'Afghanistan', p. 108-111).

[761] P. BONIFAC et H. VÉDRINE (op. cit., 2009, p. 109): "Il s'agit pour Moscou d'éviter la chute d'un régime communiste, fût-il périphérique, au nom de l'irréversibilité du communisme. Cette guerre entraîne au contraire la perte de l'Union soviétique qui s'enlise dans un conflit qui lui fait perdre de nombreux appuis diplomatiques dans le Tiers-monde, suscite l'hostilité du monde musulman et sera considéré comme l'équivalent de la guerre du Vietnam pour Moscou. Les Occidentaux et les pays musulmans soutiennent les Moudjahiddins, considérés comme des combattants de la liberté contre le communisme."

Por volta de 1994, o regime fundamentalista islâmico dos Taliban começa a se impor, como força política, até assumir, em 1996, o controle do país. A atitude deste regime leva ao endurecimento do controle da vida social, segundo moldes islâmicos estritos, com proibição para as mulheres do uso de roupas que descubram partes do corpo, ou trabalhem fora, bem como banindo o esporte, o lazer considerado fútil, e a música que não seja religiosa. A isto se some a estúpida tentativa de apagar o passado não-islâmico, com destruição de grande parte do acervo pré-islâmico do Museu de Cabul e o bombardeamento, até a destruição total, dos gigantescos Budas de Bamiyan.

A expansão do Império russo corta a Ásia central de suas raízes turco-persas. Aí se inscrevem séculos de história, com considerável diversidade étnica, linguística, cultural e religiosa entre os povos da região, não obstante a ocorrência de maioria muçulmana sunita.

A colonização se faz acompanhar por certo grau de modernização, que permite o início da industrialização e desenvolvimento de infraestrutura para permitir a extração de combustível fóssil.[762] Os fatores de crise atual dizem respeito às fronteiras e reservas de petróleo no subsolo, bem como a divisão das reservas de água, escassa no conjunto da região.[763]

A ausência de liberdade política e religiosa e a repressão não impediram o surgimento e o desenvolvimento de movimentos islâmicos radicais. Movimento dessa ordem está na origem, por exemplo, da guerra civil (1992-1997) no Tadjiquistão, que se estima ter causado ao menos 60 mil mortes.

A guerra contra o terrorismo e a maciça presença militar americana no Afeganistão, desde 2001, levaram vários países da região a procurar contrabalançar esse risco, buscando alianças com a Rússia e com a China. A alegada 'guerra contra o terrorismo' serviu de pretexto, no

[762] Pascal BONIFACE et Hubert VÉDRINE, **Atlas des crises et des conflits** (cartographie de Jean-Pierre MAGNIER, Paris: Armand Colin / Fayard, 2009, 'Asie centrale', p. 112-113).

[763] P. BONIFACE et H. VÉDRINE (op. cit., 2009, 'Asie centrale', p. 112-113): "Pendant la période communiste un Islam informel et clandestin s'est maintenu, voire développé. Les républiques slaves considéraient que celles d'Asie centrale étaient un fardeau pour elles. Les subventions de Moscou représentaient entre 20 et 40% du budget de chacun des États d'Asie centrale. Le désir de s'en débarrasser a relancé la volonté de la Russie de faire éclater l'Union soviétique."

Uzbequistão, em 2005, por exemplo, para o regime invocar essa necessidade para reprimir de modo violento manifestações pacíficas da oposição.

De um lado, pode-se estimar cenário sombrio, onde o pretexto da 'luta contra o terrorismo' sirva de base para o acirramento do controle dos regimes sobre as sociedades – com manutenção, em considerável medida, do modelo autoritário, herdado do período soviético – o que, somado à importância do tráfico de drogas e de armas, bem como a persistência da economia informal e da corrupção, mantenham os entraves ao desenvolvimento da região. De outro lado, pode-se projetar cenário positivo, no qual a solução da questão afegã e a diminuição das tensões entre Moscou, Pequim e Washington permita favorecer a democratização dos regimes, o progresso do estado de direito e o desenvolvimento econômico.[764]

Desde 1947, com a independência da antiga Índia britânica e fracionamento entre a Índia atual, o Paquistão e desde 1971, o antigo Paquistão oriental se torna Bangladesh, passou o subcontinente indiano por transformações notáveis. Apontado muitas vezes como a maior democracia do mundo.[765]

A busca da inserção internacional tem momento interessante com a iniciativa do indiano J. NEHRU, ao lado do antigo líder iugoslavo J. B. TITO, no assim chamado movimento dos não-alinhados. Se este, como movimento de renovação das relações internacionais, teve seu momento no passado, poder-se-ia ver em tal iniciativa a concepção inovadora de ordenamento diverso das relações internacionais, fora da confrontação entre leste-oeste, que pauta as quatro décadas da guerra fria.

[764] P. BONIFACE et H. VÉDRINE (op. cit., 2009, loc. cit.): "Du fait de l'âge des dirigeants, des problèmes de succession vont se poser prochainement. L'importance des gisements pétroliers et gaziers explique un nouveau grand jeu entre la Russie et les États-Unis auquel se joignent l'Iran et la Chine."

[765] Ramachandra GUHA, **India after Gandhi**: the history of the world's largest democracy (Londres: Picador, "Indian Edition", 2008); M. K. GANDHI, **An Autobiography** – or the story of my experiments with Truth (translated from the Gujarati by Mahadev DESAI, edited by Mohini MATHUR, New Delhi: Gandhi Hindustani Sahitya Sabha, 2009); Catherine CLEMENTIN-OJHA, Christophe JAFFRELOT, Denis MATRINGE et Jacques POUCHEPADASS (sous la direction de), **Dictionnaire de l'Inde** (Paris: Larousse, 2009); Jean-Claude CARRIÈRE, **Índia** (do original **L'Inde – Dictionnaire amoureux** © 2001, trad. Claudia FARES, São Paulo: Ediouro, 2a. ed., 2009).

Nem sempre andam bem a política e os princípios. Exemplo de tal dicotomia é o recente e controvertido acordo nuclear entre os Estados Unidos e a Índia (2006): este se inscreveria na estratégia de preparar e de certo modo prevenir a configuração de nova confrontação mundial, que poderia opor Estados Unidos à parceria sino-russa. Ter a Índia como aliada, entre Rússia e China, deixando ambos obrigados a levá-la em consideração, pode ser modo de prevenir que tal configuração futura aflore.

A confrontação, em razão dos desenvolvimentos tecnológicos, se deflagrada, levaria à aniquilação da humanidade. A ordenação da convivência se põe como imperativa para a preservação da vida inteligente no planeta.[766]

Philippe Nemo (2004) indaga o que podem, na verdade, fazer os homens, animados de ideal de paz e de progresso, para fazer avançar o entendimento entre as civilizações, doravante chamadas a viver história unificada? Como superar a contradição entre esse cosmopolitismo necessário e o que sabemos a respeito da heterogeneidade das culturas? E qual pode ser, nesse contexto, o lugar da cultura ocidental?[767]

Não se deve, assim, esquecer que a matriz *ariana* é comum ao subcontinente indiano e à civilização ocidental. Em razão da distorção, causada pelo regime nazista do III Reich, deve-se ter cuidado extremo com o uso do termo. Não obstante tal reparo, foi a contribuição *ariana* a base sobre a qual se constroem as civilizações ocidentais, ao lado da civilização atual indiana. Existe, assim, fonte comum, e esta se exprime em

[766] Por isso fala no direito internacional como condição para a sobrevivência da humanidade, em seu várias vezes referido curso geral na Haia, Christian Tomuschat, **International law: ensuring the survival of mankind in the eve of a new century: general course on public international law** (RCADI, 1999, t. 281, p. 9-438, 'introduction', p. 23-24, cit. p. 24): "Sometimes the views presented to you may appear to be somewhat tainted by subjectivism. But certainly no one will be misled. Personal preferences will always be clearly revealed. And it may precisely be one of the great experiences of this summer course for everyone following the lectures given by the group of lawyers assembled here for three weeks that international law has many faces and different accents dependent on the identity of its interpreters."

[767] Philippe Nemo, **Qu'est-ce que l'occident?** (Paris: PUF – Quadrige, 2004, 'conclusion', p. 123-129, cit. epígrafe, p. 123).

centenas de vocábulos de origem compartilhados, entre o sânscrito e o grego antigo, e deste, para o latim e para as línguas ocidentais atuais.

Direito internacional na Índia antiga e medieval

Pequenas e grandes monarquias estão presentes na Índia, antiga (da Antiguidade até 711 d.C.) e medieval (711 d.C. até 1800). Diferentes formas de estado, soberania, relações entre pares (*kinship*), e hierarquias como as relações entre vassalos e suzeranos, caracterizaram a Índia antiga e medieval. Do menos poderoso *Rajá* (rei), o *Marajá* (grande rei), o *Samrat* (forte imperador) até o *Chakravartin* (o imperador que governou o inteiro subcontinente então conhecido), os estados indianos, antigos e medievais, reconheciam normas interestatais em matéria de condição do estado, relações diplomáticas, tratados, tolerância religiosa, não uso da força, neutralidade e direito humanitário.

Diana A. Desierto (2012)[768]

O historiador do direito das gentes que tenha a intenção de situar a totalidade dos fatores, que contribuíram para o desenvolvimento de nosso sistema de direito internacional, não pode confinar seu exame da matéria tão somente à Europa no período que precede o século XIX. A visão ortodoxa, em alguns de nossos tratados, de que o presente sistema de direito internacional é exclusivamente um produto da civilização cristã, e estabelecido pela família europeia de nações, não se sustenta à luz da realidade histórica.

C. H. Alexandrowicz (1965-66, ed. 2017)[769]

[768] Diana A. Desierto, *International Law, Regional Developments: South and South-East Asia* (in **Encyclopedia of Public International Law**, 2012, vol. V, p. 954-976, cit. § 1) completa, na mesma passagem: "Depending on the nature of the treaty and the security of its performance, analogous to the concept of 'unequal treaties', Indian kingdoms recognized the binding character of treaties."

[769] O estudo *Kautilyan Principles and the Law of Nations* (orig. publ. em 1965-66, foi republicado na coletânea de C. H. Alexandrowicz, **The law of nations in global history**, ed. by David Armitage and Jennifer Pitts, Oxford: University Press, 2017, esp. Part I, chap. 1, p. 35-52, cit. p. 35) cita como exemplo desse tratamento da matéria, a seu ver insustentável, A. Nussbaum, **A concise history of the Law of Nations** (op. cit., ed. 1954). Ver. tb. C. H. Alexandrowicz, **The Afro-Asian world and the Law of Nations: historical aspects** (RCADI, 1968, t. 123, p. 117-214); C. H. Alexandrowicz, **Treaty and diplomatic relations**

> O experimento de GANDHI e o outro grande experimento indiano de paz, o de ASOKA, cerca de dois milênios antes, destacam-se como marcos em longa história de guerras e de conflitos, de modo que, se a atuação indiana no cultivo da paz, a partir do interior da alma do indivíduo, não foi inteiramente bem-sucedida, teve esta ao menos alguns momentos brilhantes.
>
> R. SALOMON (2007)[770]

Ao considerar a questão do direito internacional na Índia – bem como em regiões do Sudeste asiático, nas quais se projetou, ao longo de séculos, a influência desta,– não será menor nem menos arriscada a generalização,[771] do que pretender visão de conjunto da história indiana, na medida em que, como apontado, o subcontinente produziu – a partir de 3000 a.C. – sucessivas culturas de alta qualidade. Ao mesmo tempo, cabe reconhecer disparidades no tempo, no espaço e na historiografia, na medida em que uma ordem jurídica internacional autônoma somente se forma em algumas etapas dessa história, que se estende por cinco mil anos; além disso, essa ordem somente regeu algumas regiões desse espaço gigantesco; e ademais, as fontes diferem substancialmente de uma época para outra.

between European and South Asian powers in the seventeenth and eighteenth centuries (RCADI, 1960, t. 100, p. 203-322).

[770] Richard SALOMON, *Ancient India: Peace within and war without* (in **War and peace in the Ancient world**, ed. by Kurt A. RAAFLAUB, Oxford: Blackwell Publ., 2007, p. 53-65, cit. p. 63) completa a passagem: "In any case, it can hardly be claimed that the western approach to the quest for lasting peace through the harnessing and manipulations of political power has been any more fruitful."

[771] Como se considera no **Tratado** (tomo 3 A – **Direito internacional no tempo antigo**, cap. 2 – tempo e discurso no direito internacional, item 2.1 – a controvérsia entre Hugo GRÓCIO e Serafim de FREITAS). Ver tb. C. H. ALEXANDROWICZ, *Freitas versus Grotius* (orig. publ. BYIL, 1959, vol. 35, p. 161-182, republ. em C. H. ALEXANDROWICZ, **The law of nations in global history**, ed. by D. Armitage and J. PITTS, Oxford: University Press, 2017, p. 121-139), conclui que "Francisco Serafim de FREITAS merece seu devido lugar dentre os autores do século XVII, que contribuíram para o esclarecimento dos problemas relacionados com o regime jurídico do mar, e as relações interestatais euro-asiáticas". Além disso, a aplicação de certos princípios jurídicos internacionais na prática dos estados da Ásia, nos séculos XVI e XVII – tais como a soberania, a aquisição de território, guerra justa, jurisdição marítima, contrabando, dentre outros – ajudam a comprovar não ter fundamento a opinião de que os europeus se viram em vácuo jurídico quando chegaram à Ásia.

Ponderava H. GRÓCIO, no seu **Comentário sobre o direito de presa** ou **De jure praedae**, escrito entre 1604 e 1606, somente publicado na segunda metade do século XIX –[772] "que nas Índias teriam sempre existido reis, repúblicas, leis e direito" e estes povos "tem e sempre tiveram seus reis, sua república, suas leis e seu direito".[773]

> A natureza jurídica das relações entre comunidades soberanas no seio da família das nações tem de ser julgada segundo o direito vigente ao tempo de sua efetiva aplicação a tais relações. [...] A família das nações, governada por sua própria lei, tornou-se no século XIX uma sociedade fechada, que se mostrou pouco propensa a abrir suas portas para recém chegados.[774]

Hugo GRÓCIO (1533-1645) e, antes dele, Francisco de VITÓRIA (1480-1546), ao se debruçarem, respectivamente, sobre as relações luso-asiáticas e as relações hispano-americanas – especialmente VITÓRIA, embora não tenha tratado de questões pertinentes à Ásia, "decisivamente influenciou GRÓCIO, e suas opiniões são, assim, essenciais para mais adequada compreensão do quadro inicial das relações euro-asiáticas,

[772] Hugonis GROTII, **De jure praedae commentarius** – ex Auctoris Codice descripsit et vulgavit H. G. HAMAKER (Hagae: M. Nijhoff, 1868); com alguns reparos à tradução de G. L. WILLIAMS e W. H. ZEYDEL na edição de Hugo GRÓCIO, **De jure praedae commentarius** (Oxford e Londres: Clarendon Press – Classics of International Law / Carnegie Endowment for Peace, vol. 22, 1950, 2 tomos). Sobre a contribuição de Hugo GRÓCIO ver **Tratado** (tomo 3A – **Direito internacional no tempo antigo**, cap. 2 – tempo e discurso no direito internacional, item 2.1 – a controvérsia entre Hugo GRÓCIO e Serafim de FREITAS, b/c o inteiro tomo VII – **Direito internacional no tempo de Hugo Grócio**).

[773] H. GROTIUS, **De Jure Praedae Commentarius** (caps. III e IV) discute títulos à soberania e considera: "Habent et semper habuerunt suos reges, suam rei publicam, suas leges, sua iura."

[774] C. H. ALEXANDROWICZ, *Grotius and India* (orig. publ. The Indian Yearbook of International Affairs, 1954, vol. 3, p. 357-367, republ. in C. H. ALEXANDROWICZ, **The law of nations in global history**, ed. by D. ARMITAGE and J. PITTS, Oxford: University Press, 2017, p. 113-120, cit. p. 113): "Colonial possessions were then considered a *fait accompli*. The European powers as well as the United States did not need to look to the past to justify their title to these possessions. But writers on international law have to look to the past if only for academic purposes and whenever they reproduce the Law of Nations in its historic aspect, they are confronted with problems of the evolution of the law."

do ponto de vista jurídico".[775] A inovadora contribuição de VITÓRIA teria sido transposta por GRÓCIO, do contexto da "América vs. Espanha" para o contexto da "Ásia v. Portugal":

> Dentre todos os argumentos apresentados por VITÓRIA e depois emprestados por GRÓCIO, o argumento baseado na existência de corpos políticos em solo americano, que eram capazes de se auto-governar, bem como de enfrentar agressões externas em defesa própria, é o que mais se destaca.

Além disso, argumentava VITÓRIA, "seria duro negar àqueles que nunca nos fizeram qualquer mal", ou seja, aos autóctones americanos, "aquilo que reconhecemos aos sarracenos, [...] e são estes contumazes inimigos da Cristandade".[776]

A argumentação de GRÓCIO segue linha equivalente: nega aos portugueses o direito de se colocarem como senhores na Ásia, em razão da existência de corpos políticos organizados, desde longa data, naquele continente.[777] Muito antes e estes se mantinham, operantes e independentes, concomitantemente à chegada dos europeus.

O propósito norteador há de ser o mesmo, porquanto se trata de percorrer, ainda que brevemente, florescimentos autônomos, mais do que qualquer transposição cultural de nossa disciplina – o direito internacional – em contextos culturais e civilizacionais diversos do europeu ocidental moderno e contemporâneo. Tanto mais oportuno e necessário, na medida em se fez, nem sempre de modo cordato, mas por vezes levado, pelos "colonizadores" brancos, como mecanismo de imposição de controle e de exercício de dominação.[778]

[775] Cf. citado na nota precedente.

[776] Francisco de VITÓRIA, **De Indis noviter inventis** & **De jure bellis hispanorum in barbaros** (edited by Ernest NYS, translated by John Pawley BATE, Washington: Carnegie Institution of Washington, 1917 – Classics of International Law, vol. I, cit. p. 334).

[777] Como mencionado, a respeito, ver **Tratado** (tomo 3A – **Direito internacional no tempo antigo**, cap. 2 – tempo e discurso no direito internacional, item 2.1 – a controvérsia entre Hugo GRÓCIO e Serafim de FREITAS, e tomo VII – **Direito internacional no tempo de Hugo Grócio**).

[778] Como se examina no **Tratado** (tomos XIV a XVII – **Direito internacional no tempo do colonialismo**).

Nesse sentido de determinar florescimentos autônomos ou transposições culturais,[779] pode ser considerado o **Arthashastra** de Kautilya,[780] na medida em que este está baseado na existência de uma pluralidade de entidades políticas independentes, dotados de poder comparável, e que se confrontam umas às outras.[781] Como em outras fases temporais e outros contextos culturais, o resultado se não inexorável, contudo provável será que a ocorrência de 'pluralidade de entidades políticas independentes', com 'poder comparável', e que se 'confrontam umas às outras' enseja o surgimento de relações internacionais e de práticas e normas de direito internacional. Isso se produz atualmente, como também ocorreu em outros tempos históricos e outros contextos civilizacionais.

A respeito da celebração de tratados, Kautilya, no **Arthashastra** – cuja redação remonta ao século III a.C. e, na sua forma atual, teria sido compilado por volta de 150 d.C., como mencionado, também em relação a outros clássicos indianos – apontava as várias espécies, conforme sejam estes celebrados com um vizinho, com um aliado, ou com rei que se torna vassalo, depois de conquista.[782] O que se pode conceder e receber, por meio de um tratado, é extensamente cuidado:

[779] C. H. Alexandrowicz falava em 'princípios Kautilianos' no direito das gentes (in *Kautilyan Principles and the Law of Nations*, orig. publ. em 1965-66, republicado in **The law of nations in global history**, ed. 2017, chap. 1, p. 35-52).

[780] Kautilya, **The Arthashastra** (edited, rearranged and translated by L. N. Rangajaran, New Delhi: Penguin Books India, 1992).

[781] Wolfgang Preiser, **Frühe völkerrechtliche Ordnungen der aubereuropäischen Welt** – Ein Beitrag zur Geschichte des Völkerrechts (Sitzungen der Wissenschaftlichen Gesellschaft an der Johann Wolfgang Goethe-Universität Frankfurt-am-Main – Societas Scientiarum Francofurtensis / Wiesbaden: Franz Steiner Verlag, 1976); "une espèce de version française de cet ouvrage" foi feita por Robert Kolb, **Esquisse d'un droit international public** des anciennes cultures extra européennes (Paris: Pedone, 2010, nota 436, p. 164-165): "Pour une analyse de l'**Arthasastra** du point de vue du droit international, voir H. Fitzthum, **Völkerrecht und Politik im Kautilya-Arthasastra** (thèse, Vienne, 1967). Cette thèse, par ailleurs méritoire, souffre de la tentative opiniâtre de l'auteur de trouver dans la compilation indienne ancienne le parallélisme parfait du système moderne du droit international public. Une telle approche artificielle et a-historique 'never fails to do a disservice to the subject' (J. D. M. Derrett, *The maintenance of peace in the Hindu-World: Practice and Theory*, Recueil de la Société Jean Bodin, t. XIV – La paix, première partie, 1961, p. 143 s., cit. p. 177)."

[782] Kautilya, **The Arthashastra** (ed. by L. N. Rangajaran, 1992, esp. livro 7, comentários Part X – Foreign Policy, p. 541-674, cit. p. 580): Kautilya prefers agreements based solely on honour though the most common type seems to have been treaties whose observance

> Um acordo feito mediante juramento ou pela palavra de honra é estável neste mundo e no próximo [ou seja, rompê-lo tem consequências nesta vida como depois da morte]. Um acordo que dependa de garantia, ou de reféns, é válido somente neste mundo, porquanto a sua observância depende da força relativa das partes que o celebram.[783]

A relação entre as condições prevalecentes ao tempo da celebração do tratado e o conteúdo do tratado é clara exposição da influência do poder de barganha na celebração de tratados. Considera KAUTILYA extensamente as semelhanças e as diferenças entre tratados equitativos e tratados desiguais.[784]

A seguir, KAUTILYA considera as categorias de aliados e de príncipes vassalos. São estes governantes que tenham relação especial com o conquistador.[785]

O propósito de celebrar tratados e de cooptar aliados ou vassalos é o de aumentar o poder. Isso pode ser feito pacificamente, ou mediante uso da força. Os métodos e o aliado real, que serão escolhidos para a atividade conjunta, devem levar em consideração a força do parceiro.[786]

O planejamento de uma campanha – *yana*, literalmente 'indo', usualmente traduzido como 'marchando', ou a atividade de quem se põe

was guaranteed by the weaker party giving a hostage. The sanction for violation of the treaty was the forfeiture of the life of the hostage.

783 KAUTILYA, **The Arthashastra** (edição cit., 1992, cit. 7.17.3-11, comentários Part X, chap. III – Treaties, p. 580-603).

784 KAUTILYA, **The Arthashastra** (edição cit., 1992, 7.7, comentários X,III – Foreign policy:Treaties, p. 580-603, cit. p. 585): Theoretically, there are four possibilities: offer of troops for money, offer of money for troops, demand of troops for money and demand of money for troops. Since the principles are the same, KAUTILYA has developed the argument for the case of obtaining troops on payment. What kind of offer is to be made and whether it is to be accepted or not depends primarily on the inherent bargaining power of the two kings.

785 KAUTILYA, **The Arthashastra** (edição cit., 1992, cit. 7.9.37-38, comentários X.IV – Allies and vassal kings, p. 604-614): "The best ally is one who has the following six qualities: an ally of the family for a long time, constant, amenable to control, powerful in his support, sharing a common interest, able to mobilise [his forces] quickly and not a man who betrays [his friends]."

786 KAUTILYA, **The Arthashastra** (edição cit., 1992, cit. 7.11-12, comentários X,V – Joint activities, p. 615-624, cit. p. 615).

em uma jornada –[787] trata dos fatores a serem levados em conta, antes de um rei decidir ser do seu interesse engajar-se em campanha militar. Depois de enumerar e sopesar os diferentes fatores, cada um dos quais tem impacto sobre o sucesso ou fracasso, caso o rei conclua ter condição superior à do inimigo a ser atacado, deverá fazer os preparativos para a guerra.[788]

Os fatores poder, espaço e tempo são interdependentes: somente quando um rei está seguro de sua superioridade nestes três – poder, espaço e tempo – deverá avançar para a consideração de outros fatores. Tais como o tipo adequado de tropas a ser mobilizado, bem como a época do ano mais adequada para desencadear a operação. Bem como, ainda, avaliar se o rei corre o risco de revolta contra ele, em seu próprio estado, enquanto estiver fora, em campanha militar, contra o inimigo. O conselho categórico é no sentido de que o rei não se ausente, se houver a mínima possibilidade de rebelião interna. Caso o rei tenha de se engajar em campanha contra um inimigo externo, apesar do perigo de rebeliões, é melhor que este permaneça em seu território e envie o príncipe herdeiro ou o ministro chefe da defesa para comandar a expedição.[789]

Pondera, ainda, a respeito de reis intermediários e neutros.[790] Os intermediários e os neutros estão tanto fora dos círculos imediatos do conquistador como do inimigo, mas são poderosos o bastante para influenciar a interação entre estes.

Kautilya considera os perigos de ser atacado por uma confederação de aliados.[791] E sugere que o alvo de tal ataque protele o desencadea-

[787] Kautilya, **The Arthashastra** (edição cit., 1992, livro 9, comentários X,VI – Foreign policy: planning a campaign, p. 625-644).

[788] Kautilya, **The Arthashastra** (edição cit., 1992, cit. 9.1.44, cit. p. 625): "One should proceed against one's enemy whenever, by so doing, the enemy can be weakened or crushed."

[789] Kautilya, **The Arthashastra** (edição cit., 1992, livro 9, comentários X,VI – Foreign policy: planning a campaign, p. 625-644). Os detalhes sobre como enfrentar revoltas e rebeliões foram apontados em III.IV.

[790] Kautilya, **The Arthashastra** (edição cit., 1992, X,VII – Foreign policy: middle and meutral kings, p. 645-648).

[791] Kautilya, **The Arthashastra** (edição cit., 1992, cit. 7.14, comentários X.IX – Foreign policy: against confederacies and oligarchies, p. 656-661) distingue duas situações e aponta dois encaminhamentos da ação, conforme haja ou não um líder, claramente determinado, da confederação – cf. 7.14.1-9 – e outra quando não há tal líder – 7.14.10-11.

mento das operações militares para permitir negociar e melhorar a sua condição estratégica:

> Quando um rei atacado é assediado por confederação de reis, ele deve tentar evitar que estes o ataquem, e utilizar o tempo assim ganho para aumentar seu grupo de aliados, os poderes de análise e de julgamento, a riqueza e as forças militares, em vista de escapar das garras de seus inimigos.[792]

Caso não haja tempo para semear a discórdia entre os membros da confederação, Kautilya recomenda que o melhor é fazer a paz, mediante concessões. Durante o tempo de paz, o rei deverá remediar sua fraqueza. E especifica o que fazer para remediar cada tipo de fraqueza.[793]

A defesa e a guerra são extensamente consideradas por Kautilya: "para estar em conformidade com o *dharma*, o tempo e o local da batalha devem ser especificados com antecedência".[794] São expostos aspectos relacionados à organização militar, às respectivas armas e divisões do exército – carros, elefantes, cavalos e infantaria – em função da composição das forças do inimigo a ser enfrentado, bem como a escolha do campo de batalha, do acampamento e do deslocamento, entre o acampamento e o campo de batalha. Faz distinção e especificações entre batalhas abertas e batalhas sorrateiras – atacando o inimigo quando as forças inimigas (i) sofrem uma calamidade, (ii) estejam desprotegidas ou (iii) se encontre em terreno menos favorável do que o atacante.[795] Ademais,

> nos territórios conquistados, o vencedor deve continuar a praticar todos os costumes, que estejam em conformidade com o *dharma*, e introduzir aqueles que não eram antes observados. Da mesma forma, deverá inter-

[792] Kautilya, **The Arthashastra** (edição cit., 1992, cit. 7.14, comentários X.IX – Foreign policy: against confederacies and oligarchies, p. 656-661): "When the king under attack is assailed by a confederacy of kings he shall try to [prevent them from attacking him and use the time gained to] augment his group of allies, powers of analysis and judgment, wealth and military forces with a view to escaping the clutches of his enemies."

[793] Kautilya, **The Arthashastra** (edição cit., 1992, cit. 7.14.14-28, comentários X.IX – Foreign policy: against confederacies and oligarchies, p. 656-661).

[794] Kautilya, **The Arthashastra** (edição cit., 1992, cit. 10.3.26, comentários XI – Defence and war, p. 675-742).

[795] Kautilya, **The Arthashastra** (edição cit., 1992, cit. 10.3.3-6, p. 711-712).

romper a prática de quaisquer costumes que não estejam em conformidade com o *dharma*, e também evitar a introdução destes.[796]

Depois de conquistar um inimigo,[797] o rei pode adotar a política de usufruir com tranquilidade de sua conquista ou, diversamente, engajar-se em novas conquistas, quer imediatamente ou depois de algum tempo. Um resultado importante da vitória é que os alinhamentos se terão modificado, porque as fronteiras se alteraram. Velhos aliados podem se tornar novos inimigos. Outros corpos políticos ganham o status de estados tampão ou neutros. O próprio rei pode se ver em uma de tais situações. Haverá nova configuração de círculo de estados e de um novo 'inimigo natural'. O círculo de aquisições, por meio de conquistas, recomeçará, assim, a partir dessa nova configuração.

O objetivo de *Chakravartikshetram* é a área de operação do rei supremo, ou imperador. Esta, segundo KAUTILYA, é a inteira *Bharatavarsha* – ou seja, o conjunto do subcontinente indiano. Reiterando que o imperador deve governar em conformidade com o *dharma*: "a área, que se estende no Norte, desde os Himalaias, até o mar [no sul], com largura de mil *yojanas*, de leste a oeste, é a área de operação do *chakravartikshetram*". Sempre em conformidade com seu *dharma*.[798]

Cabe considerar quanto de tais recomendações sobre a arte da política, interna e externa, e as normas para a condução das operações de guerra e celebração de alianças, podem ser tidas como elementos ou indícios de direito internacional. Estes dados são, sem dúvida, evidência de ocorrência de sistema de relações internacionais, no sentido estrito do termo, com alianças e mecanismos de convivência (mais ou menos) organizada, entre unidades políticas independentes, alternando guerra e paz, conforme a conveniência e a oportunidade. Embora o conjunto da análise, desenvolvida por KAUTILYA, esteja restrita ao subcontinente indiano, claramente tem por objeto 'relações internacionais' e 'direito

[796] KAUTILYA, **The Arthashastra** (edição cit., 1992, cit. 13.5.24, p. 675).

[797] KAUTILYA, **The Arthashastra** (edição cit., 1992, cit. 6.2.3, Epilogue, p. 743-744).

[798] KAUTILYA, **The Arthashastra** (edição cit., 1992, cit. 9.1.18 e 13.4.54-62, p. 743-744): "having conquered the world characterised by the different *varnas* and stages of life, the conqueror shall enjoy it according to the precepts of the *dharma* for kings."

internacional', na medida em que rege relações entre unidades políticas independentes e rivais entre si, alternando paz e guerra. Como se fez e se faz, em tantos outros contextos, passados e presentes.

Diversamente do modelo ocidental de direito em geral, com ênfase em 'direitos', a concepção indiana – fortemente influenciada pela religião – se constrói em torno do *dharma*,[799] núcleo do pensamento filosófico hindu, bem como da teoria política.[800] Como referido, em várias passagens, a cada um compete observar o seu *dharma*.

O direito internacional na Índia antiga – e, em certa medida, alguns elementos permanecem no período anterior a 1945 – pode ser definido como um conjunto de normas costumeiras e princípios éticos, baseado na filosofia, que regulou as relações dos estados indianos, em suas interações uns com os outros. Com base em cinco pré-requisitos:

> (1) a existência de estados soberanos e independentes, com base na supremacia e na universalidade do direito, que era a expressão da filosofia de Advaita;
> (2) a santidade dos tratados;
> (3) a existência de sanções;
> (4) a inevitabilidade das relações entre tais estados; e

[799] O conceito de *dharma* exprime a ordem socio-cósmica, que organiza este mundo empírico – *artha* – englobando todos os interesses materiais, riquezas, sucesso nas iniciativas e os meios para assegurar o resultado. Mas é complexo apontar equivalente ao termo *dharma*, ao tentar aproximar à realidade indiana o leitor ocidental: não é nem a moral, nem o bem, nem o direito, nem a lei. É o bem, simplesmente por assegurar a continuidade do mundo empírico. Cf. Madeleine Biardeau, **L'Hindouisme** – Anthropologie d'une civilisation (orig. publ. 1972, Paris: Flammarion – champs, 1981, cit. p. 49-54 e 184): "C'est l'ordre socio-cosmique dont on peut dire qu'il est bon simplement dans la mesure où il est nécessaire au mantien de l'existence heureuse du tout constitué par les trois mondes" – *trailokya* – ou seja, terra, céu e espaço intermediário. Em contraposição, "le désordre, *a-dharma*, amène une fin du monde."

[800] Bimal N. Patel, *India* (in **The Oxford Handbook of the History of International Law**, ed. by B. Fassbender and A. Peters, Oxford: Univ. Press, 2012, chap. 21 – India, p. 500-521, esp. 8.2 – Religion and International Law, cit. p. 511): "It is no wonder therefore that Hindu law began with duties (*dharma*) rather than with rights, as in the Western countries". V. tb. A. K. Pavithran, *International Law in Ancient India* (The Eastern Journal of International Law, 1973, vol. 5, p. 220-242).

(5) a necessidade de regular tais relações – "embora caiba notar que os princípios e normas interestatais estipulavam sanções religiosas, mais do que jurídicas, tal como são entendidas no Ocidente".[801]

Dentre institutos de direito internacional, presentes na Índia antiga,[802] podem ser apontados:

– a *diplomacia* – dado o fracionamento político, durante a maior parte de sua longa e variada história, são conhecidas missões diplomáticas desde a fase védica tardia.[803] Obviamente tratava-se de missões *ad hoc*, ou seja, missões pontuais e temporárias, dado que missões permanentes e residentes somente se tornariam prática corrente muitos séculos mais tarde.[804] Eram reconhecidos privilégios diplomáticos, sobretudo a inviolabilidade da pessoa do embaixador (*duta*) e de seu séquito. Tais pessoas não podiam ser presas, nem atingidas em sua integridade física. O direito claramente distinguia a extensão dos poderes do emissário: este podia tanto negociar e celebrar tratados, por sua própria autoridade; como, em outros casos, ser tão somente o portador de mensagens. Caso as prerrogativas fossem ultrapassadas, o emissário poderia ser punido no seu estado de origem;

– os *tratados* – eram, em princípio, considerados sagrados; o caráter vinculante não decorria simplesmente de conceitos como o caráter vinculante da palavra dada – *pacta sunt servanda* – mas decorria de formalismo, que culminava em juramento.[805] Os tratados da Índia antiga eram bilaterais – não se aponta registro de instrumentos multilaterais – e diziam sobretudo respeito a questões territoriais, como ilustra o tratado de 304 a.C., entre o império maurya de Chandragupta e o reino de Selêucos Nikator. Muitas vezes, meios específicos de garantia acompanhavam a

[801] B. N. Patel, *India* (ed. 2012, cit. p. 511).

[802] J. Chacko, **India's contribution to the field of International Law Concepts** (RCADI, 1958, vol. 93, p. 117-222).

[803] J. Chacko, **India's contribution** (1958, cit. p. 125-127).

[804] Embaixadores residentes ocorrem a partir do século XV na Itália, como se examina em G. E. do Nascimento e Silva, P. B. Casella e O. Bittencourt Neto, **Direito internacional diplomático** – Convenção de Viena sobre relações diplomáticas na teoria e na prática (São Paulo: Saraiva, 4ª ed., 2012, esp. p. 26-33).

[805] J. Chacko, **India's contribution** (1958, cit. p. 129-131).

celebração do tratado, tais como conservar reféns da outra parte contratante, sob controle do outro lado, o que, além da Índia, era prática corrente entre muitas outras civilizações da Antiguidade – tais como os antigos persas, os reinos helenísticos, ou a Armênia antiga – o que demonstra que o cumprimento dependia não somente da boa vontade dos contratantes e do respeito à palavra dada, mas também de sanções específicas ou garantias. Além disso, era também conhecido o mecanismo da cessação dos efeitos de um tratado, em caso de mutação substancial das condições – *rebus sic stantibus*.[806]

Dentre hipótese plausível de 'mutação substancial das condições', KAUTILYA menciona o caso de 'estado' enfraquecido que, em determinadas circunstâncias desfavoráveis, vê-se obrigado a celebrar tratado desigual. Mas, a seguir, as relações de força mudam em favor desse 'estado', anteriormente submetido a relação, que se poderia dizer como 'vassalagem'. Considerava KAUTILYA ser lícito para tal estado repudiar aquele tratado. Não se trata tanto de questionar a validade do instrumento, em decorrência da coação sofrida,[807] quanto a dar lugar à mobilidade das relações de força.

– Os *direitos e deveres dos estados* – diversos eram conhecidos,[808] tais como o direito à existência (ou autopreservação do estado); direito à integridade territorial e à 'soberania'; a igualdade entre os estados, na celebração de tratados – ou *jus tractatus*; e também uma espécie de direito de 'proteção diplomática';[809]

A Índia antiga e medieval, como mencionado, alinhava-se pelo *Dharma Yuddha* – guerra justa – em contraposição à *Adharma Yuddha* – guerra

[806] J. CHACKO, **India's contribution** (1958, loc. cit.); W. PREISER (op. cit., 1976) e, com base neste, a reapresentação de R. KOLB (op. cit., 2010, p. 175-177).

[807] O que é precisamente ressalvado na vigente Convenção de Viena sobre direito dos tratados (1969, em vigor internacionalmente desde 1980): art. 51 – coação de representante de um estado e art. 52 – coação de um estado pela ameaça ou emprego da força.

[808] J. CHACKO, **India's contribution** (1958, loc. cit.).

[809] Cfr. ACCIOLY – NASCIMENTO E SILVA – CASELLA, **Manual** (25ª ed., 2021, item 3.6.7 – princípio de não intervenção – e suas exceções: 3.6.7.1 – intervenção em nome do direito de defesa e de conservação, 3.6.7.2 – intervenção para a proteção dos direitos humanos e 3.6.7.3 – intervenção para a proteção de direitos de nacionais, p. 316-328).

injusta – em conjunto que compunha o *Dharmashastra* – ou código de leis, que governava a conduta dos agentes, no caso, enquanto beligerantes, durante a guerra.[810]

– o *direito à guerra – jus ad bellum* – as causas da guerra eram múltiplas e se sobrepunham,[811] como também ocorre em outras civilizações antigas – e modernas; às causas 'jurídicas', restritas e centrípetas, contrapõem-se as causas 'políticas', expansivas e centrífugas – exemplos de causas jurídicas eram as guerras que visavam a reparação de danos causados, ou a preservação da existência, em caso de 'legítima defesa'; enquanto as segundas eram – como ainda são – extremamente variadas: extensão do poder e o sagrado 'dever' real de aumentar o território, mediante conquistas; a manutenção do equilíbrio de poder ou mesmo a reação armada à opressão de outro povo por seu monarca, uma espécie de direito de intervenção 'humanitária' em reação à opressão de população de outro local – o que, no passado, como no presente, poderia frequentemente ter motivação política.[812] O recurso à guerra deveria ser avaliado não tanto em relação a convicção jurídica, mas antes em razão de utilidade política, na medida em que o rei estivesse suficientemente seguro da força de suas tropas e armas e, por questão de lógica, como de eficiência – logicamente como *ultima ratio* – somente depois de ter esgotado os meios pacíficos de negociação: na medida em que fosse possível alcançar os resultados almejados sem conflito armado, obviamente seria considerado mais sábio preferir meios pacíficos aos meios coercitivos, para a solução de controvérsias.[813]

810 D. A. Desierto, *International Law, Regional Developments: South and South-East Asia* (in **Encyclopedia of Public International Law**, 2012, vol. V, p. 954-976, cit. § 2); tb. Ved P. Nanda, *International Law in Ancient Hindu India* (in **Religion and International Law**, ed. 2004, chap. 3, p. 51-61, esp. III – The law of war, p. 54-56).

811 J. Chacko, **India's contribution** (1958, cit. p. 135 s.).

812 Uma vez mais, Accioly – Nascimento e Silva – Casella, **Manual** (25ª ed., 2021, item 3.6.7 – princípio de não intervenção – e suas exceções: 3.6.7.1 – intervenção em nome do direito de defesa e de conservação, 3.6.7.2 – intervenção para a proteção dos direitos humanos e 3.6.7.3 – intervenção para a proteção de direitos de nacionais, p. 316-328).

813 J. Chacko, **India's contribution** (1958, loc. cit.); W. Preiser (op. cit., 1976) e, com base neste, a reapresentação de R. Kolb (op. cit., 2010, p. 175-177).

Em suma, do que precede se deduz não serem muito restritivas as hipóteses limitadoras do recurso à guerra. Ainda que os textos estipulassem doutrinas mais estritas, pelos quais a realidade política pouco se alinhava.

Não data de hoje a discrepância entre a teoria e a prática – *law in the books and law in practice*. Nem tampouco isso ocorreu somente na Índia antiga, clássica, medieval e moderna. Mas, mesmo quando a realidade se descola dos princípios, estes têm papel relevante a desempenhar, como parâmetros civilizacionais. E aí se encontra dado característico da civilização indiana; a ênfase nos princípios, mesmo quando a prática destes se descola. Inclusive no tocante à guerra e ao uso da força.

Cabe apontar certo paralelo entre as regras romanas antigas[814] e indianas nessa matéria: a precedência a ser observada, em relação aos meios pacíficos, que deveriam ser esgotados, antes de ser encetado conflito armado – ou seja, a necessidade da guerra, a proporcionalidade entre meios e fins; bem como quanto à 'licitude' do propósito da guerra – a justa causa; e, finalmente, a observância de certos limites, mesmo durante a condução do conflito armado – o *debitus modus*, ou modo devido – o *dharma*.

A autoridade do príncipe – *auctoritas principis* – não está diretamente explicitada, mas é implícita. A motivação justa e relevante – *recta intentio* – se conjuga com essa autoridade, para configurar a 'licitude' da guerra.

A guerra, inicialmente justa, pode, ademais, no curso do conflito – *durante bello* – se tornar injusta caso o beligerante exceda os limites e os meios admissíveis para a condução das hostilidades. *Dharma Yuddha* – guerra justa – pode passar a ser *Adharma Yuddha* – guerra injusta, se conduzida de modo incompatível com o *dharma*.

Basta, em suma, olhar um pouco acima e além de detalhes e especificidades terminológicas para enxergar semelhanças conceituais e de princípios, em contextos aparentemente diversos e que pouca ou nenhuma influência tiveram um sobre o outro. Para vermos que concepções modernas a respeito da guerra justa[815] mostram semelhanças consideráveis com antigas concepções, como a romana e a indiana.

[814] Como examinado no precedente cap. 6.

[815] Ver **Tratado** (tomo IV – **Direito internacional no tempo medieval**, cap. 11 – tratadistas da guerra: Balthazar AYALA e Pierino BELLI, e os itens 11.1 – cristianizar a

– O *direito da guerra – jus in bello* – é matéria que suscitou considerável atenção. Nos textos, o direito da guerra da Índia bramânica se mostra admiravelmente humano e progressista. Na prática, a guerra tendia no passado como ainda tende a ser extremamente brutal e praticamente sem limites. Desde a época dos estados védicos, a guerra deveria ser formalmente declarada. Contudo, em se tratando de 'guerras de intriga' ou 'sorrateira', como parte de 'artimanhas de guerra' admitir-se-ia prescindir de declaração formal, em algumas situações. E a ausência de declaração, em tais casos, não caracterizava violação do direito internacional. O que mostra ter caído em desuso a antiga norma, que estipulava a obrigatoriedade de declaração formal. Certas modalidades de guerra, de 'espectro' mais amplo, levaram à descaracterização das antigas concepções, mais cavalheirescas.[816]

A condução das hostilidades era cuidadosamente estipulada, com destaque para o **Mahabharata** e as **Leis de Manu**: os beligerantes tinham a obrigação de distinguir entre combatentes e não combatentes – somente os primeiros deveriam ser atacados; exceto nas 'guerras de intriga'. A lista de não combatentes tendia a ser bastante abrangente: pessoas desarmadas e civis; penitentes, peregrinos e os sacerdotes

guerra?, 11.2 – guerra justa e guerra santa: entre *jihad* e as cruzadas, 11.3 – herança antiga e medieval na concepção moderna da guerra, 11.4 – guerra e natureza humana, 11.5 – o ideal da construção da paz, 11.6 – a guerra e o direito internacional nos tratados de AYALA e BELLI, 11.6.1 – Balthazar AYALA (1548-1584), 11.6.2 – Pierino BELLI (1502-1575) e 11.6.3 – a contribuição dos tratadistas da guerra para o direito internacional). V. tb.: J. CHACKO, **India's contribution** (1958, loc. cit.); W. PREISER (op. cit., 1976) e, com base neste, a reapresentação de R. KOLB (op. cit., 2010, p. 175-179); Ved P. NANDA, *International Law in Ancient Hindu India* (in **Religion and International Law**, ed. by Mark W. JANIS and Carolyn EVANS, Leiden/Boston: M. Nijhoff, 1999, reprinted 2004, chap. 3, p. 51-61, III – The law of war, p. 54-56); Anne-Marie TOURNEPICHE, *Recours à la force et nouveaux enjeux de la conflictualité: réflexion sur l'évolution des liens entre 'jus ad bellum' et 'jus in bello'* (in **Panser la guerre – penser la paix** – Mélanges en l'honneur du prof. Rahim KHERAD, Paris: Pedone, 2021, p. 289-298, cit. p. 298) termina com a seguinte frase: "La permanence des conflits et leur évolution, reflet de celle de la société, ne signifient donc pas que le droit international est inefficace, mais que les efforts pour le respecter et le faire respecter doivent être sans cesse renouvelés."

[816] J. CHACKO, **India's contribution** (1958, cit. p. 139 s.); W. PREISER (op. cit., 1976) e, com base neste, a reapresentação de R. KOLB (op. cit., 2010, p. 175-179); Ved P. NANDA, *International Law in Ancient Hindu India* (in **Religion and International Law**, 2004, cit. p. 54-56).

brahmin; agricultores e trabalhadores. Também eram protegidos de ataques numerosos locais, tais como: edifícios religiosos, habitações civis, árvores frutíferas, plantações e colheitas.

Ataques noturnos eram condenados. E, também, deveria ser observado certo paralelismo nos combates: a cavalaria deveria unicamente lutar contra a cavalaria adversa, a infantaria contra outra infantaria e assim por diante.

As armas deveriam ser portadas explicitamente e certas armas eram proscritas, tais como armas incendiárias, flechas envenenadas, armas de efeito indiscriminado ou excessivamente destrutivas. Em suma, armamentos causadores de sofrimentos inúteis deveriam ser proscritos.

O tratamento de prisioneiros de guerra deveria ser humanizado. Combatentes feridos ou doentes deveriam ser levados a local seguro e ser poupados. Feridos e doentes deveriam ser libertados, depois de receberem cuidados. Contudo, somente o combatente leal deveria ser beneficiado com tais proteções.

Na época pós-védica, passa a ser vedado reduzir à condição de escravos as populações derrotadas; e ataques à integridade física destas eram proibidos.[817]

Era desaconselhado anexar o território conquistado; havia dever do vencedor em conservar intactos os contratos, os costumes e as tradições familiares da população do país vencido. Por outro lado, a resistência oferecida pela população local poderia, segundo os textos, ser reprimida por todos os meios, inclusive mediante saque e destruição.[818]

[817] Richard SALOMON, *Ancient India: Peace within and war without* (in **War and peace in the Ancient world**, ed. by Kurt A. RAAFLAUB, Oxford: Blackwell Publ., 2007, p. 53-65, cit. p. 54): "The **Mahabharata**, like the **Iliad** with which it has so much in common, is essentially about war and the ravages it afflicts on all it touches; in this sense, it is of necessity also about peace, if only secondarily"; J. CHACKO, **India's contribution** (1958, cit. p. 139 s.); W. PREISER (op. cit., 1976) e, com base neste, a reapresentação de R. KOLB (op. cit., 2010, p. 175-182); Ved P. NANDA, *International Law in Ancient Hindu India* (in **Religion and International Law**, 2004, cit. p. 54-56).

[818] R. SALOMON, *Ancient India: Peace within and war without* (in **War and peace in the Ancient world**, ed. 2007, p. 53-65); J. CHACKO, **India's contribution** (1958, cit. p. 139 s.); Ved P. NANDA, *International Law in Ancient Hindu India* (in **Religion and International Law**, 2004, cit. p. 54-56); W. PREISER (op. cit., 1976) e, com base neste, a reapresentação de R. KOLB (op. cit., 2010, p. 175-182, cit. p. 181): "En somme, l'oeil averti reconnaîtra en

As sanções previstas, em caso de descumprimento do direito de guerra – *jus in bello* – eram de duas ordens: a primeira, de ordem religiosa – a transgressão é um sacrilégio, uma ofensa aos deuses, o culpado é proscrito e banido; a outra, de ordem penal – certos delitos tinham previsão de punição com pena capital.

A guerra tinha igualmente outros efeitos: a suspensão dos tratados; a interrupção automática – *ipso facto* – de relações diplomáticas normais entre beligerantes; a suspensão de relações entre pessoas de nacionalidade inimiga.

Um direito de neutralidade – *asana* – também foi desenvolvido. O **Mahabharata** aponta diferentes motivos, pelos quais a neutralidade poderia ser adotada: a neutralidade era uma política de não-intervenção autoimposta. Um rei assumiria a condição de neutro diante da constatação do interesse em adotar tal política, em relação a conflito entre dois outros reis.

> – neutros cujas posições não poderiam ser afetadas pelo curso e pelos efeitos da guerra;
> – neutros, cujos destinos ficariam praticamente não afetados pelo curso das hostilidades;
> – neutros, que poderiam ser afetados pela guerra e poderiam, caso assim escolhessem, mudar o curso da guerra, manipulando forças econômicas e outros meios;
> – neutros que não tinham possibilidade de entrar na guerra, embora seus destinos pudessem ser por esta afetados.

A compreensão e a avaliação da neutralidade são apresentadas por KAUTILYA no **Arthashastra**, detalhando o conceito e as suas aplicações, situando o *madhyama* – mediador ou neutro, e o *udasina* – o rei ou reis neutros, no conjunto dos estados. Embora o termo *madhyama* já apareça muito antes, no **Rig Veda**.[819]

de nombreuses de ces normes un précis de droit international humanitaire à l'allure très moderne".

[819] **The Rig Veda** – An Anthology (one hundred and eight hymns, selected, translated and annotated by Wendy Doniger O'FLAHERTY, 'this selection first publ. in this translation, 1981', New Delhi: Penguin India, 2000). Mahabharata (ed. cit., 2007, esp. p. 463): "after narrating a dreadful war and its human suffering on both sides, the Mahabharata shows that nothing that is of enduring worth was ever achieved by war. This is an evident truth of history."

Este direito de neutralidade comportava disposições específicas sobre a guerra marítima, com definição de objetos de contrabando, e expropriação de tais objetos, bem como critérios para determinar a destinação de tais bens inimigos.

Cabe considerar se e em que medida constituem direito internacional as relações entre os estados indianos, no período entre 540 e 320 a.C. A condição de sujeitos de direito internacional desses 'estados', criados a partir das antigas tribos, não pode ser colocada em dúvida. O monarca governava o país, por meio de uma burocracia bastante desenvolvida.

Independentemente dessas monarquias, também existiam coletividades governadas por aristocratas. Muitas dentre essas 'repúblicas' aristocráticas se reuniram entre elas, criando confederações, como a do *Vriji*, no século VI. Embora seja difícil determinar se permaneceu como confederação, ou se já se torna uma federação.

As relações, quer pacíficas ou belicosas, entre tais formações estatais são bem conhecidas, a partir de relatos conservados em fontes budistas e outras.[820] A tática principal do rei era a de estender os limites de seu reino, às custas de seus vizinhos. O meio mais prezado para tal fim não era a guerra, mas a estratégia, mediante casamentos dinásticos.

> Essa política de casamentos era praticada tanto entre as repúblicas aristocráticas como pelas monarquias. Correspondia à fase na qual um estado não se sentia ainda suficientemente poderoso para desencadear diretamente uma guerra de conquista. Uma vez alcançado poder suficiente – com ou sem alianças – a guerra de conquista se tornava o meio privilegiado para cumprir o dever de estender seu território.[821]

Essa prática primeiro fez desaparecer os pequenos 'estados' – por volta do século VI – e, dentre os grandes 'estados', resultantes dessa concentração territorial, Magadha ocupava o primeiro lugar. Desenvolveu-se

[820] W. Preiser (op. cit., 1976) e, com base neste, a reapresentação de R. Kolb (op. cit., 2010, p. 160-161): "Peut-on admettre qu'un ordonnancement juridique international vrai et propre y ait vu le jour?"

[821] W. Preiser (op. cit., 1976) e, com base neste, a reapresentação de R. Kolb (op. cit., 2010, p. 162-163).

rapidamente e se tornou uma grande potência. Sua suzerania, na região do Ganges, era incontestada. Logo passou a se estender, rumo ao oeste. Seu grande concorrente foi o império de Avanti, com sua capital em Ujjayini. E, acumulam-se relatos de episódios guerreiros dessa época.

As relações pacíficas, por sua vez, não se limitavam à diplomacia. Abrangiam comércio bastante desenvolvido, com atuação de associações ou 'guildas' de mercadores. Esses fluxos comerciais não costumavam ser interrompidos pelos conflitos armados. As numerosas guerras da época só muito incidentalmente faziam secar essas movimentações mercantis.

A celebração de tratados era prática usual; bem como a de armistícios, de tratados de paz, de imposição de pagamento de tributo após derrota militar, de conclusão de alianças e pactos entre iguais ou desiguais – comparáveis aos *foedera aequa et iniqua* de Roma –,[822] com seus cocontratantes; bem como outros instrumentos, por exemplo comportando regulamentação de comércio e taxas alfandegárias.

Cumpre registrar, também, a organização de concílios para regular questões de doutrina e fé, e de organização religiosa. Bem como a notável atuação da universidade de Taxila, no extremo noroeste, que recebia estudantes de todo o continente e exerceu assim, efeito 'internacionalizante' sobre estes, que depois estenderiam a sua atuação sobre as respectivas regiões de origem.

Se e em que medida tais fenômenos eram sustentados pela convicção da juridicidade e da possibilidade de sanção, em caso de inadimplemento, é questão difícil de se responder. Parece provável que essa *opinio juris* tenha encontrado terreno mais favorável entre as repúblicas aristocráticas. Como mostra a confederação dos Vriji, suas relações mútuas, por volta do século VI, certamente eram baseadas em uma ordem jurídica internacional. Embora a feroz política de poder e de expansão territorial a qualquer custo, pelas vizinhas monarquias absolutas, tenha acarretado o desfazimento dessa configuração jurídica internacional.[823]

[822] Como se examina no precedente cap. 6 – na formação e no desenvolvimento de Roma.

[823] O próprio Buda mencionava a solidez de seus vínculos sociais internos, cf. W. Preiser (op. cit., 1976) e, com base neste, a reapresentação de R. Kolb (op. cit., 2010, p. 163-164): "C'est dire que ni les monarchies entre elles, ni les monarchies et les républiques aristocratiques dans leurs rapports réciproques, n'ont développé un véritable ordre juridique international. Le devoir fondamental de chaque monarque d'agrandir son territoire au détriment de ses voisins excluait l'idée d'un lien juridique avec l'état étranger."

Após a retirada de Alexandre das terras indianas, em 325 a.C., o império maurya – de 321 a 185 a.C. – fundado por Chandragupta, como monarquia absoluta, abrangeu conjunto de território –[824] tão amplo quanto o da Índia britânica, no início do século XX. Este soberano inaugura o primeiro grande império da Índia antiga.[825]

A unificação sob o império maurya faz que as relações entre muitos destes 'estados' se transformassem de internacionais em internas. Isso se deu na medida em que essas entidades políticas, antes independentes, viram-se concentradas em único império.

Soberano do império maurya, Chandragupta celebrou tratados com Selêucos Nikator, soberano selêucida – um dos reinos resultantes do fracionamento do império de Alexandre – dentre os quais um tratado de paz, no qual o soberano helenístico renunciava aos territórios vizinhos ao império indiano, difíceis de defender, tendo como contrapartida o fornecimento de 500 elefantes de guerra. Pode ser que tal tratado tivesse adicionalmente sido acompanhado por aliança matrimonial, estipulando o casamento de uma das filhas de Selêucos com Chandragupta – embora o tratado não forneça detalhes a respeito.[826]

Chandragupta é frequentemente mencionado em textos gregos – nos quais aparece como Sandrocottos. O embaixador Megastenes, enviado por Selêucos junto à corte do imperador Chandragupta Maurya, viveu muitos anos junto à corte de Pataliputra, e viajou extensamente pela Índia. Serem os estrangeiros bem vindos em Pataliputra parece evidente, pelo fato de que na administração municipal havia uma comissão especial para cuidar do bem-estar dos estrangeiros.[827]

[824] A respeito ver o precedente cap. 5 – sobre as cidades-estado gregas e o mundo helenístico.

[825] Michel Boivin, **Histoire de l'Inde** (orig. publ. 1996, Paris: PUF – Que sais-je?, 4e éd., 2011, chap. I – L'Inde ancienne, p. 7-31, item III – Les Mauryas, p. 19-22, n. 1 – Chandragupta Maurya, le fondateur, p. 19).

[826] Certas fontes mencionam 304 e outras 303 a.C. como data para o tratado selêucida-maurya. R. Thapar (op. cit., 1990, p. 71): "The treaty of 303 included a mariage alliance, of which unfortunately no details are given. It is possible that one of the daughters of Seleucos came to the Mauryan court at Pataliputra, in which case a number of Greek women would have accompanied her."

[827] R. Thapar (op. cit., 1990, loc. cit.): "There was a regular exchange of envoys between the Mauryas and the Seleucids, accompanied by an exchange of gifts (which included many potent aphrodisiacs!)."

Missões diplomáticas entre os dois soberanos foram frequentes nos anos seguintes. E pode-se presumir que estas tenham sido acompanhadas pelo reconhecimento dos respectivos privilégios e imunidades.

No período imediatamente posterior à morte de ALEXANDRE – entre 323 e 280 a.C. – apesar das grandes confrontações, que ocorreram entre os herdeiros imediatos deste (*diadócos*), dentre os demais, logo se destacaram os fundadores do império selêucida bem como PTOLOMEU. Este fundaria sua dinastia no Egito,[828] reinante durante alguns séculos.

Selêucidas e Ptolomeus se engajaram em fazer recuar a anarquia então predominante – e parece verossímil pressupor que as relações entre estes e o império maurya tenham sido, ao menos parcialmente, regidas pelo direito: a dúvida subsiste somente em relação à qualidade da convicção da juridicidade – a *opinio juris* –, por parte dos maurya.

O fato de o tratado de 304 a.C., com os selêucidas, ter sido respeitado pelo império maurya provaria somente que este se mostrara satisfatório para os interesses das partes contratantes. Ao mesmo tempo, constitui, contudo, forte indício da existência de sentimento de convicção da juridicidade dos compromissos internacionalmente assumidos.

Além disso, o fato de que os soberanos helenísticos jamais teriam mantido relações de certa intensidade com potências estrangeiras, destituídas de qualquer sentido de respeito pelo direito. O que permite deduzir que verdadeiras normas de direito internacional tenham aparecido nessas relações internacionais.[829]

Segundo a tradição (jainista), depois de sua conversão ao jainismo, CHANDRAGUPTA (cerca de 320-298 a.C.) teria abdicado, para se consa-

[828] Cfr. supra, cap. 5 – as cidades-estado gregas e o mundo helenístico; v. tb. Johann Gustav DROYSEN, **Histoire de l'héllenisme** (orig. publ. **Geschichte Alexanders des Grossen von Macedonien**, Berlin: G. Fincke, 1833, **Geschichte des Hellenismus I. Theil: Geschichte der Nachfolger Alexanders**, Hamburgo: F. A. Perthes, 1836 e **Geschichte des Hellenismus II. Theil: Geschichte der Bildung des hellenistischen Staatensystemes**, Hamburgo: F. A. Perthes, 1843, "version intégrale, trad. de l'allemand sous la direction de Auguste BOUCHÉ-LECLERCQ, préface, note sur la traduction et bibliographie Pascal PAYEN", Grenoble: Ed. Jerôme Millon, 2005, 2 vols., t. II – sobre o sistema helenístico de estados).

[829] W. PREISER (op. cit., 1976) e, com base neste, a reapresentação de R. KOLB (op. cit., 2010, p. 171): "Un véritable ordonnancement de droit international n'a en tout cas pas existé. Les relations entre les deux puissances demeurèrent dans l'ensemble trop fragmentaires et limitées. On n'a donc affaire qu'à une série de phénomènes de droit international."

grar à vida contemplativa, sendo sucedido por seu filho, BINDUSARA.[830] Este travou batalhas na região do Decan e estendeu o seu império, rumo ao sul, na península, até Mysore, 'entre os dois oceanos', presumivelmente, de um lado, o mar da Arábia e, de outro, o golfo de Bengala.

Na altura em que morreu BINDUSARA, por volta de 272 a.C., praticamente a totalidade do subcontinente estava sob a suzerania dos Maurya. O extremo sul se mostrou pronto a aceitar essa condição, evitando, assim, o desencadeamento de conflito armado para a conquista.

Por volta de 269 a.C., depois de curto interregno, este é sucedido por ASOKA, cujo reinado – desde cerca de 268 até 232 a.C. – representa o apogeu do maior império da história da Índia.[831] Seu reinado foi sucedido por uma época de instabilidade e profundas transformações, decorrentes da chegada de povos nômades asiáticos.

Esse reinado é particularmente bem conhecido, em razão das inscrições de ASOKA, que constitui o mais antigo registro escrito indiano, de valor histórico. Essas inscrições são éditos, gravados em pedra e dispersados pelos quatro cantos do império.[832]

Essas inscrições em pedra permitem atestar mudança ocorrida na política imperial, depois da conversão do imperador ASOKA ao budismo,

[830] Entre os gregos, era conhecido como AMITROCHATES – presumivelmente a transcrição grega do sânscrito *amitraghata* = o destruidor de inimigos. Este parece ter sido um homem de interesses e gostos amplos e diversificados, porquanto, segundo a tradição, teria solicitado a ANTÍOCOS Selêucida que lhe enviasse vinho doce, figos e um sofista. A presença e os estragos causados pelos carros de combate do império maurya são mencionados por antigos poetas da etnia *tamil* – do Ceilão e sul da Índia, menciona R. THAPAR (op. cit., 1990, p. 71): "Tamil poets of the south speak of Mauryan chariots thundering across the land, their white pennants brilliant in the sunshine."

[831] "Une place à part échoit à la légende autour du roi AÇOKA" comentava W. PREISER (op. cit., 1976) e, com base neste, a reapresentação de R. KOLB (op. cit., 2010, p. 166): "Son père ne l'avait pas élu comme successeur au trône, réservant cette place à son frère, SUSIMA. Toutefois, AÇOKA s'empara du pouvoir peu après le décès de son père à travers un coup d'état aux allures très modernes. Il semblerait qu'il aurait fait passer par les armes ses frères, sauf TISSA, qu'on retrouve plus tard comme son allié (à moins qu'il ne s'agisse d'une légende destinée à faire apparaître dans une lumière encore plus vive sa reconversion morale plus tardive). Les sources de l'époque mentionnent toutefois un bain de sang."

[832] M. BOIVIN, **Histoire de l'Inde** (ed., 2011, I.III.2 – Ashoka et l'apogée de l'empire, cit. p. 20): "Peut-être inspirés par le précédent achéménide, les édits d'ASHOKA constituent des déclarations officielles en matière de politique et des instructions que l'empereur adresse à ses fonctionnaires et à ses sujets."

por volta de 257 a.C. – um édito informa que, depois da conquista dos três reinos Kalinga, ASOKA o 'bem-amado dos deuses' (*Piyadassi*)[833] começou a seguir o *dharma* –[834] o que, neste contexto, designaria a doutrina budista. O imperador conclama seus súditos a não matar e a praticar o perdão.

Em suma, mesmo se não existisse motivo para duvidar da veracidade da conversão budista de ASOKA – como testemunham os louváveis esforços de restringir ao máximo a matança de animais – as ambições políticas não foram afetadas. O imperador soube equilibrar as aspirações morais e as necessidades políticas, o que sem dúvida pautou a sua real grandeza.

Justifica-se a comparação de ASOKA com o imperador romano, CONSTANTINO o grande, na medida em que, apesar de alguns séculos de distância, os dois monarcas se serviram de religiões emergentes em seus respectivos impérios para os consolidar a partir do interior. A atitude pragmaticamente calculista de ASOKA se percebe claramente também na administração interna do império. A centralização e a burocratização deste então atingiram o seu apogeu. As partes centrais do império e a vizinha planície do Ganges foram submetidas à administração direta de ASOKA. O resto do império foi dividido em quatro distritos, regidos por quatro vice-reis, cujas sedes estavam situadas nas cidades de Taxila, Ujjayini, Suvarnasiriet e Tosali. Governadores de província estavam colocados sob o comando dos vice-reis. Estes governadores eram res-

[833] *Piyadassi* = 'o amado dos deuses', era o segundo nome utilizado por ASOKA. A respeito, R. THAPAR, **A History of India** (op. cit., 1990, p. 72): "Kalinga controlled the routes to south India both by land and sea, and it was therefore necessary that it should become a part of the Mauryan empire. In 260 B.C. ASHOKA campaigned against the Kalingans and utterly routed them. In the words of the Mauryan emperor, 'A hundred and fifty thousand people were deported, a hundred thousand were killed, and many times that number perished ...' The destruction caused by the war filled the king with remorse."

[834] O complexo e multifacetado conceito de *dharma* – em textos de ASOKA, normalmente referido *dhamma* – como mencionado, é a ordem socio-cósmica, que organiza o mundo empírico – *artha* – engloba interesses materiais, riquezas, sucesso nas iniciativas e os meios para assegurar o resultado, mas "não é nem a moral, nem o bem, nem o direito, nem a lei". "Il est lui-même le bien simplement en ce qu'il assure la continuité du monde empirique", aponta M. BIARDEAU, **L'Hindouisme** – Anthropologie d'une civilisation (ed. 1981, cit. p. 49-54 e 184): "C'est l'ordre socio-cosmique dont on peut dire qu'il est bon simplement dans la mesure où il est nécessaire au mantien de l'existence heureuse du tout constitué par les trois mondes" – *trailokya* – ou seja, terra, céu e espaço intermediário. Em contraposição, "Le désordre, *a-dharma*, amène une fin du monde."

ponsáveis perante os vice-reis, mas também diretamente ao imperador. O controle direto era, assim, secundado por um controle indireto. Esse duplo controle dominava também os cargos menos elevados: "o império constituía uma máquina baseada em intrusivo controle estatal, em todas as esferas da sociedade".[835]

A guerra ofensiva deveria dar lugar ao *dharma*: o imperador proclama ter alcançado numerosas vitórias e esperava alcançar mesmo os assim chamados 'povos da floresta' –[836] e "é assim evidente que Asoka não renunciara às suas ambições expansionistas; ele somente as tinha alinhado com a moral do budismo".[837]

Em seu édito de 256 a.C., Asoka declarava[838] a contrição pelas vítimas da guerra, pelas mortes e privações causadas pela guerra contra os Kalinga e,[839] pela primeira vez, articula a política da Índia imperial,

[835] W. Preiser (op. cit., 1976) e, com base neste, a reapresentação de R. Kolb (op. cit., 2010, p. 168-169).

[836] A despeito da conversão de Asoka ao budismo, registra W. Preiser (op. cit., 1976) e, com base neste, a reapresentação de R. Kolb (op. cit., 2010, p. 167): "Elle ne le priva pas non plus d'indiquer aux tribus forestières de son territoire, dans le même édit dans lequel il exprimait son repentir, qu'il demeurait assez puissant pour les mettre à mort si elles ne changeaient pas leur comportement."

[837] M. boivin, **Histoire de l'Inde** (ed. 2011, cit. p. 20-21): "Sur le plan intérieur, la réforme est constituée d'un assouplissement des méthodes de gouvernement. L'empereur proclame que ses sujets sont comme ses propres enfants, et il se fait le défenseur de la non-violence (*ahimsa*)."

[838] M. A. Nikan and R. McKeon, **The Edicts of Asoka** (Chicago: Univ. of Chicago Press, 1959, Rock Edict XIII or 'Conquest Edict', p. 27-30).

[839] W. Preiser (op. cit., 1976) e, com base neste, a reapresentação de R. Kolb (op. cit., 2010, p. 166): "Dans la neuvième année de son gouvernement, situé approximativement entre 268-232, il réussit à subjuguer l'empire des Kalinga, par une débauche d'énergie militaire. Il rapporte lui-même que les massacres et les destructions insignes de cette campagne militaire auraient par la suite lourdement pesé sur sa conscience. On en a déduit une pénitence menant à un changement de comportement. En réalité, l'adoption de la philosophie bouddhiste de la part d'Açoka a été le fruit d'un processus prolongé. Il est probable que la guerre contre l'empire Kalinga l'ait notablement accéléré. En tout état de cause, cette pénitence n'amena pas le roi à restaurer l'indépendance de l'empire conquis. [...] Il n'est pas non plus étonnant – mais plutôt un acte de raison d'état bien calculé – qu'on ne trouve aucune trace de ce repentir dans les deux édits séparés destinés au territoire des Kalinga. Dans le second de ces édits il annonce que tous les hommes sont ses enfants, tout en ajoutant avec un léger sous-fond menaçant, que le roi leur pardonnera ce qu'il est 'possible de pardonner'."

proibindo o uso da força e defendendo a neutralidade. O imperador também publicou um 'Édito da piedade', que comandava a tolerância religiosa no conjunto do império.[840]

O conjunto de 'estados' em relações internacionais com o império maurya se ampliou consideravelmente entre 320 e 232 a.C. – ou seja, desde os tempos de CHANDRAGUPTA até o início do declínio, ao final do reinado de ASOKA, em sua velhice – tendo como parceiros mais relevantes as monarquias helenísticas. Outros 'estados' independentes existiam também nas regiões do Nepal e da Caxemira, bem como no sul do continente. As relações do império maurya com diferentes coletividades não podem ser enquadradas em uma única categoria:

> – as relações com o império selêucida, como mencionado, inicialmente pautadas pela guerra, e a partir do tratado de paz, por relações diplomáticas e comerciais;
> – as relações com o império dos Kalinga não são conhecidas, exceto pela anexação deste, após a vitoriosa – e sangrenta – campanha militar, em decorrência da qual foi anexado e perdeu a sua condição de sujeito de direito internacional, e a partir da qual, ASOKA não mais teria empreendido guerras de conquista;
> – nas relações com os vizinhos, teria tentado propagar a 'lei moral', com a concomitante promessa de pacificação de suas fronteiras.[841]

De tal modo, pode-se deduzir que relações de direito internacional propriamente dito somente teriam sido desenvolvidas com os reinos helenísticos.[842] Pode-se supor que tenham tais relações sido caracterizadas pela sua configuração jurídica? Parece admissível supor que a elite helenística estava imbuída, no período a partir de 280 a.C., da ideia de deveres

[840] D. A. DESIERTO, *International Law, Regional Developments: South and South-East Asia* (in **Encyclopedia**, 2012, vol. V, p. 954-976, cit. § 2): "Widely enforced throughout ancient India, the Law of Piety insisted on moral imperatives requiring reverence to superiors, parents, teachers, elders and relations. In light of his other edicts as well as the Law of Piety, Emperor ASOKA has been recognized for first establishing principles of humanitarianism and the rejection on the use of force in the Indian subcontinent."

[841] W. PREISER (op. cit., 1976) e, com base neste, a reapresentação de R. KOLB (op. cit., 2010, p. 169-170).

[842] Em relação aos reinos helenísticos, ver o precedente cap. 5.

morais e legais. A convicção do caráter legal e vinculante de norma internacional não colocaria qualquer questionamento conceitual.[843]

Por volta de 641 d.C., chega à Índia uma delegação diplomática, vinda da China. O imperador HARSA, dominador de todo o norte da Índia, acabara de falecer. O seu sucessor recebe a delegação chinesa, como se fossem inimigos. O embaixador, que chefiava a delegação, consegue escapar e chegar ao Nepal. De lá, organiza uma expedição punitiva, contando com o apoio de exército nepalês e tibetano. Chega a conquistar Tirabhukti, onde a afronta tivera lugar, e esta localidade permanecerá, durante tempo considerável, sob dominação tibetana.[844] Este é exemplo de guerra desencadeada em relação de violação cometida contra o direito internacional e a imunidade de representantes diplomáticos.[845]

Sob impulso da penetração islâmica, o subcontinente indiano se torna objeto de sucessivas invasões estrangeiras. A invasão da região do Sind remonta ao ano 711; no início do século XI, Mahmud GHAZNI atinge o coração do Hindustão. E os principados indianos são derrubados, um depois do outro, pondo termo a toda uma fase da história indiana.[846]

[843] Cf. se examinou no cap. 5, supra; v. tb. Johann Gustav DROYSEN, **Histoire de l'héllenisme** (orig. publ. **Geschichte Alexanders des Grossen von Macedonien**, Berlin: G. Fincke, 1833, **Geschichte des Hellenismus I. Theil: Geschichte der Nachfolger Alexanders**, Hamburgo: F. A. Perthes, 1836 e **Geschichte des Hellenismus II. Theil: Geschichte der Bildung des hellenistischen Staatensystemes**, Hamburgo: F. A. Perthes, 1843, "version intégrale, trad. de l'allemand sous la direction de Auguste BOUCHÉ-LECLERCQ, préface, note sur la traduction et bibliographie Pascal PAYEN", Grenoble: Ed. Jerôme Millon, 2005, 2 vols., t. II – sobre o sistema helenístico de estados).

[844] Laurent DESHAYES, **Histoire du Tibet** (orig. publ. 1997, Paris: A. Fayard, 2011, chap. II – Naissance et éclatement de l'empire tibétain (VIIe–IXe siècle), p. 39-76, esp. p. 51-52): "Au sud du pays, l'alliance et la diplomatie garantissent la paix. Au nord, rien n'arrête SONGTSEN. [...] L'armée tibétaine est omniprésente; sous la conduite de ministres et de généraux, elle envahit le nord du Yunnan et de la Birmanie, puis, en 640, le Népal"; b/c "En cette même année 641, SONGTSEN cède le trône à son fils GOUNGSONG GOUNGTSEN, qui a atteint sa treizième année. Le roi adolescent doit bientôt mener une guerre contre le Shangshoung. [...] Dès 645, le Shangshoung est directement administré par le Tibet."

[845] Como se examina no cap. 6 sobre a formação e o desenvolvimento de Roma, o historiador TITO-LÍVIO apontava a violação das prerrogativas e da integridade de representantes diplomáticos romanos como justa causa para uma guerra.

[846] Louis RENOU, **La civilisation de l'Inde ancienne** (Paris: Flammarion – champs, 1981, Introduction, p. 7-44, I – L'histoire, cit. p. 12): "l'Islam a entamé depuis longtemps l'intégrité indienne. La conquête du Sindh remonte à 711; les incursions de Mahmûd de GHAZNI le

A partir do século VII, os fenômenos de direito internacional devem ser situados sob o prisma do direito internacional islâmico, seja este em estado puro ou mesclado com tradições locais. A história da Índia é marcada a ferro em brasa por guerras, endêmicas e brutais.[847] A obrigação real sagrada de estender seu território e o número importante de reinos concorrentes, em todas as fases – exceto durante os impérios maurya e séculos mais tarde, o império mogul – explica esse estado de coisas: a Índia sempre esteve politicamente dividida, exceto durante o reinado de Asoka.

Durante todos esses períodos de divisão, a guerra grassava endemicamente entre esses pequenos reinos. Nos textos bramânicos, a guerra é considerada uma instituição necessária: as inscrições nos templos – com exceção dos Éditos de Asoka – exaltam a guerra e os feitos guerreiros.

Nas inscrições do templo de Khajuraho, no estado de Madhya Pradesh, na Índia central – datados de cerca de 953-954 d.C. – é glorificado o sacrifício sangrento dos inimigos.[848] Nestas inscrições se rememora a fundação de templo, dedicado a Vishnu-Vaikuntha, pelo rei Yasovarman, da dinastia Candela, louvando em verso o avô do doador, Rahila, nos termos mais sedentos de sangue:

> Habilmente, por meio de conselhos estratégicos, que serviram as preces rituais – *mantra* – incansavelmente sacrificou seus inimigos como gado, no rito sacrificial da batalha, brandindo, como instrumento de oblação,

portent progressivement jusqu'à Kanoj, en 1018, c'est-à-dire au coeur de l'Hindustân; l'une après l'autre, les principautés hindoues succombent. Une période de l'histoire de l'Inde est révolue". V. tb. Sylvie Denoix et Hélène Renel (dir. de), **Atlas des mondes musulmans médiévaux** (Paris: Éd. CNRS, 2022, Les entités politiques de l'Antiquité tardive, p. 48-49): "le nord du sous-continent indien avait été dominé jusqu'au milieu du VIe siècle par la dynastie Gupta, capitales Pataliputra, puis Ujjain, où les religions étaient le brahmanisme et le bouddhisme et la langue littéraire le sanskrit. À partir de 534, la conquête arabo-musulmane bouleversa le monde de la fin de l'Antiquité, parfois rapidement, ailleurs après plusieurs siècles."

847 W. Preiser (op. cit., 1976) e, com base neste, a reapresentação de R. Kolb (op. cit., 2010, p. 172-173).

848 W. Preiser (op. cit., 1976) e, com base neste, a reapresentação de R. Kolb (op. cit., 2010, p. 173) menciona que a ausência do termo 'paz' na língua e na literatura sânscrita: o termo 'sandhi' deriva de 'aliança', 'acordo' ou 'arranjo'; remete à paz como instrumento tático, e não como categoria ética: "uma deusa da paz, como a Eirene grega ou a Pax tomana, não era conhecida na Índia".

> sua temível espada, o sangue dos seus inimigos serviu como a manteiga clarificada, o som do seu arco era o grito ritual – *vasat* –, os soldados marchando em fileiras eram os sacerdotes, e seu ódio flamejante era o fogo, insuflado pelos ventos do seu inextinguível furor.[849]

Em notável constraste com a piedosa conclamação dos textos de Asoka, a inscrição de Khajuraho, louvando o sangrento sacrifício de seus inimigos é "extensa e complexa metáfora do tipo favorito dos poetas sânscritos clássicos, a vitória de Rahila em combate é equiparada, ponto por ponto, ao sagrado sacrifício védico".[850] Ainda que seja um caso extremo, "não deixa de ser típico das inscrições sânscritas de louvor – *prasasti* – onde os poetas de corte cantavam, nos termos mais hiperbólicos, a beleza, a generosidade, a erudição de seus patronos e, muito especialmente, seu espírito marcial".[851]

> Enquanto Asoka se tornou o modelo legendário do imperador ideal da tradição budista, a linha central da tradição bramânica-hindu virtualmente o ignorou, bem como os seus elevados ideais, de modo que, quando o budismo se esvaiu em sua terra de origem indiana, no início do segundo milênio da era cristã, Asoka foi literalmente esquecido, até serem as suas inscrições descobertas e decifradas, por pesquisadores europeus, na primeira metade do século XIX.[852]

A questão se põe – diante do quadro de utilização recorrente da guerra – como explicar os numerosos textos, do **Mahabharata** às **Leis de Manu** – tratado de moral social, com fundamento religioso –

[849] O texto de Khajuraho, no original, reproduzido em F. Kielhorn, *Inscriptions from Khajuraho* (in Epigraphia Indica, 1892, vol. I, p. 121-153), traduzido em inglês por R. Salomon, *Ancient India: Peace within and war without* (in **War and peace in the Ancient world**, ed. by Kurt A. Raaflaub, Oxford: Blackwell Publ., 2007, p. 53-65, cit. p. 55-56 e nota 6, p. 64).

[850] R. Salomon (cap. cit., 2007, loc. cit.).

[851] R. Salomon (cap. cit., 2007, cit. p. 56): "There are literally thousands of documents of this type, in contrast to the single example of the espousal of gender values in Asoka's inscription". Nessa contraposição, "Whatever might have moved him to such sentiments – the calming influence of Buddhism, an innate nobility which led him to conceive such ideals long before their time, or a crafty strategy of hypocritical manipulation have all been suggested – his ideals did not, as he hoped, live on after him."

[852] R. Salomon (cap. cit., 2007, loc. cit.).

descrevendo detalhadamente princípios avançados, um direito da guerra humanizado e articulado, bem como a ideia de retidão e de respeito aos pactos? É preciso ver aí uma reação natural: diante de um mundo de guerras e de destruição permanente, onde a palavra dada é constantemente violada, onde grassa a miséria material, que o espírito humano se volte para doutrinas que, de um lado, relativizam o valor da vida humana terrestre, em favor de especulações mais amplas – como a *samsara* – e, de outro lado, contraponha aos fatos evidenciando decadência e desvalorização dos princípios o brilho poderoso de doutrinas de retidão e de justiça.[853] Notórios exemplos de contraposição entre o *sein* (ser) e o *sollen* (dever ser).

O contraponto doutrinal a tais doutrinas de retidão e de justiça é declaradamente o **Arthashastra**, onde o 'hipócrita' ou o 'tortuoso' analisa em perspectiva política 'maquiavélica' os instrumentos, dos quais dispõe o estado, para manter o seu poder, afastando qualquer freio, derivado de considerações morais. O elemento norteador da conduta é apontado como a utilidade de uma ação e não sua moralidade ou justiça. Em caso de conflito, entre a utilidade e a moralidade, deve prevalecer a primeira.[854]

Sucessivas invasões acarretaram guerras muito destrutivas, com saques e pilhagens pelas tropas invasoras, captura de populações civis como escravos, bem como a destruição de templos e locais de culto. Particularmente violentas e destruidoras foram as invasões e pilhagens dos turcos, no século XI.

As invasões islâmicas alcançam um primeiro marco relevante, na região de Lahore, com a criação de um império por Mahmud Ghazni – de 998 a 1030 d.C. Outro marco relevante foi, um século e meio mais tarde, a vitória de Mohammed ghur contra uma coalizão de forças indianas, no ano de 1192 d.C., abrindo a planície do Ganges às forças islâmicas.

Após séculos de história conturbada, o império dos moguls – ao tempo de Akhbar – se estendia, no século XVII, por extensão aproximadamente comparável aos territórios que tinha dominado Asoka, no auge

[853] Ver L. Louis Renou, **La civilisation de l'Inde ancienne** (op. cit., 1981); M. Biardeau, **L'Hindouisme** (op. cit., 1981, Glossaire, p. 181-194, cit. p. 191): "*Santi* 'paz' – o termo tem sempre conotação religiosa. É a paz daquele que conhece a realidade absoluta."

[854] Kautilya, **The Arthashastra** (edited, rearranged and translated by L. N. Rangajaran, New Delhi: Penguin Books India, 1992).

de seu poder. A recusa em reconhecer a suzerania de AKHBAR constituía, ademais, nessa época, causa suficiente para desencadear uma guerra.

Da Índia medieval também se conservam registros de políticas imperiais determinando a prática da tolerância religiosa. Cabe creditar ao regime islâmico do Império mogul – no longo período de 991 até 1707 –, a implementação de políticas pluralistas, no conjunto do subcontinente, e assegurou respeito à diversidade religiosa, entre súditos imperiais, islâmicos e hindus:

> Estas políticas asseguraram governança pacífica do subcontinente, e promoveram a continuidade de relações interestatais, com outros estados indianos e com antigos parceiros comerciais asiáticos. Os imperadores mogul respeitaram as instituições de embaixadas, tratados e direito da paz e da guerra.
>
> Os juízes aplicavam *kazis* – códigos escritos de normas, para regular as relações do império, bem como dos súditos entre si. O império mogul também adotou noções de soberania e de realeza, de seus predecessores imperiais hindus – os Guptas, os Maurya, e do sultanato de Delhi.[855]

As primeiras relações europeias com a Índia medieval demonstram o reconhecimento dos chefes de estado indianos como soberanos. O império mogul, por sua vez, estabeleceu relações de suzerania com territórios indianos conquistados, que permitiram a numerosos *rajás* e *marajás* conservarem seus direitos soberanos e suas prerrogativas de administração.[856]

[855] D. A. DESIERTO, *International Law, Regional Developments: South and South-East Asia* (in **Encyclopedia**, 2012, vol. V, p. 954-976, cit. § 3).

[856] A CIJ, no caso do **Direito de passagem em território indiano**, fez exame histórico a respeito da natureza e da forma do poder de celebrar tratados na Índia antiga, para afirmar a capacidade soberana de um governante indiano – o Peshwa do estado de Maratha, um vassalo do Império mogul – para concluir que o tratado de Poona, de 1779, não conferia soberania a Portugal sobre os enclaves de Dadra, Nagar, Aveli e territórios circundantes; e acolher a interpretação do Peshwa, no sentido de que o tratado de 1779 somente concedia a Portugal o *saranjam* (revenue tenure) e não poderes soberanos sobre tais territórios. Ver: Traité entre le Royaume du Portugal et l'Empire Mahratte conclu à Punem le 17 décembre 1779 – em sua versão francesa, foi reproduzido pela Corte, como Anexo I – in **Right of passage over Indian territory** (Portugal v. India), Memorial of the Government of the Portuguese Republic ICJ, 15 June 1956.

A respeito do tratado de 1779, celebrado entre os portugueses e os marathas, entendeu a Corte Internacional de Justiça, em sua decisão a respeito do **direito de passagem em território indiano**, na controvérsia entre Portugal e a Índia, deveria esse tratado ser interpretado com base na lei do século XVIII. O entendimento da Corte foi no sentido que o tratado de 1779 não tinha transferido a soberania sobre os enclaves aos portugueses, e não lhes tinha conferido se não um título feudal menor (*jagir*, ou seja, o direito de tributar, nesses enclaves), e que os portugueses não teriam adquirido soberania territorial se não muito mais tarde, mediante negociação com a administração britânica na Índia. A Corte insistiu na interpretação da instituição de *jagir*, segundo o direito em vigor na Índia, no século XVIII.[857]

A seguir, pode-se considerar como configurar a orientação das relações internacionais com a China e descobrir como o historiador clássico SIMA QIAN pode,[858] talvez, oferecer modelo para esta realidade atual, ao lado de reflexões recentes, de autores dentro e fora da civilização chinesa, que podem auxiliar a perceber algumas das condicionantes de qualquer institucionalização de relações com o antigo 'império do meio'. Nas suas oscilações históricas, ao longo de séculos, entre união e desagregação, entre receber tributos de dignitários estrangeiros para permitir a prática de comércio – o que outros viam como acordos entre iguais, aos olhos chineses configurava prestação de vassalagem –, ou se ver na contingência de pagar tributos – para tentar conservar a estabilidade interna e nas fronteiras. Aqui se trata de considerar alguns elementos

[857] A respeito da decisão da CIJ, no caso do **direito de passagem em território indiano**, comentava C. H. ALEXANDROWICZ, *Le droit des Nations aux Indes orientales – aux XVIe, XVIIe. XVIIIe siècles* (orig. publ. *Annales. Histoire, Sciences sociales* 1964, vol. 19, p. 869-884 e 1066-1084, republ. in C. H. ALEXANDROWICZ, **The law of nations in global history**, ed. by David ARMITAGE and Jennifer PITTS, Oxford: University Press, 2017, p. 83-112, cit. p. 86): "L'arrêt de la Cour Internationale constitue un point de vue stimulant pour une étude nouvelle de certains problèmes de l'histoire du droit des nations, particulièrement aux Indes Orientales."

[858] O historiador SIMA QIAN Zizhang (145-86 a.C.) foi o primeiro a tentar descrever o conjunto de cerca de três mil anos de história chinesa, a partir de seus primórdios míticos, até o seu tempo, no seu **Shiji** – o Registro da História, escrito entre 109 e 91 a.C. Todos os subsequentes historiadores imperiais chineses se alinharam pelo padrão colocado por sua obra.

de direito internacional e relações internacionais na China antiga e 'medieval' (7.2).

Ficam esboçadas, desde muito, algumas condicionantes – políticas e econômicas, históricas e culturais – que se discernem no passado, até se ver a China convertida em República popular, mas conservando elementos historicamente arraigados, como a ênfase na centralidade do poder, a intolerância à crítica, a preocupação com a territorialidade – antes do filho do céu, hoje do Partido – em sua fase atual, como império comercial e detentor de enormes reservas líquidas de capital, assim como de superávits comerciais com o mundo

7.2. China

> Todos os seres, no mundo, possuem uma vida da mesma qualidade que a nossa. Não existem nobres e vis, mas uns ultrapassam os outros pelo tamanho, pela astúcia e pela força, e não porque uns teriam nascido para os outros. O que o homem considera comestível, ele o come. Mas não foi criado na origem pelo céu para os homens.
>
> Lie-Tse (ca. 450 a.C. – após 390 a.C.)[859]

[859] Como acontece em outros clássicos chineses, os textos devem ter sido redigidos como lembranças dos discípulos mais ou menos próximos, após a morte do mestre Lie – este é várias vezes referido, no corpo do texto. Será somente em 742 A.D. que o imperador Huang Song, da dinastia Tang, atribuirá à coletânea o nome pelo qual esta se torna conhecida: *Tch'oung-hu-tchenn king*. Segundo os tradutores este título se traduz como **Tratado do mestre transcendente do vazio**, como faz Wieger, **Verdadeiro livro do vazio resplandescente** ou ainda **Verdadeiro clássico do vazio perfeito.** Lie-Tseu, **Sur le destin** et autres textes (trad. du chinois et annoté par Benedykt Grynpas, «textes extraits du recueil **Le vrai classique du vide parfait**, ©1961 UNESCO, Paris: Gallimard-Folio, 2009, cit. livro VIII, cap. 28 – Ppas de privilégiés dans le monde des vivants, p. 92-93): Tous les êtres, dans le monde, possèdent une vie de même qualité que la nôtre. Il n'y en a pas de nobles et des vils, mais les uns surpassent les autres par la taille, la ruse et la force et non pas parce que les uns seraient nés pour les autres. Ce que l'homme trouve comestible il le mange. Mais il n'a pas été créé à l'origine par le ciel pour les hommes. Também utilizada a edição **Le vrai classique du vide parfait** (in **Les fleurs de la pensée chinoise**, introduction et notes complémentaires par Guy Rochet, Paris: Presses du Châtelet, 2007, 3 vols., vol II, p. 87-192, cit. VIII.Y, p. 190): Même le ciel et la terre sont des êtres comme tous les êtres. Il n'y a pas d'êtres supérieurs, il n'y en a pas d'inférieurs. Ce est un fait que les plus ingénieux et les plus forts mangent les plus sots et les plus faibles, mais il ne faut dire pour cela que ceux-ci aient été faits ou soient nés pour l'usage de ceux là. L'homme mange les êtres qu'il peut manger, mais le ciel n'a pas fait naître ces êtres pour que l'homme les mangeât. Autrement, il faudrait dire que le ciel a

Parece bem que se os nossos europeus estivessem bastante informados da literatura chinesa, a ajuda da Lógica, da Crítica, da Matemática e da nossa maneira de nos exprimir mais determinada que a deles nos faria descobrir nos monumentos chineses de uma antiguidade tão recuada muitas coisas desconhecidas dos chineses modernos.

G. W. LEIBNIZ (1716)[860]

A civilização chinesa merece mais que simples curiosidade. Ela pode parecer singular, mas – é um fato – nela se encontra registro de grande soma de experiência humana. Nenhuma outra, durante tanto tempo, serviu de vínculo a tantos homens. Quem pretender merecer o nome de humanista não pode ignorar uma tradição de cultura tão rica de interesses e de valores duráveis.

Marcel GRANET (1929, ed. 1968)[861]

O postulado confuciano para a ordem mundial tem como objetivo *ping*. *Ping* denota paz, harmonia, retidão, igualdade, justiça, e assim por diante. Um mundo que alcançou *ping* é um mundo no qual a Grande Via prevaleceu e um mundo assim é conhecido como um mundo de Grande Harmonia. Como apresentado por CONFÚCIO.

F. TSE-CHYANG CHEN (2004)[862]

Depois que o primeiro imperador da China uniu todos os estados e fundou o império chinês em 221 a.C., seus sucessores da dinastia Han – de

fait naître les hommes, pour que les moustiques et les cousins les sucent, pour que les tigres et les loups le dévorent.

[860] G. G. LEIBNIZ, **Discurso sobre a teologia natural dos chineses** (do original **Lettre de Mr. G. G. LEIBNIZ sur la philosophie chinoise à Mr. de RÉMOND** (1716), introdução, tradução e notas por Adelino CARDOSO, Lisboa?: Colibri / Universalia / Fundação Oriente © 1991, "Secção Quarta. Dos caracteres de que FOHI, fundador do Império chinês se serviu nos seus escritos e da Aritmética binária", p. 85-92, cit. p. 85).

[861] Marcel GRANET, **La civilisation chinoise**: la vie publique et la vie privée (orig. publ. 1929, Paris: Albin Michel, 1968, Introduction, p. 9-15, cit. p. 9).

[862] Frederick Tse-Chyang CHEN, *The Confucian view of world order* (in **Religion and International Law**, ed. by Mark W. JANIS and Carolyn EVANS, Leiden/Boston: M. Nijhoff, 1999, reprinted 2004, p. 27-49, cit. p. 28).

206 a.C. a 220 d.C. – direcionaram guerras de agressão principalmente contra inimigos externos, principalmente os Xiongnu, povos nômades das estepes do norte. No período de império unificado, novas formas de relações internacionais e de celebração da paz foram desenvolvidas, conhecidas como o 'sistema de vassalagem', no qual o imperador chinês se considerava o único suzerano, e os povos estrangeiros, que desejassem manter relações com o estado chinês, deveriam trazer oferendas para ele e reconhecer sua superioridade ritual.

Robin D. S. Yates (2007)[863]

A China merece grande tratamento. Um vasto país com interminável pedigree, uma cultura idiossincrática, um passado recente traumático e um instigante futuro dificilmente pode ser abrangida por uma visita rápida (*taken at a canter*). Mas não se deve supor, por conta de sobrecarregadas prateleiras, que a história da China seja totalmente diversa daquela de outras nações. Não o é. Na China também, impérios ascendem e caem, personalidades brilham, o progresso é inquieto, a paz é efêmera, a justiça social é elusiva. A diferença é uma questão de grau, não de natureza, de escala, não de personalidade.

John Keay (2008)[864]

Visão humanista, e mesmo abrangente da dignidade de todas as formas de vida, como se vê nessa passagem de Lie-Tseu (ca. 450 a.C.) não são frequentes – infelizmente – nem naquele como em outros tempos, nem naquele como em outros lugares. Muitos séculos mais tarde, como bem advertia Leibniz, deveriam os europeus ter consciência da antiguidade e da importância da sabedoria dos antigos chineses. Mesmo que esta nem sempre fosse totalmente compartilhada pelos coetâneos, na própria China. Contrariamente ao que almejava Leibniz, nos séculos seguintes, por parte dos europeus, a intolerância e a estreiteza de visão

863 Robin D. S. Yates, *Making war and making peace in Early China* (in **War and peace in the Ancient world**, ed. by Kurt A. Raaflaub, Oxford: Blackwell Publ., 2007, chap. 2, p. 34-52, cit. p. 34).

864 John Keay, **China a History** (London: Harper Press – Harper Collins Publ. India, 2008, Introduction, p. 1-24, cit. p. 21-22) completa a passagem: "Forewarned of the difficulties, the reader will find China's history just as instructive and rewarding as any other – only more so."

solaparam a construção de diálogo entre dois mundos –[865] como ilustra a tristemente célebre controvérsia a respeito dos 'ritos chineses'.[866]

Na longa história da China, que se reveste de importância para o conjunto da humanidade,[867] o período de império unificado traz novas formas de relações internacionais e de celebração da paz.[868] Aqui começa nosso relato:

> O império, há tempos unido, precisa se dividir; há tempos dividido, precisa se unir. Sempre foi assim. Nos anos finais da dinastia Zhou, sete reinos lutaram entre si, até que o reino de Qin prevaleceu e absorveu os outros seis. Mas logo Qin caiu, e sobre as ruínas deste, dois reinos opostos, Chu e Han, lutaram pela dominação, até que o reino de Han prevaleceu e absorveu seu rival, como Qin tinha feito antes. A ascensão da corte Han ao poder começou quando o Ancestral supremo abateu uma serpente branca, o que inspirou rebelião que termina com o reinado Han sobre um império unificado.[869]

Logo no início do seu monumental épico – **Três reinos** – Luo GUANZHONG, a quem se atribui a obra, caracteriza os inevitáveis ciclos da história chinesa. Este, para a cultura chinesa, tem importância comparável à dos poemas homéricos – a **Ilíada** e a **Odisséia** – para o Ocidente.

[865] O diálogo de surdos não se deu somente na Antiguidade, entre o Ocidente e a China. As navegações chinesas – tanto as do século XIII, quanto as do século XV – merecem ser lembradas. E serão referidas a seguir, neste item.

[866] Como brevemente se considera no subitem – a controvérsia sobre os ritos chineses. V. tb. **Tratado** (tomo VIII – **Direito internacional além do paradigma vestfaliano**, item – o que é, e como é o 'clássico'?, tomo X – **Direito internacional no tempo de C. van Bynkershoek e Christian Wolff**, item 22.1 – direito segundo LEIBNIZ, tomo XIII – **Direito internacional no tempo do concerto europeu**, b/c tomo XVII – **Direito internacional no tempo do colonialismo**, cap. 10 – a colonização pelo Japão).

[867] Como advertia Marcel GRANET (1929, ed. 1968) e enfatiza John KEAY (2008), ambos citados em epígrafe.

[868] Cf. expõe Robin D. S. YATES (cap. cit., in **War and peace in the Ancient world**, ed. 2007, cit. supra).

[869] Luo GUANZHONG (attributed to), **Three Kingdoms** (translated by Moss ROBERTS, Beijing: Foreign Languages Press, 1st ed., 1995, 12th printing, 2010, four volumes, cit. chap. 1 – Three Bold Spirits plight mutual faith in the Peace garden – Heroes and Champions win first honors fighting the Yellow Scarves, vol. I, p. 1-19, cit. p. 1). A respeito, comenta J. KEAY (2008, p. 183): "The **Romance of the three kingdoms** has much the same relationship to factual history as the Arthurian legends or the plays of SHAKESPEARE".

Continua a ser lido não somente na China, como também nas Coreias, no Japão e no Vietnã. Foi escrito durante o período da dinastia Ming, a respeito de acontecimentos da fase final da dinastia Han, portanto mais de mil anos depois dos eventos narrados, quando o futuro do império chinês, mais uma vez, esteve em jogo – em suma, um vigoroso romance de aventuras, de grandes proporções, com fundo histórico. E marca essa obsessão chinesa com a coesão e a continuidade do império, apesar de todas as rupturas e interrupções – e leva observadores externos a enxergarem uma unidade e uma continuidade que, efetivamente, não se configuram: assim tendem a ser vistas realizações como o sistema fluvial de navegação do 'Grande canal' ou de defesa como a 'Grande muralha' – talvez nem tão antigos, nem tão unificados, nem tão eficientes, como propalado.

No direito internacional e nas relações internacionais também se põe a necessidade de compreender a dimensão e alcance desse complexo conjunto da China, inscrita no espaço regional da Ásia oriental –[870] que atualmente compreende, além da China, também Mongólia, península

[870] Para situar e compreender o conjunto, cultural e civilizacional, podemos nos valer da análise feita do ponto de vista das artes plásticas. Sob a denominação de 'Ásia orienatl', são abrangidos a China, a Indonésia, os reinos de Champa, os Khmers, a Tailândia, o Laos, a Birmânia, o Vietnã, o Japão e a Coréia no exame das artes da região, na monumental obra, coordenada por Gabriele FAHR-BECKER, **Ostasiastische Kunst** (Colônia: Könemann, 1998, 2 vols.), **The arts of East Asia** (Editor of the English edition Chris MURRAY, Colônia: Könemann, 1999, 2 vols.) tb. publ. em volume único, **Les arts de l'Asie orientale** (Colônia: Könemann, 2000), e como aponta a coordenadora da obra coletiva, no Prefácio (op. cit., 1999, Foreword, p. 5; tb. cit., Préface, p. 7): "It is undoubtedly an immense undertaking to portray the arts of East and Southeast Asia within the compas of a single publication; yet the taask is also rewarding and hugely enjoyable". E assinala que um dos mais fascinantes aspectos desse conjunto é o fato de que essas culturas mostram incrível variedade e, ao mesmo tempo, também compartilham aspectos relevantes. As religiões – indo das mais diversas formas do budismo, ao confucianismo da China e ao zenbudismo no Japão – têm papel de elo unificador, mais notavelmente nas imagens do Buda, o iluminado, e das divindades e espíritos que o acompanham. Outros elos são estabelecidos pelas migrações de populações, pelas relações políticas. e também pelas condições compartilhadas da flora e da agricultura: todos cultivam o arroz, como o principal produto alimentar da Ásia oriental e Sudeste asiático. Claramente distinta da Índia – cuja influência é, contudo, marcante em muitos aspectos –, a Ásia oriental possui arte e cultura únicas, em totalidade por vezes conflitante mas, contudo, ricamente interconectada, de patrimônio cultural da humanidade. Pode ser feita subdivisão entre Ásia oriental (China, Japão e Coreia) e Sudeste asiático (Camboja, Birmânia, Laos e Vietnã), sem pretender colocar linha divisória definitiva, nem

coreana, Japão, Taiwan e Vietnã. Esse conjunto teve, durante séculos, a China como centro desse espaço de civilização, e procurou se manter como eixo de poder político e ordenador das relações internacionais, no assim chamado sistema internacional sinocêntrico – com marcante influência de três escolas de pensamento filosófico e religioso: budismo, taoísmo e confucionismo.[871] Estas fluem, refluem e confluem, dentro e fora da China, bem como em relação aos vizinhos regionais.

Cabe precisar alguns elementos da determinação desse espaço: administrativamente, a China se compõe de províncias, regiões autônomas, municipalidades e duas regiões administrativas especiais.[872] A atual configuração pode ser útil para projetar retrospectivamente o que seja o conjunto, mesmo se algumas regiões são recentes, enquanto outras contam muitos milênios, como parte da história chinesa. As cinco províncias do norte – Henan, Hebei, Shaanxi, Shanxi e Shandong – integram a rica planície aluvional do baixo rio Amarelo, conforme atestam textos históricos, são tradicionalmente consideradas como o 'berço' da civilização chinesa e onde se concentrou boa parte das pesquisas

muito menos apresentação abrangente e definitiva. Acrescento que o mesmo vale para o presente estudo.

[871] F. Tse-Chyang Chen, *The Confucian view of world order* (in **Religion and International Law**, 2004, p. 27-49, cit. p. 27): "China does not have an indigenous religion. What is commonly referred to as the 'three religions' is probably more correctly called the three 'teachings'. The three are Buddhism, Taoism, and Confucianism. Of these only Buddhism is a religion; but it was introduced from abroad. Taoism refers both to the philosophies of some Chinese scholars and to certain practices including alchemy in the search of elixir vitae, hygienic breathing and meditation, faith-healing, and magic. It acquired the character of an organized religion not because of any domestic Chinese development but through the influence of Buddhism."

[872] As 'províncias' – *Shengji Xingzhengqu* – são as divisões administrativas mais elevadas da China, no conjunto de 34 subdivisões, reclamadas pela República Popular da China: vinte e três províncias, cinco regiões autônomas, quatro municipalidades e duas regiões administrativas especiais. Cada província da China continental, bem como a ilha-província de Hainan conta com um Comité provincial do Partido comunista, comandado por um secretário, a quem compete a efetiva gestão da província, e não ao governador do governo provincial. O mesmo se aplica às regiões autônomas e às municipalidades. Sobre as duas regiões administrativas especiais, cf. **Tratado** (tomo I – **Direito internacional dos espaços**, cap. 7, subitens 7.1.1.1 – Hong Kong, 7.1.1.2 – Macau). A situação política de parte da província de Fujian, bem como de Taiwan, ou Formosa, são objeto de controvérsias – como tb. se aponta (op. cit., 2022, subitem 7.1.1.4 – Formosa).

arqueológicas no século passado.[873] Outras províncias também trazem marcas da civilização chinesa, como demonstram achados arqueológicos, que levam a reconfigurações do passado pelo presente.[874]

A civilização e a história chinesa – como a civilização e a história da Índia – se estendem por algo entre cinco a seis mil anos, dos quais se podem extrair registros. Diversamente do que ocorre na Índia, onde faz falta a documentação histórica, durante parte considerável dessa longa trajetória temporal,[875] na China, contudo, desde muito, registros históricos chineses foram meticulosamente preparados e, em considerável medida, conservados. Apesar de destruições de registros, quer decorrentes de causas fortuitas ou, deliberadamente determinadas – como 'revolução cultural' – em alguns momentos da história.

Em relação à China, a questão se coloca a respeito de como manejar o enorme volume de registros históricos, conservados pelas sucessivas dinastias, onde a historicidade poderia contribuir para garantir legitimidade à dinastia reinante. O registro da história é parte da cultura e da tradição chinesa –[876] já ensinava LIU Zhiji –[877] assim como a cultura

[873] J. KEAY, **China a History** (2008, Introduction, p. 1-24, cit. p. 10-11) comenta as disparidades entre historiografias em diferentes idiomas, a respeito da China: "A glance at the existing literature in English suggests an international consensus, not to say conspiracy, to make the subject as daunting and incomprehensible as possible. This state of affairs, in part a legacy of competitive scholarship in the colonial era, will be fearlessly addressed; for China's history is long enough and its culture challenging enough without gratuitous complication."

[874] William WATSON, **A China** (orig. publ. 1961, trad. Rodrigo MACHADO, Lisboa: Verbo, 1971, Introdução, p. 15-25, cit. p. 15): "Dentro do vasto âmbito da Ásia oriental, o povo chinês, tal como hoje o consideramos, é mais bem definido pela língua e pela cultura do que em termos antropológicos."

[875] Como se considera no precedente item 7.1.

[876] William WATSON, **A China** (orig. publ. 1961, trad. Rodrigo MACHADO, Lisboa: Verbo, 1971, cap. IV – A arte da idade do bronze, p. 156-195, cit. p. 156): "Na arte como noutros domínios, sempre a China se mostrou um país extraordinariamente ligado às tradições. Certos temas artísticos criados há mais de três mil anos, no princípio da Idade do bronze, ainda fazem perfeito sentido aos olhos dos Chineses. Como ornamentação para a porcelana, a laca e o jade, os motivos são hoje bastante banais. Mas, na forma como apareceram pela primeira vez e com que continuaram a dominar toda a arte visual ao longo da dinastia Shang e nos princípios da dinastia Chou, têm uma força capaz de excitar ainda a nossa imaginação."

[877] O **Tratado do historiador perfeito**, escrito no início do século VIII, por LIU Zhiji (661-721 d.C.), deixa para a posteridade o registro das suas reflexões sobre a maneira como a história deve ser escrita. Profissional da matéria, empregado do estado imperial, ao tempo da dinastia Tang, abre as portas da historiografia oficial na China. Tratado teórico e prático,

literária e poética, e o confucionismo, são ordenadores das relações sociais e políticas, apesar de momentos nos quais esses legados são rechaçados – em revoluções ditas 'culturais' – para serem depois resgatados.

Apesar da dificuldade em fazer generalizações, tanto mais arriscadas, em função da grande extensão temporal e espacial, do multimilenar e multicultural conjunto da civilização chinesa, a legitimação dinástica se fazia mediante a perspectiva histórica – o decurso do tempo, a manutenção do favor celeste, em relação ao monarca reinante – conferia a este a demonstração de legitimidade – assim como o controle sobre o espaço, no qual se exercia o mando, ainda que nominalmente, e se exercitavam os elementos característicos da educação literária, com conhecimento dos textos clássicos – não somente do cânone confucionista, mas também história e poesia – e ordenação da máquina estatal, no mandarinato. Ao menos durante muitos séculos foi esta a configuração predominante na história chinesa.

A partir de mitos[878] sobre a progressiva configuração do mundo, habitualmente se referem os 'cinco imperadores' (míticos) – HUANG DI,

texto que não encontra equivalente, no resto do mundo, nessa época, mais do que como se escreve a história, ensina como se deveria ter escrito a história, com críticas a mais de trezentos textos históricos, dos quais a maioria se perdeu. Traz também a visão pessoal do historiador, as notas de leitura de um erudito, e o conjunto das avaliações de um duro crítico. Ver LIU Zhiji, **Le traité de l'historien parfait** – chapitres intérieurs (texte présenté, traduit et annoté par Damien CHAUSSENDE, Paris: Les belles lettres – Bibliothèque chinoise, 2014, chap. XXXVI, p. 266-275, cit. p. 274-275) faz comparação com YANG Xiong e pondera: "YANG Xiong compôs seu **Clássico do grande mistério**, que ele levou muitos anos para completar. Todos os que estavam a par da iniciativa, se riam desse trabalho inútil. Eu também passei muitos verões e invernos a escrever o meu **Tratado do historiador perfeito**, e o vulgo igualmente considerou a minha iniciativa como estúpida" e depois de apontar vários pontos em comum entre os dois, pondera: "Meu talento não se compara ao desse sábio predecessor, mas meu percurso é semelhante ao seu. Por isso, gravei tudo em meu coração, a fim de me consolar."

[878] Donald A. MACKENZIE, **Myths of China and Japan** (New York: Gramercy Books, 1994, esp. chap. XIV – Creation Myths and the God and Goddess cults, p. 256-273, XV – Mythical and legendary Kings, p. 274-296, XVI – Myths and doctrines of Taoism, p. 297-323, cit. p. 297-298): "There are three religions in China, or, as native scholars put it, 'three Teachings', namely Taoism, Confucianism, and Buddhism. Pure Taoism, as taught bey LAO

ZHUAN XU, YAO, SHUN, YU. Seguem-se as três dinastias pré-imperiais: Xia – ca. 2070 até 1600 a.C. – Shang – ca. 1600 até 1046 a.C. – e Zhou – de ca. 1050 a 256 a.C. Nos relatos cosmogônicos chineses,[879] curiosamente a figura de um deus se faz pouco presente.[880]

Enquanto, no Ocidente, o exótico se busca no Oriente, para o chinês o exótico e o fantástico pode ser buscado em 'jornada para o Ocidente'.[881] Com certos paralelismos culturais interessantes.[882]

TZE, is, like the Buddhism of its founder, Siddhartha Gautama, metaphysical and mystical. It is similarly based on a vague and somewhat bewildering conception of the origin of life and the universe; it recognizes a creative and directing force which, at the beginning, caused Everything to come out of Nothing. This force, when in action, is called the Tao. It is so called from the time when it began to move, to create, to cause Unity to be. The Tao existed before then, but it was nameless, and utterly incomprehensible. It existed, some writers say, even when there was nothing. Others go the length of asserting that it existed before there was nothing. We can understand what is meant by 'nothing', but we cannot understand what the Nameless was before it was manifested as the Tao".

879 Ver F. CHALLAYE, **Petite histoire des grandes religions** (Paris: PUF, 1947, chap. V – Les religions de la Chine, p. 96-107) em rápida síntese aponta: ao lado de religião primitiva, próxima de outras formas do animismo, porém própria dos chineses e, por isso, denominada 'sinismo', coloca as três 'escolas' de pensamento – o confucianismo, o budismo e o taoísmo: "La religion de CONFUCIUS, le Confucianisme, se présente comme une élaboration et une purification du Sinisme. / La religion de LAO-TSEU, le Taoïsme, sous sa forme originale, est en opposition avec certaines tendandes du Sinisme et du Confucianisme."

880 Ver tb. **La voie du Tao** – un autre chemin de l'être (Paris: Galeries Nationales – Grand Palais, 29 mars – 5 juillet 2010, édition de la Réunion des Musées Nationaux, 2010, observam Thomas GRENON e Jacques GIÈS, cit. p. 11): "*Religion* originelle de la Chine, le taoïsme se définit comme un courant religieux, une philosophie et un ensemble de pratiques liées à la quête de longue vie. Il propose 'une autre façon de vivre' reposant sur des techniques diététiques, gymniques et respiratoires, à la recherche d'un accord harmonieux et pérenne entre l'homme et l'univers. Il est un mode de pensée qui exalte la vie et fait le pari du bonheur des êtres sur terre et au-delà."

881 Escrito durante o período Jiajing da dinastia Ming, por WU Cheng'en (1500-1582), **Journey to the West** (classic novel in four volumes, translated by W. J. F. JENNER, Beijing: Foreign Language Press, 1st. ed., 1993, 10th. printing, 2010, Introduction by Prof. SHI Changyu, p. 1-22) baseia-se em lendas e mitos tradicionais chineses, relatando a jornada histórica de monge da dinastia Tang, para as terras a oeste da China que, no contexto de meados da era Ming, adquire elementos místicos e passa a ser o propósito da viagem do monge a busca do paraíso ocidental budista. No cap. 1 – The Divine Root conceives and the Spring breaks forth, as the heart's nature is cultivated, the Great Way arises – começa o relato: "Before Chaos was divided, Heaven and Earth were one; / All was a shapeless blur, and no men had appeared. / Once Pan Gu destroyed the Enormous Vagueness / The separation of pure and impure began. // Living things have always tended toward humanity; / From their creation

Para alguns, incorporando conceitos confucionistas, taoístas e budistas, como alegoria da convergência entre as 'três escolas' de pensamento; enquanto para uma leitura marxista, as peripécias, encontros e desencontros dos personagens, com deuses e demônios, seria registro da luta de classes e do triunfo do proletariado.[883]

Os governantes pré-imperiais, como os Xia, foram 'reis' – o título de 'imperador' somente viria a ser utilizado muitos séculos mais tarde. Diversamente dos cinco imperadores 'míticos', os Xia não são considerados semidivinos: eles podem ter efetivamente existido.[884] Embora não

all beings improve. / If you want to know about Creation and Time, / Read difficulties resolved on the Journey to the West."

[882] J. Keay, **China a History** (2008, chap. 8 – Sui, Tang and the Second Empire 550-650, p. 216-245, cit. p. 244-245) menciona o relevante papel, desempenhado pelo monge Xuanzang (falecido no ano 664 d.C.), na formulação do budismo chinês, na tradução de escrituras búdicas e por seus ensinamentos, tendo sido chamado de "jóia do império" pelo imperador Tang Gaozong (reinou de 649-683 d.C.), elevando a lógica e a epistemologia budista a novos patamares na vida intelectual da China. Porém, não por isso Xuanzang é mais lembrado na China: "Rather he is known almost exclusively in connection with a novel" – chamada – **The Journey to the West** (or sometimes **Monkey**, or **The Monkey King**), "and a clearly recognizable Xuanzang actually features in it. Written in the sixteenth century but incorporating a variety of earlier narratives, it is a work not just of fiction but of the wildest fantasy, of fable and allegory, humour, tragedy, spectacular nonsense and such profundity that no two commentaries can agree about it. Tang Taizong feature in it too (he visits the Underworld), as do many other historical figures, including the Buddha. But by chapter 13, with eighty-seven to follow, the celebrities make way for a small band of human and animal wayfarers." O protagonista, o rei macaco Sun Wukong, é comparado ao deus macaco Hanuman, da tradição indiana do **Ramayana**.

[883] J. Keay (2008, cit. p. 245): "The martial as well as the magical arts are well represented, providing scope for illustrators, a challenge to film-makers and a gift to animators. Today, as ever, this comic derivative from Xuanzang's often taxing **Record of the Western Regions** remains perhaps the best loved work in all Chinese fiction. It is as if, confronted by a wider world beyond its comprehension, the pre-modern mind sought reassurance in exaggeration and fictionalisation. Europeans would do the same. The mysterious John de Mandeville would peddle exotic nonsense that was acceptable as travel literature; and Marco Polo would peddle facts so apparently 'outlandish' they were taken as fiction."

[884] Por vezes, pode ocorrer a mitificação de antecessores históricos, outras vezes a historicização de ancestrais míticos. Poder-se-ia, assim, contrapor o quadro da China antiga com a Irlanda medieval. A respeito desta, ver Hubert Butler (1900-1991), **Ten thousand saints** – A study in Irish and European origins (orig. publ. 1972, Dublin: The Lilliput press, 2011, *Afterword – Irish Saints, Heroes and Tribes: Bio-Archeology and Hubert Butler*, by Richard S. Crampton, p. 246-284, Conclusion, cit p. 283) – como mostra a recente pesquisa em bio-arqueologia, as lendas irlandesas e a ciência se encontraram. Agora se sabe o modo pelo

tenham deixado comprovação documentada de sua existência, existem achados arqueológicos que são normalmente atribuídos aos Xia, e pode ter havido alguma forma primitiva de escrita, que tenha sido utilizada na corte dessa dinastia.[885]

Achados arqueológicos mostram uma pletora de culturas localizadas, no Neolítico e na idade do bronze, algumas diferenciadas, outras nem tanto,[886] e estas surgiram e coexistiram, tanto na planície central, como em outras áreas, bem distantes desta: "a aurora da história chinesa é, assim, marcada por uma grande contradição".[887] A relevante tradição textual, conservada em textos clássicos, datados dos séculos IV e III a.C. – e geralmente aceitos, desde então – nem sempre coincide com os registros materiais, escavados e analisados, observando os mais altos padrões do conhecimento do século XX.

Basicamente, todos os registros escritos apontam uma sucessão única de governantes, integrantes de sucessivas 'dinastias', concentradas geograficamente na planície central do norte, "de onde a sua superior e quintessencialmente 'chinesa' cultura se teria expandido, e cronologicamente se estende, em sucessão apostólica" – desde os cinco imperadores,

qual o heróico ancestral de uma tribo dominou o de outra e como duas tribos amalgamaram ancestrais, para manter relações pacíficas. Com o decurso de gerações, passaram certos ancestrais a ser apontados como 'santos' e 'padroeiros' de determinada linhagem, compondo o panteão nacional irlandês.

[885] J. Keay, **China a History** (2008, chap. 1 – Rites to writing – pre c. 1050 BC, p. 25-49, cit. p. 28-29): "excavation has failed to substantiate a unitary kingdom or culture that was anything like as unique, widespread, dominant and long-lasting as that which later textual tradition awards to the Xia; and with important reservations the same may be said of the still more illustrious Shang (r. c. 1750-1040 BC) and Zhou (r. c. 1040-256 BC), who, together with the XIA, comprise the first 'Three Dynasties'.

[886] William Watson, **A China** (orig. publ. 1961, trad. Rodrigo Machado, Lisboa: Verbo, 1971, cap. I – Os períodos paleolítico e neolítico, p. 26-60, cap. II – A idade do bronze primitiva: dinastia Shang, p. 61-115 e cap. III – A idade do bronze recente: dinastia Chou, p. 116-155, cit.p. 61): "Em comparação com o demorado desenvolvimento observado no Médio Oriente e na Europa, na China central a transição de uma cultura neolítica para outra adiantada da Idade do bronze é misteriosamente abrupta. No decurso de alguns séculos, as aldeias da planície caíram sob o domínio de cidades muradas, a cujos governantes a posse de armas de bronze, carros de guerra e escravos conferia uma superioridade a que nenhuma comunidade neolítica podia aspirar, por mais populosa e bem alimentada que fosse."

[887] J. Keay (2008, p. 29-30): "The contradiction has fundamental implications for the whole understanding of China's civilization, of its dynamics, and even of who the Chinese were and are."

passando pelas 'três dinastias' – Xia, Shang e Zhou –[888] até chegarmos a tempos menos controvertidos":[889]

> – 'Xia', é o nome da primeira dinastia, e a mesma denominação é também, usada pelo povo da planície central, nos últimos séculos a.C. – quando se formava a tradição historiográfica – para os distinguir de outros povos, menos 'chineses', muitas vezes descritos como *di, man, rong* ou *yi* – ou seja, mais ou menos 'bárbaros';[890]
> – séculos mais tarde, a palavra 'Han' faria transição similar, de denominação dinástica – no período 206 a.C. a 220 d.C. – para a identificação étnica, atualmente utilizada como termo oficial para a suposta maioria etnicamente majoritária.[891]

[888] W. WATSON (1971, cap. III – A idade do bronze recente: dinastia Chou, cit. p. 116): "A conquista do território Shang pelos chefes da casa Chou e as alterações políticas que daí resultaram tem sido vistas pelos historiadores confucionistas como um movimento revolucionário, o acontecimento mais importante da história antiga da China" [...] "No entanto, como a dinastia reinante rinha de ser reconhecida culturalmente superior aos povos dos territórios exteriores do império, os Chou são apresentados, simultaneamente, como salvadores políticos e, até a véspera da sua conquista, como bárbaros culturais."

[889] W. WATSON (1971, loc. cit.): "Seria tentador relacionar a subida da civilização Shang na China com influências semelhantes de origem ocidental. Mas se quisermos admitir uma migração comparável às que no Ocidente vimos irradiar do Próximo Oriente, resta-nos uma estranha lacuna"; e por sua vez, J. KEAY (2008, p. 30): "Archaelogy, on the other hand, recognizes no such neat pedigree. Chronologically, the 'Three Dynasties' appear more probably to have overlapped with one another; geographically, the kingdoms of the Central Plain were not as central nor as influential as once supposed; and as for the developments that led to a distinct 'Chinese' culture, instead of radiating outwards from the Central Plain they germinated and interacted over a much wider area and among peoples who were by no means racially uniform."

[890] Ver os precedentes capítulos 5, 6 e 7.1, neste tomo. Não somente ocorreu por parte dos chineses. Equivalentes 'complexos de superioridade' também faziam os gregos antigos estabelecerem discriminação em relação a povos de 'fala incompreensível', porque não falavam grego; ou os indianos em relação aos estrangeiros e, portanto, sem casta. Certas diferenças se põem em relação aos 'bárbaros', no contexto romano, como analisa Alessandro BARBERO, **Barbari. Immigrati, profughi, deportati nell'impero romano** (Bari – Roma: Laterza, 2006), sobretudo a partir do século III, quando a imigração de contingentes 'bárbaros' se acentua no Império romano do Ocidente.

[891] J. KEAY (2008, p. 30-31): "Both examples suggest that the validity of the ethnic tag derives substantially from the prominence accorded to the original dynasty. Thus talking up the Xia dynasty in the texts may have been a way of enhancing a sense of privileged identity among those who regarded themselves as inheritors of the Xia kingdom and so the 'Xia people'. / Modern scholarship is well placed to recognise such special pleading. It

Na verdade, as dinastias não se sucedem linearmente, mas por vezes se sobrepõem e se confrontam. Os espaços políticos não teriam sido tão coesos e unificados, mas teriam coexistido múltiplos centros regionais, com semelhanças e diferenças entre si.[892] Mas, também neste caso, a história é sempre contada pelos que conseguiram se sobrepor aos demais.

> Escavações arqueológicas e cuidadosas análises de registros entalhados [em ossos e pedaços de casco de tartaruga] comprovam que a elite Shang era alfabetizada[893] e que a escrita chinesa atual é única, enquanto descendente direta daquela utilizada no segundo milênio a.C. Além disso, a história documentada da China não começa com uma série de runas crípticas, nem com interminável épico homérico, mas como se tinha a intenção de garantir a continuidade, por um arquivo burocrático e claramente oficial – ainda que inscrito em ossos e cascos de tartaruga.[894]

cannot be a coincidence that throughout the Nationalist and Communist era champions of the linear textual tradition have generally been resident in China and employed there, while those who emphasise a regional and pluralist interpretation of Chinese identity have generally been foreigners, often Westerners, Japanese or Chinese residing outside China. Deconstructing China, questioning its cohesion and puncturing its presumption, has a history of its own – which of course in no way vitiates the research or invalidates the findings of its scholars".

[892] J. Keay (2008, p. 40) aponta, como um problema para os chineses, as "múmias de Tarin" – Tarin era o nome do rio, que secou, e antes irrigava a bacia Tarin, no leste de Xinjiang – que majoritariamente não são de raça mongolóide mas, com DNA certificado, são descendentes caucasóides ou europóides. Alguns tinham cabelo castanho; pelo menos um deles tinha 2 m de altura (6.5 feet tall): "They are similar to the Cro-Magnon peoples of eastern Europe. So are their clothes and so probably was their language. It is thought to have been 'proto-Tocharian', an early branch of the great Indo-European language family that includes the Celtic, Germanic, Greek and Latin tongues as well as Sanskrit and Early Iranian."

[893] J. Keay (2008, p. 45): "there is sufficient evidence in the characters themselves and in their grammatical relationship to suggest that this writing had been practised for some time. Presumably it was used on more perishable materials such as bamboo, bark or textiles that have not survived. It seems, then, that the importance attached to literacy in China and the use of a recognizably Chinese script, perhaps the two most characteristic features of 'Chinese civilisation', had a long pre-Anyang (c. 1240 – c. 1040 BC), and probably pre-Shang (c. 1750 – c. 1040 BC). A few tentatively identified characters found on stone and dated to Neolithic times may yet substantiate this."

[894] J. Keay (2008, p. 43): "Additionally, the inscriptions have afforded telling insights into the complex world of Shang ritual and governance, which, by anticipating later trends, add further weight to that contentious claim about China's three to four (if not six) thousand years of continuous civilisation".

A partir da unificação, por Qin Shi Huangdi – literalmente Qin, 'primeiro imperador' –, fundador da breve dinastia, que reinou somente de 221 a 206 a.C., mas que mudou a história, como o primeiro a impor uma frágil unidade às províncias, que compõem o núcleo da China, e portar o título de 'imperador'.[895] Colocam-se em paralelo, Qin, a primeira dinastia imperial e uma das mais breves e a última dinastia, Qing, uma das mais longevas.[896] Assim se esboçam marcos temporais, que abrangem mais de dois mil anos.

Logo a seguir à queda dos Qin, a dinastia Han – com algumas subdivisões –[897] governaria o assim chamado Império do meio,[898] nos quatro séculos seguintes – de 206 a.C. até 220 d.C. Foi esta dinastia contemporânea da expansão e desenvolvimento de Roma, nos dois últimos séculos de república e os dois primeiros séculos da Roma imperial.[899]

[895] J. Keay, **China: a History** (2008, chap. 3 – The first empire, c. 250-210 BC, p. 80-105, cit. p. 80): "Although Qin Shi-Huangdi (the Qin 'First Emperor') is invariably described as the architect of China's earliest integration, his achievement was not quite as remarkable as might be supposed. The Qin edifice would last barely a generation, after which the empire would have to be laboriously reconstructed; it covered little more than 'core' China, and that not entirely; and although the First Emperor certainly outdid all his predecessors in aggressive universalism, his success was largely down to others."

[896] J. Keay, **China a History** (2008, Introduction, p. 1-24, cit. p. 16): "Had all the subsequent emperors followed Qin Shi Huangdi excellent example of being known by a numbered reign – First, Second, Third Emperor, etc. – much confusion would have been avoided. Unfortunately, no such custom developed."

[897] Entre os assim chamados 'Han anteriores' ou 'Han ocidentais' – *Former or Western Han* – dos dois primeiros séculos, até a virada do início da era cristã, quando ocorre a interrupção com Wang Mang, o "duque que trouxe tranquilidade para a dinastia Han" e tentou passar de regente, após a morte do imperador Pingdi, a imperador, no lugar do infante herdeiro Ruzi em 6 d.C. A dinastia é retomada com os assim chamados 'Han posteriores' ou 'Han orientais' – *Later or Eastern Han*, de 25 a 220 d.C. Como avalia J. Keay, **China a History** (2008, chap. 6 – Wang Mang and the Han reprise, AD 1-189, p. 156-183, cit. p. 158) a respeito do 'usurpador' Wang Mang: "He pledged to stand down when RUZI came of age, but the choice of so young a prince left little doubt that the now acting emperor was bent on becoming the next actual emperor." [...] "Most convincing of all was the ease with which objectors were being silenced and Han loyalists confounded. Heaven's approval of Wang Mang was being made manifest through the empire's concurrence".

[898] J. Keay, **China: a History** (2008, chap. 4 – Han ascendant, 210-141 BC, p. 106-127; chap. 5 – Within and beyond, 141 BC-AD 1, p. 128-155, chap. 6 – Wang Mang and the Han reprise, AD 1-189, p. 156-183).

[899] Como se examina no precedente cap. 6.

Nos tempos imediatamente precedentes ao início da era cristã, agitações de final de século conturbaram a China muito mais do que a região do Mediterrâneo. Roma ingressava na sua era augusta; a paz tinha sido restabelecida, depois da guerra civil do período do triunvirato, Otaviano saudado como imperador – 'César' – e divindade – 'Augusto', e as legiões romanas estavam prestes a vencer, da Escócia ao Iêmen.

Na China, depois do breve reinado de Han AIDI – de 7 a 1 a.C. – as celebrações tinham terminado e a retração estava na ordem do dia. As tropas dos Han nunca mais passariam pelo planalto Pamir, rumo à Ásia central, e doravante não mais se poderia dar por certo o controle sobre o Vietnã, onde a primeira de sucessivas guerras de independência estava prestes a eclodir.[900]

Por volta de A.D. 1, a dinastia Han tinha reinado por mais de dois séculos. Han Gaozu, o 'Grande ancestral', tinha unificado o império e, durante o reinado de Han Wudi suas fronteiras tinham sido ampliadas a ponto de excluir risco imediato de qualquer incursão externa no território imperial. Entre um e outro, diversos imperadores tinham reinado durante longos períodos de paz, prosperidade e progresso.[901]

> Passados mais de duzentos anos, depois da usurpação de Wang Mang, o imperador Guang Wu restaurou a dinastia, e os imperadores Han reinaram por outros duzentos anos, até o reino de Xian, depois do qual o império se dividiu em três reinos. A causa da queda dos Han pode ser atribuída aos reinados dos dois predecessores de Xian, Huan e Ling.[902]

[900] J. Keay, **China: a History** (2008, chap. 6 – Wang Mang and the Han reprise, AD 1-189, p. 156-183).

[901] J. Keay, **China: a History** (2008, cit. p. 156-157): "But of late it did seem that the Han dynasty had enjoyed less in the way of celestial favour. From the mid-first century BC discouraging portents had begun to outnumber the encouraging ones, and by Han Chengdi's reign (33-7 BC) their message, as interpreted by Confucian reformists, amounted to a disturbing indictment."

[902] Luo Guanzhong, **Three Kingdoms** (ed. 2010, vol. I, chap. 1, p. 1-2): "Huan drove from office and persecuted officials of integrity and ability, giving all his trust to his eunuchs. After Ling succeeded Huan as emperor, Regent-Marshall Dou Wu and Imperial Guardian Chen Fan, joint sustainers of the throne, planned to execute the power-abusing eunuch Cao Jie and his cohorts. But the plot came to light, and Dou Wu and Chen Fan were themselves put to death. From then on, the Minions of the Palace knew no restraint."

Após a decadência e queda da dinastia Han – cujo reinado efetivo se esfacela nas três últimas décadas – seguem-se quase quatro séculos de vicissitudes – de 189 a 550 d.C. – com complexos fracionamentos políticos e confrontação entre clãs, na busca por se afirmarem, em meio a turbulência e guerras sem fim, como novas 'dinastias'.[903] As guerras entre os 'três reinos' – Wei, Shu e Wu, de 220 a 270 d.C. – se veriam engolfadas pelas confrontações intermináveis entre as dinastias do 'período de desunião' – de 220 a 590 d.C., onde se contam cinco dinastias do norte, seis dinastias do sul e mais dezesseis reinos entre umas e outras.

Em meio a esse conturbado período, ocorre em 208 d.C. decisiva confrontação das forças do norte e do sul, na batalha das 'Colinas vermelhas' – *Chibi*, local próximo da confluência do rio Han com o rio Yangzi, onde atualmente se situa a metrópole de Wuhan – "uma das mais decisivas batalhas do milênio" – chave para a história do período. Ademais, nessa batalha se decidiu a questão da futura unidade ou divisão da China.[904] Evento que permite fazer paralelos com outras fases da história chinesa.[905]

[903] J. Keay, **China a History** (2008, chap. 7 – Four hundred Years of Vicissitude 189-550, p. 184-215, cit. p. 184): "Loath to cast off into a mounting tide of dynastic turbulence, traditional histories of China cling to their Han moorings long after logic dictates otherwise."

[904] J. Keay (2008, cit. p. 188-189): "Thanks to the **Standard Histories**, and more especially to derivative works like the **Romance of the Three Kingdoms** and the countless poems, dramas, operas and comic stripes based on it, the battle at the Red Cliffs is better known than any other in pre-modern Chinese history. Vast troop numbers are mentioned, and their deployment in a pre-battle game of bluff and counter-bluff has been carefully studied. But waged along the Yangzi, it was essentially a naval encounter, and like most Chinese battles, hinged on a single manoeuvre."

[905] J. Keay (2008, cit. p. 191-192): "the **Romance of the Three Kingdoms** which was based based on a southern reading of events, makes Liu Bei its hero and emphasises his Heaven-favoured attributes. The crucial change of wind, for instance, that led to CAO CAO's defeat at the Red Cliffs is seen not as a metereological freak but as evidence of how Liu Bei's virtue attracted the very best advisers, one of whom specialised in arranging these things direct with the gods. / Though there is much uncertainty about the authorship of the **Romance**, it has been argued that, as seems probable, it was first written in the fourteenth century, it should also be read as a rejection of the then crumbling Mongol or (Yuan) dynasty by supporters of the incoming Ming dynasty. In this context it becomes a plea for the indigenous values and traditions of the Han – the people as well as the dynasty – against the claims of alien invaders from the north. By retrospective association, CAO CAO and his Wei dynasty get unjustly tarred as non-Han usurpers; and the greatest of national epics finds itself cons-

Depois de vários séculos de francionamento e conflitos, consolida-se a situação, com a breve dinastia dos Sui. Esta contou somente dois imperadores, mas tem grande relevância, por ter preparado – política e institucionalmente – o caminho para o segundo grande império, com a dinastia Tang.[906] A dinastia Sui ecoa a situação anterior de oito séculos, com a breve dinastia Qin, preparando o caminho para o advento dos Han. O imperador Sui Wen Di – reinou de 589 a 604 d.C. – se empenhou em consolidar o império, criando ou restabelecendo instituições, destinadas a preservar a unidade: o aparato administrativo, no qual a mesma língua tinha de ser falada e escrita – medida adotada para conter o uso de dialetos, a publicação de uma enciclopédia fonética – **Bei tang shu chao** – para assegurar uma base comum de conhecimentos, a construção de dispositivos para armazenamento de grãos – paliando os desastres decorrentes de oscilações nas colheitas e nos preços, a alocação de terras aos camponeses, construção de sistemas de irrigação, para desenvolver a agricultura e do canal imperial, visando possibilitar a navegação fluvial entre o norte e o sul do país.

Seu sucessor, o segundo e último imperador da dinastia Sui, Yang Di – reinou de 605 a 617 d.C. – foi longe demais na exploração do povo, com seus ambiciosos projetos de construção, que exigiram impopulares medidas de conscrição de trabalhadores para trabalhar nos canteiros de obras imperiais. Ao mesmo tempo em que mobilizava grandes contingentes humanos para atuarem como soldados, tanto no Oeste, numa das fases de lutas contra as invasões de povos de língua turca da Ásia central. Durante o reinado desse mesmo imperador datam também, em 607, o envio de uma missão diplomática a Taiwan – então chamada Liuqiu – e três anos depois, em 610, envia tropa de 10.000 homens contra esta.[907]

cripted as nationalist propaganda. As ever, the writing of history, even of historical fiction, was itself a political act."

[906] J. Keay, **China a History** (2008, chap. 8 – Sui, Tang and the Second Empire 550-650, p. 216-245, cit. p. 217-218): "There were only two Sui emperors, their combined reigns lasting just thirty-seven years (581-618 AD), but for maniacal energy and solid achievement it is hard to find their equals in the later history of the empire." [...] "the empire of Tang would scarcely have flourished without the conquests, institutions and infrastructure bequeathed it by the Sui."

[907] Gabriele Fahr-Becker, **Ostasiastische Kunst** (Colônia: Könemann, 1998, 2 vols.), **The arts of East Asia** (Editor of the English edition Chris Murray, Colônia: Könemann, 1999, esp. The Sui Period: the Second Great Reunification / The Tang period: Internationalism

Razões econômicas levam ao assassínio do segundo imperador Sui por conspiradores. A dinastia Sui pode ter sido de curta duração, mas – assim como a dinastia Qin fez para os Han – preparou as fundações para o florescimento cultural de um império unificado, sob a dinastia Tang – oficialmente, de 618 a 906 d.C.[908]

O império floresceu tanto social quanto economicamente. No período até meados do século IX, destaca-se pelos seus sucessos comerciais, seu pensamento cosmopolita e sua liberdade religiosa. A China serviu de modelo para muitos países vizinhos: instituições, princípios e métodos de governo da dinastia Tang foram imitados em muitas partes da Ásia.[909]

Dentre realizações notáveis do período, contam-se a introdução de códigos, uniformizando as leis do país, a institucionalização do sistema de concursos e de recrutamento de funcionários, divididos em oito categorias, dos primeiros graus do serviço civil até os postos ministeriais. Grandes desenvolvimentos ocorrem na arquitetura. Culturalmente, durante este período, começa a ópera, floresce a poesia – da qual cerca de 50.000 poemas se conservaram, desenvolvem-se a caligrafia e a pintura.

Apesar da revolta de AN LUSHAN, em 755 d.C., bem como alguns anos de governo autocrático de uma imperatriz viúva, o império Tang se manteve por 300 anos. Depois de período de crise, que abalou o país todo, de 918 até 960 d.C., como resultado de ataques de povos nômades do Noroeste, o império reconquista sua unidade, com os imperadores Song, embora com território reduzido.[910]

A China, no curso de sua longa história, teve períodos de exercício isolado de hegemonia, com distanciamento em relação ao 'mundo exterior' e também fases de inserção no que se poderia considerar – com alguns reparos – como o 'sistema internacional', daquele tempo, naquela

and Xenophohia, vol. 1, p. 128-151, cit. p. 128): "From that date on, the slow but steady settlement of the island by mainland Chinese went ahead."

[908] G. FAHR-BECKER (ed., op. cit., 1999, vol. 1, loc. cit.): "Both art and literature bear eloquent testimony to the culture of this period. [...] Sui-dynasty rulers adopted the aesthetic ideas of their predecessors, in turn conveying them to their own successors."

[909] G. FAHAR-BECKER (ed., op. cit., 1999, p. 129).

[910] G. FAHAR-BECKER (ed., op. cit., 1999, cit. p. 129-130): "The dialectic of a northern and a southern culture, which can also be traced in painting and ceramics, seems to have made its way into all artistic fields."

região do mundo, como conjunto de relações de 'suzerania' e vassalagem ou, também chamado sistema tributário chinês. A utilização do conceito precisa ser adequadamente situada, para a realidade chinesa, na relação do Império do meio, também dito 'do Céu', com os bárbaros, para não se incorrer em distorções e transplantação de dados de realidade para outra estranha àquela.

Importa, sobretudo, ter presente que além dos 'sistemas' internacionais dessa mesma época, em torno de Roma, dos estados helenísticos e do subcontinente indiano, também existiu e operou, durante séculos, um sistema internacional sinocêntrico.[911] E este interage com sucessivos círculos concêntricos de vizinhos – tanto mais *bárbaros*, quanto mais se distanciam do núcleo imperial chinês.

> Num estado dinástico, o mando segundo a virtude – *dezhi* – era considerado um princípio, e se acreditava que a virtude universal do imperador, por ter recebido do céu o seu mandato, expandir-se-ia sobre todo o mundo. Como se denota pela fórmula: *sob o céu universal, todas as terras são terras do imperador; nos mais longínquos limites da terra, todos são súditos do imperador.* Acreditava-se que a virtude do sábio imperador se espalharia como a grama, balouçando ao vento e as pessoas seriam influenciadas por sua virtude. A *hua* – mudança voluntária e reforma, sob influência da virtude do imperador – indica aqueles que se beneficiam da virtude e bondade do imperador, enquanto a *huawai* – a área ou povo fora da influência do imperador – são aqueles não abrangidos por tais benefícios. *Hua* é algo que os povos deveriam exercer voluntariamente, e não deveriam ser forçados pelo imperador. Esse era o caso, enquanto os povos de *huawai* não perturbassem a paz e a estabilidade da sociedade. Caso o fizessem, o imperador agiria.[912]

[911] Yasuaki ONUMA, **International Law in a Transcivilizational World** (Cambridge: Univ. Press, 2017); Y. ONUMA, **A transcivilizational perspective on International Law** (RCADI, 2009, vol. 342, tb. publ. Pocketbooks of the Hague Academy of International Law, 2010, chap. IV – History of international law as seen from a transcivilizational perspective, p. 266-369, II – The co-existence of regional civilizations in the pre-twentieth century world, esp. 3 – The Sinocentric tribute system in East Asia, p. 305-313).

[912] "The emperor's virtue was regarded as 'universal' and guaranteed to have multiple interpretations. This framework was a useful logic to contain a diverse society, and the emperor held the interpretive authority. In other words, the relationship between the emperor and his subjects was not equal". Shin KAWASHIMA, *China* (in **The Oxford**

Do ponto de vista espacial, a gestão das 'fronteiras nacionais', controladas pelas dinastias chinesas, continha referência a princípios, cujo significado abrangia transpor fronteiras – *dezhi* e *jiaohua* – os limites eram reconhecidos, além dos quais não se presumia a aplicação do *jiaohua*.[913] Contudo, mesmo os que estavam além dos limites e não se beneficiavam da propagação da virtude imperial, seriam deixados em paz, enquanto não causassem problemas: adotava-se política de não interferência.[914]

> Se o chefe de determinada região prestava vassalagem, mediante tributo ao imperador, este era visto como tendo sido moralmente transformado e se tornava rei, em relação de vassalo, com a dinastia – *cefeng*. Quanto às regiões vizinhas, todavia não organizadas como países, o imperador conferia, aos chefes de tais regiões, postos de governo – *tusi* e *tuguan* –, e delegava autoridade, para manter a ordem nas respectivas regiões, como oficiais.[915]

Handbook of the History of International Law, ed. 2012, chap. 19, p. 451-474, 2 – Recognition of space and foreign relations in chinese dynasties, p. 452-457, cit. p. 452-453 e nota 6): "The word *huawai* became an issue when Japan dispatched troops to Taiwan in 1871. However, this concept was originally based on the nationality principle. According to the logic of the dynasty, it was possible to have people of *huawai* living in its territory."

[913] Shin Kawashima, *China* (2012, p. 453): "On the other hand, in reality, territories over which dynasties had effective control existed. Borders were established as needed for military operations, tax collection, and management of roads. / The concepts of *dezhi* and *jiaohua* were also applied to relations with the frontier and neighbouring countries. In other words, although it was believed that the emperor's virtue spread universally, in reality, many people did not benefit from it; and the number of such people increased as the distance between their residence and the emperor increased."

[914] Shin Kawashima, *China* (2012, cit. p. 453 e nota 7): "Being in a vassal relationship with the Chinese dynasty meant that political powers sent envoys to the dynasty each time they were formed or when their leaders changed. By paying homage to the emperor as vassals, those living inside the dynasty's territories were given the title of king as well as the imperial seal and almanac. At times, these were awarded to the kings by envoys sent by the dynasty. However, whether both parties shared the understanding that these rituals were indeed 'vassal homage' is debatable. Even if the Chinese dynasty regarded such rituals as 'vassal homage', there is a possibility that the other envoys might have seen them as rituals similar to those conducted for their kings. It should be kept in mind that many of the explanations derived from Chinese historical sources greatly reflect the views of the Chinese dynasty."

[915] Shin Kawashima, *China* (2012, loc. cit.): "Dynastic states tried to maintain relations with the surrounding regions of their territories through these ritualistic relationships."

Havia, ainda, a possibilidade de comércio ser praticado, com bases bilaterais – *hushi* ou *mutual trade* –, em áreas entre 'fronteiras nacionais', sem ritos de vassalagem – *cefeng* e *chaogong*.[916]

> A dinastia Ming basicamente unificou o comércio exterior como comércio acompanhado de *chaogong*. De tal modo, a atitude era no sentido de que os países não poderiam praticar comércio, sem antes praticarem o *chaogong* e o simples *hushi* não era assim permitido. A dinastia Qing também adotou esse princípio da dinastia Ming. Contudo, depois da dinastia Qing ter ocupado Taiwan, em 1683, essa política foi modificada e o comércio bilateral sem ritos de *chaogong* passou a ser praticado em quatro portos, incluindo Ningbo e Guangzhou (Cantão).[917]

Existiu – como ainda parece existir – clara resistência em reconhecer os estrangeiros como iguais. Mesmo quando estes outros povos são vizinhos, etnicamente e culturalmente bastante próximos, permanece certa ambiguidade e forte resistência. Como ilustram as relações chinesas com o Japão, com a Coreia, com os povos nômades do Norte e da Ásia central. E essas diferenças culturais e políticas se manifestariam de modo explosivo nas relações chinesas com povos e governos 'ocidentais'.[918]

[916] Shin KAWASHIMA, *China* (2012, 2.4 – *Cefeng/Chaogong* and mutual trade, cit. p. 455-456): "Therefore *hushi* was based on foreign relationships that were different from those of *cefeng* and *chaogong*, which contained ceremonial rituals,"

[917] Shin KAWASHIMA, *China* (2012, loc. cit.) aponta, dentre os motivos que poderiam justificar a prática de comércio, sem ritos de vassalagem: "One reason is that the surrounding states could have limited private trade with the Qing dynasty. In countries that conducted *chaogong*, such as the Ryukus and Korea, it could be assumed that the kings monopolized trade with the Qing dynasty and did not let the merchants of their own countries engage in *hushi*. Alternatively, there could have been goods that were only handled in *chaogong*, or tax exemption measures, but this subject requires further investigation."

[918] Como notoriamente ilustram as relações entre potências ocidentais e a China, na segunda metade do século XIX e primeira metade do século XX, cf. se examina no **Tratado** (tomos XIV a XVII – **Direito internacional no tempo do colonialismo**); v. tb. Bryna GOODMAN and David S. G. GOODMAN (ed. by), **Twentieth-century colonialism and China** (London and New York: Routledge, 2012): Tabish KHAIR, **The Gothic, Postcolonialism and Otherness** (London: Palgrave Macmillan, 2009); Horst GRÜNDER, **Geschichte der deutschen Kolonien** (Leiden: Brill – Verlag Ferdinand Schöningh, 7ª ed., 2018, cap. VI – Das deutsche Kolonialreich, esp. item 6 – Kiautschou, p. 215-235).

Na relação com o Japão e seu dirigente – o assim autoproclamado 'Filho do céu nascente' – foi enviada à capital chinesa de Chang'an, uma numerosa embaixada japonesa, contando também monges, transmitindo congratulações pelos esforços do 'Filho do céu poente' na promoção dos preceitos budistas. Aos olhos chineses, pareceu deplorável essa terminologia 'fraternal', que deixava implícita a paridade de status entre os filhos gêmeos do céu, além do incômodo adicional de sugerir uma 'nascente' precedência temporal do imperador japonês.[919]

Visando corrigir a situação, na relação religiosa e diplomática, multiplicaram-se as missões, em ambos os sentidos. Situação única, das missões entre China e Japão foram conservados registros, não somente nas fontes chinesas, mas igualmente no **Nihon Shoki** –[920] texto do século VIII, que é a primeira história abrangente do Japão.[921] Neste relato histórico oficial, dois temas se destacam: primeiro, a progressiva consolidação do país sob a hegemonia da corte Yamato e, segundo, os crescentes laços desta corte com os estados continentais da Coreia e da China.[922]

[919] J. Keay, **China a History** (2008, chap. 8 – Sui, Tang and the Second Empire 550-650, p. 216-245, cit. p. 236-237).

[920] R. H. P. Mason and J. G. Caiger, **A History of Japan** (orig. publ. 1973, Tóquio: Tuttle Publ., rev. ed., 1997, chap. three – The creation of a unified state, p. 37-51, cit. p. 37): "It is possible to learn something of the details of the creation of a unified state during the sixth, seventh and eighth centuries because the Japanese had already adopted yet another skill of Chinese origin, the art of writing. Rather than archeology and Chinese accounts, therefore, the main source of information for the late sixth and the seventh centuries is a history of Japan called the **Nihon Shoki**, submitted to the sovereign by officials in A.D. 720". Embora, como história oficial, tenda a se concentrar no papel dos sucessivos imperadores e seu crescente número de servidores burocráticos. "It practically ignores the rice farmers and fisherfolk and so of necessity have later historians, for history is not the story of everything that happened in the past but only of the knowable past."

[921] J. Keay (2008, loc. cit.): "The slant put on diplomatic protocol for the benefit of the 'Sunset son' may thus be compared with that put on it for the 'Sunrise son' (actually a daughter, the Yamato ruler of the time being a lady emperor). Yangdi was reassured that the Yamato acknowledged Sui suzeranity, revered its Buddhist scholarship and emulated its culture. The Japanese, on the other hand, while conceding their need for further religious, literary and bureaucratic novelties, seem never to have accepted that their diplomatic presentations amounted to tribute or that their ruler was other than a counterpart of the Sui and Tang."

[922] Mason and Caiger (1997, cit. p. 37-38): "the official record is anything but uneventful, and for the years after AD 550 it is essentially an account of how a few men finally transformed the loosely joined Yamato state into a centralized empire"; e a seguir, prosseguem

Contatos oficiais entre a China e o Japão continuaram esporadicamente, no curso dos dois séculos seguintes. Mas foram conduzidos em meio a grandes dificuldades: "praticamente metade do comércio marítimo se perdia no mar, apesar da rota normal utilizar a passagem por terra da península coreana, reduzindo pela metade a extensão da navegação".[923]

Por sua vez, a Coreia servia tanto como caminho quanto como obstáculo nas relações sino-japonesas. Os Sui e, depois, os Tang, em geral, mantiveram boas relações com reino coreano de Silla, no extremo sul da península. E era incalculável o valor dos conhecimentos marítimos dos coreanos a respeito do traiçoeiro estreito de Tsushima. Mas, as relações chinesas com o reino de Koguryo – do qual deriva o nome 'Coreia' – foram bastante conflituosas, com três tentativas fracassadas de invasão, antes de intervenção mal sucedida, ao tempo do imperador Sui WENDI, e com resultados ainda piores, de posteriores incursões, ao tempo dos Tang.[924]

As relações entre as unidades políticas, que se desenvolveram nesse contexto, podem ser situadas, tendo a China em situação superior às demais, por conta de seu vasto território, imensa população, enorme produção, cultura sofisticada, bem como instituições e normas jurídicas altamente desenvolvidas: "esta assim manteve uma visão de mundo

MASON and CAIGER (op. cit., chap. four – Culture in the Nara period, p. 52-63, cit. p. 57-58): "The first proper national history is the **Nihon Shoki**. By the year 720, when it was submitted to the throne, Japanese scholars were steeped in Chinese culture, which included a notable tradition of history writing. This is reflected in the language of the **Nihon Shoki**, which is Chinese throughout. In addition to this, the courtiers who compiled it occasionally went so far as to describe events recorded in the offical Chinese histories as if they had happened in Japan. Extensive quotations indicate that the authors also used official Korean histories, and there is evidence that for the latter part of the book they had available Japanese documents and records to supplement oral traditions. It is clear that by the late seventh century the Japanese had fully absorbed the general East Asian view that the writing of history was a proper thing for imperial bureaucracies to undertake."

923 J. KEAY (2008, cit. p. 237): "despite such Chinese maritime inventions as the magnetic compass, the sternpost rudder and watertight bulkheads."

924 J. KEAY (2008, loc. cit.) comenta terem as relações entre a China e o reino Koguryo experimentado breve melhoria durante o breve em que o advento da dinastia Tang coincidiu com a mudança de dirigente na capital do reino Koguryo, em Pyongyang. Mas, depois de algum tempo, recomeçaram as hostilidades.

egocêntrica e universalista, com forte sentido de superioridade – o sinocentrismo – e sua filosofia básica como o regime da virtude".[925]

> Esse regime da virtude não deveria se exaurir em âmbito interno da própria China, mas também outros dirigentes, fora do alcance direto da China, deveriam apreciar as virtudes do imperador, cuja autoridade absoluta não deveria ser questionada. Assim, não deveria haver relacionamento baseado na igualdade, entre o imperador e outros dirigentes, mesmo quando estes não estivessem diretamente subordinados ao primeiro.[926]

O ceremonial com representantes de dirigentes estrangeiros seguia os mesmos parâmetros dos procedimentos 'internos'. Havendo assim uma projeção do quadro interno, para a regulação das 'relações internacionais'. Além de conferir títulos e honrarias aos dirigentes estrangeiros, tais como eram conferidos no plano interno – sempre observando as normas estabelecidas e os costumes referentes a tais títulos e honrarias. Também podiam ser oferecidos presentes pelo imperador, bem como outorgadas concessões para a prática de comércio, durante a permanência dos estrangeiros na China.[927]

> Os conceitos de *dezhi* e *jiaohua* eram aplicados além das fronteiras dinásticas, nas relações com os países circundantes. Se os chefes – *qiu* – de outros países se beneficiavam da virtude do imperador e vinham prestar homenagem ao imperador, eram-lhes conferidos altos postos governamentais e elevadas posições sociais – *guanjue* – incorporando-os, assim, no sistema burocrático chinês, e poderiam estes também ser nomeados

[925] Y. Onuma, **A Transcivilizational perspective on International Law** (2010, cit. p. 306) a respeito do 'regime da virtude' – *rule by virtue*: "the emperor should embody virtue and spread it throughout under Heaven."

[926] Y. Onuma (2010, loc. cit.): "All relations in the region had to be regulated basically by Chinese rules, customs and rituals, not by 'treaties' between the parties. Foreign rulers were expected to send a mission to the emperor and to pay a tribute to him in accordance with the well-established Chinese rules and rituals." Esse ceremonial com representantes de dirigentes estrangeiros seguia os mesmos parâmetros dos procedimentos 'internos'.

[927] Y. Onuma (2010, p. 306-307): "All of these procedures were carried out by Chinese literati officials." Utilizando cerimonial chinês, mas não acarretava, concretamente, mudanças na condição de referidos povos e países.

reis. Isso era chamado relação de vassalagem – *cefeng* – mas, por tal ato, não se tinha a intenção de interferir nos assuntos internos dos países circundantes.[928]

Em relação a zonas denominadas *fanbu* – além do âmbito de atuação dos burocratas imperiais – tais como o Tibet, a Mongólia e Xinjiang, era aprovada a política de não-interferência. Em decorrência do cerimonial desenvolvido para mostrar a relação de vassalagem, entre o imperador da dinastia Qing e os 'reis' – ou autoridades – das respectivas regiões. Assim, a ordem era mantida, com base nos 'costumes' de cada região: "obviamente esse era o ponto de vista do grupo Han"; contudo, "do ponto de vista dos tibetanos e mongóis, estes não necessariamente tinham a intenção de construir relação com Beijing, beneficiando-se da virtude do imperador".[929]

Por mais intrincada que seja a história, e por mais complexas que sejam as interações entre povos e culturas, ao longo dos séculos, "não há dúvida que racialmente, culturalmente, geograficamente e politicamente os tibetanos são uma nação distinta. São um povo homogêneo, e embora próximos dos chineses, essa relação não é mais próxima do que entre franceses e italianos".[930]

[928] Shin KAWASHIMA (2012, cit. p. 454): "The Chinese dynasty gave the title of kings, made the countries use the dynasty's calendar, and entrusted the kings to govern their own countries, and did not interfere in the domestic affairs as long as the surrounding countries did not make requirements of the dynasty; for example, requesting troops to support their battles with other countries."

[929] Shin KAWASHIMA, *China* (2012, cit. p. 454-455): "Naturally, dynastic territories changed. Sometimes they included areas of *yidi*, other times they became smaller. The territories as areas of effective control were allocated a certain amount of space, but the actual borders were not clear." De tal modo, "Beyond these circumstances, border lines in many sparsely populated regions were ambiguous. There were gray areas that could indeed be called *jiangyu*. And people who lived in these *jiangyu* played the role of a mediator between the dynasty and the neighbouring countries outside its territories, or among multiple countries."

[930] R. P. ANAND, *The status of Tibet in International Law* (in **Studies in International Law and history** – an Asian perspective, Leiden: Brill Academic Publ. – M. Nijhoff, 2004, p. 103-141, cit. p. 139-140 e 141): "Though the hard reality to Tibet's present occupation and suppression by China cannot be denied, it is submitted that Tibet is not dead. At least not legally."

Como antiga e diferenciada nação, durante muitos séculos, os tibetanos mantiveram relação de respeito mútuo com os chineses. Há mais de mil anos, os imperadores tibetanos "divinos e miraculosos" faziam tremer a Ásia, repelindo invasões e guerreando vitoriosamente contra árabes, contra turcos, contra mongóis e contra chineses. Depois da queda do império, o país se recolheu às montanhas.

O budismo encontrou nesses refúgios cheios de neve uma terra de predileção. A partir do século XI, os mosteiros substituem as fortalezas, e novamente o Tibet brilha além de suas fronteiras. Seus santos foram venerados pelos poderosos imperadores mongóis e chineses, que protegeram seus refúgios.

A projeção intelectual e religiosa, contudo, fez-se em detrimento do engajamento militar e de defesa. Doravante dirigido pelos Dalai Lama, por imposição dos mongóis, o Tibet ingressa em uma nova era: o sistema de proteção, outorgado pelos imperadores manchus,[931] no século XVIII, para afastar os invasòres, ávidos das riquezas do plateau, selaria o destino do país.[932]

Enquanto os imperadores tibetanos souberam fazer valer sua autoridade em relação aos chineses, ao tempo da dinastia TANG, os sucessivos Dalai Lama se mostraram incapazes de se fazerem respeitar pelos Qing. A ascensão do budismo sobre o plateau tibetano teve como corolário o desaparecimento da força militar do Tibet, bem como ao enfraquecimento de sua política exterior.[933]

[931] J. KEAY, **China a History** (2008, chap. 14 – The Manchu conquest 1620-1760, p. 410-445, cit. p. 410): "In the same decade, around six hundred weeks of godly ferment followed the removal of the crowned head of CHARLES I of England and Scotland. But in China, so short was the interregnum between Ming and Qing that it served only to betray the capital and and precipitate the conquest of the empire. Resistance, though sometimes heroic, would prove marginal."

[932] Ver **Tratado** (tomo I – **Direito internacional dos espaços**, item 7.1.1.3 – Tibet); como assinala Laurent DESHAYES, **Histoire du Tibet** (orig. publ. 1997, Paris: A. Fayard, 2011, Avant propos, p. 11-16, cit. p. 11-12): "Pendant que les Tibétains, laïcs et religieux, se disputaient le pouvoir, les empires chinois, russe et britannique commençaient de tisser leur toile. Le Tibet ne fut qu'un jouet entre leurs mains et la Chine parvint à leur faire admettre sa souveraineté sur le Toit du monde. Le Tibet connut alors l'épisode le plus tragique de son histoire."

[933] L. DESHAYES, **Histoire du Tibet** (ed. 2011, chap. VI – La tutelle chinoise, p. 165-188, cit. p. 169): "Les Mandchous renforcent partout leur présence militaire: deux mille hommes de la garnison du Sichuan sont stationnés au Tibet central, mille autres venant du Yunnan

> O filho do céu busca reforçar a sua autoridade. O império manchu começa a conferir aos poderosos o título chinês de príncipe – *wang* – e duque – *gong* – que será atribuído ao pai de cada Dalai Lama. Essa decisão não visa integrar os nobres tibetanos na nobreza de estado da China, mas estabelecer uma espécie de equivalência entre as ordens tibetanas e as ordens manchus.[934]

Posteriormente, mesmo se o Dalai Lama reconhecia o imperador Qing como Buda – *wenzhu* – um dos patronos do budismo tibetano –, este não pensava que o Tibet pertencesse inteiramente à dinastia Qing.

Com relação à Mongólia,[935] "relatos pitorescos, transmitidos às fontes persas por bardos mongóis, encontram confirmação nos anais chineses" e,[936] por meio destes, sabemos que, em 1139 e, novamente, em 1147, os reis da Horda dourada guerrearam nos confins setentrionais; e apesar das incursões contra os mongóis, a estes tiveram, finalmente, de ceder diversos distritos fronteiriços.

> Anualmente, a partir de 1148, a corte de Pequim enviava às tribos mongóis, como presentes, bois, carneiros e cereais, presentes estes que eram tributo disfarçado, para obter a paz nos territórios do Grande Kinghan.

sont installés dans le Nord du Kham, à Chamdo, pour contrôler les voies septentrionales du plateau. Surtout deux grands commissaires impériaux sont chargés des affaires militaires du Tibet, les *amban*. Le premier réside à Lhassa, le second à Shigatsé, d'où il surveille les mouvements sur la frontière népalo-tibétaine; l'un et l'autre dirigent les garnisons impériales; en outre, en tant que représentants de l'autorité impériale, ils ont un droit de regard sur les relations étrangères. Pour compléter la surveillance des frontières avec le Tibet, un autre *amban* est nommé dans le Kokonor, à Xining."

934 L. Deshayes (2011, cit. p. 168).

935 Gérard Chaliand, **Les empires nomades** – de la Mongolie au Danube (V^e^-IVe siècles av. J.-C. XVe- XVIe siècles ap. J.-C.) (orig. publ. 1995, Paris: Perrin – tempus, 2006, Introduction, p. 19-45, cit. p. 21) enfatiza o impacto dos nômades: "L'Histoire, dans sa conception moderne, a été essentiellement écrite dans la perspective de l'état-nation ou de grands empires classiques. On s'est très peu intéressé à l'entité géographique qu'est l'Eurasie centrale qui, des marches de la Mandchourie à l'Ukraine, court le long des steppes et s'en va mourir dans la plaine herbeuse de la Hongrie".

936 René Grousset (1885-1952), **L'empire des steppes** – Attila, Gengis-Khan, Tamerlan (orig. publ. 1965, Paris: Payot, 2009); René Grousset, **Le conquérant du monde** – vie de Gengis-Khan (orig. publ. 1944, Paris: Albin Michel, 2008).

> Além disso, seguindo procedimento bem chinês, o soberano da Horda dourada reconhecia, com título pomposo, o chefe inimigo como rei dos mongóis, fingindo somente de o considerar como um cliente e um auxiliar.[937]

No curso da expansão territorial chinesa, rumo ao oeste, desde os tempos da dinastia Han, de 206 a.C. a 220 d.C. – dos quais se conservam registros –, ocorrem confrontações com povos nômades e seminômades da Ásia central, dentre os quais os Hsiung-nu ou Xiongnu. Apesar de alguma controvérsia a respeito da identidade desse povo, esta seria a denominação chinesa, que se tornariam conhecidos no Ocidente como os 'hunos'.

O grande historiador Sima Qian, em sua obra **Shiji** – o Registro da história –[938] tem capítulo dedicado aos Xiongnu, mais extenso e contendo mais informações do que ao tratar dos Nanyue, outro povo nômade.

937 R. Grousset, **Le conquérant du monde** (2008, Première partie – Les ancêtres, p. 11-36, cit. p. 27-29): "Pékin et la Chine du Nord appartenaient alors au peuple des Djurtchet, descendu de Mandchourie et de race tongouse, c'est-à-dire proche parent des Mandchous actuels."

938 Sima Qian (145-86 a.C.), **Mémoires historiques** (orig. **Shiji**, trad. Édouard Chavannes, Paris: Ernest Leroux, 1895-1905, vols. I a V; Librairie d'Amérique et d'Orient Adrien-Maisonneuve, Paris, 1967, vol. VI – lire en ligne [archive] sur classiques.uqac / lire en ligne [archive] sur chineancienne.fr). O texto conta 130 'volumes', com informações classificadas em cinco categorias: doze volumes de **Benji** – contém as biografias dos chefes políticos mais importantes, desde o mítico imperador amarelo até o primeiro imperador – Qin Shi Huangdi – passando pelos soberanos das dinastias Xia, Shang e Zhou, bem como as biografias de quatro imperadores e de uma imperatriz mãe, dos Han ocidentais, anteriores à sua época; trinta volumes de **Shija** – as grandes famílias, com biografias de chefes políticos, nobres e funcionários mais importantes da era das 'Primaveras e outonos' bem como dos 'Reinos combatentes', durante os quais a China esteve dividida em múltiplos reinos; dez volumes de **Biao Pu** – o quadro apresenta cronologia dos eventos, rigorosamente a partir de 841 a.C., conjeturalmente até então, e apresentada como tal; oito volumes de **Shu** – contém a descrição dos eventos de ordem econômica e cultural, no período abrangido pela obra; e setenta volumes de **Liezhuan** – a crônica, contém as biografias de personagens ilustres. O plano do **Shiji** serviu de modelo para os anais dinásticos – as **Vinte e quatro histórias** – redigidas no curso dos séculos seguintes. V. tb. Sima Qian, **Vie de chinois illustres** ("chapitres I à XXXII, XLV, LXVI, LXVIII des biographies, Partie V des Mémoires historiques, et Annexes", trad., introduction et notes Jacques Pimpaneau, Paris: Éd. Lou Feng, 2009); Jacques Pimpaneau, **Shiji** ("Initiation à la langue classique chinoise à partir d'extraits des Mémoires historiques de Sima Qian", Paris: Lou Feng, vol. I, 1988, vol. II, 1989).

Dado que os povos da estepe não deixaram a sua versão dos acontecimentos e alegadamente estes eram analfabetos, praticamente tudo o que se sabe a respeito destes vem de fontes chinesas.

Sem contar com fontes escritas anteriores, para historiador como SIMA QIAN, não haveria muito além de relatos de contemporâneos, com experiência das regiões de fronteira, coletando as suas próprias informações e usando a sua imaginação. Nisso, ele inesperadamente se estendeu para apresentar o ponto de vista dos nômades, em exercício de caráter antropológico e mostrando simpatia pelos *bárbaros*, pelo qual foi elogiado o grande historiador.[939]

A confederação de povos da estepe colocou os estadistas Han diante de algo muito mais grave do que uma ameaça de contratempos dinásticos e militares. Foi confrontação na qual se projetaram as futuras dimensões do império e foi forjada a sua identidade.

A grande intuição de SIMA QIAN foi ter deduzido o curso da história subsequente e antecipado o papel que nesta desempenhariam os povos fronteiriços – tibetanos, kitanos, turcos, mongóis e manchus, para mencionar tão somente alguns. "Avaliando a centralidade, a estabilidade e a superioridade cultural do Império do meio – *zhongguo* – o grande historiador estabeleceu convenção historiográfica, que se tornaria realidade histórica", da qual "a luta dos Han contra os Hunos seria somente o primeiro round".[940]

Diante da história, SIMA QIAN explica a sua concepção, apresentando os Xiongnu como fenômeno recorrente, prefigurado pelos povos autóctones, diversos dos Xia, como os 'Rong' e os 'Di', que tinham sido assimilados na época dos Zhou. Cita as opiniões estereotipadas de seus contemporâneos: "em chinês, o termo 'Xiongnu' era explicado como 'escravo furioso'." Era corrente compará-los com lobos e outros predadores. A chegada dos Xiongnu era como 'uma revoada de pássaros' devorando uma plantação de cereais. Vinham como 'um vento repentino' e deixavam 'algo como neblina', mas 'com a velocidade do raio'. Entre tais bárbaros, agressão e avareza eram inerentes e, sem serem longamente

939 J. KEAY (2008, chap. 5 – Within and beyond, 141 BC – AD 1, p. 128-155, cit. p. 132-133).

940 J. KEAY (2008, loc. cit.): "In measuring *zhongguo*'s centrality, stability and cultural superiority against a nomadic 'other' of marginal, itinerant and barely literate pastoralists, the Grand Historian set an historiographical convention that would become an historical reality. Han versus Hun was just round one."

expostos aos refinamentos da civilização, permaneceriam incorrigíveis. Os Han teriam de ser pacientes, e mesmo magnânimos, para os vencer.[941]

Como em outros momentos históricos e contextos civilizacionais diversos, quando não funciona somente o uso da força, é preciso negociar e encontrar mecanismos de ordenação de convivência.[942] Depois do desastre na campanha militar de inverno, no ano 200 a.C., contra os Xiongnu, os exércitos Han se viram cercados em Pingcheng, perto de Datong, na fronteira entre Shanxi e a Mongólia interior. Nesta malfadada empreitada, o próprio imperador Han Gaozu teria sido capturado, não fosse a intercessão da rainha do líder Shanyu Maodun, que apelou à clemência como base para a negociação.

De maneira ignominiosa, Gaozu e suas forças puderam se retirar e, depois de ulteriores defecções e incursões, foi assinada uma série de tratados, que durariam sessenta anos:

> – O primeiro tratado, em 198 a.C., mediante o estabelecimento de alianças por meio de laços familiares – *heqin* ou *peace-through-kinship* – os "termos desse tratado eram muito pouco lisonjeiros para a sensibilidade dos Han": aos Xiongnu era reconhecida a igualdade de condição legal, 'status fraternal'. Em troca do compromisso de não fazerem ulteriores incursões em território Han, o líder Xiongnu não somente recebeu uma noiva imperial, bem como pagamentos anuais em sedas, grãos e 'outros alimentos' – e curioso paralelo pode ser traçado: "retrospectivamente, o primeiro compromisso internacional da China, no século II a.C. tem inabitual semelhança com os seus últimos tratados, no século XIX; embora ostensivamente entre partes iguais, ambos eram decididamente 'tratados desiguais'."[943]

[941] Sima Qian, **Shiji** (cf. ref. supra); J. Keay (2008, loc. cit.).

[942] P. B. Casella, *Negociação e conflito no direito internacional: cinco mil anos de registro da história* (in Revista da Faculdade de Direito da USP, São Paulo, 2019, vol. 114, p. 185-230) DOI https://doi.org/10.11606/issn.2318-8235.v114p185230.

[943] Ver também **Tratado** (tomo XX – **Direito internacional, história e cultura**, a respeito das capitulações). Como observa J. Keay (2008, p. 133): "Effectively tribute, these gifts could also be supposed a bribe or even an investment in that the Xiongnu might become addicted to Chinese products, then dependent on them. Likewise scruples over the export of an imperial princess were stifled by hopes of her giving birth to a half-Han *shanyu*, or at least exerting a favourable influence on Xiongnu policy. Face could always be saved; but the facts spoke for themselves."

A cada renovação do tratado, era majorado o montante do tributo/suborno anualmente pago aos Xiongnu, acrescendo ouro, objetos em ferro e bebidas alcoólicas, enquanto os aportes de grãos e sedas eram elevados a proporções astronômicas. Nem por isso cessaram as incursões dos Xiongnu. Passaram a ser feitas em menor escala, mas nem por isso foram menos frequentes, tendo, muitas vezes, como responsáveis renegados Han ou afiliados tribais, sobre os quais o *shanyu* exercia pouco controle.[944]

– logo após atingir sua maioridade, em 135 a.C., o imperador Han WUDI assinou outro tratado de estabelecimento de alianças por meio de laços familiares – *heqin* ou *peace-through-kinship* – com o *shanyu* da época, cuja causa imediata tinha desencadeado aceso debate na capital Chang'an; tal debate foi novamente aceso em 134 a.C., quando diante do arrefecimento da desconfiança dos Xiongnu, em razão da bonança que lhes proporcionava o tratado, parecia se colocar ocasião propícia para deflagrar pérfida ofensiva contra os Xiongnu: velhos argumentos foram uma vez mais levantados, tais como vingar o ultraje feito a GAOZU, derrotado em Pingcheng, e o imperador WUDI se alinhou com os partidários da guerra; complexas articulações foram preparadas, visando atrair o *shanyu* para uma emboscada na cidade de Mayi, no norte de Shanxi.[945]

[944] J. KEAY (2008, loc. cit.): "Han resentment grew proportionately. It had peaked in 192 BC when a communication from *shanyu* MAODUN to the Dowager Empress LÜ mischievously suggested that, since both had been widowed and were of a certain age, they might find agreeable consolation in one another's company. This was too much for the dowager empress, who was all for calling out the army. Cooler counsels prevailed, however; indeed, the final response from one of a normally vain and vindictive disposition plumbs the depths of abasement: *My age is advanced and my vitality is diminished* [wrote the dowager empress]. *Both my hair and teeth are falling out, and I cannot even walk steadily. The shanyu must have heard exagerated reports [of me]. I am not worthy of his lowering himself. But my country has done nothing wrong, and I hope that he will spare it* ." Citação de SIMA QIAN in Burton WATSON, **Records of the Grand Historian of China translated from the Shih Chi of Ssu-ma Ch'ien** (New York: Columbia Univ. Press, 1961, vol. 2, p. 173).

[945] J. KEAY (2008, cit. p. 135): "This time there was no disaster, just dismal failure. The Xiongnu got wind of the trick, wheeled about, vanished into the steppe, and repudiated the treaty. Five years of 'phoney war' ensued. Xiongnu raids continued but so did the frontier markets, at which cross-border trade flourished as never before. It was all part of the plan. In autumn 129 BC, when the markets were at their busiest, Han armies swooped on four of them. Despite the element of surprise, only one attack was moderately successful. Xiongnu losses were put in the hundreds, Han's in the thousands, and Pingcheng remained unavenged."

Visando contrabalançar a ameaça que representavam os Xiongnu, a dinastia Han procurou alcançar alianças chinesas com outros povos nômades, tais como os povos da região de Ferghana, de tradição marcial, para se juntarem aos Han, na luta contra o inimigo comum, mediante a aceitação de algum status feudatário. Também foram prospectadas alianças com outros povos da Ásia central, na região da Bactriana, Partia e Índia – e estes, com senso negocial, mostraram-se dispostos a assumir compromissos de vassalagem, desde que tivessem garantido o acesso ao comércio com a China, de tal modo que "tudo pudesse ser colocado sob os termos do esquema Han, para fazer as coisas". É digno de nota que "nem comércio nem alianças eram vistos como fins em si mesmos; e se pode argumentar que nunca o seriam, ao menos enquanto durasse o império chinês".[946]

As idas e vindas dos Han e seus emissários pela região de Xinjiang não foram bem-vistas pelos Xiongnu que, durante a última década do século, tinham organizado grandes assaltos contra o corredor de Gansu e a fronteira norte. Essas movimentações dos Xiongnu levaram outro povo nômade, os Wusun, incomodados por tais incursões, a celebrarem aliança com os Han:

> – Assinado em 105 a.C., o tratado não era na modalidade de 'aliança por meio de laços', mas de 'aliança por meio da guerra' – o imperador Han WUDI recebeu mil cavalos, bem como um feudatário bem disposto e valoroso combatente em defesa dos interesses dos Han, na região de Xinjiang e além desta, enquanto os Wusun recebiam "valiosos presentes, um patrono poderoso e uma chorosa noiva imperial".[947]

Por volta de 90 a.C., o império Han alcançou a sua máxima extensão: a região do povo nômade Nanyue (incluindo todo o norte do Vietnã), a ilha de Hainan (embora fosse esta abandonada em 46 a.C.), partes do

[946] SIMA QIAN, **Shiji** (cf. ref. supra); J. KEAY (2008, cit. p. 138): "The emperor would be gratified by a Constant stream of exotic products and visitors, 'his might would become known throughout all the lands within the four seas', and in time their rulers would 'acknowledge themselves our foreign vassals'."

[947] J. KEAY (2008, cit. p. 140): "This Princess XIJUN and her sizeable entourage proved to be the most influential element in the package", na medida em que a princesa passou a exercer considerável influência junto ao líder dos Wusun, atuando por vezes como defensora dos interesses dos Han.

Yunnan, todo o Gansu, as rotas trans-Xinjiang bem como muitas cidades-oásis daquela província, passaram a ser contadas como território Han. Além disso, novos territórios sob comando militar – *commanderies* – tinham sido criadas no extremo nordeste, incluindo grande parte da Manchúria e do norte da Coreia. Mais adiante, relações de vassalagem tinham sido estabelecidas com os Wusun e outros povos da Ásia central. Não ocorreriam acréscimos significativos para os Han, a partir da morte de Wudi, em 87 a.C., nem por qualquer das dinastias seguintes, nos oito séculos seguintes.

Progressivamente, os Xiongnu foram reduzidos de uma ameaça a um aborrecimento para os administradores e militares chineses da dinastia Han. A confederação de tribos Xiongnu se tinha dissolvido.

> – Novo tratado foi assinado, com um dos segmentos Xiongnu, em 51 a.C., e grande número deles se fixou nas terras marginais à fronteira; incursões gerando alarme nas fronteiras passaram a ser feitas pelos Qiang do planalto tibetano, ou pelo povo chamado Wuhuan, das estepes e florestas da Manchúria. Em lugar de expansão, os Han passaram a preferir uma política de consolidação, por meio da colonização – e os sucessores do imperador Wudi, mais e mais, passaram a preferir a retenção, depois a retração, na medida em que as intrigas minavam o império a partir do centro deste: "o ciclo dinástico tinha alcançado o seu zênite".[948]

Alhures eram impérios, que se levantavam e caiam – como sucessivamente ocorreu com persas, gregos, indianos e romanos,[949] enquanto, na China, eram dinastias. Com múltiplas reformulações, mudam as configurações persa e indiana – mas, em nenhuma destas outras civilizações, como na China, o império permanece constante.

A continuidade da ideia de império se faz presente, mesmo sem esquecer a alternância de fases de grande expansão externa e ordem interna – como durante as dinastias Han e Tang – dando lugar a séculos

[948] J. Keay (2008, cit. p. 143-145).

[949] Como se examinou no **Tratado** (tomo 3 A – **Direito internacional no tempo antigo**, cap. 3 – civilizações antigas entre hegemonia e relações internacionais e cap. 4 – império persa; bem como, no presente tomo, cap. 5 – cidades-estado gregas e mundo helenístico, cap. 6 – na formação e no desenvolvimento de Roma, e item 7.1 – Índia).

de fracionamento e conturbados conflitos entre reinos e potentados concorrentes. Para buscar a reordenação posterior.

O 'mandato celeste' podia ser transferível, mas seus termos permaneciam estáveis: somente poderia haver um imperador legítimo, um 'filho do céu'. Embora com extensão variável, e muitas vezes em contradição com a realidade política, a autoridade imperial se tornava inseparável da noção da identidade chinesa, bem como a sua cultura literária, altamente enfatizada e autoconsciente.[950]

> O império romano, mais ou menos contemporâneo e de extensão comparável, duraria vários séculos. Mas a China aguentaria milênios. Muitas explicações – geográficas, psicológicas e mesmo genéticas – foram dadas, a respeito da diversidade de destinos dos dois impérios e das realidades políticas, que decorreriam de um e outro – fragmentária e crescentemente consensual, no caso dos estados-nação da Europa; unitário e crescentemente autoritário, no caso do império chinês.[951]

Designar os estrangeiros como *bárbaros* vem desde textos chineses antigos, até memorandos de oficiais da administração regional, endereçados ao trono imperial, ainda no curso do século XIX, que designarão – não obstante alguma hesitação dos tradutores –, frequentemente, os não chineses como os "bárbaros".[952] Como se sabe, o mesmo se deu na

[950] J. Keay (2008, p. 145): "Courtesy of Han, of its centralising and staying power, and of its statesmen, generals and scholars, '*zhongguo*' was being mentally and physically reconfigured as the emphatically singular 'Middle Kingdom' or 'Central State'."

[951] A respeito, ver **Tratado** (tomo V – **Direito internacional no tempo de Francisco de Vitória**, título I – multipolarização da Europa na era moderna e advento do direito internacional como sistema). Por sua vez, J. Keay (2008, cit. p. 145) ressalta: "Explanations that emphasize imperial China's more effective administrative structure and its more flexible ideology are certainly not the most exciting. Yet they carry conviction; and both – the administrative machinery and its ideological lubricant – were honed under the Han."

[952] Veja-se, por exemplo, a seleção de *memoranda* dirigidos ao trono imperial, coletados e traduzidos por Antonio Vasconcelos de Saldanha e Jin Guo Ping, **Para a vista do imperador – memoriais da dinastia Qing sobre o estabelecimento dos portugueses em Macau (1808-1887)** (Macau: Instituto português do Oriente, 2000). Assim, por exemplo, o oficial Han Feng, em *Memorial ao trono* (1809, ed. cit., 2000, p. 33-39, cit. p. 34 e a seguir, p. 35) relata entrevista com os representantes portugueses de Macau, criticados pela administração chinesa por deixarem tropas inglesas invadirem a cidade, em 1808, e que necessitaram de apoio de tropas chinesas, para de lá serem expulsos: "Os chefes bárbaros presentes tiraram

relação dos antigos gregos com outras civilizações, como modo de designar aqueles que falam língua que nos é incompreensível, e em relação aos quais não sabemos como nos colocar. Esse estranhamento se põe porquanto existem diferenças essenciais em relação aos conceitos básicos de ordenação da vida pessoal, da vida em sociedade e dos meios e modos de interação com outras sociedades.[953]

No espaço do que se torna o conjunto cultural e político chinês, diversos estados se veem entre a necessidade de conviverem entre si, bem como em relação a outros povos, fora desse espaço. Estes primeiros se agruparam em espécie de confederação – por exemplo, na fase final da dinastia Zhou, que se dissolve lentamente, dando lugar ao período *Zhanguo* – ou dos 'reinos combatentes', entre 403 e 232 a.C. Nesse tempo, diversos principados ou reinos tentaram impor aos demais a sua hegemonia, até aflorar e se impor a breve dinastia Qin – como mencionado, basicamente entre 221 e 207 a.C., somente.

Esses diversos estados também estavam em contato com populações fora da zona cultural chinesa, povos etnicamente não 'Han', mais ou menos selvagens – denominados *Siyi*, ou 'bárbaros dos quatro mares'.[954] Daí se pode deduzir a existência de formas primitivas de relações internacionais, que se desenvolveriam consideravelmente com o tempo.

> Pode-se legitimamente pensar que, por se sentirem superiores a esses seres primitivos, a seus olhos incapazes de viverem de maneira civilizada, que os chineses desenvolveram desconfiança ou mesmo desprezo, em relação a tudo o que não passavam de bárbaros crus – *Shengyi* – totalmente alheios e estranhos aos costumes chineses, que foram, a seguir,

os chapéus e fizeram o *kotou*" – a prosternação ritual perante o imperador ou o representante deste, como no caso do Vice-rei dos dois Guangs, no exercício da profissão – e adiante, no mesmo memorial: "Como os bárbaros nada mais sabem do que comerciar com o exterior, dependem dos chineses que se dedicam às mais variadas profissões, de modo que mesmo os mais pobres podem ganhar a sua vida com esses serviços. De há muito tempo que toda a gente vive em paz, sem que tenham surgido conflitos".

[953] Cf. os precedentes capítulos 5, 6 e 7.1, neste tomo.

[954] Dominique GAURIER, **Histoire du droit international** (Rennes: P. Univ. Rennes, 2014, chap. 2 – Les apports grecs et romains, p. 56-87, item 2.3 – Quelques mots sur l'Extrême-Orient à travers l'exemple chinois, p. 82-87, cit. p. 83): "On peut relever à cette occasion que le mot chinois qui désigne l'étranger renvoie également au *barbare*, deux notions qui sont recouvertes par le même vocable, *Yiren*. C'est là une approche qui n'est pas sans rappeler la vision qu'avaient eux-mêmes les Grecs face aux non-Grecs."

diferenciados dos bárbaros cozidos – *Shuyi* – estes que tinham aprendido a se modelarem segundo os valores culturais da China, em vias de assimilação, mas permanecendo *bárbaros*.[955]

Mais uma vez,[956] há quem entenda ser difícil considerar 'internacionais' as relações mantidas entre principados na China antiga, no primeiro milênio a.C.: "a presença de uma autoridade imperial, teoricamente suprema, embora às vezes débil, impede a caracterização como 'internacionais' de tais relações, do mesmo modo como sucedeu, mais tarde, na Europa medieval".[957] Com o que não posso concordar.

A China também teve contatos com outros povos, altamente civilizados, como os impérios persa e romano.[958] O que se ensaia não somente por meio de caravanas de mercadores, como também por outros emissários e peregrinos.[959]

955 D. GAURIER, **Histoire du droit international** (2014, cit. p. 83-84).

956 Arthur NUSSBAUM, **Historia del derecho internacional** (do original **A concise History of the Law of Nations** © 1947, trad. Francisco Javier OSSET, adiciones sobre História de la doctrina hispanica de derecho internacional por Luís GARCIA ARIAS, Madrid: Revista de derecho privado, s/d, prólogo de L.G.A. datado "1949", cap. primero – La Antiguedad, p. 1-18).

957 Contrariamente a tal opinião, ver **Tratado** (tomo IV – **Direito internacional no tempo medieval**). Para A. NUSSBAUM (op. cit., 1947, trad. 1949, cap. primero 'La Antiguedad', p. 1-18, cit. p. 5): "Entre las costumbres cuasi-internacionales de la China antigua se destaca esta: los pueblos de cada uno de los señores en guerra no se consideraban como enemigos entre si, y no se hacia discriminación alguna contra los subditos de un principe enemigo. En tiempo de paz, el intercambio entre los principes y sus enviados estaba regulado en unos ceremoniales cuidadosamente graduados según el rango de las personas a que se referían. La Grande Unión de estados chinos, planeada por CONFÚCIO ha sido comparada a la idea de la Sociedad de Naciones."

958 Como examinado no **Tratado** (no precedente tomo 3 A – **Direito internacional no tempo antigo**, cap. 4 – império persa, b/c no presente tomo, o cap. 6 – na formação e no desenvolvimento de Roma). Como observa D. GAURIER, **Histoire du droit international** (2014, cit. p. 84): "Dès le règne d'AUGUSTE, à l'époque où la dynastie des Han présidait aux destins de l'empire chinois, des caravanes circulaient entre les deux régions à travers deux grandes voies en Asie centrale: l'une au nord de la Caspienne, l'autre au sud des monts Tianshan. Ces deux routes conduisaient vers la Chine du Nord, dénommée 'pays des Sères', alors que les populations de la Chine du Sud étaient connues des Romains sous le nom de *Sines*, terme qui paraît avoir été repris du nom de la brève dynastie des *Qin* (221-206 av. J.-C.), et c'est encore de ce nom, reçu des Romains, que nous dénommons cet Empire du Milieu sous le vocable de Chine."

959 Henri CORDIER (1849-1925), **Histoire générale de la Chine et de ses relations avec les pays étrangers** – depuis les temps les plus anciens jusqu'à la chute de la dynastie mand-

Ao longo dos séculos, mas sobretudo em períodos de fracionamento político, como na época dos 'Reinos combatentes' – *Zhanguo* – as ligas tiveram sobretudo como propósito barrar a extensão de poderes hegemônicos. Como observava SIMA QIAN: "fundaram a Confederação do sul ao norte, para romper a extensão de leste a oeste".[960]

> Há reflexão que se pode fazer, entre as políticas, onde uns preconizavam agrupamento de ordem 'perpendicular', que correspondia a um tipo federalista, destinado a manter o *status quo* e, sobretudo, formar coalizão, capaz de resistir ao estado Qin – o termo *Cong* assume aqui o sentido de 'estar de acordo'. Outros aconselhavam ser preferível submeter os demais 'estados' aos Qin, que poderiam assim dominar o conjunto, de modo imperialista, praticando o sistema *Lianheng* – em extensão de leste a oeste, acompanhando assim as anexações, que visavam a absorção completa dos principados e alcançar a criação de um estado centralizado, política essa que tinha o mérito do realismo. O termo *Heng* traduz então a ideia de 'não estar de acordo'. [...] A divisão em dois partidos, que exprime a oposição entre *Cong* e *Heng* se traduz mais tardiamente pelas expressões: *Ceshi* ou 'aqueles que detém os ouvidos do príncipe', ou literalmente 'letrado estrategista'; e *Shuike*, com o sentido literal

choue (Paris: Libr.Paul Geuthner, t. I et II, 1920, cit. t. I, p. 273) reportava que, em 226, um mercador sírio, que tinha aportado na Cochinchina, teria sido levado à presença do imperador DI, da dinastia Wu, que governava uma fração do império, então dividido – era a época dita dos 'Três reinos', entre 222 e 280 d.C. – para o informar sobre seu país. Uma escolta chinesa teria acompanhado o mercador, em sua viagem de volta, mas esta teria perecido no caminho, de modo que o mercador teria chegado sozinho, sem outros resultados. De tal modo, "parece difícil ir além nesse período".

[960] SIMA QIAN, **Shiji** (trad. E. CHAVANNES, Paris, reimpr. 1967, t. II, p. 226). Cf. D. GAURIER, **Histoire du droit international** (2014, cit. p. 85): "On vit ainsi apparaître, à l'occasion des compétitions entre états, des systèmes de groupements de nature tantôt impérialiste, tantôt fédéraliste, regroupements que le vocabulaire chinois désigna sous le terme de *Congheng*, mot de deux caractères dont le premier désigne la chaîne et le second, la trame d'un tissu. Dans un sens plus large, le mot *Cong* a le sens de 'perpendiculaire', d'une direction Nord-Sud (on eut ainsi des lignes dites *Hengcong*), alors que le second exprime une idée d'horizontalité, et donc, une direction Ouest-Est (avec des lignes dites *Lianheng*). Notons que *Hengcong* désigne également les sillons qui se coupent perpendiculairement: appliquée à la vie politique du moment, les ligues du Nord au Sud et de l'Ouest à l'Est furent momentanées et purement circonstancielles; elles répondaient à la forte préoccupation que l'état de Qin donnait aux politiciens et aux ministres des divers autres états menacés par la volonté hégémonique du premier."

de 'pessoa recebida para uma entrevista', e que se pode traduzir como 'aqueles autorizados a dar conselhos ao príncipe'.[961]

Essa configuração de alianças tem semelhanças com as contemporâneas ligas entre as cidades-estado gregas ou, muitos séculos mais tarde, também diante de quadro de fracionamento político da Europa, com o sistema de equilíbrio entre potências, no direito internacional clássico.[962] Em relação aos gregos e aos europeus ninguém parece questionar se tratar de direito internacional.

Diversamente, põem-se outros,[963] em relação à caracterização de "sistema internacional" ou "ordem mundial chinesa", considerando as relações da China com estados não-chineses, sobretudo durante o período da dinastia Qing (1644-1912), [964] e que este não pode ser descartado, dado o fato de se tratar de "sistema que regulou as relações interestatais de ampla parcela da humanidade durante a maior parte da história escrita".[965]

Cumpre explicitar a premissa básica sobre a qual tal sistema de relações internacionais estava construído, na medida em que as sociedades da Ásia oriental – a própria China, bem como Coreia, Vietnam, Japão[966]

[961] Jean ESCARRA e R. GERMAIN, *La conception du droit et les théories des légistes à la veille des T'sin* (trad. de LEANG-KI-TCHAO in **Histoire des théories politiques à la veille des T'sin**, préf. G. PADOUX, Pequim, 1926); D. GAURIER, **Histoire du droit international** (2014, cit. p. 85-86). Após a unificação imperial, que se produz a partir da dinastia dos Qin, entre 221 e 206 a.C., "a China passou a se interessar muito mais por seu próprio território, ao menos para o proteger das permanentes incursões de grupos nômades e pilhagens vindas do norte".

[962] Ver supra, cap. 5 bem como **Tratado** (tomo 8 – **Direito internacional além do paradigma vestfaliano**, título II – da construção de sistemas coesos: de Vestfália (1648) até a guerra dos sete anos (1756-1763), esp. o item – literatura sobre o sistema de equilíbrio da Europa).

[963] John King FAIRBANK (ed.), **The Chinese world order**: traditional China's foreign relations (Cambridge, Ma.: Harvard Univ. Press, © 1968, 2nd. printing, 1970).

[964] John King FAIRBANK, *A preliminary framework* (in J. K. FAIRBANK (ed.), **The Chinese world order**: traditional China's foreign relations, Cambridge, Ma.: Harvard Univ. Press, © 1968, 2nd. printing, 1970, p. 1-19, cit. p. 1), insiste na necessidade de "look at the Chinese empire and its world partly through its own eyes and partly as seen by half a dozen outside peoples" e a necessidade de fugir do que denomina "the hoary stereotypes of the Chinese tribute system are scrutinized both in theory and in practice, from without as well as from within".

[965] FAIRBANK (1970, p. 1): "a system that handled the interstate relations of a large part of mankind throughout most of recorded history".

[966] Leonor de SEABRA, em seu estudo **The embassy of Pero Vaz de Siqueira to Siam (1684-1686)** (do original **A embaixada ao Sião de Pero Vaz de Siqueira (1684-1686)**,

e o pequeno reino insular de Liu-ch'iu (Ryukyu) – todas derivam da antiga China. Todos estes se desenvolveram dentro do âmbito da cultura chinesa, como áreas mais influenciadas pela civilização da antiga China, como por exemplo pelo uso do sistema ideográfico de escrita, os ensinamentos clássicos do Confucionismo, sobre a família e sobre a ordem social, o sistema oficial de exames e a monarquia imperial chinesa e sua burocracia.

Antiguidade, tamanho e riqueza fizeram da China o centro natural desse mundo da Ásia oriental.[967] Espaço a ser culturalmente delimi-

translated into English by Custódio Cavaco MARTINS, Mário Pinharanda NUNES and Alan Norman BAXTER, Macau: Univ. of Macau Publications Centre, 2005, p. 27-42) ao considerar o papel de Macau, no século XVII, aponta além de sua importância como entreposto comercial, também o papel estratégico desta: "its position in the economic circle and in the political field placed it in the center of commercial activity between China and Japan". Com a intermediação dos portugueses, estabelece-se e desenvolve-se, sobretudo entre 1546 e 1639, o comércio entre China e Japão, com seda chinesa, a partir de Cantão, via Macau, para o Japão, e as exportações de prata japonesa para a China, e a partir de Macau, com a intermediação portuguesa, para outras praças, inclusive para a Europa. Como apontam R. H. P. MASON and J. G. CAIGER, **A History of Japan** (orig. publ. 1973, Tóquio: Tuttle Publ., rev. ed., 1997, chap. three – The creation of a unified state, p. 37-51, cit. p. 37): "The creation by the Japanese of a unified state under an emperor served by bureaucrats was just such an undertaking – the result of conscious borrowing of Chinese ideas and practices by the court in Yamato, which had already begun to assert a measure of control over the three islands of Honshu, Kyushu and Shikoku". V. tb. Edwin O. REISCHAUER, **Histoire du Japon et des japonais** vol. I – **Des origines à 1945** (orig. publ. **Japan, past and present**, 1946, trad. de l'américain et annoté par Richard DUBREUIL, Paris: Seuil, 3e ed. revue et corrigée, 1997, esp. t. I, chap. 2 – À l'école de la Chine, p, 31-45, cit. p. 31): "os japoneses realizaram uma síntese entre os elementos de sua cultura primitiva e os aportes da civilização chinesa".

[967] Na perspectiva do Direito internacional no espaço e no tempo, cf. **Tratado** (tomos I e II – **Direito internacional dos espaços**, esp. cap. 7 – conceito e extensão do domínio terrestre, 7.1 – questões recentes de sucessão de estado, 7.1.1 – China, com subitens 7.1.1.1 – Hong Kong, 7.1.1.2 – Macau, 7.1.1.3 – Tibet e 7.1.1.4 – Formosa; e tb. tomo XX – **Direito internacional, história e cultura**). V. ainda Jean CHESNEAUX, **A Ásia oriental nos séculos XIX e XX** (orig. publ. **L'Asie orientale aux XIXe et XXe siècles**, 1966, trad, Antônio Rangel BANDEIRA, São Paulo: Pioneira, 1976, Introdução, p. XV-XXIV, cit. p. XV) considera a dificuldade de delimitação do que seja essa 'Ásia oriental', deixando de lado o mundo arábico-islâmico, os estados do Oriente médio (Turquia, Irã e Afeganistão), bem como a 'Ásia central' – que CHESNEAUX, ainda chamava 'Ásia soviética' – "para tratar somente da Ásia oriental e meridional, isto é, dos países situados a leste do passo de Khaiber: Índia, Paquistão, Ceilão, Sudeste asiático, China, Mongólia, Coreia e Japão."

tado, sobretudo quando tratamos de direito internacional.[968] No sistema internacional sinocêntrico.

A geografia, por sua vez, manteve essa região separada da Ásia ocidental bem como do sul da Ásia, e fez dela a mais característica de todas as áreas de grande cultura – *the most distinctive of all the great culture areas.*[969] Se na visão dos europeus, este se designa como o extremo oriente (*the Far East*), em termos chineses, o mundo se ordenava a partir de perspectiva sinocêntrica, onde a China, desde muito, era, e ainda se autodesigna como *zhongguo* – o "império do meio".

Dependendo do contexto histórico, *zhongguo* pode designar um pequeno núcleo de estados antagonistas no norte da China. Como também pode ser a antítese disso – uma vasta aglomeração de territórios, na Ásia oriental, sob um único governo centralizado.[970]

> Os estados centrais dos períodos das 'Primaveras e outonos' bem como dos 'Reinos combatentes' compartilhavam cultura comum; já tinham desenvolvido o que tem sido chamado de 'complexo de superioridade'

[968] Como enfatizava Y. ONUMA, **International Law in a Transcivilizational World** (Cambridge: Univ. Press, 2017, cit. p. 76-77): "When the European nations began to colonize other regions of the globe, however, they were not superior to other leading regional powers such as the Ottoman Empire and the Ming dynasty. [...] It took four centuries for the European idea of ordering the world to prevail globally. During this period, the European powers steadily expanded their hegemony and influence through their rapidly increasing military and economic power, diplomatic skills, the power of religion, i.e., Christianity, and other ideational power resources". O que denominava Tony JUDT, **A Grand Illusion: an Essay on Europe** (orig. publicado em 1996, New York: New York Univ. Press, 2011).

[969] FAIRBANK (1970, loc. cit.); em linha semelhante, tb. Y. ONUMA (2010, p. 305-313).

[970] J. KEAY, **China: a History** (2008, chap. 2 – Sages and heroes c. 1050 BC – c. 250 BC, p. 50-79, cit. p. 65-66): "*Zhongguo* is in another category. The word in Chinese consists of two characters, the *zhong* character clearly depicting 'central', 'middle' or 'inner', and the *guo* character meaning 'state' or 'kingdom'. It is in fact the name by which the Chinese still know their country today. 'China' itself being as much an alien expression to the people who live there as, until the nineteenth century, 'India' was to the people who live there. As the geographical name of the modern republic, *zhongguo* ('the Central State' or 'Central Country') appears on politically correct maps, and its twin characters feature among the six officially used to express the phrase that is translated as 'The People's Republic of China'. The same two characters, however, were once no less correctly rendered as 'the Middle Kingodm'; and before that, they were used to indicate the 'central states' of the later Zhou (for *guo*, like all Chinese nouns, can be either singular or plural)."

em relação aos seus vizinhos menos instruídos; e no seu alinhamento nominal com os Zhou e com o 'mandato celestial' preservaram, em meio às duras realidades da convivência competitiva, o ideal de uma hierarquia política mais harmoniosa, sob governo único e mais efetivo.[971]

As relações dos chineses com as áreas circunstantes e com os povos não-chineses, em geral, pautavam-se pelo conceito do sinocentrismo, e partiam da premissa da intrínseca superioridade chinesa. Os chineses tendiam – e, em certa medida, tendem todavia – a pensar em suas relações internacionais como a expressão externa dos mesmos princípios de ordem social e política que se manifestavam internamente no estado e na sociedade chinesas.

As relações exteriores da China eram, da mesma forma, ordenadas hierarquicamente e de modo não-igualitário, como a própria sociedade chinesa: "no curso do tempo cresceu rede de relações entre China e estrangeiros, que grosso modo corresponde, na Ásia oriental à ordem internacional, que surgiu na Europa, embora, como se verá, 'internacional' ou 'interestatal' não pareçam termos apropriados", e portanto se prefere chamar esta de "ordem mundial chinesa – *Chinese world order*".[972] Nesta se incluiam outros povos e países, que podem ser agrupados em três zonas principais:

– primeiro a zona Sínica – a mais próxima e culturalmente semelhante, com tributários, tais como a Coreia e o Vietnã, partes dos quais tinham sido governados como partes do Império chinês, bem como as Ilhas Liu-ch'iu (Ryukyu) e, durante breves períodos, o Japão;
– segundo, a zona da Ásia central, com tribos tributárias e estados de povos nômades e seminômades, povos esses nem étnica, nem culturalmente chineses e que se mantiveram fora ou nos limites da área cultural chinesa, embora por vezes pressionando a fronteira da 'Grande muralha',

[971] J. Keay (2008, p. 66): "The term is almost as misleading as 'the Great Wall'. But promoters of a long and continuous tradition of Chinese civilisation rightly stress that only a shared sense of identity could have generated the concept in the first place."

[972] Fairbank (1970, p. 2): "in the course of time there grew up a network of Sino-foreign relations that roughly correspond in East Asia to the international order that grew up in Europe although, as we shall see, international or interstate do not seem appropriate terms for it. We prefer to call it the Chinese world order".

contando-se dentre tais povos de distintas culturas não-chinesas os mongóis, os manchus, os turcos uighures, os tibetanos e outros, que teriam de ser incluídos, visto suas sociedades e culturas serem basicamente muito diferentes daquelas da China;[973]

– terceiro, a zona exterior, consistente nos bárbaros de fora (*wai-i*) que pode ou não contar o Japão e outros estados do Sudeste asiático e do sul da Ásia, bem como os povos da Europa, que se supunha deveriam pagar e prestar tributo, quando admitidos ao comércio.[974]

É preciso entender a estreita relação entre ordem interna e ordem externa, na visão chinesa das relações internacionais. Ambas a serem regidas harmonicamente – segundo rituais e cerimonial chineses.

Uma esfera de ordenação não poderia viver sem a outra: ambas eram percebidas como hierarquizadas, contando a China como centro ou como topo.[975] Na medida em que nas relações exteriores com os *bárbaros*, estes não se mostrassem submissos, mais facilmente forças rebeldes poderiam levantar-se no interior também. A maioria das dinastias soçobrou mediante combinações, em graus variados, de 'desordens internas e calamidades externas'.[976]

Os guerreiros não-chineses da Ásia central desempenharam papéis de importância crescente na guerra e na política, no interior do Império – como mostram as incursões 'bárbaras', que culminaram nas dinastias mongol (1279-1368) e manchu, por meio de conquistas. Mas, ambas dinastias não-chinesas, uma vez no poder, em Pequim, embora tenham feito muitas inovações, no cômputo geral, utilizaram a

973 Fairbank (1970, p. 2 e p. 3).

974 Fairbank (1970, p. 2): "All these non-Chinese states and peoples were expected in theory to be properly tributary to the Son of Heaven in the Central Country, but the theory frequently was not observed in fact."

975 Fairbank (1970, p. 3): "China's external order was so closely related to her internal order that one could not long survive without the other: when the barbarians were not submissive abroad, rebels might more easily arise within. Most dynasties collapsed under the twin blows of 'inside disorder and outside calamity' (*nei-luan wai-huan*) that is domestic rebellion and foreign invasion. Every regime was therefore under pressure to make the facts of its foreign relations fit the theory and so confirm its claim to rule China."

976 Fairbank (1970, p. 3): "In strategic terms the Chinese empire had to be actually the great continental 'Empire of East Asia' stretching from the Pamirs to Pusan, which all the great Chinese dynasties strove to control."

tradição chinesa para governar a China, bem como, em não menos considerável extensão, mantiveram 'padrão' equivalente na condução das relações internacionais – projetando o 'modelo sinocêntrico' interno também nas relações externas.

Isso pode ser, ademais, evidenciado em todos os aspectos do sistema de vassalagem, com prestação de tributos perante as dinastias Ming (1368-1644) e Qing (1644-1912). Que parcialmente as preservaram até por meio da terminologia.

As navegações chinesas – do século XIII e do século XV – merecem ser lembradas. Não como busca de canais de contato e comunicação política, mas visando o estabelecimento de vínculos comerciais. Efetivamente, há registros de navegações chinesas, em duas fases distintas da história, a primeira das quais anteriormente à conquista mongol.

Nos séculos XI e XII, durante a dinastia Song (960-1279), a matemática, a astronomia, a cartografia, a medicina, bem como as ciências naturais fizeram progressos consideráveis; acompanhados pelo florescimento das artes e das técnicas, dentre as quais na porcelana e na laca. Simultaneamente aos desenvolvimentos científico, técnico e cultural da dinastia Song, no início do século XI, faz-se a instauração do papel-moeda, bem como a difusão dos livros xilografados – feitos a partir de placas de madeira esculpidas.

KUBILAI Khan, depois de consolidar seu poder e se declarar imperador em 1280, em Beijing, então chamada Khanbaliq,[977] manteria a emissão de papel moeda em circulação.[978] Esse meio circulante, já utilizado

[977] G. FAHR-BECKER (ed. by, 1999, vol. 1, The Yuan period: under Mongol rule (1279-1368), p. 180-189, cit. p. 180): "GHENGIS Khan's grandson KUBLAI Khan (also known as KHUBILAI Khan) founded the first Mongol dynasty to rule on Chinese soil, and Beijing became his capital under the of Dadu (also Khan-Balyq). The former Jin capital did not satisfy the new ruler's requirements, and he had new fortified walls and extensive palace complexes built near the Jin city. In doing so, he laid the foundations of the Beijing that was to be the capital of following dynasties and rulers up to the present day."

[978] J. KEAY, **China a History** (2008, chap. 10 – Reconfiguring the empire 755-1005, p. 279-307, cit. p. 298): "printing facilitated the first-known appearance of paper money when merchants began issuing promissory notes in lieu of the often scarce and always burdensome strings of iron and copper cash. Officially certified and standardised under the Song, the practice gave birth to the banknote. Marco POLO's description, three centuries later, of money 'made out of the bark of trees', while not entirely accurate, well conveys a

desde a época Song,[979] torna-se de curso legal obrigatório, em todo o império, sob pena de morte.

O uso do papel moeda é mencionado por Marco Polo.[980] Bem como refere com admiração o sistema postal chinês, aperfeiçoado pela dinastia mongol: *e questi mesaggi vanno al grande galoppo.*[981] A comunicação ágil

foreigner's utter incredulity at this momentous development in converting arboreal pulp into a universally accepted medium of exchange with a value far in excess of its intrinsic worth, 'you might say that the Great [Khubilai] Khan ... has mastered the art of alchemy', notes Polo. 'He has such a quantity made that with it he could buy all the treasure of the world."

979 G. Fahr-Becker (ed. by, 1999, loc. cit.): "Kublai, Great Khan of the Mongols may well have been fascinated by the culture of his subjects, but their vast numerical superiority must always have represented a latent threat. In response, he used the centralist form of government established by the Song and developed it further. The Mongols were the upper classes, occupying all key positions in the administration, and their power was reinforced by many garrisons stationed all over the country." [...] "After the fall of the Yuan dynasty the Mongols withdrew to their hereditary regions north and northwest of the Great Wall where they remained a power in Central Asia."

980 Marco Polo (1254-1324), **Milione** (versione toscana del Trecento, ed. critica a cura di Valeria B. Pizzorusso, Indice ragionato di Giorgio R. Cardona, © 1975, Milano: Adelphi, 1994, cap. 95 – De la moneta del Grande Ka, p. 151-153): "E si vi dico che tutte le genti e regioni che sono sotto sua segnoria si pagano di questa moneta d'ogne mercatantia di perle, d'oro, d'ariento, di pietre preziose e generalmente d'ogni altra cosa. E se vi dico che la carta che ssi mette <per> dieci bisanti, no ne pesa uno; e se vi dico che più volte li mercatanti la cambiano questa moneta a perle e ad oro e a altre cose care"; Marie-Thérese Gousset, **Marco Polo – Le livre des merveilles du monde** (Paris, Bibliothèque Nationale de France, manuscrit français 2810, crédits photographiques: Bibliothèque Nationale de France – Paris, Paris: Bibliothèque de l'image, 2002); Philippe Ménard, **Marco Polo à la découverte du monde** (Grenoble: Éd. Glnat – La Société de géographie, 2007, L'empereur Khoubilai Khan, p. 93-113, esp. La monnaie en papier et la poste impériale, p. 109-113, cit. p. 109): "Le texte fait toutefois place à plusieurs réalisations extraordinaires du régime mongol. D'abord la monnaie de papier, tirée de l'écorce du mûrier, qui remplace l'or, l'argent et le laiton. À vrai dire, elle existait déjà à l'époque des Song, mais sous Khoubilai elle fut généralisée et elle devint obligatoire. Elle seule avait cours légal. Les métaux précieux devaient être remis au trésor impérial contre du papier-monnaie. Un chapitre entier du livre de Marco Polo nous décrit la fabrication de ces billets de banque (ch. 95). [...] Tous les sujets de l'empereur s'en servent sous peine de mort. Marco Polo note avec admiration la légèreté de cette monnaie. Il remarque qu'elle ne coûte rien à Khoubilai". A respeito de Marco Polo v. tb. item 7.1, sobre a Índia antiga.

981 Marco Polo, **Milione** (ed. 1994, cap. 97 – Come di Canbalu si parte molti mesaggi per andare i molte parti, p. 155-159): "Or sapiate per veritade che di questa cittade si parte molti mesaggi, li quali vanno per molte province: l'uno vae ad una, l'altro vae a un'altra, e cosi di tutti, ché a tutti è divisato ov'egli debbia andare. E sapiate che quando si parte di

de notícias era necessária em império de tal extensão, no qual revoltas podiam eclodir – *novelle d'alcuna terra ribellata.*[982]

No seu périplo de aventuras, do mar Negro até a Sibéria, durante um quarto de século,[983] os irmãos POLO tinham passado algum tempo em Ormuz,[984] onde viram, em meio ao calor intenso, de um dos climas mais tórridos da Terra, descarregarem temperos, aloés, cânfora e noz moscada, pérolas, cascos de tartaruga, pedras preciosas, marfim e chifres de rinoceronte, peles e madeiras preciosas, tecidos de algodão indianos e, sobretudo, matérias então ainda misteriosas: sedas, porcelanas e lacas. Por lá, tais mercadorias não faziam mais que passar, como parte do longo percurso ondulante,[985] para a última etapa de longa viagem a cujo destino as levaria doravante rumo aos mercados da Europa cristã.[986]

Cabalu questi mesaggi, per tutte le vie ov'egli vanno, di capo de le XXV miglie egli truovano una posta, ove in ciascuna àe uno grandissimo palagio e bello, ove albergano i mesaggi del Grande Sire."

[982] P. MÉNARD, **Marco Polo à la découverte du monde** (2007, cit. p. 109-112): "Le Khan a fait ouvrir de nouvelles routes impériales (parfois ce sont de simples pistes) en direction de toutes les provinces de son empire. [...] Il indique que le personnel et les chevaux étaient à la charge des habitants de l'endroit, sauf dans les lieux écartés, où les relais de poste étaient équipés aux frais du Khan. Il ajoute qu'entre les relais à chevaux il y avait, tous les trois milles, un petit hameau où séjournaient des coureurs à pied, chargés de porter les messages du souverain en cas de besoin".

[983] Marco POLO, **Milione** (ed. 1994, cap. 209 – D'una gran battaglia, p. 318-321, cit. p. 320--321): "Avete inteso tutti i fatti d'i Tartari e d'i saracini quanto se ne può dire, e di loro costumi, e degli altri paesi che sono per lo mondo quanto se ne puote cercare e sapere" [...] "E sapiate, se quella aventura non fosse istata, a gran fatica e con molta pena saremo mai partiti, sicché appena saremo mai tornati in nostro paese".

[984] P. MÉNARD, **Marco Polo à la découverte du monde** (2007, La traversée de la Perse et de l'Afghanistan, p. 39-61, Vers Ormuz, p. 44-51, cit. p. 44-45): "Dans sa traversée de la Perse Marco POLO mentionne les produits de l'artisanat local. À Yezd il note que l'on fabrique des étoffes de soie qui portent le nom du pays (ch. 33,3). et qu'à une certaine distance de la ville on rencontre des bois où l'on peut chasser plusieurs sortes de perdrix. Dans ces régions où les déserts sont fort étendus, la présence d'un endroit giboyeux est rare. Le voyageur le signale."

[985] P. MÉNARD, **Marco Polo à la découverte du monde** (2007, La traversée de la Perse et de l'Afghanistan, p. 39-61, Vers Ormuz, p. 44-51, cit. p. 45-47): "L'essentiel du chapitre porte sur les navires utilisés à Ormuz pour naviguer vers l'Inde. Nous sommes là, en effet dans un port qui sert de point de départ et d'arrivée pour le commerce avec l'Extrême-Orient. Des navigateurs arabes vont fréquemment en Inde. On comprend que la famille POLO qui souhaite gagner la Chine, se soit dirigée vers ce grand port d'embarquement. Malheureusement la vue des navires l'inquiète. Marco POLO ne nous le cache pas. Il consacre tout un développement au mauvais état des bateaux arabes."

Depois da invasão da China por KUBILAI Khan, os mongóis da dinastia Yuan (1276-1368) nacionalizaram o comércio marítimo. Estes multiplicaram encargos e tributos, até o ponto em que sufocaram o sistema econômico, que tinha sido organizado no tempo dos Song.[987]

A primeira era das navegações chinesas, acompanhando a extensa urbanização, na região do Yangze e no sul, de "cujas grandes cidades portuárias soprou para o interior, um vento de empreitadas aventureiras" é registrada já no século X, quando o comércio marítimo pela primeira vez suplanta o comércio por terra.[988] Além das ilhas mais próximas, embarcações chinesas começam a navegar regularmente para o lado continental do Sudeste asiático, o arquipélago da Indonésia, bem como possivelmente o Sri Lanka e o sul da Índia: "financiado por investidores locais, o comércio marítimo gerou algo semelhante à febre comercial que assolaria as cidades portuárias da Itália no século XIII, assim como depois Lisboa e Londres".[989]

A regularização do tributo que dirigiu o comércio desorganizado, bem como dos encargos, no início da era Hongwu, da dinastia Ming (1368), não chegou a suscitar trocas realmente úteis.[990] A diretiva fiscal parecia ser no sentido de que a China se bastaria a si mesma.[991]

[986] François BELLEC, **Marchands au long cours** (Paris: Éd. du Chêne – Hachette livre, 2003, Les voyages de Marco Polo, cit. p. 41).

[987] J. KEAY, **China a History** (2008, chap. 12 – By land and sea, p. 341-375, cit. p. 356): "The so-called *pax mongolica* was deceptive. Travellers with information to share, merchandise to sell or expertise for hire passed freely through the Mongol lands; in what would prove to be the swansong of the Silk Road, east and west engaged in a frutiful exchange of technologies and ideas as well as luxury goods. But familial ties among the khanates were no longer sustained by a common purpose, and the overarching claims of the Great Khan provoked more dissension than collaboration. Thus KHUBILAI and his successors in China, though the one celestial dynasty to rule something approximating 'All-under-heaven', would do so only in theory."

[988] J. KEAY, **China a History** (2008, chap. 10 – Reconfiguring the empire 755-1005, p. 279--307, cit. p. 299): "Locally built shipping was increasingly prominent".

[989] J. KEAY (2008, loc. cit.): "Past estuary and anchorage, from Yangzhou to Guangzhou, the tide of liquidity spread up river and canal. In China seaboard zones of economic enterprise, though as yet informal, were not invented in the nineteenth century by foreigners – let alone in the late twentieth century by bespoke communists. Nor should participation in a market free-for-all that was frowned on by conventional ideology cause any surprise."

[990] F. BELLEC, **Marchands au long cours** (2003, 'Les long-courriers de la mer de Chine, p. 44-48, cit. p. 48): La nouvelle politique introduisit au contraire des étrangers peu recommendables sous couvert d'honnête commerce.

A vaga de navegações, ocorrida no século XIII, foi interrompida pela conquista mongol, em 1279. Trata-se, contudo, de história que já então remontava a alguns séculos. E teria nova fase, antes de ser, outra vez, interrompida.

As navegações foram mais tarde retomadas e tiveram seu mais significativo registro com as sete missões do almirante muçulmano ZHENG HE, no primeiro terço do século XV. Foram realizadas entre 1405 e 1433, durante o reinado do imperador YONGLE, da dinastia Ming.[992] O almirante ZHENG HE, com o título de *Sambao Tajian* – o Eunuco das três joias – comandou essas expedições marítimas, de exploração e de prestígio, rumo aos 'países do oceano ocidental' – ou seja, ao oceano Índico, e aos vizinhos ocidentais da China.[993]

[991] Depois de ZHU Yuanzhang, monge budista e filho de camponeses, se tornar o primeiro imperador da dinastia Ming, em razão do papel por este desempenhado na liderança da Seita do Lótus Branco, ele reinou durante trinta anos (1368-1398) e, inicialmente, para consolidar seu poder, adotou as estruturas de governo, utilizadas pelos imperadores mongóis, antes de gradualmente introduzir modificações fundamentais. Dentre as quais a mudança da capital para Nanjing. G. FAHR-BECKER (ed. by, 1999, vol. 1, Ming: Traditions and Innovations (1368-1644), p. 192-220, cit. p. 192-193): "The second emperor, whose reign was known by the governmental name of YONGLE (ruled 1398-1424), moved the capital back to Beijing, again as a better defence against a renewed threat from the Mongols. The extension of the Forbidden City as well as the installation of imperial workshops in the immediate vicinity of the imperial household, the publication of the **Yongle da diam** encyclopedia, and the building up of the navy, are just four of the important events of his reign. The fact that China was a sea power seems to have been a secret among Sinologists for decades; certainly it is now widely known. Yet the competence of the fleet can be deduced from the furthest destination they reached safely: the east coast of Africa."

[992] Após a tomada pelos Ming do último bastião ainda controlado pelos mongóis, a região de Yunann, em 1381/82, dentre os capturados havia um inteligente garoto muçulmano de onze anos, chamado MA HE. Cf. J. KEAY, **China a History** (2008, chap. 12 – By land and sea 1235-1405, p. 341-375, cit. p. 372-373): "Castrated, dispatched to Beijing and taken on to the household staff of one of the first Ming emperor's sons, MA HE would be renamed ZHENG HE. As such, he grew to become the most trusted confident of the prince; the prince eventually became emperor; and thus would a Yunnanese Muslim eunuch find himself entrusted with the command of China's greatest maritime enterprise."

[993] Esse notável navegador, eunuco muçulmano, originário do Yunnan, enfrentou os perigos da navegação em alto mar, bem como a ainda mais perigosa oposição de funcionários hostis a qualquer comércio com os países de além mar, e trouxe de seus longos périplos, pelo oceano Índico, três mercadorias preciosas: marfim, chifres de rinoceronte e cascos de tartaruga. Daí o apelido, que lhe foi conferido – o Eunuco das três jóias. A respeito, Michel BEURDELEY et M.-Th. LAMBERT-BROUILLET, **L'Eunuque aux trois joyaux** – Collectionneurs et esthètes

Cada frota reuniu centenas de juncos, dentre os quais os assim chamados *baojan*, os famosos navios gigantes, 'barcos tesouros', que mesmo tendo as suas dimensões reduzidas pelos especialistas ocidentais em navegação,[994] por terem sido consideradas míticas e extravagantes, podiam alcançar cerca de 60 metros, o que ainda é considerável. Foram frotas sucessivas:

– A primeira frota foi reunida em 1405, no final da primavera, para seguir treinamento, alternado com cerimônias religiosas, que durou até o fim do outono. A delegação protocolar incluía cerca de cento e oitenta dignatários, dos quais a metade eram eunucos. O toque de partida foi dado no início do inverno, para que a frota pudesse aproveitar a monção. ZHENG HE esperou em Java, por ventos favoráveis, para atravessar o estreito de Málaca, fez escala no Sri Lanka, e chegou a Calicute (Kozhikode) na costa de Malabar. A frota se guiava pelas estrelas, segundo método, original e sofisticado, de navegação em latitude constante, talvez então aprendido dos navegadores de etnia tamil, da costa de Coromandel;

– a segunda e a terceira frotas estenderam a investigação à Indochina, à costa da Índia e ao Sudeste da Ásia;

– a quarta frota chinesa de exploração, entre 1413 a 1415, dividiu-se em diversas flotilhas e alcançou o estreito de Ormuz – na mesma altura, partindo do extremo oeste da Europa, rumo ao Oriente, os mais velhos dentre os infantes portugueses – dom Duarte, dom Pedro, dom Henrique e seu meio irmão, o conde de Barcelos – pediram ao rei dom João I, sonhando com a África, que se marcasse a entrada destes na ordem de cavalaria com uma cruzada, em lugar dos torneios equestres, até então habituais, e foram assediar Ceuta, no lado magrebino do estreito de Gibraltar;

chinois (Paris: Éd. Vilo / Fribourg: Office du livre, 1984, esp. chap. 18 – L'Eunuque aux trois joyaux, p. 188-198, cit. p. 188).

[994] V. tb. **Tratado** (tomo 3A, o item 2.1 – a controvérsia entre Hugo GRÓCIO e Serafim de FREITAS). V. tb. J. KEAY (2008, cit. p. 375): "In 1403 the new emperor announced his intention of dispatching a fleet to 'the countries of the Western ocean'. The largest vessels in this fleet, indeed in the world at the time, were constructed on the Qinhuai river where it meets the Yangzi at Nanjing. Others would follow, making Nanjing, for the next three decades, the shipbuilding capital of the world's greatest maritime power. For with the 1405 departure of Amiral ZHENG HE in command of China's first world armada, the Ming were poised not just to emulate KHUBILAI Khan's overseas adventures but sensationally to upstage them."

– a quinta expedição naval visitou Java, Brunei, o litoral da Arábia, até Aden, e fez escalas em Malindi, em Mombassa e em Zanzibar;
– a exploração prosseguiu metodicamente até 1433 – e se interrompe naquele ano, para não mais ser retomada – exatamente nessa mesma altura, no Ocidente, a tripulação do português Gil EANES ainda se detém e faz meia volta no cabo Bojador, que marcava o limite das navegações, até então conhecidas.[995]

As primeiras seis expedições foram ordenadas pelo imperador YONGLE, entre 1405 e 1421, e a última, em 1431, já pelo seu sucessor. Todas foram comandadas por ZHENG HE.[996]

Quando os portugueses penetram, no final do século, nos mares da Índia, a China tinha entrado em hibernação, circundada pela Grande muralha, que acabava de ser terminada pelos Ming, depois de dezoito séculos de construção, e o mar, no qual estava proibida qualquer expansão. O grande livro da história marítima chinesa permaneceria fechado por três séculos.[997]

Esse legado da sólida tradição chinesa de governar foi preservado, na China, depois da queda da última dinastia, e instauração da república, pelos regimes nacionalista[998] e comunista, até o tempo presente.[999]

[995] F. BELLEC, **Marchands au long cours** (2003, 'Les long-courriers de la mer de Chine, p. 44-48, cit. p. 46-48).
[996] J. KEAY, **China a History** (2008, chap. 13 – The rites of Ming 1405-1620, p. 376-409, cit. p. 379-381): "each included between 100 and 300 ships carrying in total up to 27,000 men; and of these ships, around fifty were usually 'treasure ships', colossal constructions about five times the size of any wooden vessel built elsewhere else in the world at the time and ten times the capacity". Com base em análises de documentos e evidências arqueológicas, estima-se que os navios maiores deviam medir mais de 130 metros (425 pés), deslocando entre 20.000 a 30.000 toneladas. "They were the size of small cruise liners. By way of comparison, later in the century the pioneering voyages commanded by Christopher COLUMBUS and Vasco da GAMA involved only three or four ships, none larger than 20 metres (65 feet) and whose capacity barely amounted to one twentieth that of a Ming treasure ship."
[997] F. BELLEC, **Marchands au long cours** (2003, 'Les long-courriers de la mer de Chine, cit. p. 48).
[998] Jean RODES (1867-1947), **La Chine nationaliste** (Paris: Felix Alcan, 1931 – édition en format de texte par Pierre PALPANT em www.chineancienne.fr avril 2022).
[999] FAIRBANK (1970, p. 4 e p. 5): "Nationalist and Communist China have inherited a set of institutionalized attitudes and historical precedents not easily conformable to the

E pode ser chave útil para a compreensão da China atual, à luz de séculos de história pregressa.

Essa ordem internacional sinocêntrica floresce e se conserva até a intromissão das potências ocidentais, na segunda metade do século XIX. E ainda permanece, como vestígios, até a queda do império, no início do século XX.[1000]

É cabível argumentar que essa ordem dificilmente possa ser chamada de 'internacional', no sentido estrito do termo, que denota configuração interestatal, baseada na suposta igualdade jurídica entre os seus integrantes. Os participantes desta não usam conceitos correspondentes aos equivalentes ocidentais de nação, de soberania, de igualdade jurídica dos estados, cada um dos quais revestido de iguais poderes soberanos. Aí a "filosofia confuciana teria sancionado essa ordem hierarquizada, fazendo-a tornar-se uma ortodoxia".[1001]

A visão confucionista da ordem mundial "merece lugar de destaque na cultura da humanidade", visto ter sido durante mais de dois mil anos, a força mais proeminente na configuração da cultura da nação mais populosa do planeta, uma nação que não teve uma religião nativa, em seu território. E, mesmo que livros de direito internacional normalmente não incluem qualquer discussão significativa a respeito de

European tradition of international relations among equally sovereign nation states. Modern China's difficulty of adjustment to the international order of nation-states in the 19th and 20th centuries has come partly from the great tradition of the Chinese world order. This tradition is of more than historical interest and bears upon Chinese political thinking today" Entende, assim, Fairbank, dada a impossibilidade de cobertura completa de todos esses milênicos de história que a linha mestra das relações exteriores da China pode ser captada mediante amostragem: "can best be penetrated by case studies, drawn from recent centuries, mainly in the Ch'ing period (1644-1912), such as form the bulk of this volume", o que desse modo corresponderia ao exame das "foreign relations of the Chinese empire in early modern times".

1000 Fairbank (1970, p. 5): "This international order flourished until the Western powers intruded in East Asia in the mid-19th century; thereafter it survived vestigially down to 1911."

1001 Fairbank (1970, p. 5 e a seguir, p. 6) "The trade Chinese world order can hardly be called international because the participants in it did not use concepts corresponding to the Western ideas of nation, or sovereignty, or equality of states each having equal sovereignty." [...] "Confucian philosophy that sanctioned this hierarchic order became an orthodoxy" [...] "the system was sustained by a heavy stress on ideological orthodoxy, especially on the idea that adherence to the correct teachings would be manifested in virtuous conduct and would enhance one's authority and influence."

Confúcio e do confucionismo, os "confucianos tem uma visão da ordem mundial".[1002]

Uma teoria das relações sociais, aplicável a todos, foi elaborada por Confúcio. Esta pode ser estendida a todo o universo.[1003]

Em comparação, a Europa viu o desenvolvimento de certo número de estados-nação teoricamente iguais em soberania e mutuamente independentes, dentro do espaço cultural da Cristandade. A ordem europeia, com seu interesse na precisa delimitação de territórios e seus próprios conceitos de legitimidade, veio a depender do equilíbrio de poder entre esses estados-nação.

> A ordem mundial chinesa, em contraste, unificou e centralizou em teoria a partir da preeminência universal do Filho do Céu. Não seria organizada por divisão de territórios entre soberanos de igual status, mas como base na subordinação de todos ao poder central e inspirador de temor reverencial, emanado do imperador. Esse princípio organizacional com base na superordenação-subordinação também foi usado na Ásia oriental entre regimes não-chineses, em situações nas quais os governantes chineses não tiveram qualquer participação – como por exemplo entre Manchus e Mongóis, ou entre Satsuma e Liu-ch'iu, ou mesmo entre o Nepal e o Tibet. O modelo relacional sinocêntrico foi evidentemente o arquétipo de todo um conjunto de relações, muitas vezes intercorrentes, que se desenvolveram em toda a extensão da Ásia oriental.[1004]

[1002] F. Tse-Chyang Chen, *The Confucian view of world order* (in **Religion and International Law**, 2004, p. 27-49, cit. p. 27): "Confucianism does not share a number of the essential characteristics of a religion. It does not advocate a belief in a deity, nor does it have an accepted doctrine of salvation, nor does it use sacred stories to aid propagation. While it does employ rituals and have a 'code of conduct', the attendant perspectives are non-religious in character."

[1003] Nguyen Quoc Dinh, P. Daillier, A. Pellet, **Droit international public** (Paris: LGDJ, 5e éd., 1994, chap. premier – Histoire du droit international, p. 39-82, cit. § 10 – La Chine, p. 41) a respeito de Confúcio: "Maître d'une pensée philosophique moniste, il croyait dans l'existence d'une foi fondamentale commune à tout l'univers qui exige que, dans l'intérêt social, les actions de l'homme soient partout en accord avec l'ordre de la nature. L'harmonie qui caractérise cet ordre doit servir de modèle constant à l'ordre social et à son fonctionnement, non seulement à l'intérieur d'un même peuple, mais aussi entre tous les peuples. Tels était, dans une société déchirée par les guerres intestines et chroniques, le premier plaidoyer pour la paix universelle et perpétuelle."

[1004] Fairbank (1970, p. 9): "In comparison, Europe saw the development of a number of nation-states theoretically equal in sovereignty and mutually independent within the

No caso chinês, e na extensão de sua esfera de influência política e cultural, pode-se concluir tratar-se de modelo de relações internacionais, compreendendo todo um conjunto de relações exteriores, em círculos concêntricos, que se ordena de modo hierarquizado, a partir de poder central, com poderes periféricos, à volta deste, prestando 'vassalagem'. Ainda que estes 'vassalos' somente sejam nominalmente tributários.

Pode este ser eficaz, e foi durante tempo considerável e em extensões consideráveis como tal aplicado. Mas, permanece a controvérsia quanto a poder – este modelo 'sinocêntrico' – ser chamado de sistema 'internacional', em sentido estrito; se neste tivermos, ao menos teoricamente, como base ordenadora do sistema a equivalência legal entre as unidades componentes do sistema.

Essa visão 'reducionista' concentra a concepção da internacionalidade, como se deu enquanto premissa ordenadora do sistema europeu de direito internacional, na era moderna – séculos XV a XVIII – centrado na estatalidade,[1005] modelo depois expandido para as Américas. Basicamente, mantém-se a concepção estatocêntrica, quando da independência das antigas colônias no Novo mundo, entre o final do século XVIII e o primeiro quarto do século XIX. E experimenta nova vaga de ampliação, após a segunda guerra mundial, com a descolonização em larga escala, ocorrida na África, Ásia e Oceania.

cultural area of Christendom. The European order, with its interest in the precise division of territories and its own concepts of legitimacy, came to depend upon a balance of power among the nation states. The Chinese world order, in contrast, was unified and centralized in theory by the universal preeminence of the Son of Heaven. It was not organized by a division of territories among sovereigns of equal status but rather by the subordination of all to the central and awe-inspiring power of the emperor. This organizing principle of superordination-subordination was also used in East Asia between non-Chinese regimes in situations in which the rulers of China did not participate at all – for example between Manchus and Mongols, or between Satsuma and Liu-ch'iu, or even between Nepal and Tibet. The Sinocentric relationship was evidently the archetype of a whole set of often interlocking relations that developed in the East Asian area."

[1005] Modesto FLORENZANO, *Sobre a formação do estado moderno no Ocidente* (in **Lições de história moderna** – séculos XV a XX, São Paulo: Intermeios, 2021, cap. II, p. 47-67 – "originalmente intitulado 'O estado moderno: origens, componentes essenciais e evolução', o texto foi apresentado como prova de erudição no concurso de professor titular de História moderna, que teve lugar em junho de 2006, na FFLCH-USP. Modificado e bastante ampliado, está publicado em *Lua Nova – Revista de cultura e política*, 2007, n. 7, p. 11-39).

Em contrapartida à concepção estatocêntrica europeia – esta pautada pelo fracionamento e pela competição entre as peças integrantes do sistema, zelando ou mesmo lutando pela manutenção do equilíbrio, ou seja, que nenhum componente pudesse se sobrepor aos demais – ao menos desde a era moderna até nossos tempos. Até se chegar à formulação da igualdade jurídica dos estados, como critério ordenador do sistema internacional. Diversamente, o 'sistema internacional sinocêntrico' se reveste das características que permitem chamá-lo de sistema internacional propriamente dito, mas este seria mais próximo da concepção que predominou na Europa medieval ocidental: a igreja católica e o império alternam e por vezes colidem na afirmação de suas respectivas primazias e, por vezes diretamente, em suas pretensões hegemônicas.

O sistema internacional sinocêntrico, assim, poderia ser comparado ao modelo da Europa medieval, tendo o papa como o ápice e o centro do sistema. E a autoridade deste se desdobraria nos demais dirigentes, em suas distintas e respectivas dignidades – reis, príncipes, duques, condes, barões, bispos com suas propriedades e títulos fundiários, bem como as cidades-livres e as isenções de encargos, por vezes, concedidas a abades e mosteiros, politicamente bem relacionados.[1006]

De maneira comparável ao papado, na Europa medieval, a China se punha em posição de clara superioridade em relação às demais entidades políticas. E essa precedência era respaldada por dados materiais, bastante concretos – tais como seu vasto território, enorme produção, cultura sofisticada, instituições e sistema legal.[1007] Assim como em relação aos papas medievais, não seria cabível relação baseada em igualdade entre o imperador chinês e os demais governantes, mesmo os que não

[1006] Como se examina no **Tratado** (tomo IV – **Direito internacional no tempo medieval**).

[1007] Yasuaki Onuma, **International Law in a Transcivilizational World** (Cambridge: Univ. Press, 2017); Y. Onuma, **A transcivilizational perspective on International Law** (RCADI, 2009, vol. 342, tb. publ. Pocketbooks of the Hague Academy of International Law, 2010, chap. IV – History of international law as seen from a transcivilizational perspective, p. 266--369, II – The co-existence of regional civilizations in the pre-twentieth century world, esp. 3 – The Sinocentric tribute system in East Asia, p. 305-313, cit. p. 306) já referido: "It thus maintained an egocentric and universalistic world image with a strong sense of superiority: Sinocentrism. Its basic philosophy was that of rule by virtue. The emperor should embody virtue and spread it throughout under Heaven. Not only local rulers in China but also rulers beyond the immediate pale of China were expected to appreciate the virtue of the emperor, whose absolute authority should not be questioned."

fossem efetivamente subordinados ao dirigente sínico: "as relações na região tinham de ser reguladas basicamente segundo normas, costumes e rituais chineses, e não por 'tratados' entre as partes".[1008]

Essa é a razão pela qual certos autores questionaram e questionam se e em que medida o 'sistema internacional sinocêntrico' era efetivamente um sistema 'internacional', ou antes seria um sistema administrativo interno chinês, que se projetaria, também, para reger as relações com outras entidades políticas independentes. E isso permanece, em considerável medida.

"Quando as circunstâncias são favoráveis, alcança-se sucesso. No caso contrário, é a ruína", e, como esclarece LIE-TSE, em outra passagem:

> Não existe, no mundo, princípio que seja válido em quaisquer circunstâncias, nem ato que seja condenável em todos os casos. O que foi antes em uso, pode ser rejeitado hoje. O que se rejeita hoje, será talvez em uso mais tarde. O uso e o não-uso não seguem norma fixa. Como explorar uma ocasião, encontrar o momento oportuno, se dobrar às circunstâncias, eis o que não depende de nenhuma receita. Trata-se de certa habilidade. Se não se tiver tal habilidade, mesmo que se tivesse o imenso saber de K'ong K'ieou e a dexteridade de Liu Chang, onde quer que se vá, se fracassará.[1009]

[1008] Y. ONUMA (2010, loc. cit.) uma vez mais: "Foreign rulers were expected to send a mission to the emperor and to pay a tribute to him in accordance with the well-established Chinese rules and rituals. The emperor, in return, conferred basically the same official ranks and titles on those rulers as those he conferred to domestic local rulers in China according to the established rules and customs of official ranks and titles. He also gave them certain gifts and permission to engage in trade activities during their stay in China. All of these procedures were carried out by Chinese literati officials, whose highly sophisticated culture and elegant, poetic language were grounded in a vast knowledge of the Chinese classical period."

[1009] LIE-TSEU, **Sur le destin** et autres textes (trad. du chinois et annoté par Benedykt GRYNPAS, «textes extraits du recueil **Le vrai classique du vide parfait**, ©1961 UNESCO, Paris: Gallimard-Folio, 2009, cit. livro VIII, cap. 7 – Le jeu des circonstances, p. 67-70, cit. p. 69): Quand les circonstances sont favorables on réussit. Dans le cas contraire, c'est la ruine. [...] Il n'existe pas dans le monde de principe qui soit valable en toutes circonstances, pas un acte qui soit mauvais dans tous les cas. Ce qui fut jadis en usage peut être rejeté aujourd'hui. Ce qu'on rejette aujourd'hui sera peut-être en usage plus tard. L'usage et le non usage ne suivent pas de règle fixe. Comment exploiter une occasion, trouver le moment

Aqui se mostra a percepção do condicionamento histórico dos usos do mundo. Na construção dos sistemas sociais internos, como também na possível construção de mecanismos de interação entre as sociedades, porquanto "o que foi antes em uso, pode ser rejeitado hoje. O que se rejeita hoje, será talvez em uso mais tarde. O uso e o não-uso não seguem norma fixa".[1010]

Existe dinâmica nos meios e nos modos dos usos do mundo. E é preciso saber adaptar-se às mutações de circunstâncias. Isso continua válido: "explorar uma ocasião, encontrar o momento oportuno, dobrar-se às circunstâncias, eis o que não depende de nenhuma receita".[1011]

Atitude de certo saudável e indispensável distanciamento se impõe, porque existe relatividade em todas as conquistas do mundo: "vencer não é difícil; manter-se, depois da vitória, aí está a dificuldade". Nas venturas, como nas desventuras, porquanto "aquele que é capaz de manter solidamente uma vitória conquistada considera sua força como se fosse fraqueza".[1012]

Tradições diversas podem trazer ponderações comparáveis. A concepção de que tudo muda e, ao mesmo tempo, de que em nada se inova, põe-se também no **Eclesiastes**, e marca a tradição judaico-cristã: *nihil sub sole novum* – não há nada de novo sob o sol. E existe tempo para cada coisa. Na vida e no mundo. Existem, ao mesmo tempo, a continuidade e a mudança.[1013]

Quando se quer compreender o pensamento oriental, e sobretudo o pensamento chinês, é preciso fazer abstração do princípio de contradição, na lógica aristotélica, da qual mesmo sem se dar conta, estão imbuídos

opportun, se plier aux circonstances, voilà ce qui ne dépend d'aucune recette. Il s'agit ici d'une certaine habileté. Si vous n'avez pas cette habileté, auriez-vous l'immense savoir de K'ong K'ieou et l'adresse d'un Liu Chang, où que vous alliez, vous échouerez.

1010 Lie-Tseu (ed. cit., 2009, loc. cit.).

1011 Lie-Tseu (ed. cit., 2009, livro VIII, cap. 12 – La prudence du sage est sa force, p. 75-76): Vaincre n'est pas difficile. Se maintenir (après la victoire) là est la difficulté.

1012 Lie-Tseu (ed. cit., 2009, livro VIII, cap. 12, p. 76): Celui qui est capable de tenir solidement une victoire acquise, considère sa force comme de la faiblesse.

1013 BIBLIA SACRA – iuxta **Vulgatam Clementinam** (nova editio, logicis partionibus aliisque subsidiis ornata a A. Colunga et L. Turrado, Madrid: Biblioteca de autores cristianos, 1977, Líber Ecclesiastes – qui ab hebraeis "Coheleth" appellatur, 1.10-11): Nihil sub sole novum [...] Iam enim praecessit in saeculis quae fuerunt ante nos. Non est priorum memoria; Sed nec eorum quidem quae postea futura sunt.

os ocidentais, e que constitui a base da ciência e da filosofia ocidentais. O sábio taoísta "odeia a guerra, sinônimo de violência".[1014]

Em muitos aspectos o filósofo taoísta parece próximo do filósofo estóico, da tradição greco-romana, ao "evitar a multidão e, consequentemente, fugir da popularidade".[1015] Estas duas correntes filosóficas, ademais, surgem na mesma época, na China e na Grécia antigas.[1016]

Não por acaso, cabe mencionar, mais uma vez, o grande historiador SIMA QIAN, que nos legou a mesma percepção, conforme aparece no **Shiji** – o Registro da história. Sua grande obra, publicada pelo neto, algumas décadas depois da morte do autor, até hoje se republica e permanece presente, como dado relevante para o estudo e a compreensão do mundo na tradição chinesa. SIMA QIAN é um 'clássico' – normalmente entenda-se como autor que todos admiram e citam, mas poucos leem. Mas a sua lição deve ser meditada, aprendida e praticada.

[1014] Guy ROCHET, Introduction (ao **Le vrai classique du vide parfait**, in **Les fleurs de la pensée chinoise**, introduction et notes complémentaires par Guy ROCHET, Paris: Presses du Châtelet, 2007, em 3 vols., vol II, p. 9-19, cit. p. 13): Sans quoi, comment admettre que l'action peut naître du non-agir, l'être du non-être, le plein du vide? De cet aspect du *wu-wei*, découle un aspect important de la morale taoïste, ou plutôt du comportement du sage: il hait la guerre, synonyme de violence, il évite la foule et en conséquence fuit la popularité, il recherche la solitude et s'efface, il s'abstient de maltraiter la nature, de s'opposer à elle et à ses lois, il est impassible mais affable, il est altruiste et charitable, mais froidement, sans compassion.

[1015] V. tb. Margaret E. REESOR, **The nature of man in early Stoic philosophy** (London: Duckworth, 1989). A. COMTE-SPONVILLE, **Le gout de vivre et cent autres propos** (Paris: Albin Michel, 2010, 11. 'Stoïcisme' (1992), p. 55-57): Les stoïciens apprenaient à distinguer ce qui dépend de nous et ce qui n'en dépend pas. On en retient surtout une pédagogie de l'acceptation: *Ducunt volentem fata, nolentem trahunt* disait par exemple SÉNÈQUE ('le destin conduit qui y consent, entraîne qui résiste'). Mais ce n'était qu'une partie de leur sagesse. L'autre est un art de vouloir, et c'est le plus précieux de leur message. [...] Le stoïcisme, contrairement à ce qu'on croit trop souvent, n'a rien à voir avec la passivité. C'est une sagesse de l'action, non de la soumission. De la volonté, non de la paresse. Du courage, non de la veulerie.

[1016] G. ROCHET (intr. cit., ed. cit., 2007, p. 14): Contrairement au bouddhiste, il reçoit tout et tous avec un sourire qui peut être dédaigneux, évite la colère et tous les sentiments tumultueux qui l'éloignent du non-agir. En définitive, le sage taoïste est, par bien des aspects, proche du stoïcien. Et ici encore il convient de rappeler que le stoïcisme est né en Grèce à l'époque de TCHOANG-TSEU, lequel dans sa conception du destin en particulier, est le plus proche des stoïciens.

Uma das magistrais lições de SIMA QIAN se põe no sentido de que tudo muda, e a única coisa certa é a percepção das mudanças. Daí, a consequente necessidade de adaptação, de nossa percepção, à mudança, para permitir a compreensão do mundo.

Terá de mudar a nossa percepção, conforme mude o mundo. E nós neste.

A percepção da combinação entre continuidade e mudança se fará mais forte e mais presente, na medida em que se ponha a ênfase na dimensão individual ou na dimensão comum.

A percepção do conjunto, acima de todas as individualidades, é dado, até hoje, característico da civilização chinesa. No já mencionado clássico (ocidental) a respeito da civilização chinesa[1017] se enfatizava como, na China e na cultura chinesa tradicional, a percepção do coletivo prima sobre o individual, e o interesse do grupo, normalmente, sobrepõe-se, em relação aos interesses de cada um. Exceto quando se tratar de dirigente, que imponha o seu tom, como o referencial a ser observado e aplicado – e este será eixo cultural estável, desse contexto humano e histórico. Não se questionava o poder supremo do imperador, como não se questionam hoje os dirigentes do partido, notadamente o líder supremo.

A compreensão da primazia do coletivo sobre o individual, como critério ordenador da sociedade, mereceria ser mais conhecida e refletida.[1018] Essa advertência é claramente formulada, no sentido de "nela se encontrar registro de grande soma de experiência humana", e "nenhuma outra, durante tanto tempo, serviu de vínculo a tantos homens".[1019]

A China, como a Índia, põem a continuidade de alguns milênios de história. Como se as civilizações do antigo Egito, da Grécia antiga, ou da

[1017] Marcel GRANET, **La civilisation chinoise:** la vie publique et la vie privée (ed. orig. 1929, Paris: Albin Michel, 1968).

[1018] Como se dá, entre 'ocidentais' e também se percebe no Brasil, quando tanta gente se põe a estudar mandarim, e a pretender compreender a China, sem nada entender dos fundamentos dessa civilização. Há erro de foco, em querer compreender cultura, que conta mais de cinco mil anos, tomando-a somente por parcela ínfima da sua realidade atual.

[1019] M. GRANET, **La civilisation chinoise** (1929, ed. 1968) faz clara advertência, no primeiro parágrafo da introdução: "La civilisation chinoise mérite mieux qu'un intérêt de curiosité. Elle peut paraître singulière, mais (c'est un fait) en elle se trouve enregistrée une grande somme d'expérience humaine. Nulle autre n'a pendant autant d'années, servi de lien à autant d'hommes. Dès qu'on prétend au nom d'humaniste, on ne saurait ignorer une tradition de culture aussi riche d'attrait et de valeurs durables".

República e depois do Império romano tivessem continuado, até os nossos dias, sem rupturas que descaracterizaram a continuidade entre elas, e as versões atualmente presentes, nesses respectivos países.

A construção do passado pela historiografia nunca é neutra. E afloram algumas questões fundamentais de difícil resposta: durante quanto tempo a China permaneceu unida? Durante quanto da sua história foi ela governada por chineses? Qual a continuidade do seu registro de integração política? Tudo dependerá de como se define o que é ser chinês, e onde se começa a história.[1020]

> Partir do pressuposto de que a população chinesa é sinônimo àqueles considerados étnica e culturalmente Han exclui todos aqueles povos não-Han, que tiveram destacado papel na história do país, bem como todos os Tibetanos, Uigures e outras minorias, que o governo atual considera como chineses.[1021]
>
> Além disso, as histórias oficiais tendem a exagerar – ou tornar mais elástico – o tempo de duração das dinastias favorecidas pela opinião e creditar a estas o exercício de autoridade universal, que nunca foi verdadeiramente efetiva por tempo assim tão longo.[1022]

[1020] J. Keay, **China a History** (2008, chap. 10 – Reconfiguring the empire 755-1005, p. 279--307, cit. p. 294-295): "A timeline of the empire based on the traditional dates of each all-China dynasty suggests that the political coherence of the Chinese population has been maintained for almost three-quarters of the time that has elapsed since the first emperor of Qin. So says the excellent **Cultural Atlas of China**, though **The Cambridge History of China** suggests around half rather than almost three-quarters.'

[1021] J. Keay (2008, loc. cit.): "Moreover, both estimates raise the question of why earlier periods, like that of the pre-imperial Zhou and the 'Warring States' – periods more seminal to Chinese civilization than the Greek and Roman republics to Mediterranean civilization – should be left out of the equation. Include them and the three-quarters to a half of recorded history during which China has been 'politically coherent' shrinks to no more than a quarter."

[1022] Por exemplo, o império Tang, embora tradicionalmente coetâneo com a dinastia (618 a 907 d.C.), dificilmente pode ser descrito como politicamente coerente após a tomada da capital Chang'an por Huang Chao em 881, e na verdade já se encontrava conturbado durante as três décadas antes disso, e tinha sido seriamente comprometido, desde a revolta de An Lushan, em 755 – avalia J. Keay (2008, loc. cit.).

A necessidade de ajustar o tempo de efetivo exercício do poder imperial, em relação ao prazo de duração da dinastia Tang (618 a 907 d.C.) se aplica ao império destes, consideravelmente menos duradouro. O mesmo ocorreu:

– Muitos séculos antes, em relação à dinastia Han – sobretudo, o último século dos Han posteriores;
– Também em relação à sucessora imediata dos Tang, a dinastia Song – que perdeu o controle do império durante 150 anos;
– como em relação aos mongóis Yuan – cujo domínio descentralizado se tornou basicamente um "conglomerado de regiões, sob fortes governos regionais";
– os manchu Qing –[1023] cujo último século foi de indisfarçável caos – até a queda da dinastia e instalação da república entre 1911 e 1912;
– assim também a república do século XX,[1024] inicialmente a 'república dos generais',[1025] abalada por senhores da guerra e pela invasão japonesa, até 1949.

[1023] G. Fahr-Becker, **The Art of East Asia** (ed. by, 1999, vol. 1, The Qing dynasty – What could art still create?, p. 222-247, cit. p. 222): "The Qing dynasty (1644-1912) is often belittled, for after the glories of the past, whether in painting, calligraphy or the crafts, the arts now seemed merely imitative. But there were in fact real artistic achievements during the Qing dynasty, notably refined monochrome porcelain glazes, and also large, brilliantly produced lacquers; there were also innovatory developments in painting, especially by the Individualists of the late 17th and 18th centuries, as well as by the artists of the Shangai school from the middle of the 19th century; and there were, finally, new subtleties in the use of colored woodcuts."

[1024] G. Fahr-Becker (ed. by, 1999, vol. 1, The Republic – Shangai 1930, p. 248-251, cit. p. 248): "After the end of the Qing dynasty, China faced a desperate and seemingly hopeless political situation. Internal decline as well as external interference and threats characterize the years between 1912 and 1949."

[1025] G. Fahr-Becker (ed. by, 1999, loc. cit.): "The first republic was a 'republic of generals'. So-called warlords, without any real desire for social and political change, tried to gain power over as large an area as possible and to make a profit out of the greatest possible number of people. Interested parties from abroad became involved in the chaos, actively supporting one warlord or another. The 'support' resulted in the further destabilization of the Chinese empire; only the strengthening of the existing Concessions on Chinese territory (the result of treaties negotiated during the Qing dynasty) lay at the heart of any foreign interest. Japan was able to forge ahead with aggressive campaigns of conquest against the Western powers, since the latter were tied up in World War I. China entered shortly before the end of the war on the side of the Western alliance, and so belonged *de facto* to the victors."

Computar esses períodos torna o registro chinês de integração política – quer controlado por chineses Han ou povos não-Han – ainda menos extenso e marcante: "como em relação à 'Grande muralha' ou ao 'Grande canal', segmentos episódicos de realizações monumentais foram exagerados e inflados, para dar uma impressão enganosa de quase continuidade".[1026]

> O que não significa negar a admirável continuidade da cultura política. O Mandato, a supremacia do Filho do céu, o conceito de *zhongguo* – seja como 'estados centrais' ou como 'império do meio', o respeito por uma hierarquia política, baseada em preceitos morais confucianos, e a superioridade dessa cultura compartilhada, em relação aos não-civilizados povos bárbaros não-Han – estes foram universalmente reconhecidos.[1027]

Na histórica chinesa, "a integração política invariavelmente foi aplaudida; a desordem interdinástica invariavelmente menosprezada". Apesar disso, o periódico ressurgimento, na história chinesa, de entidades regionais como os 'Três reinos' – Shu, Chu e Wu – estados potenciais, que foram tão populosos e distintos uns dos outros, como qualquer reino europeu, onde se "observa a busca de construção de equilíbrio de poder, com base nestes".[1028] Lamenta-se a falta de estudos a respeito das histórias regionais chinesas, mas como observa J. Keay, "o que parece totalmente inaceitável para a maior parte dos historiadores chineses, talvez seja por estes interpretada uma fase de 'desordem imperial interdinástica', como 'termo derrogatório para uma ordem multi-estatal'."[1029]

[1026] J. Keay (2008, loc. cit.).

[1027] J. Keay (2008, loc. cit.): "Any possibility of things being the other way round, of empire being a burden and regional autonomy a boon, is not so much as scouted in any surviving text. / Yet later-day historians, especially non-Chinese ones accustomed to Europe's record of political fragmentation, have indeed queried this equation."

[1028] J. Keay (2008, loc. cit.).

[1029] J. Keay (2008, cit. p. 295-296): "Centralised rule is seen as a recipe for ossification, while state-on-state 'tumult' is recast as a competitive dynamic, productive of social renewal, commercial enterprise and great outbursts of creativity and invention. / Thus the 'Warring States' period spawned the 'hundred schools of philosophy', and the 'Period of Disunion' hosted the transformation of Daoism and the consummation of the great affair with Buddhism. The 'Five Dynasties/Ten Kingdoms' looks to have been too brief and chaotic for anything comparable. Yet if it is taken to cover the whole period of imperial

Não somente o tempo, como também o espaço, integram a perspectiva histórica da China, pela extensão considerável ao longo da qual se desdobra esta civilização. A consciência dos chineses, em relação a si próprios e à sua civilização, pode ser ilustrada pela controvérsia sobre os ritos chineses.

A controvérsia sobre os ritos chineses

esclarece-se logo a história dos Chou e dos Han
se descobrem os princípios do governo
em sua bagagem não há qualquer objeto vulgar
visitando o passado, ele percorreu muitos milhares de *li*[1030]

Li Po (701-762)[1031]

Antes de falar sobre o governo da China, é necessário que digamos alguma coisa sobre as letras e os graus que nesta se dão, por serem o dado central (*la parte più principale*) do seu governo, e um modo no qual são totalmente diversos de todas as outras nações do mundo; e se desse reino não se pode dizer que os filósofos sejam reis, ao menos, sem faltar à verdade, se dirá que os reis são governados por filósofos.

Matteo Ricci (1552-1610)[1032]

Soube-se que, precisamente nesse tempo, as controvérsias, que amargavam entre os missionários, das diferentes ordens, uns contra os outros, tinham produzido a extirpação da religião cristã na região de Tonkin;

eclipse between the collapse of Tang authority in, say, 850 and the final triumph of Song authority c. 980, then it too was by no means barren of distinction."

1030 Medida chinesa antiga, que corresponde a 500 m.

1031 Cheng Wing fun et Hervé Collet, **Li Po l'immortel banni sur terre buvant seul sous la lune:** portrait-poème (Paris: Albin Michel, 2010)

1032 Matteo Ricci, **Della entrata della Compagnia di Gesù e Cristianità nella Cina** (ed. realizzata sotto la dir. di Pietro Corradini, pref. Filippo Mignini, a cura di Maddalena del Gatto, © 2000, Macerata: Quodlibet, 2ª ed., 2006, livro I, cap. V, 'delle arti liberali, scientie e gradi che nella Cina si danno', p. 27-38, cit. p. 27): "Prima di dire del Governo della Cina è necessario che dichiamo qualche cosa delle sue lettere e gradi che in essa si danno, per essere la parte più principale del suo governo, et un modo in che sono diversissimi di tutte le altre nationi del mondo; e se di questo regno non si può dire che i filosofi sono Re, almeno con verità si dirà che i Re sono governati da filosofi."

> e essas mesmas controvérsias que se produziam, ainda mais na China, indispuseram todos os tribunais, contra aqueles que, vindo pregar a sua lei, não estavam de acordo, entre eles, sobre essa mesma lei.
>
> VOLTAIRE (1694-1778)[1033]

O grande poeta LI PO assim descreve seu encontro com TSUI Tsung-shi, duque de Ch'i, enfatizando essa dimensão da compreensão temporal, como qualidade característica de homem culto:[1034] Uma civilização se inscreve na temporalidade e na consciência de si mesma, como destacava Matteo RICCI, a respeito da China e dos critérios para a ordenação da sociedade chinesa.

Nesse sentido, foi exemplo de não diálogo entre dois mundos, o tristemente notório desencontro entre o 'Ocidente' e a China, na assim chamada controvérsia sobre os ritos chineses – ou seja, o lugar ocupado pela tradição confuciana na China e a possível compatibilidade destes ritos com a possível adoção do cristianismo pelos chineses. O que, lamentavelmente, por razões menores, não ocorreu – como deplorava VOLTAIRE.

Os encontros e desencontros entre 'Ocidente' e a China assim como ocorreram no passado, continuam a acontecer. Tendo fracassado a tentativa, nos séculos XVII e XVIII, de implantar o cristianismo na China – e isso por conta de terem aqueles que, indo pregar a sua lei, não estarem de acordo, entre eles, sobre essa mesma lei – haverá novas incursões ocidentais, estas respaldadas pela força, nos séculos XIX e XX – de forçar a abertura da China às potências ocidentais. Com métodos e resultados sobremodo questionáveis. E, hoje, ainda, põe-se uma espécie de diálogo entre surdos, entre estes dois mundos, no descompasso em relação a 'valores universais' em contraposição a 'interesses compartilhados', ou a ênfase em direitos individuais ou interesses coletivos.

[1033] VOLTAIRE [pseudônimo de François-Marie AROUET], **Le siècle de Louis XIV** (in **Oeuvres historiques**, édition présentée, établie et annotée par René POMEAU, Paris: Gallimard-Pleiade, © 1957, impr. 2010, p. 603-1274, chap. XXXIX – Disputes sur les cérémonies chinoises – comment ces querelles contribuèrent à faire proscrire le christianisme à la Chine, p. 1101-1109, cit. 1108): "On sut que, précisément en ce temps-là, les disputes qui aigrissaient les missionnaires des différentes ordres les uns contre les autres avaient produit l'extirpation de la religion chrétienne dans le Tunquin; et ces mêmes disputes qui éclataient encore plus à la Chine indisposèrent tous les tribunaux contre ceux qui, venant prêcher leur loi, n'étaient pas d'accord entr'eux sur cette loi même."

[1034] LI PO (ed. cit., 2010, p. 74-75).

O descompasso entre visão que privilegie os interesses e os direitos individuais e os coletivos, por exemplo – sob reserva de boa-fé, de parte a parte – se põe, frequentemente, em relação às críticas, tantas vezes feitas, pelo 'Ocidente', em relação à China. Essa China, que todos criticam, mas com a qual todos querem fazer negócios: não por acaso, existe a expressão popular "negócio da China", para designar algo de extraordinário interesse econômico e possivelmente de grande rentabilidade.

Mudam certas nuances. Mas o conteúdo do discurso não destoa.

Existe tradição e esta nem deve ser esquecida, nem renegada. Mas não se perfaz como fim em si mesma. É preciso enxergar e conviver com as interdependências.

A questão dos modelos culturais estruturantes é algo sobre o qual não pode transigir uma civilização. O choque em relação a este dado central se deu entre o Ocidente cristão e a China, no que passou para a história como a "controvérsia dos ritos chineses". Esta é lição que merece ser meditada e referida.

O imperador Kangxi (1662-1722) declara ao legado do papa, Charles Thomas Maillard de Tournon, em audiência, em 30 de junho de 1706, em Pequim:

> Nosso governo é totalmente fundado na doutrina de Confúcio. Se a religião cristã absolutamente não puder concordar com esta, será difícil conservar os europeus na China. Eu não examino se concordam ou discordam; mas eu aqui te declaro: se não concordam, absolutamente os europeus não poderão subsistir na China.[1035]

A visão confuciana da ordenação do mundo começa com os aperfeiçoamentos que cada indivíduo deve realizar, primeiro em si mesmo,

[1035] Antonio Vasconcelos de Saldanha, **De Kangxi para o papa, pela via de Portugal**: memória e documentos relativos à intervenção de Portugal e da Companhia de Jesus na questão dos Ritos Chineses e nas relações entre o imperador Kangxi e a santa Sé (traduções chinesas por Jin Guo Ping, Macau: Instituto Português do Oriente, 2002, 3 vols., cit. vol. I, p. 81, novamene reproduzido a p. 348): "*Nostra gubernatio totaliter fundata est in doctrina Confucii Si religio christiana absolute cum hoc doctrina concordare non potest, difficile erit Europaeos in Sina conservari. Ego non examino si concordet an discordet; id autem tibi declaro: si non concordet, absolute europaeos in Sina subsistere non posse*".

progressivamente, estendendo seu âmbito de atuação, para a família, o estado e o mundo, visando alcançar *ping* – a realização da paz.[1036]

A relação da China com os estados ocidentais desde o início da era moderna não foi exatamente modelo de compreensão nem de diálogo. Durante muito tempo fechada ao 'Ocidente', esta somente se abriu – forçada – no século XIX.

Na segunda metade do século XIX e primeira do XX caracterizou--se como expressão da ação das potências 'coloniais', em detrimento dos princípios da igualdade soberana dos estados, bem como de todos os princípios e normas, regentes das relações internacionais, entre estados europeus, negligenciando as bases desse sistema, enquanto ordenador de convivência pacífica, bem como passando por cima do extenso e rico passado de milhares de anos das distintas civilizações da Ásia.[1037]

A história poderia ter sido diversa. Cumpre lembrar, não somente pelo registro dos fatos, mas, sobretudo, como lição a ser meditada, quando, por ganância e por falta de visão de alguns homens – além de falta de fé e de espírito 'cristão' –, destruiu-se o que poderia ter sido bem-sucedida empreitada de implantação do cristianismo na China, mediante a construção de diálogo entre duas tradições, e de interação entre as duas civilizações. VOLTAIRE, no seu estudo sobre **O século de Luís XIV**, notava que a decadência da missão chinesa fora o fruto de querelas, de disputas, que "durante muito tempo o objeto da atenção de Paris, bem como de muitas outras nascidas da ociosidade e da

[1036] F. Tse-Chyang CHEN, *The Confucian view of world order* (in **Religion and International Law**, ed. by Mark W. JANIS and Carolyn EVANS, Leiden/Boston: M. Nijhoff, 1999, reprinted 2004, p. 27-49, cit. p. 28): "it may be seen that two central themes characterize *ping*: minimum order, in the sense of peace and tranquillity, and maximum order, in the sense of abundance, sharing and general contentedness. A world that has reached the state of *ping* is aptly called [...] a 'peaceful and happy world'."

[1037] Ao se formularem críticas contra a China e contra a atitude desta em relação ao direito internacional, às relações internacionais e à atitude desta em relação aos direitos humanos – como por exemplo em relação ao elevado número de aplicação de sentenças capitais a cada ano – deve-se, igualmente, ter em conta a perspectiva histórica e o contexto cultural no qual se deu a intromissão e tentativas de imposição de tal sistema normativo e de tais 'valores' em relação a ela.

inquietude, se desvaneceram. Surpreendemo-nos, hoje, que tenham produzido tantas animosidades".[1038]

Desde Tomé PIRES, em 1516,[1039] vários delegados dos reis de Portugal tinham entrado nos territórios do império chinês. Dentre outras enviaturas portuguesas a monarcas seguiram-se a de Manuel de SALDANHA, em 1667, a de Bento PEREIRA DE FARIA, em 1678, e a de Alexandre METELO de Souza e Menezes, em 1725.[1040]

Em 1686, o imperador KANXI empenha-se em estabelecer relações diplomáticas diretas com o Czar da Rússia. No final do reino deste, por volta de 1722, ao se cogitar o envio de embaixada portuguesa à corte imperial chinesa, e ao se considerar o cerimonial de recepção a que se deveria sujeitar esse enviado, teria sido "pessoalmente já garantido por KANGXI ao Pe. [João] MOURÃO que nunca seria inferior ao invulgarmente favorável tratamento que em Pequim recebera o embaixador do Tsar da Rússia".[1041]

Além das embaixadas políticas, intensa mobilização de recursos humanos e materiais foi feita em torno do propósito de promover a evangelização da China, sob a égide do "Padroado português para o Oriente". Dentre estes missionários, Matteo RICCI chega a alcançar

[1038] VOLTAIRE, **Le siècle de Louis XIV** (chap. XXXV, 'Disputes sur les cérémonies chinoises'): "longtemps l'objet de l'attention de Paris, ainsi que beaucoup d'autres nées de l'oisiveté et de l'inquiétude, se sont évanouies. On s'étonne aujourd'hui qu'elles ayent produit tant d'animosités."

[1039] Rui Manuel LOUREIRO, **O manuscrito de Lisboa da 'Suma oriental' de Tomé PIRES:** contribuição para uma edição crítica ("palavras introdutórias pelo prof. Juan GIL", Macau: Instituto português do Oriente, 1996).

[1040] O rei D. JOÃO V ao imperador YONGZHENG, anunciando-lhe o envio do embaixador Alexandre METELO de Souza e Menezes a felicitá-lo pela sucesssão ao trono de KANGXI, em 29 de março de 1725 (reproduzido in A. V. de SALDANHA, op. cit., 2002, Doc. 176-A, vol. III, p. 421-422 – original conservado no 1º Arquivo Histórico da China, Pequim, anteriormente publicado por WU Zhiliang, **Segredos da sobrevivência: História política de Macau**, Macau, 1999, p. 120-121). SALDANHA (op. cit., 2002, vol. I, p. 410, nota 946) cita: E. BRAZÃO, **Apontamentos para a história das relações diplomáticas de Portugal com a China 1516-1753** (Lisboa: Agência central das colónias, 1949, p. 117-120).

[1041] Antonio Vasconcelos de SALDANHA, **De Kangxi para o papa, pela via de Portugal**: memória e documentos relativos à intervenção de Portugal e da Companhia de Jesus na questão dos Ritos Chineses e nas relações entre o imperador Kangxi e a santa Sé (traduções chinesas por JIN Guo Ping, Macau: Instituto Português do Oriente, 2002, 3 vols., vol. I, p. 24-25 e p. 369).

grande destaque e estatuto quase mítico, como sábio que teria logrado fazer síntese entre conhecimentos do Oriente e do Ocidente.

O jesuíta Matteo RICCI chega, em 1582, aos trinta anos, a Macau, e permanecerá na China, até morrer, na corte imperial em Pequim, em 11 de maio de 1610.[1042] Depois de passar vinte e oito anos na China, ao falecer RICCI, o imperador da China doa palácio em Pequim para honrar a memória de RICCI e habitação dos demais "padres da Corte". Seu relato foi conservado.[1043]

Matteo RICCI – pelos chineses chamado "LI MADOU" – deveria ser saudado como marco da construção do diálogo entre estes dois mundos.[1044]

1042 John W. O'MALLEY, **Os primeiros jesuítas** (do original **The first jesuits**, © 1993, trad. Domingos Armando DONIDA, São Leopoldo, RS: Ed. Unisinos / Bauru, SP: Edusc, 2004, cap. 9, 'prescrições para o futuro', p. 505-554, cit. p. 523-524): [falando a respeito de eventos por volta de 1605] "uma colônia de jesuítas, liderada por Matteo RICCI, havia se estabelecido em Beijing por duas décadas e se vestia à moda dos mandarins. Não está claro quão detalhada era a informação [...] mas a roupa vestida pelos jesuítas não era muito diferente do costume chinês e fora essencial para a sua entrada e aceitação vitoriosa junto à corte imperial. Sua vestimenta era, de fato, somente o sinal mais óbvio da adaptação aos costumes e à mentalidade locais, que era tão radical quanto poderia ser imaginado pelos europeus da época. Por mais de um século, os jesuítas da missão chinesa levaram seu princípio pastoral de acomodação aos tempos, lugares e circunstâncias à sua aplicação máxima."

1043 Matteo RICCI, **Della entrata della Compagnia di Gesù e Cristianità nella Cina** (ed. realizzata sotto la dir. di Pietro CORRADINI, pref. Filippo MIGNINI, a cura di Maddalena del GATTO, © 2000, Macerata: Quodlibet, 2ª ed., 2006). Manuscrito conservado no *Arquivo romano da Companhia de Jesus*, a sua colocação é *Archivum Romanum Societatis Jesu* (ARSI) *Jap.-Sin. 106A*, a partir do qual foi feita esta edição, com trad. dos trechos originalmente em português por Gaetano RICCIARDOLO e dos trechos originalmente em latim por Fabio IONNI. Explica RICCI (op. cit., ed. 2006, Livro I, cap. I, p. 5-6) o propósito do relato, que passava a empreender: "Muitas vezes acontece que das grandes empresas e obras que no mundo se fizeram, não puderam os pósteros saber os princípios de onde tiveram origem. E procurando eu às vezes a causa disto, não pude encontrar outra se não o fato de serem todas as coisas (mesmo aquelas que vem depois a resultar grandíssimas) nos seus primeiros princípios tão pequenas e frágeis, que ninguém se poderia persuadir facilmente que destas poderia surgir coisa de grande momento; e por isso aqueles que delas tratam pouco cuidam de anotá-las e escrevê-las, se não quisermos dizer são tais negócios difíceis e intrincados, enquanto se começa a dar os seus primeiros princípios, e que ocupam tanto estes que nestas se empenham, que não dão ágio e tempo de se ocupar em escrevê-las. / Assim, querendo ao menos em parte obviar a esta falta, nas coisas da entrada dos nossos e das primícias da Cristandade neste vastíssimo reino da China, tomei, agora, a iniciativa de recolher e de dispor em ordem as coisas mais notáveis dentre as que desde o princípio tinha notado nesta matéria."

1044 Matteo RICCI, **Jiaoyoù lun** (ou "tratado sobre a amizade", composto em 1595 e conservado no ARSI).

Depois de dar dados sobre a grande população, o extenso território, as cidades e divisões administrativas, explicava o "sistema internacional" da Ásia no final do século XVI:

> Reinos que prestam tributo (*obedientia*) à China, no levante são três; no poente cinquenta e três; no sul cinquenta e cinco; ao norte três. É verdade que nem todos estes vêm agora, e quando vêm trazem mais dano que lucros para a China, e tão pouco cuida esta que venham ou deixem de vir.[1045]

Ricci descreve os produtos e 'indústrias' e passa a considerar "as artes liberais, ciências e graus que se dão na China" e exprimia profundo respeito e admiração pela civilização desta, com a qualidade da administração pública – o mandarinato – corpo este preparado por meio da formação – segundo os ritos, como ensina Confúcio – selecionados por meio de concursos, através dos quais mesmo pobres e de nascimento humilde podiam, mediante capacitação intelectual, galgar postos de relevo na sociedade e no governo. Destacava Ricci que, para os chineses, a formação letrada e a estrutura de classes da administração – as letras e os graus que nesta se dão – eram vistos como o dado central (*la parte più principale*) do seu governo – e estas seriam características estruturais – de um "modo no qual são totalmente diversos de todas as outras nações do mundo". E ponderava: "se desse reino não se pode dizer que os filósofos sejam reis, ao menos, sem faltar à verdade, se dirá que os reis são governados por filósofos".[1046]

[1045] M. Ricci, **Della entrata** (ed. cit., 2006, livro I, cap. II, p.7-11, cit. p. 11): "Regni che danno obedientia alla Cina per il levante sono tre; per il ponente cinquanta tre; al mezzogiorno cinquante cinque; al setentrione tre. È vero che questi nè tutti vengono adesso, e, venendo, apportano più dano alla Cina che guadagno, e cosi poco si cura essa che vengano o lascino di venire".

[1046] Matteo Ricci, **Della entrata della Compagnia di Gesù e Cristianità nella Cina** (ed. realizzata sotto la dir. di Pietro Corradini, pref. Filippo Mignini, a cura di Maddalena del Gatto, © 2000, Macerata: Quodlibet, 2ª ed., 2006, livro I, cap. V, 'delle arti liberali, scientie e gradi che nella Cina si danno', p. 27-38, cit. p. 27): "Prima di dire del Governo della Cina è necessario che dichiamo qualche cosa delle sue lettere e gradi che in essa si danno, per essere la parte più principale del suo governo, et un modo in che sono diversissimi di tutte le altre nationi del mondo; e se di questo regno non si può dire che i filosofi sono Re, almeno con verità si dirà che i Re sono governati da filosofi."

A lição que nos deixou Ricci, depois de passar décadas na China, em sua obra importante, no sentido da construção do diálogo, da 'compatibilidade' entre as duas visões de mundo e, concretamente, no sentido da compatibilização possível, entre o cristianismo e o culto dos ancestrais, característico da sociedade chinesa, como também o culto ao mestre Kong, que, no Ocidente, se chama Confúcio.[1047] Compreendera Ricci tratar-se, no "confucionismo", de esteio estruturante da sociedade chinesa, elemento central da identidade nacional, e base sobre a qual não somente as relações sociais eram construídas, no interior da sociedade chinesa, mas igualmente ordenadas as assim chamadas relações internacionais.

Dentre os elementos mais característicos do governo da China, Ricci apontava o papel do Colégio dos mandarins, ou Academia de Hanlin, como o mais nobre de todos os colegiados, onde se reuniam os melhores literatos do rei – "onde não estão se não os doutores escolhidos dentre os melhores pelos exames, que a cada três anos se fazem".[1048] Estes não faziam diretamente parte do governo, e para fazer deveriam deixar o colegiado, mas tinham a atribuição de "fazer a composição do rei, escrever a história do reino, as leis e outros estatutos".

Compreendera Ricci a extensa e estrutural aplicação dos ensinamentos de Confúcio como modelo ou conjunto de ritos (*li*) para a ordenação da gestão do império do meio.[1049] Segundo a concepção confuciana, o homem, na sua própria vida, deve exercitar e desenvolver numerosas qualidades e virtudes.[1050] Ricci adota a concepção

[1047] Matteo Ricci, **Tianzhu Shiyi** ("Catecismo" ou "Verdadeira explicação do senhor do céu", composta em 1603, em Pequim, e conservada no ARSI).

[1048] M. Ricci, **Della entrata** (ed. cit., 2006, livro I, cap. VI, 'del governo della Cina', p. 39-55, cit. p. 47).

[1049] M. Ricci, **Della entrata** (ed. cit., 2006, livro I, cap. VII, 'delle cortesie e alcuni riti della Cina', p. 56-72) traduz assim *wenhua guo*, "país civilizado", que assinalava o grau de civilidade da China, em contraposição à barbárie dos povos circunstantes.

[1050] As principais virtudes, segundo o modelo de Confúcio são: *rem*, termo complexo, para indicar o conjunto das qualidades que distinguem o homem, e se exercitam na relação com os outros, e poderia ser traduzido como "humanidade"; *yi*, habitualmente traduzido como "justiça", foi compreendido como a capacidade de julgar a aplicação das normas do ponto de vista moral – haveria, assim, também elemento de "equidade"; *shu*, traduzível como "altruísmo" ou "reciprocidade", entendida como a capacidade de tomar a si próprio como medida de avaliação em referência a ações dirigidas aos outros; *zhong*, que se pode traduzir

de MENCIO,[1051] que define os *li*, como uma dentre as virtudes cardeais do homem.[1052]

Em 1596, RICCI ensina aos chineses o que hoje chamaríamos 'técnicas mnemônicas',[1053] ou como construir um palácio da memória.[1054] Ao apresentar esse sistema de memória, explicava Matteo RICCI que esses pavilhões, divãs ou estruturas mentais deveriam ser conservados na mente de cada um, não como objetos sólidos, literalmente a serem construídos, com materiais *reais*.[1055] O propósito de todas essas construções

como "lealdade", mas não somente entendida como obediência em relação aos superiores, mas como observância das normas de conduta; *zhi*, "retidão" ou "integridade interior".

1051 Pouco se sabe a respeito de MENCIO, exceto o que se pode deduzir de seus próprios livros, de onde se deduz que este teria nascido cerca de um século depois da morte de CONFÚCIO, e teria morrido antes do final do século IV a.C. Desde mais de dois mil anos, se lê e se estuda MENCIO, e a influência deste sobre a estruturação do que vem a ser o "Confucianismo" só perde para o papel do próprio mestre. V. edição em inglês, **MENCIUS** (translated with an introduction by D.C. LAU, Londres: Penguin, 1970).

1052 **MENCIUS** (ed. cit., D.C. LAU, Londres: Penguin, 1970, Livro I, parte B, p. 68): "um homem que passou a sua juventude a adquirir conhecimento, naturalmente deseja por esse conhecimento em uso, quando chega à idade adulta".

1053 Veja-se "instante e eternidade", no volume P. B. CASELLA, **Introdução ao estudo do direito - ensaios didáticos** (3ª ed., São Paulo: Editora dos editores, 2019, p. 105-109). Esclarecia RICCI que o palácio deveria ter o tamanho, em conformidade com o que se quisesse lembrar: a construção mais ambiciosa consistiria em centenas de edificações, de todas as formas e tamanhos, "quanto mais forem, melhor será", declara RICCI, e depois esclarece que não se teria de construir em escala grandiosa, logo de uma vez. Poderiam ser criados palácios modestos, ou poderiam ser construídas estruturas menos dramáticas, como conjunto de templos, série de edifícios governamentais, um albergue público, ou um mercado municipal. Se se quisesse começar em escala ainda mais reduzida, poderia ser erigida simples uma sala de recepção, um pavilhão, ou um *studio*. E se se desejasse um espaço íntimo, poderia ser utilizado somente o canto de um pavilhão, ou um altar em um templo, ou mesmo objeto de uso doméstico, como um armário, ou um divã.

1054 Matteo RICCI, **Jiffa: treatise on mnemonic art** –"the only surviving versions list RICCI as author, ZHU Dinghan as collator, VAGNONI (GAO Yizhi) and SAMBIASI (BI Fangji) as editors" e o fato de que "the imprimatur was granted by Emmanuel DIAZ the younger, who was made vice-provincial in 1628, dying in Hangzhou in 1659", Jonathan D. SPENCE, **The memory palace of Matteo Ricci** (1st. publ., 1984, in the USA, London: Faber and Faber, 1985, cit. p. 270-271).

1055 **Jiffa** (p. 21-22). Sugeria haverem três opções principais para tais locações da memória. Primeiro, poderiam ser extraídos da realidade, ou seja, a partir de construções, nas quais cada um tivesse estado, ou a partir de objetos, que cada um tivesse visto, com os próprios olhos, e os relembrasse na memória. Segundo, poderiam ser totalmente fictícios, produtos da imaginação, conjurados em qualquer formato ou tamanho. Ou, terceiro, poderiam

mentais era o de oferecer espaços para armazenamento da miríade de conceitos que compõem o conhecimento humano.[1056]

Outros sacerdotes, e não somente jesuítas, dentre os que conheceram a China daquele tempo, tinham reconhecido a necessidade imperiosa de tal conciliação. Já em plena polêmica, o franciscano P. Juan Fernandez Serrano chamara a atenção para tanto: que o espectro da ruína da missão da China por contradição dos ritos não era uma invenção dos missionários jesuítas, mas – como fator de inevitável consideração – o asseverara, muito antes, um opositor, o dominicano P. Juan Batista Morales, quando, em 1645, perante a Congregação do Santo Ofício, viu-se forçado a chamar a atenção para a ofensa dos ritos de veneração de Confúcio: "pois se estes assim se proibirem, haverá tumulto entre o povo, os ministros do evangelho serão enviados ao exílio, a conversão das almas será impedida e extinta".[1057]

Em 1701, chega à China o bispo Charles Thomas Maillard de Tournon, jovem aristocrata de família turinense, legado papal para a China, revestido das solenes dignidades de "Patriarca de Antioquia *in partibus*, Comissário e Visitador Apostólico, com as faculdades de legado *a latere, in Indibus orientalibus et Sinarum Imperio finitimisque Regni et*

ser parcialmente fictícios e parcialmente verdadeiros, como no caso de construção que se conheça bem, e através do muro dos fundos da qual se abrisse porta imaginária, como atalho para novos espaços, ou no meio do qual se criasse escada mental, e esta levaria para andares superiores, que nunca tivessem existido antes.

[1056] **Jiffa** (p. 17-18) onde Ricci pode fazer referência a Cícero. Para cada coisa que quisermos lembrar, segundo Ricci, devemos dar uma imagem, e para cada uma dessas imagens, devemos atribuir posição, onde possa repousar pacificamente, até que estejamos prontos a reclamá-la, mediante ato da memória. Como esse inteiro sistema de memória somente funcionaria se as imagens permanecerem nas posições atribuídas, obviamente pareceria mais fácil se se pudesse contar com lugares verdadeiros, os quais conhecêssemos tão bem, a tal ponto que não houvesse risco de esquecê-los. O grande engano seria, justamente, este. Porquanto Ricci adverte que, ao expandir o número de locais, e o correspondente número de imagens que neles podem ser estocadas, é que nós poderemos aumentar e fortalecer a nossa memória. Assim, o pensamento chinês lutaria com a difícil tarefa de criar palácios fictícios, ou mesclar o fictício com o real, fixando-os permanentemente em suas mentes, por meio de prática constante, e revisá-los, de tal forma que os espaços fictícios se tornassem "como se fossem reais, de tal modo que não possam ser apagados".

[1057] P. Juan Batista Morales, perante a Congregação do Santo Ofício, em 1645: "*quod si hoc illis prohibeatur, erit tumultus in populo, ministri evangelium in exilium mittentur, conversio animarum impedietur et extinguetur*" (apud A. V. de Saldanha, op. cit., 2002, vol. I, p. 348).

Insulis".[1058] A suposta missão essencial seria a de avaliação do progresso do cristianismo na China; a atuação deste legado foi catastrófica e a tal ponto contribui para o agravamento da crise que o imperador o consigna, com escolta armada, à guarda dos portugueses em Macau, onde deveria permanecer – e de fato ficou, até morrer, em 1710.[1059]

O próprio patriarca anunciara ao padre GRIMALDI, Vice-provincial na China, ser a intenção do pontífice ao nomeá-lo: "para fazer ao meu retorno (se Deus me fizer tal graça) distinta informação sobre o estado daquela nascente cristandade, para visitá-la, confortá-la e socorrê-la espiritualmente".[1060]

A rivalidade entre ordens missionárias católicas – franciscanos, dominicanos, além dos jesuítas – como entre a França e Portugal, em relação ao trabalho missionário no Oriente, e da própria Cúria romana, em relação aos poderes do "padroado" anteriormente concedido aos reis de Portugal, para o desempenho da atividade missionária, a partir de Goa, de Macau, de São Tomé de Meliapor, Pequim e de Nanquim, leva a ser suscitada a questão que ficou conhecida como a causa dos 'ritos chineses'. Esta controvérsia se instaura a partir da concorrência entre ordens religiosas,[1061] e agrava-se progressivamente até

[1058] Antonio Vasconcelos de SALDANHA, **De Kangxi para o papa, pela via de Portugal**: memória e documentos relativos à intervenção de Portugal e da Companhia de Jesus na questão dos Ritos Chineses e nas relações entre o imperador Kangxi e a santa Sé (traduções chinesas por JIN Guo Ping, Macau: Instituto Português do Oriente, 2002, 3 vols.).

[1059] A 8 de junho de 1710, no termo de uma doença prolongada e apenas com 42 anos incompletos, morria em Macau o legado Charles de TOURNON. Em finais de 1709, o papa CLEMENTE XI lhe enviaria a *berretta* cardinalícia, "um inusitado – e algo precipitado sinal – da estima pontifícia, como reação às primeiras e ilusórias notícias de sucesso enviadas de Pequim pelo legado, logo de seguida à 1ª. audiência concedida pelo imperador" (cf. A. V. de SALDANHA, op. cit., 2002, vol. I, p. 194-195). Esta, segundo VOLTAIRE, **Le siècle de Louis XIV** (chap. 35, "Disputes sur les cérémonies chinoises") "somente lhe teria servido para fazê-lo morrer cardeal" – "*elle ne lui servit qu'à le faire mourir cardinal*".

[1060] SALDANHA (op. cit., 2002; carta de TOURNON a GRIMALDI, de 7.2.1702, vol. I, p. 67).

[1061] Leonor de SEABRA, em seu **The embassy of Pero Vaz de Siqueira to Siam (1684-1686)** (do original **A embaixada ao Sião de Pero Vaz de Siqueira (1684-1686)**, translated into English by Custódio Cavaco MARTINS, Mário Pinharanda NUNES and Alan Norman BAXTER, Macau: Univ. of Macau Publications Centre, 2005, esp. p. 27-42, cit. p. 40) menciona até 1631 somente os jesuítas portugueses terem estado na China – isso vale se dentre estes 'portugueses' incluirmos outras nacionalidades, como no caso de Matteo RICCI – e nesse mesmo ano de 1631, chegam os dominicanos espanhóis, e em 1680, os agostinianos, provenientes das Filipinas. Os franceses, organizados a partir das Missões estrangeiras de Paris, passam a

que nesta se discuta – e se condene – perante a Congregação de *propaganda fide*, se seriam compatíveis os cultos chineses aos ancestrais e a Confúcio com a confissão cristã.

O imperador Kangxi, após décadas de esforços, concedera aos padres da corte imperial a proeza inaudita do famoso *Edito de Tolerância*, de março de 1692, "verdadeira carta de liberdade de evangelização na China".[1062] Estes submetem ao imperador, em 30 de novembro de 1700, uma exposição sobre as honras prestadas a Confúcio e aos antepassados, que os jesuítas apresentam como puramente civis e políticas.

Kangxi, instado pelos jesuítas, não somente aprova essa exposição, como soleniza a sua aprovação por um decreto publicado em todo o império.[1063] Esta aprovação chega às mãos do pontífice romano em dezembro do mesmo ano,[1064] embora o resultado não tenha sido exatamente o esperado.[1065] Deu-se, ao contrário, o agravamento da questão dos ritos.

estar presentes a partir de 1683, e também os jesuítas franceses, a partir de 1688. Assim comenta: "It so happened that the Portuguese Jesuits were tolerant towards the Chinese rites, since they considered them to be civic and not a heresy. But the remaining orders did not agree and sent word on this issue to the Pope." A condenação dos ritos chineses pelo Vaticano somente seria solucionada mediante decreto papal em 1939.

[1062] Saldanha (op. cit., 2002, vol. I, p. 31).

[1063] Saldanha (op. cit., 2002, vol. I, p. 37): "Conhecidos pelo título conjunto de *Declaratio rituum*, ambos os documentos consubstanciavam, na opinião dos jesuítas, um triunfo que logo em dezembro desse ano se apressaram a levar ao conhecimento do pontífice."

[1064] Saldanha (op. cit., 2002, vol. I, loc. cit.): "Em novembro de 1701 reforçaram com os documentos comprovativos da adesão de grandes mandarins e letrados à mesma opinião, tudo reunindo numa obra publicada em Pequim em latim e em chinês, levada para Roma pelos P. Castner e Noël, e tornada célebre sob o título **Brevis relatio eorum quae spectant ad declarationem Sinarum Imperatoris Kam Hi circa Coeli, Cumfucii et avorum cultum, datum anno 1700**."

[1065] Observa a respeito Saldanha (op. cit., 2002, vol. I, p. 37-38): "Contra a expectativa da Companhia de Jesus, o testemunho de Kangxi sobre os Ritos acabou por agravar consideravelmente a questão. Primeiro na Europa, onde os jesuítas foram não só acusados de arrancar ao Imperador uma declaração de favor, e, por isso, desprovida de valor, mas também de levar ao tribunal de um príncipe pagão, assim alçado ao papel de *arbiter inter partes*, uma causa que só à Santa Sé competia julgar. Acusações, uma e outra, desprovidas de grande fundamento, na medida em que o pedido se reduzia a um testemunho e não a uma decisão de causa, e, sobretudo, pelo fato de se tratar de uma declaração soleníssima do Imperador e dos mais altos magistrados do Império, cuja verdade não havia lugar nem conveniência de por em causa."

Naquela altura, de Goa,[1066] o arcebispo primaz da Índia, D. FRANCISCO DA ANUNCIAÇÃO, envia carta, escrita em janeiro de 1708, ao Núncio apostólico em Lisboa, "com o fito expresso de por esta transmitir os seus agravos ao papa", o arcebispo de Goa não escondia a sua opinião sobre "*a origem das incoerências que experimentam estas vastas e remotas cristandades*".[1067] No fundo – e aqui também lição a ser meditada – uma profunda ignorância cultural do contexto onde se desenvolvera a questão dos ritos, insuflara[1068]

> zelos indiscretos e ignorantes dos estilos da Ásia por falta de experiência, sendo necessários muitos anos para se discernirem os seus usos, fazendo separação dos que inclinam à idolatria e dos que são meramente política herdada de seus antepassados.[1069]

Encerrando sua missiva, o arcebispo lançava último apelo ao núncio, para deixar manifesto, ao Papa CLEMENTE XI, que "*se faltar a primazia de Goa há de cair a fé no Oriente*", e ousava, por isso, suplicar ao pontífice, "não permita seu santo zelo novidades e inquietações neste Oriente, onde reconhecidamente são totalmente nocivas ao bem destas cristandades".[1070]

Como KANGXI durante mais de vinte anos fez questão de notar, até a sua morte, em 1722, decidir-se em Roma, ou em outro lugar, fosse o que

[1066] Ver **A Inquisição de Goa** descrita por Charles DELON (1687) (orig. publ. **L'Inquisition de Goa, la relation de Charles DELON**, estudo, edição e notas Charles AMIEL e Anne LIMA, trad. Bruno FEITLER, São Paulo: Phoebus, 2014).

[1067] SALDANHA (op. cit. 2002, vol. I, p. 106).

[1068] SALDANHA (op. cit., 2002, vol. I, p. 107) prosseguia o o arcebispo primaz da Índia, D. FRANCISCO DA ANUNCIAÇÃO, nessa mesma carta, de janeiro de 1708, ao Núncio apostólico em Lisboa, declarava-se "um primaz tão velho quanto a Índia" e não estar minimamente disposto a ceder "deixando entrar nestas cristandades que a Igreja católica me encarregou um sujeito constituído legado e patriarca de Antioquia, sem o constar por letras apostólicas, e mais vendo-o quebrar todos os privilégios da coroa de s. majestade, a quem devo a fidelidade que a natureza e a mesma Igreja católica me manda."

[1069] É certo que o pontífice lhe poderia intimar uma obediência, que ele, D. Francisco, certamente não deixaria de exibir. Lavava, contudo, as mãos do que daí, acontecesse na Ásia, "*onde daqui por diante poderá entrar qualquer herege ou frade apóstata introduzindo-se 'legado';*" uma Ásia assim aberta às ambições dos missionários estrangeiros e onde se arriscaria a cristandade plantada por esforço dos missionários do padroado português.

[1070] SALDANHA (op. cit., 2002, vol. I, loc. cit.) da mesma carta, de janeiro de 1708, do arcebispo primaz da Índia ao núncio apostólico em Lisboa.

fosse contra os ritos, tal como os admitiam os jesuítas, mais do que uma mera contradição dos missionários, passava a ser gravíssimo atentado à autoridade soberana, à legitimidade e à "face" do próprio Imperador, perante todos os seus súditos, cristãos e não-cristãos.

Ao acirramento da questão na Europa, sobretudo na Cúria romana, com intervenções dos reis PEDRO II de Portugal, e depois deste também JOÃO V, – além de, ao menos indiretamente, do rei da França, LUÍS XIV, e mais diretamente da francesa *Companhia das missões estrangeiras* – levou o imperador KANGXI a determinar, por meio do decreto de 9 de maio de 1707, a condenação à morte de todos aqueles que, em matéria de pregação do cristianismo, ousassem se opor aos ritos chineses:[1071]

> Já passaram 200 anos desde que o LI MADOU entrou na China. E porque não achou que opor à doutrina chinesa, foi permitido aos europeus o viver religiosamente entre nós. Quereis vós agora usar contra as práticas aprovadas pelo LI MADOU, condenais a nossa doutrina e não honrais a CONFÚCIO. Se no futuro houver quem sustente coisas tão disparatadas, fá-lo-ei condenar à morte. Por outro lado, durante milhares de anos, antes da vinda do LI MADOU ninguém pregou a lei europeia na China, e nem por isso o império se deixou de governar com felicidade.[1072]

Subsequente decreto imperial de 17 de agosto de 1707, determinou ou a prestação de expressa submissão e obediência dos missionários aos decretos imperiais, o *piao*, no sentido de acolhimento da jurisdição destes, ou a expulsão da China, como agentes de perturbação da ordem do império. Ante o expressivo número de sacerdotes e missionários que a tanto se recusaram, veio a fechar-se o caminho de divulgação e de propagação da fé cristã no império chinês, por intrigas feitas entre facções políticas – poder e primazia da Cúria romana em relação aos privilégios

[1071] Edito do Imperador KANGXI, datado de Yangzhou, 9 de maio de 1707 [aos 8 dias da 3ª. lua] (texto reproduzido em A. V. de SALDANHA, op. cit., 2002, vol. II, Doc. 48 A, p. 241-242).

[1072] Prosseguia o texto do mesmo Edito do Imperador KANGXI, datado de Yangzhou, 9 de maio de 1707: "Vieste depois vós. Permitiu-se-vos nestes vastíssimos reinos a pregação porque não éreis contrários à nossa doutrina. Proibis agora aos chineses que querem fazer-se cristãos honrar CONFÚCIO, o que não se pode tolerar. No Japão, que é um reino pequeno, onde apanham um cristão, matam-no, e os outros, assustados com tal rigor, já não ousam navegar para o Japão. No futuro terão na China a mesma sorte aqueles europeus que, pregando a lei, se opuserem aos costumes chineses, sendo feitos morrer."

tempos antes concedidos ao Padroado português, rivalidade entre ordens missionárias, jesuítas, franciscanos e dominicanos – que fizeram abortar o longo e construtivo trabalho, que até então se fizera, no sentido da construção de diálogo e de conciliação entre estas duas tradições.

Do lado romano, a adoção por Clemente XI, em 1715, da constituição *Ex illa die*, pôs marco terminal na questão dos ritos chineses, com derrota da posição nela tradicionalmente defendida pela Companhia de Jesus e pela Coroa portuguesa.[1073] Ao tomar conhecimento da tradução do texto dessa constituição 'apostólica', o imperador Kangxi escreve em vermelho, ao pé de referida tradução, a sentença seguinte:

> Vendo este decreto só podemos concluir que os ocidentais são pequenos de espírito. Como podem eles falar das grandes ideias da China? Nenhum ocidental compreende os livros chineses, e quando os discutem, muitos dos seus comentários são considerados ridículos pela nossa gente. Vi agora que o decreto do legado é como as superstições e heresias do taoísmo e do budismo. Nunca vi semelhante absurdo. Daqui para a frente nenhum ocidental poderá pregar a sua religião na China. Deverá ser proibida a fim de evitar perturbações.[1074]

Criou-se situação desastrosa que reduziu as relações com a China, levou ao fracasso do mais que secular esforço de difusão do cristianismo na Ásia, e foi fator importante de perturbação das relações de Roma com Portugal, com a Companhia de Jesus e com a China.[1075] Se a constituição *Ex illa die*, de 1715, não inova tanto no conteúdo, em relação aos

[1073] Veja-se Saldanha (op. cit., 2002, vol. I, p. 121-122): "Enfim, mais do que reduzirmos a questão ao que E. Malatesta teria definido como *a fatal clash of wills* de fundo doutrinário ou dogmático, devemos admitir o estarmos perante uma muito menos nobre mas bastante mais complexa trama de velhas questões pessoais, de fundamentalismos curialistas, de influências filojansenistas e do mais notório antijesuitismo, que, no seu caráter programado, constitui indubitavelmente um pronúncio das grandes campanhas que levaram à destruição papal da Ordem, em 1773. *A negotio perambulante in tenebris.*"

[1074] Saldanha (op. cit., 2002, vol. I, p. 361-362).

[1075] Saldanha (op. cit. 2002, vol. I, p. 116) pondera: "seria desvirtuar o quadro de compreensão de toda a problemática, reduzindo-a de modo simplista a questões objetivas ou despersonalizadas como se tratasse duma luta titânica da Igreja militante contra potências temporais medievalizantes na concepção da expansão da fé, tendencialmente 'colonialistas' e obstrutivas do progresso de correntes de 'modernidade' missionária ou evangélica, dinamizadas pela Congregação de Propaganda Fide."

anteriores documentos papais de 1704 e 1710, esta sem dúvida contribui para exacerbar ainda mais os ânimos pela solenidade das injunções ao cumprimento e a inclusão do formulário do juramento. Seu caráter fica liminarmente manifesto no título que ostenta: *Preceito sobre a observação total, absoluta, inteira e inviolável do que foi precedentemente decretado por sua santidade, na causa dos ritos ou cerimônias chinesas, onde são rejeitadas todas as razões ou pretextos alegados para evitar a execução desses decretos, e prescrevendo uma fórmula de juramento a prestar sobre esta matéria pelos missionários do presente e do futuro nessa região.*[1076]

Em 1717, decreto imperial – *chi* – proíbe a religião cristã no império chinês. Erro fatal foi subestimar o significado que a questão dos ritos adquiriu aos olhos do imperador, dado que este pessoalmente se engajara em declarar o caráter civil e político do culto aos antepassados e a CONFÚCIO, e este ter, em 1700, não somente aprovado a exposição sobre a matéria, como solenizado essa aprovação por meio de decreto, publicado em todo o império.[1077]

Nunca mais haverá a mesma receptividade em relação ao acolhimento possível do cristianismo na China. Por meio de Breve, datado de Roma, em 30 de setembro de 1719, o Papa CLEMENTE XI ainda se dirige ao imperador KANGXI, e além de enviar junto a este "o nosso venerável Carlo Ambrogio MEZZABARBA, patriarca de Alexandria, o qual é, em simultâneo, bem nascido e um homem de fortuna", dentre outras alegações, observava não haver oposição de Roma quanto aos ritos.[1078]

[1076] SALDANHA (op. cit., 2002, vol. I, p. 254-255).

[1077] Carta do Pe. João MOURÃO ao patriarca MEZZABARBA, datada de 4 de dezembro de 1722, deixa registro da última manifestação conhecida do imperador KANXI a respeito do tema: "se queixou mui sentidamente do desprezo com que a sagrada cúria tinha tratado a sua imperial majestade, dando mais créditos às inépcias de poucos europeus ignaros nos costumes e letras do império, do que aos seus sapientíssimos mandados, fundados no genuíno sentido dos seus livros clássicos" (cit. por A. V. de SALDANHA, op. cit., 2002, vol. I, p. 349).

[1078] Breve do papa CLEMENTE XI ao imperador KANGXI, datado de Roma, 30 de setembro de 1719 (traduzido e reproduzido por A. V. de SALDANHA, op. cit., 2002, Doc. 158, vol. III, p. 305-310, cit. p. 309): "asseguramos-te que todos aqueles ritos e cerimônias do teu afamado país que julgamos ser compatíveis com os institutos da nossa religião tem a nossa autorização sendo permitidos aos teus súditos que se tornaram católicos ou que o venham a ser no futuro. Pelo contrário desaprovamos todos aqueles ritos e cerimônias que acreditamos serem incompatíveis com a nossa religião, tendo a certeza de que esta proibição não te seria desagradável."

Em 6 de janeiro de 1724, o imperador YONGZHENG, filho e sucessor de KANGXI, faz discurso aos padres KÖGLER, BOUVET e PARRENIN, na Corte, em Pequim, sobre a atitude assumida face ao Cristianismo no império.[1079] Apontava o imperador as circunstâncias da China da época[1080] – as preocupações estratégicas por este, então esboçadas não parecem diferir muito do quadro até hoje existente:

> O império Sínico tem da banda do norte o reino dos moscovitas, ao sul o dos europeus e seus reinos mais consideráveis, ao oeste Zhebuzunbadan [da Tartária], ao qual quero conter no seu reino e impedir-lhe a entrada na China, para evitar revoluções.[1081]

Respaldado pelo argumento estratégico, "o que agora faço é como imperador; o meu único cuidado é governar o império", YONGZHENG reverte o argumento da difusão da fé:

> Que diríeis vós se eu mandasse uma tropa de bonzos e lamas a pregar a sua lei à vossa terra? Como os trataríeis vós? Queríeis fazer a todos os Chinas cristãos? A vossa lei isso pretende e eu o sei muito bem; mas então que será de nós? Ficamos vassalos dos vossos reis. Vossos cristãos não reconhecem outro que a vós, e no tempo de rebeliões não ouvirão mais do que a vossa voz. Eu sei que agora não há que temer, mas quando

1079 Discurso do imperador YONGZHENG, aos padres KÖGLER, BOUVET e PARRENIN, na Corte, em Pequim, sobre a atitude assumida face ao Cristianismo no império, em 6 de janeiro de 1724 (in A. V. de SALDANHA, op. cit., 2002, Doc. 176, vol. III, p. 417-419).

1080 Discurso do imperador YONGZHENG, sobre a atitude assumida face ao Cristianismo no império (1724, cit., p. 418): "O LI MADOU [Pe. Matteo RICCI] entrou na China no primeiro ano de WANLI; não quero falar no que então fizeram os Chinas porque não me pertence, mas naqueles tempos a vossa religião se adiantava mui pouco, vos outros não tínheis gente, nem igrejas nas províncias. Só no império do meu pai e pelo modo com que vos tratava, se fizeram igrejas em todas as partes e vossa lei se adiantou com precipitação. Víamos todas essas coisas sem haver quem se atrevesse a falar, mas se vós haveis enganado meu pai não me haveis de enganar a mim."

1081 Discurso do imperador YONGZHENG, sobre a atitude assumida face ao Cristianismo no império (1724, cit., p. 418): "Vós dizeis que a vossa lei não é falsa; eu também assim o digo. Se eu a tivesse por falsa quem poderia me impedir destruir todas as vossas igrejas da corte e lançar-vos todos fora? As leis falsas são as que debaixo de boas palavras e com pretexto do bem público excitam a rebelião."

os vossos barcos vierem aos mil e aos dez mil, pode ser que então haverá revolução.[1082]

Yongzheng não estava totalmente errado, sob o ponto de vista político e estratégico. Sob o ponto de vista de fé e de doutrina, o espetáculo dado pelo enfrentamento político entre facções 'cristãs' foi a pior propaganda possível para a difusão da fé na Ásia.[1083]

A controvérsia que se travou no Vaticano, entre portugueses e franceses, a respeito dos 'ritos chineses' foi lamentável[1084] exemplo disso.[1085] Como deplorava Voltaire: "o espírito verdadeiramente filosófico, que somente se enraizou na metade deste século, não extinguiu as antigas e as novas querelas teológicas, que não lhe diziam respeito. Vamos falar dessas dissenssões, que são a vergonha da razão humana".[1086]

1082 Discurso do imperador Yongzheng, sobre a atitude assumida face ao Cristianismo no império (1724, cit., loc. cit.).

1083 V. **Tratado** (tomo VIII – **Direito internacional além do paradigma vestfaliano**, item – o que é, e como é o 'clássico'?, tomo X – **Direito internacional no tempo de C. van Bynkershoek e Christian Wolff**, item 22.1 – direito segundo Leibniz, b/c tomo XVII – **Direito internacional no tempo do colonialismo**, cap. 10 – a colonização pelo Japão). Justamente a expansão inicialmente bem sucedida da nova fé no contexto japonês logo passa a suscitar preocupação política, por parte das autoridades locais. Não se mostrou totalmente destituído de fundamento o cuidado, se considerado que à expansão da fé se seguira o domínio político dos homens do Ocidente, nas Filipinas, sob o domínio espanhol.

1084 Horácio Peixoto de Araújo, **Os Jesuítas no império da China: o primeiro século (1582-1680)** (Macau: Instituto português do Oriente, 2000, esp. cap. III – A questão dos ritos chineses, p. 203-284, cit. p. 284): "torna-se inevitável perguntar, ou simplesmente imaginar, qual teria sido o futuro do cristianismo no mais vasto império asiático, se o esforço e a larga visão desse enorme rol de missionários não tivessem sido esterilizados em lutas e quezílias, com objetivos não raras vezes duvidosos".

1085 Documentação e análise em Antonio Vasconcelos de Saldanha, **De Kangxi para o papa, pela via de Portugal**: memória e documentos relativos à intervenção de Portugal e da Companhia de Jesus na questão dos Ritos Chineses e nas relações entre o imperador Kangxi e a santa Sé (traduções chinesas por Jin Guo Ping, Macau: Instituto Português do Oriente, 2002, 3 vols.).

1086 Voltaire, **Le siècle de Louis XIV** (in **Oeuvres historiques**, édition présentée, établie et annotée par René Pomeau, Paris: Gallimard-Pleiade, © 1957, impr. 2010, p. 603-1274), concluía o cap. XXXV (op. cit., 1751, ed. 2010, p. 1041): "L'esprit vraiment philosophique, qui n'a pris racine que vers le milieu de ce siècle, n'éteignit point les anciennes et les nouvelles querelles théologiques, qui n'étaient pas de son ressort. On va parler de ces dissensions qui font la honte de la raison humaine".

O que se deu, ao menos em parte, em razão da rivalidade, entre o padroado português do Oriente e as missões francesas ao Oriente, foi alimentado por intrigas, junto à corte pontifícia em Roma, e culminou, com o golpe final da intolerância, em não aceitar a observância da tradição confuciana e do culto dos ancestrais, pelos chineses, que sob o reinado tolerante do imperador KANG XI, se mostravam dispostos a ouvir – e quiçá, acolher – a mensagem cristã. Comentava VOLTAIRE – mencionado acima – os imensos danos causados pelas "controvérsias, que amargavam entre os missionários, das diferentes ordens, uns contra os outros", e tinham "produzido a extirpação da religião cristã na região de Tonkin". Em lugar de enxergarem e trabalharem pela causa maior – a difusão da fé cristã – e perderam-se em detalhes de forma e, de tal modo, que "essas mesmas controvérsias que se produziam, ainda mais na China, indispuseram todos os tribunais, contra aqueles que, vindo pregar a sua lei, não estavam de acordo, entre eles, sobre essa mesma lei".[1087]

Por volta de meados do século XIX a China se verá forçada a abrir-se aos ocidentais, europeus e americanos – de modo acintoso[1088] durante o reinado da imperatriz TZU HSI (1861-1908). Virão estes 'ocidentais' com discurso proclamado – inclusive com menções ao direito internacional euro-americano – substancialmente diverso do comportamento adotado.[1089]

Foi preciso algum tempo até que começassem análises da China, feitas por ocidentais, que procurassem apresentar quadro da realidade,

[1087] VOLTAIRE, **Le siècle de Louis XIV** (op. cit., 1751, ed. 2010, esp. chap. XXXIX – Disputes sur les cérémonies chinoises – comment ces querelles contribuèrent à faire proscrire le christianisme à la Chine, p. 1101-1109, cit. 1108) examina a questão: "On sut que, précisément en ce temps-là, les disputes qui aigrissaient les missionnaires des différents ordres les uns contre les autres avaient produit l'extirpation de la religion chrétienne dans le Tunquin; et ces mêmes disputes qui éclataient encore plus à la Chine indisposèrent tous les tribunaux contre ceux qui, venant prêcher leur loi, n'étaient pas d'accord entr'eux sur cette loi même."

[1088] John Otway Percy BLAND e Edmund Trelawny BACKHOUSE, **China under the Empress Dowager – being the history of the life and times of TZU HSI** – "compiled from state papers and the private diary of the Comptroller of her household" (1st. publ., 1910, foreword Derek SANDHAUS, Hong Kong: China Economic Review Publishing / Earnshaw Books, 2009). O referido diário mostrou ser uma fraude, o que torna esse livro controvertido, mas não deixa de ser útil como 'documento de época' e sobretudo como esforço, a seu tempo, inovador de apresentar os chineses como povo de grande cultura e tradição, em relação aos quais talvez 'os brancos' fossem os bárbaros. Uma fraude, com boas intenções...

[1089] Ver **Tratado** (tomos XIV a XVII – **Direito internacional no tempo do colonialismo**).

onde se partisse de noção – que parece óbvia e indispensável, hoje – de que os chineses eram gente como todos os demais, com suas carências e as suas ambições – naqueles tempos de determinação de esferas 'coloniais' de influência e de discursos sobre a suposta 'missão civilizadora do homem branco'.[1090] Exemplos de complexidade e de desdobramentos operacionais, muito além de mera questão de protocolo, a questão que superficialmente pode parecer simples, quanto a saber se estrangeiros deveriam ajoelhar-se ao serem recebidos para audiência oficial – que já causara tensões no passado, em relação à extensão e modo de execução do *kowtow* em séculos passados – em verdade faziam vir a tona a questão do sentimento de superioridade cultural dos chineses, a necessidade de preservar a sua longa tradição, e como manter a compostura e salvar as aparências – *save face* – diante de inimigos muito mais poderosos, surgiam, assim, com brilhante claridade, por trás de questão aparentemente simples como esta.[1091]

Esse direito internacional 'euro-americano' teve ocasião de manifestar-se quando os **Elementos de direito internacional** de Henry Wheaton[1092] foram, em 1864, traduzidos e publicados, no ano seguinte, em chinês, pelo missionário americano William Martin, como *Wanguo Gongfa* – ou 'direito público das nações'. Esta tradução foi parte de uma estratégia, que encontraria resistências:[1093]

[1090] Derek Sandhaus (em seu prefácio, novembro de 2009, a Bland e Backhouse, **China under the Empress Dowager** – The history of the life and times of Tzu His, originalmente publicado em 1910, p. VIII): "In this book Backhouse and Bland succeeded in painting a nuanced picture of the Chinese as few had done before them because they truly knew the country and its people. Using this knowledge they were able to breathe a degree of clarity and understanding into the complex processes that had mystified the aloof Peking diplomats and the world at large."

[1091] D. Sandhaus (prefácio cit., 2009, a Bland e Backhouse, 2010, p. IX): "By continually identifying with the Chinese and identifying the roots of misconceptions, **China under the empress dowager** forced its readers to grapple with a number of challenging notions: maybe the Chinese see us as the uncultured barbarians, maybe we are the ones being rude and presumptuous, maybe the root of conflict between our nations is misunderstanding rather than malevolence."

[1092] Henry Wheaton, **Elements of international law** – with a Sketch of the History of the Science (orig. publ. Philadelphia: Carey, Lee & Blanchard, 1836 – disponível on line: https://books.google.com).

[1093] Cohen and Chiu, **People's China and International Law** – a Documentary Study (Princeton, N.J., vol. I, 1974).

MARTIN acreditava que o conhecimento dos princípios legais da civilização cristã não somente levaria os pagãos para Cristo, mas também ajudariam os chineses a fazer frente ao excesso de zelo de diplomatas e comerciantes ocidentais, que frequentemente eram manifestados em termos de direito internacional. Precisamente por esse motivo, alguns dos diplomatas estrangeiros, residentes em Pequim se opuseram a tal projeto. Estavam eles convencidos de que quando os chineses aprendessem direito internacional, poderiam avaliar a extensão na qual o sistema de privilégios extraterritoriais, recentemente imposto pelas potências ocidentais diferia do tratamento dispensado entre os estados soberanos 'civilizados' da Cristandade.[1094]

Henry WHEATON (1785-1848)[1095] explicava o programa proposto por Jeremy BENTHAM – com seu postulado do maior proveito possível e da busca da felicidade para o maior número possível de seres humanos –[1096] e acrescentava o comentário, no sentido de que um direito perpétuo de supervisão,[1097] constituiria ingerência nos assuntos internos dos

[1094] COHEN and CHIU, **People's China and International Law** – a Documentary Study (Princeton, N.J., vol. I, 1974, p. 7): "MARTIN believed that knowledge of the legal principles of Christian civilization would not only lead the heathen to Christ, but would also help the Chinese cope with overzealous Western diplomats and traders whose demands were often couched in terms of international law. Precisely for the latter reason, some of the foreign diplomats residing in Peking opposed his project. They were convinced that once the Chinese learned international law, they would appreciate the extent to which the system of extraterritorial privileges recently imposed by the West varied from the treatment accorded to the 'civilized' sovereign states of Christendom."

[1095] Henry WHEATON, **History of the Law of Nations in Europe and America, from the earliest times to the treaty of Washington, 1842** (New York: Gould, Banks, 1845) tradução de **Histoire du progrès du droit des gens en Europe**, um "Mémoire" para responder à questão proposta pela Academia de ciências morais e políticas do Institut de France: "*Quels sont les progrès qu'a fait le droit des gens en Europe depuis la paix de Westphalie?*"

[1096] Jean-Pierre CLÉRO, *Jeremy BENTHAM (1748-1832) et le principe d'utilité* (in **Histoire raisonnée de la philosophie morale et politique** – le bonheur et l'utile, tome II – Des lumières à nos jours, sous la direction de A. CAILLÉ, M. SENELLART et C. LAZZERI, originalmente publicado em 2001, Paris: Flammarion – Champs, 2007, p. 124-132, cit. p. 124): Le principe d'utilité, qui n'est pas par lui-même une loi, constitue pourtant aux yeux de BENTHAM, le fondement de tout système législatif.

[1097] Justamente esse 'direito perpétuo de supervisão' causava já grande preocupação a David HUME. Comenta Jean-Pierre CLÉRO, *Jeremy BENTHAM (1748-1832) et le principe d'utilité* (in **Histoire raisonnée de la philosophie morale et politique**, tome II, ed. 2007, p. 124-132,

estados, e que este não deveria constar de um possível código internacional, em razão do caráter fundamental da independência dos estados menores.[1098] Esta, segundo ele, era norma essencial, para a segurança de todos, da qual dependia acima de tudo o equilíbrio entre as potências.

Ocorre, contudo, mutação de grande impacto, no fundamento e na implementação do direito internacional, a partir dessa mudança de perspectiva.[1099] E os maus frutos disso ainda são colhidos.

Na concepção universalista de GRÓCIO, os direitos e deveres do *jus gentium* se estendiam para nações fora do continente europeu.[1100] Contrariamente a essa concepção, WHEATON[1101] – embora sistematicamente faça menções à obra de GRÓCIO – expõe de maneira substancialmente diversa a sua caracterização do direito internacional:

> O direito das gentes, ou direito internacional, como entendido entre as nações cristãs civilizadas, pode ser definido como consistente naquelas normas de conduta, que a razão deduz, de modo consoante com a justiça, da natureza da sociedade existente entre estados independentes; com as definições e modificações que possam ser estabelecidas pelo consenso geral.[1102]

O impacto de WHEATON sobre o século XIX, muitas vezes, é considerado comparável ao de Emer de VATTEL, no século XVIII, ou de GRÓCIO,

cit. p. 130): Le système juridique et politique de BENTHAM est un régime d'inspection généralisée, celui-là même que HUME craignait par dessus tout; et tout particulièrement de contrôle des 'élites', toujours tentées de travailler au profit de leur petit nombre en confondant leur intérêt privé avec l'intérêt général.

1098 H. WHEATON, **History of the Law of Nations in Europe and America, from the earliest times to the treaty of Washington, 1842** (op. cit., n. 28, p. 329-333).

1099 Ver tb. **Tratado** (tomo XIII – **Direito internacional no tempo do concerto europeu**).

1100 Ver Tratado (tomo 3 A – **Direito internacional no tempo antigo**, cap. 2. tempo e discurso no direito internacional, 2.1 – a controvérsia entre Hugo GRÓCIO e Serafim de FREITAS e tb. tomo VII – **Direito internacional no tempo de Hugo Grócio**).

1101 Henry WHEATON, **Elements of International Law** (orig. publ. em 1836, ed. by R. H. DANA, Oxford: Clarendon Press, 8th ed., 1866).

1102 Convém citar textualmente a passagem acima traduzida da obra de H. WHEATON, **Elements of International Law** (ed. by R. H. DANA, 8th ed., 1866, cit. p. 21-22): "The law of nations, or international law, as understood among civilized Christian nations, may be defined as consisting of those rules of conduct which reason deduces, as consoant to justice, from the nature of society existing among independent nations; with such definitions and modifications as may be established by general consent."

no século XVII. Mas, a extensão do dano cometido contra o espírito universalista das anteriores concepções do direito internacional foi incomensurável, e levou tempo considerável para ser revisto esse legado nefasto.[1103] Herança essa perniciosa, não somente pelos danos causados, na história do direito internacional, como na história em geral. Em boa medida, os conflitos e as tensões, que perpassam o cenário internacional pós-moderno, são herança maldita desse tempo, pautado por nacionalismos triunfantes e agressivos, de colonialismo e de imperialismo 'ocidental' sobre outros continentes.[1104]

Aí cabe a questão: "se o direito internacional das nações cristãs civilizadas da Europa e da América é fundamentalmente diferente daquele que governa as relações exteriores das nações não-ocidentais, ele desse modo abdica de sua validade universal própria?"[1105] A resposta de Wheaton é negativa, porque ele considera o progresso da civilização (cristã) como a única fonte de universalismo.

> O caráter não universal de um direito internacional característico da Europa e da América, com o passar do tempo, se tornará universal, por meio do progresso e da difusão do Cristianismo e de sua civilização, e isso forçará os estados 'bárbaros' ou 'semi-civilizados' da Ásia e da África, a aceitar a verdade do direito internacional.[1106]

[1103] Como se considera no **Tratado** (tomo XIV – **Direito internacional no tempo do colonialismo**, item – Direito internacional, colonialismo e suas contradições).

[1104] Ver tb. **Tratado** (tomo XIII – **Direito internacional no tempo do concerto europeu**, capítulo XXIX – ascensão e queda do consenso europeu – ensaio de balanço do direito internacional no século XIX; tomos XIV a XVII – **Direito internacional no tempo do colonialismo** e tomo XX – **Direito internacional, história e cultura**, cap. 3 – Impacto do colonialismo sobre o direito internacional, a descolonização e o desenvolvimento do direito de autodeterminação dos povos).

[1105] Lydia H. Liu, *Henry Wheaton (1785-1848)* (in **The Oxford Handbook of the History of International Law**, ed. by Bardo Fassbender e Anne Peters, Oxford: Univ. Press, 2012, chap. 56, p. 1132-1136, cit. p. 1132): "Indeed, the extraordinary influence of **Elements of international law** reverberated beyond the West – through translation and foreign legation channels – in Asia, Latin America, and other peripheries of the imperial world order."

[1106] L. H. Liu, *Henry Wheaton* (ed. 2012, cit. p. 1134) prosseguia: "It is reasonable to infer that Wheaton proposed Christianity as the moral guarantor of the efficacy of international law in order to respond to Austin's criticism. There are, however, other reasons for him to take the position he did that are more historically compelling than the debate within the legal field."

Propor o cristianismo como garantidor moral do direito internacional subverte o que seja e como possa atuar o direito internacional em mundo multicivilizacional e multipolar. O impacto dessa mudança de perspectiva foi e ainda é notavelmente pernicioso, tanto para determinar os fundamentos do direito internacional, quanto nos desdobramentos, que decorrerão da aplicação de tal concepção:

> A resoluta rejeição da reciprocidade, por parte de WHEATON – considerando-a uma sensibilidade do século XIX (*a 19th. century sensibility*) – teria parecido estranha para o pioneiro do direito das gentes, GRÓCIO. Transformando o direito internacional em imperativo histórico, os **Elementos de direito internacional** movem o fundamento do universal (*shifts the ground of the universal*) e assim, serve para justificar a expansão colonial e o imperialismo das potências europeias.[1107]

O dano causado tornou-se imenso e ainda mais extensamente repercutiu, em razão da enorme difusão alcançada pela obra de WHEATON.[1108] O dano causado pela obra de WHEATON foi imenso e extenso, especialmente no tocante à questão da universalidade do direito internacional. O que se configurava a partir da ótica dos estados cristãos do Ocidente, para WHEATON, como mostram as modificações feitas, em sucessivas edições dos **Elements of international law**.[1109] Depois disso, foi feita tradução da obra de WHEATON para o chinês, com o título *Wanguo gongfa*, em 1865, como o primeiro texto de 'direito internacional' (ocidental) publicado na China.[1110]

[1107] L. H. LIU, *Henry Wheaton* (ed. 2012, cit. p. 1134, e a seguir, p. 1135) observava: "WHEATON's revised editions of **Elements of international law** grew with accumulated new cases and treaty arrangements so as to illustrate the universal validity of international law."

[1108] L. H. LIU, *Henry Wheaton* (ed. 2012, cit. p. 1135) prosseguia: "Following WHEATON's death in 1848, many new editions of the book began to appear. **Elements of international law** garnered so much worldwide recognition in the latter half of the 19th century that it turned into a normative instrument in the fashioning of modern international relations."

[1109] Richard Henry DANA atualizou a obra de WHEATON. Foi publicada a oitava edição, em 1866, e essa serviu como "texto definitivo" para a coleção dos *Clássicos do direito internacional*, publicada pela Clarendon Press, em 1936.

[1110] Shin KAWASHIMA, *China* (in **The Oxford Handbook of the History of International Law**, ed. 2012, chap. 19, p. 451-474, cit. p. 451): "This chapter discusses how international

Houve escolha política e de busca de influência estadunidense, junto ao governo da tardia dinastia QING, em promover, na China, a obra de WHEATON, em lugar da obra de VATTEL. Assim se fez a difusão, na China, da obra de WHEATON, pela delegação dos Estados Unidos em Beijing.[1111]

Na terceira edição dos **Elementos** (em 1846), WHEATON menciona o tratado firmado entre cinco potências europeias e o Império otomano, em 13 de julho de 1841 – a Convenção relativa aos estreitos de Dardanelos e do Bósforo –[1112] e comentava: "as relações mais recentes entre as nações cristãs da Europa e América e as nações maometanas e pagãs da Ásia e da África, indicam a disposição, por parte destas últimas, em renunciar aos seus usos internacionais peculiares e adotar os do Cristianismo".[1113]

Obviamente, é inaceitável pretender que a 'civilização' somente se alinharia com o cristianismo. E isso leva a distorções graves do que seja e como deva atuar o direito internacional, em mundo multicivilacional.

Em suas relações com os estados cristãos da Europa, segundo afirmava WHEATON (na edição de 1846), o Império otomano "foi trazido para dentro do padrão do direito público dos primeiros" (*within the pale of the public law of former*).[1114] O direito de legação já era há muito reconhecido pela Turquia, pela Pérsia, pelo Egito, como pelos assim chama-

law was received in China, from the Chinese point of view. As is well known, China had treaty relations with Western countries, for example the treaty of Nerchinsk of 7 September 1689. However, it was only when William MARTIN translated Henry WHEATON's **Elements of International Law** as **Wanguo Gongfa** (Immanuel C. Y. HSÜ translates it as public law of all nations), which was then published by the *Zongli Yamen* (government body in charge of foreign affairs during the late Qing Dynasty) in 1865 that China first received international law as text." Eclarece, ademais KAWASHIMA (cap. cit., 2012, nota 3): "There are two theories regarding the publication year of the **Wanguo Gongfa** 1864 and 1865. [...] However, as a conclusion, the 1865 theory is correct."

1111 L. H. LIU, **The Clash of Empires: the Invention of China in Modern World Making** (Cambridge, Ma.: Harvard Univ. Press, 2004, esp. p. 108-139).

1112 **Treaty between Austria, France, Great Britain, Prussia, Russia and Turkey respecting the Straits of the Dardanelles and Bosphorus** (publicado na C.T.S., 1841, vol. 92, p. 7 ss.).

1113 Henry WHEATON, **Elements of International Law** (1836, 3rd. ed., 1846, n. 3, p. 21).

1114 'Pale', como substantivo, é uma estaca de madeira, usada com outras equivalentes, para construir uma cerca. Em sentido figurado, "beyond" ou "outside the pale" designa o limite do que é considerado comportamento adequado em sociedade. O simples uso dessa expressão em WHEATON é sintomático de todo um condicionamento cultural e civilizatório.

dos 'Estados barbarescos' – a designação pejorativa, então utilizada, para os estados do Maghreb, no norte da África.[1115]

Essa distorção ótica e histórica teria impacto tanto conceitual quanto prático na forma de ser entendido e aplicado o direito internacional. O que, ao menos em parte, até hoje perdura, e se busca sanar no direito internacional pós-moderno.

Em razão das atitudes ocidentais na China, nos séculos anteriores, até a metade do século XX, não deveria causar surpresa ao 'Ocidente' o posicionamento crítico e seletivo em relação a tais engajamentos internacionais, que tem pautado a China, desde que esta não mais se vê em posição subalterna. "A China não quer se integrar; a China quer ser forte".[1116] Dado o registro histórico do que ficou para trás, é perfeitamente compreensível essa reação das atuais gerações chinesas ao 'legado do Ocidente'.

A seguir se pode passar às conclusões deste tomo. Depois desta rápida apresentação dos elementos de direito internacional, presentes em algumas civilizações antigas – na Ásia, em relação aos indianos e aos chineses – já pode se dar conta do caráter evolutivo do direito internacional e da necessidade de o situar em relação ao tempo histórico e ao contexto cultural no qual se inscreve.

Isso se aplica desde seus primórdios, entre distintas civilizações. E prossegue, desde a Antiguidade, e se diversifica na medida em que se avança do 'medieval' e moderno, rumo aos nossos tempos. A terminologia 'Idade média' pode ser adaptada para conteúdos substancialmente distintos, em contextos bastante diversificados – em relação a distintos continentes e diferentes civilizações.[1117]

Essa trajetória pode prosseguir, com a apresentação, não menos sumária, de alguns elementos de direito internacional na longa transição

[1115] Henry WHEATON, **Elements of International Law** (1836, 3rd ed., 1846, n. 3, p. 21-22).

[1116] Declaração feita por uma estudante do mestrado em "Direito europeu, internacional e comparado", na Faculadde de Direito da Universidade de Macau, em abril de 2007, quando lá lecionei, pela primeira vez, como *Professor visitante*.

[1117] Ver **Tratado** (tomo IV – **Direito internacional no tempo medieval**, esp. 8.3 – caminhos da instauração medieval, subitens 8.3.1 – plano material: o que é?, 8.3.2 – extensão temporal: quando é?, 8.3.3 – dimensão espacial: onde cabe falar em Idade média? e 8.4. continuidade e mudança do contexto medieval ao moderno).

do mundo antigo para o medieval.[1118] Ressaltando, contudo, a permanência de tais ocorrências jusinternacionalistas, ao longo dos séculos, dado que são indispensáveis nas relações entre entidades políticas independentes. E esses elementos estão presentes, nos séculos seguintes, como estiveram nos milênios precedentes.

[1118] Cf. **Tratado** (tomo IV – **Direito internacional no tempo medieval**, título II – direito internacional entre o mundo tardo-antigo e o medieval, cap. 8 – a longa transição do mundo antigo ao medieval).

CONCLUSÕES

Diz-se ser o tempo o intervalo no movimento do mundo

VARRÃO (116-27 a.C.) **De língua latina** (VI.ii.3)[1119]

O tempo é um rio formado pelos eventos, uma torrente impetuosa. Mal se avista uma coisa, já foi arrebatada e outra se lhe segue, que será carregada por sua vez.

MARCO AURÉLIO (121-180 d.C.)[1120]

Duas coisas são necessárias ao homem, para a realização de qualquer ato, a saber, a vontade (*voluntas*) e a potência (*potestas*): quando falte uma das duas, ele será incapaz de executar qualquer coisa. Se faltar a vontade, não se fará sequer o que não se deseja; e sem o poder de executar, a vontade não serve para nada.

BOÉCIO (470-525) **De Consolatione philosophiae**[1121]

1119 M. Terentius VARRO, **De língua latina** (with an English translation by Roland G. KENT, Cambridge, Ma. / Londres: Harvard UP / Loeb Classical Library, vol. 333, tomo I das obras de VARRÃO, © 1938, reprinted, 2006, VI.ii.3, p. 174-175): "Tempus esse dicunt intervallum mundi motus." Faz eco à definição de CRÍSIPO – o tempo é o intervalo no movimento do mundo – tal como é reportada por DIÓGENES LAÉRCIO (VII.144) e da mesma forma, para ZENÃO, o tempo é "um intervalo em todo movimento".

1120 MARCO AURÉLIO, **Meditações** (trad. e notas de Jaime BRUNA, São Paulo: Abril cultural – Os pensadores, vol. V, 1973, p. 271-329, Livro IV, n. 43, cit. p. 287).

1121 BOÈCE, **Consolation de la philosophie** (traduction nouvelle en prose et en vers avec le texte en regard par Louis Judicis de MIRANDOL, Paris: Guy Trédaniel / Ed. de

YANG Xiong compôs seu **Clássico do grande mistério**, que ele levou muitos anos para completar. Todos os que estavam a par da iniciativa, se riam desse trabalho inútil. Eu também passei muitos verões e invernos a escrever o meu **Tratado do historiador perfeito**, e o vulgo igualmente considerou a minha iniciativa como estúpida. [...] Meu talento não se compara ao desse sábio predecessor, mas meu percurso é semelhante. Por isso, gravei tudo em meu coração, a fim de me consolar.

LIU Zhiji (661-721 d.C.), **Tratado do historiador perfeito**[1122]

Todos os homens, cuja natureza superior os impulsiona para o amor da verdade, devem acima de tudo levar em conta isto: assim como tiveram a vantagem de se beneficiarem dos esforços dos antigos, devem trabalhar para que os pósteros, para que a posteridade possa servir-se do fruto de seus esforços.

DANTE ALIGHIERI (1265-1321), **De Monarchia**[1123]

Ninguém ignora, hoje, que o espaço e o tempo, longe de serem as realidades absolutas e independentes uma da outra, como acreditava

la Maisnie, 1981, Livro IV, III, p. 210-211); b/c, BOÈCE, **La consolation de la philosophie / Philosophiae consolationis** (traduction nouvelle avec une introduction et des notes par Aristide BOCOGNANO, Paris: Garnier, 1937, Livro IV, Prosa 2, p. 158-159): "Duo sunt, quibus omnis humanorum actuum constat effectus: voluntas scilicet, ac potestas; quorum si alterutrum desit, nihil est quod explicari queat. Deficiente etenim voluntate, ne agreditur quidem quisque quod non vult; at si potestas absit, voluntas frustra sit."

1122 LIU Zhiji, **Le traité de l'historien parfait** – chapitres intérieurs (texte présenté, traduit et annoté par Damien CHAUSSENDE, Paris: Les belles lettres – Bibliothèque chinoise, 2014, chap. XXXVI, p. 266-275, cit. p. 274-275).

1123 DANTE ALIGHIERI, **De Monarchia** (in **Tutte le opere**, a cura di Luigi BLASUCCI, Firenze: Sansoni, primeira edição, 1965, quarta edição, 1989, p. 247-316, cit. I.1, p. 250): "Omnium hominum quos ad amorem veritatem natura superior impressit hoc maxime interesse videtur: ut, quemadmodum de labore antiquorum ditati sunt, ita et ipsi posteris prolaborent, quatenus ab eis posteritas habeat quo ditetur." Prosseguia DANTE, na mesma passagem, assinalando o quanto se pode considerar, de fato, longe do próprio dever, para quem tem a possibilidade de se instruir, ter sido educado mediante ensinamentos públicos, em descuidar de aportar a sua própria contribuição, às coisas de interesse público: "Longe namque ab offitio se esse non dubitet qui, publicis documentis imbutus, ad rem publicam aliquid afferre non curat."

NEWTON, formam unidade indissociável, 'o espaço-tempo', ele mesmo dependente da matéria que ele contém e que o 'curva'.

A. COMTE-SPONVILLE (2010)[1124]

A conclusão do direito internacional no tempo antigo se põe no sentido da percepção da transitoriedade e da inexorável mutação dos conceitos e dos mecanismos. Ao mesmo tempo, no curso dos séculos, se pode perceber quanto exista de continuidade e quanto de ruptura. A combinação de ambas pode, por vezes, fazer pender a apreciação no sentido da 'novidade' ou no sentido da 'conservação'. Ambas podem ser fundadas.

A construção do direito internacional, ao longo dos séculos, se pôs como resposta às necessidades e aos anseios dos homens de cada época, na busca da convivência ordenada e do anseio pela 'paz'. Estas respostas se fazem presentes em várias tradições civilizacionais distintas, por vezes concomitantes no espaço. Assim como temporalmente, de modo continuado, se ordenam progressivamente, com base nos legados do passado, para fazer frente às necessidades do presente, enquanto se projeta mais adiante, sobre o que virá, imagina-se, no futuro.

A continuidade e a mudança são recorrentes, até que se perceba o caráter ilusório de tais percepções – elas também temporal, espacial e culturalmente condicionadas – onde, na verdade, mudam somente as dosagens, ora com prevalência de uma, ora de outra. Assim, se partiu de

1124 "Daí o que Ilya PRIGOGINE e Isabelle STENGENS chamaram uma 'nova aliança' entre o universo e o homem, entre 'as duas culturas, científica e humanista'. Como um novo paradigma. Depois do 'mundo fechado' da Idade média e do 'universo infinito' dos modernos, nós entramos no que se poderia chamar o 'mundo aberto' dos contemporâneos" – compara André COMTE-SPONVILLE, **Le goût de vivre et cent autres propos** (Paris: Albin Michel, 2010, 'Deux révolutions scientifiques', p. 235-238, cit. p. 236 e a seguir p. 237): "Nul n'ignore aujourd'hui que l'espace et le temps, loin d'être des réalités absolues et indépendantes l'une de l'autre, comme le croyait NEWTON, forment une unité indissociable, 'l'espace-temps', lui-même dépendant de la matière qu'il contient et qui le 'courbe'." Neste texto, André COMTE-SPONVILLE se reporta à obra maior de Alexandré KOYRÉ, **Du monde clos à l'univers infini** (1957) e observa a respeito: "C'est un des grands livres du XXe siècle. Mais il porte ... sur les XVIe et XVIIe. Il retrace l'évolution scientifique qui, de COPERNIC a NEWTON, a bouleversé non seulement le contenu mais les cadres mêmes de notre pensée." A respeito ver tb. **Tratado** (tomo XX – **Direito internacional, história e cultura**, cap. 1 – Direito internacional no tempo e seu papel na história, item 1.3 – do mundo fechado ao universo infinito).

elementos de sistema internacional, em algumas dentre as civilizações da Antiguidade, para anunciar o que viria, ao cabo da transição, ser o 'mundo fechado' da Idade média. Deste se prosseguirá para o 'universo infinito' dos modernos. E o subsequente paradoxo do desenvolvimento institucional com acirramento dos nacionalismos, no direito internacional clássico, até entrarmos no que se poderia chamar o 'mundo aberto' da pós-modernidade.

Histórica e culturalmente condicionado, como qualquer produto humano, o direito internacional, no contexto pós-moderno, reflete o momento vivido, pelos homens, no mundo, entre a percepção do legado do passado, que se soma às necessidades do presente, e ambas se projetam, como indagações, sobre o futuro – sobre o que pode ser o futuro. Contingente, por ser humano, ao mesmo tempo em que almeja construir sistema institucional e normativo regulador do mundo, vive o direito internacional, entre a teoria e a prática, entre estes vários 'mundos fechados' dos antigos – com exceção dos atomistas – e ainda fechado para os medievais, com a terra no centro e o homem no topo, dentre todos os seus habitantes.

O fracionamento político e as mudanças culturais levam ao 'universo infinito' dos modernos, em espaço homogêneo e ilimitado, isótropo, no sentido de sem lugar nem direção privilegiados. O período clássico representa simultaneamente avanço institucional e retrocesso conceitual, e deste se vai até se chegar à proposição pós-moderna do 'mundo aberto' – como "novo paradigma" e "nova aliança" entre o homem e o universo.

Este 'mundo aberto' se põe como dado do nosso tempo. Nunca foi tão necessário. Nunca foi tão complexo consegui-lo. Mas, se o direito internacional não é o único produto humano, marcado pela contingência do tempo, pode-se transcender a contingência, temporalmente condicionada, se considerarmos o produto – o direito internacional – à luz do tempo que o condiciona? Na medida em que introduzimos a discussão epistemológica, podemos buscar compreensão mais aprofundada do fenômeno em questão? Ou será esta somente mais uma falácia?

A 'internacionalidade' se inscreve na base do mundo antigo, como ilustra o breve exame feito dos elementos de sistema internacional no império persa. Em contraposição a este, o direito internacional nas cidades-estado gregas se mostrava como 'mundo fechado', mas a partir destas, se abre para o período helenístico, em que se ensaia império, com base em instituições gregas e persas, alcançando patamar nunca antes experimentado de convivência institucionalmente organizada entre povos.

De modo equivalente se apontam elementos de direito internacional desde a formação até o desenvolvimento de Roma, onde a 'internacionalidade' se exprime em império de enorme escala, com base na matriz romana, mas incorporando elementos dos povos 'integrados' ao império. Sistema 'internacionalizado' de convivência, a partir da matriz romana.

À experiência histórica 'internacionalizada' do Império romano e todos os seus desdobramentos é preciso somar o impacto da imensa construção romana, que influencia substancialmente os autores fundadores do direito internacional moderno – fluem ideias e conceitos entre as eras – e daí advém o movimento que leva à abertura do mundo moderno. E destes, até os nossos tempos pós-modernos.

Ao lado destes dois impérios, se somam os cortes temporais feitos em breves exames da Índia e da China. A 'internacionalidade' se manifesta no sistema sinocêntrico, ainda que por vezes imbuída de vontade de manter o mundo fechado, mas nem tanto.

Esses dados põem bases institucionais que se manterão em sucessivas fases do sistema – ou, melhor, dos sistemas – nos contextos medieval, moderno, clássico, iluminista, imperialista-colonialista, até se chegar à percepção pós-moderna, no sentido de que depois do mundo fechado dos antigos e medievais, do universo infinito dos modernos, das oscilações institucionais e conceituais do período clássico e iluminista, a exacerbação imperialista-colonialista comete excessos na ordenação de boa parte do espaço humano do mundo, até nos vermos diante de novas transformações essenciais, insertos em mundo ainda mais aberto, fluido, e incerto.

Este mundo pós-moderno, aberto tanto no sentido do espaço, como do tempo! Outra revolução científica, ou mais de uma, vem, novamente, abalar as nossas concepções do mundo: adeus às intransigentes certezas do passado...

Com a colaboração de EINSTEIN, ninguém mais ignora, hoje que "o espaço e o tempo, longe de serm as realidades absolutas e independentes uma da outra, como acreditava NEWTON, formam unidade indissociável, 'o espaço-tempo', ele mesmo dependente da matéria que ele contém". Assim, a lição do tempo presente, em nosso contexto pós-moderno, é justamente a reintrodução do tempo e do mistério, no coração do ser. Acrescentando desordem – mas também criatividade – ao mundo da natureza. Conferindo novamente abertura ao presente e ao futuro.

Aí se inscreve, talvez, a lição maior do efeito do tempo sobre as obras humanas: a necessidade de termos consciência de sermos contingentes, e estarmos, temporal, espacial e culturalmente, condicionados. Esta contingencialidade faz parte de nossa humana natureza. Talvez por isso a busca da transcendência seja igualmente humana – como anseio por aceder a patamar menos fortemente pautado pela contingência, do tempo, do espaço e da cultura. Mas a eternidade nem é deste mundo, nem é humana. E pelo que não é humano, não podemos ser cobrados!

Caberá, contudo, perceber a dimensão na qual nos inscrevemos e podemos obrar: nesta condição se põe a humanidade do homem e a sua inventividade. O homem como o ser que ri, mesmo ao tratar de relações internacionais, ao tentar intelectualizar as relações de força, o ser que pensa o direito internacional, o ser que (mais) destrói os seus semelhantes, na guerra, como outras espécies, o ser que destrói o meio ambiente, no qual vive e do qual depende para continuar a existir, mas também o ser que cria concepções para a ordenação da vida em sociedade, e da vida entre as sociedades.

A obra admirável da construção e da evolução progressiva do direito internacional no tempo, se põe como faceta dessa trajetória humana na terra – em confluência de tempo e de espaço – para estruturar esses meios e modos, histórica, temporal e culturalmente condicionados, de ordenação da convivência, primeiro entre estados, e em seguida também entre os demais agentes não estatais, no plano internacional da convivência. A construção, ao mesmo tempo, ainda está em curso, enquanto certas partes já necessitam reformas ou revisões estruturais.

Mais do que aceder à obra pronta do direito internacional – que não existe, visto estar em constante mutação, e talvez nem possa existir, dada a sua contingencialidade e o fato de estar inscrita no tempo, do espaço e dos contextos culturais – vemo-nos na precariedade do que foi possível fazer em alguns momentos do tempo antigo até a longa transição para o contexto medieval, enquanto se espera o que pode vir, a seguir. A interação se faz como necessidade. Entre o passado que já se foi – pois, de outro modo, não seria passado – e o futuro que ainda não existe – pois ao começar a existir deixa de ser futuro – estamos insertos no presente, como o instante que passa, mas o único sobre o qual podemos ter alguma ação.

Na medida em que o mundo se constrói como sucessão e encadeamento de legados, desde nós mesmos, que somos determinados por história, que somente em parte conhecemos e manejamos, por nossos genes, nossa história familiar e mesmo pessoal, até nosso mundo e mesmo nossos conhecimentos – assim fala, em certas ocasiões, a Corte Internacional de Justiça a respeito de "usos consolidados" do direito internacional, em parte deduzidos a partir da história, em parte induzidos por quem os maneja – vemo-nos diante de mundo humano, demasiadamente humano, inscrito no tempo e condicionado pela temporalidade, mas que almeja a algo mais do que a transitoriedade que lhe é imanente. A construção do que não passe, a partir do que passa – como dilema central da espécie humana.

Desse legado se procurou apresentar a perspectiva de uma trajetória, partindo da Antiguidade. E, a partir desta, caberá destacar alguns elementos na passagem para o cenário medieval do mundo, em termos de sistemas internacionais. Obviamente, esta perspectiva se põe também inexoravelmente como contingente, precária, temporal, cultural e humanamente condicionada, como todo produto humano, porém não menos necessária para compreender o encadeamento dos elementos de direito internacional entre diferentes fases da história humana.[1125]

Ao menos como premissa e ideia norteadora, se põe, aqui, na Antiguidade, a percepção da importância do direito internacional no tempo. Como meio para a compreensão do sistema institucional e normativo internacional. Contingente, precário, temporal, cultural e humanamente condicionado, mas como uma das mais belas criações do espírito humano, se isto não se puder dizer por si mesma, porquanto cada área do conhecimento pode pretender avançar as suas credenciais, mas mesmo se espacial e temporalmente condicionado, assim pode ser, pela missão que tem a cumprir, no espaço-tempo, como pelos fins a que se destina, o direito internacional.

[1125] Como se examina no **Tratado** (tomo 4 – **Direito internacional no tempo medieval** e seguintes).

Ao passar para os tomos seguintes, dedicados ao direito internacional no tempo medieval e nos sucessivos contextos dos séculos seguintes, se evidencia a conjugação entre continuidade e notáveis mudanças de tempo histórico e contexto cultural, coloca-se o tom da trajetória humana, no tempo como no espaço – e que tão bem exprime este *Soneto* de Luís de Camões:

> Mudam-se os tempos, mudam-se as vontades,
> Muda-se o ser, muda-se a confiança;
> Todo o mundo é composto de mudança,
> Tomando sempre novas qualidades.
>
> Continuamente vemos novidades,
> Diferentes em tudo da esperança;
> Do mal ficam as mágoas na lembrança,
> E do bem (se algum houve) as saudades.
>
> O tempo cobre o chão de verde manto,
> Que já cuberto foi de neve fria,
> E enfim converte em choro o doce canto.
>
> E, afora este mudar-se cada dia,
> Outra mudança faz de mor espanto,
> Que não se muda já como soia.[1126]

[1126] Luís de Camões (ca. 1524-1580), **Sonetos** ("Corpus dos Sonetos Camonianos", edição e notas por Cleonice S. da M. Berardinelli, Rio de Janeiro: Fundação Casa de Rui Barbosa / Lisboa e Paris: Centre culturel portugais – École pratique des Hautes Études – IV section – Centre de recherches sur le Portugal de la Renaissance, 1980, Soneto 57, p. 115).

REFERÊNCIAS

Ab'Sáber, Aziz Nacib, *Incursões à pré-história da América tropical* (in **Viagem incompleta: a experiência brasileira / Formação: Histórias**, org. Carlos G. Mota, São Paulo: Ed. SENAC, 2ª ed., 2000, p. 29-43)

Abi-Saab, Georges, *The newly independent states and the rules of international law: an outline* (Howard Law Journal, 1962, vol. 8, n. 2, p. 97-121)

Accioly, H., **Tratado de direito internacional** (terceira edição, histórica, com pref. P. B. Casella, Brasília: FUNAG / São Paulo: Quartier Latin, 2009, 3 vols.)

Accioly, H.; Nascimento e Silva, G. E. do; Casella, P. B., **Manual de direito internacional público** (São Paulo: Saraiva, 25ª ed., 2021)

Accursius, **Glossa Paciscuntur** ad D. 2.14.5; **Glossa Lacessant** ad D. 49.15-19.1; **Glossa foederati** ad D. 49.15.7 (in **Digestum vetus**, Accursius Glossator, Univ. of California Berkeley, Manuscript MS frag. 1, Robins Collection, produced Italy ca. 1200-1250 – location RBCAG Robbins MS F 1 – linked resources: Digital Scriptorium – Monographs and Serials)

Ago, R.; Schiedermair, H.; Riphagen, W.; Truyol y Serra, A., **Commémoration du quatrième centennaire de la naissance de Grotius / Commemoration of the fourth centenary of the birth of Grotius** (RCADI, 1983, t. 182, p. 371-469)

Ago, Roberto, *The first international communities in the Mediterranean world* (orig. publ. in French in the **Mélanges offerts à Paul Reuter**, Paris: Pedone, 1981, tb. publ. BYIL, 1982, vol. 53, p. 213-232)

Agostinho de Hipona, **A Cidade de Deus** (orig. **De civitate Dei** trad. Oscar Paes Leme, intr. Pe. Riolando Azzi, São Paulo: Edameris, 1964, 3 vols.)

___, **De civitate Dei / La ciudad de Diós** (edicion bilingue, trad. Santos Santamarta Del Rio y Miguel Fuertes Lanero, intr. y notas de Victorino

CAPANAGA, in **Obras de San Agustín**, vols. XVI e XVII, 3ª ed., 1977, 2 vols., Madri: Biblioteca de Autores Cristianos, vols. 171 e 172)

___, **Confissões** (escritas ca. 400 A.D., **Confessionum, libri tredecim**, in **Obras de san AGUSTIN**, ed. bilingue, vol. II – **Las Confesiones** ed. crítica e anotada por Angel Custodio VEGA, Madri: BAC – Biblioteca de autores cristianos, 7ª ed., 1979)

AKUTAGAWA, Ryûnosuke, **Rashomon e outros contos** (organização e tradução do japonês Madalena Hashimoto CORDARO e Junko OTA, © 1992, São Paulo: Hedra, 2008)

ALAMINO, Felipe, Anexação da Criméia (pref. P. B. CASELLA, Curitiba: Instituto Memória Ed., 2021)

AL BIRUNI, Muhammad Ibn Ahmad, **Alberuni's India** – An account of the religion, philosophy, literature, geography, chronology, astronomy, customs, laws and astrology of India about A. D. 1000 (an English edition, with notes and indices, by Edward C. SACHAU, 2 vols., London: Kegan, Paul, Trench, Trübner & Co., 1910)

___, **A critical study of what India says, whether accepted by reason or refuted** (original de 1030, Hyderabad: Council of the Ottoman Encyclopedia Press, 1957, on line: digital ID https://hdl.loc.gov/loc.wdl/wdl.7447, Library of Congress Control Number 2021666170, LCCN Permalink htttps://lccn.loc.gov/2021666170)

ALBRECHT, Michael von, **História de la literatura romana** – desde Andrónico hasta Boecio (orig. publ. **Geschichte der römischen Literatur**, 1994, versión castellana por Dulce ESTEFANÍA e Andrés POCIÑA PÉREZ, Barcelona: Herder, vol. I, 1997; vol. II, 1999)

AL-FARABI, **De l'obtention du bonheur** (trad. de l'arabe et annoté par Olivier SEDEYN et Nassim LÉVY, présenté et annoté par Olivier SEDEYN, Paris: Allia, 2010)

___, **La philosophie de Platon** – ses parties, l'ordre de ses parties, du commencement jusqu'à la fin (trad. de l'arabe et annoté par Olivier SEDEYN et Nassim LÉVY, Paris: Allia, 2013)

___, **A cidade virtuosa** (trad. do árabe, introdução, notas e glossário de Catarina BELO, Lisboa: Fund.C. Gulbenkian, 2018)

ALEXANDROWICZ, C. H., **The law of nations in global history** (ed. by D. ARMITAGE and J. PITTS, Oxford: University Press, 2017)

___, **Afro-Asian world and the law of nations: historical aspects** (RCADI, 1968, t. 123, p. 117-214)

___, **Treaty and diplomatic relations between European and South Asian powers in the seventeenth and eighteenth centuries** (RCADI, 1960, t. 100, p. 203-322)

___, *Mogul sovereignty and the law of nations* (orig. publ. The Indian Yearbook of International Affairs, 1955, vol. 4, in **The law of nations in global history**, 2017, p. 62-68)

___, *Grotius and India* (orig. publ. The Indian Yearbook of International Affairs, 1954, vol. 3, p. 357-367, in **The law of nations in global history**, 2017, p. 113-120)

___, *Le droit des Nations aux Indes orientales – aux XVI*e*, XVII*e*. XVIII*e *siècles* (orig. publ. *Annales. Histoire, Sciences sociales* 1964, vol. 19, p. 869-884 e 1066-1084, in **The law of nations in global history**, 2017, p. 83-112)

___, *Kautilyan Principles and the Law of Nations* (orig. publ. 1965-66, in **The law of nations in global history**, ed. 2017, p. 35-52)

___, *Freitas versus Grotius* (orig. publ. BYIL, 1959, vol. 35, p. 161-182, in **The law of nations in global history**, 2017, p. 121-139)

___, Introduction (in **Alberico Gentili and the development of international law: his life, work and times**, ed. by G. H. J. van der Molen, orig. publ. 1937, 2nd rev. ed., Leiden, 1968, p. VII-IX)

Alighieri, Dante, **De monarchia** (in **Tutte le opere** a cura di Luigi Blasucci, Firenze: Sansoni, edição orig., 1965, quarta edição, 1989, p. 247-316)

Alland, Denis, *Capitulations* (in **Dictionnaire de la culture juridique**, dir. de D. Alland et Stéphane Rials, Paris: Lamy / PUF-Quadrige, 2003, p. 167-169)

Almasudi, **Meadows of gold – The Abbasids** (orig. **Muruj Addahad wa Ma'adin Aljawhar**, ca. 943 d.C., translated and ed. By Paul Lund and Caroline Stone, London: Routledge, 1989)

Alquié, Ferdinand, **Le désir d'éternité** (Paris: PUF, 1966)

Al Shaybani, Muhammad Al-Hasan, **The Shorter Book on Muslim International Law** (orig. **Kitab al-Siyar al-Saghir**, ed., transl. and annotated by Mahmood Ahmad Gazi, New Delhi: Adam Publ. and Distributors, 2007)

Anand, R. P., **Studies in International Law and history** – an Asian perspective (Leiden: Brill Academic Publ. – M. Nijhoff, 2004)

___, **Sovereign equality of states in international law** (RCADI, 1986, t. 197, p. 9-228)

Ando, Nitsuke (ed. by), **Japan and international law: past, present and future** ("International symposium to mark the Centennial of the Japanese Association of International Law", Haia: Kluwer Law International, col. International Law in Japanese Perspective, vol. 5, 1999)

ANGELL, Norman, **A grande ilusão** (do original **The great illusion**, © 1910, ed. rev. 1933, trad. Sérgio BATH, Brasília: Ed. UnB / IPRI; São Paulo: Imprensa Oficial, 2002)

ANGHIE, Antony, **Imperialism, sovereignty and the making of international law** (foreword by J. CRAWFORD, Cambridge: Univ. Press, 1st. publ., 2005, printed 2007)

ANZILOTTI, Dionisio, **Cours de droit international** (orig. publ. **Corso di diritto internazionale**, 1912, trad. Gilbert GIDEL, 1929, avant propos de Pierre-Marie DUPUY e Charles LEBEN, Paris: LGDJ diffuseur / éd. Panthéon-Assas, 1999)

AQUINO, Tomás de, **Summa theologiae / Somme théologique** (Paris: Cerf, 1984, tome III)

ARANGIO-RUIZ, V., **Human rights and non-intervention in the Helsinki Final Act** (RCADI, 1977, t. 157, p. 195-331)

___, **Storia del diritto romano** (Napoli: E. Jovene, "settima edizione riveduta con note aggiunte, ristampa anastatica", 1977)

ARAÚJO, Horácio Peixoto de, **Os Jesuítas no império da China: o primeiro século (1582-1680)** (Macau: Instituto português do Oriente, 2000)

ARAÚJO, Luís Manuel de, *A batalha de Kadech* (in **A guerra na Antiguidade**, coord. A. R. dos SANTOS e J. VARANDAS, Lisboa: Centro de História da Univ. de Lisboa - Caleidoscópio, 2006, vol. I, p. 55-101)

___, *A luta pela sobrevivência do Egipto: a expulsão dos 'povos do mar'* (in **A guerra na Antiguidade**, coord. A. R. dos SANTOS e J. VARANDAS, Lisboa: Centro de História da Univ. de Lisboa - Caleidoscópio, 2010, vol. III, p. 97-150)

ARBLASTER, Paul, **A history of the Low Countries** (orig. publ. 2006, New York: Palgrave Macmillan, 2nd ed. 2012)

ARGAN, Giulio Carlo, **Imagem e persuasão: ensaios sobre o barroco** (org. Bruno CONTARDI, do original **Imagime e persuasione: saggi sul barroco** © 1986, trad. Maurício Santana DIAS, São Paulo: Companhia das Letras, 2004)

ARISTÓTELES, **POLITIKI / Politics** (with an English translation by H. RACKAM, Cambrigde, Ma. / London: Loeb Classical Library, ARISTOTLE t. XXI, LCL 264, orig. publ. 1932, reprinted 2005)

___, **Arte retórica** e **Arte poética** (intr. e notas de Jean VOILQUIN e Jean CAPELLE, trad. A. Pinto de CARVALHO, São Paulo: Difel, 1959)

___, **Politique** (texte établi et trad. par J. AUBONNET; t. I: Intr. - Livres I et II; t. II: livres III et IV; t. III: livres V et VI; t. IV: livre VII; t. V: livre VIII et index; Paris: Les belles lettres - coll. «Budé», 1960)

___, **Ética a Nicômaco** (trad. Leonel VALLANDRO e Gerd BORNHEIM da versão inglesa de W. D. ROSÁ, São Paulo: Abril, 1973)

___, **Poética** (trad., comentários, índices Eudoro de SOUZA, São Paulo: Abril, 1973)

___, **Éthique à Nicomaque** (texte trad. et annoté par Jean TRICOT, Paris: Vrin, 1990)

___, **Política** (trad. Nestor Silveira CHAVES, Bauru: Edipro, 1995)

___, **The Nicomachean Ethics** (with an English translation by H. RACKHAM, first publ. 1926, Cambridge, Ma. / London: Harvard UP, LCL 73, ARISTOTLE vol. XIX, 2003)

___, **Poetics** (with an English translation Stephen HALLIWELL, Cambridge Ma.: Harvard UP, LCL, edition first publ. 1995, reprinted 2005)

___, **Politics** (with an English translation by R. RACKHAM, Cambridge, Ma. / London: Harvard UP, LCL vol. 264, ARISTOTLE vol. XXI, © 1932, reprinted 2005)

___, **The 'art' of rhetoric** (with an English translation by John Henry FREESE, Cambridge, Ma. / London: Harvard UP, LCL, edition first publ. 1926, reprinted 2006)

ARMENO, Cristoforo, **Peregrinaggio di tre giovani figliuoli del re di Seredippo** – 'dalla persiana nell'italiana lingua trapportato' (orig. publ. 'in Venetia, per Michele Tramezzino', 1557, a cura di Renzo BRAGANTINI, Roma: Salerno Editrice, 2000)

ARMSTRONG, R. A., **Primary and secondary precepts in Thomistic natural law teaching** (Haia: Martinus Nijhoff, 1966)

ARNAOUTOGLOU, Ilias, **Leis da Grécia antiga** (trad. Ordep Trindade SERRA e Rosiléa Pizarro CARNELÓS, São Paulo: Odisseus, 2003)

ARRAULT, Alain; WANG, Yucheng, *L'émergence de l'icône taoïste: Essai d'histoire de l'image cultuelle* (in **La voie du Tao, un autre chemin de l'être**, Paris: Réunion des musées nationaux, 2010, p. 37-49)

ARRIANUS, Flavius, **ARRIANOU ALEXANDROU ANABASEOS – Anabasis of Alexander** (with an English translation by P. A. BRUNT, Cambridge, Ma.: Harvard U.P. / LCL 236 – ARRIAN I, ed. by E. ROBSON, 1st publ. 1929, rev. text and translation with new introduction, notes and appendixes, 1976, books I – IV e Appendixes; LCL 269 – ARRIAN II, 1st publ., 1933, reprinted 2000, books V – VII)

___, **ARRIANOU INDIKH – Indica** (with an English translation by P. A. BRUNT, Cambridge, Ma.: Harvard U.P. / LCL 269, 1st publ., 1933, rev. text and translation with new introduction, notes and appendixes, © 1983, reprinted 2000)

ASHERI, David, **Fra ellenismo e iranismo** – Studi sulla società e cultura di Xanthos nell'età achemenide (Bologna: Patron Ed., 1983)

___, **O estado persa** – ideologia e instituições no Império aquemênida (do original **The Persian State**, 1991, trad. Paulo Butti de LIMA, São Paulo: Perspectiva, 2006)

ATTAR, Frank, **Droit international: entre ordre et chaos** (Paris: Hachette, 1994)

AUDINET, Eugène, *Les traces du droit international dans l'Iliade et dans l'Odyssée* (RGDIP, vol. 21, 1914, p. 29-63)

AULUS GELLIUS, **Noctes Atticae / Attic Nights** (with an English translation by John C. ROLFE, Cambridge, Ma. / Londres: Harvard U. P., vol. I – Books I-V LCL 195, 1946; vol. II – Books VI-XIII LCL 200, 2006, vol. III – Books XIV--XX, LCL 212, 1952)

AYALA, Balthazar, **De jure et officiis bellicis et disciplina militari** (ed. by John WESTLAKE, Washington: Fundação Carnegie / Col. Clássicos do direito internacional, No. 2, 2 vols.: vol. 1. photographic reproduction of the edition of 1582, with a portrait of Ayala, introduction by J. WESTLAKE; vol. 2. translation of the text, by J. Pawley BATE, 1912)

AYMARD, André; AUBOYER, Jeannine, **O Oriente e a Grécia antiga** vol. 1 – Civilizações imperiais do Oriente (in **História geral das civilizações**, sob a direção de M. CROUZET, trad. Pedro Moacyr CAMPOS, São Paulo: Difel, 6ª ed., 1977)

BACHAND, Remi, Présentation (in D. KENNEDY, **Nouvelles approches de droit international**, préface et trad. sous la direction de E. JOUANNET, Paris: Pedone, 2009)

BACHELARD, Gaston, **A poética do espaço** (orig. publ. **La poétique de l'espace**, Paris: PUF, 1957, trad. A. de Pádua DANESI, São Paulo: Martins, 1ª ed., 1989; 6ª tiragem, 2003)

BACHER, Karl-Dietrich; JACOBSEN, Hans-Adolf (hrsg.), **Bibiliographie zur Politik** – in Theorie und Praxis (Düsseldorf: Droste Verlag, 1970)

BACKMANN, René, **Un mur en Palestine** (Paris: Gallimard, © 2006 «édition augmentée et mise à jour», 2009)

BADERIN, Mashood A., *Muhammad AL-SHAYBANI (749/50-805)* (in **The History of International Law**, ed. by B. FASSBENDER e A. PETERS, Oxford: Univ. Press, 2012, chap. 45, p. 1081-1085)

BADI, Amir Mehdi, **Les grecs et les barbares I. Une erreur de l'Histoire** (1963, Paris: Geuthner, 3e éd., 1990)

___, ___ **II. Deux mondes complémentaires** (1966, Paris: Geuthner, 2e éd., 1990)

___, ___ **III. Suse contre Athènes** (1968, Paris: Geuthner, 2e éd., 1990)

___, ___ **IV. Salamine et Platées** (Lausanne: Payot, 1975)

___, ___ **V. La paix du Roi** (Paris: Paul Geuthner, 1984)

___, ___ **VI. D'Alexandre à Mithridate** (Paris: Paul Geuthner, 1990)

BADIÉ, Bertrand, **Un monde sans souveraineté: les états entre ruse et responsabilité** (Paris: Fayard, 1999)

BADIOU, Alain, **Saint Paul – la fondation de l'universalisme** (orig. publ. 1997, Paris: PUF-Quadrige, 2015)

BADRINATH, Chaturvedi, **Mahabharata** – an inquiry in the human condition (Hyderabad, India: Orient Longman, 2007)

BAGBY, Philip, **Culture and History** – Prolegomena to the comparative study of civilizations (Berkeley: Univ. of California Press, 1959)

BAILBY, H., *Georges-Frédéric De MARTENS* (in **Les fondateurs du droit international public: leurs oeuvres, leurs doctrines**, introduction A. PILLET, Paris: V. Giard & E. Brière, 1904, p. 603-676)

BAILLY, A., **Dictionnaire grec-français** (orig. publ. 1894, avec E. EGGER, éd. révue par L. SECHAN et P. CHANTRAINE, nouvelles notices de mythologie et de religion par L. SECHAN, Paris: Hachette, 39e éd., 1985)

BALDINI, Antonio, **L'impero romano e la sua fine** (Bologna: Il Mulino, 2008)

BANK, Alice (réalisation et textes), **L'art byzantin** – dans les Musées de l'Union soviétique (présentation Youri KIRILLINE, trad. Vladimir MAXIMOV, Leningrado: Ed. d'art Aurore, 1977)

BARBERIS, Julio A., **Les règles spécifiques du droit international en Amérique latine** (RCADI, 1992, t. 235)

BARBERO, Alessandro, **Barbares** – Immigrés, refugiés et déportés dans l'empire romain (orig. publ. **Barbari** – Immigrati, profughi, deportati nell'impero romano, 2006, trad. Pérette-Cécile BUFFARIA, Paris: Tallandier, 2009)

BARBEYRAC, Jean de; DUMONT, Jean, **Corps universel diplomatique du droit des gens** (Amsterdam: Janssons à Waesberge, Wetstein, Smith, Z. Chatelain / La Haye: P. de Hondt, la veuve de Ch. Le Vier & J. Neaulme, 1726-1731, oito volumes)

___, com Jean Rousset DE MISSY, **Supplément au Corps diplomatique du droit des gens** (Amsterdam / La Haye, 1739-, em cinco volumes)

BARBOSA, Pedro Gomes, *O carro de guerra na Antiguidade: o colocar de algumas questões* (in **A guerra na Antiguidade**, coord. A. R. dos SANTOS e J. VARANDAS,

Lisboa: Centro de História da Univ. de Lisboa – Caleidoscópio, 2010, vol. III, p. 281-296)

BARCIA-TRELES, Camilo, *Fray Serafim de Freitas y el problema de la libertad oceánica* (Bol. da Fac. de Direito de Coimbra, 1946, vol. XXII, p. 67-91)

BARILE, Giuseppe, **Lezioni di diritto internazionale** (Padova: Cedam, 1977)

BARKER, E., **Teoria política grega: PLATÃO e seus predecessores** (orig. publ. **Greek political theory**, 1918, trad. Sérgio BATH, Brasília: Ed. UnB, 1978)

___, **Church, state and education** (1st publ., 1930; "American edition, with a new preface by the Author", Ann Arbor: Univ. of Michigan Press, 1957)

BARNETT, Thomas P. M., **Great powers: America and the world after Bush** (New York: Berkley Books, orig. publ. 2009, reprinted 2010)

BARREAU, Jean-Claude, **Un capitalisme à visage humain** – le modele vénitien (Paris: Fayard, 2011)

BARRETO, Evelyn, **Projetos de paz perpétua no direito internacional contemporâneo** (pref. P. B. CASELLA, apresentação C. P. MOISÉS, São Paulo: WMF – Martins Fontes, 2021)

BARTELSON, Jens, **A genealogy of sovereignty** (New York / Cambridge: Cambridge Univ. Press, 1995)

BARTHÉLEMY, J., *François de Vitoria* (in **Les fondateurs du droit international: leurs oeuvres, leurs doctrines**, introduction A. PILLET, Paris: V. Giard & E. Brière, 1904, p. 1-36)

BASDEVANT, J., **Règles générales du droit de la paix** (RCADI, 1936, t. 58, p. 471-692)

___, **La conclusion et la rédaction des traités et des instruments diplomatiques autres que les traités** (RCADI, 1926, t. 15, p. 535-644)

___, *Hugo Grotius* (in **Les fondateurs du droit international public: leurs oeuvres, leurs doctrines**, introduction A. PILLET, Paris: V. Giard & E. Brière, 1904, p. 125-267)

BASTID, Suzanne, *Mutations politiques et traités: le cas de la Chine* (in **La communauté internationale: Mélanges offerts à Charles ROUSSEAU**, Paris: Pedone, 1974, p. 1-15)

___, **Les problèmes territoriaux dans la jurisprudence de la C.I.J.** (RCADI, 1962, t. 107, p. 361-495)

___, **Les tribunaux administratifs internationaux et leur jurisprudence** (RCADI, 1957, t. 92, p. 343-518)

___, **La jurisprudence de la CIJ** (RCADI, 1951, t. 78, p. 575-686)

BATIFFOL, Henri, **A filosofia do direito** (orig. publ. **La philosophie du droit**, 1960, trad. Neide de FARIA, rev. A. Vilas Boas da MOTA, São Paulo: Difel, 1968)

BATTISTINI, Andrea; GUARAGNELLA, Pasquale (a cura di), **Giambattista Vico e l'enciclopedia dei saperi** (Lecce: Pensa, 2007)

BAUDRY, Léon, **Guillaume d'Ockham**: sa vie, ses oeuvres, ses idées sociales et politiques, tome I – l'homme et les oeuvres (Paris: J. Vrin, 1950)

BAUSLAUCH, Robert A., **The concept of neutrality in Classical Greece** (Berkeley: Univ. of California Press, 1991)

BAYLY, C. A., **The birth of the modern world, 1780-1914: global connections and comparisons** (Oxford: Blackwell, 2004)

BEARD, Mary, **The Roman triumph** (Cambridge, Ma.: The Belknap Press of Harvard Univ. Press, 2007)

BEC, Christian, **Histoire de Venise** (orig. publ. 1983, Paris: PUF, 3e éd., reimpr., 2005)

BECKER LORCA, Arnulf, **Mestizo International Law** – a Global intellectual history 1842-1933 (Cambrridge: Univ. Press, 2016)

___, *Eurocentrism in the history of International Law* (in **The Oxford Handbook of the History of International Law**, op. cit., 2012, p. 1034-1057)

BEDERMAN, David J., *Religion and the sources of international law in Antiquity* (in **Religion and International Law**, ed. by Mark W. JANIS and Carolyn EVANS, Leiden/Boston: M. Nijhoff, 1999, reprinted 2004, p. 1-26)

___, **International Law in Antiquity** (Cambridge: Univ. Press, 2001, reprinted 2006)

BEDJAOUI, M., (prés. du comité scientifique), **L'Afrique et le droit international: variations sur l'organisation internationale / Africa and International Law: Reflections on the international organization** – Liber amicorum Raymond RANJEVA (Paris: Pedone, 2013)

BEITZ, Charles R., *Justice and international relations* (in **International Ethics**, ed. by Charles R. BEITZ et al., Princeton: Univ. Press, 1985, 4th printing, 1990, p. 282-311)

BELISSA, Marc, *Montesquieu, l'Esprit des lois et le droit des gens* (in **Le temps de Montesquieu**, dir. Michel PORRET et Catherine VOLPILHAC-AUGER, Genebra: Droz, 2002, p. 171-185)

BELLEC, François, **Marchands au long cours** (Paris: Éd. du Chêne – Hachette livre, 2003)

BELLI, Pierino, **De re militari et bello tractatus** (Oxford / Washington: Fundação Carnegie / Col. Clássicos do direito internacional, No. 18, 2 vols.:

Vol. I. photographic reproduction of the edition of 1563, with introduction by Arrigo Cavaglieri, and a portrait of Belli; Vol. II. translation of the text by Herbert C. Nutting, with a translation of the introduction, and indexes, 1936)

Bély, Lucien, **La France au XVIIe siècle** (Paris: PUF, 2009)

___ et Richefort, Isabelle (dir. de), **L'Europe des traités de Westphalie** – Esprit de la diplomatie et diplomatie de l'esprit (Paris: PUF, 2000)

Bendelac, Jacques, **Les arabes d'Israël** – entre intégration et rupture (Paris: Éd. Autrement – frontières, 2008)

Bennouna, Mohammed, **Les sanctions économiques de l'ONU** (RCADI, 2002, t. 300, p. 9-77)

Bergsmo, Morten; Webb, Philippa, *International Criminal Courts and Tribunals, Complementarity and Jurisdiction* (in **Encyclopedia of Public International Law**, op. cit., 2012, vol. V, p. 688-696)

Bergson, Henri, **Matéria e memória** (orig. publ. **Matière et mémoire**, 1939, trad. Paulo Neves, São Paulo: Martins, 2ª ed., 1999)

___, **O riso** (orig. publ. **Le rire** © 2001, trad. Ivone C. Benedetti, São Paulo: Martins, 2001)

Beristain, Valérie, **L'Inde impériale des Grands Moghols** (orig. publ. 1997, Paris: Gallimard – Histoire, 2007)

Berlin, I., **Vico e Herder** (orig. publ. **Vico and Herder – two studies in the history of ideas**, 1976, trad. J. A. Gili Sobrinho, Brasília: Ed. UnB – Col. pensamento político, vol. 49, 1982)

Bermudes, João, **Breve relação da embaixada que o patriarca dom João Bermudes trouxe do Imperador da Etiópia, chamado volgarmente Preste João** (ed. original de 1565, serviu de base para a edição de Lisboa: Academia real de ciências, 1875)

___, **Ma géniale imposture** – Patriarche du Prêtre Jean (trad. du portugais et annoté par Sandra Rodrigues de Oliveira, intr. et notes de Hervé Pennec, Toulouse: Anacharsis, 2010)

Bernard, Jacques, **Recueil des traités de paix, de trêve, de neutralité, de suspension d'armes, de confédération, d'alliance, de commerce, de garantie etc., depuis 536 jusqu'à 1700** (Amsterdam: Henry et la veuve de T. Boom / La Haye, quatro volumes, 1700)

Besselaar, Jose van den, **Introdução aos estudos históricos** (São Paulo: EPU-EDUSP, 4ª ed. revista e ampliada, 1974)

Bessis, Sophie, **Histoire de la Tunisie** – de Carthage à nos jours (orig. publ. 2019, Paris: Tallandier-texto, édition actualisée, 2022)

BETTATI, Mario; KOUCHNER, Bernard (dir. de), **Le devoir d'ingérence** – peut--on les laisser mourir? (Paris: Denoel, 1987)

BEURDELEY, Michel; LAMBERT-BROUILLET, M.-Th., **L'Eunuque aux trois joyaux** – Collectionneurs et esthètes chinois (Paris: Éd. Vilo / Fribourg: Office du livre, 1984)

BEVILAQUA, C., **Princípios elementares de direito internacional privado** (Rio de Janeiro: Freitas Bastos, 3ª ed., 1938)

___, **Direito público internacional: a synthese dos princípios e a contribuição do Brasil** (1ª ed., 1910, 2ª ed., Rio: Freitas Bastos, 1939)

BIARDEAU, Madeleine, **L'Hindouisme** – Anthropologie d'une civilisation (orig. publ. 1972, Paris: Flammarion – champs, 1981)

Bíblia sagrada, nova versão internacional (São Paulo: Sociedade Bíblica Internacional, 2000)

Bíblia de Jerusalém (nova edição revista, São Paulo: Paulinas, 1987)

BIBLIA SACRA – iuxta **Vulgatam Clementinam** (nova editio, logicis partionibus aliisque subsidiis ornata a A. Colunga et L. Turrado, Madrid: Biblioteca de autores cristianos, 1977)

BIRMINGHAM, David, **A concise History of Portugal** (Cambridge: Univ. Press, © 1995, 2nd ed., 2005, reimpr. 2011)

BIRNBAUM, Pierre, **La tentation nationaliste** – Conversation avec Régis MEYRAN (Paris: Textuel, 2022)

BITTAR, Eduardo C. B.; MELO, Tarso de (org.), **Cidades impossíveis** (São Paulo: Portal, 2010)

BJÖRKMAN, Sven, *Diplomates suédois au XVIIe siècle* (in **L'Europe des traités de Westphalie** – Esprit de la diplomatie et diplomatie de l'esprit, dir. de Lucien BÉLY avec Isabelle RICHEFORT, Paris: PUF, 2000, p. 503-516)

BLACK, Antony, **Political Thought in Europe 1250-1450** (Cambridge: Univ. Press, 1992)

BLAND, John Otway Percy; BACKHOUSE, Edmund Trelawny, **China under the Empress Dowager – being the history of the life and times of Tzu Hsi** – "compiled from state papers and the private diary of the Comptroller of her household" (1st publ., 1910, foreword Derek SANDHAUS, Hong Kong: China Economic Review Publ. / Earnshaw Books, 2009)

BLANES, Josep Sala, **Noção e instituições de direito internacional na Grécia clássica** (São Paulo: FDUSP, mestrado em direito internacional, 1993)

BLANNING, Tim, **The Pursuit of Glory: Europe 1648-1815** (London: Penguin, © 2007, impr. 2008)

BLEIMAIER, J. K., *The future of sovereignty in the XXIst century* (Hague YIL, 1993, vol. 6, p. 17-27)

BOARDMAN, John, **The Greeks overseas** – their early colonies and trade (© 1964, Londres: Thames & Hudson, new ed., 1980, reprinted 1988)

BOBBIO, N., **Ética e política: Scritti di impegno civile** (progetto editoriale e saggio introduttivo di Marco REVELLI, Milão: Mondadori, 2009)

___, **A era dos direitos** (© 1990, trad. Carlos Nelson COUTINHO, Rio de Janeiro: Campus, 1992)

___, **L'età dei diritti** (Turim: Einaudi, 1990)

___, *Le ragioni della toleranza* (in **L'intolleranza: uguali e diversi nella storia**, a cura di Píer Cesare BORI, Bolonha: Il Mulino, 1986, p. 243-257)

BOÈCE, **Consolation de la philosophie** (traduction nouvelle en prose et en vers avec le texte en regard par Louis Judicis de MIRANDOL, Paris: Guy Trédaniel / Ed. de la Maisnie, 1981)

___, **La consolation de la philosophie / Philosophiae consolationis** (traduction, introduction et notes par Aristide BOCOGNANO, Paris: Garnier, 1937)

BOEGNER, M., **L'influence de la Réforme sur le développement du droit international** (RCADI, 1925, t. 6, p. 241-324)

BOGDAN, Henry, **La guerre de trente ans** 1618-1648 (orig. publ. 1997, Paris: Perrin-tempus, nouv. ed. 2006, reimpr. 2010)

BOIVIN, Michel, **Histoire de l'Inde** (orig. publ. 1996, Paris: PUF – Que sais-je?, 4e éd., 2011)

BOLÍVAR, Simon, **Obra política y constitucional** (estudio preliminar, antología y notas de Eduardo Rozo Acuña, Madri: Tecnos, 2007)

BONIFACE, Pascal; VÉDRINE, Hubert, **Atlas des crises et des conflits** (cartographie de Jean-Pierre MAGNIER, Paris: Armand Colin / Fayard, 2009)

BOORSTIN, Daniel J., **The discoverers** (orig. publ. 1983, New York: Random House – Vintage ed., 1985)

BORSCHBERG, Peter, *Grotius, Maritime Intra-Asian Trade and the Portuguese Estado da Índia: Problems, Perspectives and Insights from De iure praedae* (in **Grotiana**, 26-28 (2005-2007), 31-60)

___, *Hugo Grotius' Theory of Trans-Oceanic Trade Regulation – Revisiting Mare liberum (1609)* (International Law and Justice Working Papers, Rev. Aug. 2006)

BOS, Maarten, **A methodology of international law** (Amsterdam – New York – Oxford: North Holland, 1984)

___, *Old Germanic Law analogies in International Law, or the state as 'homo liber'* (Netherlands International Law Review, 1978, p. 51-62)

BOSI, Roberto, **Les cités grecques d'Occident** – Espagne, France, Italie, Yougoslavie, Albanie (préf. Filippo COARELLI, orig. publ., **Le città greche d'Occidente**, 1980, trad. et adaptation par Marthe GAUTHIER, Paris: Fernand Nathan, 1982)

BOSSUET, Jacques-Bénigne, **Discours sur l'histoire universelle** (orig. publ. 1681, «textes établis et annotés» par l'Abbé VELAT et Yvonne CHAMPAILLER, Paris: Gallimard – Pleiade, © 1961, impr. 2006)

BOTELHO, André; SCHWARCZ, Lília Moritz (org.), **Um enigma chamado Brasil** – 29 intérpretes e um país (São Paulo: Companhia das Letras, 2009)

BOUCHARD, Carl, **Le citoyen et l'ordre mondial** 1914-1919 – le rêve d'une paix durable au lendemain de la grande guerre (Paris: Pedone, 2008)

BOUCHARLAT, Rémy, *Le destin des résidences et sites perses d'Iran dans la seconde moitié du IVe. siècle avant J.-C.* (in **La transition entre l'empire achéménide et les royanumes héllenistiques**, dir. de Pierre BRIANT e Francis JOANNÈS Paris: Ed. de Boccard, 2006, p. 441-470)

BOUCHERON, Patrick (dir. de), **Histoire du monde au XVe siècle** vol. 1 – **Territoires et écritures du monde** (orig. publ. 2009, Paris: Fayard-pluriel, 2012)

___, ___ vol. 2 – **Temps et devenirs du monde** (orig. publ. 2009, Paris: Fayard-pluriel, 2012)

BOURDEAU, Louis, **L'Histoire et les historiens** – essai critique sur l'histoire considérée comme scientce positive (orig. publ. Paris: Felix Alcan, 1888; trad. Marcos A. LOPES, in Jurandir MALERBA, **As lições da história**, op. cit. 2010)

BOURDON, William; DUVERGER, Emmanuelle, **La cour pénale internationale**: le statut de Rome, introduit et commenté (pref. R. BADINTER, Paris: Seuil, 2000)

BOUTHOL, Gaston, **Traité de polémologie** (orig. publ. 1951, 1970, Paris: Payot, 1991)

BOUTROS-GHALI, B., **L'Organisation de l'Unité Africaine** (Paris: A. Colin, 1968)

BOYE, T., **Quelques aspects du développement des règles de la neutralité** (RCADI, 1938, t. 64, p. 157-232)

BRAUDEL, Fernand; DUBY, Georges (coord.), **La méditerranée**: les hommes et l'héritage (Paris: Flammarion / Champs, 1a ed., 1977, impr. 2009)

___, **Civilisation matérielle, économie et capitalisme XVe-XVIIIe siècle** vol. I – **Les structures du quotidien: le possible et l'impossible** (Paris: Armand Colin 1979)

___, vol II – **Les jeux de l'échange** (Paris: Armand Colin, 1979)

___, vol III – **Le temps du monde**, (Paris: Armand Colin, 1979)

___, **Civilization and capitalism (15th-18th century) I: The structures of everyday life**: the limits of the possible (do original **Les structures du quotidien: le possible et l'impossible**, © 1979, transl. from the French © 1981, rev. by Sián REYNOLDS, New York: Harper & Row, 1984)

___, **Écrits sur l'histoire** (Paris: Flammarion/Champs, © 1969, impr. 1984)

___, **La méditerranée: espace et histoire** (Paris: Flammarion / Champs, 1ª ed., 1977, impr. 1985)

___, **La Méditerranée et le monde méditerranéen à l'époque de Philippe II** (Paris: Armand Colin, © 1966, impr. 1987, 2 vols.)

___, *Histoire et sciences sociales. La longue durée* (orig. publ. 1958, republ. in **Écrits sur l'histoire**, Paris: Flammarion/Champs, © 1969, reimpr. 1989, p. 15-38)

___, **Les ambitions de l'Histoire** (préf. Maurice AYMARD, éd. établie et présentée par Roselyne de AYALA et Paule BRAUDEL, Paris: Éd. de Fallois, 1997)

___, **O modelo italiano** (orig. publ. **Le modèle italien**, 1989, trad. Franklin de MATTOS, São Paulo: Companhia das Letras, 2007)

___, *História e ciências sociais: a longa duração* (trad. Flávia NASCIMENTO, in **Nova história em perspectiva**, org. e intr. Fernando A. NOVAIS e Rogério F. da SILVA, São Paulo: Cosac & Naify, 2011, p. 86-121)

BRAZÃO, E., **Apontamentos para a história das relações diplomáticas de Portugal com a China 1516-1753** (Lisboa: Agência central das colónias, 1949)

BRÉHIER, Émile, **Histoire de la philosophie** I – Introduction – Période hellénique (Paris: PUF, 1948)

___, ___ II – **Période hellénistique et romaine** (Paris: PUF, 1948)

___, ___ III – **Moyen âge et Renaissance** (Paris: PUF, 1947)

BRETON, André; LEGRAND, Gérard, **L'art magique** (orig. publ. 1957, Paris: Ed. Phébus, 1991)

BRIANT, Pierre; JOANNÈS, Francis (dir. de), **La transition entre l'empire achéménide et les royanumes héllenistiques** (Actes du colloque organisé par le Collège de France par la 'Chaire d'histoire et civilisation du monde achéménide et de l'empire d'Alexandre' et le 'Réseau international d'études et de recherches achéménides' 22-23 novembre 2004, Paris: Ed. de Boccard, 2006)

BRIANT, Pierre, **Histoire de l'empire perse: de Cyrus à Alexandre** (Paris: Fayard, 1996)

___, *L'Asie mineure en transition* (in **La transition entre l'empire achéménide et les royanumes héllenistiques**, op. cit., 2006, p. 309-351)

Brijbhushan, Jamila, **The world of Indian Miniatures** (Tóquio / New York / San Francisco: Kodansha Intl. Ltd., 1979)

Broms, Bengt, **The definition of aggression** (RCADI, 1977, t. 154, p. 299-399)

Brotero, José Maria de Avellar, **Questões sobre presas marítimas**, "oferecidas ao cidadão Rafael Tobias de Aguiar, pelo autor J. M. A. Brotero" (São Paulo: Typographia de Costa Silveira, 1836)

___, **Questões sobre presas marítimas** ("segunda edição augmentada", São Paulo: Typographia – imparcial – de J. R. de Azevedo Marques, 1863)

Browning, Robert, *Grammarians* (in **The Cambridge History of Classical Literature** – vol. 2 Latin Literature, Cambridge: Univ. Press, 1982)

Bruhat, J., **História da URSS** (trad. G. G. de Souza, São Paulo: Difel, 2ª ed., 1966)

Brun, Jean, **Sócrates – Platão – Aristóteles** (orig. publ. **Socrate – Platon – Aristote**, 1960, trad. Carlos Pitta, Filipe Jarro, Liz da Silva, Lisboa: Dom Quixote, 1994)

Brunner, O., *Il concetto moderno di costituzione e la storia costituzionale del medioevo* (in O. Brunner, **Per una nuova storia costituzionale e sociale**, Milão: Vita e pensiero, 1970)

Brusatin, Manlio, **L'archipel du Lion: le monde vénitien** (photographies de Giuseppe Bruno, © 1991, Paris: La bibliothèque des arts, 1992)

Buchanan, George, **Glasgow quatercentenary studies** (Glasgow: printed at the Univ. Press by Robert Maclehose and Co. / London: Mc Millan and Co., 1906)

Bulmerincq, August von, **Das Völkerrecht oder internationale Recht systematisch dargestellt** (1884; Freiburg-in-Breisgau: J. C. B. Mohr, 1889)

Bunson, Matthew, **A Dictionary of the Roman Empire** (Oxford: Univ. Press, 1995)

Burbank, Jane; Cooper, Frederick, **Impérios** – uma nova visão da história universal (orig. publ. **Empire in the World History**, 2010, trad. Bruno C. Mattos, São Paulo: Planeta, 2019)

Burckhardt, Jacob, **Das Zeitalter Friedrichs des Grossen** ("herausgegeben von" Ernst Ziegler, mit einem Essay von Hans Pleschinski, Munique: Beck, 2012)

___, **O estado como forma de arte** (orig. publ. **Der Staat als Kunstwerk**, capítulo do livro **Die Kultur der Renaissance in Italien**, orig. publicado em

1860, trad. Sérgio TELLAROLI, São Paulo: Penguin Classics / Companhia das Letras, 2012)

___, **The civilization of the Renaissance in Italy**: an essay (orig. publ., **Die Kultur der Renaissance in Italien**: ein Versuch, publ. 1860, trad.C. S. G. MIDDLEMORE, de 1878, "introduction" by Hajo HOLBORN, New York: The Modern Library, © 1954, reimpressão s/d)

BURGESS, Anthony, **On Mozart** – A Paean for Wolfgang (New York: Ticknor & Fields, 1991)

BURKE, Peter, **O que é história cultural?** (orig. publ. **What is cultural history?** 2004, Sérgio GÓES DE PAULA, Rio de Janeiro: Jorge Zahar, 2005)

BURKHARDT, Johannes, **Der dreissigjährige Krieg** (Frankfurt: Suhrkamp, 1992)

BURLAMAQUI, J. J., **Principes du droit naturel** (edição facsimilar, segue a de Paris: Janet et Cotelle, 1821, Caen: Centre de Philosophie poltique et juridique, 1989)

BURY, J. B.; MEIGG, Russell, **A History of Greece** – to the death of Alexander the Great (orig. publ. 1900, Londres: Macmillan, 4th ed., 1975)

BUSHNELL, David, *A independência da América do Sul espanhola* (in **História da América Latina**, vol. III – **Da independência a 1870**, org. Leslie BETHELL, trad. Maria Clara CESCATO, São Paulo: Edusp, 2018, p. 119-186)

BUSSAGLI, Mario, **L'art du Gandhara** (1984, trad. de l'italien par Béatrice ARNAL, Paris: Librairie génerale française, 1996)

BUTLER, Hubert, **Ten thousand saints** – A study in Irish and European origins (orig. publ. 1972, Dublin: The Lilliput press, 2011)

BUTLER, W. E., **Comparative approaches to international law** (RCADI, 1985, t. 190, p. 9-89)

BYNKERSHOEK, Cornelius van, **De foro legatorum tam in causa civili quam criminali liber singularis** (orig. publ. Leiden, 1721, with an English translation by Gordon J. LAING, introduction by Jan de LOUTER, 1922, "imprimatur" 1929, The Classics of International Law, vol. XXI, ed. by J. B. SCOTT, Oxford: at the Clarendon Press / London: Geoffrey Cumberlege, 1946)

CAFLISCH, L., **Cent ans de règlement pacifique des différends interétatiques** (RCADI, 2001, t. 288)

CAMERON, Averil, **Il tardo impero romano** (do original **The later Roman Empire**, Londres: Fontana Press, 1993, trad. Elio Lo CASCIO, Bolonha: Il Mulino, 1995)

CAMERON, Iain, *International Criminal Jurisdiction, Protective Principle* (in **Encyclopedia of Public International Law**, op. cit, 2012, vol. V, p. 712-717)

CAMINHA, Pero Vaz de, **Carta de achamento do Brasil** (edição comentada por Sheila HUE, Campinas: Ed. da Unicamp, 2021)

CAMÕES, Luís de, **Os Lusíadas** (com ilustrações de LIMA DE FREITAS, prefácio e notas Hernâni CIDADE, Lisboa: Círculo de leitores – edição comemorativa do IV centenário da publicação, 1972)

___, **Sonetos** ("Corpus dos Sonetos Camonianos", edição e notas por Cleonice S. da M. BERARDINELLI, Rio de Janeiro: Fund. Casa de Rui BARBOSA / Lisboa e Paris: Centre culturel portugais – École pratique des Hautes Études – IV section – Centre de recherches sur le Portugal de la Renaissance, 1980)

CAMPANELLA, Tommaso, **Aphorismes politiques** (trad. Pierre CAYE et Claude MONET, Caen: Centre de philosophie politique et juridique – Univ. de Caen, 1993)

CAMPOS, Paulo Mendes, **O mais estranho dos países** – crônicas e perfis (seleção e apres. Flávio PINHEIRO, posfácio Sérgio AUGUSTO, São Paulo: Companhia das Letras, 2013)

CANTOR, Norman F., **The civilization of the Middle Ages** (New York: Harper, 1993)

CARAMELO, Francisco, *A guerra nos textos proféticos da Assíria* (in **A guerra na Antiguidade**, op. cit., vol. I, 2006, p.25-32)

CARDAHI, C., **La conception et la pratique du droit international privé dans l'Islam: étude juridique et historique** (RCADI, 1937, t. 60, p. 507--650)

CARPENTER JUNIOR, Russell H. **Soviet joint enterprises with capitalist firms and other joint ventures between east and west: the western point of view** (RCADI, 1990, t. 222, p. 365-422)

CARRATELLI, Giovanni P. (ed. by), **The Greek world** – Art and Civilization in Magna Graecia and Sicily (New York: Rizzoli, 1996)

CARRIÈRE, Jean-Claude, **Índia** (orig. publ. **L'Inde**: dictionnaire amoureux, 2001, trad. Claudia FARES, São Paulo: Ediouro, 2ª ed., 2009)

CARRILLO SALCEDO, Juan Antonio, **Droit international et souveraineté des états**: cours général de droit international public (RCADI, 1996, t. 257, p. 35-221)

CARVALHO, J. Murilo de; NEVES, Lúcia M. B. P. das (org.), **Repensando o Brasil do oitocentos** – cidadania, política e liberdade (Rio de Janeiro: Civilização Brasileira, 2009)

CARVALHO, Nelson F. de, *Arqueologia do consenso* (in **Direito e comércio internacional**: tendências e perspectivas: estudos em homenagem ao prof.

Irineu Strenger, org. L. O. Baptista, H. M Huck e P. B. Casella, São Paulo: LTr, 1994, p. 353-406)

Carvalho, Raimundo; Flores, Guilherme G.; Gouveia Júnior, Márcio M.; Oliva Neto, João A. (orgs.), **Por que calar nossos amores?** – Poesia homoerótica latina (ed. bilingue, Belo Horizonte: Autêntica – Col. clássica, 2017)

Casella, P. B., **Tratado de direito internacional** (tomo 1 – **Direito internacional dos espaços** – Conceitos basilares, domínio terrestre, fluvial e marítimo, São Paulo: Almedina, 2ª ed. revista e atualizada, 2022)

___, ___ (tomo 2 – **Direito internacional dos espaços** – Domínio aéreo, navios e aeronaves, espaços internacionais e recorrências da espacialidade, São Paulo: Almedina, 2ª ed. revista e atualizada, 2022)

___, ___ (tomo 4 – **Direito internacional no tempo medieval**, São Paulo: Almedina, 2ª ed. revista e atualizada, 2023)

___, ___ (tomo 5 – **Direito internacional no tempo de Francisco de Vitória**, São Paulo: Almedina, 2ª ed. revista e atualizada, 2023)

___, ___ (tomo 6 – **Direito internacional no tempo de Suarez, Gentili e Zouch**, São Paulo: Almedina, 2ª ed. revista e atualizada, 2023-)

___, ___ (tomo 7 – **Direito internacional no tempo de Hugo Grócio**, São Paulo: Almedina, 2ª ed. revista e atualizada, 2023-)

___, ___ (tomo 8 – **Direito internacional além do paradigma vestfaliano**, São Paulo: Almedina, 2ª ed. revista e atualizada, 2023-)

___, ___ (tomo 9 – **Direito internacional no tempo de Samuel Pufendorf**, São Paulo: Almedina, 2ª ed. revista e atualizada, 2023-)

___, ___ (tomo 10 – **Direito internacional no tempo de C. van Bynkershoek e Christian Wolff**, São Paulo: Almedina, 2ª ed. revista e atualizada, 2023-)

___, ___ (tomo 11 – **Direito internacional no tempo do Iluminismo**, São Paulo: Almedina, 2023-)

___, ___ (tomo 12 – **Direito internacional no tempo de Vattel e von Martens**, São Paulo: Almedina, 2023-)

___, ___ (tomo 13 – **Direito internacional no tempo do concerto europeu**, São Paulo: Almedina, 2023-)

___, ___ (tomos 14 a 17 – **Direito internacional no tempo do colonialismo**, São Paulo: Almedina, 2023-)

___, ___ (tomo 18 – **Direito internacional no tempo do século XX**, *em preparação*)

___, ___ (tomo 19 – **Direito internacional no tempo pós-moderno**, *em preparação*)

___, ___ (tomo 20 – **Direito internacional, história e cultura**, São Paulo: Almedina, 2023-)

___, *Direito Internacional entre voluntarismo e jus cogens: acordos bilaterais de imunidade e jurisdição do Tribunal Penal Internacional* (Revista FDUSP, 2022, no prelo)

___, *Imperativo categórico da cooperação e as lições do Brexit* (in **Evolução do direito no século XXI**: seus princípios e valores [...] – homenagem ao professor Arnoldo Wald, coord. F. U. Coelho, G. Tepedino, S. M. F. Lemes, São Paulo: Ed. IASP, 2022, vol. 3, p 963-1001)

___, *The Latin American context around 1870* (in **International Law Association 150 years**, ed. by Catherine Kessedjian, Paris: ILA, 2023, forthcoming)

___, *Negociação e conflito no direito internacional: cinco mil anos de registro da história* (in Revista da Faculdade de Direito da USP, São Paulo, 2019, vol. 114, p. 185-230, DOI https://doi.org/10.11606/issn.2318-8235.v114p185230)

___, **Introdução ao estudo do direito – ensaios didáticos** (São Paulo: Ed. dos Editores, 3ª ed. 2019)

Casella, P. B.; Vasconcelos, Raphael C. de; Xavier Júnior, Ely C. (org.), **O legado de Geraldo Eulálio do Nascimento e Silva para o direito ambiental** (Brasília: Funag, 2017)

___, *Perspectivas da integração europeia* (São Paulo: Revista da Faculdade de Direito da USP, 2014, vol. 109, p. 25-74)

___, *International development law and the right to development in post-modern international law* (in **Droit international et nouvelles approches sur le tiers monde**: entre répetition et renouveau / **International law and new approaches to the third world**: between repetition and renewal, dir. M. Toufayan, E. Tourme-Jouannet e H. Ruiz-Fabri, Paris: Société de législation comparée, 2013, p. 261-280)

___, *400 anos do* De Legibus *de Francisco Suarez (1548-1617)* (São Paulo: Revista da Faculdade de Direito da USP, 2011-2012, vol. 106-107, p. 25-33)

___, **BRIC – Brasil, Rússia, Índia, China e África do Sul**: uma perspectiva de cooperação internacional (São Paulo: Atlas, 2011)

___, **BRIC** – à l'heure d'un nouvel ordre juridique mondial (Paris: Pedone, 2011)

___, *Conceito de sistema, contexto internacional e pós-modernidade* (in **Filosofia e teoria geral do direito** – homenagem a Tércio S. Ferraz Jr., org. J. M. Adeodato e E. C. B. Bittar, São Paulo: Quartier Latin, 2011, p. 999-1024)

___, *Empires, hegemony and cooperation* (in **Pravovie Aspecti BRICS – Aspetti giuridici del BRICS – Legal aspects of BRICS**, ed. by T. A. Alexeeva & P. Catalano, São Petersburgo: National Research University, 2011, p. 27-48)

___, *Evolução institucional do direito internacional à luz do cinquentenário do conceito de direito de* HART *(1961)* (in **Edição em homenagem ao prof. Celso** LAFER, coord. T. S. FERRAZ Jr. e L. O. BAPTISTA, São Paulo: Revista Brasileira de Filosofia, ano 60, vol., 236, jan.-jun. 2011, p. 313-329)

___, *Il Foedus tra Plebe e Senato ed il problema del Diritto Internazionale. Dalla secessione della Plebe all'autodeterminazione dei popoli* (conferência de abertura do III Seminario sulla tradizione repubblicana romana, realizado pela Universidade de Roma I – La Sapienza, em Roma, de 15 a 17 de dezembro de 2009, publ. in **Diritto@Storia, Rivista internazionale di Scienze Giuridiche e Tradizione Romana**, N. 9 – 2011, p. 1-18, ISSN 1825-0300)

___, *International law: the post-modern approach to the Classics and the new challenges* (no XXXVI Curso de derecho internacional, ministrado no Rio de Janeiro, em agosto de 2009, e publicado pelo Comitê Jurídico Interamericano da O.E.A., Washington: OEA-CJI, 2010, p. 3-46)

___, **Fundamentos do direito internacional pós-moderno** (prólogo Hugo CAMINOS, São Paulo: Quartier Latin, 2008)

___, *Desenvolvimento do direito internacional na concepção de Cornelius van* BYNKERSHOEK (São Paulo: Revista da Faculdade de Direito da USP, 2008, vol. 103, p. 563-592)

___, *'Opinio juris' e a questão da materialidade emergente do direito internacional pós-moderno* (Rio de Janeiro: Revista de direito do estado, n. 10, abr-jun 2008, p. 367-386)

___, *Artigo 13* (in **Comentário à Carta das Nações Unidas**, org. L. N. C. BRANT, Belo Horizonte: CEDIN, 2008, p. 273-304)

___, **Tratado de Versalhes na história do direito internacional** (São Paulo: Quartier Latin, 2007)

___, **Direito internacional, terrorismo e aviação civil** (São Paulo: Quartier Latin, 2006)

___, *Constituição e direito internacional* (in **Direito da integração**, org. P. B. CASELLA e V.L.V. LIQUIDATO, São Paulo: Quartier Latin, 2006, p. 31-55)

___, *Projetos e experiências de união europeia: antecedentes históricos* (in **União Europeia: instituições e ordenamento jurídico**, São Paulo: LTr, 2002, p. 54-71)

___, **União Européia: instituições e ordenamento jurídico**, São Paulo: LTr, 2002)

___, *Pax perpetua – a review of the concept from the perspective of economic integration* (in **Dimensão internacional do direito: estudos em homenagem a G.E. do Nascimento e Silva**, coord. P. B. CASELLA, São Paulo: LTr, 2000, p. 69-88)

___, *Reconhecimento de estado e de governo no direito internacional contemporâneo* (in **O direito internacional no terceiro milênio** – homenagem ao prof. V. Marotta Rangel, coord. L. O. Baptista e J. R. F. da Fonseca, São Paulo: LTr, 1998, p. 287-318)

___, *Nacionalismo político e econômico, soberania e sua definição enquanto conceito jurídico* (in **Mercosul: exigências e perspectivas** – integração e consolidação de espaço econômico (1995-2001-2006), prefácio Celso D. A. Mello, São Paulo: LTr, 1996, p. 72-93)

Cassese, Antonio, **International law** (Oxford: Univ. Press, 2nd ed., 2005)

___, **Il caso Achille Lauro** (Roma: Riuniti, 1987)

Cassirer, Ernst, **Ensaio sobre o homem**: introdução a uma filosofia da cultura humana (orig. Publ. **An essay on man**: an introduction to a philosophy of human culture, 1944, trad. Tomás R. Bueno, 1ª ed. bras. 1994, 3ª tiragem, 2001)

Castaldo, André, **Introduction historique au droit** (Paris: Dalloz, 3e. éd., 2006)

Castillo, Monique, **Le pouvoir** (Paris: Michalon – Coll. le bien commun, 2008)

Catalano, Pierangelo (a cura di), **Quinto Império**: attualità del pensiero di Antonio Vieira S.J. (Sassari: ASSLA – Associazione di Studi Sociali Latino-Americani, 2000)

___, **Linee del sistema sovrannazionale romano** (Torino: G. Giapichelli, 1965)

Cavalli-Sforza, Luigi Luca, **Genes, povos e línguas** (orig. publ. **Geni, popoli e lingue** © 2000 e trad. inglesa M. Seielstad, trad. Carlos A. Malferrari, São Paulo: Companhia das Letras, 2003)

Chacko, J., **India's contribution to the field of International Law Concepts** (RCADI, 1958, vol. 93, p. 117-222)

Chacon, Vamireh, **A grande Ibéria** – Convergências e divergências de uma tendência (São Paulo: Unesp / Brasília: Paralelo 15, 2005)

Chaliand, Gérard, **Les empires nomades** – de la Mongolie au Danube (Ve-IVe siècles av. J.-C. XVe- XVIe siècles ap. J.-C.) (orig. publ. 1995, Paris: Perrin – tempus, 2006)

Challaye, Félicien, **Petite histoire des grandes religions** (Paris: PUF, nouvelle édition revue et corrigée, 1947)

Charfi, M., **L'influence de la religion dans le droit international privé des pays musulmans** (RCADI, 1987, t. 204, p. 321-454)

CHARNAY, Jean-Paul, **Traumatismes musulmans: entre chârî'â et géopolitique** (Paris: Afkar, 1983)

___, **Principes de stratégie arabe** (Paris: L'herne, 2003)

CHAUMONT, C., **Nations Unies et neutralité** (RCADI, 1956, t. 89, p. 1-60)

___, **Le droit des peuples à disposer d'eux-mêmes: méthodes d'analyse du droit international** – mélanges offerts à Charles CHAUMONT (Paris: Pedone, 1984)

CHATUÉ, Jacques, **L'épistemologie de M. Meyerson** – Élements pour une réception politiste africaine (Paris: L'Harmattan, 2012)

CHAUNU, P., **Histoire de l'Amérique latine** (Paris: PUF – «Que sais-je?» vol. 361, 1949; ed. bras., **História da América latina**, trad. M. U. RODRIGUES, São Paulo: Difel, 1976)

CHÉLINI, Jean, **Histoire religieuse de l'Occident médiéval** (orig. publ. 1991, Paris: Hachette-pluriel, avec 'nouvelle bibliographie', 2006)

CHEN, Frederick Tse-Chyang, *The Confucian view of world order* (in **Religion and International Law**, ed. by Mark W. JANIS and Carolyn EVANS, Leiden/Boston: M. Nijhoff, 1999, reprinted 2004, p. 27-49)

CHENG Wing fun; COLLET, Hervé, **LI PO l'immortel banni sur terre buvant seul sous la lune:** portrait-poème (Paris: Albin Michel, 2010)

CHESNEAUX, Jean, **A Ásia oriental nos séculos XIX e XX** (orig. publ. **L'Asie orientale aux XIX**[e] **et XX**[e] **siècles**, 1966, trad. A. R. BANDEIRA, São Paulo: Pioneira, 1976)

CHEVREAU, Emmanuelle, **Le temps et le droit: la réponse de Rome** – l'approche du droit privé (Paris: De Boccard, 2006)

CÍCERO, **De officiis** (with an English translation by Walter MILLER, Cambridge, Ma. / London: Harvard UP, LCL 30, tomo XXI das obras de CÍCERO, © 1913, reprinted 2005)

___, **De Legibus**, (with an English translation by Clinton W. KEYES, Cambridge, Ma. / London: Harvard Univ. Press, LCL 213, CICERO vol. XVI, © 1926, reprinted 2006)

___, **De inventione** (with an English translation by H. M. HUBBELL, Cambridge, Ma. / London: Harvard UP / LCL 386, CICERO II, © 1949, reprinted 2006)

___, **On the nature of the gods – Academics** (with an English translation by H. RACKHAM, Cambridge, Ma.: Harvard U.P. / LCL 268, CICERO vol. 19, 1972)

CIJ, **Allegations of Genocide under the Convention on the Prevention and Punishment of the Crime of Genocide** (Ukraine v. Russian Federation)

Request for the indication of provisional measures – Procedure(s) – Provisional Measures (ICJ Reports 2022, General List No. 182, Order 16 March 2022)

__, **Legalidade da ameça e do uso de armas nucleares** (Voto dissidente do Juiz Christopher WEERAMANTRY. **Recueil CIJ** 1996)

___, **Right of passage over Indian territory** (Portugal v. India) (Memorial of the Government of the Portuguese Republic ICJ, 15 June 1956)

___, Colômbia c. Peru, caso **HAYA DE LA TORRE** (julgamentos de 20 e 27 de novembro de 1950 e de 13 de maio de 1951)

___, **réparation des dommages subis au service des Nations Unies** (parecer consultivo, 11 de abril de 1949)

C.P.J.I., **affaire de l'usine de Chorzow** (Alemanha c. Polônia; competência, fixação do montante da indenização e julgamento de mérito, em 26 de julho de 1927, 16 de dezembro de 1927 e 13 de setembro de 1928, série A, n. 17)

___, **affaire du vapeur Lotus / the case of the S.S. 'Lotus'** (França c. Turquia), judgment of 7 September 1927 (PCIJ, Séries A, No. 10)

___, **denúncia do tratado de 2 de novembro de 1865 entre China e Bélgica / denunciation of the treaty of 2 November 1865, between China and Belgium** (série A, n. 8, n. 14, n. 16, n. 18, n. 19, e série C, n. 16/1)

CIMINO, Rosa Maria (edited by), **Ancient Rome and India**: Commercial and cultural contacts between the Roman world and India (New Delhi: Istituto Italiano per il medio ed estremo Oriente, Roma / Italian Embassy Cultural Centre, New Delhi, 1994)

CLAPIER, Luc de, *Discurso sobre o caráter dos diferentes séculos* (tradução Mario LARANJEIRA, in VAUVENARGUES, **Das leis do espírito: florilégio filosófico**, São Paulo: Martins Fontes, 1998, p. 89-99 e 101-109)

___, **Máximas e reflexões** (orig. publ. **Maximes et réflexions**, trad. Dorothée de BRUCHARD e Fulvia M. L. MORETTO, © 2006, São Paulo: Unesp, 2007)

CLARENCE-SMITH, Gervase, **The Third Portuguese Empire, 1825-1975 – a Study in economic imperialism** (Manchester: Manchester Univ. Press, 1985)

CLEMENTIN-OJHA, Catherine; JAFFRELOT, Christophe; MATRINGE, Denis; POUCHEPADAS, Jacques (dir. de), **Dictionnaire de l'Inde** (Paris: Larousse, 2009)

CLÉRO, Jean-Pierre, *Jeremy BENTHAM (1748-1832) et le principe d'utilité* (in **Histoire raisonnée de la philosophie morale et politique** – le bonheur et l'utile, tome II – Des lumières à nos jours, direction de A. CAILLÉ, M.

SENELLART et C. LAZZERI, orig. publ. 2001, Paris: Flammarion – Champs, 2007, p. 124-132)

COHEN and CHIU, **People's China and International Law** – a Documentary Study (Princeton, N.J., vol. I, 1974)

COHN, Bernard S., *A representação da autoridade na Índia vitoriana* (in Eric HOBSBAWM e Terence RANGER (orgs.), **A invenção das tradições**, 1983, trad.C. C. CAVALCANTE, São Paulo: Paz e Terra, 6ª ed. bras., 2008, p. 175-217)

COLLIVA, Paolo, *Império* (in N. BOBBIO, N. MATTEUCCI e G. PASQUINO, **Dicionário de política**, orig. publ. **Dizionario di politica**, 1983, trad. J. FERREIRA e outros, Brasília: Ed. UnB, 1986, p. 621-626)

COMMYNES, Philippe de, **Mémoires** (présentation, établissement du texte, traduction et notes par Jean DUFOURNET, Paris: GF Flammarion, © 2007, vol. I – Livres I-III, 2007; vol. II – Livres IV-VI, 2007; vol. III – Mémoires sur CHARLES VIII et l'Italie, 2002)

COMTE SPONVILLE, André, **Le goût de vivre et cent autres propos** (Paris: Albin Michel, 2010)

___ e FERRY, Luc, **A sabedoria dos modernos**: dez questões para o nosso tempo (orig. **La sagesse des modernes**, 1997, trad. E. BRANDÃO, São Paulo: Martins Fontes, 1999)

CONFERENCE ON SECURITY AND CO-OPERATION IN EUROPE – FINAL ACT – Helsinki, 1975 – https://www.osce.org > files 39501.pdf – julho-agosto de 1975

CONFORTI, Benedetto, **International law and the role of domestic legal systems** (RCADI, 1988, t. 212, p. 9-210)

___, **Le rôle de l'accord dans le système des Nations Unies** (RCADI, 1974, t. 142, p. 203-288)

___, **Il regime giuridico dei mari**: contributo alla ricostruzione dei principi generali (Napoli: Eugenio Jovene, 1957)

COOMARASWAMY, Ananda K., **Hindouisme et bouddhisme** (trad. de l'anglais R. ALLARD et P. PONSOYE, Paris: Gallimard – NRF, Tradition, n. 5, 1949)

CORDIER, Henri, **Histoire générale de la Chine et de ses relations avec les pays étrangers** – depuis les temps les plus anciens jusqu'à la chute de la dynastie mandchoue (Paris: Libr.Paul Geuthner, t. I et II, 1920)

CORM, Georges, **Le Proche-Orient éclaté (1956-2007)** (orig. publ. 1983, Paris: Gallimard, 5e édition, 2007)

CORNFORD, Francis M., **Plato's Cosmology** – The Timaeus of Plato translated with a running commentary (New York: Harcourt, Brace & Co., 1937, reprinted Mansfield Centre CT: Martino Publ., 2014)

Corpus iuris civilis (vol. primum – **Institutiones**, recognovit Paulus KRUEGER, **Digesta**, recognovit Theodorus MOMMSEN retractavit P. KRUEGER, Dublin – Zürich: Weidmann, 22a. ed., 1973)

___, (vol. secundum – **Codex Iustinianus**, recognovit et retractavit P. KRUEGER, Dublin – Zürich: Weidmann, 14a. ed., 1967)

___, (vol. tertium – **Novellae**, recognovit Rudolfus SCHOELL "opus Schoelii morte interceptum" absolvit Guillelmus KROLL, 10a. ed., Dublin – Zürich: Weidman, 1972)

CORTEN, Olivier, **Méthodologie du droit international public** (Bruxelas: Éditions de l'Université de Bruxelles, 2009)

COUTO, Jorge, *A gênese do Brasil* (in **Viagem incompleta: a experiência brasileira 1500-2000 Formação Histórias**, org. Carlos G. MOTA, São Paulo: SENAC, 2ª ed., 2000, p. 29-43)

CRAEMER-RUEGENBERG, Ingrid, **Albertus Magnus** (Munique: Beck, 1980)

CRAVEN, Matthew; Malgosia FITZMAURICE & Maria VOGIATZI (ed. by), **Time, History and International Law** (Leiden / Boston: M. Nijhoff, 2011)

CRAWFORD, Michael Hewson, **The Roman republic** (Glasgow: Fontana / Collins, © 1978, 4th impression, 1988)

CROCE, B., **Cultura e vitamorale** (Bari: Laterza, 2ª ed., 1926)

___, **Pagine sparse** (Nápoles: Ricciardi, 1943)

___, **La filosofia di G. B. Vico** (orig. publ. 1911, Roma / Bari: Laterza: 1980)

CROUZET-PAVAN, Élisabeth, **Les villes vivantes** – Italie XIIIe-XVe siècle (Paris: Fayard, 2009)

___, **Renaissances italiennes** – 1380-1500 (Paris: A. Michel, 2007)

CROWLEY, Roger, **Conquerors** – How Portugal seized the Indian Ocean and forged the first global empire (London: Faber & Faber, 2015)

CUSSEN, Antonio, **Bello y Bolívar** (orig. publ. **Bello and Bolívar** – Poetry and politics in the Spanish American Revolution, 1992, México: Fondo de cultura económica, 2ª ed. en español, 1998)

D'ENCAUSSE, Hélène Carrère, **Russie, la transition manquée (Nicolas II, Lenine, Unité proletarienne et diversité nationale** (Paris: Fayard, 2005)

DAL RI, Luciene, **Ius fetiale – as origens do direito internacional no universalismo romano** (apresentação Pierangelo CATALANO, Ijuí: Ed. Unijuí, 2011)

DALACHANIS, Angelos, *Confessions et minorités* (in **Le Moyen-Orient – fin XIXe – XXe**, direction de Leyla DAKHLI, Paris: Seuil, 2016, p. 73-98)

DAMROSCH, L. F., **Enforcing international law through non-forcible measures** (RCADI, 1997, t. 269, p. 9-250)

___ e SCHEFFER, David J. (ed. by), **Law and force in the new international order** (Boulder / Oxford: Westview Press, 1991)

DANIEL, Jean, **Voyage au bout de la nation** (Paris: Seuil, 1995)

DARWIN, C., **A origem das espécies** (trad. Eduardo Nunes FONSECA, São Paulo: Folha de São Paulo, 2010)

DAVENPORT, Marcia, **Mozart** (orig. publ. 1932, New York: Avon Books, 1979)

DAVID-CONSTANT, Simone, *La bonne foi: une mer sans rivages* (in **Bonne foi** – Actes du colloque organisé le 30 mars par la Conférence libre du jeune barreau de Liège, A.S.B.L., Liège: Éditions du jeune barreau de Liège, 1990)

DAVID, Eric, **La Cour pénale internationale** (RCADI, 2005, t. 313, p. 325-454)

DE GIVE, Bernard, **Les rapports de l'Inde et de l'Occident** – des origines au règne d'Asoka (Paris: Les Indes savantes, 2005)

DEBRAY, Régis, **Le moment fraternité** (Paris: Gallimard, 2009)

DEKKER, Ige F.; POST, Harry H. G. (edited by), **On the foundations and sources of international law** – dedicated to the memory of Prof. Herman MEIJERS (Haia: T.M.C. Asser Press, 2003)

DELANNOI, Gil; TAGUIEFF, Pierre-André (dir. de), **Nationalismes en perspective** (Paris: Berg International Eds., 2001)

DELMAS-MARTY, Mireille, **Libertés et sûreté dans un monde dangereux** (Paris: Seuil, 2010)

DELON, Charles, **A Inquisição de Goa** (orig. publ. **L'Inquisition de Goa, la relation de Charles DELON**, estudo, edição e notas Charles AMIEL e Anne LIMA, trad. Bruno FEITLER, São Paulo: Phoebus, 2014)

DELPECH, J., *Bynkershoek* (in **Les fondateurs du droit international public: leurs oeuvres, leurs doctrines**, introduction A. PILLET, Paris: V. Giard & E. Brière, 1904, p. 385-446)

DELUMEAU, Jean, **La seconde gloire de Rome** – XVe-XVIIe siècle (Paris: Perrin – histoire, 2013)

DEL VECCHIO, Giorgio, **La société des nations au point de vue de la philosophie du droit international** (RCADI, 1931, t. 38, p. 541-650)

DENOIX, Sylvie; RENEL, Hélène (dir. de), **Atlas des mondes musulmans médiévaux** (Paris: CNRS Éd., 2022)

DENYS, Catherine; PARESYS, Isabelle, **Les anciens Pays-Bas à l'époque moderne** (1404-1815) (Paris: Ellipses, 2007)

DERRETT, J. D. M., *The maintenance of peace in the Hindu-World: Practice and Theory*, Recueil de la Société Jean Bodin, t. XIV – La paix, première partie, 1961, p. 143)

Descat, Raymond, *Aspects d'une transition: l'économie du monde égéen (350-300)* (in **La transition entre l'empire achéménide et les royanumes héllenistiques**, op. cit. 2006, p. 353-373)

Description de l'Egypte: publiée par les ordres de Napoléon Bonaparte – édition complète (Colonia: Taschen, 2002)

Deshayes, Laurent, **Histoire du Tibet** (orig. publ. 1997, Paris: A. Fayard, 2011)

Desierto, D. A., *International Law, Regional Developments: South and South-East Asia* (in **Encyclopedia of Public International Law**, 2012, vol. V, p. 954-976)

Detienne, Marcel, **L'invention de la mythologie** (orig. publ. 1981, Paris: Gallimard – NRF, 1987)

Diez de Velasco, M. Vallejo, **Instituciones de derecho internacional público** (Madri: Tecnos, 10ª ed., 1994)

Dinstein, Yoran, **Guerra, agressão e legítima defesa** (orig. publ. **War, aggression and self-defence** © 1988, trad. Mauro R. de Mello, rev. de Guilherme de Assis Almeida, Barueri: Manole, 3ª ed., 2004)

Distefano, Giovanni, **L'ordre international entre légalité et effectvitié**: le titre juridique dans le contentieux territorial ('Préface' Georges Abi-Saab, Paris: Pedone / Genebra: publications de l'IUHEI, 2002)

Djuric, Ivan, **Le crépuscule de Byzance** (Paris: Maisonneuve & Larose, 1996)

Documents épistolaires du palais de Mari – tome I (Paris: Ed. du Cerf – Coll. Littérature ancienne du Proche Orient, vol. 16, 1997)

Documents épistolaires du palais de Mari – tome II (Paris: Ed. du Cerf – Coll. Littérature ancienne du Proche Orient, 1998)

Documents épistolaires du palais de Mari – tome III (Paris: Ed. du Cerf – Coll. Littérature ancienne du Proche Orient, 2000)

Dodds, E. R., **Les grecs et l'irrationnel** (orig. publ. **The Greeks and the irrational**, 1959, trad. Michael Gibson, Paris: Flammarion – Champs, 1977)

Doniger, Wendy (trad.); Smith, Brian K. (trad.), **The Laws of Manu** (with an introduction and notes, New Delhi: Penguin Books India, 2000)

Doniger, Wendy (trad.), **The Rig Veda** – An Anthology (one hundred and eight hymns, selected, translated and annotated by Wendy Doniger O'Flaherty, 'this selection first publ. in this translation, 1981', New Delhi: Penguin India, 2000)

Dolinger, Jacob, *O direito e o amor* ("aula inaugural na Faculdade de direito da U.E.R.J., em 24.03.1994", Rio de Janeiro: Revista da Faculdade de direito / Universidade do Estado do Rio de Janeiro, "edição comemorativa dos 60 anos", 1994, n. 2, p. 233-245)

DOLLOT, R., **Essai sur la neutralité permanente** (RCADI, 1939, t. 67, p. 1-120)

DOSTOIEVSKI, Fiodor M., **Os irmãos Karamazov** (1880, nova versão anotada por Natália NUNES e Oscar MENDES, intr. geral e prólogo às seções N.N. e notas preliminares por O.M., Rio de Janeiro: Aguilar, 2004, Obra completa, vol. IV, p. 489-1101)

DOYLE, Michael W., **Empires** (Ithaca, NY: Cornell Univ. Press, 1986)

DROZ, Jacques, **Histoire diplomatique de 1648 à 1919** (Paris: Dalloz, 3e ed., 1972)

DROYSEN, Johann Gustav, **Geschichte Alexanders des Grossen von Macedonien** (Berlin: G. Fincke, 1833)

___, **Geschichte des Hellenismus** I. **Geschichte der Nachfolger Alexanders** (Hamburgo: F. A. Perthes, 1836)

___, **Geschichte des Hellenismus** II. **Geschichte der Bildung des hellenistischen Staatensystemes** (Hamburgo: F. A. Perthes, 1843)

___, **Histoire de l'héllenisme** (version intégrale, trad. de l'allemand sous la direction de Auguste BOUCHÉ-LECLERCQ, préface, note sur la traduction et bibliographie Pascal PAYEN, Grenoble: Ed. Jerôme Millon, 2005, 2 vols.)

DUBY, Georges, **An 1000 – an 2000: sur les traces de nos peurs** (Paris: Textuel, 1995)

___, **L'Europe au moyen âge** (Paris: Flammarion / Champs, 1a ed., 1981, reimpr. 1984)

DUCELLIER, A., **Le drame de Byzance**: idéal et échec d'une société chrétienne (Paris: Hachette – littératures, 1997)

___, **Les Byzantins**: histoire et culture (Paris: Seuil, © 1988, impr. 2002)

___ e BALARD, M. (dir. de), **Constantinople 1054-1261** (Paris: Autrement, 1996)

DUMAS, J., **La sauvegarde internationale des droits de l'homme** (RCADI, 1937, t. 59, p. 1-98)

DUMÉZIL, G., **L'oubli de l'homme et l'honneur des dieux** et autres essais («vingt-cinq esquisses de mythologie», Paris: Gallimard, 1985)

___, **Les dieux souverains des indo-européens** (1977, 3e. éd. revue et corrigée, Paris: Gallimard, 1986)

___, **Mythe et épopée**, vol. I – **L'idéologie des trois fonctions dans les épopées des peuples indo-européens** (1968, Paris: Gallimard / NRF, 1989)

___, ___ vol. II – **Types épiques indo-européens**: un héros, un sorcier, un roi (1971, 4e éd., 1986, Paris: Gallimard / NRF, impressão 1988)

___, ___ vol. III – **Histoires romaines** (1973, 3e éd., corrigée, Paris: Gallimard / NRF, impressão 1986)

___, **Mythes et dieux des indo-européens** (textes réunis et présentés par Hervé COUTOU-BÉGARIE, Paris: Flammarion – Champs, © 1992, impr. 1994)

___, **La religion romaine archaïque** ("avec un appendice sur la religion des Étrusques", orig. publ. 1974, Paris: Payot, 2e éd. revue et corrigée, 2000)

DUMONT, Jean; BARBEYRAC, Jean de, **Corps universel diplomatique du droit des gens** (Amsterdam: Janssons à Waesberge, Wetstein, Smith, Z. Chatelain / La Haye: P. de Hondt, la veuve de Ch. Le Vier & J. Neaulme, 1726-1731, oito volumes)

DUPUY, Pierre-Marie; CHETAIL, Vincent (ed. by / edité par), **The Roots of International Law / Les fondements du droit international – Liber amicorum Peter HAGGENMACHER** (Leiden / Boston: M. Nijhoff, 2014)

DUPUY, Pierre-Marie, **L'unité de l'ordre juridique international**: cours général de droit international public (RCADI, 2002, t. 297, p. 9-490)

DUPUY, René-Jean, *Le mythe dans la vie internationale* (conférence faite le 14 décembre 1987, à Nice, Cycle de conférences portant sur 'La diplomatie nouvelle', préface de C. NIGOUL e M. TORRELLI, Nice: Institut du droit de la paix et du développement / Institut européen des hautes études internationales, 1988)

DUROSELLE, J.-B., **Histoire diplomatique de 1919 à nos jours** (Paris: Dalloz, 7ª ed., 1978), o mesmo conteúdo passa a ser publicado como Jean-Baptiste DUROSELLE e André KASPI (colab. de), **Histoire des relations internationales: de 1919 à 1945** (Paris: Armand Colin / Dalloz, 12ª ed., 2001)

EASWARAN, Eknath (General introduction), **The Upanishads** (New Delhi: Penguin Books India, 1996)

EGIDO, J. Puente, **L'extradition en droit international: problèmes choisis** (RCADI, 1991, t. 231, publ. 1999, p. 9-260)

EINNECIUS, Johann Gottlieb, **Elementi del diritto di natura e delle genti** (orig. publ. **Grundlagen des Natur- und Völkerrechts**, 1737, "versione italiana e correzione" del sac. Andrea C. AMATO, Napoli: tipografia di Domenico Sangiacomo, ed. seconda, "riveduta e ricorretta dal Vertitore", 1828)

EINSTEIN, Alfred, **Greatness in Music** (orig. publ. **Grösse in die Musik**, © 1941, trad. César SAERCHINGER, New York: Da Capo, 1976)

ELIADE, Mircea, **Noite bengali** (orig. publ. **Maitreyi**, trad. Maria Leonor BUESCO, Lisboa: Ulisseia, 1961)

___, **La nostalgie des origines: méthodologie et histoire des religions** (orig. publ. **The Quest**, Chicago: Univ. Press, 1969; ed. francesa, Paris: Gallimard – Folio – Essais, © 1971, reimpr. 1991)

___, **History of religious ideas and beliefs I. from the stone age to the Eleusinian mysteries** (orig. publ. **Histoire des croyances et des idées religieuses** Paris: Payot, © 1976, translated by Willard R. TRASK, Chicago: University Press, 1978)

___, ___ **II. From Gautama Buddha to the triumph of Christianity** (orig. publ. Paris: Payot, 1978, translated by W. R. TRASK, Chicago: University Press, 1984)

___, ___ **III. From Muhammad to the age of reforms** (orig. publ. Paris: Payot, 1983, translated by Alf HILTEBEITEL and Diane APOSTOLOS--CAPPADONA, Chicago: University Press, 1985)

___, **L'Inde** (trad. du roumain par Alain PARUIT, Paris: L'Herne – Méandres, 1988)

___, **Aspects du mythe** (orig. publ. 1963, Paris: Gallimard – Folio, 1989)

___, **Fragmentarium** (traduit du roumain par Alain PARUIT, Paris: L'Herne, 1989)

___, **Yoga – imortalidade e liberdade** (orig. publ. **Yoga – immortalité et liberté**, 1972, trad. Teresa de Barros VELLOSO, transliteração sânscrita Lia DISKIN, São Paulo: Palas Atena, 1996)

ELIAS, Norbert, **La civilisation des moeurs** (orig. publ. **Über den Prozess der Zivilisation** I, 1969, trad. Pierre KAMNITZER, Paris: Calmann-Lévy, 1973, impr. 1999)

___, **La dynamique de l'Occident** (orig. publ. **Über den Prozess der Zivilisation II**, 1939, 1969, trad. Pierre KAMNITZER, Paris: Calmann-Lévy, 1975, impr. 2007)

___, **La société des individus** (orig. publ. **Die Gesellschaft der Individuen** © 1987, trad. Jeanne ÉTORÉ, avant-propos de Roger CHARTIER, Paris: Fayard, © 1991, impr. 2009)

___, **Mozart – Zur Soziologie eines Genies** (hrsg. Michael SCHRÖTER, Frankfurt: Suhrkamp, 1991)

___, **Norbert Elias par lui même** (ed. original alemã, 1990; Paris: Fayard, 1991)

ERALY, Abraham, **The Mughal Throne** – The saga of India's great emperors (orig. publ. 1997, London: Phoenix – Orion, 2004)

ERDOGAN, Recep Tayyip; ZAPATERO, José Luís Rodríguez, *Um apelo por respeito e calma* (OESP, 8 fev. 2006, p. A-14)

ERICH, R., **La naissance et la reconnaissance des états** (RCADI, 1926, t. 13, p. 427-508)

ERMACORA, F., **Human rights and domestic jurisdiction**: article 2, par. 7 of the Charter (RCADI, 1968, t. 124, p. 546-557)

ERODIANO, **Storia dell'Impero romano dopo Marco Aurelio** (testo e versione a cura di F. CASSOLA, Firenze: Sansoni, 1967) – ver tb. HERODIAN[O]

ESCARRA, Jean; GERMAIN, R., *La conception du droit et les théories des légistes à la veille des T'sin* (trad. de LEANG-KI-TCHAO in **Histoire des théories politiques à la veille des T'sin**, préf. G. PADOUX, Pequim, 1926)

ESPINOZA, **Éthique démontrée selon la méthode géometrique**, notice, trad., prés. et annotée par R. CAILLOIS, in **Oeuvres complètes**, Paris: Gallimard, © 1954, impr. 1992, p. 301/596)

___, **Traité de l'autorité politique**, (notices par Madeleine FRANCÈS, in **Oeuvres complètes**, Paris: Gallimard, © 1954, impr. 1992, p. 909/1044)

___, **Traité des autorités théologique et politique**, (orig. publ. **Tractatus theologico-politicus** publ. 1670, notice par Madeleine FRANCÈS e Raymond MISRAHI, in **Oeuvres complètes**, Paris: Gallimard, © 1954, impr. 1992, p. 597/908)

ÉSQUILO, **Os persas** (edição bilíngue, ESCHYLE, vol. I, **Les suppliantes – Les perses – Les sept contre Thèbes – Promethée enchaîné**, "texte établi et traduit par" Paul MAZON, Paris: Les Belles Lettres, 1ere éd., 1920; 2e éd., 1931, 13e tirage revu et completé, 1995, tome I – Prométhée enchainé, p. 149-199)

___, **Prometeu acorrentado** (in **A tragédia grega**, vol. 6, trad. do grego, introdução e notas Mário da Gama KURY, Rio de Janeiro: Jorge Zahar, 1998, p. 7-67)

ETIENNE, Bruno, **L'islamisme radical** (Paris: Hachette, © 1987, impr. 1989)

EVANS, J. A. S., *Father of History or Father of lies? The reputation of HERODOTUS* (Classical Journal, 1968, vol. 64, p. 11-17)

EYSINGA, W. J. M. van, *Rede ter berdenking van Grotius De jure praedae commentarius* (discurso feito na Real Academia de ciências dos Países Baixos, em 24 de março de 1956, publ. in Jaarboek der Koninklijke nederlandse akademie van wetenschappen 1955-1956; tb. disponível, *Le 350e. anniversaire du De jure praedae commentarius de Grotius*, trad. française du discours prononcé à la séance plenière annuelle de l'Académie royale neerlandaise des sciences et des lettres, 24 mars 1956, W. J. M. van Eysinga – *Cote 91019 in Droit-Classement alphabétique des auteurs, http://www.academie-sciences-lettres-toulouse.fr)

___, *Essai d'une esquisse de la structure juridique du monde actuel* (in Mededelingen der Koninklijke nederlandse akademie van wetenschappen. Afdeeling letterkunde. Nieuwe Reeks, Parte 24, Amsterdam: Noord-Hollandsche uitgevers, 1961)

FAHR-BECKER, Gabriele, **Ostasiastische Kunst** (Colônia: Könemann, 1998, 2 vols.)

___, **The arts of East Asia** (Editor of the English edition Chris MURRAY, Colônia: Könemann, 1999, 2 vols.)

___, **Les arts de l'Asie orientale** (Colônia: Könemann, 2000)

FAIRBANK, John K.; REISCHAUSER, Edwin O., **China: tradition & transformation** (© 1978, Boston: Houghton Mifflin Co., revised ed., 1989)

FAIRBANK, John K.; (ed.), **The Chinese world order: traditional China's foreign relations**, Cambridge, Ma.: Harvard Univ. Press, © 1968, 2nd printing, 1970)

FALK, Richard, **The Status of Law in International Society** (Princeton: Princeton Univ. Press, 1970)

FARIA, José Eduardo, **Poder e legitimidade: uma introdução à política do direito** (São Paulo: Perspectiva, 1978)

FASSBENDER, Bardo, *Westphalia, Peace of (1648)* (in **Encyclopedia of Public International Law**, 2012, vol. X, p. 865-869)

FASSBENDER, Bardo; PETERS, Anne (edited by), **The Oxford Handbook of the History of International Law** (Oxford: University Press, 2012)

FAVIER, Jean, **Le temps des principautés** – de l'an mil à 1515 (in **Histoire de France**, dir. de Jean FAVIER, vol. II, orig. publ. 1984, Paris: Fayard, 2002)

FAVRE, Antoine, **Principes de droit des gens** (Paris / Fribourg, Suisse: Librairie de droit et de jurisprudence / Ed. interuniversitaires Fribourg, 1974)

FAWCETT, Louise (ed. by), **International relations of the Middle East** (orig. publ. 2005, Oxford: Univ. Press, 2009)

FÉDOROVSKI, Vladimir, **Poutine, l'Ukraine, les faces cachées** (Paris: Balland, 2022)

FENWICK, C. G., **International Law** (orig. publ., 1924, New York / London: D. Appleton-Century Co. Inc., 2nd ed. revised and enlarged, 1934)

FERGUSON, Niall, **Império** (orig. publ. **Empire**, 2003, trad. Marcelo M. CAVALLARI, São Paulo: Planeta, 2010)

___, **Civilization – the West and the Rest** (New York: The Penguin Press, 2011)

FERNANDEZ DE BUJÁN, Antonio, **Derecho público romano** (Cizur Menor, Navarra: Civitas – Edtrl. Aranzadi, 19ª ed., 2016)

FERRAZ JÚNIOR, Tércio Sampaio, **Conceito de sistema no direito** (São Paulo: RT / Edusp, 1976)

FERRAZ, Silvio, **Música e repetição: a diferença na composição contemporânea** (São Paulo: EDUC, 1998)

FERRER, Aldo, **Historia de la globalización I Origenes del orden económico mundial** (Buenos Aires: FCE, 1996)

___, ___ II. **La revolución industrial y el segundo orden mundial** (Buenos Aires: FCE, 1999)

FERRERO, Guglielmo, **Grandeur et décadence de Rome** (trad. de l'italien par Urbain MENGIN, em seis volumes): I – **La conquête** (Paris: Plon, 13ª ed., 1908)

___, ___ II – **Jules César**, Paris: Plon, 12e ed., 1907)

___, ___ III – **La fin d'une aristocratie** (Paris: Plon, 11ª ed., 1907)

___, ___ IV – **Antoine et Cléopatre** (Paris: Plon, 11ª ed., 1908)

___, ___ V – **La Republique d'Auguste** (Paris: Plon, 8ª ed., 1907)

___, ___ VI – **Auguste et le grand empire** (Paris: Plon, 4ª ed., 1908)

FERRO, Marc, **A manipulação da história no ensino e nos meios de comunicação** (São Paulo: IBRASA, 1983)

___, **Histoire des colonisations** – des conquêtes aux indépendances, XIIIe – XXe siècle (orig. publ. 1994, Paris: Seuil – Histoire, «édition completée et mise à jour par l'auteur», 1996; ed. bras., **História das colonizações** – das conquistas às independências: séculos XIII-XX, trad. Rosa F. de AGUIAR, São Paulo: Cia. das Letras, 1996, 5ª reimpr., 2008)

FERRY, Luc, **KANT – une lecture des trois 'critiques'** (Paris: Grasset, 2006)

FESTUGIÈRE, A. J., **Études de philosophie grecque** (Paris: Vrin, 1971)

FIGES, Orlando, **Crimea** – The last Crusade (London: Penguin, 2010)

FINCH, G. A., **Les sources modernes du droit international** (RCADI, 1935, t. 53, p. 531-630)

FIORE, Pasquale, **Trattato di diritto internazionale pubblico** (Torino: Unione Tipografica Editrice Torinese, seconda ed. interamente rifatta e ampliata, 1879, 3 vols.)

FITSCHEN, Thomas, *Vienna Congress (1815)* (in **Encyclopedia of Public International Law**, 2012, vol. X, p. 678-683)

FLECKNER, Uwe (ed. by, with a picture essay by); SARKIS, **The treasure chests of Mnemosyne**: selected texts on memory theory from PLATO to DERRIDA (Dresden: Verlag der Kunst, 1998)

FLORENZANO, Modesto, *Sobre a formação do estado moderno no Ocidente* (in **Lições de história moderna** – séculos XV a XX, São Paulo: Intermeios, 2021, cap. II, p. 47-67 – originalmente intitulado 'O estado moderno: origens, componentes essenciais e evolução', texto publicado em *Lua Nova – Revista de cultura e política*, 2007, n. 7)

Flores, Jorge, **A Taprobana e a ponte de Rama** – Estudos sobre os portugueses em Ceilão e na Índia do Sul (Macau: Instituto português do Oriente, 2004)

Flori, Jean, **Guerre sainte, *jihad*, croisade: violence et religion dans le christianisme et l'islam** (Paris: Seuil 2002)

Flussin, Bernard, **La civilisation byzantine** (Paris: PUF – Que sais-je?, 2006)

Focillon, Henri, **L'an mil** (Paris: Denoel, 1984)

Foriers, Paul, **L'organisation de la paix chez Grotius et l'école de droit naturel** (précédé de A. Truyol y Serra, **La conception de la paix chez Vitoria.** La présente édition est la reprise de deux articles parus dans les 'Recueils de la société Jean Bodin pour l'histoire comparative des institutions', tome XV "la paix", deuxième partie, Bruxelles: Éditions de la Librairie Encyclopédique, 1961, Paris: Vrin, 1987)

Forrester, Viviane, **O crime ocidental** (orig. publ. **Le crime occidental**, 2004, trad. Maria José Catagnetti e Tieko Yamaguchi, São Paulo: Ed. Unesp. 2006)

Franck, Ad., **Philosophie du droit ecclésiastique: des rapports de la religion et de l'état** (Paris / Londres / New York: Germer Baillière Libr. Éd., 1864)

Franck, Thomas M., **The power of legitimacy among Nations** (New York / Oxford: Oxford Univ. Press, 1990)

___, **Fairness in international law and institutions** (Oxford: Univ. Press, 1995, reprinted 2002)

Frankopan, Peter, **The Silk Roads** – a new History of the World (orig. publ. 2015, London / New York: Bloomsbury, 2016)

Frazer, James George, **The golden bough: a study in magic and religion** (orig. publ. 1913, London: Macmillan, 1990, treze volumes)

Frega, Ana Novales, *Los procesos de territorialización y sus representaciones entre fines de la colonia y la formación republicana* (in **Horizontes de la historia conceptual en Iberoamérica** – Trayectorias e incursiones, Francisco A. Ortega, Rafael E. Acevedo P. y Pablo Casanova Castañeda (eds.), Bogotá: Univ. nacional de Colômbia / Genueve Eds., 2021, p. 45-65)

Freitas, Frei Serafim de, **Do justo império dos portugueses na Ásia** (orig. publ. **De justo imperio lusitanorum asiatico**, Valladolid: Tipografia de Jerônimo Morillo, 1625, intr. de Marcelo Caetano, trad. Miguel Pinto de MENESES, Lisboa: Instituto Nacional de Investigação Científica, 1983, reimpressão, 2 vols.)

FREUD, Sigmund, **O mal estar na civilização** (do original **Das Unbehagen in der Kultur** © 1930, edição standard brasileira das obras psicológicas completas de S. F., comentários e notas de J. STRACHEY, Anna FREUD et al., vol. XXI, trad. do alemão e do inglês, sob a direção geral de J. SALOMÃO, trad. J. O. de Aguiar ABREU, rev. técnica W. I. da SILVEIRA, Rio de Janeiro: Imago, © 1969, 1ª ed., 1974, p. 73-171)

___, **Reflexões para os tempos de guerra e morte** (do original **Zeitgemässes über Krieg und Tod**, 1915, edição standard brasileira das obras psicológicas completas de S. F., comentários e notas de J. STRACHEY, Anna FREUD et al., trad. do alemão e do inglês, sob a direção geral de J. SALOMÃO, trad. T. de O. BRITO, P. H. BRITO e C. M. OITICICA, rev. técnica D. Mendonça UCHOA, Rio de Janeiro: Imago, © 1969, 1ª ed., 1974, vol. XIV, p. 309-341)

FRIEDMANN, W., **The changing structure of international law** (Londres: Stevens & Sons, 1964)

FROWEIN, Jochen Abr., **Reactions by not directly affected states to breaches of public international law** (RCADI, 1994, t. 248, p. 345-438).)

FRYE, Richard N., **A herança persa** (do original **The heritage of Persia**, trad. Anabela e Carlos Alberto NUNES, Lisboa: Arcádia, 1972)

___, **The History of Ancient Iran** (Munique: Beck, 1984)

FUSTEL DE COULANGES, Numa Denis, **A cidade antiga**: estudos sobre o culto, o direito, as instituições da Grécia e de Roma (orig. publ. **La cité antique**: étude sur le culte, le droit, les institutions de la Grèce et de Rome, 1864, trad. J. Camargo LEITE e E. FONSECA, São Paulo: Hemus, 1975)

GALAHAD, Sir, **Byzance** (trad. de Jacques CHIFELLE-ASTER, Paris: Payot, 1937)

GALASSO, Giuseppe, **Dalla 'libertà d'Italia' alle 'preponderanze straniere'** (Napoli: Editoriale Scientifica - Pubblicazioni dell'Istituto Suor Angela Benincasa, 1997)

GANDHI, M. K., **An Autobiography** - or the story of my experiments with Truth (translated from the Gujarati by Mahadev DESAI, edited by Mohini MATHUR, New Delhi: Gandhi Hindustani Sahitya Sabha, 2009)

GANDOLFO, Guido, Introduzione (in GIUSTINO, **Le due apologie**, trad. Adriana R. RACCONE, Milano: Paoline Ed., © 1983, impr. 2004)

GARLAN, Yvon, **La guerre dans l'Antiquité** (© 1972, Paris: Nathan, 1990)

GARRE-COPELLO, Beltrer, **La zona económica exclusiva** (Montevideo: Univ. de la República / Dir. Gral. de Extension Univ., 1987)

GASPARRO, Giulia Sfameni; GNOLI, Gherardo (a cura di), **Potere e religione** nel mondo indo-mediterraneo tra ellenismo e tarda-antochità ("Atti dell'Incontro di studio della Società Italiana di Storia delle Religioni, Roma, 28-29 ottobre 2004", Roma: ISIAO – Istituto Italiano per l'Africa e l'Oriente, 2009)

GAURIER, Dominique, **Histoire du droit international** – de l'Antiquité à la création de l'ONU (Rennes: PU de Rennes, 2014)

___, **Histoire du droit international**: auteurs, doctrines et développement de l'Antiquité à l'aube de la période contemporaine (Rennes: Presses Universitaires de Rennes, 2005)

GAUTHIER, Gilles; MOLLARD, Claude (dir. de), **L'épopée du canal de Suez** – ouvrage conçu à l'occasion de l'exposition «L'épopée du canal de Suez – des pharaons au XXIe siècle» présentée à l'Institut du Monde arabe à Paris du 28 mars au 5 août 2018 et de l'exposition «Marseille et l'épopée du canal de Suez» présentée au Musée d'Histoire de Marseille du 19 octobre 2018 au 31 mars 2019, Paris: Gallimard, 2018)

GELBER, Harry G., **The Dragon and the foreign devils** – China and the world, 1100 BC to the present (London: Bloomsbury, 2007, reprint 2008)

GENTILI, Alberico, **Hispanicae Advocationis** Libri Duo (Photographic Reproduction of the Edition of 1661, Introduction by Frank F. ABBOTT, New York: Oxford UP – Carnegie Classics of International Law Series, 1921 – reprinted W. S. Hein, 1995)

___, **Direito de guerra** (orig. publ. **De jure belli libri tres** trad. Ciro MIORANZA, intr. Diego PANIZZA, Ijuí: Ed. Unijuí, 2004)

GEOFFROY-SCHNEITER, Bérénice, **Gandhara** – la rencontre d'Apollon et de Bouddha (Paris: Assouline, 2001)

GERT, Bernard, **Hobbes** (Cambridge, UK: Polity Press, 2010)

GIBBON, Edward, **Declínio e queda do império romano** (orig. publ. **Decline and fall of the Roman Empire** ed. abreviada, org. e intr. D. A. SAUNDERS, pref. C. A. ROBINSON Jr., trad. e notas suplementares J. P. PAES, São Paulo: Companhia das Letras, 2005)

GIDEL, G., **Droits et devoirs des nations**: la théorie classique des droits fondamentaux des états (RCADI, 1925, t. 10, p. 537-600)

GIGON, Olof, **Les grands problèmes de la philosophie antique** (orig. publ. **Grundprobleme der antiken Philosophie**, trad. Maurice LEFÈVRE, Paris: Payot, 1961)

GIL, Bento, **De iustitia et iure:** hec hoc est de universum contractuum materia (Olyssipone: vol. I, 1619; vol. II, 1621)

GILLESPIE, Alexander, **A History of the laws of war**, vol. 1 – **The customs and laws of war with regards to combatants and captives** (Oxford and Portland, Oregon: Hart Publ., 2011)

___, ___ vol. 2 – **The customs and laws of war with regards to civilians in times of conflict** (Oxford and Portland, Oregon: Hart Publ., 2011)

___, ___ vol. 3 – **The customs and laws of war with regards to arms control** (Oxford and Portland, Oregon: Hart Publ., 2011)

GILSON, E., **La philosophie au moyen âge** vol. 1 – **Des origines patristiques à la fin du XIIe siècle** (Paris: Payot, 1976)

___, ___ vol. 2 – **Du XIIIe siècle à la fin du XIVe siècle** (Paris: Payot, 1976)

___, **L'esprit de la philosophie médievale** (« Gifford Lectures Université d'Aberdeen», Paris: Vrin, 2e éd. revue / troisième tirage, 1978)

___, **Le thomisne: introduction à la philosophie de Saint Thomas d'Aquin** (Paris: J. Vrin, 6e éd. révue, 3e tirage, 1979)

___ e BOEHNER, Philoteus, **História da filosofia cristã: desde as origens até Nicolau de Cusa** (trad. e nota intr. de Raimundo VIER, Petrópolis: Vozes, 4ª ed., 1988)

GIRARDET, Raoul, **Mythes et mythologies politiques** (orig. publicado, 1986, Paris: Seuil, 1990)

GIRAUD, E., **La théorie de la légitime défense** (RCADI, 1934, t. 49, p. 687-868)

GIUSTINO, **Le due apologie** (intr. e note di Guido GANDOLFO, trad. Adriana R. RACCONE, Milano: Paoline Ed., © 1983, impr. 2004)

GLUBB, John B., **A short history of the Arab peoples** (Londres: Quarter Books, © 1969, reprinted 1980)

GNOLI, Gherardo; GASPARRO, Giulia Sfameni, **Potere e religione** nel mondo indo-mediterraneo tra ellenismo e tarda-antochità ("Atti dell'Incontro di studio della Società Italiana di Storia delle Religioni, Roma, 28-29 ottobre 2004", Roma: ISIAO – Istituto Italiano per l'Africa e l'Oriente, 2009)

GODWIN, Joscelyn, **The Pagan Dream of the Renaissance** (Londres: Thames & Hudson, 2002)

GOFF, J. Le, **Un long Moyen âge** (Paris: Fayard-pluriel, 2009)

GOMEZ ROBLEDO, A., **Le *jus cogens* international**: sa génèse, sa nature, ses fonctions (RCADI, 1981, t. 172, p. 9-217)

___, **Fundadores del derecho internacional: VITORIA, GENTILI, SUAREZ, GRÓCIO** (Cidade do México: Univ. Nacional Autónoma de México – Instituto de Investigaciones Jurídicas, Série H – Estudios de derecho internacional publico, n. 14, 1989)

GOODMAN, Bryna; GOODMAN, David S. G. (ed. by), **Twentieth-century colonialism and China** (London and New York: Routledge, 2012)

GORSHENINA, Svetlana; RAPIN, Claude, **De Kaboul à Samarcande** – Les archéologues en Asie centrale (Paris: Gallimard, 2001)

GOUJON, Alexandra, **L'Ukraine** – de l'indépendance à la guerre (Paris: Le cavalier bleu, 2022)

GOUSSET, Marie-Thérese, **Marco POLO – Le livre des merveilles du monde** (Paris, Bibliothèque Nationale de France, manuscrit français 2810, crédits photographiques: Bibliothèque Nationale de France – Paris, Paris: Bibliothèque de l'image, 2002)

GOYAU, G., **L'église catholique et le droit des gens** (RCADI, 1925, t. 6, p. 123--240)

GOZZI, Gustavo; BONGIOVANNI, Giorgio (a cura di), **Popoli e civiltà** – Per una storia e filosofia del diritto internazionale (Bologna: Il Mulino, 2006)

GRANDAZZI, Alexandre, **Urbs** – Histoire de la ville de Rome, des origines à la mort d'Auguste (Paris: Perrin, 2017)

___, **As origens de Roma** (orig. publ. **Les origines de Rome**, 2003, trad. Christiane G. COLAS, São Paulo: Ed. Unesp, 2009)

GRANET, Marcel, **La civilisation chinoise**: la vie publique et la vie privée (orig. publ. 1929, Paris: Albin Michel, 1968)

GRECO, Gaetano; ROSA, Mario (a cura di), **Storia degli antichi stati italiani** (Roma-Bari: Laterza, 1996)

GREGOROVIUS, Ferdinand, **Storia della città di Roma nel medioevo** (orig. publ. **Geschichte der Stadt Rom im Mittelalter** – vom V. bis XVI. Jahrhundert, 8 vols., 1859 a 1878, intr. Waldemar KAMPF, trad. Andrea CASALEGNO, Torino: Einaudi, 1973, reimpr. 2011, 3 vols)

GREGOTTI, Vittorio, **Identità e crisi dell'architetura europea** (Torino: Einaudi, 1999)

GRELLARD, Christophe; KIM Sang Ong Van-Cung, **Le vocabulaire de Guillaume d'Ockham** (Paris: Ellipses, 2005)

GREWE, Wilhelm Georg, **Epochen der Völkerrechtsgeschichte** (Baden--Baden: Nomos, 1984; tb. **The Epochs of International Law**, trad. Michael BYERS, Berlin: De Gruyter, 2000)

___, *Vom europäischen zum universellen Völkerrecht* (ZäoRV, 1982, vol. 42, p. 449)

GRIEDER, Peter, **Pays entre ciel et terre: le Tibet éternel** (Bruxelas: La Renaissance du Livre, 1993)

GRIMAL, Pierre, **A civilização romana** (do original **La civilisation romaine**, 1984, trad. Isabel St. AUBYN, Lisboa: Edições 70, 2009)

___, **Virgílio, ou o segundo nascimento de Roma** (orig. publ. **Virgile ou la seconde naissance de Rome**, 1985, trad, Ivonne C. Benedetti, São Paulo: Martins Fontes, 1992)

Grimberg, Carl; avec Ragnar Svanström, **La Grèce et les origines de la puissance romaine** (orig. publ. **Väridshistoria, Folkens Liv och Kultur**, 1963, trad. Gérard Colson, adapté sous la dir. de G.-H. Dumont, Verviers: Marabout, 1974)

Grócio, Hugo, **Mare liberum** (Original Latin Text "facsimile of the first edition, 1609" and modern English translation, ed. and annotated by Robert Feenstra Introduction Jeroen Vervliet, Leiden / Boston: Brill, 2009)

___, **De Mari Libero** (edição 1633, com quatro textos: 1- Hvgonis Grotii **Mare Liberum Sive De Ivre Qvod Batavis competit ad Indicana commercia**, dissertatio (1609), p. 1-83; 2- Paulus Merula (1558-1607), **Dissertatio de Maribus**, p. 84-182; 3- Marcus Zuerius Boxhorn (1612-1653), **Apologia pro navigationibus Hollandorum, adversus Pontum Heuterum,** p. 183-213; 4- "Tractatus pacis, mutui commercii, sive intercursus navigationum, confirmatus Londini anno [1495], inter Henricum Septimum Angliae regem, & Philippum Archiducem Austriae, Burgundiae, &c.", p. 214-267, Lvgd. Batavorvm: Ex Officina Elzeviriana, 1633)

___, *Defensio capitis quinti maris liberi oppugnati Guilielmo Welvodo* (compilada em 1615, orig. publ. Amsterdã: Samuel Müller, 1872)

___, **De jure praedae commentarius** (orig. publ. 'ex Auctoris Codice descripsit et vulgavit' H. G. Hamaker, Hagae: M. Nijhoff, 1868)

___, **De jure praedae commentarius** (Oxford e Londres: Clarendon Press – Carnegie Classics of International Law, vol. 22, 1950, vol. I – translation of the original manuscript of 1604 by Gwladys L. Williams with Walter H. Zeydel; reprints New York, 1964 e 1995)

___, **Traité du pouvoir du magistrat politique sur les choses sacrées** (orig. **De imperio summarum potestatum circa sacra**, publicada anonimamente em Paris, 1751, com falsa menção a Londres, na página de rosto, trad. de Charles Armand L'Escalopier de Nourar, présentation de Vincent Guillaume, Caen: Publications de l'Univ. de Caen, 1991)

___, **O direito da guerra e da paz** (orig. publ. **De jure belli ac pacis**, 1625, intr. A. M. Hespanha, trad. Ciro Mioranza, Ijuí: Ed. Unijuí – col. clássicos do direito internacional, 2004, 2 vols.)

___, **Le droit de la guerre et de la paix** (trad. Jean Barbeyrac, "avec les notes de l'auteur même, qui n'avoient point encore paru en françois; & de nouvelles notes du traducteur", orig. publ. Amsterdã, chez Pierre Ducoup, 1724, 'edição facsimilar' Caen: Publications de l'Univ. de Caen, 1984, 2 tomos)

GROSSI, Paolo, **L'ordine giuridico medievale** (Roma / Bari: Laterza, 1995)

GROTE, Rainer, *Westphalian System* (in **Encyclopedia of Public International Law**, 2012, vol. X, p. 870-874)

GROUSSET, René, **Le conquérant du monde** – vie de Gengis-Khan (orig. publ. 1944, Paris: Albin Michel, 2008)

___, **L'empire des steppes** – Attila, Gengis-Khan, Tamerlan (orig. publ. 1965, Paris: Payot, 2009)

GRÜNDER, Horst, **Geschichte der deutschen Kolonien** (Leiden: Brill – Verlag Ferdinand Schöningh, 7ª ed., 2018)

GUANZHONG, Luo (attributed to), **Three Kingdoms** (translated by Moss ROBERTS, Beijing: Foreign Languages Press, 1st ed., 1995, 12th printing, 2010, four volumes)

GUGGENHEIM, P., *Droit international général et droit public européen* (Schw. J.I.R., 1961, vol. 18, p. 9)

GUHA, Ramachandra, **India after Gandhi**: the history of the world's largest democracy (Londres: Picador, "Indian Edition", 2008)

GUICCIARDINI, Francesco, **Storia d'Italia** (a cura di Silvana Seidel MENCHI, saggio intr. di Felix GILBERT, Torino: Einaudi, 2008, 3 vols.)

___, **Ricordi** (1512-1530, ed. a cura di Vincenzo DI CAPRIO, Roma: Salerno Editrice, 1990)

GUILLAUME D'OCKHAM, **Court traité du pouvoir tyrannique**: sur les choses divines et humaines – et tout spécialement sur l'Empire et sur ceux qui sont assujettis à l'Empire – usurpé par ceux qui certains appellent 'souverains pontifes' (trad. du latin et introduction par Jean-Fabien SPITZ, Paris: PUF, 1999)

GUILLAUME, G., **Les grandes crises internationales et le droit** (Paris: Seuil, 1994)

___, **Terrorisme et droit international** (RCADI, 1989, t. 215, p. 287-416)

___, *La crise du Golfe et son développement jusqu'au 15 janvier 1991* (in **Les aspects juridiques de la crise du Golfe**, coord. B. STERN, Paris: Montchrestien, 1991, p. 546)

GUILLEN, Raymond; VINCENT, Jean, **Lexique de termes juridiques** (Paris: Dalloz, 5e ed., 1981)

HAAKONSSEN, Knud, **Natural Law and Moral Philosophy** – From Grotius to the Scottish Enlightenment (Cambridge: Univ. Press, 1996)

Habermas, J., **Mudança estrutural da esfera pública**: investigações quanto a uma categoria da sociedade burguesa (orig. **Strukturwandel der Öffentlichkeit**, tese em 1961, trad. Flávio R. Kothe, Rio de Janeiro: Tempo brasileiro, 2003)

___, **Strukturwandel der Öffentlichkeit** – Untersuchungen zu einer Kategorie der bürgerlichen Gesellschaft (1962, Berlin: Neuwied, 5. Auflage, 1971)

___, **Après l'état-nation: une nouvelle constellation politique** (© 1998 e 1999, trad. Rainer Rochlitz, Paris: Fayard, 2000)

Haddock, Bruce A., **Vico's political thought** (Brynmill: Mortlake Press, 1986)

Haecker, Theodor, **Vergil – Vater des Abendlandes** (Frankfurt a. M. / Hamburg: Fischer, 1958)

Haggenmacher, Peter, *La paix dans la pensée de Grotius* (in **L'Europe des traités de Westphalie** – Esprit de la diplomatie et diplomatie de l'esprit, dir. de Lucien Bély avec Isabelle Richefort, Paris: PUF, 2000, p. 67-79)

___, *Le droit de la guerre et de la paix de Grotius* (**Le droit international** Archives de philosophie du droit, vol. 32, Paris: Sirey, 1987, p. 47-58)

Halpérin, Jean-Louis, *De quelques difficultés kelséniennes pour l'historien du droit* (in **L'architecture du droit – Mélanges en l'honneur de Michel Troper**, dir. de D. de Béchillon, P. Brunet, V. Champeil-Desplats e E. Millard, Paris: Economica, 2006, p. 477-486)

Halphen, Louis, **Charlemagne et l'empire carolingien** (Paris: Albin Michel, 1947)

Hammett, B. R., **A Concise History of Mexico** (orig. publ. 1999, Cambridge: Univ. Press, 2nd ed. 2006, reprinted 2007)

Hammond, R. J., **Portugal and Africa, 1815-1910 – a Study in uneconomic imperialism** (Stanford: Stanford University Press, 1966)

Handelmann, Heinrich, **História do Brasil** (trad. Lúcia F. Lahmayer, rev. Bertoldo Klinger, anotada por Basílio Magalhães e Odilon N. de Matos, intr. Odilon N. de Matos, Belo Horizonte: Itatiaia / São Paulo: Edusp, 4ª ed., 1982, 2 vols.)

Hanke, Lewis, *estudio preliminar* (in **Historia de las indias**, ed. cit, 1995, p. VII-LXXXVIII)

Hanotaux, Gabriel (dir. de), **Histoire de la nation française** – t. III. **Histoire politique**: des origines à 1515, par P. Imbart de la Tour (Paris: Société de l'histoire nationale / Libr. Plon, 1920)

___, ___ t. IV. **Histoire politique**: de 1515 à 1804, par Louis Madelin (Paris: Société de l'histoire nationale / Libr. Plon, 1924)

___, ___ t. V. **Histoire politique**: de 1804 à 1926, par G. HANOTAUX (Paris: Société de l'histoire nationale / Libr. Plon, 1929)

HART, H. L. A., **The concept of law** (orig. publ. 1961, Oxford: Clarendon Press, 2nd ed., with a 'postscript', ed. by Penelope A. BULLOCH and Joseph RAZ, 1994)

HARVEY, Paul (compiled by), **Classical Literature** (orig. publ. 1937, Oxford: U.P., reprinted, 1990)

HEERS, Jacques, **Chute et mort de Constantinople** (1204-1453) (orig. publ. 2005, Paris: Perrin – tempus, nouvelle ed., 2007)

HEFFTER, August, **Le droit international public de l'Europe** (orig. publ. **Das europäische Völkerrecht der Gegenwart auf den bisherigen Grundlagen**, Berlim, 1844, trad. Jules BERGSON, Berlim: Schroeder / Paris: Cotillon, 'nouvelle édition revue et augmentée, après le décès du traducteur, par l'auteur', 1866)

HEGEL, Georg Wilhelm Friedrich, **Phänomenologie des Geistes** (orig. publ. 1807, Colonia: Anaconda, 2010)

___, **Philosophie der Kunst** – Vorlesung von 1826 (hrsg. von Annemarie GETHMANN-SIEFERT, JEONG-IM Kwon e Karsten BERR, Frankfurt: Suhrkamp, stw 1722, erste Auflage, 2005)

___, **La philosophie de l'Histoire** (dir. et trad. de Myriam BIENENSTOCK et al., appareil critique de Norbert WASZEK, Paris: Librairie générale française, 2009)

___, **Vorlesungen uber die Philosophie der Geschichte** (mit einer Einfuhrung von Theodor LITT, Stuttgart: Philipp Reclam, © 1961, impr. 2002)

___, **Princípios da filosofia do direito** (trad. Orlando VITORINO, São Paulo: Martins Fontes, 1997, 4ª tiragem, 2009)

___, **Principes de la philosophie du droit** (trad., présentation, notes et bibliographie par Jean-Louis VIEILLARD-BARON, Paris: GF – Flammarion, 1999)

___, **Principes de la philosophie du droit** (trad. A. KAAN, Paris: Gallimard, 1989)

___, **Werke** 1 – **Frühe Schriften** (auf den Grundlage der **Werke**, von 1832--1845, neu edierte Ausgabe, Redaktion Eva MOLDENHAUER und Karl Markus MICHEL, Frankfurt: Suhrkamp, ©1971, stw 601, 1986)

___, ___ 2 – **Jenaer Schriften** 1801-1807 (ed. cit., stw 602, 7. Auflage, 2003)

___, ___ 4 – **Nurnberger und Heidelberger Schriften** 1808-1817 (ed. cit., stw 4, 1986)

___, ___ 5 – **Wissenschaft der Logik – I** (ed. cit., stw 605, 1986-)

___, ___ 6 – **Wissenschaft der Logik – II** (ed. cit., stw 606, 1986-)

___, ___ 7 – **Grundlinien der Philosophie des Rechts**, (ed. cit., stw 607, 1986-)

___, ___ 8, 9, 10 – **Enzyklopädie der philosophischen Wissenschaften – I, II e III** (ed. cit., stw 608, stw 609 e stw 610, 1986-)

___, ___ 11 – **Berliner Schriften** (ed. cit., stw 611, 1986-)

___, ___ 13, 14, 15 – **Vorlesungen uber die Ästhetik**, (ed. cit., stw 613, stw 614 e stw 615, 1986-)

___, ___ 16 – **Vorlesungen uber die Philosophie der Religion** – I (ed. cit., stw 616, 1986)

___, ___ 17 – **Vorlesungen uber die Philosophie der Religion** – II – **Vorlesungen über die Beweise vom Dasein Gottes** (ed. cit., stw 617, 1986)

___, ___ 18, 19, 20 – **Vorlesungen uber die Geschichte der Philosophie – I, II e III** ed. cit., stw 618, stw 619, stw 620, 1986-)

___, **Grundlinien der Philosophie des Rechts oder Naturrecht und Staatswissenschaft im Grundrisse** (mit H. eigenhändigen Notizen in seinem Handexemplar und den mundlichen Zusätsen, hrsg. und eingeleitet von Helmut Reichelt, Frankfurt: Ullstein, 1972, Ullstein Buch 2929)

___, **Einleitung in der Geschichte der Philosophie** (hrsg. von Johann Hoffmeister, Hamburg: F. Meiner, 3. Aufl., 1940)

Heidegger, Martin, **Sein und Zeit** (Tubingen: Max Niemeyer, 15ª ed., 1984)

___, **Kant und das Problem der Metaphysik** (editado por F. W. von Herrmann, Frankfurt: Vittorio Klostermann, © 1973, 5ª ed., ampliada, 1991)

___, **Holzwege** (Frankfurt: Vittorio Klostermann, © 1950, 6ª ed. revista, 1980)

Heilborn, P., **Les sources du droit international** (RCADI, 1926, t. 11, p. 1-64)

Henriksen, T., *Portugal in Africa: a Noneconomic interpretation* (African Studies Review, 1973, vol XVI, n. 3, p. 406)

Hentig, Hans von, **Der Friedenschluss** – Geist und Technik einer verlorenen Kunst (Munique: DTV, 1965)

Herodian, **History of the Empire** (with an English translation by C. R. Whittaker, Cambridge, Ma. / London: Harvard U. P. / LCL 454, Herodian I, first publ. 1969, reprinted 2002; LCL 455, Herodian II, first publ., 1970, reprinted s/d)

Hérodote, **Oeuvres complètes** (intr. Jacqueline de Romilly, texte présenté, traduir et annoté par André Barguet, Paris: Gallimard – Pleiade, © 1964, impr. 1982)

HERÓDOTO, **História** (trad. do grego, intr. e notas de Mário da Gama KURY, Brasília: Ed UnB, © 1985, 2ª ed., 1988)

HERRERA, David, **El siglo del americanismo** – una interpretación histórica y geoestratégica de la hegemonía de los E. U. (México: Univ. Nacional Autónoma de México / Edicionesakal, 2020)

HERRERO-RUBIO, A., **Le droit des gens dans l'Espagne du XVIIIe siècle** (RCADI, 1952, t. 81, p. 309-450)

HESIOD, **ERGA KAI HMERAI – Works and Days** (edited and translated by Glenn W. MOST, Cambridge, Ma. / London: Harvard Univ. Press – HESIOD I – LCL 57, 2006, p. 86-153)

___, **The shield – Catalogue of Women – other fragments** (ed. and translated by G. W. MOST, Cambridge, Ma. / London: Harvard Univ. Press – LCL 503, HESIOD II, 2007)

___, **Theogony – Testimonia** (with an English translation by Glenn W. MOST, Cambridge, Ma.: Harvard U.P. – HESIOD I – LCL 57, 2007)

HIGGINS, Alexander Pearce, **La contribution de quatre grands juristes britanniques au droit international (LORIMER, WESTLAKE, HALL et HOLLAND)** (RCADI, 1932, t. 40, p. 1-86)

HIGMAN, B. W., **A concise History of the Caribbean** (Cambridge: Univ. Press, 2011)

HILDESHEIMER, Wolfgang, **Mozart** (orig. publ. 1977, trad. Ariel BIGNAMI, Buenos Aires: Javier Vergara, 1982)

HILL, Christopher, **O mundo de ponta-cabeça** (orig. publ. **The world turned upside down** © 1972 e 1975, trad. R. J. RIBEIRO, São Paulo: Companhia das letras, 1987)

HILL, Jason D., **Becoming a Cosmopolitan** (London – Boulder – New York: Rowman and Littlefield, 2000)

HISTORIA AUGUSTA – Scriptores Historiae Augustae, **Vitae Diversorum Principum et Tyranorum a Divo Hadriano usque ad Numerianum Diversis Composit** (with an English translation by David MAGIE, Cambridge, Ma. / London: Harvard U.P. – vol. I. HADRIAN to CLODIUS ALBINUS (LCL 139, first publ., 1921, reprinted 2000)

___, ___ vol. II. CARACALLA to MAXIMUS and BALBINUS (ed. cit., LCL 140 first publ., 1924, reprinted 2000)

___, ___ vol. III. The two VALERIANS to CARUS, CARINUS, NUMERIAN (ed. cit., LCL 263, first publ., 1932, reprinted 1998)

HOBBES, T., **Elements of law natural and politic** (1650, trad. francesa, **Éléments du droit naturel et politique**, introduction, notes, bibliographie, index et traduction par Delphine THIVET, Paris: Vrin, 2010)

___, **Leviathan** (1651, ed. by Richard TUCK, Cambridge: Univ. Press – col. Cambridge Texts in the History of Political Thought, 1991)

___, **Leviatã** (trad. de João Paulo MONTEIRO e Maria Beatriz N. da SILVA, São Paulo: Abril cult., 1974)

___, **Do cidadão** (orig. publ. **De Cive**, trad., apres. e notas de Renato J. RIBEIRO, São Paulo: Martins Fontes, 1ª ed., 1992, 3ª ed., 2002)

HOBSBAWM, Eric, **A era das revoluções 1789-1848** (do original **The age of Revolution 1789-1848**, © 1977, trad. Maria Tereza TEIXEIRA e Marcos PENCHEL, São Paulo: Paz e Terra, 25ª ed., 2ª reimpr., 2010)

___, **A era do capital 1848-1875** (do original **The age of capital 1848-1875**, © 1977, trad. Luciano COSTA Neto, São Paulo: Paz e Terra, 15ª ed., 2ª reimpr., 2011)

___, **A era dos impérios 1875-1914** (do original **The age of empire 1875--1914**, © 1988, trad. S. Maria CAMPOS e Yolanda S. de TOLEDO, São Paulo: Paz e Terra, 13ª ed., 2ª reimpr., 2011)

___, **Nações e nacionalismo desde 1780** – programa, mito e realidade (orig, publ. **Nations and Nationalism since 1780** – Programme, myth, reality, 1990, trad. Maria Cecília PAOLI e Anna Maria QUIRINO, São Paulo: Paz e Terra, 5ª ed., 2008)

___, *A invenção das tradições* (in **A invenção das tradições**, op. cit., 2008, p. 9-23)

___, **Globalização, democracia e terrorismo** (do original **Globalisation, democracy and terrorism** © 2007, trad. José VIEGAS, São Paulo: Companhia das Letras, 2007)

___, **Tempos interessantes**: uma vida no século XX (do original **Interesting times**: a twentieth-century life, © 2002, trad. S. DUARTE, São Paulo: Companhia das Letras, 2002)

___, *O velho mundo e o novo: quinhentos anos de Colombo* (orig. publicado na *London Review of Books*, 9 de julho de 1992, in **Pessoas extraordinárias**, 2005, p. 405-414)

___, **Pessoas extraordinárias**: resistência, rebelião e jazz (do original **Uncommun people**, 1998, trad. Irene HIRSCH e Lólio L. de OLIVEIRA, São Paulo: Paz e Terra, 3ª ed, 2005)

___ e Terence Ranger (org.), **A invenção das tradições** (orig. publ. **The invention of tradition**, 1983, trad. Celina C. Cavalcanti, São Paulo: Paz e Terra, 6ª ed., 2008)

Hobza, A., **Questions de droit international concernant les religions** (RCADI, 1924, t. 367-424)

Hoffet, Frederic, **Psychanalyse de l'Alsace** (texte de 1951, augmenté d'une préface de l'auteur et d'un avant-propos de Germain Muller, Colmar: Editions Alsatia, 1973)

Holanda, Sérgio Buarque de, **Visão do paraíso: os motivos edênicos no descobrimento e colonização do Brasil** (orig. tese de titularidade em história na USP, 1958, publ. 1959, São Paulo: Nacional / Secretaria da cultura, ciência e tecnologia, 3ª ed., 1977)

Homer, **The Odyssey** (translated by T. E. Lawrence, Ware, Herfordshire: Wordsworth Classics, 1991, reprinted 1994)

Homère, **Iliade** (texte établi et trad. par Paul Mazon, Pierre Chantraine, Paul Collart et René Langoumier) tome I – chants I-VI (Paris: Les belles lettres, septième tirage, 1972)

___, ___ tome II - chants VII-XII (ed. cit., Paris: Les belles lettres, sixième tirage, 1972)

___, ___ tome III – chants XIII-XVIII (Paris: Les belles lettres, septième tirage, 1974)

___, ___ tome IV - chants XIX-XXIV (Paris: Les belles lettres, neuvième tirage, 1982)

___, **Introduction à l'Iliade** (orig. publ. 1943, Paris: Les belles lettres, 1967)

___, **Odisséia** (trad. e prefácio de Frederico Lourenço, introdução e notas de Bernard Knox, São Paulo: Penguin Classics – Companhia das Letras, 2011)

___, **Odisséia** (introdução e notas de M. Dufour, trad. A. Pinto de Carvalho, São Paulo: Abril cultural, 1979)

___, **Ilíada** (trad. Carlos Alberto Nunes, Rio: Ediouro, 2001)

___, **Ilíada** (orig. **Iliada**, trad. e prefácio de Frederico Lourenço, introdução e apêndices de Peter Jones, introdução à edição de 1950 por E. V. Rieu, São Paulo: Penguin Classics–Companhia das letras, 2013)

Horácio, Q. Flaccus, **Carmina - Odes** (inclui o *Cântico secular*, ed. bilingue, trad., introdução e notas de Pedro Braga FALCÃO, São Paulo: Ed. 34, 2021)

___, **Satires, Epistles and Ars Poetica** (with an English translation by H. R. Fairclough, Cambridge, Ma.: Harvard U.P. / Loeb Classical Library, LCL 194, 1st publ., 1929)

___, **Odes and Epodes** (with an English translation by Niall Rudd, Cambridge, Ma. / London: Harvard Univ. Press – LCL 33, 2004)

___, **The complete Odes and Epodes** (a new translation by David West, New York: Oxford Univ. Press, 2008)

Houaiss, A., **Dicionário** (Rio de Janeiro: Instituto A. Houaiss, 1ª ed., 2001)

Huber, Kurt, **Leibniz: der Philosoph der universalen Harmonie** (1ª ed., 1951, Munique: Piper, 1989)

Huch, Felix, **Mozart** (orig. publ. 1957, Bergisch Gladbach: Bastei Lübbe, 1980)

Huizinga, J., **O outono da Idade média** – estudos sobre as formas de vida e de pensamento dos séculos XIV e XV na França e nos Países Baixos (do original **Herfstij der middeleeuwen**, 1919, trad. de Francis Petra Janssen, ensaios de Peter Burke e Francis von der Lem, São Paulo: Cosac & Naify, 2010, 2ª reimpr., 2011)

___, **Herbst des Mittelalters** – Studien uber Lebens- und Geistesformen des 14. und 15. Jahrhunderts in Frankreich und in den Niederländen (do original **Herfstij der middeleeuwen**, 1919, hrg. Kurt Köster, Der Übertraggung liegt die niederländische Ausgabe letzter Hand (1941) zugrunde / Deutsche Fassung – unter Benutzung der älteren Übersetzung von T. Wolff-Mönckberg (1923), Stuttgart: A. Kröner, 11. ed., 1975)

___, *La valeur politique et militaire des idées de chevalerie à la fin du Moyen Âge* (Revue d'histoire diplomatique, publiée par les soins de la Société d'histoire diplomatique, Paris: Plon, 35e année, 1921, p. 126-138)

___, *Hugo Grócio en la historia del espiritu humano* ("discurso pronunciado en Gante, en la Sesion extraordinaria de la Real Academia Flamenca, el 23 de diciembre de 1925", in **El concepto de la historia y otros ensayos**, 5ª reimpr., 2005, p. 360-369)

___, *Hugo Grócio y su tiempo* ("discurso pronunciado en La Haya, ante la Universidad Popular y la Asociación pro Sociedad de Naciones y Paz, el 16 de junio de 1925, en la cerimonia de inauguración de la exposición Hugo Grócio", publicado in **El concepto de la historia y otros ensayos**, trad. Wenceslao Roces, México: FCE, 1946, 5ª reimpr., 2005, p. 343-360)

___, *La influencia de Alemania en la cultura holandesa* ("conferencia pronunciada en Erlangen en la Asamblea de filólogos alemanes, y publicada en el Archiv fur Kulturgeschichte, t. XVI, 1926", in **El concepto de la historia y otros ensayos**, 5ª reimpr., 2005, p. 371-406)

___, **El concepto de la historia y otros ensayos** (trad. Wenceslao Roces, México: FCE, 1946, 5ª reimpr., 2005)

HUME, David, **Tratado da natureza humana** (orig. publ. **A Treatise of Human Nature**, livros I e II – 1739; livro III – 1740, trad. Déborah DANOWSKI, São Paulo: Ed. UNESP / Imprensa Oficial do Estado, 2001)

HUNTER, William Wilson, **The Indian Empire:** its people, history and products (1886, reprinted New Delhi: Asian Educational Services, 2009)

HUNTINGTON, Samuel, **O choque de civilizações e a recomposição da ordem mundial** (orig. publ. **The clash of civilizations and the remaking of world order** © 1996, trad. M. H. C. CÔRTES, Rio: Objetiva, 1997)

___, *The clash of civilizations* (Foreign Affairs, 1993, 72, n. 3, p. 22 e ss.)

___, *The West unique, not universal* (Foreign Affairs, 1996, 75, n. 6, p. 28 e ss.)

IBN BATTUTA, **Voyages et périples** – Présent à ceux qui aiment à réfléchir sur les curiosités des villes et les merveilles des voyages (orig. **Rihla**, in **Voyageurs arabes**, ed. P. CHARLES-DOMINIQUE, Paris: Gallimard-Pleiade, 1995, p. 369-1050 e 1130-1213)

IBN FADLAN, IBN JUBAYR, IBN BATTUTA e Anônimo, **Voyageurs arabes** (textes traduits, presentes et annotés par Paule CHARLES-DOMINIQUE, Paris: Gallimard-Pleiade, 1995)

IBN FADLAN, Ahmad, **Viagem ao Volga** (trad. e *Apresentação – A viagem de um relato* Pedro Martins CRIADO, São Paulo: Carambaia, 2ª ed., 2019)

___, **Récit de voyage** (orig. **Risalat**, in **Voyageurs arabes**, ed. 1995, texte p. 25-67 et Notice, p. 1071-1088)

IBN JUBAYR, **Relation des péripéties qui surviennent pendant les voyages** (in **Voyageurs arabes**, ed. Paule Charles-Dominique, 1995, texte p. 69-368, Notice, p. 1089-1130)

IBN KHALDÛN, **Discours sur l'histoire universelle** (do original ***Al Muqaddima***, traduction nouvelle, préface et notes par Vincent MONTEIL, Paris: Sindbad, © 1967-1968, impr. 1978, 3 vols.)

IBN RUSTEH, **Les Atours précieux** (do original **Kitab Ala'laq Annafisa**, escrito ca. 903 d.C., somente a parte VII foi conservada, ed. M. J. de GOEJE, Leiden, 1892, trad. G. WIET, Le Caire, 1955)

IDI, **Session de Strasbourg – 1997 / L'enseignement du droit international privé et public** (Dixième Commission, Rapporteur: M. Ronald Macdonald. 1997)

ISIDORO de Sevilla, **Etimologias** (ed. bilingue, texto latino, versión española y notas por J. OROZ Reta y Manuel-A. MARCOS CASQUERO, introducción. general por Manuel C. DIAZ Y DIAZ, Madri: Biblioteca de autores cristianos, 2009)

ITTERSUM, M. J. van, **Profit and principle** – Hugo Grotius, natural rights theories and the rise of Dutch power in the East Indies 1595-1615 (Leiden / Boston: Brill, 2006)

___, *Hugo Grotius in context: van Heemskerck's capture of the Santa Catarina and its justification in the De jure praedae (1604-1606)* (Asian Journal of Social Science, 2003, vol. 31, no. 3, p. 511-548)

___, *Dating the Manuscript of De jure praedae (1604-1608): what watermarks, Foliation and Quire divisions can tell us about Hugo Grotius' development as a natural rights and natural law theorist* (in History of European Ideas, 2009, vol. 35, p. 125-193)

IYER, Pico (essay); TRIMINGHAM, Forest W. (photographs), **Buddha: the living way** (foreword by His Holiness the DALAI LAMA, New York: Random House, 1998)

JACOBSON, Esther, *Early Nomadic Sources for Scythian Art* (in **Scythian Gold** – Treasures from Ancient Ukraine, ed. by Ellen D. REEDER, op. cit., 1999, p. 59-69)

JAEGER, Werner, **Paideia** – a formação do homem grego (orig. publ. **Paideia – die Formung des griechischen Menschen** – 1936, trad. Artur M. PARREIRA, São Paulo: Martins Fontes, 1979)

JAKSIC, Iván, **A vida de Andrés Bello** – erudição e construção de nação na América latina do século XIX (orig. publ. **Andrés Bello**: scholarship and nation-building in nineteenth century Latin America, 2001, trad. Vera CAPUTO, Rio de Janeiro: Edições de Janeiro, 2018)

JAMBET, Christian, **Qu'est-ce que la philosophie islamique?** (Paris: Gallimard – Folio – Essais, 2011)

JENKS, C. W., **Law in the world community** (London: Longman, 1968)

___, *The impact of international organisations on public and private international law* (in **Grotius Transactions**, vol. 37, 1951, p. 49)

JENNINGS, R., **General course on principles of international law** (RCADI, 1967, t. 121, p. 323-606)

___, *Judicial reasoning at an international court* (conferência no Instituto Europeu da Universidade do Saarland, em Saarbrucken, em 29 de janeiro de 1991, publicada na série Saarbrucken: Europa-Institut, "Vorträge, Reden und Berichte aus dem Europa-Institut, Nr. 236, herausgegeben von Prof. Dr. Georg RESS", 1991)

JESSUP, Ph. C., **Transnational law** (New Haven: Yale University Press, 1956)

___, **A half century of efforts to substitute law for war** (RCADI, 1960, t. 99, p. 1-20)

___, **To form a more perfect United Nations** (RCADI, 1970, t. 129, p. 1-24)

JOANNÈS, Francis, *La Babylonie méridionale: continuité, déclin ou rupture?* (in **La transition entre l'empire achéménide et les royaumes héllenistiques**, dir. P. BRIANT et F. JOANNÈS, op. cit., 2006, p. 101-135)

JONES, William, *On Hindus* (discurso apresentado à Sociedade Asiática de Bengala. Disponível on line: William JONES, *Sobre os Hindus* (1786), texto em inglês e tradução, in Linguagem & Linguística http://alinguagem.org.sir-william-jones)

JORDA, Claude, *Du Tribunal penal international pour l'ex-Yougoslavie à la Cour pénale internationale* (RCADI, 2004, t. 307, p. 9-24)

JOUGUET, P., **L'impérialisme macédonien et l'héllenisation de l'Orient** (Paris: Albin Michel – coll. L'évolution de l'humanité, vol. 15, 1937)

JUDT, Tony, **A Grand Illusion: an Essay on Europe** (orig. publ. 1996, New York: New York Univ. Press, 2011)

___, **Reappraisals** – Reflections on the forgotten 20th century (New York: Penguin, 2008)

___, **Pós-guerra: uma história da Europa desde 1945** (orig. publ. **Postwar: a History of Europe since 1945**, 2007, trad. José R. O'SHEA, Rio de Janeiro: Objetiva, 2008)

JUNG, Carl Gustav; KERÉNYI, Karl, **Essays on a science of mythology** (translated by R. F. C. HULL, New York: Bollingen Foundation / Princeton: Univ. Press, © 1949, 1st. paperback ed., 1969, 3rd. printing, 1973)

JUSTINO, **The History of JUSTIN, taken out of the Four and Forty Books of TROGUS POMPEIUS** (translated into English by Rob. CODRINGTON, London: William Whitwood, 5th edition, 1688)

KAISER, Wolfgang, *Suspendre le conflit: pratique de neutralisation entre chrétiens et musulmans en Méditerranée (XVIe –XVIIe siècles)* (in **Les ressources des faibles** – neutralités, sauvegardes, accommodements en temps de guerre (XVIe-XVIIIe siècle), dir. de Jean-François CHANET et Christian WINDLER, Rennes: P.U. de Rennes, 2009, p. 277-290)

KANGXI, Imperador, Edito datado de Yangzhou, 9 de maio de 1707 [aos 8 dias da 3ª lua] (texto reproduzido em A. V. de SALDANHA, **De KANGXI para o papa, pela via de Portugal** – memória e documentos relativos à intervenção de Portugal e da Companhia de Jesus na questão dos Ritos Chineses e nas relações entre o imperador Kangxi e a santa Sé, traduções chinesas por JIN Guo Ping, Macau: Instituto Português do Oriente, 2002, vol. II, Doc. 48 A)

KANT, Immanuel, **Idéia de história universal de ponto de vista cosmopolita** (do original **Idee zu einer allgemeinen Geschichte in weltburgerlicher**

Absicht, 1784, org. R. TERRA, trad. R. NAVES e R. TERRA, São Paulo: Martins Fontes, 2ª ed., 2004)

KANTOROWICZ, Ernst, **Les deux corps du roi** (do original **The Kings two bodies: a study in medieval political theology**, © 1957, trad. Jean-Philippe GENET e Nicole GENET, Paris: Gallimard – Quarto, 2000, **Kantorowicz oeuvres**, p. 643-1222, postface de A. BOUREAU, "Histoires d'un historien, Kantorowicz", p. 1223-1312)

___, **L'empereur Frédéric II** (do original **Kaiser Friedrich der Zweite**, © 1927, trad. Albert KOHN, Paris: Gallimard – Quarto, 2000, **Kantorowicz œuvres**, p. 9-641)

___, *La royauté médiévale sous l'impact d'une conception scientifique du droit* (Paris: Philosophie – revue trimestrielle, n. 20, automne 1988, p. 48-72)

KAPLAN, Michel, **Pourquoi Byzance?** – Un empire de onze siècles (Paris: Gallimard – folio – histoire, 2016)

KAUL, Hans Peter, *International Criminal Court* (in **Encyclopedia of Public International Law**, 2012, vol. V, p. 667-688)

KAUTILYA, **The Arthashastra** (edited, rearranged and translated by L. N. RANGAJARAN, New Delhi: Penguin Books India, 1992)

KAWASHIMA, Shin, *China* (in **The Oxford Handbook of the History of International Law**, ed. 2012, p. 451-474)

KAYE, John; MALLESON, George B., **Kaye's and Malleson's History of the Indian Mutiny of 1857-8** (Londres, 2ª ed., 1892)

KEAY, John, **China a History** (London: Harper Press – Harper Collins India, 2008)

___, **India a History** (orig. publ. 2000, Noida, Uttar Pradesh: Harper Collins Publ. India, 2004)

KEEGAN, John, **Uma história da guerra** (orig. publ. **A history of warfare**, 1993, trad. Pedro Maia SOARES, São Paulo: Companhia das letras, 2006)

KEESS, Claus, *International Criminal Law* (in **Encyclopedia of Public International Law**, 2012, vol. V, p. 717-732)

KENNEDY, David, **Nouvelles approches de droit international** (préface Emmanuelle JOUANNET, présentation Remi BACHAND, trad. sous la direction de E. JOUANNET et al., Paris: Pedone, 2009)

KENNEDY, Paul, **Ascensão e queda das grandes potências** (do original **The rise and fall of the great powers** © 1988, trad. Waltensir DUTRA, Rio de Janeiro: Campus, 1989)

KENT, Neil, **A concise History of Sweden** (orig. publ. 2008, Cambridge: UP, reprinted 2010)

Kepel, Gilles, **Jihad: expansão e declínio do islamismo** (© 2003, trad. Lais Andrade, Rio de Janeiro: Biblioteca do Exército Ed., 2003)

Kepler, Johannes, **Prodromus dissertationum cosmographicarum, continens mysterium cosmographicum, de admirabili proportione orbium coelestium, deque causis coelorum numeri, magnitudinis, motuumque periodicorum genuinis & propriis, demonstratum per quinque regularia corpora geometrica** (orig. publ. 1596, in Johannes Kepler, **Was die Welt im innersten zusammenhält** "mit einer Einleitung, Erläuterungen und Glossar", hrg. Fritz Kraft, Wiesbaden: Marix Verlag, 2005)

Kerbrat, Yann, **La référence au chapitre VII de la Charte des Nations Unies dans les résolutions à caractère humanitaire du Conseil de sécurité** (préf. Mario Bettati, Paris: LGDJ, 1995)

Kerényi, Karl, **Die Mythologie der Griechen** I. **Die Götter- und Menschheitsgeschichten** (orig. publ. 1966, Munique: DTV, 6. Auflage, 1983)

___, ___ II. **Die Heroengeschichten** (orig. publ. 1966, Munique: DTV, 6. Auflage, 1983)

Kern, Daniela, *Voltaire* (in Jurandir Malerba, org., **As lições da história**: o caminho da ciência no longo século XIX, Rio de Janeiro: Ed. FGV, 2010, p. 33-62)

Khair, Tabish, **The Gothic, Postcolonialism and Otherness** (London: Palgrave Macmillan, 2009)

Khan, L. Ali, **The extinction of nation-states: a world without borders** – Developments in International Law (Haia: Kluwer Law International, 1996)

Khan, S. Aga, *Les bases éthiques pour le droit et la société: perspectives de la Commission indépendante sur les questions humanitaires internationales* (RCADI, 1985, t. 193, p. 389-403)

Khapoya, Vincent B., **A experiência africana** (orig.publ. **The African experience**, 2010, trad. Noeli C. de Melo Sobrinho, Petrópolis: Vozes, 2ª ed. rev. e atualizada, 2016)

Kitto, H. D. F., **The Greeks** (1951, Harmondsworth: Penguin Books, "reprinted with corrections", 1960)

Kittsteiner, Heinz Dieter, **Die Stabilisierungsmoderne** – Deutschland und Europa 1618-1715 (Munique: Carl Hanser, 2010)

Kleinschmitt, Harald, **Geschichte des Völkerrechts in Krieg und Frieden** (Tübingen: Francke, 2013)

Klüber, JeanLouis [Johann Ludwig], **Droit des gens moderne de l'Europe** (tome Ier et tome II, avec un Supplément contenant une Bibliothèque choisie du droit des gens, à Stuttgart, 1819; tb. cit. **Das moderne europäische Völkerrecht**, 2 vols., Stuttgart, 1819, disponível on line https://www.deutschestextarchiv.de/klueber_voelkerrecht01_1821)

KOETSCHET, Pauline (textes choisis et presentes par), **La philosophie arabe** (Paris: Points – essais, 2011)

KOLB, R., **La bonne foi en droit international public**: contribution à l'étude des principes généraux du droit (Paris: PUF / publ. IUHEI, 2000)

___, **Esquisse d'un droit international public des anciennes cultures extra-européennes** (Paris: Pedone, 2010)

___, *Considérations sur le droit international public des anciennes cultures extra-européennes* (in **The Roots of International Law / Les fondements du droit international – Liber amicorum Peter HAGGENMACHER** ed. by / edité par P.-M. DUPUY & V. CHETAIL, Leiden / Boston: M. Nijhoff, 2014, p. 673-709)

KOMARNICKI, T., **The place of neutrality in the modern system of international law** (RCADI, 1952, t. 80, p. 395-510)

KOMARNICKI, W., **La définition de l'agresseur dans le droit international moderne** (RCADI, 1949, t. 75, p. 1-114)

KOOIJMANS, Pieter Hendrik, **The doctrine of the legal equality of states**: an inquiry into the foundations of international law (Leiden: A. W. Sijthoff, 1964)

KORFF, Serge A., **Introduction à l'histoire du droit international** (RCADI, 1923, t. 1, p. 1-24)

KOROVIN, E. A., **International law** (Moscow: the Institute of Law of the Academy of Sciences of the USSR, 1959)

___, **Mezdhunarodnogo pravo perekhodnogo vremeni** (Moscow-Petrograd, 1924)

KOSCHAKER, Paul, **Europa und das römische Recht** (Munique e Berlim: Biederstein Verlag, 1947 – publ. on line by Cambridge Univ. Press, 20 April 2017)

KOSKENNIEMI, M., **The gentle civilizer of Nations**: the rise and fall of international law 1870-1960 (Cambridge: University Press, 1st. publ., 2001, paperback ed., 2005)

___, *History of International Law, World War I to World War II* (in **Encyclopedia of Public International Law**, 2012, vol. IV, p. 902-925)

KOUTROULIS, Vaios, **Le début et la fin de l'application du droit de l'occupation** (Paris: Pedone, 2010)

KOYRÉ, Alexandré, **Do mundo fechado ao universo infinito** (orig. publ. **From the closed world to the infinite universe**, 1957, trad. D. M. GARSCHAGEN, Rio de Janeiro: Forense Univ. / São Paulo: Edusp, 1979)

KRABBE, H., **L'idée moderne d'état** (RCADI, 1926, t. 13, p. 427-508)

KRANZ, H.; DIELS, W., **Die Fragmente der Vorsokratiker** (orig. publ. Berlim, 1903, 2 vols; 2ª ed., Berlim, 1934-37, 3 vols.; edição francesa **Les présocratiques**, établie par Jean-Paul DUMONT et al., Paris: Gallimard – Pleiade, 1989)

KRAUS, Gottfried, *An operatic masterpiece of unusual character* (in **The Philips complete Mozart Edition**, in cooperation with the International Foundation Mozarteum, Salzburg and the Neue Mozart-Ausgabe, ed. by D. BERKE, W. PLATH, W. REHM, Kassel, Basel, London, New York: Bärenreiter Verlag, vol. 32, © 1975, p. 25-80)

LA PIRA, Giorgio, Presentazione (ao volume **Quinto Império**: attualità del pensiero di Antonio Vieira S.J., a cura di Pierangelo CATALANO, Sassari: ASSLA – Associazione di Studi Sociali Latino-Americani, 2000, p. 3-4)

LA PRADELLE, Paul de, *Progrès ou déclin du droit international?* (in **La communauté internationale: mélanges offerts à Charles Rousseau**, Paris: Pedone, 1974, p. 139-152)

LA ROCCA, Eugenio (a cura di), **L'esperimento della perfezione** – Arte e società nell'Atene di Pericle (Milano: Electa, 1988)

LAFER, Celso, *Ordem, poder e consenso: caminhos da constitucionalização do direito internacional* (in **As tendências atuais do direito público: homenagem ao prof. Afonso Arinos de Melo Franco**, pref. A. BALEEIRO, Rio de Janeiro: Forense, 1976, p. 89-110)

LAGARDE, G. de, **La naissance de l'esprit laïque au déclin du Moyen Âge** (Paris: Vrin, 1956, tomos 4, 5 e 6)

LAGHMANI, Slim, **Histoire du droit des gens:** du jus gentium impérial au jus publicum europaeum (Paris: Pedone, 2003)

LALANDE, André, **Vocabulaire technique et critique de la philosophie** (Paris: PUF, 5e ed., 1947)

LAMBERT, J., **América Latina** – estruturas sociais e instituições políticas (orig. publ. **Amérique latine – structures socials et institutions politiques**, trad. L. L. de Oliveira e A. O. Aguiar, São Paulo, Edusp / Nacional, 2ª ed., 1979)

LAS CASAS, Bartolomé de, **Historia de las indias** (edición de Agustín MILLARES Carlo y estudio preliminar de Lewis HANKE, Cidade do México: FCE, 1ª ed., 1951, 2ª ed., 1965, 4ª reimpr. 1995, 3 vols.)

LASSON, Adolf, **System der Rechtsphilosophie** (orig. publ. 1882, Berlin: De Gruyter, 2013)

LAURENT, François, **Histoire du droit des gens** (Ghent: L. Hebbelynck, vols. I e II, 1850-1870)

LAVISSE, Ernest, *Do determinismo histórico e geográfico* (1879, trad. Tereza Cristina KIRSCHNER, in J. MALERBA, **Lições da História** – o caminho da ciência no longo século XIX (Rio de Janeiro: Ed. FGV / coed. EdiPUCRS, 2010, p. 353-374)

LE GOFF, Jacques; MONTREMY, Jean-Maurice de, **Em busca da Idade média** (orig. publ. **À la recherche du Moyen âge**, 2003, trad. Marcos de CASTRO, Rio de Janeiro: Civilização brasileira, 2005)

LE GOFF, Jacques, **Un long Moyen âge** (orig. publ. 2004, Paris: Hachette-pluriel, 2009)

___, **Les intellectuels au Moyen âge** (orig. publ. 1957, Paris: Seuil, 1985)

___, *L'Inde merveilleuse: l'antichambre du paradis* (in **Un long Moyen âge**, Paris: Hachette-pluriel, ed. 2009, p. 239)

LEDUC, Jean, **Les historiens et le temps**: conceptions, problématiques, écritures (Paris: Seuil, 1999)

LEGENDRE, Pierre, **La fabrique de l'homme occidental** suivi de **L'homme en meurtrier** (Paris: A. Fayard – Les mille et une nuits, © 1996 e 2000, texte intégral – inédit, impr. 2020)

LEGNANO, Giovanni da, **De bello, de repraesaliis et de duello** (ed. by Sir T. Erskine HOLLAND, Oxford / Washington: Carnegie Clássicos do direito internacional, n. 8 da série, translation of the text by J. L. Brierly, photographic reproduction of the first edition (1477), 1917)

LEIBNIZ, G. G., **Discurso sobre a teologia natural dos chineses** (do original **Lettre de Mr. G. G. LEIBNIZ sur la philosophie chinoise à Mr. de RÉMOND** (1716), introdução, tradução e notas Adelino CARDOSO, Lisboa: Colibri / Universalia / Fundação Oriente, 1991)

___, **Die Theodizee** (einfuhrender Essay von Morris STOCKHAMMER, Übersetzung von Arthur BUCHENAU, Hamburg: Felix Meiner, 2ª ed., 1968)

___, **Neue Abhandlungen uber den menschlichen Verstand** (übersetzt, eingeleitet und erläutert von Ernst CASSIRER, Hamburg: Felix Meiner, 1971)

___, **Discours de métaphysique / Metaphysische Abhandlung** (übersetzt und mit Vorwort und Anmerkungen hrsg. von Herbert HERRING, edição bilíngue, Hamburg: Felix Meiner, © 1958, unveränderter Nachdruck, 1975)

___, **Principes de la nature et de la grâce fondés en raison / Monadologie / Vernunftprinzipien der Natur und der Gnade / Monadologie** (auf Grunde der kritischen Ausgabe von André ROBINET, 1954, und der Übersetzung von Artur BUCHENAU, mit Einfuhrung und Anmerkungen hrsg. von Herbert HERRING, edição bilíngue, Hamburg: Felix Meiner, © 1982, zweite, verbesserte Auflage, 1982)

___, *Observations sur le projet de paix perpétuelle de l'abbé de Saint-Pierre* (**Oeuvres de Leibniz**, publiées pour la première fois d'après les manuscrits originaux avec notes et introductions par A. Foucher de Careil, volume quatrième **Histoire et politique**, Paris: Librairie de Firmin Didot Frères, Fils et Cie., 1862; *Lettre de Leibniz à l'abbé de Saint-Pierre* datada de Hanover, 7 de fevereiro de 1715; *Observations sur le projet de paix perpétuelle de Mr. l'abbé de Saint-Pierre*, "avant propos" Simone Goyard-Fabre, Caen: Univ. de Caen / Centre de philosophie politique et juridique, 1993)

Lemaitre, Solange, **Hinduísmo** ou Sanátana Dharma (orig. publ. **Hindouisme** ou Sanátana Dharma, trad. Valeriano de Oliveira, São Paulo: Flamboyant, 1958)

Leroy-Beaulieu, Anatole, **L'empire des Tsars et les Russes** (1ère éd. 1881--1882, éd. présentée par Marc Raeff, Paris: R. Laffont, 1990)

Lesaffer, Randall, *Peace treaties and the formation of international law* (in **The Oxford Handbook of the History of International Law**, ed. by B. Fassbender and A. Peters, Oxford: Univ. Press, 2012, p. 71-94)

Lesky, Albin, **Geschichte der griechischen Literatur** (Berna e Munique: Francke, © 1957-58, 3a. ed. rev. e ampliada, 1971)

Lessing, Gotthold Ephraim, **Nathan der weise – ein dramatisches Gedicht, in funf Aufzugen** (originalmente publicado em 1779, Suttgart: Reclam, 1979)

Levenson, Claude B. (texts); Hamani, Laziz (photographies), **Symboles du Bouddhisme Tibétain** (préface du Dalaï-Lama, Paris: Assouline, 1996)

Lévi-Strauss, Claude, **The elementary structures of kinship** (trad. James Hare Bell, Londres: Eyre & Spottiswoode, 1968)

Levi, Mario A., **Pericle** – un uomo, un regime, una cultura (Milano: Rusconi, 1980)

___, **Il senso della storia greca** (Milano: Rusconi, 1979)

___, **Alessandro magno** (Milano: Rusconi, 1977)

Liang Yuen-Li, **Le développement et la codification du droit international** (RCADI, 1948, t. 73, p. 407-532)

Lie-Tseu, **Le vrai classique du vide parfait** (in **Les fleurs de la pensée chinoise**, introduction et notes complémentaires par Guy Rochet, Paris: Presses du Châtelet, 2007, 3 vols., vol II, p. 87-192)

___, **Sur le destin** et autres textes (trad. du chinois et annoté par Benedykt Grynpas, textes extraits du recueil **Le vrai classique du vide parfait**, ©1961 UNESCO, Paris: Gallimard-Folio, 2009)

LINDQVIST, Herman, **A History of Sweden** (orig. publ. 2002, transl. by Rod BRADBURY, Stockholm: Norstedts, 2006)

LINSCHOTEN, John Huyghen van, **His discours of voyages into ye Easte & West Indies: divided into foure Bookes** (London: John Wolfe, 1598; disponível online: Library of Congress Rare Book and Special Collections Division, Washington, Control no. 01007722 Digital ID http://hdl.loc.gov/loc.rbc/kislak.07722.1)

LIU Zhiji, **Le traité de l'historien parfait** – chapitres intérieurs (texte présenté, traduit et annoté par Damien CHAUSSENDE, Paris: Les belles lettres – Bibliothèque chinoise, 2014)

LIU, L. H., **The Clash of Empires: the Invention of China in Modern World Making** (Cambridge, Ma.: Harvard Univ. Press, 2004)

LIU, Lydia H., *Henry Wheaton (1785-1848)* (in **The Oxford Handbook of the History of International Law**, op. cit., 2012, p. 1132-1136)

LIVERANI, Mario, **Antigo Oriente** – História, sociedade e economia (orig. publ. **Antico Oriente** – Storia, società, economia, 2009, trad. José E. ROCHA, São Paulo: Edusp, 2016, reimpressão 2020)

LOBATO, Manuel, **Política e comércio dos portugueses na Insulíndia** – Málaca e as Molucas de 1575 a 1605 (Macau: Instituto português do Oriente, 1999)

LOCKE, J., **Carta sobre a tolerância** (edição bilingue, trad. F. FORTES e W. F. LIMA, org., introdução, notas e comentários F. F. LOQUE, Belo Horizonte: Autêntica, 2019)

___, **Scritti sulla tolleranza** (ed. D. MARCONI, Turim: UTET, 1977, vol. I)

LOMBARD, Maurice, **L'Islam dans sa première grandeur (VIIIe-XIIe siècle)** (orig. publ. 1971, préf. de Hichem DJAÏT, Paris: Flammarion / Champs, impr. 1980)

LORIMER, James, **Institutes of the Law of Nations** – a treatise of the jural relations of separate political communities (orig. publ. Edinburgh: William Blackwood & Sons, vol. I, 1883; vol. II, 1884, reprinted by The Lawbook Exchange, 2005, 2014)

LORRAIN, Pierre, **L'Ukraine** – une histoire entre deux destins (orig. publ. 2019, Paris: Bartillat, deuxième éd. revue et actualisée, 2021)

LOUREIRO, Rui Manuel, **O manuscrito de Lisboa da 'Suma oriental' de Tomé PIRES:** contribuição para uma edição crítica ("palavras introdutórias pelo prof. Juan GIL", Macau: Instituto português do Oriente, 1996)

LOURME, Louis, **Qu'est-ce que le cosmopolitisme?** (Paris: J. Vrin, 2012)

LUCANO, **Farsália** (Cantos I a V, edição bilingue, introdução, trad. e notas Brunno V. G. VIEIRA, Campinas: Lumina – Ed. Unicamp, 2011)

LUCRÈCE, **De la nature** (trad., introduction et notes par Henri CLOUARD, Paris: Garnier-Flammarion, © 1964, impr. 1988)

LUCRETII CARI, T., **De rerum natura** (ed. bilíngue, com trad. espanhola de Eduard VALENTI FIOL (1961) revista, anotada e comentada por José-Ignacio CIRUELO BORGE, Barcelona: Bosch, 1976)

LYNCH, Kevin, **A imagem da cidade** (orig. publ. **The image of the city**, 1960, trad. Jefferson Luiz CAMARGO, São Paulo: Martins Fontes, 1997)

LYOTARD, Jean-François, **La condition post-moderne** (Paris: Minuit, 1979)

MAALOUF, Amin, **Les croisades vues par les arabes** (orig. publ. 1983, Paris: Jean-Claude Lattès, 1988)

MACKENZIE, Donald A., **Myths of China and Japan** (New York: Gramercy Books, 1994)

MAFFEI, João Pedro, **Histoire des Indes** (orig. publ. **Historiarum indicarum libri XVI** Florença, 1588, trad. François Arnault de la BORIE, Lyon: Jean Pillehotte, 1603)

MAHÉ, Annie; MAHÉ, Jean-Pierre, **Histoire de l'Arménie** – des origines à nos jours (Paris: Perrin, 2012)

MAILLARD, Christine, **L'Inde vue d'Europe** – Histoire d'une rencontre (1750--1950) (Paris: Albin Michel, 2008)

MAIMONIDE, Moïse, **Le guide des égarés** (traduit de l'arabe par S. MUNK, préf. C. BIRMAN) suivi **Le traité des huit chapitres** (traduit de l'arabe par J. WOLF, préf. F. RAUSKY, nouv. éd. révue par C. MOPSICK, Paris: Verdier, © 1979, impr. 1996)

MALEBRANCHE, Nicolas, **A busca da verdade** (orig. publ. **De la recherche de la vérité**, orig. publ. 1674, sel., intr., trad. e notas de Plínio J. SMITH, São Paulo: Discurso Editorial, 2004)

MALLARMÉ, A., *Emer de Vattel (1714-1767)* (in **Les fondateurs du droit international public: leurs oeuvres, leurs doctrines**, introduction A. PILLET, Paris: V. Giard & E. Brière, 1904, p. 481-601)

MANENT, Pierre, **Les métamorphoses de la cité** – Essai sur la dynamique de l'Occident (Paris: Flammarion, 2010)

MANZANO, Eduardo Moreno, **Historia de las sociedades musulmanas en la Edad média** (Madri: Sintesis, 1992)

MAQUIAVEL, N., **Comentários sobre a primeira década de TITO LÍVIO** (trad. Sérgio BATH, Brasília: Ed. UnB, 1979)

___, MACCHIAVELLI, N., **Tutte le opere** (a cura di Mario MARTELLI, Firenze: Sansoni, 1971)

___, **Dell'arte della guerra** (orig. publ. 1521, in N. M., **Tutte le opere**, op. cit., 1971, p. 299-398)

Marco Aurélio, **Meditações** (do original **Ta eis eauton**, trad. e notas de Jaime Bruna, São Paulo: Abril cultural – Os pensadores, vol. V, 1973, p. 271-329)

Marques, A. H. de Oliveira, **Breve História de Portugal** (atualização J. J. Alves Dias, Lisboa: Presença, 11ª ed., 2019)

Marrou, Henri-Irénée, **De la connaissance historique** (orig. publ. 1954, Paris: Seuil – histoire, 1975)

Martens, Charles de, **Causes célèbres du droit des gens moderne** (orig. 1800-1802, Leipzig: Brockhaus, 1827)

Martens, G.-F. von, **Précis du droit des gens moderne de l'Europe** (1788, 'nouvelle édition revue, accompagnée des notes de Pinheiro-Ferreira, précédée d'une introduction et et complétée par l'exposition des doctrines des publicistes contemporains, et suivie d'une bibliographie raisonnée du Droit des gens, par M. Ch. Vergé, Paris: Guillaumin, 1858, 2 vols.)

___, **Recueil des traités d'alliance, de paix, de trêve, de neutralité, de commerce, etc., depuis 1761** (Göttingen, 1791-1801)

Martin, Gottfried, **Wilhelm von Ockham** – Untersuchungen zur Ontologie der Ordnung (Berlin: W. de Gruyter, 1949)

Mason, R. H. P.; Caiger, J. G., **A History of Japan** (orig. publ. 1973, Tóquio: Tuttle Publ., rev. ed., 1997)

Mathieu, Georges, **Les idées politiques d'Isocrate** (Paris: Les belles lettres – coll. d'études anciennes: Antiquité grecque, vol. 30, 1925 – disponível on line: Universidade de Michigan, 4 jan. 2007)

Mazon, Paul, avec Pierre Chantraine, Paul Collart et René Langumier, **Introduction à l'Iliade** (orig. publ. 1943, Paris: Les belles lettres – Coll. des Universités de France – Association Guillaume Budé, 1967)

Mazza, M., **Lotte sociali e restaurazione autoritaria nel III secolo d.C.** (Roma/Bari: Laterza, 1973)

McClean, J. D., **De conflitctu legum:** perspectives on private international law at the turn of the century: general course on private international law (RCADI, 2000, t. 282, p. 41-228)

___, **A common inheritance?** An examination of the private international law tradition of the Commonwealth (RCADI, 1996, t. 260, p. 9-98)

___, **The contribution of the Hague conference to the development of private international law in the common law countries** (RCADI, 1992, t. 233, p. 267-304)

MEIJERS, E. M., **L'histoire des principes fondamentaux du droit international privé à partir du moyen âge spécialement dans l'Europe occidentale** (RCADI, 1934, t. 49, p. 543-686)

MEIRA MATTOS, Adherbal, **Direito internacional público** (Rio de Janeiro: Renovar, 2ª ed., 2002)

MELLO, Celso D. de A., **Curso de direito internacional público** (Rio de Janeiro: Renovar, 15ª ed., 2004)

MELO FRANCO, Afonso Arinos de, **Amor a Roma** (Rio de Janeiro: Nova Fronteira, 1982)

MÉNARD, Philippe, **Marco Polo à la découverte du monde** (Grenoble: Éd. Glnat – La Société de géographie, 2007)

MENDELSON, M., **The formation of customary international law** (RCADI, 1998, t. 272, p. 155-410)

MENKE-BERTRAND, Ève, **L'image de Vienne et de Prague à l'époque baroque (1650-1740)** – Essai d'histoire des représentations (Estrasburgo: Presses Univ. de Strasbourg, 2008)

MERDRIGNAC, Bernard (chronologies); MÉRIENNE, Patrick (cartographie), **Le monde au Moyen âge** (Rennes: Éd. Ouest-France – Édilarge, 2003)

MERON, Theodor, **International law in the age of human rights**: general course on public international law (RCADI, 2003, t. 301, p. 9-489)

MEYER, Philippe, **Baltiques** – Histoire d'une mer d'ambre (Paris: Perrin, 2013)

MEYERSON, Émile, **De l'explication dans les sciences** (Paris: Payot, 1927)

MICHAUD, Claude, **Entre croisades et révolutions** – princes, noblesses et nations au centre de l'Europe (XVIe-XVIIIe siècles) Scripta varia (Paris: Publications de la Sorbonne – Histoire moderne, vol. 53, 2010)

___, *Le soleil, l'aigle et le croissant.* L'ambassade de Guilleragues à la Porte ottomane et le siège de Vienne de 1683 (orig. publ. 1984, in **Entre croisades et révolutions**, op. cit., 2010, p. 277-292)

___, *Raison d'état et conscience chrétienne.* L'ambassade du marquis de Nointel auprès de la Porte ottomane (orig. publ. 1979, in **Entre croisades et révolutions**, op. cit., 2010, p. 263-276)

MILAREPA, **Les cent mille chants** (traduit du tibetain et annoté par Marie-José LAMOTHE, Paris: Fayard, © 1986, impr. 2003)

MILLIOT, Louis, **La conception de l'état et de l'ordre légal dans l'Islam** (RCADI, 1949, t. 75, p. 591-688)

MISHRA, Pankaj, **Age of Anger – A History of the Present** (© 2017, Londres: Penguin, 2018)

MISTRAL, Gabriela, **Bolívar** (México: FCE, 2020)

MITCHELL, R. Judson; LEONHARD, Alan T., *Changing Soviet Attitudes toward International Law: an incorporative approach* (in Georgia Journal of International and Comparative Law, 1976, vol. 6, p. 227-244, on line: https://digitalcommons.law.uga.edu)

MITTERAUER, Michael, **Warum Europa?** Mittelalterliche Grundlagen eines Sonderwegs (orig. publ. 2003, Munique: C. H. Beck, 5a. ed, revista, 2009)

MOKHTAR, G. (coord.), **História geral da África** II – **A África antiga** (orig. publ. **Histoire générale de l'Afrique** II – **Afrique ancienne**, 1980, trad. Carlos Henrique DAVIDOFF e outros, São Paulo: Ática / Paris: Unesco, 1983)

MOLINA, Bruna, *The establishment of an international criminal tribunal* (in **Persona humana y derecho internacional / personne humaine et droit international / human person and international law: Héctor Gros Espiell amicorum liber**, Bruxelas: Bruylant, 1997, vol. I, p. 845-862)

MOMIGLIANO, Arnaldo, **As raízes clássicas da historiografia moderna** (orig. publ. **The classical foundations of modern historiography**, 1990, trad. Maria Beatriz BORBA FLORENZANO, Bauru: Edusc, 2004)

___, **Alien Wisdom** – The limits of Hellenization (Cambridge: Univ. Press, 1975)

MOMMSEN, Theodor, **Digesta** (**"**recognovit Theodorus MOMMSEN, retractavit Paulus KRUEGER", Dublin / Zurich: Weidmann, 22ª ed., 1973)

___, **História de Roma** (excertos, do original **Römische Geschichte I. Bis zur Schlacht von Pydna** (1854), **II. Von der Schlacht bei Pydna bis auf Sullas Tod** (1855), **III. Von Sullas Tod bis zur Schlacht von Thapsus** (1856), IV. **Die Provinzen von Caesar bis Diocletian** (1885), trad. A. OLINTO, estudo introdutório de Jerôme CARCOPINO, Rio de Janeiro: Opera Mundi – Biblioteca dos prêmios Nobel de literatura, 1973)

MONCAUBEIG, Francis, **L'Ukraine** – de l'Antiquité à 2015 (Tours: Sutton, 2019)

MONTAIGNE, Michel de, **Essais** (in **Oeuvres complètes**, textes établis par Albert THIBAUDET et Maurce RAT, introduction et notes par Maurice RAT, Paris: Gallimard-Pleiade, © 1962, impr. 1992, p. 3-1.097)

MONTANELLI, I., **L'Italia giacobina e carbonara** – 1789-1831 (orig. publ. 1969, premessa S. ROMANO, Milão: Rizzolli – BUR, Storia d'Italia – vol. 7, nova ed. 2014)

___ e GERVASO, Roberto, **L'Italia dei Comuni** – Il Medioevo dal 1000 al 1250 (Premessa S. ROMANO, orig. publ. 1966, Milano: Rizzoli, ed. aggiornata, 2010)

MONTCLOS B. et al., **Impérial Saint Pétersbourg de Pierre le Grand à Catherine II** (Milão: Skira / Mônaco: Grimaldi Fórum, 2004)

MONTEIRO, João, *Sobre a unidade do direito* (Revista da Faculdade de Direito de São Paulo, 1900, vol. VIII, p. 145-160)

MONTESQUIEU, Charles de Secondat, Barão de La Brède et de, **De l'esprit des lois** (texte présenté et annoté par Roger CAILLOIS, Paris: Gallimard / Pléiade, © 1951, impr. 1994)

___, **Espírito das leis** (intr. e notas de Gonzague TRUC, trad. Fernando Henrique CARDOSO e Leôncio Martins RODRIGUES, São Paulo: Abril cult. – Os pensadores, vol. XXI, 1973)

MOREAU-REIBEL, J., **Le droit de société interhumaine et le *jus gentium***: essai sur les origines et le développement des notions jusqu'à Grotius (RCADI, 1950, t. 77, p. 481-598)

MOTA, Carlos Guilherme (org.), **Viagem incompleta. A experiência brasileira: 1500-2000** – Formação: histórias (São Paulo: Senac Ed., 2ª ed., 2000)

___, *Idéias de Brasil: formação e problemas (1817-1850)* (in **Viagem incompleta: a experiência brasileira (1500-2000)**, op. cit., 2000, p. 197-238)

MOTA, Lourenço Dantas, **Introdução ao Brasil** – um banquete no trópico (São Paulo: Senac Ed., 2ª ed., 1999)

MOUTSOPOULOS, Evangelos, **Conformisme et déformation**: mythes conformistes et structures déformantes (Paris: PUF, 1978)

MUIR-WATT, Horatia, *Droit naturel et souveraineté de l'état dans la doctrine de VATTEL* (in **Le droit international** Archives de philosophie du droit, vol. 32, Paris: Sirey, 1987, p. 71-83)

MÜLLER, Konrad (hrsg.), **Instrumenta Pacis Westphalicae / Die Westfälischen Friedensverträge** ("Vollständige Lateinischer Text mit Übersetzung der wichtigeren Teile und Regesten", Bern / Frankfurt a.M.: Lang – Quelle zur neueren Geschichte, 1975)

MULLER, Paul Johannes (Einleitung, Auswahl und Legenden von), **Byzantinische Ikonen** (© 1977, Genebra: Weber, 1978)

MÜLLER, Rainer A. (herausgegeben von), **Deutsche Geschichte in Quellen und Darstellung** (Stuttgart: Ph. Reclam jun. – Reclam Universal Bibliothek, 11 vols., vol. 4 – Gegenreformation und Dreibigjähriger Krieg 1555-1648, hrsg. Bernd ROECK, RUB Nr. 17004, 2002)

MUMFORD, Lewis, **The city in history** – its origins, its transformations and its prospects (orig. publ. 1961, London: Peregrine – Penguin, 1987)

MURA, V., **Cattolici e liberali nell'età giolittiana: il dibattito sulla tolleranza** (Bari: De Donato, 1976)

MURRAY, Rachel, *African Commission on Human and Peoples' Rights* (in **Encyclopedia of Public International Law**, 2012, vol. I, p. 147-154)

NAKAGAWA, Hisayasu, **Introdução à cultura japonesa**: ensaio de antropologia recíproca (orig. publ. **Introduction à la culture japonaise**: essai d'anthropologie réciproque © 2005 trad. Estela dos Santos ABREU, São Paulo: Martins Fontes, 2008)

NANDA, P., *International Law in Ancient Hindu India* (in **Religion and International Law**, ed. by Mark W. JANIS and Carolyn EVANS, Leiden/Boston: M. Nijhoff, 1999, reprinted 2004, p. 51-61)

NASCIMENTO E SILVA, G. E. do, **Le facteur temps et les traités** (RCADI, 1977, t. 154, p. 215-297)

___, **Convenção sobre relações diplomáticas** (Rio de Janeiro: Forense Univ. / Fund. Alexandre de Gusmão, 3ª ed., 1989)

NASCIMENTO E SILVA, G. E. do; CASELLA, P. B.; BITTENCOURT NETO, O. de O., **Direito internacional diplomático** – Convenção de Viena sobre relações diplomáticas na teoria e na prática (São Paulo: Saraiva, 4ª ed., 2012)

NEGREIROS, Teresa, **Fundamentos para uma interpretação constitucional do princípio da boa-fé** (prefácio M. C. B. de MORAES, Rio de Janeiro: Renovar, 1998)

NEMO, Philipe, **Qu'est-ce que l'Occident?** (Paris: PUF / Quadrige, 2004)

___, **Histoire des idées politiques dans l'Antiquité et au Moyen Âge** (Paris: PUF, © 1998, ed. 2007)

NETTLESHIP, R. L., **The theory of Education in PLATO's Republic** (introduction by Spencer LEESON, Oxford: University Press, 1st publ., 1935, reprinted 1969)

NEUMAN, Gerald L., *Interamerican Court of Human Rights (IACtHR)* (in **Encyclopedia of Public International Law**, 2012, vol. V, p. 261-270)

NEWMANN, Ralph A., **Equity in the world's legal systems** (Bruxelles: Bruylant, 1973)

NEWMAYR VON RAMSLA, Johan Wilhelm, **Von der Neutralitet und Assistenz oder Unpartheyligkeit vnd Partheyligkeit in KriegsZeiten sonderbarer Tractat oder Handlung** (Erfurt: J. Birckner, 1620)

NGUYEN Quoc Dinh; DAILLIER, P.; PELLET, A., **Droit international public** (Paris: LGDJ, 5e éd., 1994)

NICOL, Donald M., **Les derniers siècles de Byzance**, 1261-1453 (do original **The last centuries of Byzantium**, 1261-1453, orig. publ. 1972 e 1993, trad. Hughes DEFRANCE, Paris: Tallandier – Texto, 2008)

NIETZSCHE, Friedrich, **Der Wille zur Macht** – Eine Auslegung alles Geschehens (Neu ausgewählt und geordnet von Max BRAHN, Leipzig: Alfred Kröner / Altenburg: Piererschе Hofbuchdruckerei Stephan Geibel & Co., 1917)

NIKAN, M. A.; MCKEON, R., **The Edicts of Asoka** (Chicago: Univ. of Chicago Press, 1959)

NIPPOLD, O., **Le développement historique du droit international depuis le Congrès de Vienne** (RCADI, 1924, t. 2, p. 1-24)

NONIUS MARCELLUS, **De proprietate latini sermonis** e **De varia significatione verborum** (ed. J. MERCIER, Paris, 1614)

NORWICH, John Julius, **Histoire de Byzance** (330-1453) (orig. publ. **A short History of Byzantium**, © 1988, trad. Dominique PETERS, Paris: Perrin – tempus, 2002)

NUNES, Ruy Afonso da Costa, **Gênese, significado e ensino da filosofia no século XII** (São Paulo: Edusp / Grijalbo, 1974)

NUSSBAUM, Arthur, **A concise history of the law of nations** (orig. publ. New York, 1947; em espanhol **Historia del derecho internacional** con adiciones sobre Historia de la doctrina hispánica de derecho internacional, trad. Luis GARCIA ARIAS e Francisco Javier OSSET, Madrid: Edtl.. Revista de derecho privado, 1949)

NYS, Ernest, **Les origines du droit international** (Bruxelles: Castaigne, 1894)

O'FLAHERTY, Wendy Doniger (org.). **The Rig Veda** – An Anthology (one hundred and eight hymns, selected, translated and annotated by Wendy Doniger O'FLAHERTY, 'this selection first publ. in this translation, 1981', New Delhi: Penguin India, 2000)

O'MALLEY, John W., **Os primeiros jesuítas** (do original **The first jesuits**, © 1993, trad. Domingos Armando DONIDA, São Leopoldo, RS: Ed. Unisinos / Bauru, SP: Edusc, 2004)

OCKHAM, William of, **A short discourse on tyrannical government**: over things divine and human, but especially over the empire and those subject to the empire, usurped by some who are called highest pontiffs (ed. by A. S. MCGRADE, transl. J. KILCULLEN, "Cambridge texts in the history of political thought", Cambridge: Univ. Press, 1992)

OLIVEIRA LIMA, Manuel de, **Formação histórica da nacionalidade brasileira** (originalmente palestras na França, em 1908, Rio de Janeiro: Expressão e Cultura, 2001)

___, **O movimento da independência: o Império brasileiro** (1821-1889) (São Paulo: Melhoramentos, 3ª ed., 1959)

OLIVEIRA, Anderson J. M. de; MARTINS, William de S. (org.), **Dimensões do catolicismo no império português** (séculos XVI-XIX) (Rio de Janeiro: Garamond, 2014)

OMPTEDA, Dietrich Heinrich Ludwig Von, **Literatur des gesamten natürlichen und positiven Völkerrechts** ("Neudruck der Ausgabe Regensburg, 1785", republicado Aalen: Scientia Verlag, 1963)

ONUF, Nicholas, *Tainted by contingency: retelling the story of international law* (in **Reframing the international: law, culture, politics**, edited by Richard FALK, Lester Edwin J. RUIZ and R. B. J. WALKER, New York: Routledge, 2002, p. 26-45)

ONUMA Y. (edited by), **A normative approach to war**: peace, war and justice in Hugo Grotius (Oxford: Clarendon Press, 1993)

___, **International Law in a Transcivilizational World** (Cambridge: Univ. Press, 2017)

___, **Le droit international et le Japon** – Une vision transcivilisationnelle du monde (préface de Mireille DELMAS-MARTY, présentation Fréderic MEGRET, Paris: Pedone, 2016)

___, **A Transcivilizational Perspective on International Law** (RCADI, 2009, vol. 342; tb. publ. Haia: Pocketbooks of the Hague Academy of International Law, 2010)

___, **Direito internacional em perspectiva transcivilizacional** – Questionamento da estrutura cognitiva predominante no emergente mundo multipolar e multicivilizacional do século XXI (trad. Alan CARVALHO e outros, org. da trad. Masato NINOMIYA e Paulo B. CASELLA, Belo Horizonte: Arraes, 2017)

ONYSHKEVYCH, Lada, *Scythia and the Scythians* (in **Scythian Gold** – Treasures from Ancient Ukraine, ed. by Ellen D. REEDER, op. cit., 1999, p. 23-58)

OPPENHEIM, Lassa, **International Law** (with Hersch LAUTERPACHT, London and New York: Longmans Green, 7th ed., 1948)

ORLOV, L. N., *Soviet joint enterprises with capitalist firms and other joint ventures between east and west* (RCADI, 1990, t. 221, p. 371-414)

ORREGO-VICUÑA, Francisco, **La zona económica exclusiva**: regimen y naturaleza jurídica en el derecho internacional (Santiago: Edtrl. Jurídica de Chile, 1991)

OSÓRIO, Jerônimo, **Historiae Hieronymi Osorii ... De rebus Emmanuelis Lusitaniae Regis invictissimi virtute et auspicio gestis Libri XII** (Coloniae: apud haeredes Arnoldi Breckmanz. 1581)

OUGUERGOUZ, Fatsah, *African Charter on Human and Peoples' Rights* (in **Encyclopedia of Public International Law**, 2012, vol. I, p. 136-147)

OVIDE, **Les metamorphoses** (traduction, introduction et notes par Joseph CHAMONARD, Paris: Garnier-Flammarion, 1966)

OXMAN, Bernard H., *Jurisdiction of States* (in **Encyclopedia of Public International Law**, 2012, vol. VI, p. 546-557)

ÖZSU, Umut, *Ottoman empire* (in **The Oxford Handbook of the History of International Law**, op. cit., 2012, p. 429-448)

PACREAU, X.; FERNANDEZ, J. (dir. de), **Statut de Rome de la Cour pénale internationale** – Commentaire article par article (Paris: Pedone, 2012, 2 vols.)

PADFIELD, Peter, **Maritime supremacy and the opening of the Western mind**: naval campaigns that shaped the modern world 1588-1782 (Londres: Random House, © 1999, publ. 2000)

PAGDEN, A., **Mundos em guerra** – 2500 anos de conflito entre o Ocidente e o Oriente (do original **Worlds at war** – The Long Struggle between East and West © 2008, trad. Miguel MATA, Lisboa: Ed. 70, 2009)

___, *Dispossessing the barbarian: the language of Spanish Thomism and the debate over the property rights of the American Indians* (in **The languages of political theory in early modern Europe** (Cambridge: Univ. Press, © 1987, edition 1990, p. 78-98)

___ (edited by), **The languages of political theory in early modern Europe** (Cambridge: Univ. Press, © 1987, ed. 1990)

PAHLEN, Kurt, **W. A. Mozart** – sein Leben und seine Zeit (orig. publ. 1985, Herrsching: Manfred Pawlak, Lizenzausgabe 1991)

PANOFSKY, Erwin, **La Renaissance et ses avant-courriers dans l'art d'Occident** (orig. publ. **Renaissance and renaissances in Western art**, 1960, trad. Laure MEYER, Paris: Flammarion-Champs, 2008)

PAPPE, Ilan, **The ethnic cleansing of Palestine** (Oxford: Oneworld, © 2006, reprinted, 2008)

PASCAL, Blaise, **Les Provinciales** (in **Oeuvres complètes**, texte établi, présenté et annoté par Jacques CHEVALIER, Paris: Gallimard-Pleiade, © 1954, impr. 1991, p. 657-945 e 1457-1459)

___, **Pensamentos** (introdução e notas de Ch.-M. des GRANGES, trad. Sérgio MILLIET, São Paulo: Abril – Os pensadores, vol. XVI, 1973)

___, **Pensées** (in **Oeuvres complètes**, ed. cit. 1991, p. 1079-1358 e 1462-1517)

___, **Les écrits sur la grâce** (in **Oeuvres complètes**, ed. cit., 1991, p. 947-1044 e 1459-1460)

PASTOR Ridruejo, J.-A., **Le droit international à la veille du vingt et unième siècle: normes, faits et valeurs**: cours général de droit international public (RCADI, 1998, t. 274, p. 9-308)

___, **Les procédures publiques spéciales de la Commission des droits de l'homme des Nations Unies** (RCADI, 1991, t. 228, p. 183-272)

PATEL, Bimal N., *India* (in **The Oxford Handbook of the History of International Law**, op. cit., 2012, p. 71-94)

PAULSON, Stanley L., *Ce que la* Stufenbaulehre *de MERKL nous apprend sur le concept de droit de KELSEN* (in **L'architecture du droit - Mélanges en l'honneur de Michel Troper** études coordonnés par D. de BÉCHILLON, P. BRUNET, V. CHAMPEIL-DESPLATS e E. MILLARD, Paris: Economica, 2006, p. 789-805)

PAUSÂNIAS, **Hellados periegesis / Description of Greece** (with an English translation by W. H. S. JONES, Cambridge Ma. / London: Harvard U. P., LCL, vol. I, Books I-II, 1st. publ, 1918, reprinted 1992)

___, ___ (vol. II, Books III-IV, por W. H. S. JONES e H. A. ORMEROD, 1st. publ., 1926, reprinted 1993)

___, ___ (vol. III, Books VI-VIII (1-21), 1st. publ., 1933, reprinted 1988)

___, ___ (vol. IV, Books VIII (22)-X, 1st. publ. 1935, reprinted 1995)

___, ___ (vol. V, 'illustrations and index', ed. by R. E. WYCHERLEY, 1st. publ., 1935, reprinted with revisions, 1995)

PAUSÂNIAS, trad. J. W. MCCRINDLE, **Ancient India as described in Classical Literature** (disponível on line https://archive.org, Identifier-ark: ark:/13960/t6f259272, Identifier: in.gov.ignca.34853 book number 34853).

PAVITHRAN, A. K., *International Law in Ancient India* (The Eastern Journal of International Law, 1973, vol. 5, p. 220-242)

PELUS-KAPLAN, Marie-Louise; SCHMAKENBOURG, Éric, *Le contrôle de la Baltique et les enjeux économiques* (in **L'Europe des traités de Westphalie** - Esprit de la diplomatie et diplomatie de l'esprit, dir. de Lucien BÉLY avec Isabelle RICHEFORT, Paris: PUF, 2000, p. 297-311)

PENDLE, G., **A History of Latin America** (orig. publ. 1963, London, Penguin, 1990)

PESAVENTO, Sandra Jatahy, **História e história cultural** (© 2003, Belo Horizonte: Autêntica, 2008)

PEVSNER, Nikolaus, **Panorama da arquitetura ocidental** (orig. publ. **An outline of European architecture**, 1943, trad. José T. COELHO Neto e Silvana GARCIA, rev. Luís L. RIVERA, Mônica STAHEL, Roberto de OLIVEIRA, São Paulo: Martins Fontes, 2ª ed., 2002)

PEYREFITTE, Roger, **La jeunesse d'Alexandre** (Paris: Albinn Michel, 1977)

___, **Alexandre le grand** (Paris: Albin Michel, 1981)

___, **Les conquêtes d'Alexandre** (Paris: Albin Michel, 1979)

PIEPER, Dietmar; SALTZWEDEL, Johannes (hrsg.), **Der dreissigjährige Krieg** – Europa im Kampf um Glaube und Macht 1618-1648 (Munique: Deutsche Verlags-Anstalt, 2012)

PILLET, Antoine (coord.), **Les fondateurs du droit international: leurs ouevres, leurs doctrines**, (Paris: V. Giard & E. Brière, 1904)

PIMENTA, João Paulo, **O livro do tempo** – uma história social (São Paulo: Ed. 70, 2021)

PIMPANEAU, Jacques, **Shiji** ("Initiation à la langue classique chinoise à partir d'extraits des Mémoires historiques de SIMA QIAN", Paris: Lou Feng, vol. I, 1988, vol. II, 1989)

PINON, R., **Histoire diplomatique** 1515 à 1928 (in **Histoire de la nation française**, quinze volumes, sous la dir. de G. HANOTAUX, Paris: Société de l'histoire nationale / Libr. Plon, t. IX, 1929)

PIRAZZOLI-T'SERSTEVENS, Michele, **La Chine des Han: Histoire et Civilisation** (Friburgo, Suiça: Office du livre, 1982)

PIRENNE, H., **Mahomet et Charlemagne** (1936, suivi de B. LYON, *Le débat historique sur la fin du monde antique et le début du moyen âge*; A. GUILLOU, *Byzance et la genèse de l'europe occidentale*; F. GABRIELI, *Effets et influences de l'Islam sur l'europe occidentale*; H. STEUER, *De Théodoric le grand à Charlemagne*, trad. de Hélène SEYRÈS, Milano: Jaca Book, © 1986, 1ere éd. Française, 1987)

PIRENNE, Henri, **Les villes du Moyen Âge** (Paris: PUF, 1971)

PIRENNE, Jacques, *L'organisation de la paix dans le Proche-Orient aux 3e et 2e millénaires* (in Varii Auctores, **La Paix** – Recueil de la Société Jean Bodin pour l'histoire comparative des institutions, Bruxelles: Lib. Encyclopédique, 1961-1962, vols. 14-15)

PISTONE, Sérgio, *Poder* (in **Dicionário de política**, org. N. BOBBIO, N. MATTEUCCI e G. PASQUINO, orig. publ. **Dizionario di politica**, 1983, trad. J. FERREIRA e outros, Brasília: Ed. UnB, 1986, p. 933-943)

PIVIDAL, Francisco, **Bolívar** – Pensamento precursor do antiimperialismo (apres. Octavio IANNI, São Paulo: Hucitec / Secretaria de estado da cultura, 1983)

PLANINC, Zdravko, **PLATO's political philosophy: prudence in the Republic and the Laws** (Londres: Duckworth, 1991)

PLATÃO, **Górgias** (with an English translation by W. R. M. LAMB, Cambridge Ma. / London: Harvard Univ. Press, LCL 166, PLATO III, 1st publ. 1925, reprinted 1991)

___, **Górgias ou a oratória** (trad., apres. e notas de Jaime BRUNA, São Paulo: Difel, 1970)

___, **Criton** (in **Euthyphro, Apology, Crito, Phaedo, Phaedrus** with an English translation by Harold N. Fowler, Cambridge, Ma. / London: Harvard UP / W. Heinemann, LCL 36, Plato I, 1st printed, 1914, reprint 1977, p. 147-191)

___, **Laws** (with an English transl. by R. G. Bury, Cambridge, Ma. / Londres: Harvard UP / Heinemann, LCL 187, Plato X, livros I-VI, 1st printed 1926, reprint 1984; LCL 192, Plato XI, livros VII-XII, 1st printed, 1926, reprint, 1984)

___, **República** (intr. e notas de R. Baccou, trad. J. Guinzburg, São Paulo: Difel, 1973, 2 vols.)

___, **The Republic** (with an English translation by Paul Shorey, I. Books I-V, LCL 237, Plato V, 1st. publ. 1930, reprinted 1978; II. Books VI-X, LCL 276, Plato VI, 1st. publ., 1935, reprinted, 1987)

___, **Theaetetus** (with an English transl. by H. N. Fowler, Cambridge, Ma. / Londres: Harvard UP / Heinemann, LCL 123, Plato VII, 1st printed 1921, reprint 1987, p. 1-257)

___, **Protagoras** (with an English translation by W. R. M. Lamb, Cambridge Ma. / London: Harvard Univ. Press, edição LCL 165, Plato II – **Laches – Protágoras – Meno – Euthydemus**, 1st publ. 1924, reprinted 1990, p. 85-257)

Pline, **Histoire naturelle** (textes choisis et présentés d'après la traduction de Littré, par H. Zehnacker, Paris: Gallimard-Folio 3090, © 1999, reimpr. 2007)

Pliny, **Natural history** (with an English translation by H. Rackham, Cambridge, Ma.: Harvard U.P. / Loeb Classical Library, 10 volumes, LCL 330 – preface and books 1-2, 1st. publ., 1938, rev. 1944 e 1949, reprinted, 2004)

Plutarco, **Vidas paralelas** (ΒΙΟΙ ΠΑΡΑΛΛΕΛΟΙ, trad. do grego Gilson César Cardoso, introdução e notas Paulo Matos Peixoto, São Paulo: Paumape, vols. I a III, 1991, vols. IV e V, 1992)

___, *De Herodoti malignitate* (original grego, PERI THS HRODOTOU KAKOETIAS, with an English translation by Lionel Pearson and F. H. Sandbach, Cambridge, Ma. / London: Harvard UP, LCL 426, PLUTARCH **Moralia** vol. XI, © 1965, reprinted 2006, p. 1-129)

___, **Da malícia de Heródoto** (ed. bilingue, estudo, trad. e notas de Maria Aparecida de Oliveira Silva, São Paulo: Edusp – Fapesp, 2013)

___, **The lives of the noble Grecians and Romans** (translated by John Dryden, rev. by Arthur Hugg Clough, ed. originalmente publicada 1864, reprinted New York: The Modern Library, s/d)

POCAR, Fausto, *International Criminal Tribunal for Rwanda* (in **Encyclopedia of Public International Law**, 2012, vol. V, p. 746-768)

POLETTI, Ronaldo Rebello de Britto, **O conceito jurídico de império** (Brasília: Consulex, 2009)

POLITIS, N., **Les nouvelles tendances du droit international** (Paris: Pedone, 1927)

POLITKOVSKAYA, Anna, **La Russia di Putin** (orig. publ. 2004, trad. Claudia ZINGHETTI, Milão: Adelphi Ed., 7a. ed., 2009)

POLO, Marco, **Milione** (versione toscana del Trecento, ed. critica a cura di Valeria B. PIZZORUSSO, Indice ragionato di Giorgio R. CARDONA, © 1975, Milano: Adelphi, 1994)

POLYBE, **Histoire** (texte traduit, présenté et annoté par Denis ROUSSEL, Paris: Gallimard–Pléiade, 1970)

POPPER, Karl R., **A sociedade aberta e seus inimigos** (orig. publ. **The open society and its enemies**, 1945, trad. Milton AMADO, São Paulo: Edusp / Belo Horizonte: Itatiaia, 1974, 2 tomos)

PORTER, Yves, **Les Iraniens** – Histoire d'un peuple (orig. publ. 2006, Paris: A. Colin, 2007)

PREISER, W., **Frühe völkerrechtliche Ordnungen der aussereuropäischen Welt** – Ein Beitrag zur Geschichte des Völkerrechts (Sitzungen der Wissenschaftlichen Gesellschaft an der Johann Wolfgang Goethe-Universität Frankfurt-am-Main – Societas Scientiarum Francofurtensis / Wiesbaden: Franz Steiner Verlag, 1976; "une espèce de version française de cet ouvrage" por Robert KOLB, **Esquisse d'un droit international public** des anciennes cultures extra européennes, Paris: Pedone, 2010)

___, *History of international law, Ancient times to 1648* (in **Encyclopedia of Public International Law**, 2012, vol. IV, p. 869-896)

___, **Macht und Norm in der Völkerrechtsgeschichte** (Baden-Baden: Nomos, 1985)

___, *Zum Völkerrecht der vorklassischen Antike* (in Archiv des Völkerrechts, 1954, vol. 4, p. 257)

PRESTAGE, Edgar, **As relações diplomáticas de Portugal com a França, Inglaterra e Holanda de 1640 a 1666** (orig. publ. **The diplomatic relations of Portugal with France, England and Holland from 1640 to 1668**, trad. Amadeu Ferraz de CARVALHO, Coimbra: Imprensa da Universidade, 1928)

PRICE, Simon, *The history of the Hellenistic Period* (in **Greece and the Hellenistic world** – the Oxford History of the Classical World, ed. by J. BOARDMAN, J. GRIFFIN, O. MURRAY, Oxford: Univ. Press, © 1986, reprinted 1990, p. 309-331)

PROCOPE de Cesarée, **Guerres de Justinien** livres I-II – **Les guerres contre les perses** (trad. Janick AUBERGER, notes de Geoffrey GREATREX, Paris: Les belles lettres, 2022)

___, ___ livres III-IV – **Les guerres contre les Vandales** (trad. et commenté par Denis ROQUES, préface de Philippe MURAY, Paris: Les belles lettres, 2e tirage, 2004)

___, ___ livres V-VIII – **Histoire des Goths** (texte trad. par Denis ROQUES, présenté, révisé et annoté par Janick AUBERGER, Paris: Les belles lettres, 2015, 2 tomos)

PUSTA, K.-R., **Le statut juridique de la mer Baltique à partir du XIXe siècle** (RCADI, 1935, t. 52, p. 105-190)

QUADRI, R., **Fondement du caractère obligatoire du droit international public** (RCADI, 1952, t. 80, p. 579-631)

QUADROS, Fausto de; PEREIRA, André Gonçalves, **Manual de direito internacional público** (Coimbra: Almedina, 3ª. ed., revista e aumentada, 1995)

QUIGLEY JR., John B., *The new Soviet approach to International Law* (in Harvard International Law Club Journal, 1965-1966, vol. 7)

QUINTE-CURCE, **Histoire d'Alexandre** (préface de Claude MOSSÉ, trad. nouvelle d'Annette FLOBERT, Paris: Gallimard Folio classique 4499, 2007)

RAAFLAUB, Kurt A. (ed. by), **War and peace in the Ancient world** (Oxford: Blackwell, 2007)

RACHELII, Samueli, **De jure naturae et gentium dissertationes** (originalmente publicado em Kiel, 1676, ed. by Ludwig von BAR, transl. into English by John Pawley BATE, Washington: Carnegie Institution, 1916, 2 vols.)

RADER, Olaf B., **Friedrich II.** – Der Sizilianer auf dem Kaiserthron: eine Biographie (orig. publ. 2010, Munique: C. H. Beck, 4. durchgesehene Auflage, 2012)

RAHMAN, Fazlur, **O Islamismo** (do original **Islam** © 1966, trad. J. Teixeira de AGUIAR, Lisboa: Arcádia, 1970)

RAHNER, K.; MOLTMANN, J.; METZ, J. B.; ALVAREZ-BOLADO, A., **Dios y la ciudad** – Nuevos planteamientos en teología política (intr. José GÓMEZ CAFFARENA, Madri: Ed. cristiandad, 1975)

RALEIGH, Walter, **Observations touching trade and commerce with the Hollander and other nations** (orig. publ. 1610, London: printed by T. H. and are to be sold by William Sheeres, 1653 – online at: http://name.umdl.umich.edu/A47319.0001.001)

RANGEL, V. Marotta, *L'equité en droit international: des développements récents* (Tessaloniki: Aristoteleio Panepistimio «Nomos», «Anatypo»: separata, 1989, p. 937-950)

___, *A experiência da Conferência da ONU e a Convenção sobre direito do mar* (in **Questões importantes referentes ao mar**, coord. Georgette N. Nazo, São Paulo: Soamar – Sociedade dos Amigos da Marinha, 1996, p. 11-18)

___, Prefácio (in E. Vattel, **O direito das gentes**, Brasília: Ed. UnB / IPRI, 2004, p. XLVII-LXIX)

Ranke, Leopold Von, **Die Osmanen und die Spanische Monarchie im 16. und 17. Jahrhunderten** (in der Reihe Leopold von Ranke Historische Meisterwerke, hrsg. von Meyer – Michael – Hashagen, Hamburg: Gutenberg, 1930)

___, *Sobre o caráter da ciência histórica* (do original *Idee der Universalhistorie*, trad. e ensaio de Julio Bentivolgio, na coletânea org. por Jurandir Malerba, **Lições da História** – o caminho da ciência no longo século XIX, Rio de Janeiro: Ed. FGV / coed. Ed. PUCRS, 2010, p. 133-154)

Rapp, Francis, **Le saint empire roman germanique** – D'Otton le Grand à Charles Quint (Paris: Tallandier-histoire, 2000)

Rappard, William E., **Vues retrospectives sur la Société des Nations** (RCADI, 1947, t. 71, p. 111-226)

Reale, E., **Le droit d'asile** (RCADI, 1938, t. 63, p. 469-602)

Reale, Giovanni; Antiseri, Dario, **Filosofia: Idade moderna** (orig. publ. **Il pensiero occidentale**, vol. 2 – **età moderna**, 2013, trad. José Bortolini, nova edição, revista e ampliada, São Paulo: Paulus, 2017)

Reale, Giovanni; **História da filosofia antiga** (orig. publ. **Storia della filosofia antica**, in cinque volumi, 1975-1980) vol. I – **Das origens a Sócrates** (trad. M. Perine, São Paulo: Loyola, 1993)

___, ___ vol. II – **Platão e Aristóteles** (trad. H. C. de Lima Vaz e M. Perine, São Paulo: Loyola, 1994)

___, ___ vol. III – **Os sistemas da era helenística** (trad. M. Perine, São Paulo: Loyola, 1994)

___, ___ vol. IV – **As escolas da era imperial** (trad. M. Perine e H. C. de Lima Vaz, São Paulo: Loyola, 1994)

___, ___vol. V – **Léxico, índices, bibliografia** (colaboração de Roberto Radice, trad. M. Perine e H. C. de Lima Vaz, São Paulo: Loyola, 1995)

___, **Para uma nova interpretação de Platão** (do original italiano © 1991, Milão: Vita e Pensiero, trad. Marcelo Perine, São Paulo: Loyola, 1997)

Reale, Miguel, **Horizontes do direito e da história** (São Paulo: Saraiva, 1977)

Rechid, Ahmed, **L'Islam et le droit des gens** (RCADI, 1957, t. 60, p. 371-506)

Reeder, Ellen D. (ed. by), **Scythian Gold** – Treasures from Ancient Ukraine (New York: Harry N. Abrams in association with The Walters Art Gallery and the San Antonio Museum of Art, 1999)

REESOR, Margaret E., **The nature of man in early Stoic philosophy** (London: Duckworth, 1989)

REISCHAUER, Edwin O., **Histoire du Japon et des japonais** vol. I – **Des origines à 1945** (orig. publ. **Japan, past and present**, 1946, trad. de l'américain et annoté par Richard DUBREUIL, Paris: Seuil, 3e ed. revue et corrigée, 1997)

RENFREW, Colin, **Before civilization: the radiocarbon revolution and prehistoric Europe** (© 1973, London: Penguin, reprinted 1990)

RENOU, Louis; FILLIOZA, Jean, **L'Inde classique** – Manuel des études indiennes (avec le concours de P. MEILE, A.-M. ESNOUL, L. SILBURN, tome I, Paris: Payot, 1947)

RENOU, Louis, **La civilisation de l'Inde ancienne** (Paris: Flammarion – champs, 1981)

Res gestae divi Augusti (with an English translation by F. W. SHIPLEY, Cambridge Ma. / London: Harvard UP, LCL 152, 1st publ., 1924, "bibliographical addendum", 1992)

REUTER, Paul, **Institutions internationales** (Paris: PUF, 1955)

___, **Principes de droit international public** (RCADI, 1961, t. 103, p. 425-656)

RHEINISCH, August (hrsg.), **Österreichisches Handbuch der Völkerrecht** (Viena: Manzsche, 5a. ed., 2013)

RIASANOVSKY, Nicholas V.; STEINBERG, Mark D., **A History of Russia** (New York / Oxford: Oxford U.P., 7th. ed., 2005)

RICARD, Matthieu; FÖLLMI, Danielle; FÖLLMI, Olivier; NACCI, Benoït, **Buddhist Himalayas**: people, faith and nature (orig. publ. **Himalaya Bouddhiste** © 2002, trad. L. DALE, F. GARVIE, B. MELLOR and M. WHITTAL, Londres: Thames & Hudson / New York: Abrams, 2002)

RICCI, Matteo, **Della entrata della Compagnia di Gesù e Cristianità nella Cina** (ed. realizzata sotto la dir. di Pietro CORRADINI, pref. Filippo MIGNINI, a cura di Maddalena del GATTO, © 2000, Macerata: Quodlibet, 2ª ed., 2006)

___, **Tianzhu Shiyi** ("Catecismo" ou "Verdadeira explicação do senhor do céu", composta em Pequim, 1603) / **Jiffa: treatise on mnemonic art** ("the only surviving versions list RICCI as author, ZHU Dinghan as collator, VAGNONI (GAO Yizhi) and SAMBIASI (BI Fangji) as editors"; "the imprimatur was granted by Emmanuel DIAZ the younger, who was made vice-provincial in 1628, dying in Hangzhou in 1659") Jonathan D. SPENCE, **The memory palace of Matteo Ricci** (1st publ., 1984, in the USA, London: Faber and Faber, 1985)

RICHARD, Jean, **Saint-Louis**: le justicier sans faiblesse (Paris: Artème Fayard, © 1983, impr. 1986)

RICHEFORT, Isabelle; BÉLY, Lucien (dir. de), **L'Europe des traités de Westphalie** – Esprit de la diplomatie et diplomatie de l'esprit, Paris: PUF, 2000)

RITTER, Constantin, **The essence of PLATO's philosophy** (do original alemão, translated by A. ALLES, New York: Russell & Russell, 1st. publ., 1933, reissued 1968)

RIVIÈRE, J., **Le problème de l'église et de l'état au temps de Philippe le Bel** (Louvain / Paris: Champion, 1926)

ROBINSON, Chase F., **Civilização islâmica** em trinta biografias – os primeiros mil anos (orig. publ. **Islamic Civilization** in Thirty Lives – the first thousand years, 2016, trad. Júlia C. RODRIGUES, São Paulo: Ed. Sesc, 2017)

ROCHET Guy, **Les fleurs de la pensée chinoise** (introduction et notes complémentaires par Guy ROCHET, Paris: Presses du Châtelet, 2007, 3 vols.)

RODES, Jean, **La Chine nationaliste** (Paris: Felix Alcan, 1931 – édition en format de texte par Pierre PALPANT em www.chineancienne.fr avril 2022).

ROLIN, Olivier, **En Russie** (Paris: Seuil, 1997)

ROMANELLI, Giandomenico (edited by), **Venice: art & architecture** (do original **Venezia: l'arte nei secoli**, 1977, translated by Janett ANGELINI, Elizabeth Clegg, Emma FRENCH and Gareth THOMAS, Colônia: Könemann, 1997, 2 vols.)

ROSE, Flemming. *Por que publiquei as charges* (OESP, 21 de fevereiro de 2006, p. A-12)

ROUCHE, Michel, **Les racines de l'Europe** – Les sociétés du haut Moyen age (568-888) (Paris: Fayard, 2003)

___, **Les empires universels** – IIe- IVe siècles (orig. publ. 1968, Paris: Larousse, 2ª ed., 1999)

ROZO, Eduardo Acuña (in S. BOLIVAR, **Obra política y constitucional**, Madri: Tecnos, 2007, p. LXXII-LXXIII)

RUNCIMAN, S., **História das Cruzadas** (orig. publ. **A History of the Crusades**, 1951, trad. Cristiana de A. SERRA) vol. I. **A primeira cruzada e a fundação do reino de Jerusalém** (Rio de Janeiro: Imago, 2002)

___, ___ vol. II. **Cruzadas do século XII** (Rio de Janeiro: Imago, 2002)

___, ___ vol. III. **O reino de Acre e as últimas cruzadas** (Rio de Janeiro: Imago, 2002)

___, **A teocracia bizantina** (orig. publ. **The Byzantine Theocracy**, © 1977, trad. Heloisa T. GOMES, Rio de Janeiro: Zahar, 1978)

RUSSELL-WOOD, John, **Histórias do Atlântico português** (org. Ângela DOMINGUES e Denise A. Soares de MOURA, São Paulo: UNESP, 2014)

RUSSELL, B., **A filosofia de Leibniz**: uma exposição crítica (trad. J. R. VILLALOBOS, H. L. de BARROS e J. P. MONTEIRO, São Paulo: Nacional / EDUSP, 1968)

___, **História do pensamento ocidental** (trad. Laura ALVES e Aurélio REBELLO, São Paulo: Ediouro, 2003)

RUSSELL, P. L., **The History of Mexico** – from Pre-Conquest to the Present (New York and London, Routledge, 2010)

RY, Carel J. Du, **Völker des Alten Orient** (Munique: Naturalis Verlag, s/d)

RYBAKOV, B., **Early centuries of Russian History** (translated from the Russian by John WEIR, Moscou: Progress Publishers, 1965)

SADIE, Stanley (ed.), *[Johann Chrysostom] Wolfgang Amadeus Mozart* (in **The New Grove Dictionary of Music and Musicians**, in twenty volumes, London: Macmillan, 1980, vol 12, p. 680-752)

SAHEL, Claude, **A tolerância**: por um humanismo herético (orig. publ. em francês, 1991, trad. Paulo NEVES, Porto Alegre: L&PM, 1993)

SAHLI, Fatiha; EL OUAZZAN, Abdelmalek, *Africa North of the Sahara and Arab Countries* (in **The Oxford Hnadbook of the History of International Law**, op. cit., 2012, p. 385-406)

SAID, Edward, **Orientalism** (orig. publ. New York: Pantheon Books, 1978, Londres: Penguin, 1985)

___, **Reflexões sobre o exílio e outros ensaios** (do original **Reflections on exile and other essays**, 2001, trad. Pedro Maia SOARES, São Paulo: Companhia das Letras, 2003)

___, **Fora do lugar: memórias** (do original **Out of place – a Memoir**, 1999, trad. José Geraldo COUTO, São Paulo: Companhia das Letras, 2004)

___, **Cultura e política** (org. Emir SADER, trad. Luiz Bernardo PERICÁS, São Paulo: Boitempo, 2003, reimpressão 2007)

___, **Humanismo e crítica democrática** (do original **Humanism and democratic criticism**, 2004, trad. Rosaura EICHENBERG, São Paulo: Companhia das Letras, 2007)

SAINT-PIERRE, Abbé de, **Projeto para tornar perpétua a paz na Europa** (trad. Sérgio DUARTE, pref. Ricardo SEITENFUS, Brasília: Ed. UnB / IPRI, São Paulo: IOE, 2003)

SAIRO, Jorge, **Clavis regia sacerdotum, casum conscientiae, s. theologiae moralis thesaurus** (Venetiis, 16016 e 1640; com o título **Thesaurus casum conscientiae s. theologiae moralis**, Venetiis, 1605, 1614; Coloniae, 1618)

SAKHAROV, A., **Mon pays et le monde** (orig. publ. 1973, trad. du russe par Paul DEYFAT, Paris: Seuil, 1975)

SALDANHA, Antonio Vasconcelos de, **A 'memória' sobre o estabelecimento dos portugueses em Macau do Visconde de Santarém (1845)**: os primórdios da discussão da legitimidade da presença dos portugueses em Macau (Macau: Instituto português do Oriente, 1995)

___, **De KANGXI para o papa, pela via de Portugal** – memória e documentos relativos à intervenção de Portugal e da Companhia de Jesus na questão dos Ritos Chineses e nas relações entre o imperador Kangxi e a santa Sé (traduções chinesas por JIN Guo Ping, Macau: Instituto Português do Oriente, 2002, 3 vols.)

___ e PING, Jin Guo, **Para a vista do imperador** – memoriais da dinastia Qing sobre o estabelecimento dos portugueses em Macau (1808-1887) (Macau: Instituto português do Oriente, 2000)

SALLUSTIUS, Caius Crispus, **Guerra de Jugurtha** (in SALLUSTE, **Conjuration de Catilina – Guerre de Jugurtha – Histoires**, trad., introduction et notes par François RICHARD, Paris: GF – Flammarion, 1968, p. 79-174)

SALOMON, Richard, *Ancient India: Peace within and war without* (in **War and peace in the Ancient world**, ed. by Kurt A. RAAFLAUB, Oxford: Blackwell, 2007, p. 53-65)

SALTZWEDEL, Johannes; PIEPER, Dietmar (hrsg.), **Der dreissigjährige Krieg** – Europa im Kampf um Glaube und Macht 1618-1648 (Munique: Deutsche Verlags-Anstalt, 2012)

SANT'ANNA, Affonso Romano de, **Desconstruir DUCHAMP**: arte na hora da revisão (Rio de Janeiro: Vieira & Lent, 2003)

SANTIAGO, Silviano (coord. e introdução geral), **Intérpretes do Brasil** vol. I – **O abolicionismo** de Joaquim NABUCO, **Os sertões** de Euclides da CUNHA, **A América latina** de Manuel BONFIM, **Populações meridionais do Brasil** de OLIVEIRA VIANA e **Vida e morte do bandeirante** de ALCÂNTARA MACHADO (introduções críticas Francisco IGLESIAS, Roberto VENTURA, Flora SUSSEKIND, José M. de CARVALHO, Laura de MELLO E SOUZA Rio de Janeiro: Nova Aguilar, 2002)

___, ___ vol. II – **Retrato do Brasil** de Paulo PRADO, **Introdução à história da sociedade patriarcal no Brasil: 1. Casa grande e senzala** de Gilberto FREYRE, **Introdução à história da sociedade patriarcal no Brasil: 2. Sobrados e mucambos** de Gilberto FREYRE (introduções críticas de Ronaldo VAINFAS e Eduardo PORTELLA, Rio de Janeiro: Nova Aguilar, 2002)

___, ___ vol. III – **Introdução à história da sociedade patriarcal no Brasil: 3. Ordem e progresso** de Gilberto Freyre, **Raízes do Brasil** de Sérgio Buarque de Holanda, **Formação do Brasil contemporâneo** de Caio Prado Jr. e **A revolução burguesa no Brasil** de Florestan Fernandes (introduções críticas de Maria Odila L. da S. Dias, Fernando Novaes e Fernando Henrique Cardoso, Rio de Janeiro: Ed. Nova Aguilar, 2002)

Santos, Antônio Ramos dos; Varandas, José (coord.), **A guerra na Antiguidade** (Lisboa: Centro de História da Univ. de Lisboa – Caleidoscópio, vol I, 2006; vol. II, 2008; vol. III, 2010)

Santos, Antônio Ramos dos, *Aspectos socioeconômicos da guerra na Mesopotâmia* (in **A guerra na Antiguidade**, op. cit., 2006, vol. I, p. 33-53)

___, *Um orçamento da guerra na Antiga Mesopotâmia* (in **A guerra na Antiguidade**, 2008, op. cit., vol. II, p. 49-59)

Santos, Milton; Silveira, María Laura, **O Brasil** – território e sociedade no início do século XXI (Rio de Janeiro e São Paulo: Record, 2001)

Satrapi, Marjane, **Persépolis** – completo (orig. publ. 2000, trad. Paulo Werneck, São Paulo: Companhia das Letras, 2007)

Savigny, Friedrich Carl von, **Sistema do direito romano atual** (vol. VIII, do original **System des heutigen römischen Rechts**, trad. Ciro Mioranza, apres. Arno Dal Ri Jr., introdução de Erik Jayme, Ijuí: Ed. Unijuí, 2004)

Scarpari, Maurizio, **A China antiga** (orig. publ. 2000 e 2004, trad. Alexandre Martins, Barcelona: Folio, 2006)

Scarre, Chris, **Chronos** (orig. publ. **Timelines of the Ancient world**, London: Dorling Kindersley, 1993, trad. de l'anglais par Marcel Blanc, Paris: Seuil, 1994)

Scelle, G., *Le phénomène juridique du dédoublement fonctionnel* (in **Rechtsfragen der internationalen Organisation**: Festschrift für Hans Wehberg, Frankfurt a.M.: V. Klostermann, 1956, p. 324-342)

___, **Manuel de droit international public** (Paris: Sirey, 1948)

___, **Théorie et pratique de la fonction executive en droit international** (RCADI, 1936, t. 55, p. 87-202)

___, **Précis de droit des gens: principes et systématique** (Paris: Sirey, 1934)

___, *Essai sur les sources formelles du droit international* (in **Recueil d'études sur les sources du droit en l'honneur de François Gény**, Paris: Sirey, 1934, vol. III, p. 410 ss.)

___, **Règles générales du droit de la paix** (RCADI, 1933, t. 46, p. 327-704)

Schadewalt, Wolfgang, **Tübingen Vorlesungen Band 1 – Die Anfänge der Philosophie bei den Griechen: Die Vorsokratiker und ihre Vorausset-**

zungen (unter Mitwirkung von Maria SCHADEWALT, hrsg. von Ingeborg SCHUDOMA, Frankfurt: Suhrkamp, 1978)

___, ___ **2 - Die Anfänge der Geschichtsschreibung bei den Griechen: HERODOT - THUKYDIDES** (Frankfurt: Suhrkamp, Erster Auflage, 1982, 3. Aufl, 1990)

___, ___ **3 - Die frühgriechische Lyrik (und PINDAR)** (Frankfurt: Suhrkamp, Erster Auflage, 1989)

___, ___ **4 - Die griechische Tragödie** (Frankfurt: Suhrkamp, Erster Auflage, 1991)

SCHAMA, Simon, **A History of Britain: at the edge of the world?** 3000 BC – 1603 AD (New York: Hyperion, 2000)

___, **The embarrassment of riches**: an interpretation of Dutch culture in the Golden Age (Berkeley and Los Angeles: Univ. of California Press, 1988)

SCHILLER, Friedrich, **Geschichte des dreissigjährigen Kriegs** (in **Werke in drei Bände**, hrsg. von Herbert G. GÖPFERT, Mitwirkung u. Nachwort von Gerhard FRICKE, Munique: Carl Hanser, © 1966, impr. 1976, vol. II, p. 34-320)

SCHILLING, Heinz, *La confessionalisation et le système international* (in **L'Europe des traités de Westphalie**, op. cit., 2000, p. 411-428)

SCHINDLER, D., **Aspects contemporains de la neutralité** (RCADI, 1967, t. 121, p. 221-322)

SCHMIDT, Georg, *Auch die teuerste Armee muss nicht immer gewinnen* (in Dietmar PIEPER e Johannes SALTZWEDEL (hrsg.), **Der dreissigjährige Krieg** – Europa im Kampf um Glaube und Macht 1618-1648, Munique: Deutsche Verlags-Anstalt, 2012, p. 29-42)

SCHMITT, Carl, **Verfassungslehre** (1928, Berlin: Duncker & Humblot, 11. Auflage, 2017)

SCHOLZ, R., **Die Publizistik zur Zeit Philip des Schönen und Bonifaz VIII** – Ein Beitrag zur Geschichte des politischen Anschauungen des Mittelalters (Stuttgart: F. Enke, 1903 – book digitalized by Google from the library of Harvard Univ. addeddate 2008-10.20, identifier diepublizistik00schogoog, identifier-ark ark/13960/t2891g05h, Lccn 38006523)

___, **Wilhelm von Ockham als politischer Denker und sein *Breviloquium de principatu tyrannico*** (Leipzig-Stuttgart: K. W. Hiersemann, 1944)

SCHUBSKY, Cássio, **Clóvis Beviláqua: um senhor brasileiro** (São Paulo: Lettera – col. Grandes juristas, 2010)

SCHWAB, Gustav, **Enéias** (trad. Hildegard HERBOLD, Rio de Janeiro: Paz e Terra, 1997)

SCHWARCZ, Lilia M. (dir.), **História do Brasil nação: 1808-2010**, vol. 1 – **Crise colonial e independência: 1808-1830** (coord. Alberto da COSTA E SILVA, Rio de Janeiro: Objetiva / Madri: Fund. Mapfre, 2011)

___, ___ vol. 2 – **A construção nacional: 1830-1889** (coord. J. Murilo de CARVALHO, Rio de Janeiro: Objetiva / Madri: Fund. Mapfre, 2012)

___, ___ vol. 3 – **Abertura para o mundo: 1889-1930** (coord. Lília M. SCHWARCZ, Rio de Janeiro: Objetiva / Madri: Fund. Mapfre, 2012)

___, ___ vol. 4 – **Olhando para dentro: 1930-1964** (coord. Ângela de Castro GOMES, Rio de Janeiro: Objetiva / Madri: Fund. Mapfre, 2013)

___, ___ vol. 5 – **Modernização, ditadura e democracia** (coord. Daniel Aarão REIS, Rio de Janeiro: Objetiva / Madri: Fund. Mapfre, 2014)

SCOTT, J. B., **Le príncipe de l'égalité juridique dans les rapports internationaux** (RCADI, 1932, t. 42, p. 467-630)

SCUPIN, Hans-Ulrich, *History of the Law of Nations. Ancient times to 1648* (in **Encyclopedia of Public International Law**, ed. by R. BERNHARD, Amsterdam: North Holland, vol. 7, 1984, p. 237 ss)

___, *History of International Law, 1815 to World War I* (in **Encyclopedia of Public International Law**, op. cit., 2012, vol. IV, p. 843-869)

SEABRA, Leonor de, **The embassy of Pero Vaz de Siqueira to Siam (1684--1686)** (do original **A embaixada ao Sião de Pero Vaz de Siqueira (1684-1686)**, translated by C. C. MARTINS, M. P. NUNES and A. N. BAXTER, Macau: Univ. of Macau Publications Centre, 2005)

SEDOUY, Jacques-Alain de, **Le concert européen** – aux origines de l'Europe (1814-1914) (Paris: Fayard, 2009)

SELDEN, John, **Mare clausum** seu De Dominio Maris Libri duo (Londres: Will. Stanesbeius, pro Richardo Meighen, 1635)

___, **De jure naturali et gentium juxta disciplinam Ebraeorum** – libri septem (orig. publ. 1640, Noribergensium: Argentorati, Joh. Andr. Endteri & Wolfgangi Junioris Haeredum Bibliop., Novae huic Editioni, Index accuratus, MDCLXV)

SEMENOFF, Marc, **Histoire de Russie (Étude comparée entre l'Orient et l'Occident)** (préface de Louis RÉAU, Paris: La renaissance du livre, 1924)

SÉNAC, Philippe, **L'occident médiéval face à l'Islam** (Paris: Flammarion, 2ª ed., revista, 2000)

SENECA, L. A., **Natural questions** (with an English translation by Thomas H. CORCORAN, Cambridge, Ma.: Harvard U.P. / Loeb Classical Library, vol. II – Books 4-7, SENECA vol. 10 – LCL 457, 1972)

SENOFONTE, **Anabasi** (a cura di Valério MANFREDI, Milano: Rusconi, 1980)

SERVICE, Robert, **A History of modern Russia** – from NICHOLAS II to PUTIN (orig. publ. 1997, Londres: Penguin, "published with revisions under the current title", 2003)

SHAW, Malcolm N., **International Law** (Cambridge: Grotius Publications, 3rd ed. 1991)

SIDEBOTTOM, Harry, **Ancient Warfare** (Oxford: Univ. Press – A very short Introduction, 2004)

SIGMUND, Paul E. (translated and edited by), **St. THOMAS AQUINAS On Politics and Ethics** (New York/London: W.W. Norton, 1988)

___, **Natural law in political thought** (ed. orig. 1971, Washington: Univ. Press of America, 1981)

SIMA QIAN, **Mémoires historiques** (orig. **Shiji**, trad. Édouard CHAVANNES, Paris: Ernest Leroux, 1895-1905, vols. I a V; Librairie d'Amérique et d'Orient Adrien-Maisonneuve, Paris, 1967, vol. VI – en ligne [archive] sur classiques. uqac / lire en ligne [archive] sur chineancienne.fr)

___, **Shi Ji** (Initiation à la langue classique chinoise à partir d'extraits de Mémoires historiques de SIMA QIAN par J. PIMPANEAU, Paris: Éd. You-Feng, 1988, 2 vols.)

___, **Vie de chinois illustres** ("chapitres I à XXXII, XLV, LXVI, LXVIII des biographies, Partie V des Mémoires historiques, et Annexes", trad., introduction et notes Jacques PIMPANEAU, Paris: Éd. Lou Feng, 2009)

SIMMS, Brendam, **Europe** – The struggle for supremacy, 1453 to the Present (London: Allen Lane, 2013)

SINCLAIR, Guy Fiti, *C. Wilfred Jenks and the Future of International Organizations Law* (in The European Journal of International Law, 2020, vol. 31, no. 2, p. 525-542, publ. by Oxford Univ. Press on behalf of EJIL Ltd., doi:10.1093/ejil/chaa030)

SINEUX, R. P. Raphaël, O.P., **Initiation à la théologie de Saint Thomas d'Aquin** (Paris: Téqui, 1952, reimpr., 1975)

SMITH, Julia M. H., **L'Europa dopo Roma** – una nuova storia culturale 500--1000 (orig. publ. **Europe after Rome – a new cultural History 500--1000**, Oxford: Univ. Press, 2005, trad. Giovanni ARGANESE, Bolonha: Il Mulino, 2008)

SOCIÉTÉ FRANÇAISE POUR LE DROIT INTERNATIONAL. **La juridictionnalisation du droit international** ("Colloque de Lille", realizado de 12 a 14 de setembro de 2002, Paris: Pedone, 2003)

SÓFOCLES, **Antígona** (in **Trilogia tebana**, trad. do grego e apres. Mário da Gama KURY, Rio de Janeiro: Jorge Zahar, 1ª ed., 1990, 9ª ed., 2001, p. 199-260)

SOUZA, Antonio Cândido Mello e, **O discurso e a cidade** (São Paulo: Duas Cidades / Rio de Janeiro: Ouro sobre azul, 3ª ed., 2004)

SOUZA, Miguel Augusto Gonçalves de, **O descobrimento e a colonização portuguesa no Brasil** (Belo Horizonte: Itatiaia, 2000)

SPEAR, Percival, **A History of India** (volume two: from the sixteenth century to the twentieth century, 1st. publ, 1965, New Delhi: Penguin Books India, reprinted with Epilogue, 1970, reprinted with revisions, 1973 and 1978, reprinted 1990)

SPENCE, Jonathan D., **The memory palace of Matteo Ricci** (1st. publ., 1984, in the USA, London: Faber and Faber, 1985)

SPENGLER, Oswald, **Der Untergang des Abendlandes**: Umrisse eine Morphologie der Weltgeschichte (edição original definitiva 1923, Düsseldorf: Albatroz, 2007)

STADMÜLLER, Georg, **Geschichte des Völkerrechts. Teil I – Bis zum Wiener Kongress 1815** (Hannover: Hermann Schroedel Verlag, 1951)

STIERLIN, Henri, **Les cités du désert: Pétra, Palmyre, Hatra** (Fribourg, Suisse: Office du livre, 1987)

STIGLITZ, Joseph E., **Making globalization work** (New York: Norton, 2006)

STRENGER, Irineu, **Direito internacional privado** (São Paulo: LTr, 4ª ed. rev., 2000)

SUAREZ, F., **De Legibus ac Deo legislatore / Tratado de las leyes e de Dios legislador** (en diez libros – facsimilar de la *editio princeps*, Coimbra, 1612, con versión española de J. R. EGUILOR Muñozguren S. J., intr. general Luis VELA Sanchez S. J., Madrid: Instituto de Estudios Políticos, 1967-1968)

SUBEDI, Surya P., *Indus river* (in **Encyclopedia of Public International Law**, 2012, vol. V, p. 157-160)

SUBRAHMANYAM, Sanjay; MARKOVITS, Claude, *Navigation, exploration, colonisation* (in **Histoire du monde au XVe siècle**, op. cit., 2012, v. 2, p. 357-382)

SUETÔNIO, **A vida dos doze Césares** (trad. Pietro NASSETTI, São Paulo: Martin Claret, 2006)

___, **Lives of the Caesars** (with an English translation by J. C. ROLFE, Cambridge Ma.: Harvard U.P., LCL 31 SUETONIUS I 1st publ. 1913, reprinted 1998; LCL 38, SUETONIUS II, 1st publ. 1914, reprinted 2001)

SUSSEKIND, Flora, **O Brasil não é longe daqui** – o narrador, a viagem (São Paulo: Companhia das Letras, 1990)

TACHIAOS, Anthony-Emil N., **Cirillo e Metodio** – le radici cristiane della cultura slava (orig. publ. **Cyril and Methodius of Thessalonica** – the acculturation of the Slavs © 2001, ed. italiana a cura di Marcello GARZANITI, Milão: Jaca Book, 2005)

TÁCITO [CORNELIUS TACITUS], **Annals** (with an English translation by John JACKSON, Cambridge Ma.: Harvard U.P., LCL 312, TACITUS IV, Books IV-VI & XI-XII, 1st publ., 1937, reprinted 2006; LCL 322, TACITUS V, Books XIII--XVI, 1st publ. 1937, reprinted 1999)

___, **Agricola** (transl. by M. HUTTON, rev. by R. M. Ogilvie) – **Germania** (transl. by M. HUTTON, rev. by E. M. WARMINGTON) – **Dialogus** (transl. by W. PETERSON, rev. by M. WINTERBOTTOM, Cambridge Ma.: Harvard U.P., LCL 35, TACITUS I, 1st publ. 1914, reprinted 2006)

___, **Histories** (with an English translation by Clifford H. MOORE, Cambridge Ma.: Harvard U.P., LCL 111, TACITUS II, 1st publ., 1925, reprinted 2006)

TARLÉ, Evgueni V., **La guerre du nord** (trad. du russe par Jean CHAMPENOIS, Moscou: Edtrl. Progresso, 1966, 2 vols.)

TATAKIS, Basile, **La philosophie byzantine** (in E. BRÉHIER, **Histoire de la philosophie**, Paris: PUF, 1949 – t. 11)

TAUBE, M. de, **L'apport de Byzance au développement du droit international occidental** (RCADI, 1939, t. 67, p. 233-340)

___, **Le statut juridique de la mer Baltique jusqu'au début du XIXe siècle** (RCADI, 1935, t. 53, p. 437-530)

___, **Les origines de l'arbitrage international**: Antiquité et Moyen Âge (RCADI, 1932, t. 42, p. 1-116)

___, **Études sur le développement historique du droit international dans l'Europe orientale** (RCADI, 1926, t. 11, p. 341-536)

TAVAKOLI, Bijan, *African Court of Justice (ACJ)* (in **Encyclopedia of Public International Law**, 2012, vol. I, p. 154-157)

TEHINDRAZANARIVELO, Djacoba Liva, **Les sanctions des Nations-Unies et leurs effets secondaires:** assistance aux victimes et voies juridiques de prévention (avant-propos de R. RANJEVA, préface de G. ABI-SAAB, Paris: PUF / Genebra: publ. IUHEI, 2005)

TÉNÉKIDÈS, G., **Régimes internes et organisation internationale** (RCADI, 1963, t. 110, p. 271-418)

___, **Droit international et communautés fédérales dans la Grèce des cités** (RCADI, 1956, t. 90, p. 469-652)

TERÊNCIO, **Heautontimoroumenos** (in TERENCE, **Comédies**, texte établi et traduit par J. MAROUZEAU, Paris: Les belles lettres, 3 vols., 1964, vol. II, p. 7-101)

TERREL, Jean, *À propos de la conquête: droit et politique chez Montesquieu* (Revue Montesquieu, 2006, vol. 8, http://montesquieu.ens-lyon.fr/spip.php?article330)

___, *Droit des gens* (in **Dictionnaire Montesquieu**, dictionnaire-montesquieu.ens-lyon.fr, on line, dir. de C. VOLPILHAC-AUGER, ENS de Lyon, septembre 2013, URL: http://dictionnaire-montesquieu.ens-lyon.fr/fr/article/1377670648/fr)

___, *Sur le Livre X de l'Esprit des lois: le problème de la conquête* (in **(Re)Lire l'Esprit des lois**, dir. de Luigi DELIA et C. VOLPILHAC-AUGER, Paris: Publ. de la Sorbonne, 2014, p. 107-122)

TESCHKE, Benno, **The myth of 1648** – Class, Geopolitics and the making of modern International relations (orig. publ. 2003, London: Verso, 2009)

THAPAR, Romila, **A History of India** – vol. one (orig. publ. 1966, London: Penguin, 1990)

The Upanishads (translated with a general introduction by Eknath EASWARAN, with chapter introductions & concluding essay by Michael N. NAGLER, first publ. 1987, New Delhi: Penguin Books India, 1996)

THOMAS, Rosalind, **Herodotus in context: ethnography, science and the art of persuasion** (Cambridge: Univ. Press, 2002)

THUCYDIDE, **Oeuvres complètes** (intr. J. de ROMILLY, texte présenté, trad. et annoté par A. BARGUET, Paris: Gallimard – Pleiade, © 1964, impr. 1982)

THUMANN, Michael, **La puissance russe: un puzzle à reconstituer?** (orig. publ. **Das Lied von der russischen Erde** © 2002, trad. Jean-Marie ARGELES, Paris: Alvik, 2003)

TITO LÍVIO, **História de Roma** (do original **Ab Urbe condita Libri**, introdução, tradução e notas de Paulo Matos PEIXOTO, São Paulo: Paumape, 1989, 6 vols.)

TODOROV, Tzvetan, **La signature humaine** – essais 1983-2008 (Paris: Seuil, 2009)

___, **La peur des barbares: au-delà du choc des civilisations** (Paris: R. Laffont, 2008)

TOMUSCHAT, Christian, **International law**: ensuring the survival of mankind in the eve of a new century: general course on public international law (RCADI, 1999, t. 281, p. 9-438)

TORBRUGGE, Walter, **Europäische Vorzeit** (Munique: Naturalis Verlag, s/d)

TOSCANO, M., **Storia dei trattati e política internazionale** (Turim, 2ª ed., 1963, t. I)

TOURME-JOUANNET, E., *Des origines coloniales du droit international: à propos du droit des gens moderne au 18e siècle* (in **The Roots of International**

Law / Les fondements du droit international – Liber amicorum P. Haggenmacher ed. by / edité par P.-M. Dupuy & V. Chetail, Leiden / Boston: Nijhoff, 2014, p. 649-671)

___, *À quoi sert le droit international? Le droit international providence du XXIe siècle* (Revue belge de droit international, 2007/1, Bruxelles: Bruylant, p. 5-51)

___, **Le droit international** (Paris: PUF – «Que sais-je?», 2013)

___, **What is a fair international society?** International law between development and recognition (Oxford and Portland, Oregon: Hart Publ. – French Studies in International Law, 2013)

___, **Le droit international libéral-providence**: une histoire du droit international (Bruxelles: Bruylant / Éds. de l'Univ. de Bruxelles, 2011)

___, **Emer de Vattel et l'émergence doctrinale du droit international classique** (Paris: Pedone, 1998)

Tournepiche, Anne-Marie, *Recours à la force et nouveaux enjeux de la conflictualité: réflexion sur l'évolution des liens entre 'jus ad bellum' et 'jus in bello'* (in **Panser la guerre – penser la paix** – Mélanges en l'honneur du prof. Rahim Kherad, Paris: Pedone, 2021, p. 289-298)

Toynbee, Arnold J., **Um estudo da História** (trad. I. Silveira Leal e M. Silveira, orig. publ. **A study of History**, abridgement by D.C. Sommerwell, London – New York – Toronto: Oxford U.P., vols. 1-6, 1949, vols. 7-10, 1957, vols. 11 e 12 "Reconsiderations", 1961, Brasília: Ed. UnB / São Paulo: Martins Fontes, 1987)

Toze, Eobald, **Essai sur un code maritime général européen, pour la conservation de la liberté de la navigation et du commerce des nations neutres en temps de guerre** – suivi des **Considérations impartiales sur la guerre entre la Grande Bretagne et les Provinces Unies des Pais-Bas** (Leipzig: Schwickert, 1782 – disponível on line Digitalisierungszentrum der Niedersächsischen Staats- und Universitätsbibliothek Göttingen, 2011. TIFF, Vers 6.0, 300 ppi VD 18 10638466 Letzte Aktualisierung 15.02.2022, 16 :06 MEZ – print on demand Hachette Livre – BNF, 155 p., date de publication 1 janvier 2020, ISBN 978 2329 362281)

Traité général de paix et d'amitié, signé à Paris, le 30 mars 1856, entré en vigueur le 16 avril 1856, art. 7: Disponível on line Traité de Paris, Guerre de Crimée, 1856, digithèque MJP https://mjp.univ-perp.fr.

Treaty between Austria, France, Great Britain, Prussia, Russia and Turkey respecting the Straits of the Dardanelles and Bosphorus (publicado Consolidated Treaty Series, ed.C. Parry, C.T.S., 1841, vol. 92)

TREISTER, Michael, *The Workshop of the Gorytos and Scabbard Overlays* (in **Scythian Gold** – Treasures from Ancient Ukraine, op. cit. 1999, p. 71-81)

TRIGGER, Bruce G., **História do pensamento arqueológico** (do original **A history of archeological thought**, © Cambridge UP, s/d, trad. O. T. SERRA, rev. téc. L. de M. BUENO e J. MACHADO, São Paulo: Odysseus, 2004)

TRUYOL Y SERRA, Antonio, **Doctrines sur le fondement du droit des gens** (éd. revue, augmentée et mise à jour par R. KOLB, Paris: Pedone, 2007)

___, **Histoire du droit international public** (Paris: Economica, 1995)

___, **La conception de la paix chez VITORIA et les classiques espagnols du droit des gens** (suivi de Paul FORIERS **L'organisation de la paix chez GROTIUS**, Paris: Vrin, 1987)

___, **L'expansion de la société internationale au XIXe et XXe siècles** (RCADI, 1965, t. 116, p. 89-179)

___, **Génèse et structure de la société internationale** (RCADI, 1959, t. 96, p. 553-642)

TRINDADE, A. A. Cançado, **Évolution du droit international au droit des gens**: l'accès des individus à la justice internationale – le regard d'un juge (Paris: Pedone, 2008)

___, **A humanização do direito internacional** (Belo Horizonte: Del Rey, 2006)

___, **International Law for Humankind: towards a new Jus Gentium** – General course on Public International Law (RCADI, 2005, t. 316 and t. 317, http://dx.doi.org/10.1163/1875-8096_pplrdc_A9789004153752_01, first publ. online 2005)

___, **O direito internacional em um mundo em transformação: ensaios 1976-2001** (prefácio Celso D. de Albuquerque MELLO, Rio de Janeiro: Renovar, 2002)

___, Os rumos do direito internacional contemporâneo: de um *jus inter gentes* a um novo *jus gentium* no século XXI (in **O direito internacional em um mundo em transformação**, op. cit., 2002, p. 1039-1109)

TSERING, Nawang, **Alchi – the living art of Ladakh – 1000 Years of Buddhist Art** (foreword Dr. Kapila VATSYAYAN, photography Aditiya ANYA, New Delhi: National Museum / Leh-Ladakh: Central Institute of Buddhist Studies / Likir Monastery, 2009)

TUCÍDIDES, **História da guerra do Peloponeso** (trad. do grego, intr. e notas, Mário da Gama KURY, Brasília: Ed. UnB, © 1982, 3ª ed., 1987)

TUFAYL, Ibn, **O filósofo autodidata** (trad. I. M. LOUREIRO, São Paulo: Ed. UNESP, 2005)

URREJOLA, Sebastian Cox, **América Latina**: sujeto de derecho internacional (Santiago: Edtrl. Jurídica de Chile, 1970)

VALLADÃO, Haroldo, **Direito internacional privado** (Rio de Janeiro: Freitas Bastos, vol. I, 5ª ed., 1980)

VALLADARES, Rafael, **A independência de Portugal** – Guerra e restauração 1640-1680 (orig. publ. **La rebelión de Portugal 1640-1680** © 1998, pref. J. R. Magalhães, trad. P. CARDIM, Lisboa: A esfera dos livros, 2006)

VANDER Fabio, **De philosophia italica** – modernità e politica in Vico e Cuoco (Lecce: Pensa, 2010)

VANOYEKE, Violaine, **Zénobie, l'héritière de Cléopâtre** (Paris: Michel Lafon, 2002)

VARANDAS, José, *O hoplita e a falange – o triunfo da infantaria simétrica no mundo antigo* (in **A guerra na Antiguidade**, op. cit., 2010, vol. 3, p. 175-196)

VARNHAGEN, Francisco Adolfo de, **História da independência do Brasil** – até o reconhecimento pela antiga metrópole (orig. publ. 1916, "anotada pelo Barão do RIO BRANCO" et al., quarta edição, revista e anotada pelo prof. H. VIANNA, São Paulo: Melhoramentos, s/d [1959])

___, **História geral do Brasil** – antes da sua separação e independência de Portugal (orig. publ. 1854 et 1857; "sexta edição integral", revisão e notas de Rodolfo GARCIA São Paulo: Melhoramentos, 1959, 5 vols.)

VARRO, M. Terentius, **De lingua latina** (with an English translation by Roland G. KENT, Cambridge, Ma. / Londres: Harvard UP / LCL 333, © 1938, reprinted, 2006)

VASQUEZ DE MENCHACA, Fernão, **Controversiarium illustrium libri III** (Barcinonae, 1563)

___, **De successione creatione** (Salmanticae, 1559)

VAST, Henri, **Le cardinal Bessarion (1403-1472) étude sur la chrétienté de la Renaissance** – vers le milieu du XVe siècle (Paris: Hachette, 1878)

VATTEL, Emer de, **O direito das gentes** (prefácio e trad. Vicente Marotta RANGEL, Brasília: Ed. UnB / IPRI, 2004)

___, **The law of nations or the principles of natural law**: applied to the conduct and to the affairs of nations and of sovereigns (translation of the edition of 1758 by Charles G. FENWICK, with an intr. by Albert de LAPRADELLE, Washington: Carnegie Institution, 1916, special edition privately printed for the members of the Legal Classics Library, 1993)

VERDROSS, A., **Règles générales du droit international de la paix** (RCADI, 1929, t. 30, p. 271-518)

___, **Le fondement du droit international** (RCADI, 1927, t. 16, p. 247-324)

VERDROSS, A.; SIMMA, B., **Universelles Völkerrecht** (Berlim: Duncker & Humblot, 2a. ed., 1981)

VERDROSS, A.; VEROSTA, S.; ZEMANEK, K., **Völkerrecht (Rechts- und Staatswissenschaften)** (Viena: Springer, 5a. ed., 1964)

VERHOEVEN, Joe, **Considérations sur ce qui est commun** – cours général de droit international public (2002) (RCADI, 2008, p. 9-434)

VEROSTA, S., *History of International Law, 1648 to 1815* (in **Encyclopedia of Public International Law**, 2012, vol. IV, p. 823-843)

___, **International Law in Europe and Western Asia between 100 and 650 A.D.** (RCADI, 1952, p. 485-620)

___, *Jean DUMONT und seine Bedeutung fur das Völkerrecht* (Zeitschrift fur öffentliches Recht, xiv, 1934, p. 518)

VERVLIET, Jeroen, *General Introduction* (in **Mare liberum** – Original Latin Text "facsimile of the first edition, 1609" and modern English translation, ed. and annotated by Robert FEENSTRA, Leiden / Boston: Brill, 2009, p. IX-XXVIII)

VERZIJL, Jan Hendrik Willem, **International law in historical perspective** (Leiden: Brill) vol. 1 – **International persons** (1968)

___, ___ vol. 2 – **Subjects of International law** (1969)

___, ___ vol. 3 – **State territory** (1970)

___, ___ vol. 4 – **High seas and stateless domains** (1972)

___, ___ vol. 5 – **Nationality and other matters relating to individuals** (1972)

___, ___ vol. 6 – **Juridical facts as sources of international rights and obligations** (1973)

___, ___ vol. 7 – **State succession** (1974)

___, ___ vol. 8 – **Inter State disputes and their settlement** (1976)

___, ___ vol. 9 – **The laws of war** (1978)

___, ___ vol. 10 – **The law of neutrality** (1979)

___ with Wibo P. HEERE and J. P. S. OFFERHAUS, **International law in historical perspective** vol. 11 – **The law of maritime prize** (1992)

VEYNE, Paul, **L'empire gréco-romain** (Paris: Seuil, 2005)

___, *L'identité grecque contre et avec Rome: 'collaboration' et vocation supérieire* (in P. VEYNE, **L'empire gréco-romain**, Paris: Seuil, 2005, p. 163-257)

VICENTE, Ana, **Portugal visto pela Espanha** (prólogo de Fernando MORÁN, Lisboa: Assírio & Alvim, 1992)

VICO, Giambattista, **Principi d'una scienza nuova d'intorno alla commune natura delle nazioni** (orig. publ. 1725, ed. definitiva 1744, in G. VICO, **Opere**, a cura di A. BATTISTINI, Milano: Mondadori, 1990, 2 vols., p. 975-1229)

___, **Princípios de uma ciência nova** – acerca da natureza comum das nações (seleção, trad. e notas A. L. de Almeida Prado, São Paulo: Abril cultural – Os pensadores, vol. XX, 1974)

___, **Vita scritta da se medesimo** (1723-1728, in G. Vico, **Opere**, 1990, t. I, p. 3-85)

Vieira, Antonio S. J., **História do futuro – livro anteprimeiro. Prolegômeno a toda a história do futuro, em que se declara o fim e se provam os fundamentos dela. Matéria, verdade e utilidade da história do futuro** (ed. original, Lisboa: Oficina de A. Pedroso Galram, 1718, org. J. C. Brandi Aleixo, Brasília: Ed. UnB, 2005)

Vieira, Jair Lot (supervisão editorial), **Código de Hamurabi – Código de Manu (livros oitavo e nono) – Lei das XII Tábuas** (Bauru: Edipro, 2ª ed., 2002)

Vigasin, A.; Bongard-Levin, C., **The image of India** – The Study of Ancient Indian Civilization in the USSR (orig. publ. **Obraz Indii** – Izutchenie drevneindiscoi civilizatzii v SSSR, © 1984, transl. from the Russian by Peter Greenwood, Moscou: Progress Publ., 1984)

Vignaux, Paulo, **A filosofia na Idade média** (orig. publ. **La philosophie au Moyen âge**, 3ª ed., francesa, 1958, trad. A. Pinto de Carvalho, rev. A. Martins de Carvalho, Coimbra: Armênio Amado, 1959)

Viljoen, Frans, *African Court on Human and Peoples' Rights (ACtHPR)* (in **Encyclopedia of Public International Law**, 2012, vol. I, p. 157-161)

Villey, Michel, *Les fondateurs de l'école du droit naturel moderne au XVII*[e] *siècle* (in Archives de philosophie du droit, Paris, 1961, vol. 6, republ. in **Réflexions sur la philosophie et le droit** – Les Carnets de M. Villey, org. par M. Villey, Marie-Anne Frison-Roche et Christophe Jamin, Paris: PUF, 1995)

___, **La formation de la pensée juridique moderne** (orig. publ. en 1968, Paris: PUF, 2013)

___, **A formação do pensamento jurídico moderno** (trad. Claudia Berliner, São Paulo: Martins Fontes, 2ª ed., 2009)

Vinogradoff, Paul, **Roman Law in Mediaeval Europe** (orig. publ. London: Harper & Brothers, 1909, reprint Bibliolife USA 13 February 2011, 216348LV00005B/31/P)

Virgil, **Eclogues and Georgics** (translated by T. F. Royds, London: J. M. Dent & Sons / New York: E. P. Dutton & Co., ed. publ., 1907, revised, 1946, reprinted 1950)

Virgílio, **Eneida** (trad., textos introdutórios e notas de T. O. Spalding, São Paulo: Abril, 1983)

___, **Aeneis / L'Éneïde** (edição bilíngue, "traduite en vers français par" J. DELILLE, Paris: G. Michaud, 1821, 4 volumes)

VITÓRIA, Francisco de, **De Indis noviter inventis** & **De jure bellis hispanorum in barbaros** (ed. by E. NYS, translated by John P. BATE, Washington: Carnegie Classics of International Law, 1917, reprinted 1963, vol. I)

___, **Obras: relectiones teológicas** (ed. crítica, versão espanhola, intr. geral Pe. Teófilo URDANOZ, Madri: BAC, 1960)

___, **Leçons sur le pouvoir politique** (intr., trad. et notes par M. BARBIER, Paris: Vrin, 1980)

___, **Political writings** (ed. by A. PAGDEN e J. LAWRANCE, "Cambridge texts in the history of political thought", Cambridge: UP, 1991)

VLUGT, W. van der, **L'oeuvre de Grotius et son influence sur le développement du droit international** (RCADI, 1925, t. 7, p. 395-510)

VOLLENHOVEN, Cornelis van, **Du droit de la paix / De jure pacis** (Haia: M. Nijhoff, 1932)

VOLTAIRE, **Traité sur la tolérance**. (in VOLTAIRE, **Mélanges** préface par E. BERL, texte établi et annoté J. van den HEUVEL, Paris: Gallimard-Pleiade, 1965, p. 563-650)

___, **Le fanatisme ou Mahomet le prophète**: tragédie (orig. publ. 1753, postface de Jerôme VERAIN, Paris: Ed. Mille et une nuits, 2006)

___, **Le siècle de Louis XIV** (orig. publ. em 1751, édition établie, présentée et annotée par J. HELLEGOUARCH et S. MENANT, avec P. BONNICHON et A.-S. BARROVECCHIO, Paris: Libr. Génerale Française, © 2005, 2ª. ed., 2008)

___, **Oeuvres historiques**, édition présentée, établie et annotée par R. POMEAU, Paris: Gallimard-Pleiade, © 1957, impr. 2010)

VRETTOS, Theodore, **Alexandria** – a cidade do pensamento ocidental (orig. publ. **Alexandria** – city of the Western mind, 2001, trad. B. KLEIN, São Paulo: Odysseus, 2005)

WADDICOR, Mark H., **Montesquieu and the philosophy of Natural Law** (Haia: M. Nijhoff, 1970)

WADELL, D. A. G., *A política internacional e a independência da América Latina* (in **História da América Latina**, vol. III – **Da independência a 1870**, org. Leslie BETHELL, trad. Maria Clara CESCATO, São Paulo: Edusp, 2018, p. 231-265)

WAGHENAER, Lucas Janszoon, **Spieghel der Zeevaerdt – von der Noerdschen des ist Mittnachtigen und Orientschen Schiffart, Nemlich von den Hoeffden oder den Voerlande von Engelland abe biss gehn Wyburgk**

und der Statt Nerva ... (Part I, p. VIII + 37 + 23 maps; Part II, p. IV + 21 maps + 8; Facsimile edition with separate Introductory Essay, *The History of Lucas Janszoon Waghenaer and his Spieghel der Zeevaert*, by C. KOEMAN, Lausanne: Sequoia, 1964, 72 p.) published online by Cambridge Univ. Press 18 January 2010. Tradução inglesa, **The Mariners Mirrour ... of Navigation**, publicada em Londres em 1588; tradução alemã, publicada em 1589; tradução francesa, publicada em 1590, **Du mirroir de la navvigation ...**, par Lucas fils de Jean (Amsterdam: Cornelis Claesz, 1590)

WALKER, Thomas Alfred, **A History of the Law of Nations** (Cambridge: Univ. Press, 1899, vol. I)

WALLACE BROWN, Garrett; HELD, David, **The Cosmopolitan Reader** (Cambridge: Polity Press, 2010)

WANG, Tieya, **International law in China: historical and contemporary perspectives** (RCADI, 1990, t. 221, p. 195-370)

WARD-PERKINS, Bryan, **La caduta di Roma e la fine della civiltà** (orig. publ. **The Fall of Rome and the end of civilization**, 2005, trad. M. CARPITELLA, Roma/Bari: Laterza, 2008)

WARD, Robert, **An Enquiry into the foundations and history of the Law of nations in Europe** – from the time of the Greeks and Romans to the age of Grotius (orig. publ. London: A. Straham and W. Woodfall, 1795, 2 vols, reprint Clark: The Lawbook Exchange, 2005)

WATSON, Burton, **Records of the Grand Historian of China translated from the Shih Chi of Ssu-ma Ch'ien** (New York: Columbia Univ. Press, 1961)

WATSON, William, **A China** (orig. publ. 1961, trad. Rodrigo MACHADO, Lisboa: Verbo, 1971)

WEGNER, A, **Geschichte des Völkerrechts** (Stuttgart: Kohlhammer, 1936)

___, **Handbuch des Völkerrechts** parte III – **Wesen, Grundbegriffe und Geschichte des Völkerrechts** (Stuttgart: Kohlhammer, 1936)

WEIBEL, E., **Histoire et géopolitique des Balkans de 1800 à nos jours** (Paris: Ellipses, 2002)

WEIL, P., **Le judaïsme et le développement du droit international** (RCADI, 1976, t. 151, p. 253-335)

___, **Perspectives du droit de la délimitation maritime** (Paris: Pedone, 1988)

WEITZMANN, Kurt; CHATZIDAKIS, Manolis; RADOJCIC, Svetozar, **Icons** (New York: Alpine, 1980)

WELWOOD, William, **An Abridgement of All Sea-Lawes gathered froth of all writings and monuments, which are to be found among any people**

or nation, upon the coasts of the great Ocean and Mediterranean Sea (orig. publ. London: Humphrey Lownes, for Thomas Man, 1613, reprinted by Eebo Editions, Proquest – Early History of the Law, 2010; online: http://name.umdl.umich.edu/A14929.0001.001 Univ. of Michigan Library)

WERNER, Karl Ferdinand, **Les origines** – avant l'an mil (in **Histoire de France**, dir. de Jean FAVIER, vol. I, Paris: Fayard, 1984, reimpr. 2001)

WESSELING, Henri, **Les empires coloniaux européens 1815-1919** (orig. publ. **Europa's koloniale eeuw: De koloniale rijken in de negentiende eeuw, 1815-1919**, 2003, trad. Patrick GRILLI, Paris: Gallimard – Folio – Histoire – inédit, 2009)

WESTPHAL, Siegrid, **Der Westfälische Frieden** (Munique: Beck-Wissen, 2015)

WHEATON, Henry, **Elements of international law** – with a Sketch of the History of the Science (orig. publ. Philadelphia: Carey, Lee & Blanchard, 1836 – on line: https://books.google.com; 8th ed. updated by Richard Henry DANA, 1866, republished in *Classics of International Law*, Clarendon Press, 1936)

___, **History of the Law of Nations in Europe and America, from the earliest times to the treaty of Washington, 1842** (New York: Gould, Banks, 1845)

WHITAKER, Urban, **Politics and power: a text in international law** (New York: Harper & Row, 1964)

WHITTON, J. B., **La règle 'pacta sunt servanda'** (RCADI, 1934, t. 49, p. 147-276)

WIDEMANN, François, **Les successeurs d'Alexandre en Asie centrale et leur héritage culturel**: essai (Paris: Riveneuve éd., «seconde édition, revue et corrigée», © 2009, impressão 2010)

WIGHT, Martin, **A política de poder** (orig. publ. **Power politics**, 1978, trad. Carlos Sérgio DUARTE, Brasília: Ed. UnB, Col. pensamento político, vol. 67, 1985)

WILLIAMS, John Fischer, **La doctrine de la reconnaissance en droit international et ses développements récents** (RCADI, 1933, t. 44, p. 199-314)

WILLIAMSON, E., **The Penguin History of Latin America** (orig. publ. 1992, London, Penguin, 2nd ed., 2009)

WILSON, Eric, *Erasing the corporate sovereign – Inter-Textuality and an alternative explanation for the publication of Hugo Grotius Mare liberum (1609)* (Itinerario – Journal of Imperial and Global Interactions, Cambridge: Univ. Press, 2006, vol. 30, no. 2, p. 78-103)

WILSON, Peter H., **The Holy Roman Empire** – a thousand years of European history (orig. publ. 2016, London: Penguin, 2017)

WINCKELMANN, Johann Joachim, **Histoire de l'art dans l'antiquité** (orig. publ. **Geschichte der Kunst des Altertums**, 1764, trad. D. TASSEL, intr. et notes de D. GALLO, Paris: Libr. Gén. Française, 2005)

WINSTANLEY, Asa; BARAT, Frank (ed. by), **Corporate complicity in Israel's occupation** - Evidence from the London Session of the Russell Tribunal on Palestine (foreword by Alice WALKER, London: Pluto Press, 2011)

WOLF, Eric R., **A Europa e os povos sem história** (orig. publ. 1982, **Europe and the people without history**, trad.C. E. Marcondes de Moura, da nova edição, revista pelo autor, 1997, © 2005, São Paulo: EDUSP, 2005)

WOLFRUM, Rüdiger (under the direction of), **The Max Planck Encyclopedia of public international law** - published under the auspices of the Max Planck Institute for Comparative Public Law and International Law (Oxford: Univ. Press, 11 vols., 2012)

WU Cheng'em, **Journey to the West** (classic novel in four volumes, translated by W. J. F. JENNER, Introduction by Prof. SHI Changyu, Beijing: Foreign Language Press, 1st. ed., 1993, 10th printing, 2010)

WU Zhiliang, **Segredos da sobrevivência**: História política de Macau (Macau, 1999)

YANAGI, Munemoto; TAKAHASHI, Eiichi; TSUJI, Shiguebumi; NAGASUTKA, Yasushi, **Byzantium** (© 1969, translated from the German by N. FRY, Londres: Cassell, 1978)

YATES, Robin D. S., Making war and making peace in Ancient China (in **War and peace in the Ancient world**, op. cit., 2007, p. 34-52)

YEKELTCHYK, Serhy, **Istoriia Ukraini** - Stanovlenie sovremennoi nacii (orig. publ. **Ukraine** - Birth of a Modern Nation, 2007, trad. do inglês N. Klimtchuk, Kiev: Isdatelstvo K.I.S., 2010)

YERASIMOS, S., **Constantinople** - de Byzance à Istanbul (orig. publ. 2000, Paris: Éd. Place des Victoires, 2010)

YOVEL, Yirmiyahu, **SPINOZA et autres hérétiques** (trad. Éric BEAUMATIN et Jacqueline LAGRÉE, © 1989, Paris: Seuil, 1991)

ZEMANEK, Karl, **The legal foundations of the international system: general course on public international law** (RCADI, 1997, t. 266, p. 9-335)

ZIEGLER, C., *Le canal des pharaons de l'Antiquité au Moyen âge: aux origines du canal de Suez?* (in **L'épopée du canal de Suez**, op. cit., 2018, p. 20-25)

ZIEGLER, Karl-Heinz, **Völkerrechtsgeschichte** (München: C. H. Beck, 1994)

ZIMMERMANN, M., **La crise de l'organisation internationale à la fin du moyen âge** (RCADI, 1933, t. 44, p. 315-438)

ZOLLER, Elisabeth, **La bonne foi en droit international public** (Paris: Pedone, 1977)

ZORZI, Alvise, **Histoire de Venise** – La République du Lion (do original **La Repubblica del Leone – Storia di Venezia**, © 1979, trad. Jacques ROQUE, Paris: Perrin – tempus vol. 95, nova ed., 2005, impr. 2010)